MÉLANGES HISTORIQUES.

CHOIX DE DOCUMENTS.

TOME CINQUIÈME.

PARIS.

IMPRIMERIE NATIONALE.

M DCCC LXXXVI.

COLLECTION

DE

DOCUMENTS INÉDITS

SUR L'HISTOIRE DE FRANCE

PUBLIÉS PAR LES SOINS

DU MINISTERE DE L'INSTRUCTION PUBLIQUE.

MÉLANGES HISTORIQUES.

TABLE DES MATIÈRES.

Chronique de l'île de Chypre par Florio Bustron, publiée par M. René de Mas Latrie.. 1

Cartulaire de Landévennec, par MM. Le Men et Émile Ernault............ 533

Ligue des ports de Provence contre les pirates barbaresques en 1585-1586. — Députation au roi; armement d'une galère à Marseille; projet d'ambassade à Constantinople, par M. Mireur............................. 601

CHRONIQUE
DE L'ÎLE DE CHYPRE,

PAR

FLORIO BUSTRON,

PUBLIÉE

PAR M. RENÉ DE MAS LATRIE,

CHEF DE BUREAU AU MINISTÈRE DE L'INSTRUCTION PUBLIQUE.

AVERTISSEMENT.

On sait peu de choses sur l'auteur de l'intéressante chronique que nous publions aujourd'hui.

Le P. Étienne de Lusignan inscrit la famille Bustron ou Boustron parmi les races ou familles nobles de Chypre[1].

On voit, d'autre part, qu'en 1458, à la mort du roi Jean II de Lusignan, le connétable du royaume chargea un chevalier homme lige de porter l'anneau du roi défunt à sa fille Charlotte[2]; ce chevalier fut Balian Bustron.

Il semble donc bien certain que plusieurs membres de la famille Bustron, famille d'origine chypriote, ont appartenu à la noblesse franque sous les derniers règnes des Lusignan. Mais beaucoup semblent être restés dans la bourgeoisie; ils y occupaient néanmoins des positions élevées et des plus honorables.

Philippe Bustron était attaché à la Secrète ou Chambre des comptes du royaume sous le règne de Jacques le Bâtard[3]. Pierre Bustron fut, à la même époque, l'un des baillis des domaines royaux[4].

Notre Florio Bustron paraît appartenir à cette partie de la famille non anoblie, mais admise aux hauts emplois de l'administration tant par les Français que par les Vénitiens. Il était employé à la Secrète royale à Nicosie, et il rendit de grands services aux Vénitiens par son dévouement, son intelligence et sa connaissance de la langue française.

Le provéditeur Sagredo s'en loue dans deux passages d'un rapport de 1562-1564 qui a été publié[5]: «i libri della secreta... delli quali non è alcuno

---

[1] *Description de toute l'isle de Chypre*, etc., chap. xix, fol. 82 v°.

[2] L. de Mas Latrie, *Hist. de Chypre*, t. III, p. 82, note 2, et ci-après le texte de Florio Bustron à l'année 1458.

[3] *Hist. de Chypre*, t. III, p. 187, 208, 209, 235, 270, 286, 290.

[4] *Hist. de Chypre*, t. III, p. 243, 299, 300.

[5] *Hist. de Chypre*, t. III, p. 550 et note 2.

« consapevole se non un Florio Bustron, il quale, per haver la lingua fran-
« cese, vien molte volte odoperato, per esser molto intelligente, perciocchè i
« libri sono tutti in lingua francese. »

C'était un homme instruit, laborieux, possédant une bibliothèque dans laquelle se trouvait un des manuscrits des Assises de la Cour des Bourgeois ou de la Vicomté, dont les Commissaires vénitiens se servirent en 1531 pour traduire les Assises en italien [1].

Il composa une histoire générale de l'île de Chypre, dans laquelle la partie récente, c'est-à-dire la partie qui commence aux Croisades, est heureusement la plus développée.

Pour la partie antique, Florio Bustron s'est servi des auteurs dont on trouve l'énumération en marge des manuscrits et que nous reproduisons dans notre publication.

Pour les temps de l'histoire latine de l'île de Chypre, il a eu à sa disposition cinq sources de précieux matériaux historiques qu'il énumère dans sa préface, sans compter les récits de son père, sur l'époque du roi Jacques le Bâtard : « dalle parole di mio padre che in alcune sue cose si trovò presente, ho scritto « la vita anchora et i fatti di re Giacomo ultimo : »

1° Les *Gestes des Chypriotes*, écrits et traduits en français par Philippe de Navarre, ouvrage différent de son livre sur les Assises ;

2° Une Chronique ou des Mémoires de Gérard de Montréal sur les événements de son temps ;

3° Les Lignages d'outre-mer ;

4° Les livres des remembrances de la Secrète royale ;

5° La Chronique de son parent Georges Bustron, qui a écrit l'histoire de l'île depuis l'année 1458, date de la mort du roi Jean II.

En réunissant à Florio Bustron les Chroniques d'Amadi et de Diomède Strambaldi, dont j'ai préparé une copie en vue d'une édition future, on formera un corps de chroniques du plus grand intérêt pour l'histoire de l'île de Chypre et de l'Orient latin.

Les publications annoncées ou déjà effectuées de Philippe de Navarre [2], de

---

[1] L. de Mas Latrie, *Histoire de Chypre*, t. III, p. 517.

[2] L'Histoire ou la Chronique de Philippe de Navarre, découverte en Italie à la suite de recherches de M. le comte Riant, sera prochainement publiée.

AVERTISSEMENT.

Léonce Machera et de Georges Bustron[1], qui sont des chroniques originales de premier ordre, n'ôtent rien à l'utilité de celles dont nous commençons aujourd'hui l'impression.

On voit que, sans être une chronique originale, la chronique de Florio Bustron est un composé d'histoires et d'informations originales du plus haut prix. Dès l'époque de Catherine Cornaro, elle acquiert la valeur d'un témoignage contemporain. Aussi presque tous les savants qui dans ces derniers temps ont eu à s'occuper des Croisades et de l'Orient latin ont-ils consulté et cité Florio-Bustron comme une source sûre et digne de toute créance. Il me suffira de nommer M. le comte Beugnot, M. Dulaurier, M. le comte Riant, M. E. Rey, les savants éditeurs des *Continuateurs de Guillaume de Tyr* et l'auteur de l'*Histoire de Chypre sous le règne des princes de la maison de Lusignan*, dont la direction et les conseils m'ont été si utiles.

On connaît jusqu'ici cinq manuscrits de la Chronique de Florio Bustron :

1° Le manuscrit de Paris, composé de deux parties : la première formant un volume in-4° très soigné, écrit sur vélin, et s'arrêtant à la fin du livre II, à l'année 1324, aujourd'hui n° 832 des manuscrits italiens de la Bibliothèque nationale; la seconde partie copiée sur le manuscrit de Londres et classée parmi les manuscrits italiens sous le numéro 833;

2° Le manuscrit de Londres. British Museum additional Mss. Earl of Guilford, n° 8630. *Florio Bustron. Istoria di Cipro;*

3° Le manuscrit de M. le marquis Maximilien Bendinelli Spinola de Gênes. C'est un manuscrit de la fin du xvii° siècle, sans titre. Il comprend toute la Chronique de Florio Bustron, avec quelques appendices qui manquent au manuscrit de Paris. Il forme la base de ma publication; je le désigne sous la lettre A;

4° Le manuscrit de la bibliothèque de l'Université de Gênes marqué C. V. 3. Il a été copié en partie au xvi° siècle, en partie au xvii°. Je le désigne sous la lettre B, et je conserve les variantes relevées dans le collationnement qu'en a fait exécuter M. le comte Riant;

5° Le manuscrit de la bibliothèque de l'Université de Gênes marqué E. V. 15,

---

[1] Le texte grec des chroniques de Léonce Machera et de Georges Bustron a paru dans le tome II de la *Bibliotheca Græca* de M. Sathas (Venise, 1873). MM. Miller et Sathas ont publié à Paris en 1882 une nouvelle édition du texte grec de Machera, avec une traduction française (2 vol. in-8°), faisant partie des publications de l'École des langues orientales vivantes.

provenant de la bibliothèque de P. Angelico Aprosio, littérateur estimé, natif de Vintimille. Ce n'est qu'un abrégé de la Chronique de Florio Bustron et on n'en a pas fait la collation; je le désigne néanmoins sous la lettre c.

Si le manuscrit de Paris sur vélin n° 832 eût été complet, j'en eusse fait le fond de mon édition. J'ai préféré adopter le manuscrit du marquis Spinola (A), dont M. le comte Riant a bien voulu mettre une copie à ma disposition, parce qu'il est complet. Ce manuscrit renferme en outre des notices supplémentaires qui manquent au manuscrit de Paris; mais celui-ci contient des tableaux chronologiques et une carte qui manquent à l'autre.

J'ai cherché à améliorer les deux manuscrits l'un par l'autre et à former un texte aussi complet et aussi exact que possible, en utilisant toutes les bonnes variantes.

Le manuscrit Spinola a été écrit dans un dialecte un peu différent de celui de Paris, dont la langue est, je crois, vénitienne. Le dialecte du manuscrit Spinola est plutôt génois. J'ai relevé jusqu'aux plus minutieuses variantes de ces deux manuscrits, dans les seize premières pages de mon édition. Dans la suite, j'ai dû me borner aux seules variantes qui m'ont paru utiles au sens ou à l'intelligence de la rédaction.

HISTORIA

OVERO

COMMENTARII DE CIPRO,

DI

FLORIO BUSTRON[1].

ALLI ILLUSTRI SIGNORI CONTI, CAVAGLIERI ET NOBILI CIPRII,

FLORIO BUSTRON[2].

Dall'affetto della mia illustre et nobilissima patria mosso molti anni, fa che io mi sono travagliato, cercando per molt' historie di trovar[3] l'origine di[4] Cipro, et poi gli gesti de gl'antichi Ciprii. Non[5] restai per fatica di cercare tra libri latini, greci et francesi per trovare quel più che si poteva; nè mi sono sdegnato di domandare a quelli ho creduto che potevano sapere quelle cose che a' me non erano note. Et finalmente da Claudio Tolomeo Alessandrino della Geographia, da Plinio, da Tito Livio, Ovidio, Herodoto, Tuccidite[6], Ariano da Necomedia, Boccaccio dell'Origine de'gli Dei, Paolo Orosio, da Homero, Libanio sofista, Pindaro, Licofrono, Dionisio Perigista[7], Plutarco[8], Theodontio, Strabone, Isocrate, et Pausania, ho trovato alcune cose molto antique, delle quai[9] m'accomodai di dire la nobiltà et antiquità dell'isola succintamente; li nomi antiqui et la circonscrittione di quella, li fondatori delle cittadi antique con li siti d'esse, le rocche et castelli che vi erano con li nomi di essi, le fiumare principali, torrenti d'importanza[10], fontane di momento[11], li famosi monti, l'intrade che produce

Dédicace aux gentilshommes de Chypre.

---

[1] Paris; A manque de titre; B: *Historie di Cipri di Florio Bustron;* C: *Chroniche dil regno di Cipro.*
[2] Paris: *Alli illustrissimi signori conti, cavalieri et altri gentilhuomini ciprii.*
[3] Paris: *Trovare.*
[4] Paris: *de.*
[5] Paris: *Nè.*
[6] Paris: *Thuccidide.*
[7] Paris: *Periygita.*
[8] Paris: *Pluthearco.*
[9] Paris: *quale.*
[10] Paris: *principali.*
[11] Paris: *d'importantia.*

l'isola[1], le minere, e pietre pretiose, che si trovano[2], li huomini eccelenti in scienze, li huomini di santità, la valorosità de gli Ciprii in genere, et di[3] alcuni in particolare, la potentia et essercitatione loro[4] nel mare, come nel principio del libro vederete. Et poi chè[5] l'isola si destrusse per seccura, venne[6] santa Helena, la fece habitar un altra volta, et alhora[7] hebbe principio la Parichia[8]; et a che modo dal[9] tempo di Costantino fino il mille cento nonanta di Christo, l'isola fu[10] governata da duchi mandati dalli imperatori. Et in questo tempo, venne Ricardo, re d'Inghilterra, et prese il duca et li tagliò la testa; il quale vendete l'isola alli Templiarii; i quali essendo alle mani con li Greci, vendetero l'isola a Guido Lusigna, ottavo re de Hierusalem latin et primo signor de Cipro[11].

Ho poi trovato particolarmente i *Gesti di Ciprioti* in francese, scritti da Filippo de Navara, huomo universale, et il quale intervenne in molti fatti, et di guerra, et di patti di pace. Costui scrisse ancora un libro di materia delle nostre leggi municipali. Dopo[12] di lui, Gerardo Monreal tenne memoria di molte cose accadute in suo tempo. Mi sono valuto ancora dal *Libro de' Lignaggi Nobili*, et accomodato di molte cose da gli[13] libri delle *Remembranze della secreta* et dalle *Assise* in alcune parti.

Et scrissi gli gesti di[14] tutti gli re de Cipro latini, chiamati Lusignani, fino l'anno mille quattro cento cinquanta otto, che morì[15] re Giovanni. Et poi la vita, et morte del re Giacomo, figlio[16] naturale del re Giovanni, la quale viddi scritta da molti[17]. Nondimeno alcuni per odio,

---

[1] Paris.
[2] Paris : *trovavano*.
[3] Paris : *de*.
[4] Paris : *de gli Ciprii*.
[5] Paris; A : *come*.
[6] Paris; A : *et venuta*.
[7] Paris; A : *onde*.
[8] Paris et B; A : *hebbe la parichia*. Le servage des pariques ou paysans grecs. Voir L. de Mas Latrie, *Hist. de Chypre*, t. III, p. 520, 534, 540-541, 551, note.
[9] Paris : *et dal*.
[10] Paris : *fo*.
[11] Paris; A : *governata come Ricardo la prese et vendete alli Templiarii et loro a Guido Lusignan*.
[12] Paris : *Costui scrisse Girardo Monreal il quale scrisse anchora lui et tenne*.
[13] Paris : *i*.
[14] Paris : *de tutti li*.
[15] Paris : *morite*.
[16] Paris : *figliolo*.
[17] Paris : *abenchè molti l' hanno scritta*.

altri per invidia, et tali per cattiva relatione[1], tutti si sono deviati dal vero. Un mio parente, Giorgo Bustron, scrisse molte cose del detto[2] re particolarmente et, per quello posso considerar, senza passione[3]; dal quale, et dalle parole di mio parente[4], che in alcuni fatti[5] si trovò presente, ho' scritto quello che le nobiltà vostre leggendo intenderanno[6].

L'opera non è polità[7]; il parlar non è ornato di vocaboli esquisiti, nè ho osservato certo ordine, che molti dotti hanno tenuto nelle historie; però contiene verità, con quelle parole rosse[8] et stil inordinato. S'io havessi[9] saputo, l'haveria posto in miglior stile. Tal qual è, Illustri miei Signori, a voi la dedico; et vi prego la vogliate accettare, insieme col[10] mio buon animo. Ne vi richiedo per questo altro premio che di tenermi nella gratia delle Signorie Vestre, alle quali[11], con affettionato cuor[12], mi raccomando.

Nota che li nomi nella margine dell'historia sono autori da' quali ho' tolto la medemma historia[13].

[1] Paris: *parcialità.*
[2] Paris: *ditto.*
[3] Paris: *considerar ha scritto senza alcuna passione.*
[4] Paris: *padre.*
[5] Paris: *alcune sue cose.*
[6] Paris: *ho scritto la vita anchora et fatti di re Giacomo ultimo.*
[7] Paris: *pulita.*
[8] Paris: *rozze.*
[9] Paris: *se io havesse.*
[10] Paris: *con il.*
[11] Paris: *quai.*
[12] Paris: *cuore di continuo.*
[13] Nous les imprimons en lettres italiques.

LIBRO PRIMO[1].

Éloge de l'île de Chypre. Ses différents noms.

L'isola di Cipro, per oppinione de gli antiqui scrittori, è la più bella et la più fertile che sia al mondo; e però Homero e gl'altri antiqui auttori, volendo esaltar, lodar e[2] magnificar la dea che gli antiqui dicevano esser la più bella, la più leggiadra dea, la chiamavano Venere Cipro generata, volendo inferire che l'isola de Cipro solamente è degna d'haver generato una tal dea, e non[3] alcun'altro loco. Dalla fertilità della quale solamente nascono le cose cosi leggiadre, cosi belle, e cosi pretiose.

Cipro d'antiquità, et per conseguenza[4] de nobiltà, a nessun'altra isola[5] è inferiore; et conciosiachè le casate antique e tutte le cose più antique sono stimate più nobili, infina le pitture, le statue et le medaglie, quest'isola è nobilissima conciosiachè di longo avanza, et di antiquità, e di nobiltà, li tempi di Troia. E vedesi nel libro che Libanio sophista fece in laude de Antiochia, che, sino[6] dal tempo de Minos, re di Creta, et figliuolo[7] di Giove, che dopo il padre Saturno si stima essere[8] il secondo re frà tutti, l'isola de Cipro essere stata signoreggiata per un're potentissimo, nominato Salamis. Et un tempo fu degna essere sedia di nuove[9] re famosissimi.

Libanio.

Plinio, e Mustero.

Cipro antiquamente haveva diversi nomi, e chiamavasi Acamantida,

---

[1] Paris, qui seul des manuscrits divise l'ouvrage de Florio Bustron en livres, ne donne pas cependant de titre au premier livre.

[2] Paris : *et.*

[3] A : *non in alcun.*

[4] Paris : *consequentia.*

[5] Paris.

[6] Paris : *fino.*

[7] Paris : *figliolo.*

[8] Paris et B; A : *si stima il.*

[9] Paris : *nove.*

Philonida colonia, Xenagora, Aspelia, Amathùsia, et Cripto, perchè era ascosta nel mare, il che si dice, et per Delo, et per Rodo; si chiamava ancho Sfichia, e Chierastia. Cipro s'ha chiamato, come vogliono alcuni, da Cipro, figliuolo di Ciniro, e altri vogliono che sia da certi fiori chiamati cipro, de quali quest'isola haveva assaissimi. Li campi della quale erano e sono tanto d'arbori densi, pieni, che questi non si¹ potevano coltivare, ne con alcuno ingegno humano si potevano vincere, se ben con il fabricare de² molte navi, e per il continovo cocer³ de metalli una quantità incredibile di legna si consumassero. Onde per ciò fu deliberato nel conseglio⁴, che chi de questi arbori tagliasse quanto terreno di quello a cultura reducesse, tanto fusse suo proprio, et a questo modo fu redutto a cultura una⁵ gran quantità di questo terreno. Dalla qual' industria e fatica di consumar detti arbori si faceva⁶ più effetti; imperochè dalle medeme legne si facevano navi, si consumavano alle miniere⁷ di metalli, e massime di ferro; et di esse ancora si faceva la pegola, e nel terren redutto a cultura si seminava il caneppo⁸, acciochè per far le navi nulla cosa gli mancasse, le qual navi che si facevano si caricavano di metalli nobili.

Pindaro, Licofrono.

Eratostene.

L'Isola è circondata da tutte le parti dal mare; da ponente dal mare Pamphilio, verso mezzo⁹ dì dal mare Egittio e¹⁰ Siriaco; la parte d'oriente dal mare Siriaco; et da settentrione dal mare del stretto de Cilicia, hoggidì chiamata Caramania.

Situation et description de l'île.

Dionissio Periygita dice Cipro giace¹¹ nel golfo Pamphilio, apresso Phenitia, ara di dentro nel gran mare. In oriente si vedono le città de Salamina, et Egena, avanti al monte Soniado.

Dionissio.

Tolomeo descrive le parti orientali occupate da Salamina; le occi-

Tolomeo ¹².

---

¹ Paris et B; A: *che non si.*
² Paris: *di.*
³ Paris: *coccere.*
⁴ Paris: *consiglio.*
⁵ Paris.
⁶ Paris: *facea.*
⁷ Paris: *minere.*
⁸ Paris: *cannevo.*
⁹ Paris: *meggio.*
¹⁰ Paris: *et.*
¹¹ Paris: *jace.*
¹² Paris.

dentali Paphia, e tra queste e le meridionali è Amathusia, et il monte Olimpo; le settentrionali occupa poi Laphithos. Le città che descrive il detto geografo sono Papho, Palepapho, Curiu, Amathussa, Cition, Throno[1], Salamina, Carpassia, Venereum seu Aphrodissio, Macaria, Cerines, Lapitho, Solia, et Arsenoii; tutte queste città sono maritime. E mediterranee sono : Chitrus, Treminthus, e Tamassus. Strabone aggiunge altre quatro città, delle quali non si vede vestigio, ne si trova memoria alcuna dov'erano fabricate, cioè : Colee, Cinidia, Malea[2] et Idalium. Ho inteso, da alcuni vecchi, che molte de queste città, le quali[3] giudico non erano molto grande, siano distrutte da un'mostro chiamato Lamia. La qual Lamia, per quel che narra Plutarco nella vita di Demetrio, era una signora cripriota belissima, la quale per la suavità del cantare acquistò gran gratia appresso gli huomini; dapoi, dandosi agli amori amatorii, acquistò un nome celebre, et una fama inaudita di bellezze, appresso tutti gli huomini. In quel tempo di Demetrio, quantunque ella fusse d'anni maturi, nondimeno, per la venustà et mansuetudine, si faceva tanto ben volere, che sopra tutte l'altre donne era la più cara a Demetrio; et perchè Demetrio vinse Ptolomeo, e suo fratello Menelao, per mare e per terra in Cipro, e tolse alhora Lamia, facilmente, dicono che Lamia ha ruinate dette città, com'è verisimile; quelle delle[4] quali vi è qualche memoria nelli scritti, et in fatto si vedono vestigii. Dirò quello ho possuto intendere, et parte veder, come et dove erano; cominciando per ordine nel medemo stile, che Tolomeo le descrive. E prima diremo de Papho nova, la qual' prima è in ordine.

Plutharco.

Papho fù fabricata da Papho, figliuolo di Pigmaleone. Pigmaleone era figliuolo di Cilice; il quale essendo giovane, et preso dalla gloria de soi maggiori, i quali haveva inteso essere passati fino nell'occidente, et anco haver occupato il lito di Aphrica, fatta una compagnia di giovani di Cilitia, et di Phenitia, con un armata in Cipro, smontò col suo

Baffo ou Paphos nouvelle. Tolomeo[5].

[1] Paris; A : *Thono.*
[2] Paris : *Maleum.*
[3] Paris et B; A : *et Idalium; le quali.*
[4] Paris; A : *quelle quali.*
[5] A : *Thedosio;* Paris : *Theodotio.*

esercito; et indi cacciò gli antiqui Assirii, i quali con le forse del'antichissimo[1] Agenore, cacciati dalle antique loro sedi, ivi s'erano riparati. Quivi fermossi Pigmaleone, con li suoi[2] Cilici et Fenici, et con felice stato regnò. Costui aveva una bellissima moglie, et dilettandosi di scultura, anzi essendo in quella eccelentissimo, fece una statua di avorio, tanto simile a sua moglie, che, quando erano tutte due vestite ad un modo stando immobile, si stentava da lonzi a discerner qual fusse la viva. Con la qual moglie fece un sol figlio[3], chiamato Papho. Dopo la morte della moglie di Pigmaleone, gli fu edificato un tempio; et posta la statua d'avorio in un altare, venivano da lontan paesi per veder la sua bellezza come cosa miracolosa. Li poeti fingono che Pigmaleone, huomo d'alto ingegno, il quale haveva le mani atte ad ogni artificio, intagliò et fece di bianchissimo avorio una imagine con tutte quelle linee et portioni che parvero al voler suo; la quale mirando l'ingenioso huomo, et maravigliandosi dell'arte sua, lodando grandemente la bellezza di lei, di quella arse d'amore, e grandemente desiderava ch'ella fosse dona vera; di che incominciò à pregar Venere, ch'a quel tempo nell'isola era famosissima dea, che volesse far questa statua sensibile, infondendole anima, e facendola de suoi amori partecipe. La onde alle preghiere non mancò l'effetto, ch'ella divenne vera femina; la qual cosa veduta, Pigmaleone, pieno d'allegrezza per haver hauto il suo intento, con lei giacque, et incontanente la impregnò; la quale gli partorì un figliuolo, da lui chiamato Papho, et dopo morte lasciato herede del reame. Questa fintion[4] poetica, della imagine in bianco avorio fabricata piuttosto con ingegno poetico, che artificio humano, l'interpretano, che Pigmaleone, havendo sospetta la pudicitia delle donzelle povrette, ch'egli s'elegesse una, che per l'età tenerina mancasse d'ogni sospetto, e che di bianchezza e morbidezza fosse simile all'avorio; la quale havendo avezzata secondo i suoi voleri pria che la giovinetta fusse in la dovuta età, infiamato in concupiscentia di lei, incomminciò desiderare, et con preghi dimandar che tosto divenisse

Ovidio.

Boccacio.

---

[1] Paris: *antiquissimo.*
[2] Paris: *soi.*
[3] Paris: *figliolo.*
[4] Paris: *fittion.*

buona da marito. Onde finalmente avenuto ciò che desiderava, hebbe l'intento suo, et di lei hebbe il detto figliuolo Papho, il[1] quale essendo nel reame successo à Pigmaleone, dal suo nome chiamò la città di Papho. Paolo Orosio dice, nel libro da lui chiamato delle collettioni, ch'egli solamente hedificò il castello di Papho, et che da se gli diede nome; e volse che fosse dedicato a Venere, perchè in quello vi fece fare un sol[3] tempio, et altare a lei consacrato, dove con solo incenso longamente vi fu sacrificato. Da Papho nacque Cinara, si come dimostra Ovidio, dove dice :

Orosio[2].

> Di costei nacque quel Cinara, il quale,
> Tra i felici potrebbe essere havuto,
> Se restato pur fosse senza prole.

Detto Cinara è molto differente da quel Cinara che si dice essere stato re degli Assirii, e, piangendo le disgratie de figliuoli, cangiato in sasso. Di questo Cinara ciprio[4] non havemo altro che una sola sceleratezza commessa ignorantemente[5]. Perciochè, si come narra esso Ovidio, costui ebbe una figliuola chiamata Mirra; la quale essendo bella, et gia buona da marito, oltre il dritto s'inamorò del padre, et per opera di una sua balia, mentre la madre di lei celebrava i sacrifici di Cerere, ne quali, per spatio di nove giorni, bisognava ch'ella si astenesse da i congiungimenti del marito, secretamente usò de gli abbracciamenti del padre; la onde diventata pregna, partorì Adone; il quale essendo divenuto un bellissimo garzone fu amato da Venere, ch'a caso dal suo figliuolo fu d'amor percossa. Venere, si come Tullio dimostra, dove tratta Delle nature de gli Dei, è stata concetta in Soria e Cipro, cioè da un huomo assirio et da una donna cipria[7], la quale gli Assirii chiamarono Astarcon, e si maridò in Adone predetto, come afferma Lattantio, nel libro delle Institutioni divine. Ma nella sacra Scrittura con-

Tullio[6].

Latantio[8].

---

[1] Paris : *el.*
[2] Paris.
[3] Paris : *solo.*
[4] Paris : *Ciprioto.*
[5] Paris : *sceleratezza, perciò.*
[6] Paris.
[7] Paris : *Cipriota.*
[8] Paris.

tiene costei haver instituito l'arte meretritia, et alle donne haver persuaso lo sturpo[1], et che col corpo palesamente richiedessero il congiungimento; et ciò ha comandato, accio che sola tra l'altre donne non fusse tenuta impudica. La onde nacque, et longo tempo si osservo, che i Fenici donavano a chi gli sverginava le figlie prima che le maritassero, come mostra Agostino nel libro della Città de Dio, et Giustino nello Epitoma di Trogo Pompeio; dove scrisse Didone nel lito di Cipro haver rapito settenta donzelle, ch'erano venute a ricercar le primitie della loro virginità. Fu adunque Adone, re di Cipro, et marito di Venere; il quale fù morto da un cingiale. E quanto a Papho non havemo altro di quelli tempi, ne altro si vede al presente che due torri in foggia di castelli, et le chiese antique.

Agostino[2].

Giustino[3].

De quì, andando verso levante, era la città detta Palepapho, cioè Papho vecchia, habitata[4] da Agapinor, figliuolo di Angeo, figliuolo di Licurgo[5], re de Arcadia. Il quale, dopo la distruttion di Troia, et naufragio delle navi di Greci, venne col suo populo ad habitar in quella; dove ha fabricato il famosissimo tempio di Venere, la qual allora si sacrificava con gran divotione al luoco dove M. Giovanni Badoaro[6], gentilhuomo[7] venetiano, a nostri tempi, ha construtto un bellissimo palazzo, il[8] quale si vede sin[9] al presente, ma derelitto.

La vieille Paphos. *Strabone*.

Curion poi seguita, città fatta da gli Argivi, per il che si puo vedere quella elegia che comincia : « Noi, cerve sacre a Phebo, fugendo l'armi per l'onde, siamo venute quì con veloce corso; » volendo dir di Delo, over Rodo, che vede Curion. Questa era dove è hora Piscopia di Corneri, gentilhuomini venetiani, loco molto bello, e fertilissimo d'ogni sorte d'intrada; et ha un fiume che anchora[10] serva il nome della detta

Curium ou Piscopi. *Strabone*.

[1] Paris : *stupro*.
[2] Paris.
[3] Paris.
[4] B : *chiamata*.
[5] Paris; A : *Liurgo*.
[6] Paris; A : *Badoraro*.
[7] Paris : *gentilhomo*.
[8] Paris : *el*.
[9] Paris : *fin*.
[10] Paris : *ancora*.

città, et[1] chiamasi Curis. Apresso la città era il tempio di Apollo, in loco eminente e spacioso molto, superba fabrica, per quello che le vestigie mostrano, di colone di marmoro fino grosissime, et altre colone[2] di mestura. Et pocco più oltra, verso Garbin, era un theatro longo da circa cento passa, et largo dieci[3]; del quale anchor si vedono le mura più di tre brazza alte. Et nella vitta di santo Barnabo, apostolo, dice, ch' essendo venuto con santo Marco, evangelista, in quel loco, trovò che si faceva la festa di Dromo perfido, huomini et donne nudi. Et santo Barnaba maledisse quel loco, et rovinosi[4] la parte de ponente di quel theatro, et amazzò una parte delli festeggianti, e gli[5] altri fuggirono al tempio d'Apollo ivi vicino; nel qual loco se trovano al presente molte statue di idoli grandi, e picoli de marmoro, et altre di[6] pietra[7], e tutte rotte in più pezzi. Si vedono ancho molte sepolture sotto terra, fatte a scalpello[8]; nelle quali si trovano vasi di pietra cotta, qualche anello d'oro, medaglie di ramo et argento, qualche una di Tolomeo, et d'altri re antiqui. Et il vescovo greco di Limisso ha, al presente, il titolo di Cureon Amathunda, et delli greci de Limisso.

Amathonte, Limassol.

Seguita poi Amathonda, hora chiamata Limisso vecchia, fabricata da gli Argivi, et consecrata alla dea Venere, per il che tutta l'isola si chiamava[9] Amatunda[10]. La città era appresso la marina; città molto grande, nobile, forte, e dilettevole; la qual haveva il suo castello, ch' anchor si vedono[11] parte delle mura di esso, in loco molto eminente. Appresso la marina vi è[12] una torre fortissima, che serrava il porto; dove adesso è una spiaggia assai commoda; e a canto alla marina, si vede un spatio di loco di forsi mezo miglio italiano, lavori di musaico; si vedeno molte cave, e sepolture. Vi sono dui vasi di pietra grandi in

---

[1] Paris : *e.*
[2] Paris.
[3] Paris : *diese.*
[4] Paris : *rovinossi.*
[5] Paris : *li.*
[6] Paris : *de.*
[7] Paris : *piera.*
[8] Paris : *scarpello.*
[9] Paris, A : *chiama*
[10] Paris : *Amathussia.*
[11] Paris : *vedeno.*
[12] Paris : *vè.*

la sumità del castello in' forma di pitheri, ch'ogn' uno di quelli puol capire formento moggia cento, et attorno d'essi ci sono arme intagliate, le quali sono dui tauri.

È poi la città de Cition, fondata de Chestim[1], uno dei figliuoli di Giava, che fu figliuolo di Giapeto, et era uno de condottieri delle colonie del avo. Costui, essendo andati gli altri in lochi diversi della Soria, passò in Cipri, e fondata questa città, hebbe nomme l'isola Chetima, come in alcuni si legge, la qual era ornata di porto chiuso. Era città ampiissima, la porta[2] della quale era appresso l'lago delle Saline, perciochè[3] Cition era dov'è hora il casal Larnaca[4] delle Saline; et Larnaca in lingua greca vol dir[5] sepoltura. Et in fatto, si vedeno in ditto casal molte sepolture bellissime sotto terra in foggia di camere quadre in volto, et fodrate di marmori con statùe[6] intorno; et le porte et scalini di lavoro bellissimo. Et fora del casal, in una valle, vi sono dall'una et l'altra banda, molte sepolture per ordine poste sotto terra di marmoro finissimo. Il porto, al presente, è munito di modo che apena si può considerare il loco dov'era; ma vi è una bellissima spiaggia, et sicurissima[7] delle Saline, dove al presente fanno scala tutte le navi che vengono in Cipro.

<small>Citium ou Larnaca.</small>

<small>S. Hieronimo nelle Questioni hebraiche, et Giosep nell' Antiquità.</small>

Al capo della Greca, segna Tolomeo, ch'era un'altra città chiamata Throno, che vuol dir Sedia; ma di questa non ho alcuna notitia, ne in alcun[8] historiographo trovai alcuna memoria.

<small>Throni. Tolomeo.</small>

Più in là, si vede la città di Salamina, fabricata da Theucro, fratello di Aiace, et figliuolo di Telamone, e de Hesiona, figlia di Lacedemonte, la qual pare che non fosse moglie di Telamone; perciochè Homero, alle volte, nella Iliade, dice che Teucro era bastardo. Costui

<small>Salamino.</small>

---

[1] Paris : *Chetin.*
[2] Paris; A : *porte.*
[3] Paris : *perochè.*
[4] Paris : *Larnica.*
[5] Paris : *dire.*
[6] Conjecture; A et Paris : *suaze.*
[7] Paris : *segurissima.*
[8] Paris : *alcuno.*

nondimeno era huomo[1] molto famoso, e nell'armi valente, et insieme col fratello Aiace, andò alla guerra di Troia; ma, finita quella, et ritornando verso la patria senza il fratello, non puote esser ricevuto; però venne in Cipro[2], et ivi edificò la città di Salamina, et vi habitò l'avanzo della vita sua. Et dopo lui, li suoi discesi[3] longo tempo ottenero il regno, come nella vita di Evagora brevemente diremo. Questa città, in tempo di Christiani, si chiamava Costanza; et sin[4] al presente quel stagno che tanto nocevo a Famagosta, si chiama della Costanza; et il vescovo greco de Famagosta si chiama arcivescovo di Costanza. La qual era città grande, e forte, e da un torrente chiamato Pedea, et dal mar[5] era tutta circundata d'acqua, la qual cosa la rendeva fortissima, in quelli tempi massime che non erano artellarie. Di acqua pativa, perch'era salmastra, et perciò fu fatto un acquaduto[6] dalla Chitria sin là, che sono trenta e più miglia italiane, che a veder le vestigie e volti di tal acqueduto par cosa molto superba; e da quell'acqua della Chitria impivano le cisterne, delle quali la città era abondante; et tra le altre io ne vidi una con LX boche, fatta in volto, si che in un tratto potevano da quella trar acqua LX persone. Era città principale di ricchezza[7] abbondantissima, e di fabriche e riche et belle ornatissima, di colonne di marmoro finissimo piena; et ogni giorno trovano molte gioie, medaglie d'oro, d'argento, et di ramo, anelli d'oro, colari, pendenti et manili d'oro, et monumenti fora[8] di marmoro, et altri di pietra[9] cotta; et non è gran tempo, che fu trovata la sepoltura di santo Epifanio con lettere grece, che cio facevano noto; hora è del tutto destrutta, et chiamasi Famagosta vecchia.

Carpasso.

Carpassia era in fine[10] dell'isola, città fabricata da Sarpedone; hora è casale de gentilhuomini particolari, loco de bonissimo aere, et perfet-

---

[1] Paris: *homo.*
[2] Paris: *Cipri.*
[3] Paris: *descesi.*
[4] Paris: *fino.*
[5] Paris: *mare.*
[6] Paris: *acqueduto.*
[7] Paris: *richezze.*
[8] Paris: *fuora.*
[9] Paris: *piera.*
[10] Paris: *fin.*

tissime acque, et è tra monti odoriferi, ne quali nascono rosmarini herba di san Zuane, salvia[1], et rutta assai; si vedeno molte chiese lavorate di musaico minutissimo in terra, et è alquanto infra terra, et è sopra un monte.

Alla volta di tramontana v'era Cerines, fabricata da Ciro, re di Persia; il borgo della quale era forte; ma per fortificar el castello s'ha ruinato el borgo, et s'ha fatto el castello picolo, ma però fortissimo. Due leghe più verso ponente, vi è la città di Lapitho, hedificata da Paxandro di Laconia. Appresso di cui era Agido, città fortissima et in sito molto ameno, nella quale si vedeno alcuni torrioni con pietre conze in forma di diamante, che sono cose superbissime, et torrioni fatti a scalpello[2] in rocca viva; haveva bellissimo porto, et arsinale[3]; et vedesi, sino[4] al dì d'hoggi, appresso la casa, che si giudica esser la regia, peschere dentro nel mare tagliate in rocca viva quadre con alcuni canalli, dalli[5] quali intrava l'acqua marina, et pesse.

Nelle zenzive del mare, et dentro nella città, vi sono fontane grosissime d'acque perfette di buontà[6], e fresche; l'aere è sanissimo; e tra li altri venti la tramontana, che nel resto dell'isola è nociva, in questo lito è molto fresca l'estate[7], et sana. Il porto al presente è atterrato, et a pena si può comprender dov'era, o sin dove si estendeva; si vedeno molti monumenti sotto terra in grotte, et ancho in archi[8] di sopra[9]; vi sono molte colone di marmoro finissimo, et segnali di chiese con lavori di musaico in terra.

Appresso Pendaia era la città de Soli, antichamente chiamata Epena, fabricata da Demophonte, figliuolo di Theseo, nel loco de Mirianthussa[10],

Cérines.
Leggenda di san Barnaba.
Strabone.

Soli et la vallée de Solia ou du Mirianthoussa.

[1] Paris; A: *rosmarini, salvia.*
[2] Paris: *scarpello.*
[3] Paris: *arsenale.*
[4] Paris: *fino.*
[5] Paris: *da gli.*
[6] Paris: *bonta.*
[7] Paris: *l'instate.*
[8] Paris: *arche.*
[9] Paris: *sopra.*
[10] Paris.

Plut. nella vita di Solon.

Strab.⁴.

Herodoto.

loco sicurissimo[1], ma aspero. Et quando venne Solon bandito da Athene, fu ricevuto[2] dal re Philocipro in detta città solennemente; al' quale persuase Solon che a migliore et più ameno sito la traducesse, et la facesse più gioconda e maggiore, et esso in ciò fu adjutore, et ordinò una città con ottima disciplina, et securitade; il che a Philocipro fu causa di havere molto più di habitatori a gl' altri regi di emulatione; e volendo rimunerar[3] Solone, lo chiamò Solia. Dalla qual città era Stanasor, che fu poi compagno d'Alessandro, huomo che per le sue virtù meritò principato. Questa città era appresso il casal Leuca, nella qual[5] si vedono li vestiggi[6] della città ampiissima, et in quella si trovano sotto terra sepolture bellissime di marmoro con li soi coperchi, et dentro si trovano[7] annelli, pendenti, et molte gentilezze antique. Et non è molto tempo che s'è[8] trovato una sepoltura di marmoro finissimo, lavorata a figure in tutte quatro le parti, tanto naturali che non li mancava altro che il fiato; erano donne et huomini a cavallo senza selle, e senza briglie, con bastoni in mano, e mostravano guereggiare, in terra cadute alcune, in atto tanto naturale che non parevano di pietra, perchè se le[9] poteva vedere[10] le gionture, nervi, vene, ungie, e moscoli, certo fatti con grandissimo artificio da quelli maestri antiqui famosissimi. Questa sepoltura stava[11] in mezo di qualche tempio, con quatro colonette alzata di terra, a benchè la[12] fu trovata sotto terra, et mandata a Venetia del mille cinque cento cinquantotto, per il magnifico[13] M. Gioan Rhenier locotenento[14]. Il porto di questa città è munito di terra, e anchor si vedeno parte delle fabriche con colone di marmoro, et altri vestigii de chiese, et palazzi ruinati.

Questa città fu ruinata da Persianii, pochi anni da poi che la[15] fu fa-

---

[1] Paris : *securissimo.*
[2] Paris : *recevuto.*
[3] Paris : *remunerar.*
[4] Paris.
[5] Paris : *quale.*
[6] Paris : *vestigii.*
[7] Paris; A : *marmoro, anelli.*
[8] Paris : *s'ha.*
[9] Paris : *li.*
[10] Paris : *veder.*
[11] Paris : *steva.*
[12] Paris; A : *che fu.*
[13] Paris; A : *il M. Gioan.*
[14] Paris : *locotenente.*
[15] Paris; A : *che fu.*

bricata; imperochè in tempo del re Dario tutta l'isola gli rebellò, eccetto la città di Amathonda; et questo per suggestion de Aristagora, governator de Mileto, genero di Histeo, il che fu in questo modo. Onesillo, germano di Gorgo[1], re di Salamina, figliuoli[2] di Cherso, nepoti di Siromo, et pronepoti di Eveltonte; Onesillo, dico, più volte haveva sollecitato il fratello a rebellarsi al re, e alhora, vedendo la Ionia sollevata tutta quanta, instava più sollecitando il suo proposito; ne potendo indur Gorgo, al suo volere, con le parti ch'egli haveva[3] nella terra, lo cacciò fuori; et Gorgo, privato dello stato, si redusse in Persia. Onesillo sollecitando gli altri a rebellarsi[4] in breve, fece tutta l'isola rivoltar, eccetto gli Amathusii; questi stetero costanti sempre nella fede del re, onde Onesillo pose loro l'assedio d'intorno. Ma, poco tempo di poi, fu riportato ad' Onesillo, come Arthibio, il più franco battaglier c'havesse il regno tutto di Persia, in Cipri ne veniva per levarlo dall'assedio di Amathonda[5]. Ond'egli convocò di tutta Ionia l'armata, la quale venne in Cipri; et poi passarno anche nell'isola i Persiani con l'armata di Phenitia, et poi per terra andorono a Salamina, et l'armata loro li seguitava, volgendo il promontorio appellato la Chiave de Cipri. I principi cipriani, venuti a parlamento con[6] i capitani dell'armata ionica, donarono a loro la elettione di due[7] partiti: overo, dando essi le navi, descendessero in terra, et prendessero la battaglia co Persiani; overo combattessero co' i Phenici in mare, et essi con l'essercito terrestere prenderebbero[8] l'impresa con i Persi. Elessero gli Ionii la battaglia navale; e li Cipriani[9] con ordinate schere andorono a riscontrar l'essercito di terra nella pianura sotto Salamina; a tutte le nationi ch'erano condotte da Arthibio, si opposero tutti li principi et re dell'isola; ma contro alli Persiani erano ordinati Salamini, et Soliensi; et Onesillo contro la persona di Arthibio era direttamente

---

[1] Paris et B; A: *Georgio*, ici et plus loin.
[2] Paris: *figliolo*.
[3] Paris: *haveà*.
[4] Paris: *rubellarsi*.
[5] Paris: *Amathonta*.
[6] Paris: *co*.
[7] Paris: *dui*.
[8] Paris: *prenderebbono*.
[9] Paris et D: *Cipriani*.

apposto. Era, com'è detto, Arthibio il più gagliardo combattitor c'havesse tutto l'Oriente; cavalcava poi un cavallo amaestrato contra al nemico maravigliosamente. Onde Onesillo, poi che con uno delli guardiani della persona sua si fu composto che al cavallo dovesse attendere et esso attenderebbe al cavaliero, discese alla battaglia; e[1] in mare e in terra, ad un' medesimo tempo, insieme s'affrontorono con gran valorosità. Combatterono quel' giorno le navi ioniche, e sopra tutte quelle da Samo sconfissero i Phenici, et disiparono tutta l'armata loro. In terra s'attacorono anche con grandissimo ardire tutte le schiere, et prima delle altre le due che da dui valentissimi capitanii erano governate; e essendosi con le proprie persone loco azzuffati, fu ucciso[2] il cavallo d'Arthibio, e[3] cadde a terra, et morì esso et il[4] patrone. Et mentre che la battaglia era in più fervore, Stesenore, principe de Curion, con tutti i soi passò dal lato de nemici. Salaminii, c'havevano le carrette armate, dapoi li tradimenti di Stesenor abbandonarono[5] il campo, et comminciorono[6] i Persiani ad haver il miglior[7] della battaglia; e furono sconfitti i Cipriani con molta occisione, et morì, tra gli altri, Onesillo, il capitanio quel era stata caggion de far rubellar l'isola. Morì anche ivi Aristocipro, re di Solia, che fu figliuolo di Philocipro, di quel Philocipro dico, che da Solone[8] Atheniese cotanto fu con versi celebrato, il quale haveva fabricata Solia. Gli Amathusii, liberati dalla ossidione, portorono[9] dentro in la città loro il capo di Onesillo, et sopra le porte l'impesero; nel quale, da poichè fu voto, entrò[10] un sciamo d'ape e fece vilebresche; et cosultando di ciò gli Amathusii all'oracolo, fu loro risposto, che dovessero con honore quel capo sepelir, e far per ciaschedun[11] anno sacrificio a Onesillo come a heroo; la qual cosa si osservò lungamente. Gli Ionici, che nella battaglia na-

---

[1] Paris : *et.*
[2] Paris : *occiso.*
[3] Paris.
[4] Paris : *el.*
[5] Paris : *abbandonarno.*
[6] Paris : *cominciarono.*
[7] Paris : *meglior.*
[8] Paris; A : *Salone.*
[9] Paris : *portarono.*
[10] Paris : *intrò.*
[11] Paris : *ciascadun.*

vale havevano contro a Phenici combattuto, intendendo la sconfitta de Cipriani se ne tornorono[1] a dietro.

Tutte le città dell'isola furono assediate, eccetto Salamina, restituita a Gorgo[2], suo primo re lungamente; et più dell'altre sostene Solia l'osidione, la quale il quinto mese fu vinta da Persiani, che le mura tutte intorno gli ruinorono[3]; et in questo modo furono di novo soggiogati i Ciprii, essendo un'anno dimorati nella libertà.

Alla volta de Chrussocho[4], era la citta d'Arsenoe, fondata dalla moglie di Tolomeo Philadelfo, nominata medemamente Arsenoe, sorella di Cleopatra; città ornata di porto, et è al promontorio Pedasia, a cui soprasta un colle alto che dimostra la figura d'una mensa, sacra a Venere gia, secondo il costume di gentili. La città era in loco eminente, e sotto di quello vi è una bella campagna verso garbini; et passa appresso di quella una fiumara che corre d'inverno et estate[5] continuamente. Hora è un casale della reale, chiamato Poli; ed il vescovo greco di Papho è intitolato vescovo d'Arsenoe et delli Greci di Papho.

<small>Arsinoë.</small>

Dopo questa città, verso occidente, v'era Acamante, dove è il promontorio detto[6] Acamas, et era un castello fabricato da Phalero et Acamante, Atheniesi.

<small>Acamante.
Herod.[7]</small>

Sono medemamente alcune roche inespugnabile, fatte in tempo de Christiani, còme è quella de Cantara; la quale è in cima di un monte altissimo et asprissimo, che con difficoltà grande vi si puol andare; et solamente dalla parte di levante, dov'è la porta, vi è loco da poter star in piedi[8], et il resto del loco è precipitoso, et che non si può per niente caminare. Questa rocca ha cisterne sane, et buone, e le stantie con poca

<small>Châteaux. Cantara.</small>

---

[1] Paris : *tornarono.*
[2] Paris et B ; A : *Georgio.*
[3] Paris : *ruinarono.*
[4] Paris ; A : *Chrusso che.*
[5] Paris : *d'instate.*
[6] Paris : *ditto.*
[7] Paris.
[8] Paris : *pie.*

spesa si reduriano in esser, che sino[1] del mille cinquecento venti cinque si vardava con una compagnia de soldati italiani, mandati da Famagosta.

Buffavent.

La rocca di Buffavento, nella quale non si puol andare, se non con gran pericolo a piedi, et tenendo ancho con le mani; dove sono medemamente in cima d'un' altissimo monte cisterne, et molte stantie, che si potriano redur con facilità in esser di potersi salvar in quella per una correria; dal qual loco si scopre la Caramania, dalla parte di settentrione, e dal' ostro si vede Nicosia.

Dieu-d'amour.

Era anchora la rocca, seu castello, chiamato Dio d'amor, ch' era nel monte de Santo Hilarione, che anchor quella era et forte e spaciosa; ma hora redutta peggio di alcuna delle due prime dette di sopra.

Syvori.

Il Castel Franco era al casal Syvori, qual è sito in terren piano, et è quadro con quatro torre in li quatro cantoni, e la sua porta con ponte levador; e interno d'esso, fosse profonde et larghe, le quali se impivano d'acqua dalla fiumara di Pedea, fabricato per il re Giacomo primo, et è poco tempo che s'ha cominciato a ruinare.

Limassol.

A Limiso era un' castello di Templieri, fatto con grande ingegno, et artificio, cosa fortissima; et dopo distrutti[2] li cavalieri di quella religion, rimase il castello al publico, et perchè era mal guardato del 1538, venne dieci galie turchesche, et non havendo trovato nel castello altro che il castellan, et sua moglie, et figlie, l'hanno preso con gran difficoltà, et menato via il castellano, et detta sua brigata. Et dapoi[3], partitosi li Turchi, per conseglio di persone di guerra pratiche, concluse il proveditor de Cipro M. Francesco Bragadin, et li rettori di ruinarlo; et hanno speso tanto per ruinar una parte d'esso, che con altro tanto, e forsi meno, l'haveriano assicurato, e fatto inespugnabile.

[1] Paris: *fino*. — [2] Paris: *destrutti*. — [3] Paris: *dopoi*.

DE L'ÎLE DE CHYPRE.

E anchora al Colosso, casal delli cavalieri di S. Gioanne dell' Hospedal, una torre alta de quatro solari tutti in volto, et per battaglia da mano[1] sicurissima, et anche in una correria si ponno salvar là dentro le intrade più nobile, et molte persone; et è con il suo ponte levador, et con un' pozzo, et una cisterna dentro fatta de muri grosissimi.

Colossi.

Al casal Gastria, dove Tolomeo descrive esser l'isole chiamate Clides, vi era un castello di Templieri, il quale al presente è del tutto ruinato, ne vi si vede cosa alcuna.

Città mediterranee Tolomeo mette esser state tre, cioè : Chitrus, Tamassus, et Treminthus. Chitrus era dov'è hora Chitria, al loco detto Paglia Piscopia, che vuol dire Vescovado vecchio, alla mezaria d'un monte alto, et dalla città in suso loco aspero. Ma nel loco della città, sono acque assai, et giardini[2]. Et cosi, da quello in giù, a pie del detto monte verzo[3] mezo giorno, è una pianura larghissima, et molto dilettevole, piena di verdure, che dalla città si vedeva tutta; hora è del tutto destrutta detta[4] città.

Villes de l'intérieur. Chitro ou Kythrea.

Tamassus era nella contrada c'hora anchor serba il nome di Tamassia, et non si veden vestigii de quella, se non il casal chiamato Politico, che vien'a dire civile; il qual casal è tra monti, cinque leghe distante da Nicosia.

Tamasso.

Treminthus era in la Massaria, nel casal c'hoggi dì si chiama Trimithussia delli Babini, gentilhuomini de casata antiqua, e nobile. Vestiggi de città in quello non si vedono[5]; il loco è piano, buone acque de pozzi, et terreni fertili di biave, ma nell' estate[6] non ha verdura di sorte alcuna.

Treminthus.

La città de Nicosia, la quale non è mentionata[7] da questi historio-

Nicosie.

[1] Paris : *man.*
[2] Paris : *zardini.*
[3] Paris : *verso.*
[4] Paris : *ditta.*
[5] Paris : *vedeno.*
[6] Paris : *mad' instate.*
[7] Paris : *menzonata.*

graphi, era però in tempo de Christiani greci habitata, se ben non haveva muraglia, ma solamente un' castello in mezo la città; il quale era all'incontro la casa c' hora è del signor conte de Rochas, per levante; et era per battaglia da man fortissimo, nè per altra via che di longo assedio si poteva mai prender. Questa città, in tempo di Triphillio, vescovo consecrato dall' arcivescovo de Salamina Aristocrate, era nominata Callinichi; et poi in una lettera, che gli scrisse il detto arcivescovo, si vede nella mansion che dice: A Triphillio, vescovo di Leucadii, si che si comprende da quella, che prima si chiamava Callimichi, et poi si chiamò Levacadion[1], et a poco a poco fatta Leucosia. Alcuni dicono che il primo habitatore chiamavasi Leuco, et sua moglie Sia, et da questi nomi fu composto il nome della città di Leucosia. Strabone, nel libro sexto, riferisce: « Leucosia, insula contra Pestanum si- « num, in mari Tyrreno, Lucanie adjacens, parvum ad continentem « habens cursum; dicta Leucosia ab. una Sirenum, que hoc in loco « periit, quum in profundum sese abjecisset. » Festus « ab Aenee con- « sobrino loco datum nomen existimat, quin et Samothracia Leucosia « prius est appellata, ut inquit Aristotiles[2] » (*De Republica*).

A me pare habbi havuto questo nome la città, dal sito dov' è posta, perochè *leucon*, in greco, se ben vuol dire bianco. Ma da alcuni vien interpretata selvosa valle, et conciosia, che il luoco dov' è fabricata era una valle piena d'alberi densissimi; et precipue al loco dov' è al presente la chiesa di Santo Triphillio, era palludo; in memoria di che, ogni anno, il dì della festa di santo Triphillio, si sparge in detto loco gionchi, e altre herbe che nascono ne palludi, per redur in memoria alle persone, che quel loco altre volte era palludo; et però considero, che dal sito di questa selvosa valle, habbi havuto il nome de Leucosia, com' ho predetto.

Le muraglie della città le commiciò re Pietro de Lusignan, detto il valente; et poi suo fratello Giacomo le fece, al modo che sin hoggi dì si vedono; come al tempo de detti re diremo appresso. La città, come s'è

---

[1] Paris: *Leucadion*. — [2] Paris: *Aristotides*.

detto, è posta in una valle larghissima, et è eminente per tramontana;
et si vede che le acque da ponente corrono tutte al ponente, et l'altre
al levante; et la città sta in mezo la valle et monti, che per tramontana
è distante dalli monti sei e più miglia italiane, nell'ostro, anchor che
sia congiunta con certe colline, ma dalli monti è distante quindici e più
miglia. Quelle colline, che gli sono appresso, si potriano con facilità
metter dentro in la città, et farla maggiore, che faria doi effetti, uno
che fuggiria quel pericolo dell'eminentia, et l'altro che capiria molta
gente de quella de casali; et circa questo, non mi voglio dilatare hora
più, per non esser tempo.

La città al presente è nobile et è stata regia, habitata da tutti li re
latini, dal millecentonovanta sino al mille quattro cento settanta tre.
La stantia delli quali era nella piazza detta da basso, nel loco dove si
mette al presente il stentardo in piazza. La fama della qual stantia era
per tutto, et chiamavasi «la ben composta corte real». La quale del
mille quattro cento ventisei, fu bruciata dalli Saraceni, come al suo
tempo diremo. L'aere di questa città è sanissimo, l'acque perfette, massime quella della citadella; le persone nobile, accostumate civilmente;
chiese ve ne sono molte, et latine e grece, et ben officiate; monasterii
greci, dotati riccamente, et in Nicosia, et fuora per l'isola. Et le genti
sono religiose et devote, massime il populo, il quale anchorchè non
habbia persone dotte, non dimeno ogni dì studiano in fabricar, et ornar
le chiese, et in quelle far celebrar il culto divino con buona dispositione. Ci sono in questa città de diverse generazioni habitatori, et tutti
hanno chiese, et vescovi, secondo i loro riti, et celebrano cadun di loro
secondo il suo costume. Et prima sono i Latini e Greci, che di questi
è la maggior parte. Si sono poi Armeni, Maroniti, Cofti, Jacobiti, et
Nestorini. L'appellation de tutti vanno al vicario dell'arcivescovo de
Nicosia latino; et anche le sententie de vescovi latini de Papho, Limisso et Famagosta hanno appellation al vicario predetto.

Vi è anchora la città di Famagosta, la qual era in tempo de Greci, *Famagouste.*
et chiamavasi Amocosti, che vien a dire Ascosa nell'arena. Ma i Latini

la fortificarono, e fecero il castello con il porto di cadena, e arsenali; e poi li signori Venetiani la fecero tanto forte, quanto altra città che sia al mondo. Questa pativa di buon aere, e di buon acqua, perochè le acque delli pozzi sono salmastre, et si servivano di cisterne, le quali ogni tratto si guastavano, et stentavano a conzarle per non haver buoni maestri; hora s'è trovato un pozzo di buonissima acqua, e tanta che mantiene tutta la città. L'aere era pessimo per cagion di quel stagno della Costanza, che, la notte e la mattina, levava quel loco alcuni vapori corrotti dal fango puzzolente, et quando soffiava la provenza amorbava gli habitanti. Alla qual Costanza, pochi anni fa, che l'hanno seccata, e datto essito all'acque di quella, è però manco nocivo adesso, di quel che era per avanti.

Limassol. Mi resta dire di Limisso, la quale è stata città moderna, et in tempo de Latini ruinata da moderni. Veramente questa città è in un' sito bellissimo, acque perfettissime, aere ottimo; il lago li è viccino, che s'ha sempre del pesse in abbondantia, massime dorade, ch'è il miglior che sia in tutta l'isola de Cipro; carne ha d'ogni sorte abbondantissima. De cacciagioni da cani, et da falconi, è comodotissima. Vini et ogli li sono appresso, e medemamente le legne. Ha poi una spiaggia romana che possono star molte navi, et è terra commoda da trafico di Soria, et Alessandria. E quivi tutte le navi venetiane, al partir suo, si forniscono di vino, acqua, e legne, oltra che buona parte de cottonii, e la maggior parte de zuccari se levano da quel rivaggio.

Rivières. Fiumare vi sono quattro principale, quale nascono tutte quattro da un altissimo monte detto Triodos; et queste sono chiamate: Caris, Curis, Diariso, et Niffatis. Caris corre verso tramontana, et va alla valle Solia[1] abeverando li casali Cacopetria, Galates, Tembria, Coraco, Agroladu, San Piphani, Evricho, Flassu, San Zorzi tu spuru, Linu, Petra, Eglia, Melanissia, et Peristeronari. Curis corre verso meridie, e va

[1] Paris; A : *Solio.*

nelli baliazi della Piscopia la mità, et l'altra mità al Colosso della religion de San Gioanni dell'Hospedal; li quali baliazi fanno cottoni, et zuccari perfettissimi. Diariso corre medemamente verso meridie, et va al baliazo de Mamogna, e de Covocla[1] della real; et fa zuccari, et cottoni bonissimi, et molti. Niffatis corre verso tramontana, et va al bailaggio de Levca[2] della real, et fa zuccari, et cottoni. Vi è ancho il fiume detto O Xeros, et alcuni altri, ma non di tanta importanza come li sopra detti.

Sono torrenti principali doi, uno si chiama Pedea, che va in la Messaria, la bocca del quale è a Salamina, o vogli Costanza, et questo torrente corre solamente d'inverno, et è di grandissima importanza; col quale si uniscono molti altri torrenti. L'altro torrente vien detto Ourios, il quale finisce al casal Morpho, del conte de Rochas, et al casal Mnassi[3]; et medemamente con questo si uniscono molti altri torrenti d'inverno. Sono molti altri torrenti[4], i quali non durano se no tanto quanto dura la pioggia.

Fontane d'importantia sono principalmente quella della Chitria, la qual oltra che è grande tanto che abeveria li terreni di XII casali d'inverno et de estate, è ancho a vederla cosa d'ammiratione, perchè in cima d'un monte altissimo et nudo d'alberi, surge in sei passa di loco tanta acqua che puo girar quattro molini: et, pocho più basso, della sfondatura de una rocha viva, corre con un'impeto che mette terrore a chi la vede d'appresso altra tanta acqua quanta la prima. Et tutte due si uniscono poi, e vengono giuso per li casali Chitria, Chrussida[5], Trachoni, Guion Chorion, Chiprio, Agorastu, Voni, Sicà, Palochitro, Exometochi, Epicho, et Paglia[6] Piscopia; e fa girar più di cinquanta molini; et si vedono li vestigii che antiquamente quest'acqua andava sino a Salamina[7], come habbiamo detto di sopra.

Torrents.

---

[1] Paris; A : *Cavocla.*
[2] Paris et B; A : *Leve.*
[3] Paris; A : *Morassi.*
[4] Paris et B.
[5] Paris et B; A : *Chrusseta.*
[6] Paris et B; A : *l'aglia.*
[7] Paris; A : *Salamia.*

La fontana de Lapitho è grande, et rende grande utilità alla reale, facendo zuccari, e cottoni. Ci sono molte altre fontane picole, et alcune che se uniscono insieme, e fanno intrade, et alla reale, et anche a particolari, delle quali sono molte che saria gran fattura chi le volesse nominar tutte.

Montagnes. Strab. Papa Pio II[2].

Monti famosi è quello della Croce, che per alcuni è chiamato monte Olimpo, nel quale era fabbricato il tempio della dea Venere Acrea, nel quale non era lecito alle donne andarvi[1], nè di vederlo. Hora è una devotissima chiesa, in cima di quel monte, dedicata alla santa Croce; et serva il nome sin hoggidì in quel contorno de Acres, dalla predetta dea Venere Acrea; et anche del monte Olimpo vi è uno casale[3] vicino chiamato Olimpia. Un' altro monte vi è che da gli antiqui si chiamava Lambadisto, da altri Chionodes, et al presente Triodos. De Lambadisto fa fede colui che scrisse la vita di santo Barnaba apostolo, il quale dice esser venuto con santo Marco evangelista, et passarono il monte Lambadisto, over Chionodes, per andare da Cerines a Papho; et medemamente un' huomo di santa vita, chiamato Gioanni, per esser del memo loco chiamasi san Gioanni Lambadisti, che appresso li Greci è di gran veneratione. Chionodes giudico sia chiamato, però che sempre ha neve in cima di quello, et Chionodes in lingua greca vuol inferire pien di neve; e questo è il più alto monte che sia in Cipro. In questo monte Chionodes, in un' pezzo di marmoro, vi sono scritte tre lettere grece, cioè *v. n. o.*[4] quali sono interpretate . . . . νος ορεον νιντα φιρι τον ρεφτλον οινατοτι τον ιδιατον[5], vol[6] dire summità de monti, refugio delle nevi, et radunanza dell' acque[7].

Li monti di Cipro sono dui che continuano, cioè quelli della parte australe, comminciano dalla contrada de Masoto, et vanno sino a Papho sempre continuando; e quelli dalla parte settentrionale, se bèn

---

[1] Paris; A : *andari*.
[2] A : *Papa Pio III*.
[3] Paris et B; A : *cale*.
[4] B : *v. χ. o.*
[5] B seul donne depuis le mot *vos*, jusqu'à ιδιατον. — [6] B: *puol*. — [7] Toute la phrase, depuis ces mots : *In questo monte* jusqu'à *dell' acque,* manque dans Paris.

non sono cosi alti, ma più asperi et horridi[1], li quali cominciano da Cormachiti, et vanno per levante sino a Riso Carpasso, facendo, in mezo di questi due, una valle ampiissima di queste contrade, cioè Pendaia, contrada de Nicosia, chiamata del Viscontado, Massaria, et Saline.

L'isola produce formenti, orzi, legumi, meio, et rovi in quantità, cottoni perfetti, zuccari perfettissimi, frutti et verdure d'ogni sorte, oglio, sussimano, et vino che non ha paro al mondo. Di miniere s'atrovano d'oro, d'argento, stagno, piombo, latton, ramo, et ferro. Delle cave de quali metalli si vedono per li casali monti grandissimi. Alume[2] de rocca se ne cavava; et anchor si trova salnitro, solfere, vetriolo, et sale in quantità, et di bontà perfetto, resina, cioè, thiribinto, migliore di tutti gl'altri luoghi del mondo. Oldano è abbondantissima l'isola, et di perfetto, marmori finissimi; si vede la rocca dove si cavavano et anchora si potria cavare, et altri marmori di bassa sorte, ci sono di grandissima quantità; gezo, calcina, diamante; la vena de calcosmaragdi, et de pseudosmaragdi, et tali che dal' una parte sono smaragdi[3] et dall'altra iaspidi. Fu fatto antiquamente in la contrà de Lapitho una seppoltura verso Cerines, la qual era in un' leone di marmoro, et nell'occhi d'esso fu posti dui smaragdi di quella grandezza, tal che li pescatori, et altri che non sapevano che quel leone era fatto di marmoro, vedendolo in li occhi, si spaventavano. Et molte altre cose utili alla vita, alla sanità, et contento degli huomini, produce.

Produits.

Plinio.

Dionisio Perügita dice Cipro, città molto desiderata, dedicata alla dea Venere Dionea, non invidia alcuna virtù c'habbia alcuna isola; et li Ciprii sono beatissimi più che tutti gl'altri, c'habbitano nell'isole. E sopra tutto produce huomini d'ingegno, preclari di lettere, di santità, et di valore in arma, come son stati Zenone, auttore della setta stoica, ch'era della città di Cition; Appollonio, medico eccelentissimo; Ho-

Hommes célèbres.

---

[1] Paris: *arridi*. — [2] Paris: *lume*. — [3] Paris; B: *pseudosmaragdi et dall' altra.*

mero, anchora v'è chi fa fede ch'el responso[1] gli disse essere dalla città di Salamina; Aristo, historico, fu dal' Carpasso; Eudemo, Ciprio studiosissimo delle cose civile, al' quale già moriente Aristotile uno suo dialogo del' animo mandò; Hylarion, abbate, maestro di Epiphanio, dottissimo in la sacra Scrittura, e molti altri.

Saints. Évêques. Huomini di santa vitta sono stati vescovi della Constantia, overo Salamina, Barnaba apostolo, che prima haveva nome Giosepho, et era dalla città, che fece Ciro re di Persia, nomata Cerines; ma prima si chiamava Cirines. Detto Barnaba fu martirizato da Igemone, podestà de Salamina; et dopo morto, fu tratto fuora della città, e seppolto in una grotta chiamata Tis Igias, che vuol dire della salute; a predication del' quale l'isola si ridusse alla religion christiana. Doppo lui, fu Epiphanio primo, Sergio, Domitio, Porphirio, Plutarco, Barnaba secondo, Theodoco, Basilio primo, Arcadio, Anthimio. In tempo del quale Anthimio, un' Pietro Enapheo, arcivescovo d'Antiochia, li mosse differentia, et voleva obbligarlo per suo suddito, dicendo lui essere apostolico, havendo l'apostolo Paolo nella sua città; Anthimio andò avanti all'imperatore e si diffese respondendo: Cipro esser libera, et non suggetta, et esser anco lui apostolico, havendo l'apostolo Barnaba nella sua città, el quale ha nel suo seno l'Evangelio de San Matheo, et questo seppe per rivelation divina. L'imperatore, volendosi giustificar di questo, mandò con esso Anthimio prelati; li quali, andati fuora di Salamina poco distante verso occidente, in una grotta, hanno trovata la persona di quest' apostolo Barnaba, et l'Evangelio, lo qual tolseno, et in quel locho hanno edificata una bellissima chiesa a spese dell' imperatore; e d'alhora fu liberato Anthimio et concesso che si possi intitolare arcivescovo de Cipro. Et li concesse il baston imperiale, con il pomo in cima, et il cappello con la croce rossa di supra, et molte altre immunità a honor perpetuo di questa isola benedetta et santa. Fu poi in detta città di Salamina: Damiano, Sabino, Acachio, Gelasio, Theophanio, Joanne,

---

[1] Paris; A: *responso.*

Barnaba terzo, Epiphanio seçondo, Sophronio, Georgio [1], Euthimio [2], Joanne, Alessio, Nilo, Basilio, Nicolao, Theodoreto, et un altre Joanne.

Al' vescovato de Thamassia, Hyraclidio, consecrato da san·Paolo, et san Barnaba, et fattoli chiesa dentro una grotta.

Al' casal Deftera, fu Mnasso, Rodon, Dimitriano, et Macedonio.

Al' vescovato de Chition fu Lazaro, risussitato da Christo S. N.

Al' vescovato de Amathussa, Tichono.

Al' vescovato de Cureon, Zenone.

Al' vescovato de Papho, Philagrio, e Chiligio.

Al' vescovato de Arsenoe, Nicolao, Arcadio, e Nicon.

Al' vescovato de Solia, Auxivio.

Al' vescovato de Lapitho, Eulalio.

Al' vescovato dè Cerines, Theodato.

Al' vescovato de Chitria, Dimitriano, Pappo [3], Athanasio, Eustachio, e Nichità.

Al'·vescovato de Trimithussa, Sphiridon.

Al' vescovato de Carpasso, Philo, Sinesio, et Sosicrate.

Al' vescovato de Limisso, città nuova, Thichicon.

Al' vescovato de Leucado, overo Leucosia [4], Trifilio, del' quale diremo anchora.

Appresso a questi santi vescovi, sono molti altri venuti anche d'Alemania, dalla Francia, e da molti altri luoghi, per la fama della santa vitta, che questi de Cipro facevano, e per la dottrina della sacra Scrittura che havevano, et fecero la vitta loro santamente; come sono trecento compagni, che vennero quando si perse la santa città di Hierusalem. Li quali essendo venuti in Cipro, si sono sparpagnati per l'isola, e fecero grotte, vivendo tre o quattro in ogni grotta, dove oravano, et fecero la vitta loro; li quali dopo morte furono venuti a luce parte d'essi per voler d'Iddio, li quali sono conosciuti per molti miracoli che fecero. Et di questi ci sono a Peristerona del Pian, santo Anastasio; a

Ermites.

---

[1] Paris: *Gregorio*.
[2] Paris; A: *Teuthimio*.
[3] B: *Pallo*.
[4] Paris; A: *Leuocosia*.

Ormidia, santo Costantino cavalier; a Sinda, santo Tharapo; a Potamia, santo Sosomeno; al casal Piphani, S. Petito; al castel Dio d'amor, S. Hylario il giovene; a Chitria era S. Epiphanio; e per che li lochi sono desertati, e il suo cadavero fu tolto, le figure sono poste al monasterio de Cuzzoventi; al casal Cofino, S. Hyraclio vescovo, S. Laurenzo, S. Elpidio, san Christophoro, S. Oreste, et S. Dimitriano; a Levconico[1], S. Eufimiano; a Peristerona del Conte, san Barnaba, et S. Hylario; a Achiera, santi Ilioghoti[2], Afxuthenio, Panmegisto, Paphnutio, et Cornuta; verso Zodies, S. Hyrinico; a Chilani, un altro S. Tharapo; a Morpho, S. Theodosio, et Polemio; a Vassa, Barnaba monaco; verso Alectora[3], in un loco chiamato Glifiaro[4], il dormitorio di Cassiano; in Avdimo, al casal Axilu, Alessandro, Chareste, e un altro Epiphanio; a Curdaca, Pagon, et Christophoro; a Arodes, S. Calandio, santi Agapio et Barlaam; a Taniassia[5], al casal Pera, S. Basilio, e san Dimittiano, e molti altri, de quali non s'ha notitia.

S'atrovano anchora molti forastieri com'è san Gioan de Monforte in Nicosia, al Bel Loco, gentilhuomo francese; santo Mama, il quale era della Cilitia, che fu martirizato, e li suoi parenti lo missero in un' arca grevissima, et per voler di Dio venne in Cipro in la marina de Temorpho[6], et fu annuntiato ad un huomo da bene, il quale tolse li suoi manzi, et doi suoi figliuoli, et andato in la marina, ligò e tirò dett' arca con gran facilità sino al loco del casal Themorfo, dove sta al presente, et ogni giorno fa grandissimi miracoli con un liquor massime che corre dalla detta arca.

Al Carpasso, cioè al casal Coma, fu trovata una santa Photini, che vuol dire santa Lucida, et la sua cava è sotto terra, dove ha un'altare, et acqua profondissima. Appresso Athienu[7] è santo Photio. Al casal Levcomiati, santo Dimidio, che fu discepolo di S. Trifillio; S. Athanasio Pendaschinito; S. Gioanni Lambadisti; S. Soson, al casal Placu-

---

[1] Paris; A: *Leuconio*.
[2] Paris: *Iliophoto*.
[3] Paris; A: *Alecto*.
[4] Paris: *Glifian*.
[5] Paris: *Tamassia*.
[6] Paris: *Themorfo*. Aujourd'hui *Morpho*.
[7] Paris; A: *Athiero*.

dutiu[1], che fu figliuolo de un' pecoraro. Nel territorio del casal Piphani si trova una grotta piena de reliquie de santi chiamati santi Phanondes, le quali reliquie sono strette, et attacate insieme, e sono de parte de quelli trecento santi fuggiti da Palestina. Al monasterio di Englistera[2] s'atrova santo Neofito, qual era giovene frate da Levcara. Oltra de questi, in Cipro, s'atrovano le teste de Cipriano e Giustina martirizzati in Antiochia; et alla cattività della Soria ci furono portate in Cipro, e poste in una chiesiola, al casal Menico; s'atrova la man destra de S. Luca, al monastero di Carmini; et un dedo de san Gioan Battista, al monastero del Bibi.

D' huomini valorosi in arme sempre quest' isola è stata abbondantissima; et si può legger di Troia che Eneo, re dei Cipri, in favor di Menelao si portò e per mare et per terra valorosamente; et nell' historie de Isocrate, fatte in laude de Antiochia, si vede che li Ciprii sempre sono stati invitti et valorosi; tra i quali in quelli tempi si puo veder l' oration' del detto Isocrate, mandata a Nicocle, figliuolo d'Evagora, nella quale dice come fu Evagora re di Salamina, desceso da Eaco figliuolo di Giove; il quale Eaco hebbe dui figliuoli, Telamone et Peleo. Di Pelea nacque Achille, e di Telamone Aiace e Teucro. Teucro, come habbiamo predetto, fabricò la città di Salamina, dopo la destruttion de Troia; et da Teucro, essendo descesi heredi, signoreggiorno detta città de Salamina, la quale dapoi certo tempo un fuoruscito di Fenicia venne in Cipri, il qual ricevete grandissimi beneffìcii, e cortesie da colui che regnava alhora Salamina. Ma essendo egli maligno, et ingrato contro il detto re, che gli haveva datto ricetto cosi benigno, et molto astuto in usurparle cose altrui, cacciò il suo beneffattore fuor del regno, et egli si tenne l'imperio. Diffidandosi poi delle cose tanto sceleratamente da lui perpetrate, e per ciò volendo stabilire il suo stato, fece la città barbara, e diedela in servitù al re de Persi. Et essendo stabilite le cose a questo modo, nacque Evagora pur della

Guerriers. Histoire de l'île dans l'antiquité.

Isocrate.

---

[1] Paris; A : *Placundustiu.* — [2] Paris : *Englistro.*

descendenza di Teucro; il quale, da putto, mostrava di presenza gagliarda, e certo aspetto, et di tante virtù di corpo et di animo, che a tutti pareva fermamente, che costui non doveva far vitta privata, et cosi fu, però che uno de gravi stato della città tagliò a pezzi il re a tradimento; et sforzossi anche di metter nella mano Evagora, pensando che senza levar lui dal mondo, non poteva in alcun modo tenere il principato. Evagora fuggì il pericolo, et andò a Solo, città della Cilitia, dove fatto animo di ritornare nella patria, et acquistar il suo regno over morire, radunò insieme pochissimi compagni, ma eletti amici, et posponendo ogni pericolo se ne venne in Cipri, et subito smontato nell'isola, senza metter tempo di mezo, andò di longo a Salamina, e sforzate et rotte le porte, andò al palazzo reggio dove combatte[1] con quelli ch'erano alla guardia del tiranno. Gli cittadini, temendo il principato di quello, et la virtù di questo, si ritirorno da parte; però Evagora[2], solo, e con li suoi compagni pochi contra molti nemici, non si fermò prima ch'egli prese il palazzo reale, et vendicatosi dei nemici, hebbe soccorso dagli amici; et a questo modo restitui gli honori della patria al suo linaggio. Et havendo trovata la città barbara, per rispetto dell'imperio di Phenici che non era fornita d'arti, nè haveva mercati, nè possedeva porto, tutte queste cose dirizzò; e oltra questo, allargò e confini dell'imperio, cinse la città de mure, fabricò galere, et accrebbe di tal modo la città d'altri apparati, ch'ella non era avanzata da alcun altra città della Grecia; et finalmente la fece tanto possente, che molti li quali già l'havevano sprezzata, n'hebbero paura. Et molti greci huomini honorati et da bene, abbandonando la propria patria, per habitare con esso lui, se ne vennero a stare in Cipri, stimando il regno di Evagora non solo più commune della republica loro, ma anchora molto più stabile, e più giusto; et, fra gli altri, Conone, il quale, vedendo la sua città oppressa da grandissime sciaugure, ricorse ad Evagora; et benchè Conone havesse già fatto molte cose bone, parve però ch'egli havesse molto maggior giuditio in

---

[1] Paris: *combatteti*. — [2] Paris; A : *Eugoro*.

questa, che in alcun' altra; perciochè la sua venuta in Cipri fece, che, non havendo mai veduto ne praticato l'uno con l'altro, se honorarono molto più che se prima fossero stati familiari. Vissero poi di continuo insieme in grandissima concordia, et furono d'un medesimo parere circa il governo d'Athene, la qual s'era sottomessa a Lacedemini[1], quali pensavano di signoreggiare tutta l'Asia. Evagora consigliò che si dovesse combattere con'essi Lacedemini per mare, e cosi, con l'aiuto delle sue navi, fecero guerra navale, et, rotti gli inimici perderono l'imperio, et li Greci furono liberati, e gli Atheniesi racquistarono alcuna parte dell'antiqua gloria. Per la qual cosa in Athene vi[2] furono erette[2] statue appresso il simulacro di Giove Conservator, et in altri lochi, come Pausania dice haver veduta la statua fatta in Athene, in un volto, appresso una fontana, nella quale era Conone et suo figliuolo Timotheo, et appresso di loro Evagora, re di Cipro, con le navi che prestò in aiuto loro contro Artasserse re, chiamando Evagora Atheniese per gloriarsi di lui, dicendo essèr descesso da Teucro, e dalla figlia de Chinniro, quale fu re de Cipro; et al tempo che gli Greci volevano andar a mover guerra a Troiani, mandò a donar una coraccia a Agamemnone, facendo tal statue a Evagora come a liberatore d'essi Conone, et Timotheo regi. Il re de Persi che teniva il resto dell'isola de Cipro, temendo il valor d'Evagora, comminciò a provedere a casi suoi, onde mostrò di usar maggior diligenza in la guerra che fece in Cipri che in tutte l'altre guerre ch'el fece, reputando Evagora maggiore et più possente avversario che Ciro, quando egli contendeva seco del'regno. Però udendo egli l'apparecchio di lui, lo sprezzò di tal modo, che per sua negligenza, poco mancò che Ciro non gli occupasse il palazzo reale; ma del valor di costui hebbe tanta paura, ch' egli gli mosse guerra frà i benefici ch'esso Evagora ogni dì le faceva, ingiustamente certo portandosi; ma però assai bene provedendo a casi suoi, conoscendo benissimo la grandezza de Evagora, et in quanto nome e gloria a poco a poco egli era cresciuto, et vedeva com' egli haveva invincibil

---

[1] Paris: *Lacedemoni.* — [2] Paris: *gli.* — [3] Paris: *diricciate;* B: *dirizzate.*

natura, et conosceva anchora che la fortuna molto lo favoriva, senza adirarsi dunque per quelle cose che s'eran fatte, ma temendo di quello che doveva avenire, non solamente stava in pensiero di Cipri, ma di cose maggiori anchora, et perciò gli mosse guerra. Et andò sopra di lui con tanto apparecchio, che in quella espedittione consumò più di cinquanta millia talenti. Nondimeno Evagora, anchorchè fusse inferior de genti et di forze, opponendo la sua prudenza a cosi grandi apparecchi, in questa impresa si mostrò maraviglioso, perciò che mentre egli poteva vivere in pace, fu contento della sua città; ma poichè fu costretto a guereggiare, veramente si mostrò tale; et cosi fatto, aiuto hebbe da Protagora suo figliuolo, che poco mancò ch'egli non si facesse signor di tutta l'isola di Cipro. Saccheggiò la Phenicia, prese per forza Tiro, et fece rubellare la Cilicia dal re suo; amazzò anchora tanti de suoi nemici, che molti Persi, piangendo le calamità loro, si ricordavano delle virtù di lui; et cosi finalmente gli scacciò con la guerra, che dove dianzi i re non solevano riconciliarsi con loro, che s'erano ribellati da loro, se prima non erano signori d'essi, senza osservar altramente questa legge et questa usanza, accettando volontier la pace, non mutarono nulla dell'imperio di Evagora. Et il re, che in termine di tre anni tolse l'imperio a Lacedemini, i quali havevano in quel tempo grandissima gloria e forze, guerreggiando dieci anni continui con Evagora, lo lasciò signore di quelle medesime cose ch'egli haveva inanci che si movesse la guerra. Et oltre di ciò, si vendicò tanto honoratamente della inimicitia del re, che sempre si raggionerà della guerra che si fece in Cipri; et quando esso gli fu amico, si gli mostrò tanto più utile degli altri, che per oppinion d'ogn'uno nella battaglia navale, che si fece appresso a Gnido, gli fu grandissimo aiuto la quale fornita, egli fu fatto signor di tutta l'Asia. Onde i Lacedemini, i quali prima volevano ruinare l'Asia, furono constretti, et posti in pericolo di perdere lo stato loro, et li Greci, in cambio di servitù hebbero la libertà, et gli Atheniesi vennero tanto grandi che coloro, che prima gli signoreggiavano, si gli fuero suggetti, tutto con l'aiuto, e favore, et soccorso delli Ciprii.

Cimone, con cinque cento trenta navi, hebbe rispetto di aspettar ottanta navi cipriote, et investire Ariomade figliuolo di Gabria, che teniva il summo imperio di Persi, et haveva duecento galere[1] et lo ruppe avanti fusse il tempo che le navi cipriote dovessero venire : et essendo andato Cimone in Cipro, morì senza haver effetto l'intention sua. Pericle con sessanta galere, come dice Stesimbroto, venne in Cipro, e non hebbe successo il suo disegno, perochè fu rotto.

Plut.

Plut.

Cleomene, re di Sparta, discepolo di Sphero, philosopho Boristenese, ch'era il primo tra li discepoli di Zenone Citiense, essendo rotto da Antigono, hebbe refuggio a Citio.

Plut.

Pausania Spartano, figliuolo di Cleombroto, capitano de Greci, si partì dalla Morea con venti navi, havendone altre trenta de gli Atheniesi, con molti altri delli confederati, et entrati nell'isola di Cipro non potero far cos'alcuna[2]. Quindi se ne andorono a Bisantio, città hora chiamata Constantinopoli, alhora occupata da i Medi, et sotto la condotta del detto Pausania la presono per forza; dapoi, fatta tregha li Atheniesi con quelli della Morea, non fecero più guerra veruna in Grecia; ma con duecento navi fra le loro, et di confederati pigliorono l'impresa contro Cipro, havendo per capitano Cimone. Ma persuasi poi da Armiteo re ne i palludi li mandarono in Egitto sessanta per suo aiuto; l'altre assediorono Citio, dove morì Cimone, et essendo nata una grandissima carestia, partiti da Citio navigando, pervennero sopra Salamina pur in Cipro, e combatterono per mare e per terra contra i Fenici, Cipriani, et Cilici, et non havendo possuto far nulla insieme con le navi che di Egitto vennero, se ne tornorono a casa, con gran perdita, e scorno loro.

Tucidide.

Cambise, re di Persia, figliuolo di Ciro, volendo mandar contra Cartagine l'armata sua, li Fenici et Cipriani negorono di voler andare, dicendo che con sacramento erano colligati con Cartaginesi, et oltra di ciò gli pareva andar contra loro figliuoli et descendenti; et non essendo andati costoro a quest'impresa, il resto dell'armata di Cambise

Herodoto.

---

[1] Paris et B : *triremi*. — [2] Paris et B : *cosa di momento*.

non fu bastante de soggiogar Cartagine; ne pareva convenevole a Cambise di farli andar per forza, perochè novamente di loro volontà s'erano sottomessi al suo regno.

Herodoto. Nell' esercito di Xerse re andorono li Cipriani con cento cinquanta navi; e li loro re erano di corone adornati, li quali vestivano tunica, et il resto alla greca; et a questi fu dato presidente Achimene, nato da quella madre, e da quel padre ch'era Xerse. In Arthemisio poi investite animosamente Penthilo, duca de Papho, che condusse dodeci navi de Cipro, delle quali per fortuna haveva perdute undeci a Sepiade, et con l'altra, insieme con altre quindici di Xerse, investite l'armata de Greci, e anchor che fusse preso, per il supercio numero dell'armata de Greci, nondimeno avanti che fusse preso, si fece conoscer per huomo valoroso, nè si fece mention d'altri che di lui in quella battaglia.

Nella battaglia general' poi, li primi che investirono le navi greche furono trenta navi cipriote sotta la condutta de Filaone, germano de Georgio[1], re di Solone[2], il quale per non esser soccorso dalli compagni, fu rotto et preso. Non voglio pretermetter una savia risposta di Evel-

Herodoto. thone, re di Salamina, fatta a Fecetina, moglie di Batto, e madre di Artesilao re di Cirene, la quale per tumulto della città fuggirono, il figliuolo a Samo, e Feretina in Cipro alla città di Salamina[3], della quale in quel tempo era prencipe il detto Evelthone, quello il quale dedicò nel tempio di Delpho quel maraviglioso turibulo che poi fu riposto nel thesoro di Corinthiani. Feretina fu ricevuta, et honorata assai, la quale ogni dì non faceva altro che dimandare essercito, col' quale potesse repatriare, e prendere vendetta de suoi rubelli, alla qual' instantia Evelthone non respondeva, mà gli donava, et presentava molte cose di valore, et essa lo ringratiava con aggionger sempre, che più grato li sarebbe l'esercito. Evelthone un' giorno li mandò una rocca con le fusa d'oro, e gli fece dire che così fatte cose si donano alle donne, et non gli esserciti; et con questo la fece cessar di domandare.

---

[1] Paris et b : *Gorgo*. — [2] Paris : *Solome*. — [3] Paris ; a : *Salamia*.

Dario, a prieghi suoi, hebbe in suo aiuto Stratone, figliuolo di Cero- *Arriano.*
strato, re di Aradii, il quale insieme con gli altri re di Cipro et di
Fenicia combatterono in mare con Artofradate, onde si portarono[1] valorosamente.

Alessandro magno hebbe rispetto di mettersi all'impresa di Cipro,
per la fama che li Ciprii havevano, li quali intendendo che Alessandro
era vicino a loro con grandissimo essercito, non si smarriteno ponto,
anzi si prepararono di combattere animosamente, deliberati di fare il
loro potere, avanti che fossero presi. Et all'impresa di Mileto, essendo
persuaso da Parmenione di far giornata, confortato dall'augurio dell'ac-
quila, Alessandro, respose non bastare l'interpretare bene[2] l'augurio, ne
voleva far prova della virtù di suoi Macedoni, nel mare poco pratici,
contra gente de Cipro et di Fenicia, nel mare essercitatissima; e in una
sua oratione al suo essercito disse, che non era sicuro d'andar seguitando Dario, e lasciando de dietro la città de Tirii a lui incostante, et
Ciprioti che favoriscono per mare li Persiani, e pasando l'armata sua
di Cipro senza far alcuna motione contra dett'isola, Stasanore, soliano, *Strab.*
che fu poi compagno d'Alessandro, con poche navi assaltò la retroguardia di Alessandro et qual dannegiò; il che inteso d'Alessandro[3],
mandò a chiamarlo amichevolmente, et lui andò con Salaminio et Necreonte, a quali dette grado honorevolissimo nella sua armata; li quali
presentarono ad Alessandro, da parte del re di Cipro, una spada, la *Plut.*
quale era molto lodata, si per la legereza, come per la tempra mirabile, e quella usava Alessandro sempre quando faceva battaglie; et anco
gli presentarono una soproveste ornatissima, della quale se delettava
per l'artificio di quella più che di tutto l'resto della sua armatura,
atteso[4] che l'haveva fatta Elicone huomo antiquissimo. Et essendo ritornato di Egitto in Fenicia, fece sacrificii alli dei, e celebrò li certi
giorni festivi, ordinando determinate pugne, e giochi scenici, non solamente con apparato, ma anchora con combattimenti assai magnifici,

---

[1] Paris et B; A: *portava*.
[2] Paris.
[3] Paris et B: tout ce passage depuis *con poche* jusqu'à *d'Alessandro* manque dans le manuscrit A.
[4] Paris: *attento*.

delle quale cose fece soprastanti li principali huomini de Cipro, in quello modo che in Athene si spartono le tribu; si che fu combattuto maravigliosamente, e per eccellentia, specialmente da Salamino, da Necreonte, et Solio Pasicrate, per il che Alessandro fece sempre d'essa isola e delli suoi huomini grande stima, e conto, e medemamente li suoi posteri e successori.

Arriano. Nella guerra de Tiro, li Ciprii, fattissi amici d'Alessandro, andarono a Sidone con cento venti navi, le quali fessero prove mirabile in detta presa de Tiro; et anche li mandò in aiuto della Morea con cento navi con Amphotoreo, et in altri lochi dove si fecero sempre honorare[1]. Pervenne poi l'isola in man di Ptolomeo, re d'Egitto; in tempo di quali furono molte egreggii fatti contra Demetrio, e per quello narra Herodoto primo de tutti li huomini di che se haveva alhora notitia, Amasis ha soggiogato l'isola di Cipro, et fece la provincia tributaria del regno d'Egitto.

T. Livio. Li Ciprii insieme con li Antiochesi furono nella parte di Peccennino Negro contra Severo, dove si portarono valorosamente.

Plutar. Lucullo, il quale non havendo possuto tirare Ptolomeo in società con li Romani, hebbe nondimeno le navi, che gli fecero compagnia sino in Cipro, et partendose riceute[2] da Ptolomeo grandissimi segni de benevolenza; e tra gli altri gli donò un smeraldo bellissimo, et preciosissimo ligato in oro, il quale Lucullo haveria ricusato volentieri, se non che il re mostrandoli la propria figura scolpita in quella pietra, dubitò Lucullo recusandolo, non l'havesse il re a male. Partendose poi da Alessandria, Lucullo, e andando per tutte le città maritime, da ogni una, che alhora non faceva l'arte de corsali pigliò navi, et così adunata l'armata sicuramente passò in Cipro; dove intese che li Cipriani, ascosti in certe concavità del lito, gli havevano posto gli agaiti, et l'aspettavano, et però ordinati li instrumenti, comandò che le navi in terra se tirassero, et fingendo voler star in questo loco tutta l'invernata sino a prima vera, scrivendo per vettovaglie[3] in le terre circonvicine;

---

[1] Paris et b: *honore*. — [2] Paris: *recevete*. — [3] Paris: *vittuarie*.

la notte alzando le vele integramente si partì, e se ne andò a Rhodi, senza fare alcuna lesione a Cipro. E finalmente al tempo di Ptolomeo, zio de Cleopatra, al quale il regno era pervenuto, li Romani, intesa la fama della grand'richeza dell'isola, gli la levorono, et la fecero provincia pretoria. Et de ciò fu l'auttore sopra tutti P. Claudio Bello, il quale essendo da corsari preso, gli fu per quelli imposto una certa quantità de denari da pagare per il suo reccato, et Claudio al re Ptolomeo, come alla Republica amico, lo pregò, che quel pretio volesse a detti corsari pagare per il suo reccato; il re havendoli mandata poca parte di detta quantità, la quale veduta dalli corsali, del tutto la sprezzorono, e gli la mandorono in dietro, et Claudio fu liberato senza pagar alcun prezzo, a quali corsali. Claudio rendete quelle gratie che a ciò gli parvero convenienti, et non molto doppo essendo creato tribuno della plebe, cercò con ogni sollecitudine, che Marco Cato Uticense fusse mandato in Cipro dal re Ptolomeo, stimandolo solo idoneo a questa impresa el detto Catone, il quale fu sforzato andare. Catone mandò Cannido suo familiare prima di lui in Cipro, a persuadere a Ptolomeo che senza contesa o pugna li volesse cedere, perchè cedendoli, lui haveria richezze et honori; imperochè il popolo romano gli concederia il sacerdotio di Venere Paphia, con il tempio fabricato da Agapinor, figliuolo di Angeo, figliuolo di Licurgo re di Arcadia; il quale doppo la destruttion di Troia, e doppo che periron molte nave de Greci, egli col suo populo d'Arcadia venne ad habitar in Cipro, et diventò habitator de Papho, et fabricò il detto tempio di Venere, al casal chiamato Golgo[1], la qual Venere si sacrificava alhora con gran divottione.

Catone s'era fermato a Rhodi, et si metteva in ordine di quelle cose se bisognavano per combatter, et aspettava per intendere qual fosse la riposta di Ptolomeo. Ma Ptolomeo, per buona ventura di Catone, s'amazzò col veneno. Pero Catone, c'haveva determinato de navigar in Bisantio, mandò Marco Brutto suo nepote in Cipro, e tornato poi da Bisantio,

---

[1] B: *Golfo*.

trovò le richezze del re consistere in vasi d'oro, et d'argento, et in pietre preciose, le quali usò diligentia di carricarle sopra le navi, et gionto che fu a Roma, parse a Romani mirabile. Il quale uscendo di nave, li consoli, li officii tutti, il senato, tutto il populo romano furono present per honorarlo, allegrandosi con lui della salute sua, et perchè le sue navi havevano recato peso d'oro e d'argento infinito. Ruffo Sesto pone quest' istoria in altro modo, e dice : che la fama della grandissima richezza dell'isola di Cipro, et la povertà nella quale il populo romano era condotto, solecitò che fusse fatta la legge che l'isola di Cipro fosse confiscata, benchè gli fusse confederata. La qual cosa intesa per il re, volse piuttosto la vita, che le richezze perdere, et col veneno si levò la vita, nanti che Catone Uticense fosse gionto in Cipro ; et gionto Catone, prese le richezze, e le condusse a Roma, et messe nell'erario publico, il quale in quel tempo era venuto all'ultima miseria. Et non passò molto tempo chè Antonio a Cleopatra, et a sua sorella Arsenuela diede in dono, et finalmente fu afflita detta isola da terremoti, e furono assorbite città intiere, et casali.

Voyage de sainte Hélène en Chypre.

Il che per le concorrenze delli tempi non si puo approvare quello che seguite sino al tempo de Costantino imperatore. Nel quale, havendo patito una seccura grandissima per sei anni continui, fu abandonata da gli habitanti, e stete disabhabitata anni trentasei. Nel qual tempo essendosi convertito nella fede christiana esso imperatore, et havendo deliberato Elena sua madre d'andare in Levante per cercar la croce di Gesù, passando per quest'isola dismontò a Limisso, et hebbe grandissimo dolor vedendola deserta, et del tutto abandonata. Dapoi andata in Hierusalem, trovò la Santa Croce insieme con le due altre di latroni, cioè del giusto, e del dannato. Trovò anchora li chiodi con li quali fu crucifisso il Nostro Signor, le spine della sua corona, et trentasei goccie del suo preciosissimo sangue, quali cadeteno sopra un' drappo, et il scagnello sopra il quale fu fitta la croce di Giesù nostro Salvatore. La croce di Giesù, la qual' fu conosciuta per molti miracoli, fu lasciata al tempio di Hierusalem.

Delle due croci di latroni, non conoscendo qual fosse del giusto et quale del dannato, le disgionse, et messe il legno longo dell'una sol traverso dell'altra, e similmente con li altri doi legni dell'una e dell'altra fece un altra croce, in modo che tutte due havevano del legno della croce del giusto ladrone. El' scagnello fu segato tre segature, et fatto quattro taole, e levati poi li quattro cantoni d'elle, cavò sedici pezzi de tavolette quadre, et rimassero ancho quattro croci intreghe senza alcuna gionta. Con le quali cose sante[1], et devotte, tornando S. Elena, vì capitò in l'isola al loco chiamato Vassilipotamo[2] ch'è in la contrada hora detta Masoto. Dove essendo dismontata per ripossare, gli parse in vissione che un' huomo gli disse di far fabricar in detto loco chiese, e monasterii, perchè la volontà di Dio era che detta isola fosse habitata et repatriata; et apperti gli occhi dal sonno, s'accorse che gli mancava una delle due croci grandi; e fatto subito cercarla fu trovata in un monte detto Olimpo, nel qual loco fece edificar una chiesa, et vi pose un' pezo del ligno di quelle tavolette, che havete inteso di sopra; et quella chiesa ha fornita d'oro, d'argento, e gioie assai riccamente a honor di Dio et della Santa Croce. Dapoi, per un miracolo c'ha visto de una colona di fuoco, che teniva dalla terra sino al cielo, fece fare al casal Togni, appresso al fiume, un'altra chiesa, e vi pose del detto legno, et fece anchora un' ponte in ditto fiume, nel quale haveva visto il miracolo. Fece poi oration al nostro signor Iddio, et pregò che dovesse mandar la gratia sua in questo paese in pioggie, et custodirlo dalli infedeli.

Alhora comminciaron repatriare li primi habitatori, et altri forastieri dalli circonvicini paesi, et rehabitorono l'isola.

Costoro essendo poi infestati spesso da corsari, e ricordandosi che nel passato gli corsari preseno et ruinorono molte fortezze, racorsero all'imperatore, et lo pregorono con instantia volesse mandar uno capo con huomini d'arme al' governo, et custodia del paese, a spese d'essi

<small>Les Chypriotes se mettent sous la protection de l'empereur de Constantinople.</small>

---

[1] Paris et B; A : *fatte*. — [2] Paris; A : *Vallilopotamo*; B : *Nassilopotamo*.

habitatori. Per il che l'imperatore esaudendoli, mandò uno capo con molti huomini d'arme, molte nobili fameglie et altri stradioti; per le spese dei quali si sono tassati li paesani di pagar ogni anno, gli habitanti in li casali, cioè li vilani, constituiti in età ligitima, bisanti sei carati otto per huomo; et questo pagamento s'ha chiamato Stratia, derivato dal pagamento de stradioti, et li habitanti nelle città et fortezze un' perpiro per huomo, ch'è bisanti tre carati quattro.

Delli quali pagamenti in spatio di tempo, e in diverse occasioni, quelli del perpiro, chiamati Perpiriari, si sono liberati, in modo che pochissimi sono restati per l'isola sottoposti a questo pagamento. Ma alli villani s'è andato poi crescendo in diverse angarie, a tanto che hora pagano bisanti sedici carati otto, et giorni cento undeci all'anno, et a tali più, et in alcuni casali meno; et li vien tolto ancho la terza parte delle biave, et altre intrade, che co' loro opere fanno; et questi hora si chiamano Parici, che vuol inferire questo nome, obligati a star intorno alla casa over casal del patro loro.

L'imperatore, in diversi tempi, mandava una persona nobile per regger et governar detta isola, et si chiamava duca. Et in questo modo stete l'isola signoreggiata da duchi, pur sotto l'obbedienza dell'imperio, dal tempo di Costantino imperatore sino al mille cento novanta di Christo, nel qual spatio seguirono molti fatti notabili.

<small>1191.
3ᵉ Croisade.
Arrivée
de Richard,
roi d'Angleterre,
sur les côtes
de Chypre.</small>

In detto tempo, passando de quì Ricardo re d'Ingliterra, per andare in Hierusalem a soccorrer il re de Hierusalem, Guidone de Lusignano, qual guerreggiava con Saladino soldan de Babilonia, capitò a Limisso con la sua armata, ch'era di trenta galere et venti navi, dove si trovava il duca, nominato Isaac. Il quale, come intese ch'era Riccardo re, non volse aspettare, perochè, poco avanti, passando la madre del detto re e la regina di Francia, moglie del re Filippo, cercò Isaac di prender et ingiurarle, essendo huomo molto disoluto et lussurioso. Però se ne fuggì da Limisso, con tutti li huomini ch'erano buoni da portar armi, et andò su le montagne, al casal Chilani. Il re arrivato a Limisso, et quella trovata vota, ne v'erano altri che alcuni mercadanti, et altri huomini inutili, domandò la causa, et gli fu detto come il duca s'era ritirato su li monti con tutto il suo essercito.

Il re non lassò che li suoi huomini facessino danno o dispiacer alcuno alla città, anzi volse accamparsi più tosto de fori, per non afferir alcuna molestia alli paesani; et subito espedì dui frati greci, et mandolli al duca Isaac, et con loro un' gentilhuomo di Normandia, chiamato Gugliermo[1] de Pragas, dicendoli che si maravigliava grandemente del suo partir a quel modo, lassando la sua città cosi abandonata; et lo confortò che dovesse venir a lui per parlarli, dandoli la fede sua de non li far dispiacer, ne all'andar, ne al' tornar. Onde assicuratosi il duca, calò dalle montagne, et venne; et alloggiò il suo essercito al casal Colosso, doe leghe lontan da Lemisso, et egli con poca compagnia venne al re. Il quale come intese la venuta del duca, uscì dal suo padiglione a piedi, et gli andò incontro; il duca, disceso da longi da cavallo, gli fece molti inchini assai bassi, all'usanza de Greci, et il simile fece il re; et poi lo prese per la mano, et lo menò nel suo padiglione, facendolo sedere appresso di se; et poi gli fece dire per l'interprete: « Signor duca, io mi « maraviglio grandemente di voi che siete christiano, et havete veduta « la ossidione della città santa, nella quale morì il Salvator nostro, e la « destruttion delli christiani, et mai non le dette aiuto, ne di gente, ne « di vittuarie, ne di buone parole almeno, massime in l'assedio d'Acre, « che patiteno tanto; et voi, non solamente non havete fatto segno d'haver « di ciò dispiacere, ma anche havete impedito, et nociuto quelli che an- « davano in soccorso loro. Però io vi richiedo, et cito, da parte de Dio e « della Christianità, che voi emendate questa negligentia et poca carità, « et che venite personalmente alla guerra et soccorso della Christianità, « conducendo con esso voi quelle più persone che vi sara possibile, et « faciate esenti dalli datii quelli che veniranno quivi a comprar vit- « tuarie per l'essercito christiano; et così farete honor, et utile a voi, « et haverete laude da Dio, et dal mondo, et emendarete la cativa fama « già levatavi. »

[1] Paris: *Guielmo*.

1191.

Quando il duca Isaac intese l'instantia del re, si trovò nonmeno turbato nell'animo, che intricato di risponder, pur alla fine si rissolse on queste parole, le quali erano molto differente da quello haveva nell'animo suo : « Serenissimo re, io sommamente ringratio vostra « serenità delli giusti et honesti documenti ch'ella mi da, li quali co- « nosco veramente, che così facendo, come quella mi ha detto, io farei « cosa d'honor e laude mia grande; ma per aviso di quella, io non sono « signor assoluto di questo paese, ma sono sostituito et ordinato dall'im- « peratore, et se io lassasse il loco et andasse fuora, immediate l'impe- « ratore manderià un'altro in mio loco, et me privarià di questo go- « verno, oltrachè, s'io volessi venire, mi convenerià venir solo, perochè « alcuno di questi gentilhuomini et altri che portano armi, non venerià « mai fuora dell'isola per grandissimi premische se li desse, o promet- « tesse, perchè non sono obligati servir fuora dell'isola, et perchè ancho « mal volontieri veneriano meco quando fossero obligati, per le qual « cause io non posso venire. Ma quanto aspetta a lassar trar vittuarie « liberamente, e senza pagar alcun datio per sovenir la Christianità in « Acre, sono contento, et ancho pagar buona parte del mio. » Il re ac- cettò la sua scusa, et ancho l'offerta delle vittuarie, ma volse esser securo accio quando fusse in Acre, et che volesse mandar a tuor delle vittuarie, fosse certo di haverle, et che coloro che fossero per questo venuti, fus- sero securi della vita, e robba loro. Al che respose il duca Isaac, io vi darò per ostaggio una mia unica figlia, che altri figliuoli non ho. Il re si tenne di ciò molto satisfatto, e doppo alcuni altri raggionamenti, il re gli fece apparecchiare in un'padiglione a parte, et da cenare, et da dormire molto suntuosamente.

Mauvaise foi l'Isaac Comnène.

Dove il duca andatasene con quelli pochi della sua compagnia cenò, ed andò a dormire; ma, nel letto, havendo considerato meglio quello che promesso haveva al re, et massime di darli sua figlia per ostaggio, si pentì, et tra di se diceva : « Che so io se mia figlia mi sara mai resti- « tuita, overo se la mi sara restituita intatta, et se ben non sara violata « da nessuno, in chi la mariterò io mai? A chi dirò di darla per moglie

« che non posso dire, quella è stata in mano de Franchi, menata tra
« esserciti, che so io ciò che gli sia sta fatto? Et quando il tutto mancarà
« questo non si può vietare d'imparar costumi de Franchi. Ma se per-
« caso, come spesso è accaduto, et puol accadere, il re fosse rotto, et
« tra gli altri fosse mia figliuola presa dalli infedeli, quando la poterei
« io ricuperare et con che la poterei mai reccatare[1]? »

Queste et molre altre disgratie che potriano occorrere, andò nel letto discorrendo seco medesimo, et alla fine deliberò d'impiantar il re, et andarsene via, e così fece. Come vide che le brigate s'erano poste a dormire, et lui montò a cavallo, et andò a Colosso, dove era il suo essercito, et fece cavalcar tutti et andar verso Nicosia, traversando i monti, per non esser veduto dal re.

Il re d'Inghilterra, il dì seguente, vedendo l'inganno del duca, fece vela, et andò a Salamina, e messe in terra mille cavalli e quattro milla fanti, et aviosi in ordinanza verso Nicosia; et havendo inteso per strada che l'essercito del duca Isaac si trovava a Trimithusia, traversò la via a man manca, et se incontrorono a Trimithusia, onde fecero giornata; et si portorono valorosamente e l'una e l'altra parte, perciò che l'essercito del duca era medemente mille cavalli e sei milla fanti, ma non havevano troppo arme, ne arte da combatter, però alle fine fù preso il duca Isaac, et condoto al re, per la qual presa il campo de Greci si ruppe et andò in fuga. Il re seguitò la vittoria, et venne sino a Nicosia, dove fece morir il duca, et occupò il paese, e tenne per suo conto. Al governo del quale lasciò de suoi huomini, et lui con la sua armata passò in Acre, dove in compagnia del re Filippo di Francia assediarono il castello, et fecero sì che li Saracini si ressero a patti, come nelli annali di Hierusalem si legge.

Mentre che il re Ricardo era nell'assedio di Acre, convenne con il maestro della religion del Tempio, et gli vendete l'isola de Cipro per

---

[1] Paris; A: *ricuperare*.

cento milla ducati, dei quali gli dette avanti tratto quaranta milla, et il resto a certi termini delle intrade de Cipro. Et subito mandoro gli Templiarii in Cipro un commendator con alquanti cavallieri della religione, et recevetono l'isola da quelli del re Ricardo, li quali si partirno immediate. Rimasi gli Templiarii signori dell'isola, entrorono in pensiero d'onde potessero cavar il pagamento che dovevano pagar al re, e però imposeno a tutti quelli che compravano et vendevano il dì del sabbato et domenica, in li qual giorni si facevano i mercati maggiori, dovessino pagar un carci per bisante, così il compratore come il venditore; di che sdegnatissi li Greci, deliberorono de assaltar et amazzar tutti li Lattini.

Soulèvement des Chypriotes.

Il che inteso fra Ernaldo Beccardo, commendatore[1] e governatore de Cipro, fece venir tutti li Italiani che puotè havere, et li misse nel castello de Nicosia, quali erano a cavallo persone quaranta tre, et a piedi settanta quattro. Li Greci subito li assediorno nel castello, et quelli del castello, non havendo havuto tempo di munirlo di vittuarie, comminciorono a patire la fame, et però parlavano agli Greci, et li domandavano di lasciarli andar via, et non li dar più molestia, ne star in questo paese; e li Greci non si contentavano, perochè si pensavano, che costoro non sarebbono andati per non tornare, ma per menare essercito a sottometterli, et castigarli della mutinatione.

Però fra Ernaldo, ch'era cavallier esperto et valente, chiamò i compagni, et dissegli: « Fratelli, voi vedete chiaramente la pertination di
« questi Greci, come non procurano, et non vogliono altro che la morte
« nostra; noi siamo pochi, et loro sono molti, et a voler combatter con
« loro siamo certi d'haver la peggiore, se volemo star al sicuro del cas-
« tello, non havendo da viver, moriremo di fame come animali brutti;
« soccorso non aspettamo da nessuna parte, ne vi è tempo di richie-
« derlo, si che la morte ci è d'intorno, e da ogni banda la vedemo nelli
« occhi; e già c'havemo ad ogni modo da morire, elegemmo quella morte

---

[1] Paris et B: *gran.*

« che vi paia che sia meno biasmevole, et quando vi¹ paresse di morir
« combattendo, come credo che ogni un' di voi eleggerà, chi sa se la
« fortuna vorra aiutar la nostra audatia, onde potriamo liberarsi da
« quella morte, et acquistar gloria grande? Noi non combattemo per
« guadagnar fortezze o città, richezze o gloria; noi non diffenderemo
« le nostre richezze, le nostre intrade, le nostre moglie o figliuoli, ne
« alcun signoré che ci da stipendio per diffenderlo; noi combatteremo
« per fuggir la morte, o per morir, morendo senza vergogna. » Tutti
una voce risposero che volevano di buona voglia alla mattina uscir
fuora, et combatter. Questa deliberation fo il dì che i Greci feceno
carnevale; i quali, la sera, si cargorno molto bene et di carne e di
vino, di modo che luni la mattina, li Franchi hebbero tempo d'aldir
la mesa, et di comunicarsi tutti come quelli che andavano a morir
fermamente, et uscir fuora del castello, che li Greci, anchora oppressi
dalla crapula, dormivano. Però avanti che si destassero, avanti che
pigliassero le armi, prima che se accorgessero che gente erano quelle
che li ferivano, feceno d'essi un tal macello, che quelli che potevano
fuggire più presti erano più felici estimati; e senza far diffesa alcuna, ne pur voltarsi a veder chi li feriva, fuggirono tutti che poteno
fuggire.

Ma molti delli Greci restorno morti, et assaissimi feriti; et si fece
tanto sangue, che corse dal castello sino al ponte del Siniscalco, che
hora è chiamato del Lodron², et de lì lo portò l'acqua sino al ponte
detto della Berlina, dove fu piantata una gran pietra in segno et memoria di questo caso. Li Templiarii andorono poi per la terra sacchegi-
giando le case, et tolsero ciò che poteron trovare; et con questo atto
rimasseron sicuri, ma signori di una città senza huomini, perciochè tutti
scamporono in le montagne; et non manco fecero i villani per paura,
per il che rimassero li casali quasi deserti tutti. Della qual cosa subito
dettero aviso al maestro del Tempio, che si trovava anchora in Acre,
con li re di Hierusalem, de Francia, e Ingliterra.

---

¹ Paris: *mi*. — ² Paris et B; A: *Ladron*.

CHRONIQUE

1191-1192.
Les Templiers rétrocèdent l'île de Chypre au roi Guy de Lusignan.

Il quale vedendo la mala satisfation de questi populi, et come malamente poteva trar utilità alcuna da questo loco; e dall'altro canto, ritrovandosi Guido Lusignan già re di Hierusalem, per nome di sua moglie la regina Sibilla, et de suoi figliuoli, convenne con il detto maestro del Tempio, et tolse l'isola de Cipro per il medesimo prezzo de ducati cento milla; delle quali dette al detto maestro li ducati milla 40, et tolse insi di pagar al re d'Inghilterra li altri ducati milla 60, nelli stessi termini ch'esso maestro haveva promesso.

Guy de Lusignan se rend en Chypre.

Venne donque Guidone in Cipro, et tolse il possesso da gli Templiarii, et menò seco molti gentilhuomini francesi, et altri che volevano haver stipendio. Et subito fece cride che li huomini dovessero ritornar nell'habitationi loro, et attendere li villani a coltivar le soe terre, a quali prometeva buona compagnia. Mandò poi in le terre et paesi circunvicini, et fece intender a cavallieri nobili, turcopulli, et borghesi che volevano feudi, stipendio de contadi, o terreni, over casali, che dovessero venire, perchè gli daria recapito utile e buona compagnia.

Distribution des fiefs.

Per il che vennero dal reame di Hierusalem, da Tripoli, da Antiochia, e dall'Armenia, molti huomini, e tolseno feudi. Alli quali ha statuito ducati ottanta, alli cavallieri; ducati sessanta, alli scutiferi; ducati quaranta, alli huomini d'armi, et altritanti alli turcopoli con due cavalcature; et ducati venti alli turcopoli con un'cavallo; e oltra gli dava ancora restoro de cavalli, et arnesi, et questi haveva assegnati in terreni, e gli dette borghesie, cioè stabili, nelle città, et quelle ha populate molto honoratamente.

Création d'évêchés latins.

Immediate ordinò chiese latine e fece capitolo, vescovi et arcivescovo latino, et de quatordeci vescovi greci ch'erano, lassò solamente quattro; et fece tre latini et uno arcivescovo latino, il quale fu chiamato de Nicosia, e hebbe le diocese delli vescovi de Chiti, Solia, Lapitho, Cerines, Tamassia, Chitria, Trimithusia, et Leucosia; et similmente il vescovo de Greci de tutte queste città, si chiamò vescovo della

Solia, et de gli Greci della metropoli de Leucosia. Il secondo vescovo latino se chiamò de Paffo vecchia et nuova, et de Arsenoe, c'hora si chiama la contrada de Chrussocho; et il greco vescovo di quelle città si chiamò vescovo d'Arsenoii et delli Greci del Paffo. Il terzo vescovo latino si chiamò de Limisso, et ha la diocesi delle città de Cureon et Amathunta; et il greco vescovo si chiamò d'Amathonta, et delli Greci de Lemisso. El' quarto vescovo latino è vescovo di Famagosta, Salamina, over Costantia, et Carpasso; et il vescovo greco se chiama di Costantia, et delli Greci de Famagosta, et Carpasso. L'arcivescovo et vescovi latini predetti hanno le decime di casali delle contrade predette divise di sopra, le qual decime non hebbero in tempo di questo signor Guido, ma sì[1] della regina Alisia, madre et tutrice di re Henrico, perchè sino all'hora le havevano li Greci. Hora, li Greci non hanno altra intrada che un' bisante all'anno da ogni prete, et da ogni zaffo parico, et doi bisanti dalli preti, et zaffi francomati, et da ogni maridazo un' bisante, et due galline, caduno vescovo da quelli della sua diocese.

1194.

Il detto Guidone de Lusignan era figliuolo de Ugo Le Brun, signor della Marca, et Lusignano, et venne in queste parte lui, et Almerico suo fratello, col conte Corrado de Monferrato Bonifaccio; doppo la morte del qual conte, se maritò detto Guido con la sua relitta, la regina Sibilla, e fu re di Hierusalem per sua moglie, e poi fu signor di Cipro. Il quale visse circa doi anni dapoi comprata quest'isola, et poi morì; et fece testamento, et lassò l'isola a suo fratello maggior, Almerico de Lusignan, qual era contestabile del reame di Hierusalem, et teneva Zaffo in don dal detto suo fratello Guido, et dalla regina Sibilla sua moglie. Et havendo inteso il conte Henrico della Campagna, nepote de re Riccardo, et signor del reame de Hierusalem, per nome della moglie Isabella, figliuola de Almerico re di Hierusalem, che Almerico de Lusignan successe alla signoria de Cipro, lo mandò a chiamar in Acre per li du-

Mort
de
Guy de Lusignan.
1194.

---

[1] Paris : *ma in tempo.*

cati 60m. che doveva haver per la vendita di Cipro, a lui cessi per suo zio re Riccardo; et perciò, Almerico renontiò Zaffo al conte Henrico, e li acquietò anche la contestabilia de Hierusalem per li detti denari che doveva dare; et de più contrassero matrimonio tra il primo genito del contestabile e la primo genita del conte Henrico, che se trovaronno vivi al tempo della traduttion; e questo hanno giurato detti signori, et anche li loro huomini.

Amaury de Lusignan.

Almerico haveva per moglie Ecciva, figliuola de Baduin de Iblin, signor de Rames, con la quale hebbe tre figliuoli : Guido, Joane et Ugo; et tre figlie : Borgonda[1], che fu moglie de Galtier de Mombelliart; Alis, che fu lazarina, e Chieluis, che fu moglie de Rupin, nepote de Livion[2], signor dell'Armenia. Venne adunque Almarico de Lusignan in Cipro, dove fu accettato come signore con gran feste; al quale fecero homaggio quelli che tenevano feudi, et ligessa, cioè fedeltà, giurorno tutti gli altri habitanti nelle città.

Il demande à l'empereur d'Allemagne le titre de roi. 1195-1197.

Vedendo poi che nell'isola sua città haveva ch'erano muragliate, castelli, et vescovadi, le qual cose bisognano ad uno regno, pensò di farsi coronar re di Cipro; et per questo havuto li parer dal suo conseglio, concluse, et mandò Reiner de Giblet, gentilhuomo honorato, in Puglia, et offerse homaggio all'imperator Henrico, over Arrigo XII^{mo}[3] di Germani, et gli domandò che lo volesse mandar a coronar in re di Cipro. L'imperator accettò allegramente il suo homaggio, et fra pochi mesi mandò il suo cancilliere, et lo coronò con grandissimo honore re di Cipro; et fu chiamato secondo signor, et primo re latino de Cipro. El cancilliere dell'imperator passò in Armenia, et coronò Lionetto re d'Armenia, et all'hora cominciò l'Armenia d'haver re, che per avanti mai non l'haveva. Accade poi che morì dama Ecciva, moglie del re Almerico, et morì anche il conte Henrico de Campagna, marito d'Isabella regina de Hierusalem; et il detto re Almerico tolse per moglie detta

---

[1] Paris : *Borgogna*, ici et plus loin. — [2] Paris : *Livon*. — [3] Henri VI, empereur d'Allemagne.

regina Isabella, della quale fu il quinto marito. Et però andò in Acre, et tolse li hommagi dalli suoi huomini, et menò secco huomini a cavallo, et fanti e vittuarie, et fornì la terra, et la diffese per il spatio de sette anni valorosamente, et recuperò molti castelli, che l'infedeli havevano occupati.

1205-1210.

Dappoi, essendo alloggiato in la città de Caiifas, per passare l'inverno, s'amalò il re, et immediate andato in Acre per governarsi; la malatia l'aggravò, di sorte che morì, lassando alla¹ regina Isabella uno figliuolo nominato medemamente Almerico, et due figlie, una chiamata Sibilla, che fu poi moglie di Lionetto re d'Armenia, et l'altra Melissena, maritata con Beimondo, prencipe d'Antiochia et conte de Tripoli.

Mort d'Amaury.
1205.

Dopo la morte del re Almerico, li baroni e cavallieri del reame, con il parer et consentimento della regina, elessero governator del reame di Hierusalem Gioan de Iblin, segnor de Barutho, et fratello uterino della regina Isabella, la quale regina poco dapoi morì, e lei, et il suo figliuolo Almerico; et però rimasse il regno de Hierusalem a Maria sua prima genita, figliuola fatta con il marchese Corado; pur restò al governo del regno il già detto Gioan d'Iblin.

Mort
de la reine Isabelle.
Marie
de Montferrat,
reine de Jérusalem.
1208.

Et in Cipro, essendo alhora Ugo figliuolo primogenito del re Almerico in età minore, venne Galtier de Mombeliart, marito de Borgonda, figlia del re Almerico, et menò seco sua moglie, et hebbe il governo del regno et dell'infante Ugo. Et quanto Ugo venne all'età perfetta, fu ricercato da quelli c'havevano il cargo delle figlie del conte Henrico de Campagna, che dovesse tuor Alis, sua maggior figlia, per moglie, in essecution delli patti che suo padre fece, et li suoi baroni havevano giurato; et Ugo, per adempir la promessa di suo padre, la tolse, con gran satisfation sua et de tutti li suoi huomini.

Hugues Ier,
roi de Chypre.

---

¹ Paris et B; A: *la*.

1210-1217.
Majorité du roi.
1210.

Et venuto che fu in età il detto re Ugo, fece citar in giuditio il suo cugnato Galtier de Mombeliart, che fu suo balio; et li domandò conto dell'amministratione delle intrade del suo regno, et del thesoro lasciato per suo padre; et questo perchè nel suo governo haveva sei anni trattato il detto Ugo non come re, ma come privato gargione. Galtier volse consultare, come si usava alhora, in loco de avocato, e gli fu dato termine; et egli, la notte seguente, scampò con sua moglie, et tolse il buon et il migliore c'haveva in casa, et andò al castello che tenivano li Templiari a Gastria. Et di li mandò a Tripoli, et richiese al prencipe suo amicissimo una galia, e gli la mandò, sopra la qual cargò le sue richezze, et andò in Acre. Et dicessi che tolse dal' governo de Cipro, in sei anni, più de ducentimilla ducati, oltre le gran spese ch'el fece.

Hugues passe en Syrie.
1217.

Re Ugo dapoi passò in Acre con bella ed honorata compagnia, peroché in Acre era venuto Andrea re de Ungaria, et Bertoldo[1] duca de Osteriche, con grande essercito, per soccorrere la Christianità; et però andò anche il detto re Ugo, et menò seco Galtier, signor de Cessaria e contestabile de Cipro; Gioan de Iblin, signor de Barutho, et suo fratello Filippo de Iblin; Galtier de Bessan, et l'arcivescovo di Nicosia, Eustorgio, il quale ha finito di fabricar la chiesa cathedal di Santa Sofia, la quale haveva principiata Alberto, terzo arcivescovo, del mille ducento nove. Et per la morte d'esso successe Eustorgio, et seguitò la fabrica, et la finite del mille duecento venti otto, et fabricò anchora l'arcivescovado, e la chiesa di S. Nicolo a Famagosta. E stette il detto re Ugo in compagnia del re Gioanne de Hierusalem, et del re d'Ongaria et altri, in tutti li assalti e guerre che fecero oltra il fiume Giordano. Dove feceno grandissimi guadagni, et prede; perochè li nemici non volsero aspettarli, ne mostrarli mai la fronte. Dapoi, essendo andati con il prencipe Beimondo a Tripoli, et di quì partitosi il re d'Ongaria andò in Armenia, e di lì per mare passò in Acquilegia, e poi a casa sua.

---

[1] Paris; A : *Betroldo*.

Re Ugo contrasse matrimonio tra la sua sorella Melissena et il prencipe Beimondo; et fattale venire a Tripoli, furono solennemente fatte le nozze.

<small>1218-1225.
Mariage
de Bohémond IV
et de Mélissende,
sœur du roi.</small>

Et poco dopoi s'amalò il re, et morì a Tripoli, et fu seppolto nella chiesa dell' Hospedal di San Giovanni pur a Tripoli, et doppo fu portato in Cipro, et seppolto nella chiesa di San Giovanni del' Hospedal.

<small>Mort de Hugues Ier.
1218.</small>

Re Ugo ha lasciato un figliuolo de nove mesi, chiamato Henrico, et due figlie; et, mentre questo figliuolo era in infantia, furono baiuli del regno, d'ordine della regina Alis sua madre, Gioanne e Filippo de Iblini, quali erano fratelli uterini[1] della regina Alisia.

<small>Minorité
de Henri Ier.</small>

In tempo del governo dei quali, essendo venuti in Acre un altra volta molti signori oltramontani et altri per soccorrer la Christianità, mandorono ancora questi di Cipri una buona banda di cavalieri, con Galtier de Cesarea contestabile de Cipro; li quali havendo assediata la città de Diamata, et quella, doppo molti abbattimenti et imboscate, presa, il re Gioanne la rese al Soldan con certi patti, e li Christiani ritornorono tutti a casa sua.

<small>Prise de Damiette.
1219.</small>

E il re Gioanne andò con Pelagio, legato del papa, a Roma, et concluse matrimonio tra la sua figliuola Isabella, la qual era diretta herede del reame de Hierusalem per la parte della madre la regina Maria, figlia del re Almerico de Hierusalem, con l'imperador Federico, infante de Puglia, incoronato dal papa Honorio terzo poco avanti. La qual regina Maria era sorella della regina Alisia, madre d'Henrico infante. Concluse le nozze, messe in ordine l'imperator venti galere, et mandò il vescovo di Patta per traducere la sposa; e li dette un' anello, con il quale la dovesse sposare, et mandò allà novizza molte gioie, et altri ornamenti richi e belli; et similmente mandò a presentar alli suoi bar-

<small>Projet de mariage
entre Isabelle,
héritière
de Jérusalem,
et Frédéric
d'Allemagne.
1223-1225.</small>

---

[1] Ils étaient oncles de la reine Alix, par sa mère Isabelle, leur sœur utérine.

1225-1226. bani, et altri parenti molte cose belle, et di valore. Gionte le galere in Acre, dove si trovò Gioan d'Iblin signor di Barutho, barba della novizza, et nobilissimo baron, ricevete il vescovo di Patta, et li altri gentilhuomini dell'imperatore con molto honore, usando loro ogni cortesia, e facendoli servire et honorar da tutta la nobiltà. E lette le lettere del Beatissimo, et quelle dell'imperatore, et anche del re Gioanne, et intese la conclusion delle honoratissime nozze, fecero grandissime feste, et menata la dama a Sur, fu sposata per il messo dell'imperator et coronata per monsignor Simone, arcivescovo di Sur. Ordinata poi l'andata della sposa, andò con essa l'arcivescovo de Sur, il signor de Saeto, germano d'essa, et molti altri cavalieri, et dame. Il signor de Barutho l'accompagnò con molti altri sino a Cipro, dove gli andò incontro sua zia la regina Alisia con molte gentildonne accompagnata; et abbraciatala, et fattoli molte accoglienze, si partì et andò con esse galere a salvamento. L'imperatore ricevete la moglie con gran feste et honore, et si tenne molto sodisfatto della elettion ch'il fece.

Mort de l'impératrice Isabelle de Brienne. 1228.

Detta imperatrice visse poco, imperochè nel suo parto morì, lassando vivo un figliuolo chiamato Corrado, che fu per succession re de Hierusalem. Et essendo in infantia, il governo di detto regno, per le leggi di detto reame, toccava alla regina Alisia, come più diretta herede apparente et richiedente. Però ordinò governator in Acre et Sur il suo fratello Gioan d'Iblin, signor de Barutho, il quale andava de la, et governava et ordinava quelle cose che bisognavano con gran prudentia, et con gran lealtà. Al governo delle cose di Cipro haveva detta regina Alisia, tutrice di suo figliuolo, ordinato l'altro suo fratello Filippo de Iblin; et lei haveva tutte l'intrade del regno in sua libertà, et quelle spendeva a suo modo, la quale era molto liberale signora.

Couronnement de Henri Ier. 1226.

Quando Henrico fu alquanto grandetto, li suoi zii, con el consentimento di sua madre et delli altri baroni et cavalieri, lo fecero coronar del suo regno de Cipro per man d'Eustorgio, arcivescovo di Nicosia, anchorchè la regina haveva anchora le intrade. Et questa regina Alisia è quella che concesse le decime di tutte l'intrade de Cipro, con consentimento delli baroni, cavalieri et altri gentilhuomini, alla santa madre Chiesa latina, perochè prima erano delli vescovi greci. Quando l'imperator intese che la regina Alisia et soi zii[1] tenivano el governo del reame d'Hierusalem e questo de Cipro, si sdegnò, et scrissegli molte lettere; et allegava le usanze d'Alamagna per le quali a lui toccavano detti governi et del un' et dell'altro regno, sin che li heredi re fossero d'età de quindeci anni; et nelle mantion chiamava detti Iblini zii et la regina zia, perchè erano zii di sua moglie. Al quale risposero detti de Iblini, che quanto aspetta al regno de Hierusalem, come veniva Sua Maestà a richiederlo, era suo il governo per le leggi municipali, con le quali se governa e il regno de Hierusalem e questo de Cipro; ma quanto al regno de Cipro, non vi haveva da far egli niente, per esser la madre vera tutrice, et baila del figliuolo, più che verun' altro parente per propinco ch'el sia, et però Sua Maestà si poteva acquietare con el suo, et non cercar quello d'altri. Il che inteso l'imperatore mandò il conte Tomaso bailo d'Acri, et immediate le fu dato il governo per nome dell'imperatore, et di suo figliuolo.

1226.

Accadete dapoi, in una festa che fece il signor di Barutho, per haver ornato cavalieri in Cipro doi di suoi figliuoli, il primo ch'era Balian, che poi fu signor di Barutho, e contestabile de Hierusalem, et l'altro Baldovino, che fu poi siniscalco del reame di Cipro, nella qual festa feceno bagordi[2] giostre, conviti, recitate le venture di Brettagna, e la Tavola rotonda et molti altri solazzi, tra li quali giocando il gioco di civetta, un cavalier toscano, parente del signor Filippo de Iblin, toccò con la palma a Camerin Barlas, come s'usa in detto gioco, ma il detto Barlas l'hebbe a male, et si partì dicendo havette fatto mal et tristamente. Il dì seguente, tenne la posta al detto cavalier toscan, et l'assaltò insieme con quattro altri compagni, che furono Almerico de Bessan, Gavano, Gugliermo de Rivet et Ugo de Giblet, parenti de

Dissensions intérieures en Chypre.

---

[1] Paris et A : *fratelli*. — [2] Paris; A : *bagoldi*.

1226.

figliuoli del signor de Barutho dalla parte della madre, et detteno al detto cavalier toscano molte ferite, dalle quale anchor che si sanò, restò nondimeno stroppiato. Il che dispiacque grandemente al governator de Cipro, et voleva castigar Camerino; ma il signor de Barutho, suo fratello, et altri parenti de detti delinquenti non lassorono; anzi il signor de Barutho mandò suo figliuolo Balian et l'accompagnò sino a Famagosta, et de li andò a Tripoli; et il signor de Barutho lo mandò a chiamare a Barutho, e lo meno seco in Cipro, e lo presentò à suo fratello il governator et gli domandò de gratia che li volesse perdonar, overo che desse a esso signor de Barutho quel castigo che voleva dar al detto Camerino; dimodochè il governator fu forzato dal fratello, ma non però li perdonò il cavalier toscano, ne valse mai far pace con' esso, anzi si partì de Cipro, e se ne andò via.

La reine Alix veut reprendre la régence.

Poco dapoi, la regina Alisia si scorrociò con suo zio[1], signor di Barutho, e si partì da Cipro, et andò in Tripoli, dove si maridò in Beimondo, prencipe de Antiochia, et conte de Tripoli; per il chè hebbero gran dispiacere tutti li Cipriotti, quali conoscevano il prencipe, che non era troppo leal huomo. Et il signor Filippo de Iblin abbandonò il governo de Cipro, anchorchè suo fratello et tutti del paese lo pregavano che lo volesse tenire. La regina scrisse da Tripoli, che il governo de Cipro si dovesse dar a Camerino Barlas sin tanto che lei tornasse, et Camerino accettò senza il consentimento delli altri[2] et degni gentilhuomini del regno. Et però congregata l'alta corte, parlò il signor Filippo d'Iblin, ch'era stato bailo, et disse : « In gran superbia veramente signori è
« montato questo gentilhuomo de Camerino de Barlas, havendo accettato
« il governo senza consentimento delli baroni de Cipro, et fattosi signor
« contro lor voglio; il quale però non è huomo che meriti tal officio ne
« per nobiltà de parentado, ne per valorosità o prudentia sua; et essendo
« trascorso temerariamente di accettar tal officio, è debito nostro che
« provediamo acciò non segua alcuna cosa in danno et pregiudicio del

---

[1] Paris et A : *fratello*. — [2] Paris : *alti*.

« nostro re¹; al quale siamo tenutti per fede di custodire tutte le sue
« fortezze, prerogative, et ogni utilità, et vietar ogni suo danno. » Finito ch'ebbe il signor Filippo de Iblin, disse Ansian de Bries : « Certò
« quel che fece Camerino l'ha fatto male, et dislealmente da tristo,
« come l'è, et se fusse presente gli diria più, et gli proveria anchora il
« tutto. » Nel conseglio fu concluso che il signor Filippo restasse nel
governo, perchè nessun di loro daria ubbedientia al detto Camerino
ne l'accetterian per governatore. Le parole usate per Ansian de Bries
furono riferte a Camerino, il quale, per questo, et perchè non fu
accettato, si partì immediate de Cipro, et andò à Tripoli, et disse di
voler aspettar de lì la venuta dell'imperatore Federico, il quale per
li avisi che se haveva era per venire di breve. Un'altra rissa nacque tra Giavan² et Gugliermo della Torre, Ciprioto, il quale di notte
fu assaltato, et ferito dal detto Giavan con superchieria; il quale
doppo guarito dalle ferite, si querelò in corte contro Giavan, chiamandolo traditore, et si offerse di provaglilo. Gavan si diffese, et tutti
doi dettero i loro pegni, secondo l'usanza, per combatter. Ma poi
conduteli al campo, s'interposeno persone d'auttorità, et li feceno far
la pace nel steccatto. Dapoi, si risentite Giavan d'essere stato sfidato
de quel cavalier, il quale non haveria mai havuto ardimento de sfidarlo se non fusse stato favorito dalla casa de Iblini, et però si partì,
et andò in Acre; et de lì passò oltremare et andò all'imperatore;
et incargò molto gli de Iblini, dicendo che perchè lui et quattro altri
suoi compagni si sono lassati conoscer per servitori di Sua Maestà sinceratissimi, sono mal voluti da essi Ibelini, li quali tengono per inimico esso imperatore. L'imperator, qual'era sollecitato molto dal Beatissimo che dovesse venir per soccorrere terra santa de Soria, et erano
in ordine le sue galere e armata, remesse la sua venuta per un altra
muta, et mandò solamente una parte delle sue galere; et con quelle
venne il patriarca Giroldo³, et il detto Gavan, i quali dicevano che
ancho l'imperator veneva dietro.

---

¹ Paris : *signor re*. — ² Paris : *Gavan*. — ³ Paris; A : *Girollo*.

1227.
Duel d'Anseau de Brie et d'Amaury Barlas.

Per la qual nuova, Camerino Barlas venne in Cipro, et pensò di querelarsi in la corte contro Ansian de Bries, delle parole usate nel conseglio contro di lui, et dar li suoi pegni per combatter nel spatio di quaranta giorni, all'usanza di quel tempo; et in quello spatio pensò che dovesse esser la venuta dell'imperatore, dal quale fosse favorito al campo. Et essendo sfidato, Ansian venne nel termine armato al campo, et perchè in quel spatio s'intese fermamente che l'imperator no veniva, il patriarca et altri amici de' Camerino si travagliorono de acquietarli, ma Ansian non voleva per niente. Però introrno tutti doi nel steccato, et al primo incontro Ansian ruppe la sua lanza, con haver disconzato alquanto Camerino, che con la sua lanza gli restò integra, la qual prese per mezo con ambe le mani, e percoteva Ansian nella visiera, e di ponta gli tirava nel viso. Ansian, con la destra mano, prese la lanza de Camerino, et quella con tanta forza tirò in sì, ch'a malgrado del suo aversario la tolse, e, nella scossa che fece nel tirarla, fece cader da cavallo Camerino. Ansian era giovane, membruto, e ben fatto, vigoroso, bianco, biondo, e de una bella ciera, et perchè era giovane, non troppo esperimentato nella battaglia, li suoi parenti et tra gli altri Gioan d'Iblin, il quale era germano di suo padre, l'haveva avertito di molte cose che doveva fare combattendo, et altre che si dovevano riguardare; tra e quelle gli disse, che quando si sentisse stracco, overo fusse ferito, che dovesse metter la mano destra nella testa, perchè com'egli vedesse questo contrassegno, spartiria la battaglia, et trattaria la pace, in modo che la cosa tornaria senza sua vergogna. Camerino rimaso a piedi, era di picol persona, et dalle arme molto gravato, et dal suo avversario tenuto appresso, tantochè non potè mai rimontar a cavallo, ma, come astuto et mastro de guerra, calate le redine del suo cavallo gioso, si ritirò pian piano appresso le sbarre, delle quali fece riparo da dietro, e del suo cavallo, che a questo essercitio era attissimo, fece scudo davanti, perochè il detto cavallo, come sentiva appressarsi l'inimico, traeva tanti calci che non lassava nocer al suo patrone. Ansian voleva con la lanza ferir il cavallo, ma poi si riccordava quanto era vile et ingiurioso atto il ferir una bestia, si reteneva; gli dava il cuore di smontare anchora lui, ma non era cosi consegliato dalli suoi, li quali l'avertirono di non abbandonar mai il suo cavallo; però si travagliava intorno al cavallo di Camerino, et puote in molto spatio ferir, o nocer poco l'inimico, et si come si travagliava, la visiera del suo elmo era alquanto disconciata, et egli mittendo la man destra per conciarla, fu visto dal signor de Barutho, e credendo fosse stracco, com' era anco da giudicare oltra il detto contrassegno, intrò nel campo, e fece tenir per le redine Ansian da dieci cavallieri, et altri cavallieri furono intorno a Camerino che non si movesse punto dal loco ch'era, ne montasse a cavallo, et poi fece trattar la pace tra loro per gente de religion. Et li parenti de Ansian furono contenti della pace perochè credeteno fermamente ch'egli fosse stracco, o ferito. Camerino che[1] si vedeva a piedi, et tutto il suo favor non era in altro che nelli calci del suo cavallo, gia stracco, et se ne accedeva ch'a longo andar doveva morire, et lui et il cavallo, consenti con tutta la vergogna d'esser stato tirato da cavallo, solo per comprar la vita fece pace, et si partì dal campo in compagnia del Gavan, de Almerico de Bessan, Gugliermo[2] de Rivet, et Ugo de Giblet, suoi compagni conjurati. I quali scrissero molte lettere all' imperator, dicendo che li Iblini dispregiavano, et dishonoravano essi per dispetto di Sua Maestà, perchè erano suoi servitori, et lo chiamavano loro patrone et signore.

1227-1228.

Filippo de Iblin, qual era in questi giorni amalato, passò da questo all' altro secolo, lasciando gran pianto et afflitione a tutti li Ciprioti, perch'era grand'huomo; et la sua morte fu di grandi danno a Cipro. La regina Alisia, essendosi[3] pentita del matrimonio fatto con il prencipe d'Antiochia, lo fece citar e separarsi da lui, perch'era suo parente, et erano maritati senza licenza della Chiesa, et fatto il divorsio, ritornò in Cipro.

Mort du régent de Chypre.
1227.

L'imperatore, il primo di giugno del seguente anno mille duecento venti otto, gionse a Limisso con settanta velle, tra galere nave et altri

Arrivée de Frédéric II en Chypre.
1228.

[1] Paris. — [2] Paris: *Guielmo*. — [3] Paris: *havendosi*.

legni. E venne poco avanti il suo mariscalco in Acre, il quale dette notitia in Cipro della venuta dell'imperatore. Il che inteso, Camerino, Gavan, li doi de Bessan, et Ugo de Giblet, quali havevano fatto congiura contra li de Iblini, armorono doi naviletti, et gli andorono incontro sino alla Romania, et condussero seco molti de gli suoi amici et seguaci. Et gionti all'imperator, incargorno con quante più falsità puoteno el signor de Barutho, et l'impressero nell'animo contro di lui le peggior impressioni che poterono dandoli ad intendere, c'havendo il regno de Cipro, poteva fornir le sue terre de ciò che le bisognava, et haver anche mille cavalieri ogni volta che volesse. L'imperator gli fece buona ciera, e molte offerte larghe, in cambio del loro buon'animo, et vennero con lui in Cipro. L'imperator, gionto che fu a Limisso, scrisse al signor de Barutho in questa forma : « Signor zio honorando, la presente « sarà per dinotarvi la nostra gionta qui a Limisso per andar in Soria, a « soccorrer le genti di Christo nostro signore, et inanti il mio partir desi- « dero veder la signora vostra, li signori vostri figliuoli, et medemamente « il re, miei amatissimi cugini, per abbracciarvi et conosciervi presential- « mente, et ancho parlar con esso voi, circa il soccorer[1] che penso, a Dio « piacendo, dar alla Christianità ; desiderando a cio il favor et conseglio « vostro, come persona leale, pratica et parente, che mi ama. Ne altro « mi occorre per hora, vi aspetto senza induggio, perchè il tempo è breve, « et noi habbiamo a far molto. » Come intese il signor de Baruto la richiesta dell'imperatore, chiamò il conseglio della nobiltà, et letta la lettera dell'imperatore, domandò il parer loro; li quali, tutti del conseglio una voce, consegliorono che non dovesse andar, ne lui, ne suoi figliuoli, ne meno li mettesse nelle mani il picol re; ma che dovesse far la sua scusa con qualche impedimento credibile, et offerirli li cavalieri, le vittuarie, et cio che voleva; et questo, perchè l'imperator ha fama d'haver belle et dolce parole, ma brutti et amari fatti. Il signor de Baruto, con tutto che conosceva che il consiglio era verissimo, nondimeno disse : « Signori et fratelli miei, io voglio piuttosto andare et

---

[1] Paris ; A : *soccor.*

« patire morte, o altra condition de pericoli che mi potesse intravenire,
« che restare, e causare al mondo che si dica : Il signor de Baruto, o il
« suo legnaggio, o le genti di Cipro, messeno differentia all' imperatore
« overo usatoli discortesia, per il chè hanno impedito il soccorso di chri-
« stiani. »

Però andò e menò seco li suoi figliuoli, et el picol re, e tutti li cavalieri e nobiltà de Cipro, et si messeno alla potestà dell' imperatore; il
quale gli ricevete con gran festa, et li fece buona ciera, talchè li loro
inimici furono attristati. Et la prima cosa che gli domandò fu di gratia
che dovessero lasciar il corroccio che portavono per la morte de Filippo
de Iblin, con dire che l'allegrezza della venuta del loro amico doveva
estinguer il dolor della morte del parente. Loro gli rendetero molte
gratie, et appresso gli obbedirono, et offerseno la vita et le facoltà
loro; il quale gli ringratiò, et accettò il loro buon animo; et poi gli
donò molte gioie, et a molti drappi di scarlato, et molte altre cose,
mostrandoli amorevolezza grande, et poi gli invitò a desinar seco il dì
seguente. Et andorono tutti con drappi curti, dove in una tavola se-
dete l'imperator a capo, et appresso di lui il signor de Baruto, et all'incontro di lui il vecchio signor di Cesarea, ch'era contestabile di Cipro;
et all'altro capo della tavola fece sedere il picolo re Henrico de Cipro,
el re de Salonichio, et el marchese de Monferrato, et doi altri baroni
de Alamagna ; et comandò che li Ciprioti dovessero sedere in un altra
tavola, tutti da una banda per poterli veder, et sentir quello che par-
lassero. Li doi figliuoli del signor di Baruto volse che li servissero a
tavola, l'uno alla coppa e l'altro alla scudella ; et Ansian de Bries col
giovine signor de Cesarea, trinciassero alla sua tavola, et in presentia
sua; questi sono stati li favori fatti alli Ciprioti. Alla fine della tavola,
venne gran quantità de soldati armati di spade, et altri con armi inas-
tati, tenendo le mani nelle prese delle spade. Et come l'imperator
ha visto d'haver li soi soldati in sala, cominciò a parlare al signor
de Baruto in questo modo : « Signor Gioane, io vidomando et voglio da
« voi due cose, le quali facendo amichevolmente sarà buono per voi, et

«farete da savio, come sete. » Il signor de Baruto, senza lasciarlo seguitar oltra, gli rispose : « Signor, la Maestà Vostra dirà quello che gli piace da « me, che io son pronto di far volontiera tutte le cose giuste e rag-«gionevole, o vero sendo[1] cose che providhuomini giudicheranno ch'io « le debba fare. » L'imperatore seguitò il parlare: « La prima cosa che io « voglio da voi è Baruto, fortezza sottoposta al regno del mio figliuolo, « la qual fortezza, com'ancho tutte le altre, devono esser vardate et go-« vernate per me finchè mio figliuolo sia d'età, et non è giusto ne honesto « che le fortezze del mio regno siano vardate e governate d'altri. La « seconda è che mi dobbiate render conto di ciò che valse l'entrata di « questo regno di Cipro, gia dieci anni fa ch'è morto re Ugo, et che « voi l'havete governato, perchè questo mi previene a me, secondo le « leggi et usanze imperiale d'Alamagna. » Il signor de Baruto sorridendo disse : « La Maestà Vostra mi vuol travagliare, se non fosse che qualche « maligno che mi ha in odio, l'ha datto ad intender di domandare simil « cosa[2] a me; ma sia laudato Iddio che la Maestà Vostra è il signor « giusto, savio[3], e benigno, et con queste sue virtù gli sarà facile a co-« noscere che io li sono buon servitore, et a non creder più alli maligni. » L'imperator pose la sua mano sopra la testa, e giurò che «per questo « capo, che spesso ha portato corona, che io vi parlo da seno, et voglio che « faciate ad'ogni modo il voler mio di queste due cose che io vi ho do-« mandato, overo che di qui non vi partite. » All'hora il signor de Ba-ruto, che fin a quel ponto[4] sentava, si levò in piedi, et disse a voce alta tanto che potè esser inteso da tutti : « Signor, io ho et tengo Baruto « con giusto titolo, et come feudo mio dretto, concessomi da madama « Isabella, che fu mia sorella, et figlia del re Almerico, dretta herede del « reame de Hierusalem et dal suo marito, c'haveva nome parimente Al-« merico; il quale mi detteno in cambio della contestabilia de Hieru-« salem; et l'hebbi talmente ruinato et destrutto, che li Templiari et « Hospitalieri lo refudorono; et io, con il favore et aiuto delli amici, e « parenti miei, con le mie fattiche e spese delle mie entrate di Cipro, et

---

[1] Paris : *siando*.
[2] Paris : *cose*.
[3] Paris.
[4] Paris; A : *porto*.

« con l'industria mia, l'ho fabricato et refatto quasi da nuovo; et par mi
« che lo possedo, e posso posseder con giustissimo titolo; et se la Maestà
« Vostra intende altrimenti, io son pronto di star a ragione, et farla co-
« noscere alla corte del reame di Hierusalem. Quanto alle entrate del
« reame de Cipro, io non hebbi mai niente nelle mie mani, perchè la
« regina Alisia le haveva, spendeva, et faceva a suo modo, come colei
« che haveva ragion del bailaggio di suo figliuolo, secondo le nostre
« usanze et leggi; et se la Maestà Vostra mi domandava raggion di
« questo, io gli la fornirò in presenza della corte de Cipro. Oltra di
« quanto ho detto, sia certa la Maestà Vostra per questa testa, che non
« ho manco cara che voi quella che porta corona, che per dubbio di
« morte o de preggione, non farò mai, se il giudicio di buona et leale
« corte non me lo farà fare. »

L'imperator, sdegnato et alterato, tornò a giurar, et minaciar gran
cose, et all'ultimo disse: « Io ho ben inteso dire oltra mare che voi
« havete belle parole, polite, et che sapete bene ornarle, ma io vi mos-
« trarò ben che il vostro sapere, senno, e parole belle valerano poco
« contro la mia potentia. » Et il signor de Baruto respose di modo che
tutti inteseno, et gli disse: « Signor, se voi havete inteso che io so ornar
« le mie parole, anchor io intesi dir, già tempo fa, delle vostre opere, et
« quando volli venir qui, da voi, tutti mi dessero, a una voce, che io
« trovaria in voi quello c'hor trovo, et io non volsi far il consiglio loro,
« non già che non credevo quel che mi dicevano, ma perchè non volli,
« per tema di morte, o di priggione, dar adito a qualche si sia di poter
« dire: L'imperator andando a soccorrer Terra Santa con grand esser-
« cito fu turbato dalli Ciprioti, et rimase di far una così buona opera. E
« questo medemo ho detto al conseglio di Nicosia, et con quest'animo
« e deliberation sono venuto da voi, per sopportar, per amor proprio del
« nostro signor Giesù Christo, ciò che m'intravenirà da voi, e così son
« pronto di sopportar ciò che piacerà al signor Iddio, che io debba pa-
« tire. » L'imperatore ha mutato colore più de una sorte mentre il signor
de Barutho parlava, et era andato in gran colera; ma li astanti, massime
religiosi, interposti si travagliorono de acquietarli; et monsignor de

1228.

Baruto diceva sempre quel che haveva detto da principio, ne si voleva remover da quella oppinione, di voler stare alla cognition et giudicio della corte de Hierusalem per Barutho, et a quella di Cipro per il governo del regno di Cipro. L'imperator si resolsse di voler venti cavalieri per ostaggio, et li doi figliuoli del signor de Barutho, et poi si contentò solamente delli doi figliuoli per andar dopo lui in Acre a star in giudicio. Et il signor de Baruto chiamò li suoi figliuoli, li quali se ingenochiorono tutti dui in presentia del padre, ed egli li prese per la mano destra tutti dui, et li consegnò all'imperator con queste parole : « Io li « consegno en la fè de Dio, et alla vostra per ostaggio, con conditione che « subito che verrò alla corte del reame di Hierusalem per star in giudi- « tio, ch' egli siano immediate liberati, sani et integri; et in fin tanto, voi « sarete tenuto da tenerli ben governati, et trattarli da gentilhuomini, non « li facendo, ne lasciando fargle, da alcuno, ne vergogna ne dispiacere, « over oltraggio. » E l'imperatore rispose : « E io così le ricevo, sopra la fede « mia, e così prometto che per me saranno ricchi et grandi, piacendo a « Dio, » e li prese medemamente dalla destra mano. Dopo partitosi il signor de Barutho, li fece metter in li ceppi, et tenerli molto maltrattati.

Ibelin échappe aux ruses de Frédéric.

Vennero poi li inimici del signor de Barutho, et dissero all'imperator : « Perchè lasciarlo andare? Lui adesso andarà a fornir li castelli e fortezze « contro di voi, et ribellerà tutta l'isola, perchè tutti l'amano, e tutti lo se- « guiranno. » Et appresso l'hanno confortato di mandarlo a chiamare con lettere amichevole, dicendo di volerli restituir li suoi figliuoli, e poi prender et retenerlo, perchè havendo lui, haverebbe ogni cosa. L'imperatore si lasciò persuadere, e mandarlo a chiamare; ma il signor de Barutho, accortosi dell'astutia, provide al bisogno, et la notte dov' era alloggiato fuora in campagna con li suoi amici, e gente d'arme a cavallo, fece far buona guardia. Dove venne il signor de Cesarea, et Ansian de Bries, et disserò al signor de Barutho : « Andate, signor, all' « imperatore, et menateci con voi, e come saremo là, et vederemo che « vi voglia far torto o tradimento alcuno, noi l'amazzeremo, e le nostre « gente a cavallo s'approssimarano alla porta della terra; l'imperatore

« non ha cavalli, se non quelli fanti che messe in terra, li quali come
« vederano l'imperatore morto, li parerà di far assai a salvarsi in le ga-
« lere; et a questo modo libereremo li nostri cugini, et noi medesimi
« da questo malvaggio huomo. » A quali rispose il signor de Barutho in
colera, et li riprese con parole molte austere, acciò non dicessero più
simile parole, che sariano li più vergognati huomini che mai fussero
al mondo; et se lor facessero tal atto, in tutta la Christanità si dira: « Li
« traditori christiani di Soria hanno morto il loro signor imperatore. »
Onde le ragion nostre non sarian da nesuno udite, ne le nostre scuse
amesse, perochè le straniezze usateci, e le malignità, e fallacce che
lui ne usa, non saran che le dica, ne troverarsi alcuno che le creda.
L'imperator ci è signor, e per signore lo volemo salvar e guardare; il
quale guardando, o buon o reo ch'el si sia, faremo al debito nostro
et salvaremo li feudi et honor nostro[1]. La note seguente, il signor de
Barutho si levò dalli padiglioni ov'era alloggiato; et al suo partir fu si
grande il strepito de cavalli, che l'imperator udendolo hebbe rispetto, e
dubitò nella casa dov'era alloggiato, et andò nella torre del Hospitale de
Lemisso, ch'è forte et appresso alla marina, dov'erano li suoi navigli.

El signor de Barutho venne a Nicosia, et immediate fece fornir il
castello Dio d'amor, e mandò tutte le dame, et figliuoli de suoi amici,
et egli con tutti l'huomini d'arme restò in Nicosia. L'imperator dall'altro
canto mandò in Soria, e fece venir il suo essercito, e venne anchora il
vecchio prencipe d'Antiochia, il signor de Giblet, et signor de Saeto, et
gionserò in Limisso, dov'erano li figliuoli del signor de Barutho in priggione, et mal menati da Camerino Barlas, in custodia del quale erano
dati dall'imperatore. Quando l'imperatore ha messo in assetto le sue
genti a piedi e a cavallo, cavalcò verso Nicossia; il che intesso per il signor de Barutho, fece conseglio, et deliberò di non combatter con l'imperatore, se non fusse molto astretto, non perchè haveva paura, ma
volse schivare il torto, et lassarlo ad esso imperatore. Et però, abbandonata Nicosia all'imperator, si redusse al castel Dio d'amor, qual haveva

---

[1] Paris et B; A: *debito nostro.* — *La note.*

1228. fornito ben di gente e vittuarie, dove l'imperatore hebbe rispetto di andarghe, e stete a Nicossia alquanti giorni.

Frédéric traite avec le sire de Beyrouth.

Dove intese ch'el Papa, et il re Gioanne da Brenne li mossero guerra in Puglia, e perciò hebbe pressa d'andare in Soria, per trattar con Saraceni o pace o tregua, et ritornar in Puglia; et medemamente, col mezo de alcuni religgiosi, trattò la pace col signor de Barutho in questo modo, che l'imperator et sue genti giurorono di restituir sani, e salvi della vitta et membri li figliuoli de signor de Barutho immediate, et mantenir la buona pace, senza servar alcun odio per le cose passate, et non li tuor alcuna cosa se non fusse terminata per la corte; et al picol re restituir il suo regno, et fortezze liberamente, et quelle lassar governar dalli suoi huomini, finchè il re havesse l'età de xxv[1] anni. El signor de Barutho et li suoi similmente hanno giurato di render el castel Dio d'amor al re, et seguitar l'imperatore in Soria, a spese loro realmente, senza cercar alcuna vendetta contra di lui, over delli suo huomini per le cose già passate. Et per mantener le cose predette, forono piezi el Templo[2], et li doi hospitali di S. Gioavani et d'Alemani, e tutti li baroni et gentilhuomini dell'una, et l'altra parte. L'imperatore volse che si facesse cognitione de corte che il governo di questo regno aspettava a lui; ma fu fatto l'opposito con dir che per le leggi municipali il governo apparteniva alla regina Alissia madre del re, et così fu giurato. Il castel Dio d'amor, et le fortezze furono rese al re, et lui, per comandamento dell'imperatore le consignò alli huomini a lui attinenti. Et andato l'imperator a Famagosta con le sue genti per passar in Soria, fece venir l'armata sua da Lemisso a Famagosta, dove rese al signor de Barutho li suoi figliuoli; et poi tolse in la sua corte l'imperator el primo genito di detti figliuoli, c'haveva nome Balian, con grande offerte et promesse; al qual Balian, c'haveva assai buone parti in se, et era giovene prudente, ardito, cortese e valente, servite de buon animo, dal quale l'imperatore si teniva satisfatto, et li pose amore.

---

[1] *Sic,* pour xv, *Assises de Jérusalem,* I, 259; *Histoire de Chypre,* I, 281, 324. —
[2] Paris; A : *prezi al Templo.*

Partitosi l'imperator da Famagosta, andò à Sur col re de Cipro, et altri gentilhuomini. Il signor de Barutho andò al suo castello; et quella notte che si partirono da Famagosta, scampò il prencipe d'Antiochia e conte di Tripoli, con una sua galera, e quella medesima notte arrivò in un suo castello chiamato Nefin; et ciò fece perchè l'imperator voleva che li suoi huomini li facessero ligheza, cioè che le giurassero fedeltà, et, anchorchè di raggione la dovevano giurare, non dimeno lui, o perchè non intendeva la cosa, o perchè temete non li havessino rubbellato poi li suoi huomini, non volse stare. Il signor de Barutho il dì seguente tornò a Sur, dov'era l'imperator ricevuto honoratamente, et li giurorno tutti fedeltà. Partitosi de lì, andò in la città d'Acri, dove fu medemamente accettato con honori grandi. Le sue galere et navi, ch'erano per numero settanta, furono legate al porto, e l'imperatore alloggiò al castello. Et poi fece citar li huomini liggi et li richiede di farli homaggio, come bailo del suo figliuolo Corrado re de Hierusalem, qual era fanciullo, et a quello pervenne il reame per la morte di sua madre, et li detti huomini li prestorono homaggio come bailo.

1228.
Frédéric passe en Syrie.

Si mosse poi col suo essercito, et quello di Soria, da Acre, per andar a Zaffo, distante da Acre leghe ventiquattro; e per strada trovò l'ambassiatori, che trattavano trega col soldan Gemel, ch'era soldan de Babilonia e di Damasco, et teniva Hierusalem et tutta la terra; il quale rese all'imperator Hierusalem, Nazzaret et Lidde. Et mentre che questo accordo si trattava col soldano, l'imperator mandò in Cipro il conte Estiene, ch'era a Butron, con molti Longobardi, per mettersi al possesso di tutte le fortezze, e ricever l'entrade reggie per lui; dicendo che di raggion toccavano a lui come bailo, al modo che le richiesse primo. Il che intesso per li Ciprii, ch'erano nell'isola, dubitorono dell'atto non reale, e molti si redusero nelle case de religgion ch'erano in Nicossia, et alcuni si partirono fuor dell'isola. E specialemente si partì Gioan de Iblin, che fu poi conte de Zaffo, et allhora giovinetto, et menò seco sua sorella, et molti altri vi andorono secco nel cuor dell'inverno; quali per fortuna scorsero a Tortosia; et a questo modo l'imperator sottomese

Son traité de Jaffa.
18 février 1228.

72   CHRONIQUE

1228.
Ses mesures déloyales.

l'isola, sendo absenti li Ciprioti, che si trovavano con lui al Zaffo. Il quale per questo mancar di fede, e per le sue continue operationi maligne, et a se medesimo inique, fu mal veduto da tutti, e specialmente dalli cavalieri del Templo, de quali all'hora v'erano molti valentissimi, et era loro mastro fra Pietro de Monte Agiu[1]. Costoro non erano ben visti dall'imperatore; anzi s'accorsero che lui trattava de ritinir il signor de Barutho, et il maestro del Templo, et quello d'Alemani, et mandarli in Puglia, per il chè tenia[2] galere armate d'inverno; e questi si vardavano quanto potevano, et andavano in ogni loro attion sempre riservati. Scopersono finalmente un'ordine che messe di farli occidere in un'consiglio che li fece citare, et loro vi andorono, ma di modo provisti, che non bastò l'animo a quelli dell'imperatore di esseguir il suo ordine. Dapoi conclusa la trega, andò l'imperatore in Hierusalem e poi ritornò in Acre; al quale sempre tenne compagnia, et lo seguitò il signor de Barutho. Dopo tornato in Acre l'imperator, vedendo che molti cavalieri del Templo erano rimasi in Hierusalem, e gli parlò publicamente, et si dolse delli cavalieri; et publicatili per suoi nemici, mandò a metter l'assedio in casa del Templo per alquanti giorni. Et come li Templarii intesero questo, venero immediate in Acre; e alla venuta d'essi, l'imperator levò l'assedio con suo gran scorno per non haver possuto far niente. Vedendo il signor de Barutho che l'imperator si scopriva inimico a quelli che poteva nocer, et taceva quando non haveva il modo di conseguir l'intento suo, si pensò di proveder a casi suoi; e però si accostò con li Genovesi, che alhora in Acre erano potentissimi. Il che, come intese l'imperatore se desperò, vedendo chiusa la via di poter esseguir el suo disegno, e temendo che il signor de Barutho con li Genovesi e Templarii non l'assaltassero una notte e li rendessero quello che lui voleva far ad'essi, andò d'entro al Hospital de San Gioanni et alloggiò.

Frédéric quitte la Syrie.
1ᵉʳ juin 1229.

Et parendoli che stando in quel loco, ogni giorno andava diminuendo la riputatione sua, et peggiorando le cose sue, et in Puglia

[1] Paris : *Agu*. — [2] Paris : *teniva*.

molto peggio per l'assedio del Papa e del re Gioanni, si ritirò in due gallere armate, il primo di maggio, accompagnato da molti tristi et malvaggi, che li cridavano dietro con gran vergogna. Il che inteso per il signor de Barutho, et Heude de Monbeliardo, corsero là e fecero tacere quella canaglia chi l'ingiuravano, et li cacciò via; et della terra li cridorono forte, raccomandandolo a Dio; a quali rispose l'imperatore pianamente tanto che non fu inteso da nesuno ch'era in terra quello habbia detto, et poi parlò forte e disse che lasciava il suo luoco al signor de Saeto, et Garnier l'Aleman, che fussero baili; al qual signor de Saeto haveva consegnato ancho il castello de Sur ben fornito.

1228.

Nel suo montar in galera fece montar anche il picciol re di Cipro, et se partì scornato, et molto malcontento, et venne in Cipro, e gionto a Lemisso, copulò in matrimonio il detto re Henrico con la figlia di Gugliermo Longa Spada, marchese de Monferrato, cugino dell'imperatore; il quale venne in tempo che[1] Saladino soldan de Babilonia haveva preso Hierusalem e tutte le città e castelli della Soria, eccetto Tripoli, e la città de Sur, qual era da lui assediata per il spacio di doi anni. Nel qual tempo venne il detto marchese, et deteli soccorso, per il che il soldan levò l'assedio, et per ciò fu datta per moglie a questo marchese la sorella della regina Sibilla, el marito della quale, Anfredo de Thoron, era vivo, in priggione degli infedeli; ma, per il bisogno che la terra haveva di soccorso, dispensò il patriarcha di Hierusalem questo maritaggio, dalla qual dama hebbe il marchese questa figlia, che dette per moglie a Henrico, re de Cipro.

Mariage du roi Henri.

Et dopo fatto le nozze, l'imperator dette in appalto el[2] governo, el[3] regno, et entrade de Cipro, per fin che il re venitte all'età de anni xxv, a cinque persone chiamate baiuli, cioè Camerino Barlas, Almerico de Bessan, Giavan[4], Gugliermo de Rivet et Ugo de Giblet, con giuramento di non lasciar mai el signor de Barutho di metter piede in Cipro, ne

L'empereur laisse le gouvernement à cinq bailes.

[1] Paris; A : *di*.
[2] Paris et A : *et governo*.
[3] A : *il;* Paris : *el*.
[4] Paris : *Gavan*.

1228. lui, ne alcun della sua livrea, ma che del tutto lo dovessero privare dalle intrade che tenniva in Cipro. Et per potersi meglio prevaler, et deffender contra di lui et delli suoi, lassò a detti appallatori[1] molti Alemani, Fiamenghi et Lombardi, al stipendio d'essi baiuli; et oltra quelli che ha lasciato lui, vi restorono anchora molti altri, parte per l'odio che portavano all'imperatore, et parte per potersi poi partir et andar a casa loro. Et con questo, si partì l'imperator da Limisso, et andò via. Et li baiuli mandorono a parlar secretamente a Filippo de Navarra, che si trovava all'hora in Cipro, che volesse trattar la pace con il signor de Barutho e loro, con promesse grandi. Filippo, che conosceva il signor de Barutho savio e benigno, promisse d'affaticarsi intorno a questo negotio, et havendo scritto al signor de Barutho, hebbe risposta amorevole. Ma li baiuli, come hebbero le fortezze nelle mani, et messo una taglia alli habitanti, et visto haver molta gente a piedi et a cavallo, montorono in superbia grande, presumendosi di poter mantenir la terra, et contender col signor de Barutho. Però lasciorono di trattar la pace, et un giorno, havendo chiamato li huomini del paese in la corte real, feceno venir anchora Filippo de Navarra, dicendoli che il re si voleva consigliar secco, et l'assicurorono sopra la fede loro. E redutti tutti in corte, Gugliermo de Rivet, uno dei cinque baiuli, si levò in piedi, et cominciò a dire, come il signor de Barutho, per non haversi saputo governare con l'imperatore, ha perso il governo di questo regno, il quale l'imperatore ha venduto a loro per fin che il re divenisse d'anni xxv; et perciò l'hanno chiamato là per giurare di salvar et mantenirli come baiuli sino all'età del re; et il re ch'era in potestà de essi baiuli, et temeva di qualche oltraggio, dirizzò lo sguardo verso Filippo de Navarra, qua sich'el volesse dir: Vedi in che sono redutto. Fu poi portatto il vangelio, et fu detto a Filippo de Navarra che si facesse avanti a giurar prima delli altri, et lui rispose: « Signor par-« latemi privatamente voi cinque, perchè ho da dirvi le ragioni mie. » Et il detto Gugliermo disse: « Nol farò mai perchè haverei troppo che fare,

---

[1] Paris: *appaltatori*.

« se volesse parlar privatamente con tutti; giurate pur voi, che vi pro-
« mettemo, oltra l'honor che vi faciamo di esser primo de tutti, di farvi
« anchora maggior beneficio di quel che vi pensate, perochè semo dis-
« posti di donar feudi a voi et a vostri heredi, et di pagar li vostri debiti,
« e farvi sempre honore. » Al quale rispose in questo modo Filippo : « Io
« mi allegro molto, già che vostre signorie in presentia de tanti mi fate
« quest'honore e preminentia, promettendomi tanti beneficii, di che vi
« rendo gratie, et mi riservo, se mai mi sarà concesso, di far per voi ser-
« vitio d'honor et utile; et per responder al resto dell'instantia fat-
« tami cioè che io debba giurar di mantenervi per baiuli, non posso farlo
« con buona fede o lealtà, perochè io sono huomo della regina Alisia,
« madre del re, et se io giurase a voi, mentiriò la mia fede. » Alle qual
parole soggiunse Gugliermo : « Anzi noi teniamo certo che voi piuttosto
« el fatte per non esser contra el signor de Barutho, qual amate tanto. »
« Voi dicete el vero », disse el Navarra, « ch'io amo più el signor de Ba-
« rutho e soi figliuoli che tutti li huomini del mondo, et per veruna cosa
« del mondo non le anderei contra. » Queste parole incitorno detti baiuli
a tanta ira contro de Filippo, che Ugo de Giblet disse : « Havete inteso
« ciò che ha detto? Io per me conseglio ch'el sia impiccato. » Et Filippo
de Navarra respose[1] : « Et io, signori, non voglio star alla sententia di
« misser Ugo, perochè non haveria così consegliato misser[2] Beltrame, suo
« padre, gentilhuomo savio, che parlava sempre con più fondamento di
« raggione di quel che fa adesso messer Ugo. » Et egli comandò li stipendiati, che attendevano a loro baiuli, di prenderlo, et chi diceva di
trazerli la lingua di dietro la coppa, et altri darli la morte imediate.
Filippo che si vide mal capitato nelle mani di costoro, s'inginocchiò in
presentia del re, et gli arricordò i patti et sacramento, che li baiuli li
havevan fatto privatamente di segurtà, il che si offeriva provar con la
sua persona contra di uno d'essi cinque per cognition della corte, et a
questo offerse il suo pegno di battaglia. Et anchor che alcuni delli parenti di detti baiuli, ch'erano presenti, si offersono di combatter seco,

---

[1] Paris. — [2] Paris : *signor*.

non dimeno lui li refudò con parole ragionevoli; et da bel nuova si offriva contra uno di quelli cinque, dicendo esser loro paro di conditione, et questo voleva provar per testimonii del suo paese ch'erano in Cipro et in Soria; et benchè ciascun dei baiuli li dette la mentità, ma nessuno s'offerse di combatter seco; ma fattolo prendere, lo messero nelli ceppi in un canton della sala, et minaciando di mandarlo a Dio d'amor, overo a Cantara, lo feceno custodir lì fino alla notte. Tutti del paese si maravigliorono di Filippo, come hebbe ardimento di parlar così audacemente, et per non incorrer ancho loro nelli termini, in che si trovava lui, giurorono fedeltà a detti baiuli. La sera poi li baiuli, consultato tra loro, feceno domandar a Philippo pieggi per mille marche d'argento, per dover tornar il dì seguente in corte nel modo che si trovava all'hora, per[1] star alla termination della corte, s'el doveva combatter; et lui respose che non haveva alcuno che lo pieggiasse, ne doveva dar altra pieggiaria l'huomo liggio che la sua fede, et il suo feudo. Et loro replicorono: «Noi trovaremo che vi fara la pieggiaria;» et esso gli ringratiava, et pregava che si rasserenassero[2] di farli comodità quando li bisognasse, et non all'hora che non haveva di bisogno. Non dimeno, con questa fittione di haverlo loro pieggiato, lo lassorono andare. Il quale non andò in casa sua, ma de longo all'Hospedal di San Gioanni, et procurò, quella istessa notte, tanto che trovò cento cinquanta huomini con arme, amici del signor de Barutho[3], et suoi, dove trovò le mogli di coloro et figliuoli che erano col signor de Barutho. Quella notte medema, feceno li baiuli assaltar la casa nella quale stantiava Filippo de Navarra per occiderlo; dove trovoro doi servitori, l'uno de quali fu ucciso, et l'altro ferito sinestramente; et el letto suo, essendo apparechiato, et col paviglione a torno, lo passorono di molte lanze, et dardi. Filippo de Navarra fece un pozzo dentra la torre dell Hospedal et vi pose tanto biscoto et farina dentro, et fornite la torre. Il che saputo dalli baiuli, assediorno la casa dell'Hospedal et confiscorono tutte le intrade et casali del signor de Barutho, et delli suoi amici.

---

[1] Paris: *et* — [2] Paris et B: *reservassero*. — [3] La fin de la phrase manque à Paris.

Del che fu avisato[1] il signor de Barutho, et imediate se misse in ordine di bella et buona compagnia de cavalieri et fanti, balestrieri et arcieri, et passò in Cipro in la contrada del Carpasso, et pigliò il porto de Gastria, chiamato Colones, dove s'opposero alcuni soldati mandati dalli baiuli per vietarli, ma non potero far niente, et a despetto loro messe in terra. Et de lì scrisse al re et alli baiuli lettere molto humane, dicendo esser venuti dal servitio de Dio, per riposare nelle case loro, et prevalersi dei loro feudi, et se vi fosse corsa cosa alcuna per la quale meritano reprensione, o forse castigo, loro sono pronti di star al giudicio della corte, et soffrir ogni pena con pacienza. Ma li baiuli non si degnoroño de responderli. Però cavalcò senza strepito, et venne con sua gente avanti Nicosia. Et vedendo lo[2], li baiuli usciron[3] dalla terra con il popolo, et con li turcopulli, et altri soldati, ch'erano per il doppio di quelli del signor de Barutho. Et messe in ordine le squadre da l'una et l'altra parte, s'affrontorono et feceno battaglia molto crudele, dove furono morti parecchi cavalieri, et molti feriti aspramente. La battaglia fu in alcuni terrini lavorati, et il vento di ponente era si forte che portava gran polvere tra li combattenti, talchè per un pezzo stentavano a conoscer l'un l'altro. Gavan, un de'baiuli, in quella battaglia uccise il vecchio signor de Cesaria, ch'era contestabile di Cipro, et socero del signor de Barutho. Morì ancho quel dì Giraldo[4], nepote di Eustorgio, arcivescovo di Cipro, il cavallo del quale gli cascò adosso, et stete un pezzo avanti che si levasse, et egli morì sotto. Li figliuoli del signor de Barutho si portorono in questa battaglia valorosamente, e especialmente Balian. Li baiuli ordinarono venticinque cavalieri, li più vigorosi et arditi che havevano, che dovessero andar uniti et investir il signor de Barutho, et ucciderlo; i quali incontratessi con esso, lui ferite con la lanza uni di quelli nella bocca, dalla qual botta cadde morto in terra; et dal medesimo incontro, cadde il cavallo del signor de Barutho in un fossetto, et di lì levatosi a piedi si trovò solo, perochè Balian suo figlio et gl'altri soi scorsero avanti, et dettero la fuga alli baiuli et alla loro

---

[1] Paris; A : *ajutato*. — [2] Paris. — [3] Paris; A : *usci*. — [4] Paris : *Girardo*.

1228. gente. Et essendo alquanto cessato il vento et ancho la polvere, tornorono quindeci[1] delli cavalieri elletti dalli baiuli, et trovorono il signor de Barutho a piedi con alquanti arcieri et fanti a piede, il quale s'era ritirato in una corte del monasterio delle Spine, et si deffendeva con quelli fanti alla meglio che poteva, tenendo discosti gli inimici con le lanze un' pezzo. Venne poi Ansian de Bries, sopra un cavallo grande et potente, coperto di groze lame, et delte inmezo di questi, et fece sì che tutti rompeteno le loro lanze, espode, et spade; et medemamente lui rompete la sua spada, et la mità del suo scudo, et non havendo cosa con che offender li inimici, faceva assai a riparar le botte che li tiravano li nemici, et de allargarli con quel suo cavallo dal muro che sollecitavano de ruinare per intrar la dove era il signor di Barutho. Et contrastò con essi un' pezzo, finchè arrivò Balian, figliuolo del signor de Barutho; il quale havendo fugato li baiuli et li suoi, et cercando un' pezzo nel campo per veder suo padre, arrivò in questo loco con il suo seguito de cavalieri; et come li inimici lo videro venire, subito fuggirono verso la torre[2], et incontratosi con lui, buttò da cavallo il confalonier con il cavallo et confalone, et delli altri ne prese e ferì alquanti, quelli che potevano fuggire non aspettavano licentia. Li baiuli andorno de longo, Gavan a Cantara, Camerino[3], Almerico et Ugo a Dio d'amor, et Gugliermo[4] a Buffavento. Filippo de Navarra, con li suoi compagni, uscì dall'Ospedal, et fece gran danno a quelli delli baiuli in la terra, et fora.

Il signor de Barutho, il dì seguente, messe l'assedio a Cerines, a Dio d'amor, a Buffavento, et a Cantara, et fece patti con quelli de Cerines se in spatio de tanti giorni non le veniva soccorso, che dovessero consegnarli il castello, et lui fusse tenuto pagarli ciò che dovevano havere per fin a quel dì del termine, et di[5] lasciarli andar via sani e salvi. Et al termine non gli venne soccorso, et però hebbe il castello, et attese con quelli Longobardi i patti, li pagò et lasciò andar via. A Dio d'amor,

[1] B : *xxv;* Paris : *xv.*
[2] Paris et B : *terra.*
[3] Paris; A : *Clomerino.*
[4] Paris : *Guelmo.*
[5] Paris; A : *il.*

havevano riduti i baiuli per forza il re. Era Balian, Balduino, et Ugo figliuoli del signor de Barutho[1] a Dio d'amor, et Ansian de Bries a Cantara. Et havendo preso Cerines, il signor de Barutho[2], andò a Dio d'amor, et alloggiò a basso, alla fontana del Dragon, et li suoi figliuoli di sopra; dove li baiuli uscirono più volte a scaramuzar con essi, et feceno molti fatti d'arme, et perchè dentro erano molte persone, pativano di fame grandemente, et si ridussero a tanto che mangiavano i loro cavalli. Et un giorno, il signor de Barutho, essendosi partito per andare a Cantara a vedere una machina che faceva Ansiano, li suoi figliuoli si partiteno per Nicosia et all'assedio restò poca gente; et havendo quelli del castello spiato questa absenza, usciteno fuora, et combattuto con quelli che erano fuora li vinseno, et guadagnorono li alloggiamenti, e tolsero le vettovarie de cavalieri, et li fu un' gran aiuto. Balian tornò da Nicosia, et confortati quei cavalieri ch'erano scacciati dalli alloggiamenti, recuperò quelli, et fece serrarsi dentro nel castello l'inimici. Tornò a tempo anchora il signor de Barutho, et li altri suoi figliuoli, et all'hora fu statuito che Balian dovesse stare all'assedio un mese con cento cavalieri, et 500 fanti, et il secondo mese Balduino con altri tanti, et il terzo mese Ugo con altri tanti, et a questo modo durò l'assedio un anno. Nel quel tempo, fu fatto molti fatti d'arme et scaramozze, dove fu ferito un giorno Filippo de Navara nella porta del borgo de più ferite pericolose, con lanze et quadrelli, e tra le altre fu passato de una lanza il braccio da banda in banda, dove si rompete la lanza, et rimase il ferro dentro che non li valsero piastre ne maglie di che era vestito, et se non che da Balian de Iblin fu soccorso, e tratto fuora dal stuolo che l'haveva circondato l'havrebberò morto del tutto, pur si sanò.

Alla Cantara tenne il castello si stretto Ansian de Bries, che non si poteva usar maggior diligenza di quella che gli haveva usata; et con la machina che fece haveva fatto tanto danno dentro, che non osavano più uscire dalli volti della casa; ma la rocca è tanto forte, che non la poteno mai espugnare. In quell'assedio era il giovane signor de Ce-

1228.

Siège de Dieu-d'Amour et de Cantara.

---

[1] Paris; A : *Sur*. — [2] Paris; A : *de Sur*.

saria, cugnato del signor de Barutho, alloggiato in cima de un monte assai appresso al castello, et faceva trar dentro di giorno et di notte hor sassi, balestre, et hor archi; et tanto attese, che un'giorno passando Gavan da una stantia ad un'altra, fu passato con un'quadrello da una banda del petto all'altra, si che cadete morto; et immediate, senza gridar, et far rumore, fu ordinato in suo luoco Filippo Genardo, suo fratello uterino, giovane disposto e potente, el quale defendea il loco et faceva quelle diffese ch'era possibile a fare, con gran prudentia e gagliardia.

Capitulation de Dieu-d'Amour.

Alla fin, quelli del castello Dio d'amor, non potendo durar più, col mezo di fra Gugliermo[1] de Tiviers, cavalier dell'Hospital[2], feceno pace col signor de Barutho, al quale reseno el re, et le fortezze tutte, et giurono non esser contra il re in nessun tempo, ne contra il signor de Barutho, e suoi figliuoli, ne compagni. E il signor de Barutho rese a loro i feudi c'havevano, et promise di tenirli in buona pace; et fu ordinato che li parenti di Gavan si dovessero partire dall'isola, per haver esso Gavan amazzato il vecchio signor de Cesaria, ma che li loro feudi li fossero resposti. Nella qual pace non volseno essere Ansian de Bries, Filippo de Navara, e Toringel, toscan, el cavalier che fu stroppiato. Et havendo finto un giorno Chamerino Barlas d'esser malato, si confessò, et comunicò, e poi mandò alcuni religiosi a questi tre suoi inimici, pregandoli volesseno andar da lui a perdonargli, et loro non volsero andare, ma gli mandorono a dire, che li perdonavano, s'el moriva. Tutte queste guerre, e pace che fecino il detto Camerino et compagni l'avisoro all'imperatore, scusandosi della pace che fecino; facendoli intender ch'erano nelli loro feudi, et havevano anchora buon seguito, et se Sua Maestà le mandava qualche soccorso speravano facilmente far vendeta, et sottoponer gli inimici della sua corona, e loro.

Frédéric II envoie des troupes en Syrie.

L'imperatore, dopo rassettate le cose sue di Puglia e Sicilia con la Chiesa, fece un'essercito de 600 cavalieri, cento scudieri a cavallo co-

---

[1] Paris: *Gulielmo*. — [2] Paris: *de San Giovanni*.

pertati, e 700 fanti e tre mila marinari armati, tutti huomini da lui odiati non meno che li Ciprii, et li mandò con trentotto navi e ventidue galere, et fece loro capitano Ricardo Felinger, mariscalco dell' imperio. Et li mandò con questo pressuposito, se li Ciprioti fussero vinti, lui havrebbe conseguito l'intento suo, se quelli che mandava venisse vinti, si contentava medemamente, perchè non si desiderava meno la ruina de questi che de quelli. Questa preparation fu notificata in Acre dalli marinari de una nave del Hospital di Alemani, la quale intese il signor de Barutho, che in quelli giorni si trovava de lì; et immediate assoldò gente, et disfornite anchora il suo castello de Barutho, et venne in Cipro, et fece citar tutti li huomini d'arme, che dovessero andar a Limisso. Et prima de tutti, gionse Balian, figliuolo del signor Barutho, con la sua squadra, a ponto quando gionse l'armata a Gavata, appresso Limisso. Il re era con il signor de Barutho anchor tra via, et intesa la nova, spronoron tanto, che gionsero a hora quando venne l'armata a Limisso, et feceno una bella mostra de cinque cento cavalieri di Cipro, et altrettanti scudieri turcopulli, tra amici et inimici secreti, i quali impedirono li Longobardi et non li lasciorono smontare, ma fecero parlar al signor de Barutho per Chamerino Barlas diverse cose, cercando poterlo inganare, ma non hebbe l'intendo loro effetto.

1228.

Et però aspettorno un tempo a loro prospero, et andoro retto tramite a Barutho, onde presono la terra senza alcun contrasto, perochè il vescovo di quella, persona timida et disleale, la rese senza diffesa. Ma il castello si tenne per il suo signor et se diffese, il qual fu assediato per mar e per terra, e lo tennero assai stretto; il quale era sfornito de gente per haverle menate in Cipro el signor di quello; ma di vittuarie et arme era munito molto bene; et li Longobardi havevano molto genti et da mar et da terra, et ferro, e legname, et fecero ingegni et machine grande et picole. Et poi scampò un traditor chiamato Nissa, ch'era siniscalco del signor de Barutho, et andò dalli Longobardi, et li insegnò i lochi dove potevano far danno al castello, et ogni giorno el danneggiavano; el qual traditor de Nissa all'ultimo fu impiccato per la gola

Prise
de Beyrouth
par les Impériaux.
1231.
Le château
seul résiste.

come traditore. L'assedio s'era approssimato al castello, et presso il fosso di quello, qual era profondo et bello; et fecero al fondo una ruga coperta d'ogn'intorno de legnami grossi, et fecero mine in molti lochi; et di fuora ad un locho chiamato Chiafur, che è alto, fecero un castello tanto alto che scopriva dentro al castello, da qual locho offendevano li assediati grandemente.

Il caso fu saputo in Cipro, et l'inverno era gionto, che con gran difficoltà si poteva soccorrer il castello. Tutta fiata, il signor de Barutho non cessò di procurare, e però venne al re, et pregò che volesse congregar la sua corte. Et quando furono tutti congregati, egli si levò in piedi avanti al re, ch'era suo signor et nepote, et disse: « Signor, io non « ho mai voluto commemorar li servitii miei et della mia casa, fatti alla « felice anima di vostro padre, et a voi; ma hora, mi è forza dirne parte, « non per rimproverarli, ne domandar premio per quelli, ma per ricor-« darli che io e tutti li nostri siamo stati sempre devotissimi al vostro « stato. E come Vostra Signoria puol haver inteso da molti che lo sanno, « vostro padre è stato signor di questa terra per li miei parenti, che se « l'aiuto e conseglio loro non l'havesse favorito, saria stato shereditato, « et morto[1]. Da poi, quando morì vostro padre, come sapete bene, vi « lassò de nove mesi, et noi vi habbiamo nutrito et custodito, voi e la « vostra terra, sin hora, che da Dio gratia havete l'età perfetta; et si sa « bene che se noi non mettavamo tanta cura al fatto vostro, il duca « d'Osterich vi haveva discreditato[2]; et in questo pericolo cadeste due « volte, et non accade dir il modo per non esser prolisso. Et se noi haves-« simo voluto abbandonar voi, et il reame de Cipro, et quello della Soria, « l'imperator m'haveria lassato posseder pacificamente Barutho; ma io « et i miei, che parimente siano vostri, non vi volemo abbandonar per « niente, ne vi abbandoneremo sino alla morte, conciosiachè sete e mio « nepote et mio signore. Hor sappi che i Longobardi hanno presa la mia « terra de Barutho, et hanno assediato il mio castello tanto appresso

---

[1] Paris: *saria sta scacciato et morto*. — [2] Paris: *discacciato et privato*.

« ch' è in pericolo de perderli, et se quello si perderà, se puo dire che li
« doi reami sono persi, e noi e tutta la nostra gente destrutti. Però, si-
« gnor, vi prego, per l'amor de Dio, per honor vostro, per li meriti e gran
« servitù mia et de miei, et per il sangue vostro, essendo e de parenti
« et di nation di miei, et per il nutrimento che havete da noi, vogliate
« disponervi di soccorrer al mio grandissimo bisogno; e similmente prego,
« con ogn' humiltà et sumission tutti questi signori, che me son fra-
« telli et amici amorevoli, che vogliono venir personalmente con tutto
« el loro forzo a soccorrer il mio castello. » Et detto questo, se ingenocchiò in presentia del re, e cerchò di basciarli li piedi; ma il re, levatosi
in piedi et abbracciatolo, gli dette il baso nell' una e altra guancia[1], et
così giovene come era, acconciò insieme queste parole : « Signor zio e
« padre dilettissimo, mi rincresco che voi habbiate questo travaglio dall'
« imperatore, il quale so ch' è causato per haver voi voluto deffender la
« vita, l'honor, e il regno mio; et come me rincresse ancho che, senza tante
« cerimonie, non havete meso ordine, et disposto del regno mio, delli
« miei huomini, et di me medesimo come sin hora havete fatto, e potete
« fare; et se io ve negassi questo nel vostro e mio soccorso, invero non
« sarei degno di esser re, ne di esser parente del vostro nobilissimo
« sangue de Iblin; e così vi prego vogliate disponer liberamente al vostro
« libitto et del mio regno, et delli miei huomini, li quali conosco non
« meno desiderosi di servirvi, et con le persone, e con tutta la facultà
« loro, come fosse per la persona mia propria; et così li esorto, conforto,
« e prego che siano contenti di far ancho per amor mio. » E tuttavia il re
parlava in piedi, et il signor de Barutho in genocchioni, ne si volse
mai levar, se bene il re l'habbi preso per la mano, e tentato di levarlo.
Nel fin delle parole del re, tutti li suoi huomini si trovorono ingeno-
chioni; e tutti cridorono esser pronti, e con le persone, et facultà loro,
mettersi ad ogni pericolo per lui arditamente et molto volontieri. Il
signor de Barutho gli ringraziò a tutti humilmente, e poi levatessi de
lì, comminciorò a mettersi in ordine per il viaggio. Et senza indugio, il

---

[1] Paris : *galta*.

dì seguente, andorno a Famagosta, qual è citta marittima, dove stetteno molti giorni, aspettando buon tempo, perciochè era d'inverno, come dicci, et fece tempi crudelissimi. In fino, si partirono pur con tempo turbato, et nel tondo della luna, et senza lassar alcun capo in Cipro; la qual cosa rasonò Filippo de Navarra al signor de Barutho, et egli le rispose: « Bisognando soccorrer Barutho, non bisogna metter più tempo « di mezo, perchè da poi preso il castello, noi siamo tutti persi; se Iddio « ci vorrà aiutare d'andar a salvamento, so che liberaremo Barutho, et « scacciaremo li nostri inimici, e se pur periremo per strada, sarà « manco mal, perchè non vedremo la ruina nostra con li occhi vivi. Del « capo che dite che non ho lasciato in Cipro, non accade, perchè se noi « haveremo vittoria, Cipro ha il suo capo; se noi siamo vinti, che cosa « puo fare il capo in Cipro altro che stentar alquanti giorni, e poi morir « anchor lui; si che non accade lasciar capo, ma che handemo presto « a Barutho. »

Queste raggion referì Filippo a molti di quelli gentilhuomini, li quali si disposero con buon animo, col nome di Dio, d'andare. Et partitissi da Famagosta con un' temporal, et pioggia grande, si rasserenò il cielo; e bonaciato alquanto, arrivorono salvi al Pin del contestabile, ch'è tra Butron[1] e Nefin. Et mosso in terra, l'imperiali secreti ch'erano col signor de Barutho, si partirono segretamente, quali erano con i loro seguaci da ottanta cavalieri, et andorono a unirsi con li Longobardi. Della qual cosa il signor de Barutho fu allegro e contento molto, perchè li piaceva piuttosto, essendo inimici e traditori, haverli incontro che da dietro spalle. Immediate il re et il signor de Barutho, con le sue genti, si mosseno per terra, et li loro navigli li seguitavano per mare. Et passando da Butron, hebbero gran danno li navigli loro, perochè quel porto de Butron è molto stretto; et di lì si partino con pioggie, fanghi, et fiumi, e andorono per paesi de pagani, e parte de Christiani, tanto che gionsero a Barutho, et assediarono coloro ch'erano dentro en la città.

[1] Paris: *Bruton*.

Et quando quelli del castello videno la venuta del loro signore, feceno gran festa con fochi, et stridori grandi; et non bisognava certo più tardo il suo soccorso, perochè il castello era minato talmente che cadevano li muri a pezzi a pezzi, et le machine, e castello de Longobardi ch'era sul monte Chiafor li faceva gran danno. La nova fu intesa per tutta Soria, che il signor de Barutho era venuto a diffender e soccorrer il suo castello; e subito venne el nuovo signor de Cesarea, suo nepote, che si trovava in Acre, et menò seco quanto gente pote trovar a soldo, et con promission di feudi, et altri benefici per agiutar suo zio. Et nel passar da la città de Sur, li Longobardi li feceno una imboscata, et lo assaltarono con ducento cavalli, et cinquecento fanti; ma lui, con 150 cavalli et 200 fanti, se diffese gagliardamente, e quelli fece ritirar dentro alla città mal contenti; e poi seguitò il suo viaggio a Barutho, dove fu visto da suo zio, et altri con gran' festa, et la sua andata fu molto giovevole. El patriarcha de Hierusalem, li doi maestri del Tempio et Hospital, et signor de Saeto, et el contestabile del reame vennero là per acquietarli, ma non fu ordine, perochè il signor de Barutho stava al discoperto, et con poche biave di cavalli quali mangiavano foglie di cane, et anche di vivande pativano loro, perchè il tempo cattivo non li lassiava potersi provedere. Et li Longobardi stavano accomodati in buone case, et forniti d'ogni vittuaria, et il castello era quasi da loro vinto; et però un giorno di buona matina uscitero li Longobardi dalla terra, et venero, a schiere ordinate, sino al fiume, ch'era all'hora grande, e non si poteva passare; dove stetteno sino alla notte, et poi tornando per andare a Barutho al tempo bonaccio, et discresciete il fiume alquanto; e immediate il re et il signor de Barutho con il suo esercito passorono, et andorno, correndo dietro a quelli della terra, quali si ritirorono dentro. L'essercito del re alloggiò in un locho nominato Rus, assai appresso alle mura della terra. Et però quelli della terra, tenendosi assediati, ordinorono le sue diffese in le mura, et ancho li loro navigli, et galere furo incadenate insieme intorno del castello, per non lasciare alcuno intrare in quello; ne vi era più d'una bocca che poteva andar dentro al castello, la qual era molto stretta. El signor de Barutho mandava ogni

1232.

86   CHRONIQUE

1232.

notte huomini nattando nel castello, quali alle volte passavano di sotto alle galere, et andavano nudi là dentro, dove trovavano et drappi et arme, perchè non havevano bisogno d'altro che de soldati e capitanio; quelli che passavano nattando erano pochi, e nesuno atto per capitanio.

Le sire de Beyrouth renforce la garnison du château.

Però un giorno, il signor de Barutho pose in un' naviglio un' suo figliuolo chiamato Gioan de Foies[1], che fu poi signor de Arsuf et contestabile del reame de Hierusalem, il quale sapeva et valeva assai. Et con lui pose cento cavallieri, scudieri et fanti, tutti soi parenti, et familiari et huomini eletti; e la notte, al scuro, li fece andare al castello. Et al passar delle galere, credetero li Longobardi che fosse qualche naviglio de suoi; ma poichè lo videro passar la bocca del porto[2], s'accorsero, et gridoron forte, et trazeno molte flechie e dardi. Loro, sopportando il tutto, andorono sotto la rocca, dove quelli del castello, non sapendo ch'erano de suoi, anzi credendoli per inimici, comminciorono a tempestarli di sopra; ma gridando questi essere amici, furono ricevuti con gran festa. Et immediate fecero fuochi per dar segno al signor loro ch'erano gionti a salvamento; il quale, al grido delle galere, dubitò grandemente; ma poichè vide i segnali della gionta loro, rendete gratie al signor Dio. Questi valenti huomini, come furono al castello, feceno contramine, et mandavano fuora delli suoi huomini prendendo li minatori inimici et amazandoli dentro le mine, recuperarono le foze, et arseno la ruga coverta che fu fatta nel fosso; poi fecero molte uscite belle, et guadagnarono assai contro li inimici, et abbruggiorno molte machine.

Ibelin cherche des appuis en Syrie.

All'hora, vide il signor de Barutho che il suo castello era assicurato, et diffeso bene; ma di levar l'assedio o cacchiar li suoi inimici non poteva, perchè i nemici erano dieci volte più de suoi; et anchorchè non dobitava a combatter con essi, perchè erano tanti, ma loro

---

[1] B: *Flores.* — [2] Paris.

erano fermati dentro la terra, et havevano il passo della marina, et facevano quanto li piaceva. Per il che il pensò di andare in Acre, a procurar de soldati e navigli, e mandò suo figliuolo Balian a Tripoli; et il re e lui le dettero comissione di conchiudere il matrimonio già principiato tra la sorella del re et il figliuolo del prencipe, e prometterli per dote gran feudi in Cipro, purchè lo soccorresse a liberar la città de Barutho. E del partir suo el signor de Barutho col re lo fecero intender a quelli del castello, accio non si smarissero. Et havendo mandato prima Balian suo figliuolo, con Filippo de Navarra, et Gugliermo[1] Visconte, huomo savio, et il quale haveva trattato per avanti questo matrimonio del figliuolo del prencipe; i quali[2] alloggiorno in una casa del Tempio fuori di Tripoli, che si chiamava Monte Cucu. Il prencipe e suoi figliuoli li hanno honorati molto in principio; e trattandosi el matrimonio venne nuova a Tripoli che l'essercito delli Ciprioti s'era partito da Barutho, per il che molti credettero che fosse perso il tutto; perciò il trattar del matrimonio cominciò ad allentarsi.

Et un giorno, che Balian de Iblin uscite dalli Templiarii, con la sua compagnia a cavallo per andare a Monte Pelerin, per intender ciò che si faceva di questo matrimonio, al retorno, le fu serrata la porta, dicendoli che per lui non volevano essere malmenati dalla gente dell'imperatore. Mandò a domandar albergo all'Hospital, et a quelli de Balian, che tenivano Monte Pelerin; et tutti gli risposero come quelli del Tempio. Vi era un' cavalier, vicario del vescovo de Tripoli, e lui l'alloggiò in una boveria, che si chiamava l'Ara del vescovo, che è avanti la porta de Tripoli. Il capitanio dei Longobardi seppe che Balian de Iblin era andato a Tripoli, et immediate finsse una lettera da parte dell'imperatore al prencipe, pregandolo, come cugino ed amico fedele, che non volesse accettar li suoi inimici, ne darli aiuto o soccorso. Il prencipe e soi figliuoli mandorono questa lettera a Filippo de Navarra, e gli scrissero che la dovesse mostrar al suo signor, e scusarli appresso di lui, et così fece. Et volendosi partir dall'Ara

---

[1] Paris: *Guielmio*. — [2] Paris; A: *il quale*.

88 CHRONIQUE

1232.

dov'era, la via li era per tanto interditta et guardata, per mare e per terra; per il che le convenne domandar al soldan de Damasco che le dette salvo condotto, et agiuto di passar per la pagania, et andar in Acre. El qual soldan gliel concesse volontiera; ma, essendo poi capitate a Tripoli due navi Genovesi, portorono nuova che li Longobardi, da poi levatisi li Ciprioti de Barutho, credendo essere fuggiti, hanno mandato in Cipro, et preseno tutto il paese, eccetto Cerines et Dio d'amor, dov'erano redutte le genti del re et li paesani. Balian de Iblin procurò che li patroni d'esse navi talmente che li fecce suoi huomini, et li donò feudi; i quali promiseno condurlo in Cipro, et si rendeva certo di sottometter et vincer li suoi inimici. Il che venuto a notitia del prencipe, fece rittenir li huomini et le navi, alle quali tolse i timoni per non si partire.

Levée du siège de Beyrouth.

El signor de Barutho procurò talmente con quelli d'Acre e con li Genovesi, che deliberorno di aiutarlo; et havendolo inteso li Longobardi, abbruciorono li loro ingegni et machine, et abandonato l'assedio, andorono via con vergogna e scorno, si redussero a Sur. Il che havendo inteso Balian d'Iblin, ch'era ancora a Tripoli, trovò molti amici, et conduttori che li fecero compagnia a Barutho, et trovò il loco ruinato tanto che li fece gran pietate. Il re ed il signor de Barutho erano usciti d'Acre con li essercito, e vennero sino a Casal Imbert, dove intessero la liberation dell'assedio di Barutho; si alloggiorono in quella per consultar quello che havevano da fare.

Défaite des Chypriotes.

Et il dì seguente, venne a loro un patriarca de Antiochia, traditor lombardo, et feci intender al re et al signor de Barutho che haveva comission dalli Longobardi di far la pace con loro, con l'honor del re, et del signor Barutho, et delli suoi huomini. L'huomo savio, che mai refudò la pace con patti convenienti, massime quando era vincitore, li dette orecchia, et andò con lui in Acre, con molti delli huomini del suo conseglio, dove erano ancora molti di quelli delle navi che rimaseno, perchè intesero che da Barutho era levato l'assedio. Et il re rimase al Casal Imbert nel suo alloggiamento, dove erano Baduino[1], Ugo et Guido, figliuoli del signor de Barutho, Gioan de Iblin, che fu poi conte de Zaffo, Ansian de Bries, che fu capitanio dell' essercito in loco del signor de Barutho; li quali erano alloggiati senza ordine, et un dall'altro discorti come quelli che non havevano sospetto alcuno. Li Longobardi li spiorno, et uscisero da Sur, la notte, con XXII galere, et assaltarono il campo, al primo sonno. Dormendo, all' improvisa, disarmati, nondimeno li figliuoli del signor de Barutho si diffesero maravigliosamente, anchorchè siano stati feriti tutti tre; medemamente Giovanni, suo nepote, ch'era così giovane, fece tanto che in vita sua poi fu sempre lodato. Ansian de Bries fece prodezze maravigliose; el re scampò in camisa con un cavallo, et andò in Acre. Et mentre durava la notte, li Cipriani si diffesero gagliardamente, e non abbandonorono li loro alloggiamenti. Ma all' alba del giorno, discesero dalle galere tutti, et la luce del giorno scoperse el picol numero delli Cipriani; per il che inanimati li Longobardi preseno li alloggiamenti, et depredorono il tutto, et preseno ancho molti cavalli di quelli che[2] non erano possuti cavalcare; furono presi ventiquattro cavallieri, et molti altri feriti et morti. Quelli[3] che si deffesero bene s'erano retirati in un' torricello, alquanto lontano dalli alloggiamenti, et anchorchè li Longobardi li vedevano, non osavano di andarli adosso. El signor de Barutho, come intese il rumor delle arma, cavalcò imediate con tutti li suoi, et andava con gran dispiacer, et il primo che incontrò era il re, che andava in Acre; di che rendete gratie a Dio, per haverlo visto sano.

Trovò poi altre persone che scampavano, et come vedenno il signor de Barutho, si traviorono per vergogna che havevano, perchè scamporno. Un servitore del signor de Barutho corse per andar verso di loro, et il signor lo domandò dove voleva andare, et egli rispose che voleva andar a vedere s'era alcun de suoi figliuoli tra quelli; et il signor disse non andare, perchè non devono essere delli

1232.

---

[1] Paris; A: *Baudin*. — [2] Paris; A: *li quali non*. — [3] Paris: *Quelloro*.

primi a fuggire, et quando fussono scampati, non veneriano in quella parte che sanno che io sia. Et scorzi più oltra, trovano un servitor vecchio che fugiva, il quale piangendo disse : « Ah signor, avete perso « tutti li vostri buoni figliuoli, che son morti. » Al quale il signor de Barutho non rispose, anzi, seguitando il suo ragionamento, fece vista di non haver inteso; al quale il servitore replicò : « Signor, a voi dico « che li vostri figliuoli tutti son morti; » al quale rispose il costantissimo signor de Barutho : « Signor vilan, così convien che morano « i cavallieri, diffendendo le persone et honor suo. » Et senza sospirar, o dar le palme insieme, andava raggionando la fallacia di quello monsignor ribaldissimo patriarcha d'Antiochia, che venne mandato con inganno a trattar la pace, e dall'altra parte assaltar il suo essercito all' improvista, et fargli tanto danno. Poco avanti, gionse alla torissella[1], ch'erano li suoi, li quali come videno venir soccorso da Acre, corseno adosso agli nemici; et l'inimici, che medemamente vidono il soccorso, si misseno a fuggire, et prestamente passar il passo detto [Passo] Polan. Et il signor de Barutho, visto li suoi arrivar la retroguardia delli inimici, corse inanti cridando : « State in dietro, non andate più inanti, che non « potete far danno alli inimici, perchè loro hanno passato il cattivo « passo, et potranno con le frezze et veretonii danneggiar voi altri, et « non vi lassaranno passare. » Li fece adonque ritirar, e li salvò da quel pericolo ch'erano per incorrere. In detto luoco, trovò li suoi amici et figliuoli, eccetto Ugo, qual ha trovato poi in una casa ruinata, al Casal Imberte, appresso la quale era il suo cavallo morto; et un cavalier li tenne compagnia in quella casa, nella quale si diffesero con sassi, et tutti li suoi credevano che fusse morto.

Li Longobardi si redussero a Sur con gran pompa e vadagno; et con questa vittoria d'aver acquistato molti cavalli et arme, credeteno li Ciprioti non esser più buoni a mostrarli il viso; e però, ordinate le cose loro a Sur, passorno subito in Cipro con grand essercito. Et

---

[1] Paris; A : a Toritella.

DE L'ÎLE DE CHYPRE.

1232.

come fur gionti, si reseno a loro li castelli de Cantara e Cerines, che sin alhora si tenivano per il re. Ne rimase altro per il re che il castel Dio d'amor, dov'erano le sorelle del re, Filippo de Cafran, castelan di quel castello, e alcuni altri cavalieri, e gentildonne, che si redussero in quello con loro figliuoli; el qual non era troppo ben fornito de vittuarie. Molte donne, damoselle et giovineti si redussero alla religion, perchè non potero arrivar a Dio d'amor; et altre andorono su li monti, ascondendoli nelle cave; et vivevano di spighe de formento. Dama Civa de Monbeliard, moglie de Balian de Iblin, si trovava all' hospital; e quando intese la venuta di Longobardi, si vestite l'habito de frati menori, et abbandonati li figliuoli andò in la rocca di Buffavento, dove fu accettata da un vecchio cavalier, chiamato Ghirardo de Conches, il quale teniva quella rocca per il re; e lei procurò tanto che la fornite di vittovarie, et ciò che besognava, dove prima non haveva niente. Li Longobardi traseno dalle chiese, e dal tempio et hospedal tutte le dame, et tolseno ogni cosa dalle chiese, et condussero il tutto a Cerines, il qual loco fornirono molto bene; e poi andorono a Dio d'amor, et meseno l'assedio, et lo tenero assai stretto; sapevano che era disfornito, et pensorono di haverlo con facilità.

Majorité du roi.

El re, a questo tempo, haveva fornito la sua età d'anni xv, per il che poteva donar feudi, e disponer a suo libito; però donò feudi, franchisse et corte alli Genovesi, per accompagnarlo in Cipro. Et perchè non havevano navigli da passare, andò il signor de Barutho al patriarcha de Jerusalem et li richiese, come legato apostolico, che desse licenza di poter prendere delli navigli de Longobardi, li quali erano in Acre, come roba di persone escomunicate. Il patriarcha[1] non si volse ingerire nelle cose della guerra, ma se gli tolesse, gli disse[2] che lui non dirià niente. Et con questa risposta, il signor de Barutho armò alquante barche, et altri navigli, et accostati a quelli di Longo-

---

[1] Paris et B; A : *Acre, non si volse.* — [2] Paris.

bardi preseno xiii, et li altri scamparono a Sur. E perochè haveva assoldate molte persone, et non haveva denari da pagarli, el signor de Cesaria vendete parte della sua terra; Jean de Iblin, che fu poi conte de Zaffo, vendette una sua stantia grande c'haveva in Acre, et imprestorono li denari al re.

<small>Le roi retourne en Chypre avec le sire de Beyrouth.</small>

Mossisi poi da Acre con li Genovesi, et alcuni altri Polani, che havevano picciol navigli, quando furono all'incontro a Sur, le galere de Longobardi, le quali tornavano di Cipro, vennero contra loro sopra vento; ma non hebero ardimento di accostarsi, perchè l'armata del re era di maggior numero, et meglio in ordine, ma le accompagnorono fino al capo della Greca, in Cipro, aspettando sempre qualche tempo per poterli far danno. Gionti in Cipro, in un'medesimo ponto, venne Balian de Iblin, figliuolo del signor de Barutho, con li Genovesi da Tripoli; et Gioan de Foies, l'altro figliuolo, venne da Barutho col suo seguito, sicome furono avisati dal padre. Subito gionti al capo della Greca, messeno in terra un'huomo, il quale domandò, e poi[1] referse l'essercito di Longobardi ritrovarsi a Famagosta, et questi per mare andorono a Famagosta. Haveva dimandato un'scudiere alla spia, se l'inimici sono assai, et il signor de Barutho rispose al scudiero: « Et che importa saper la quantità d'essi? A noi basta saper dove si « trovano, e non quanti siano, perochè noi dovemo esser certi di vin- « cer combattendo seco, attento che la raggion è del canto nostro per « li oltraggi fattici; et Iddio, ch'è giusto, ci ajutera, et dara forza di « racquistare il nostro. » Andati a Famagosta, trovarono li inimici loro ben armati a cavallo et a piedi, quali havevano tra cavalli che tolsero da Tripoli, da Armenia, et cavalli acquistati al Casal Imbert, et turcopulli de Cipro, et suoi 2,000 cavalli. Et il re, con il signor de Barutho, havevano solamente 233 cavalieri, quali havevano un'cavallo per uno, per il che gli conveniva portar l'arme loro appese agli arcioni se non volevano caminar sempre armati.

[1] Paris.

Li Ciprii andavano discosti dalla terra, et perchè le rive erano piene
d'inimici, et il metter in terra era pericoloso, andorono[1] in un' scoglio
ch'era fuora del porto de Famagosta; qual' haveva pocchissima acqua
dalla parte della terra[2] che si poteva da quella andar benissimo in terra
a cavallo, massime quando l'acque erano discresciute; et discese l'essercito in quello, cosa che nessuno de Longobardi haveria mai creduto.
Subito dismontati, mandò gente al passo per dove si doveva passar in
terra, et lo guardorono, che non venissero da quello gl'inimici al scoglio,
et quella notte alloggiorno in quello, et appresso meza notte mandorono
le barche et alcuni naviglieti al porto, dove, per un luoco[3] che il signor
de Barutho gli insegnò, entrorono dentro in Famagosta et cridorono
forte : « Viva re Henrico ! » I Longobardi ch'erano di fuora alloggiati
sentendo cridar il re, credetero che il re con tutta la sua gente fusse
entrato in Famagosta; però l'abandonorono, e tre hore avanti giorno
si partirono per Nicosia, et lassorono ordine immediate che si metta
fuoco alli navigli loro, et così fu fatto. Li huomi del re tennero la terra
sino alla mattina, che il re si messe in ordine credendo di trovar li
inimici al passo, dove si doveva passar dall'isoletta in terra; et non
havendo trovato nessuno, intrrono in Famagosta[4], dove trovarono la
torre ch'è appresso la marina, la quale era fornita de Longobardi, et
havevano ancora gente che la deffendevano; ma il re, col mezo de
Filippo de Navara, trattò con essi, di modo chè li fu resa a patti.
Et di poi doi giorni mandò il detto Filippo a Cantara, et fece venir
tre huomini de là, li quali offersero il castello al re; et il re ordinò
castellan a Cantara, et capitanio a Famagosta. Le navi dei Genovesi
stetero a Famagosta tre giorni, e poi andorno a Limisso, et stetero
aspettando intender la vittoria del re. Quando li Longobardi si partirono da Famagosta, messero fuoco alle are ch'erano appresso alla
marina, et bruggioro molte biave; e poi venero a Chitria, et rompetero
tutti li molini, et similmente a Nicosia quelli che macinavano a mano;
il che ha dato gran conforto alli Cipri, perochè questi erano segnali

1232.
Le roi
s'empare
de Famagouste.

[1] Paris; A : *ando*.
[2] Paris et B : *torre*.
[3] B : *passo*.
[4] Paris et B; A : *in terra in*.

che li Longobardi non designavano di tenir la terra, e però venivano contra d'essi sperando sempre vittoria.

Il re, col suo essercito, si mosse da Famagosta per andare a Nicosia, et li Longobardi abbandonarno Nicosia, et andorono alloggiare in una valle tra due montagne alte, che non si poteva passare per andare al castello Dio d'amor et a Cerines, se non da un pazzo stretto, et una montagna alta, nella quale messono buone guardie, et havevano ancho fornito Cerines, et a Dio d'amor non v'era vettuaglie per più di due giornate. Intrato il re in Nicosia trovò ciò che le bisognava per vivere, et di ciò dubitò il signor de Barutho di qualche aguaito la notte; et però all'hora di vespero, radunò tutti i suoi col suono della campagna, et li fece andar con le loro arme fuora della porta, dicendoli che l'inimici venivano, e poi si son pentiti et ritirati in dietro; et ciò fece il signor de Barutho per tenir li suoi uniti là di fuora, et la notte alloggiorno in una spiaggia, dove dall'una banda erano zardini, et dall'altra un poco di fozzo; et feceno guardie tutta la notte, con segni et nomi, acciò non le intervenisse, come gl'intervenne al Casal Imbert. Il dì seguente, il re col suo essercito andò, et si alloggiò appresso il casal Agridi, et appresso li Longobardi, ma alquanto in la pianura con presupposito, se calavano li Longobardi, combatter con essi; et se non, mandar qualche conforto a quelli del castel Dio d'amor, con fanti a piedi per un'sentier di sopra del monte molto aspero et precipitoso. Ma, come fu visto alloggiar con sì poca gente, li Longobardi hebbero gran dispetto, perchè facevano di loro così poco conto, et però feceno dar all'alarme [1], et mettersi in ordinanza per calarsi giù.

Il che vedendo il signor de Barutho, rendete gratie infinitamente [2] a Dio, et poi comparse le sue gente in tre schiere. L'antiguardia, la qual soleva haver sempre Balian suo figliuolo, all'hora la dette a Ugo, l'altro figliuolo, in compagnia di Ansian de Bries; la battaglia dette a

---

[1] Paris: *dar all'arme*. — [2] Paris et B: *infinite*.

Balduin et al signor de Cesaria; et la retroguardia tenne per il re et per lui. Baglian, suo figliuolo, qual all'hora era sententiato per il vicario, et scomunicato perchè haveva promesso a una gentil donna, et poi non la voleva tor per moglie, disse : «Signor, che vuol dire che «l'antiguardia, che sempre era mia, hora la datte ad altri? » Il signor de Barutho gli rispose : «Non l'voglio Iddio che huomini che non «siano in la sua gratia debbono guidar il nostro essercito. Se voi mi «volete giurar di reconciliarvi con la chiesa, et tuor la vostra moglie, «io vi darò la vostra schiera, altramente non; ma voi potete restar «qui con noi in la nostra retroguardia.» Balian non volse ne l'antiguardia, ne reconciliarsi, ne anche restar in la retroguardia; ma con cinque cavalieri soi compagni, ch'erano Filippo de Navara, Rimondo de Flassu, Pietro de Monteolifo, Roberto Mamini[1] et Heude della Fierte, si scostò dal campo, et andava per traverso; et come l'antiguardia de Longobardi calò giù per approsimarsi alle squadre del re, et Balian corse con li compagni, et per un loco molto petroso et aspro s'appresentò al passo stretto, dove bisognava passare li altri Longobardi; et lo diffese di sorte che più non si poteva passar de lì, et tanto fece con le arme, che a pena lo poteva creder chi lo vedeva effettualmente; di modo che più volte vedendolo li suoi fratelli et amici assalito da tanti, ogn'un credete ch'el non poteva scampare. Et però cridorono a monsignor de Barutho, suo padre, di soccorrerlo; ma il costante et savio huomo rispose fidelmente : «Lasciatelo fare, che il Nostro «Signor l'agiuterà, piacendoli; che non è prudentia per agiutar un' «huomo, mettere in pericolo un'essercito. Et arricordatevi, signori «et fratelli amatissimi, che questo è quel giorno che noi tanto hab-«biamo desiderato, che è d'affrontarsi con li inimici di Dio, et nostri; «riducetevi in memoria le moglie, figliuoli, parenti, l'entrate, la li-«bertà, e particolarmente l'honor di caduno di noi, et habiate spe-«ranza in Dio che ci agiuterà, perchè non combatemo, ma si deffen-«demo, et è grande avantaggio il nostro appresso Iddio. Disponetevi

---

[1] Paris : *de Mameni*.

« valorosi cavalieri, di mantenir la fama che sempre hanno havuto li
« nostri progenitori. Pensate che noi non combattemo per altri, che noi
« non siamo stipendiati, ma siamo cavalieri, siamo soldati, siamo capi-
« tani, et signori de noi medesimi, e stipendiati e pagati del nostro, et
« hoggi vincendo guadagneremo il nostro, liberaremo i nostri che sono
« in prigione, et altri assediati; et se pur saremo morti, vinceremo ancora
« con fama perpetua li nostri inimici, li quali non potranno mai vincer
« li animi nostri invitti, se ben vincessero li pochi corpi nostri con la
« moltitudine de suoi, la qual moltitudine però non dovemo temere.
« Ne si sbigotisca per questo alcuno, perochè noi siamo favoriti dal
« Signor Nostro Iddio, giusto mantenitor del dritto, noi siamo nella sua
« gratia come fideli, et leal mantenitori della fede nostra, et li nostri
« inimici tutti sono sprejuri, tutti sono disleali, tutti sono scomunicati,
« et in disgratia del Signor Iddio; imperochè come sapete hanno aban-
« donato il loro signor et andati a servir ad altri contra di lui; loro
« hanno giurato fedeltà, e tamen hanno rotto la fede loro; oltra che
« cercano senza causa proceduta da noi spogliarne del nostro, ch' è
« contra il comandato di Dio. Però andiamo ristretti insieme, et uniti
« in ordinanza, et studiamo il passo, perchè uscendo dall' ordinanza
« essendo pochi, e gli inimici molti, ci potrano romper facilmente; et
« avertitevi di non essere nessuno di voi primo a mover le arme, ma
« lassiate che loro siano primi, perchè noi saremo poi ultimi a depo-
« nerle. »

L' antiguardia di Longobardi, la quale haveva condotto Gualtier de Manepian, s' approssimò alle squadre del re, mostrando a prima gionta assai feroce, et andava intorno alle schiere senza far danno alcuno, e sempre guardando sul monte per veder passar la seconda schiera; et havendo visto che al passo si combatteva, et alli suoi era interdetto il passare, giudicando qualche strategema per lo quale lui si credette esser sta tolto di meggio, si ritirò con gran prudenza e destrezza, et via fugite rotto senza combatter, et andò de longo al castel Gastria, lontano da circa leghe 20. Il conte Beroardo de Manepian, che conduceva la seconda squadra de la battaglia, dopo molto combattuto al passo, che deffendeva Balian de Iblin, dove si portò valorosamente e da apreciato cavaliere come era stimato, passò con la sua compagnia, perochè Balian e li suoi compagni si staccorono tanto che non potevano durare. Et passato il conte, si affrontò con l'antiguardia del re, e la trattò molto sconciatamente; il che vedendo Baduin con la seconda schiera soccorse la prima a tempo, et si portò maravigliosamente contra li inimici. Ansian de Bries si accostò al conte Beroardo, et lo prese dall' elmo, et lo tirò alla sinistra con tutta la sua forza, la quale era grande nelle braccia, et haveva anco un potente cavallo sotto, et trasse il conte dalla sella, e lo gittò in terra, et cridò : « Amaza, « amaza! »; et imediate gionsero da circa cinquanta fanti a piedi ciprioti, quali per avanti erano andati a prender alloggiamenti, li quali tagliorono la testa al conte; et uccisero altri diece otto[1] cavalieri de casa sua, quali erano discesi per agiutare il conte. Quella voce de Ansian « Amaza, amaza! » corse tanto in la battaglia che ciaschun dei Ciprioti cridava : « Amaza, amaza! » Era in quella compagnia de Longobardi un cavalier aleman, qual haveva il suo cavallo coperto tutto d'orpelle, et era comparso molte volte, et fece combattendo gran[2] prodezze, ne si poteva batter o vincer, et all' ultimo fu morto il suo cavallo, et li fanti li furono intorno, et li dettero la morte; il che dette gran conforto agli huomini del re, che videno il suo valore. Erano anchor molti altri huomini valorosi con li Longobardi, che combattendo dettero di se conoscenza di valore, et grandezza; fra li quali il Signor Iddio fece gran miracolo che dagli huomini del re non fu ucciso alcuno da conto. Il capitano di Longobardi, Riccardo, chiamato bajulo, con la retroguardia, nella quale era anco Almerico, Chamerin et Ugo de Giblet con li loro seguaci, comparseno molto tardi; et come viste che delli suoi ne morivan tuttavia, senza ferir troppo, si ritirò, et tutti gli altri subito fuggirono. Et cosi furon rotti et vinti i Longobardi, et abbassato il loro orgoglio; de quali molti furon morti, altri feriti, et assai presi; et li cavalli potenti et veloci de coloro che fuggivano, li parevano

1232.

---

[1] Paris. — [2] B : *molte*.

deboli e tardi al loro bisogno. Molti de loro scamporo per la via arida e petrosa, quali si redussero a Cerines.

Il signor de Barutho non tornò a Nicosia, ma andò de longo, et messe l'assedio a Cerines, ch'è appresso alla marina, et all'incontro della Caramania, dov'erano redutti li Longobardi che fuggirono dalla guerra. Quelli altri Longobardi, ch'erano all'assedio del castello di Dio d'amor, non s'assicurarono venir a Cerines, peroch'erano interdetti dalli Ciprii al passo, et però si calavano verso il casal Blesia, e tornavano ascostamente a Nicosia. Il che havendo inteso Filippo de Navarra, ch'era in Nicosia, radunò quanti huomini pote trovar, et andò a trovarli de notte fuora de Nicosia, et amazzò, et prese 300 de loro, e trovò tra loro tre capi de quelli abandonorono il re a Gibelet, quali fece smembrare come sperjuri et traditori. Galtier de Manepian et il figliuolo di Giustitier con l'antiguardia, che fuggirono dalla battaglia, et andoro al castello di Gastria, restorono fora del castello nelle fosse, perochè li Templeri non li voleseno accettar dentro, perciochè per l'inanti havevano rotto la casa del Tempio, et tratto le dame et altre che s'erano salvate là dentro. Et però il re, et il signor de Barutho mandorono Gioan d'Iblin, il giovine, con una compagnia de cavalieri, il quale li trovò e preseli, quali menateli in Nicosia furono consignati a Filippo de Navarra [1], et posti in priggion. Moriteno molti d'essi ch'erano feriti, tra li altri morì Ugo de Sorel, Entra [2] de Celinge et Gent de Corpo. I Longobardi, vedendo non poterli prevaler a Cerines, con tutto ch'havevano molta gente, anzi consumavano le vittuarie senza far frutto, havendo venti due galere al porto di Cerines, montò sopra Ricardo il bailo, lasciando a Cerines capitanio Filippo Cenardo, fratello uterino de Gavan, con cinquanta cavalieri et 1000 fanti, con un capo pugliese, chiamato Galtier d'Acqua Viva; et esso baiulo andò con molta gente in Armenia, et di lì mandò in Antiochia et a Tripoli, per soccorso contra li Ciprioti. In Armenia, hebbero molte malattie, et

---

[1] Paris; A : *Naura*. — [2] Paris : *Eute*.

molti di loro morirono; et non havendo havuto soccorso, ritornò il bailo a Sur, et mandò Felinger, Almerico, Chamerino et Ugo de Giblet all'imperator in Puglia, per dimandar soccorso. Filippo Cenardo, capitano a Cerines, fece fare molte machine, ingegni et trabochi, per diffesa del castello et borgo, qual diffese longamente et valorosamente.

1232.

La moglie che l'imperator haveva datta al re si trovava a Cerines, dove nell'assedio morì, et fu portata fuora; la quale ricevete il re, et fece portar a Nicosia, honoratamente accompagnata da cavalieri et altri, et fu sepolta nella chiesa cathedral. Et quelli giorni fece chiamare la corte il re; alla qual fece la sua querella contra Almerico, Chamerino, Ugo de Giblet, et altri suoi huomini, quali sono stati alla guerra contra la persona sua, in tempo che lui era in età legittima. Et per comun consenso furono sententiati et banditi, et confiscati li loro feudi, et altri beni, li quali il re concesse a quelli che vennero a servire et agiutarlo.

Mort de la reine Alix de Montferrat.

Li Ciprioti non havevano navigli da poter assediar Cerines per mare, et però quelli ch'erano dentro mandavano le sue galere, et li portavan delle vittuarie et ciò che volevano. Et quando le loro galere si partiteno per Puglia, essendo venute a Limisso XIII galere de Genovesi, andò monsignor de Barutho et le assoldò per il re, et le fece venire a Cerines, et all'hora fu assediata per mare e per terra[1]. Onde il re fece fare molte machine, periere, trabochi, e doi castelli di legno per poter montar su le mura. Ma quelli de Cerines si deffendevano con gran vigoria, e tra molti combattimenti et assalti che fecero, furono morti dall'una e dall'altra parte molti. Li castelli furono approssimati alle fosse, et quelli de Cerines buttorono dentro fuoco al castello maggiore per bruciarlo. Ma li cavalieri che erano di fuora corseno subito, et smontati da cavallo, montorono sopra, et spinto il fuoco, lo ritirorono[2] indietro, onde furono feriti molti. Fu anche scoperto un trattato

Cérines est investie par terre et par mer.

---

[1] Paris : *assediata etiam per mare*. — [2] Paris : *ritornorono*.

1232.

che quelli di Cerines feceno con doni corrompere un' capo dei fanti, chiamato Martin Rosel, nel quale si fidava molto il signor de Barutho; et costui promise d'avisarli, come li cavalieri Ciprioti si fussero disarmati, o vera andati a Nicosia, per uscir fuora, et aiutarli anchora lui con la sua compagnia per uccider quanti ne trovavan nell'assedio. Iddio volse che un' giorno che detto Martino mancava in Nicosia, fu preso un' fante de Cerines, et mesolo al tormento per intender i secreti degli Longobardi, et gli discoperse questo trattato; et subito mandato a Filippo de Navarra a Nicosia, prese il detto Martino, et un maestro di balestre, ch'era huomo liggio del re, complice; et menati al campo, furono sententiati dalla corte, che fusseron strassinati a coda de cavalli, et poi impicati, et così fu fatto. Dapoi fu il detto Martino buttato con un trabocco dentro nelle mura del castello de Cerines.

Mort d'Anseau de Brie. L'assaut est repoussé par les Lombards.

Volendo poi accostar li castelli de legno appresso le mura per darli la battaglia, quelli di Cerines li devedevano con frezze, con balestre, et sassi, et contrastavano vigorosamente; talchè li Ciprii non potevano più tirar le rode di quella machina, perchè venivano grandemente offesi da quelli della muraglia. Per il che Ansian de Bries dismontò da cavallo, et per far animo alli altri prese lui medesimo la roda, et confortando gli altri, et aiutando hor avanti, hor quelli da drio, fu ferito de un quadrello nella coscia; il quale subito prese il quadrello con la man et lo trase fuora, et buttò via; il ferro del quale rimase dentro, et lui, per non sbigotir li altri, non disse d'aver male, anzi havendolo dimandato s'era ferito, rispose de non; et quando fu condotto al castello al loco che doveva stare, all'hora, disse Ansian che lo dovessero aiutare, perchè non poteva più. Fu portato al suo padiglione, et medicato lo mandorono a Nicosia; fu medicato sei mesi di continuo, saldata la piaga tornò a far fistola, fu di nuovo tagliato, et trovarono il ferro del vereton, la qual tratto visse 24 hore solamente, et poi morse, et sepolto a Santa Sophia. Certo fu valente giovane, e tutti li Ciprioti piansero la sua perdita, et massime il signor de Barutho, che lo chiamava: « Il mio leone ruggiante. » Hor accorsati li ingegni al castello, fu ordinato l'assalto. Balian d'Iblin assaltò il castello et la sua gente con esso, et il signor de Barutho con tre suoi figliuoli assaltarono il borgo intorno et li dettero una battaglia general, et impirono ben li muri con quelli ingegni. Nondimeno quelli di Cerines, li reseno bonissimo conto, et ribattuti quelli di fuora vigorosamente; onde li figliuoli del signor de Barutho rimasero feriti, et il padre loro riprese molto, et biasimò se medessimo, perchè non s'haveva ricordato di osservar l'assisa del re Almerico, fatta nella città di Belfeis in Babilonia : « Che cavalier alcuno non sia tenuto far servitio all'espugnation de [1] « città o di castello, ne in loco dove non lo [2] potesse portar il cavallo, « se non fusse assediato, o per deffender la sua persona. » L'assedio durò longamente con gran spesa delli Ciprii, li quali si messeno più e più taglie, perchè non li pareva essere sicuri se non prendevano Cerines.

1232.

L'imperator non volse mandar altro soccorso, ma ben mandò il vescovo di Saeto in Soria [3], con lettere amorevole per lusingarli, dicendo : « Io non so pensar dove proceda la mala volontà c'havete verso di « me, per la quale havete fatto quello che faceste, di che io vi perdono « e torno alla mia gratia, et vi conforto che dobiate tenir la parte mia « et del figliuolo [4] bene et lealmente, et se non volete che il mio bailo « che è a Sur, vi sia bailo, io concedo gratiosamente che uno delli miei « homini della terra sia vostro bailo in Acre, et sia il signor Ricardo a « Sur, et Filippo Malguastato in Acre. » Il quale Filippo era vilissimo, et si dice che metteva belleti nel viso come fanno le donne, et era molto familiar del bailo di Sur. Il vescovo di Saeto andò in Acre, et procurò tanto che il signor de Saeto et il contestabile s'accostarono al voler dell'imperatore, et fecero venir il populo alla Santa Croce, et portar l'evangelio per giurar al modo solito; ma il giovane signor de Cesaria [5] et inteso quello che si doveva far, andò immediate in Acre, et in quell'istante che si doveva far il sacramento, intrò nella chiesa

Frédéric cherche à diviser les chevaliers de Chypre et ceux de Syrie.

---

[1] Paris; A : *della*.
[2] Paris; A : *le*.
[3] Paris; A : *Surio*.
[4] B : *figluolo mio*.
[5] Paris et B : *che si trova a Cesaria*.

della Santa Croce, et fece sonar la campana della comunità di Santo Andrea, dove immediate corsero tutti li fratelli armati, et una gran parte dei Genovesi, et cridorono tutti : «Amaza, amaza!» Il vescovo di Saeto, al rumor, scampò nella capella, et si serrò dentro, et se il signor de Cesaria no havesse impedito la furia delli populi, il quale era molto amato et rispetato, hariano amazato il vescovo, et il signor de Saeto, et anche il contestabile; li quali trasse, et menò seco. Di che subito dette aviso in Cipro al signor de Barutho suo zio, et gli messo buon ordine in Cipro, andò in Suria et seppe far si che lassorono di fare quello giuramento, i popoli, quali tornorono nella sua divotione.

Il vescovo di Saeto mandò a dir al signor de Barutho che li voleva parlare, et egli fattolo venire a lui, li dette una lettera dell'imperatore de credenza, e poi li disse : «Signor l'imperatore vi manda a dire lui
«esser molto pentito delle cose seguite tra lui et voi, et de cetero vi
«promete portarsi con voi altri dimodochè cadaun di voi sara ricco et
«grande; ma vole che li faciate alquanto honor, acciò non dica il
«vulgo che voi l'havete vinto; et l'honor che vi richiede, è che vo-
«gliate esser contento di venir in qualche loco a lui sottoposto, et dire
«in presenza de molti con parole simplice et libere : Io mi rimetto alla
«mercede dell'imperatore come a mio signore.» Il signor de Barutho li disse : «Monsignor, io vi respondero dapoi, ma prima vi voglio
«contar un essempio scritto nel libro delle favole, al parer mio troppo
«simile a questo. Era fra[1] una foresta un gran leone vecchio, gravato
«delli anni, e un dì, giacendo al buco della sua grotta, vide passar
«un cervo grasso, e disse a quelli di casa : Chiamatelo, e pregatelo
«da parte mia che venghi a parlarmi, perchè sono troppo gravato
«dalla malattia, e quasi[2] condotto alla morte. Il cervo, che credete,
«andò vi subito, come da suo signore, et venendo per inrtar nella
«corte, il leone si slanciò per prenderlo, et non lo gionse bene, però
«li squarciò la pelle del viso sino al muso. Il cervo che era sano et

---

[1] Paris; *in*. — [2] Paris; A : *quali*.

Marginalia: 1233. — Vaine médiation de l'évêque de Sidon.

« forte fugite, et andò col viso squarciato, et il leone debole della vec-
« ciezza et della malattia, nel salto che fece ricadete in dietro, et poi
« mandò a dire al cervo : Se Dio m'aiuto, io credeva farli carezze,
« favore et accoglienze nell'intrar in casa mia, et per disgratia nel mio
« cadere, gli toccorono le mie ugne in la facia, et non volendo l'ho
« sgrafiato, però diteli per amor di Dio venghi da me. E tanto seppe
« persuaderlo che gli tornò. Il leone gli andò incontra, et saltò per
« prenderlo un'altra fiata, et non lo giongendo bene, gli squarciò la
« pelle del collo, sino alla coda, della quale vi lasciò due pezzi. Il cervo
« forte e gagliardo fece un'salto, et scampò, et il leon cadete in terra
« un'altra volta, di che ne hebbe gran dispiacere; il cervo per quella
« piaga stetti molti mesi a guarire, et quando fu sanno, mandò un'
« altra volta il leone doi delli soi baroni et seppe farli tante offerte, et
« di sorte scusarsi, che lo fece tornar un'altra fiata. Ma questa volta
« misse meglio ordine per non li intervenire più quello, che con ver-
« gogna e riprensione grande gli intravenne le altre due prime volte.
« Però ordinò quelli di casa sua, et lo preseno, et fattolo uccidere et
« scorticare, lo fece aprire et squartare per mangiarli il cuore, e ven-
« dicarsi delle due cadute che fece. Ma disse a quelli di casa per iscu-
« sarsi con essi, perchè li vide restar di mala voglia dell'atto che fece
« contro il cervo : Signori, non crediate che per felonia, o mal animo
« che io abbia feci amazar il cervo, ma per mia salute, perchè tutti
« i medici mi han detto che se io non mangio il cuor del cervo, non
« potrò guarire. Havendo poi dimandato il cuor del cervo per mangiarlo,
« non si puote trovare, perchè la volpe, la quale era presente al fatto,
« l'haveva già mangiato, et anchora haveva il muso insanguinato.
« Di che accortosi il leone, si querellò in la sua corte[1] contro la volpe,
« et tutti fecero giuditio fermo che la volpe l'haveva mangiato, per
« chè haveva il muso insanguinato, et che perciò meritava la morte.
« La volpe citata a diffesa : Signori, disse, il cervo la prima volta che
« venne in corte, si partì col suo viso squarciato; le seconda volta las-

---

[1] Paris; A : casa.

«ciò due pezzi della sua pelle; la terza volta fu morto tanto lieve-
«mente e senza diffesa, che si può conoscere che non haveva cuore;
«perchè s' egli havesse havuto cuore, non saria venuto la terza volta.
«Et dice un proverbio che quel che non è, non si puo trovare; se il
«cervo adunque non haveva cuore, non si puo dire che io l' habbi man-
«giato, et se il mio muso è insanguinato, questo è perchè aiutava nel
«scorticare, et nel squarciarlo; però prego ogni un' di voi, hora che
«havete inteso le mie ragioni, che tornino a fare più sanamente il
«loro giudicio per l'amor di Dio, e per l'anima sua. All'hora parse
«a tutti, che il cervo non haveva cuore, e però la volpe fu assoluta.
«Si che, messer lo vescovo, io vi potria espedere con questa risposta,
«che l' imperatore è il leone, et io sono il cervo, che due volte mi ha
«pigliato [1], la prima a Limisso, dove m' insanguinò il viso, la seconda
«quando io mi partì da Dio d'amor et venni a lui, il quale contro li
«patti nostri retenne tutte le fortezze di Cipro in sua potestà, e poi
«vendete il re et Cipro alli miei nemici; e questi sono li due pezzi di
«pelle di mio dosso. Et se hora ch'è la terza volta, io venissi alla sua
«mercede, concederia di esser morto come fece il cervo, e poi saria da
«tutti giudicato senza cuore. Ma io vi dico, monsignore, et voglio che
«lui il sappia, che non mi metterò mai nelle sue mani, et se a mio
«mal grado sarò mai condotto in sua presenza, havendo lui tutta la
«sua potenza, et che io mi trovi solo con le mie due picol mani, con
«quelle mi deffenderò fino alla morte.» Et con questo espedì monsignore lo vescovo.

Capitulation de Cérines.

Quando il signor de Barutho hebbe ordinate le cose sue in Soria,
lassò in suo luoco il suo nipote signor de Cesaria, et ritornò in Cipro,
e trovò che l'assedio di Cerines anchor durava, per il quale li assediati havevano sofferto il disaggio di molte cose; e sapendo che alcun
soccorso non veniva dall' imperatore, et havendo inteso il caso del
bailo di Sur, fecero trattar la pace per il mezo di Arnaldo de Giblet [2],

---

[1] Paris : *piagato*. — [2] Paris; A : *Giblite*.

et Filippo de Navarra. Et la conclusione fu tale, che loro reseno il castello et il borgo e tutte le armi et munitioni che havevano dentro al detto Navarra, per nome del re, e lui li dette tanti navigli che li condussero a Sur, sani et sicuri con le robbe loro, con promission che il signor de Barutho dovesse andar a Sur, et menar tutti li Longobardi fatti prigioni in la guerra di Cipro, et consignarli a detti Longobardi; quali de converso dovessero consignarli tutti li Ciprioti fatti priggioni al casal[1] Imbert, quali erano a Sur. Et così fu eseguito, et con questo rimase il paese de Cipro in pace per alquanti anni.

1233.

Quattro anni dapoi questa quiete, che fu del 1236, il signor de Barutho, essendo fracazato da un' cavallo che gli cadete adosso, fece il suo testamento, nel quale conoscete gli honori e gratie concesseli per il Nostro Signor Iddio, et ordinò con molta diligenza et maravigliosa memoria. Ha emendato et reso ciò che gli pareva tenir non giustamente, et rese molte cose che a giudicio di tutti poteva tenir senza imputatione; ha pagato tutti i suoi debiti del suo mobile, che non era poco, oltra il credito che haveva con molti; ha dispensato tutto il suo mobile et stabile non feudale a poveri di Christo, et dato di sua mano per l'anima sua; ha diviso et dato li suoi feudi alli suoi figliuoli. E comandò che li dovessene tenir da Balian, loro[2] fratello maggiore, et che fossono suoi huomini. E poi si rese alla religion dei frati del Tempio, con quieto et tranquillo animo, et si fece portar in Acre. Et nell' hora che doveva render l'anima a Dio, richiese il crucefisso, et preselo bassò li piedi delle imagini del Nostro Signor Giesu Christo, e disse: «In manus tuas, Domine, commendo spiritum meum,» et così rese il spirito. Et per quanto si puo considerare dalla vita e costumi religiosi et pii di quest' huomo, il quale era grandemente amator della giustitia, et in tutti i suoi negotii et prosperi et avversi sempre ricorreva a Dio divotamente, si giudica che l'anima sua sia andata in paradiso, et lasciato in terra lodevole esempio et longhissima memoria.

Mort de Jean d'Ibelin. 1236.

---

[1] Paris; A: *castel*. — [2] Paris et B; A: *suo*.

Quando Corrado, figliuolo de Federico imperatore, fu all' età d' anni quindeci, al quale toccava il regno di Gierusalem, ma perchè era absente[1], per una legge special del regno di Gerusalem, la regina Alisia, madre del re Henrico de Cipro, come più propinqua parente et herede apparente, comparse in Acre col signor Raul de Sanson, suo marito; et dimandò alla corte el possesso del regno sino alla venuta del più dretto herede, mostrando a detta corte per la detta legge, che quelli che feceno homaggio all' imperator, come bailo di suo figliuolo Corrado, erano quietati, attento che il figliuolo era in età legittima. Constituito la corte di baroni, di cavalieri et altri feudati, giudicorono che lei li doveva metter al possesso del regno, sino alla venuta del predetto Corrado, e perciò li feceno tutti homaggio, e giurorono fedeltà conditionatamente, sino alla comparition del più dretto herede.

Et essendo andata a Sur, per tuor[2] il possesso di quella città, li Longobardi che la tenivano per l' imperatore non la volsero consignar; però fu assediata, et preso il porto et il borgo, restò il castello assediato da Balian de Iblin, signor de Barutho, Filippo de Monforte, et il signor de Thoron, con l' aiuto delli Ciprioti, Venetiani, et Genovesi; et lo tenivano molto stretto, nel quale era Itier Felinger capitano. Et essendo per sorte capitati nelle mani delle regina il fratello et nepoti di detto capitano con loro moglie et figliuoli, venute con due barche, et presi dall' armada della regina, patteggiorno con li Longobardi et detteno questi suoi, et tolsero il castello, et loro mandati fuora del paese con navigli della detta regina. Et l' imperatore mai più non cercò, ne domandò cosa alcuna per detto reame. Onde vissero con gran tranquillità il re de Cipro, e quelli di casa d'Iblin al governo de detti doi reami di Hierusalem e Cipro, menando ciascuno a ragion et havendo la gratia de tutti li habitanti; et li Longobardi furono del tutto estirpati da questi contorni.

[1] Paris et B; A rejette cette phrase depuis *ma perchè* jusqu'à *Gerusalem*, après *Henrico de Cipro*. — [2] Paris; A: *tor*.

Del mille duecento quarantacinque fu fatto concilio per papa Innocentio a Lion, et fu demisso Federico dall'imperio per li suoi demeriti, et ad Aluise, re di Francia, fu data la croce per soccorrer la Terra Santa; et messeno la croce li suoi fratelli, et molti conti, baroni, cavalieri, et altri con lui. Et mentre che questi si mettevano in ordine per venire, il soldan de Babilonia, chiamato Salacha, prese la città di Thabarie per forza, e poi assediò Ascalona per terra e per mare, con 20 galere et una nave. Di che fu avisato il re Henrico in Cipro, et lui mandò otto galee, due galioni, et cento cavalieri, capitanio de quali ordinò Baldoino de Iblin, et delle galere Gioan de Iblin, signor de Arsuf. Quali andati in Ascalona, et intrati per forza nel porto, Iddio mandò un temporal grandissimo per il quale tutte le galee e navi de infedeli investirono in terra, et furon rotte tutte. Pur li infedeli, in spatio de doi mesi, preseno Ascolona, dove fu morto Balian de Iblin, signor de Barutho.

1245-1248.
Concile de Lyon.
1245.

Venuto poi il re Aluise di Francia in Cipro, a 15 di settembre, stette a Limisso tutta l'invernata, et di maggio del 1249 si partì, et con lui il re di Cipro, et Eustorgio arcivescovo di Nicosia, et andorono a Damiata; la qual città trovata disprovista, la preseno senza botta di spada in doi giorni. Dove fu poi un gran temporal con tempesta, et si ruppeno d'avanti a Damiata 32 navi, 20 galere et altri 30 vaselli in quella riviera. Li Christiani si mosero di lì per andare in Almansoria, e per strada furono assaltati da Saraceni; ma havendoli trovati in ordinanza combatterono con essi, et li ruppeno; dove furono tra presi et morti da mille Saraceni, et passando il fiume Tenis perirono molti Christiani; nondimeno subito passati assaltarono li alloggiamenti degli infedeli, et occiseno molti; dove morì Faihredin et molti amira, et preseno anche Almansouria, abbandonata dalli Saraceni. Et intrati dentro il conte Roberto d'Artas, fratello de re, et li Templieri ch'erano in l'avanguardia con loro gente, li soldati corsono al guadagno nelle case de Saraceni, et uscirono dall'ordinanza; il che vedendo li Saraceni, che per fama li stimavano molto regulati guerrieri, et perciò have-

Croisade de saint Louis.
1248.

1248.

vano d'essi rispetto grande, feceno all'hora animo, et tornati dietro, corseno adosso alli Christiani, et amazono molti d'essi, tra li quali morirono il conte d'Artas, il conte de Salebieres, Raul de Cossi[1], et molti altri baroni et cavalieri.

Captivité de saint Louis.

Il re, per disaggio di vittuarie, volse tornar a Damiata, et un'perfido christiano fece intender al soldan la calamità in la quale si trovano li Christiani, et egli mandò il suo essercito in un casal chiamato Arseransapho, qual era al passo; et fu tanta la moltitudine di quello, che convenne al re di Francia et al suo esercito rendersi alla discretion de Saraceni. I quali presi et menati alla presentia del soldan, li fece buona ciera, et li honorò tutti, et confortati molto; e poi le fece dar un desinar molto nobile a usanza di Francia, et il soldano medesimo volse tastar di tutte le sorte di vivande portate a loro, in modo di farle credenza. Poi fece liberar il patriarca, et Filippo de Monforte, signor de Thoron, li quali conosceva, perchè per avanti erano andati a lui ambassiatori da parte del re, li quali andavano speso alla visita del re. Ma di poi[2], li amira et altri magnati, ucciso el soldano, fecero consiglio circa la persona del re. Alcuni dicevano darli la morte, altri che fusse retenuto per sempre appresso di loro; ma un'certo vecchio savio, che haveva miglior discorso degli altri, rispose a questi : « Se questo re
« sara da noi morto, il dì seguente sara fatto un altro, et noi haveremo
« guadagnato niente; se lo ritteigneremo sempre, tiraremo adosso di
« noi tutta la Christianità per ricuperarlo, il che non sara al nostro
« proposito, giacchè noi da questi pocchi havemo stentati riuscire, et è
« stata più tosto per sorte, che per la forza la vittoria nostra, che se
« non era la gran fame loro, Iddio sa quel che saria stato di noi. Ma
« io conseglio che questo re sia liberato, con quella taglia maggior che
« potremo haver da lui. »

Saint Louis passe en Syrie.

Quest'oppinion fu da tutti laudata, e così fu fatto, che Damiata

---

[1] Paris: *Cossa.* — [2] Paris: *ma doi dì dapoi;* B: *ma dece dì dapoi.*

fusse resa alli Saraceni, et tutti li priggioni, et cento mille marche d'argento; et li Saraceni liberorono il re, li suoi fratelli, il legato, e tutti li priggioni presi dal tempo dell'imperatore, et vennero in Acre; et venne ancho la regina di Francia dal castel Pelerin dove haveva fatto un' figliuolo, et chiamato Gioan Tristano. In Acre fece il detto re grandissime elemosine, e fortificò di mura et fozze il borgo, comminciando dalla porta di San Antonio verso la marina sino a San Lazaro.

1248-1253.

In questo tempo, prese per moglie Henrico re di Cipro Piacenza, figliuola di Beimondo, principe d'Antiochia et conte de Tripoli, et all' hora furono liberati dalla prigion di Saraceni Gugliermo di Castel Nuovo, maestro dell' Hospedal, et centoventi cavalieri, et altre ottocento persone prese dalli Horsemini et vennero in Acre. Et il conte Galtier, marito della sorella del re Henrico di Cipro, siando[1] in priggione di Saracini, giocando a scacchi con un amira saracin, vennero in differentia; et lo amira[2] dette un schiaffo al conte, et il conte li dette col schachier sulla testa tanto forte che lo distese in terra morto, et in quell' istante fu anch' egli strangolato dalli Saraceni, del quale era rimasso un figliuolo chiamato Ughet.

Henri Ier épouse Plaisance d'Antioche. 1250.

Il re Aluise fortificò Cesaria de mura e fozze, e anche haveva fortificato Zaffo, dove li venne la nuova della morte della regina Bianca, sua madre. Fortificò anche la città di Saeto del 1253; et in detto tempo morì il re Henrico de Cipro a Nicosia, alli 18 di gennaro, et fu seppolto al Tempio, et ha lasciato un figliuolo chiamato Uget.

Mort d'Henri Ier. 1253.

Dopo che il re di Francia hebbe fortificato Saeto venne in Acre, et adobò cavalier Baglian de Iblin, figliuolo del signor de Arsuf, il quale si sposò con Piacenza, regina de Cipro, relitta del re Henrico. E partito poi il re Aluise, con la regina sua moglie per repatriare, lassò in Acre cento cavalieri et cinquecento fanti, pagati per dieci anni, in custo-

---

[1] Paris; A : *sindo.* — [2] Paris : *Saracin ..... amira,* manque dans A.

1254.

dia di quello; et la regina Piacenza acquietò Balian de Iblin, figliuolo del signor de Arsuf, et esso lei, del contratto matrimonial c'havevano fatto. E pocco dapoi morì anch'essa regina, et fu fatto bailo del reame de Cipro Ugo de Lusignan, figliuolo de Henrico prencipe et de Isabella, sorella del re Henrico il Grasso; la quale andò in Acre e domandò che li fusse fatto homaggio, et non volseno, perchè l'herede non era presente, tuttavia l'accettarono per balia; la quale poco dapoi morì. E poi venne in Acre Ugo de Lusignan, bailo de Cipro, per soccorso del loco, con bella armata de galere, et altri vasselli; e menò seco 130 cavaliere eletti, et altri 300 stipendiati a cavallo, et 800 fanti a piedi. Et in detto tempo, fu vista in cielo una cometa in forma d'una spada, longa sei braccia et larga un palmo; la qual venne dall'oriente, et ferite sopra il campanile della madre chiesa d'Acre. Il quale veramente è stato interpretato per cativo augurio delli Christiani di Soria, et alhora certo hebbe principio la ruina d'essi, et all'hora fu trovati tutti l'impedimenti del mondo ad ogni soccorso loro; et tutta la prosperità che si poteva desiderare fu nelli esserciti delli infedeli.

Guerre en Syrie.

Li Hospitalieri e Templeri, quali havevano esserciti e fortezze per tutte quelle città dov'erano Christiani, andorono ad una villa d'infedeli, e la corseggiorno, e tolseno 360 anime tra huomini e femine. E andati poi ditti Templeri et Hospitalieri col signor Gioffredo de Sargines da Acre a Rames[1], per recuperar Girardo de Pingüeni, castellan de Zaffo, che li Saraceni havevano preso a tradimento con molta altra gente; et non havendo voluto i Saracini restituirlo, li Christiani abbruggiorno tutto il terreno sino in Ascalona; e se imboscorno al fiume Rubin, dove s'affrontorno con l'amira, che veniva con 400 huomini a cavallo, et combattuto seco hanno morto 82 Saraceni; et il resto con l'amira fuggirono, et li Christiani illesi ritornorono in Acre.

[1] Paris; A : *Roannes.*

All'hora Bendogdar, soldan de Babilonia, chiamato Melec el Vacher, che al suo linguaggio vuol inferir il potente re, andò in Ceseria, e quella prese all'improviso; et anchorchè le genti di quella si salvarono nel castello della marina, nondimeno fra cinque giorni furono astretti d'abbandonar ancora quello, et fuggire per mare in Acre. Et poi feceno li Christiani ruinar per terra li molini di fuora, et il monastero di San Nicolo. Ed hanno abbandonata la città di Cayfas per rispetto del soldan; il quale venne et prese la città, et poi, per forza d'ingegni e mine, prese ancho il castello, et menò in cattività in Babilonia 90 frati dell'Hospitale et molti seculari.

<small>1254.
Perte de Césarée.</small>

Assediò poi il castello de Saffetto, ch'era del Tempio e lo prese a patti, salve le persone, le quali promise a fra Leon, ch'era il cancellier della religion, di condurli in Acre; ma poi mancò della promessa, et li fece morir tutti fuora del castello. Il detto soldan, havendo guerra poco avanti con li Tartari, quali haveva soccorso il re d'Armenia, s'adirò contra di lui, et però mandò un suo capitano, chiamato Smelmot[1], et scorse[2] la terra d'Armenia sino a Sis, et occise Thoros, figliuolo del re, prese Livon, l'altro figliuolo, e molti altri paesani.

<small>Perte du Saphed.
1266.</small>

Li Ciprioti cavalieri, e quelli dell' Hospital et del Tempio, con li Alemani e cavalieri del re di Francia, con molte altre genti, feceno una cavalcata et andorono verso Thabaria. Li quali furono scoperti dalli infedeli ch'erano a Saffeto, e s'imboscorono in un loco detto Caroblier, alla pianura d'Acre, distante una lega, et al ritorno de Christiani, che venivano senza sospetto, assaltorono l'antiguardia, ch'era lontan dagli altri 3 leghe, e la ruppeno; la qual era d'Hospitalieri, Alemani, de Giofreddo de Sargignes, et altri da 500, tra cavalieri e pedoni; delli quali scamporono vivi alquanti, ma li villan delli casali del Hospital li occiseno la notte per tuorsi le arme e robe loro. Nella quale sconfitta si perse Godefroy, figliuolo del conte d'Auvergne, e

---

[1] Paris : *Semel Mot*. — [2] Paris et b; a: *soccorse*.

fra Estienes de Meysis, gran commendatore dell'Hospital, e 45 frati, tutti gentilhuomini segnalati, e molte altre genti.

Bendogdar, soldan de Babilonia, la primavera seguente, venne con grande essercito avanti Acre, portando bandiere dell'Hospital e del Tempio, forsi per ingannar li Christiani, come fece; che prese molti villani et altri poveri ch'erano andati fuora per li servitii loro. Et corse sino alle porte della città, et occise dietro la torre da cinquecenti huomini delli poveri, ai quali tagliavano le barbe e capelli, dopo amazzati. Et poi si ritirò a Saffetto, et il dì seguente ritornò in Acre, et stete di fuora cinque dì, et fece ruinar li molini, le rode de giardini, tagliar l'albori et le vigne, ch'erano fuora della città, et poi tornò a Saffeto. Et in quel tempo dapoi partitosi il soldan, s'appicciò fuoco in la stalla degli Hospitalieri in Acre, et fu brucciato con 200 cavalli, e 20 servitori; e questa fu la vigilia d'Ogni Santi del 1267.

Et la vigilia di S. Nicolo del medessimo anno, morì Ughet, il giovine re de Cipro; et il dì de Nadal fu coronato re Ugo de Lusignan, suo cugino, per mano di Gugliermo, patriarca de Gerusalem, che si trovo all'hora in Cipro.

Et in quest'anno, venne in Cipro la peste, le cavalette e molti terremoti.

L'anno seguente, Bendogdar soldan, il mese di marzo, andò al Zaffo, et sotto specie di tregha lo prese, e mese a morte tutti li popolari; ma quelli ch'erano salvati nel castello, li ha lasciati andare in Acre con tutte le lor robbe. Gli Saracini preseno la testa di San Georgio, et arseno il corpo di Santa Christina; e poi rovinorono il castello e la torre, sino alli fondamenti.

In detto tempo, il re Aluise di Francia e li suoi figliuoli, et il re de Navarra, il conte di Poitiers, e molti altri conti e baroni della compagnia d'Alemagna, d'Ingliterra e Spagna, messero la croce per venir al soccorso della Terra Santa; et vennero sino a Tunis per acquistarlo contro li Saracini. Ma la fortuna che perseguitava li poveri Christiani volse che detti re di Francia e Navarra morirono da una infirmità contaggiosa, et con loro 17 conti, et Ioan Tristan, figliuolo del re Aluise, et molti altri, dimodochè il soccorso mancò del tutto.

1270.

Et il soldan de Babilonia andò al castello di Belforto, ch'era di Templeri, et lo prese; e poi andò in Antiochia, et assediata la prese senza far diffesa, e dopo che la prese, fece uccidere diciasette mila anime. Per il che li Templieri, vedendo la prosperità delli infedeli, abbandonorono il castello di Gaston, la rocca de Russole, e la terra de Porto Bonel, ch'è all entrar dell'Armenia. Et il re dell'Armenia, havendo preso in battaglia un amira, parente del soldan, chiamato Zangar el Scar[1], qual prese col favor di Tartari, fece contracambio d'esso, e tolse Livon figliuolo di esso re d'Armenia. E pochi giorni dapoi fu un terremoto in Armenia grandissimo, che ruinò cinque città, tre abbatie et dodici castelli.

Conquêtes de Bibars en Syrie.

Del 1269, essendo venuta nuova che Carlo, re di Cecilia, prese Coradin, figliuolo de Corrado, di Federico imperatore, e della regina di Gerusalem, e la vigilia de Tutti li Santi li fece tagliar la testa a Napoli, Ugo de Lusignan, re de Cipro, et cugino del detto Coradino, andò in la cità de Sur, e si fece coronar re [2] de Gerusalem, per mano del vescovo di San Georgio. Nella coronation del quale, madama Maria, sua zia, germana di suo padre, la quale haveva sessanta anni, et non s'era mai maritata, pretendendo haver maggior attion in detto regno di Gerusalem che il re Ugo, essendo un grado più prossima a Coradin predetto, haveva protestato che non si dovesse fare, se prima non si chiariva la differenza che lei moveva. Ma non fu essaudita, e però questa dama Maria, figliuola di Beimondo Borgne, prencipe d'Antiochia et conte di Tripoli, si partì per andar a Roma, per richieder alla sede apostolica detto regno. Ma, avanti che giongesse a

Mort de Conradin. 1269.

Marie d'Antioche conteste à Hugues III le titre de roi de Jérusalem.

---

[1] Paris: *Zangor Elscar*. — [2] Paris.

Roma, renontiò al re Carlo tutte le sue raggioni et attioni che haveva nel detto regno di Gerusalem, et il re Carlo gli dette ogni anno quattro mila ducati.

Nel medezimo tempo, havendo in casa sua il signor Filippo di Monforte, signor de Sur et de Thoron, un chassecin, qual era mandato a posto dal soldan, et li batteggiò; e poi che l'hebbe detto signor Filippo, andando un'giorno nella sua capella per udir messa a Sur, li dette nella testa con un cortello avelenato. E dapoi trasse una spada, et andò in la capella, dove era Giovane, figliuolo del detto signor Filippo, con un cavalier detto Gugliermo[1] de Pinqueni, et li corse adosso detto chasecin, et egli, vedendolo colla spada nuda, corse dietro all'altar, e il chasecin tirogli una stocada e gionce la palla dell'altar, nella qual si ficò la spada tanto che non la potè rihaver si tosto che gionse il cavalier Pinqueni, et lo prese, et uscito anche il figliuolo del signor Filippo, li preseno ambi le mani; e mentre si travagliavano di torgli la spada, gionsero[2] li servitori, et amazzoño il chasecin. Et andati dal signor Filippo, egli aperse gli occhi, et vedendo suo figliuolo sano, ringratiò Iddio, e poi serrò gli occhi, et con quel contento rese l'anima a Dio. Quest'huomo era di gran conseglio e valore, e per conseguente di gran danno alla Christianità la sua morte.

Il soldan de Babilonia andava seguitando le sue vittorie, et prese il castello de Crac a fidanza, salve le persone de habitanti, il qual era delli Hospitalieri. Di poi prese il castello di Monforte, ch'era delli Alemani; et lo prese medemamente a fidanza, salve le persone. Re Ugo, che si trovava in Acre, col signor Odoardo, figliuolo del re d'Inghilterra, ch'era venuto con molti gentilhuomini al soccorso della Terra Santa, cavalcorono al casal San Georgio, quattro leghe lontan d'Acre, et al ritorno morirono molti di sofigo. Et un altra cavalcata feceno a Caco, e presino due case de Torcimani, et occiseno da 1500 e più

---

[1] Paris. *Gulielmo*. — [2] Paris: *gionseno*.

persone, et preseno molti animali grossi et minuti; et al ritorno loro, un' Saracino batteggiato, che prese la conossenza del signor Odoardo, et andava spiando i fatti de Saraceni, et li veniva a riferir a lui, per il che li dette credenza, e fecelo tanto suo familiar che andava nella sua camera ogni volta che voleva; una volta andò a parlarli de cose de importanza, trovatolo nel letto spogliato in camisa, li dette con un cortello sopra il petto, et li fece uno gran' piagha; et il signor Odoardo li rispose con un pugno nel fronte, et lo gettò in terra tramortito, e poi tolse un' tripedo, e l'amazzò. Il signor Odoardo fu medicato e governato tanto, che si sanò. E tra questo tempo, re Ugo fece truega col soldan de Babilonia per anni x e mesi x; e fu del 1272. Et, lasciato governator d'Acre Balian de Iblin, signor de Arsuf, tornò lui in Cipro.

1271.

Re Carlo, per le rason che dama Maria, [figlia de Boemond le][1] Borgne, li haveva renuntiato nel regno de Hierusalem, del 1277, mandò in Acre il conte Ruggier de San Severin et il conte Melsiche[2] con sei galee, una carraca et una nave, et in sua compagnia haveva dodeci cavalieri; et andorono ad alloggiar il primo giorno al Tempio. Et havendo saputo lo Balian de Iblin, governator d'Acre, mandò a chiamar Balian Antiame, Zaco Vival, Ioan de Florin, mariscalco de Thabaria, e Ioan de Troes, et li mandò dal patriarca de Gerusalem, et a fra Ugo Revel, maestro del Hospital, dimandandoli conseglio di quel che doveva far con questi conti. Li quali responseno non si voler ingerir, ne consigliar, ne far a favor dell' un ne dell' altro, e quasi ad' un certo modo di parlar fredo cegnavano di ceder a re Carlo. Et con il disconforto di questi magnati, et con il favor del maestro del Tempio, Balian de Iblin cesse il castello, e uscì fuora con sua moglie et famiglia; et intrò il conte Rugger, e pose le bandiere del re Carlo, et fece li cride da parte sua, come re de Gerusalem et di Cicilia.

Le roi de Naples envoie des troupes en Syrie et fait occuper Siant-Jean-d'Acre.

---

[1] Addition indispensable. Tous les manuscrits : *dama Maria de Borgne*. — [2] Paris : *de Mersiche*. Le comte de Marsico.

116   CHRONIQUE

1271-1284.
Hugues passe en Syrie.

Il re Ugo andò a Sur con molta gente a piedi et a cavallo per recuperar Acre; ma, havendo trovato suo contrario il maestro del Tempio, il quale era molto potente, non li parse di tentar d'haverlo per forza. Ma ritornato in Cipro, fece ruinar le case de Templeri a Limisso, a Baffo et a Gastria, e retenir tutti li loro beni ch'erano in Cipro. Et del 1283 d'agosto, andò a Baruto, e menò seco tre figliuoli, Gioanne, Beimondo et Henrico, et con bella compagnia de cavalieri et fanti, andò da Baruto a Sur per mare, et al suo gionger cadete in mar una bandierà con l'arme Lusignane. Et intrato nella città, la procession l'andò incontro, secondo l'usanza delli re; e essendo alla torre de Giudei, un Samuel, ebreo medico, vardando altrove, urtò il clerico che teniva la croce con l'asta longa, e cadete di sopra la croce, e ruppe la testa all'Ebreo. Il re, mostrando pur di questi augurii non si curare, andò in chiesa, e detta la sua oratione montò a cavallo, et andò in casa di monsignor Gioan de Monforte, signor de Sur, il quale fra pochi giorni morì. Et non havendo lassato nessun figliuolo da sua consorte, madama Margarita, che era sorella de re Ugo, il re messe in possesso della terra de Thoron Anfredo di Monforte, suo fratello, che teniva Barutho per nome di sua consorte, dama Civa[1], figliuola del signor de Barutho. Il quale li fece homaggio, et il re li dette il possesso della terra di Sur, con condition che se in termine di mesi sei, il re li desse cento cinquanta mila ducati, che Sur dovesse ritornar[2] al re, e non li dando in detto termine dovesse rimaner a esso Anfredo. Il quale morì avanti il detto termine, et ancho morì Beimondo, il cortese et liberal figliuolo de re Ugo.

Mort de Hugues III. Avènement de Jean I*er*.
1284.

Et doi mesi avanti il termine predetto, morì anche il re Ugo. Dopo del quale fu coronato in Cipro re, Gioanne, primogenito del predetto re Ugo. Et in questo mezo il soldan assediò il castello di Margat, ch'era dell'Hospital, e li fece tante mine che cadete la torre del Spe-

---

[1] Paris et B; A : *Ciusa*. — [2] Paris et B; A : *restar*.

ron, et era per cader anchora il resto, perciò si resero a patti, e la gente tutta fu mandata a Tortosa, salva, e a Tripoli.

1284-1287.

Il re Gioane de Cipro non vise più d'un anno, e poi morì; et fu fatto re de Cipro Henrico, suo fratello. Il quale tenne mezo di reconciliarsi col mastro del Tempio, et poi andò in Acre; il quale fu visto da tutto il popolo con gran festa, et fu accompagnato dalla procession sino alla madre chiesa de Santa Croce. Et poi, volendo andar al castello, Heude Pelichien, che lo teniva per nome del re Carlo, et l'haveva munito de gente e vittuarie, gli serrò le porte; et poi andorono li maestri del Tempio, dell'Hospital et di Alemani, et trattorono con esso Heude, che gli resé il castello. Poi andò a Sur, e si fece coronar re de Hierusalem. Et tornato in Acre, fu fatte grandissime feste per quindeci giorni continui, con giostre, bagordi; contrafeceno la Tavola rotonda, la regina Feminina, giostrando i cavalieri vestiti da donne Lancilot, Tristan, Palamides e molti altri famosi cavalieri erranti. Et poi, datto il governo d'Acre a suo zio Balduino de Iblin, contestabile del regno di Cipro, egli tornò in Cipro.

Mort de Jean Ier. Avènement de Henri II. 1285.

Per la morte de Beimondo, prencipe d'Antiochia et conte de Tripoli, senza descendenti, pervenne il contado a sua sorella Luciana, la qual era moglie di Nargo di Treulci, armiraglio del re Carlo in Puglia. La quale essendo absente, quelli di Tripoli feceno una congiura contra li heredi del prencipe, et cacciorono fuora quelli ch'erano dalla parte di Luciana. Il soldano, sentendo questa sedition, andò a Tripoli e li pose l'assedio. La contessa Luciana venne in Acre, e dimandò soccorso, et l'hebbe; con il quale andò a Tripoli, et diffese la sua terra molti giorni; ma vedendo ultimamente non potere resistere, abbandonata la città, scamporono per mar tutti li Christiani. Il re de Gierusalem e Cipro andò in Acre, per proveder che non li fusse mosso guerra; et ecco il soldan tolse il tratto e mandò ambassiatori al re, al Tempio, et all'Hospital, dolendosi che non havevano ben tenuta la pace ne la tregha ch'era tra loro, perchè havevano datto soccorso a quelli de Tri-

Mort de Boémond, prince d'Antioche. 1287.

poli. Alli quali rispose il re di haverla mantenuta benissimo e la pace e la tregha al reame de Gerusalem, nel quale non l'ha mancato niente, ma, se lui intendeva che ancho per Tripoli doveva esser la tregha, non doveva andar lui a far la guerra a quella, la quale sapeva benissimo ch'era a lui soggetta, et li faceva homaggio; e mandati anche il re li suoi ambassiatori a lui, reiterorono la tregha per altri anni x mesi x e giorni x per Suria, et Cipro, la quale hanno giurato il re e il soldan. Et confirmata la tregha, ritornò il re in Cipro, et lassò per governator in Acre il suo fratello Almerico, signor de Sur, et contestabile del reame, il quale si portava bene in detto governo.

Papa Nicolo quarto mandò venti galee in Acre con tre mila cinquecento fanti per soccorso d'Acre, le quale galee erano state armate a Venetia, e fu loro capitano un gentilhuomo venetiano, chiamato l'Escolpe[1], figliuolo del duca di Venetia, Lorenzo Thiepolo[2], ch'era morto. Alli quali fanti, essendo il paese in pace, rencresceva; et un giorno ucissero 30 Saraceni villani, che portavano vittuarie in Acre, poi assediarono un alloggiamento de Saraceni et volevano uccider ancora quelli; onde corseno li frati del Hospidal e Tempio, et li liberorono, et messi nel castello. La qual cosa intesa per il soldano con sdegno grande mandò a dolersi con il signor governator d'Acre, et con li Hospitalieri et Templieri, che in tempo de tregha s'habbi fatto uno così brutto atto contra li suoi, domandando giustizia contra li delinquenti. Il governator d'Acre rispose haverli dispiaciuto grandemente di quell'atto, come dalli suoi proprii lo poteva intendere; ma quelli che fecero tal mensfatto erano della cruciata, gente sopra la quale egli non comandava, ne poteva condannarli, et però s'ascusava con lui. Il soldan per questo montò maggiormente in colera, et deliberò di andar a prender Acre; la qual cosa avisò al mastro del Tempio un'amira chiamato emir Salacha, suo amico, et lui lo disse a tutti li signori ch'erano in Acre, ma loro feceno poco conto di questo.

[1] Paris: *l'Escople*. — [2] Paris; A: *Thiepoli*.

Il soldan[1], con tutta la sua potentia, si partì da Babilonia, et venne in un loco chiamato Salachia, dove s'amalò, et conobbe la sua morte; chiamò suo figliuolo[2], et lo protestò et scongiurò che non dovesse abbandonare questa impresa d'Acre, ma vendicar il sangue delli fedeli di Mahometo. Subito morto il padre, et assetate alcune cose sue, fece un essercito di settanta mila cavalli et centocinquanta mila fanti, et venne verso Acre; et poi scrisse una lettera di questo tenore : « El soldan di soldani, « el re delli re, signor de signori, Esraf Meleca[2], el possente re temuto, « castigator delli rubelli, scaciator de Franchi, Tartari et Armeni[3], aquis- « tator delli castelli da le mani de infedeli, signor de li doi mari, servitor « de li doi santi peregrinaggi Calacho e Sachi, a voi nobil maestro del « Tempio, veritevole e savio, salute et la nostra buona volontà. Perchè « voi sete stato amico di mio padre, et huomo veritevole, vi scrivo, e « mando le mie lettere et la mia volontà, facendovi a saper che vengo « nelle vostre parti per vendicar li torti fatti alli nostri, et però non « volemo che la comunità d'Acre ci mandi lettere, ne ambassiatori, « perchè non li accetteremo ne ascolteremo. » Nondimeno, li Christiani mandorono doi messi per iscusarsi, et il soldan li retenne et mandò in Babilonia, quali tenne in priggion sino alla morte. Venne adunque[4] il soldan Esraf Melec con tutto il suo essercito in Acre, et albergossi appresso la terra da una parte all'altra, et fece metter subito li suoi ingegni, machine, caravacani, che gittavano spesso li muri della terra, et fece li suoi fossati atorno de suoi alloggiamenti, et messe alcuni ripari intorno della terra sino apresso li fossi, et l'assediò fortemente. E ogni dì, matina e vespero, li dava doi assalti generali, et andava tastando tutte le parte della muraglia. Li Christiani, fatta la mostra d'huomini da combatter, trovorono esser dentro settecento cavalieri, et tredici mila fanti, computando quelli della crucciata, tutti disposti di morire per l'amor del Nostro Signor Jesu Christo, et per l'honor loro, stimando manco la vita loro ch'alcun altra cosa ch'havevano da perdere.

[1] El Malec Aschraf, fils et successeur de Kelaoun.
[2] Paris; A : *Melece*.
[3] Paris; A : *Ermeni*.
[4] Paris et B.

1290.

Però con buon animo et gagliardamente si diffendevano e facevano le loro vardie di notte, et stavano tutti attenti al giorno, socorrendo alle parte più debile, et dando cambio a quelli che combattevano ogni due ore, et alle volte più speso, secondo i bisogni. La torre rotonda, la quale fu la regia, era allhora deffesa dal signor de Sur, fratello del re, dal Tempio e dall'Hospital; e quella torre fu molte astreta dalli infedeli con mine, e con doi machine chiamate carabaccani, che la tenivano si spesso molestata, che li Christiani non ardivano comparer da quella torre, per li sassi grossi et spessi che gittavano con quelle machine. Le mine lavoravano di sotto; et li Christiani facevano altre contramine, nelle quali si scontravano con li Saraceni, et li uccidevano sotto terra. E una notte, uscirono li cavalieri ed una parte de fanti dalla porta di San Nicolo, et scorsono sino alle tende de Saraceni alla banda del Tempio et feceno gran macello de Saraceni[1], per circa tre mila persone, et de Christiani ne perirono solamente otto.

Le roi Henri vient au secours de Saint-Jean-d'Acre.

Il re Henrico, che era in Cipro, inteso l'assedio d'Acre, et immediate fece armar 42 velle tra galee et altri vaselli, et menò seco cento cavalieri di Cipro, et duemila fanti; et gionto in Acre, mandò li suoi ambassiatori al soldan, dicendo che si maravigliava grandemente ch'el sia venuto ad assediar la sua terra, havendo seco tregha, et concludeva che dovesse restar da combatter, et veder di rimetter le sue differentie in persone pratiche, che non mancaria lui dalle cose del dovere. Il soldan rispose resolutamente che voleva la terra, e se gli la voleva ceder era contento tuor[2] solamente le pietre, et il re tolesse e portasse via ogn'altra cosa che dentro vi fosse, e questo voleva far per amor del re, ch'era giovane come lui. Li ambassiatori dissero non poter far tal cosa, perchè li oltramontani, quando facesse questo, lo teneriano per un traditore; adunque respose il soldan non accade dir più altro. Mentre che li ambassiatori parlavano al soldan, quelli Christiani della cruciata, che guardavano la porta del legato, volendo provar un ingegno

---

[1] Paris et B. Les mots de : *alla banda* à *per circa* manquent dans A. — [2] Paris; A : *tor*.

c'havevano diricciato, trasseno un saso grande, il quale venne fino appresso il padiglione dove era il soldan, et li ambassiatori; il che vedendo lui, fece una gran bravata verso li ambassiatori, per il che si levò in pie, et trasse la semitara sino alla mità e disse: «Ah porci «sporchi, chi mi tien che non vi taglio la testa?» Ma un suo consiglier li disse: «Deh! vardate[1], signor, non imbrattate il ferro della «vostra semitara nel sangue de porci; quelli che trasseno quel sasso, «han fatto come tradittori, e voi li lasserete andar questi che vi «sono inferiori.» Et con questo tornorono li imbassiatori, dicendo oration, e facendo voti a Dio per la salute loro. Et come fur gionti in la terra, comincioron a trazer sassi dall'una parte e dall'altra come inimici.

De la torre del re, da tante mine che li eran fatte, cade la cortina d'avanti, et fece un'monte de pietre dentro nel fossato, per il quale non si poteva passar; però li Saraceni feceno sacheti pieni di sabion, et quelli buttorono la sera dentro le pietre e feceno loco da passare molto comodo; et la mattina seguente vennero a combatter, et feceno così crudel battaglia quel giorno dalla mattina sino all'hora di vespro continuamente, senza metter alcun tempo di riposo. E li Christiani valorosamente deffendevano la ruinata torre; et insieme el maestro del Tempio che vedeva non poter resistere più quella, fece di dentro far un riparo con travi grossi, di modo che, quando fu presa la torre, si trovò quello in deffension della terra[2], che per quel giorno deffese li Christiani. Li quali, quasi disperati, messeno le loro moglie et figli nelli navigli per mandarli via, ma il mare era sì grosso quel dì, che non la potevano comportare, maxime le donne, et però si dismontarono un altra fiata nelle case loro. Et il dì seguente, vennero li Saraceni in ordinanza tutti a piedi; et prima venne una fila che teniva pavesi grandi de legno, e dopo questi venivano quattro file che buttavano fuochi artificiali, con ogli et pegole incerate; dopo di quali seguivano tre file de arcieri, che gittavano frezze pennate, et dopo veni-

---

[1] Paris; A: *dal vardare.* — [2] Paris; A: *torre.*

vano altri con arme inhastate, et con simitare e targhe de cuoro. Et questi entrorono prima nella torre del re, che gia havevano presa, et di lì combatterono, et con facilità presero il riparo del legno, et intrati nella terra se divisono in due ale; una parte andava verso Santo Romano, e l'altra verso la porta di Santo Antonio, et andavano sonando le nacarre et altri loro istrumenti da guerra.

Alla porta di Santo Antonio, s'incontrarono in li cavallieri ciprioti, che gli vietorono il passo, combattendo seco valorosamente, ne li lassorono spuntar avanti un passo; et appresso de loro venne el maestro del Tempio et il maestro dell'Hospidal, et soccorsono li loro cavalieri li Ciprii. Et all'hora la battaglia s'ingrossò, di modo che li Saraceni li quali prima si governavano et combattevano lentamente, furono sforzati metter li pavessi in terra, li quali erano di dietro sostanti con haste grosse che li pontelavano, di modo che con quelli feceno un' muro; et quelli che venivano dietro con li fuochi comminciorono a gettare et feceno tanto fumo che pareva l'abisso del inferno; et di dietro poi nel mezo del fumo[1] travano le frezze li arcieri tanto spesse che somigliavano grandine cadute dal cielo; e durò questa crudel battaglia sino a terza. Ne però gli valorosi Christiani lassarono il passo agli infedeli, ma deliberati di morir da generosi cavalieri steteno constanti ad aspettare che li Saraceni havessero a consumar li fuochi, et frezze, et poi investire, e far il loro potere. El maestro del Tempio fu ferito de una frezza, che passò la corazza in loco che le lamette non erano ben congionte, et li dette nel petto, e penetrò la casca; et essendosi voltato per andare a casa, li suoi si voltorono tutti a seguitarlo, credando ch'el fuggiva, et alcuni delli Christiani li cridorono: «Deh! per Dio, «signor, non ci abandonate, che a questo modo la terra sara presa «adesso;» et egli si voltò, et disse forte: «Non sono più con voi», e gli mostrò la frezza che teniva nel petto, et poi buttò il dardo, che teniva in mano apiegando il collo mostrò di cader, ma fu dalli suoi tolto in brazzo, et portato al Tempio. Visse tutto quel giorno, ne disse

---

[1] Paris et B. Les mots depuis *che pareva* jusqu'à *fumo* manquent dans A.

mai altra parola, se non che sentendo i rumori, domandò che cosa era, et essendoli resposto che alcuni huomini facevano questione, disse fateli pace, e poi morì. Dapoi ferito il maestro del Tempio, se partirono tutti li suoi et parte degli Hospitalieri, e restati li Ciprioti, con alcuni della crucciata, non potevano più deffender il passo, et li inimici cominciorono ad' avansare da quello. L' altra parte de Saraceni, che tolse la via di Santo Romano, che diffendevano li Pisani, a prima gionta brusorono el gran ingegno d'essi Pisani, et andorono drittamente per la ruga di Alemani, et preseno Santo Rinaldo, et missono a fil di spada quanti ne trovorno avanti. Altri Saraceni combatterono la torre del legato, ch' è su la marina, la quale torre haveva un riparo di legno con chiodi longhi fitti con le ponte in fora per impedir li cavalli; et in diffesa di detta torre erano le gente del re di Francia col signor Ottone di Granson, et la deffesero gagliardamente, et havevano morti assaissimi Saraceni. Ma, quando fu rotto el riparo de legno, introrono tanti che convenne alli Christiani dar loco, et andarsi a salvar.

Il re Henrico, vedendo la ruina della terra, piena de nemici d' ogni banda, si conseglió col maestro dell' Hospital, e giachè soccorso alcuno più non giovava, si salvarono alle galee con quanti poteno levare, et andorono in Cipro. Lassata la terra alli nemici, nella quale usoron grandissima crudeltà, maxime alle donne, alli innocenti putti, et alli impotenti vecchi; veramente grandissimo fu il danno della Christianità quel giorno. Et chi havesse veduto le donne scapigliate et stratiate le guancie gridar a Dio misericordia, et altre gravide disperder dalla paura, li putti presi per li piedi esser battuti alli muri, li poveri vecchi esser calpestrati et morti senza pietà nesuna, saria ben di pietra il cuor suo, che non si muovesse a piangere. Et per ultimo suplicio delli infelici Christiani, fu posto il fuoco nella terra, et fatto gran danno, et ruina nelle case e robe loro.

Erano redutti molti huomini nel Tempio per salvarsi, ch' era il più forte loco di quella terra, et era sopra la marina, grande come un' castello, et havevano nell' intrada una torre alta e forte di muro grosso

1291.

Prise de la ville.
18 mai 1291.

canne tre e meza; e sopra oggni canton della torre, haveva una torricella, e sopra ciascuno di quelle haveva un leon grande come un' bove di latton indorato, che costava 1500 duccati, cosa molto altiera a vedere. All' altro canton del Tempio, verso la ruga di Pisani, haveva un altra torre, et appresso quella, verso la ruga di Santa Anna, haveva un molto nobile palazzo che stantiava el maestro, e dell' inanci sopra la casa de monaci di Santa Anna, haveva un altra torre alta dove erano le campane, et nobilissima chiesa del Tempio. Haveva un' altra torre sopra il mare antiquissima, che Saladino haveva fatta fare, nella quale soleva tener el Tempio el suo thesoro, già cento anni avanti, et questa era battuta dal mare.

Quelli che si messeno in detto Tempio[1] lo deffesero gagliardamente per il spatio di dieci giorni, che mai l'inimici per gran sforzo che messeno non poteno offenderli; dapoi il soldano gli fece parlar, et dire che si dovesseno render a fidanza, perchè altrimenti non potevano longamente resistere, et li saria forza, se non li potesse prenderli altramente, tenirli assediati tanto stretti che morissero di fame, et saria meglio per loro rendergli il Tempio, et andar via con le loro robbe, le quali gli concedeva tutte, eccettuato le arma, che pentirsi a tempo che forse lui non li vorrà all' hora far tale gratia. Li poveri Christiani, considerando bene le parole, che somigliavano al vero, et che potria intravenire, si contentarono di darli el Tempio, e tuor le robbe loro, et andarsene via; per il che apersono la porta, et entrò dentro un amira con mille duecento huomini, parte a cavallo, e parte a piedi, per veder che non carghino arme tra le loro robbe et drappi li Christiani; et essendo entrati questi Saraceni, cominciorono a prender alcune femine, che li piacevano, e per forza vergognarle. Li Christiani, non volendo sopportar la vergogna avanti gli occhi di loro, feceno con bel modo serar le porte, e poi in un tratto preseno le armi tutti, ch' erano da circa quattrocento huomini, che potevano adoperar arme, et feceno una battaglia molto crudele, ma con grandissimo

---

[1] Paris; A: *tempo.*

avantaggio de Christiani; li quali sempre da li lochi alti e sicuri, trazevano e sassi et balestre e frezze et offendevano li inimici; e loro non potevano ne fuggire, ne parare, perochè non havevano pensato di dover venire a questo; in fine li amazzarono tutti. E poi feceno intender al soldan dalle mura il fatto com'era andato, et che non dovevano intrar in casa loro, et usarli quelli termini avanti gli occhi loro di voler vergognare le loro moglie. Il soldan, benchè fosse in la maggior colera che mai s'habbi trovato, nondimeno, così consegliato, rispose: « Mi rincresse di quelli miei huomini, che habbino voluto usare « tanta vergogna e villania contra l'intention mia; ma havendo com-« messo loro l'erore, et ancho havendo avuto il castigo che merita-« vano, resto contento della morte loro, et son certo che voi, quando « non foste astreti da loro sceleragine, che non havreste mosso l'arme « contro di loro ch'erano miei huomini, et non tenendomi offeso per « questo che seguite, vi confermo di nuovo la vostra uscita a fidanza, « et potete uscire securamente sopra la fede mia. » E il marescalco del Tempio, ch'era valent huomo borgognon dette fede alle parole del soldan, et confortava ancora gli altri di uscire; alcuni altri de più esperientia di lui dicevano : « Noi siamo tutti imbrattati del sangue « delli Sareceni, et se usciremo fuora, ancorchè il soldano ci voglia « mantener quello che ne ha promesso, del che non sono del tutto « certo, li parenti, li amici, li figliuoli, insieme le moglie de quelli « che habbiamo morto, trovandosi massima senz'arme, ne correranno « adosso, et ne lacereranno, et faranno morir con grand vergogna et vi-« lipendio; » e perciò dicevano : « Restamo al Tempio, et combattemo va-« lorosamente, et morimo con l'arme in mano come cavalieri animosi, « et uccidemo ultimamente e le moglie e putti et noi medesimi, se non « saremo morti dalli inimici combattendo; et a che peggio potemo arri-« vare, che di morire stoltamente con reprension de tutti gli huomini « del mondo? » Alcuni altri ch'erano feriti in la battaglia prossimana dicevano : « Fate come vi piace, noi non volemo uscir da qui, e più « tosto morir qui dentro per qual si voglia morte, che andar fuora in « potestà di chi ne potrà ferire, et noi non poterli toccare. » Il mariscalco finalmente con quelli che tegnivano dalla sua opinione diceva, che li signori non vengono meno della fede loro per la grandezza dello stato loro, et acciochè altre volte s'habbino a fidar di loro altri; immo son certo che lui ne darà guide, et modo securo di poter andar salvi dove vorremo; et con questa deliberatione usciteno fuora quelli che volevono uscire con esso mariscalco; ma, li altri che non volevono uscirvi serrorono le porte dietro. Il soldan, immediate che li hebbe fuora, li fece tagliar le teste a tutti, senza sparagnar ad alcuno.

Di che confirmatisi maggiormente quelli ch'erano rimasti nel Tempio, nella prima opinion loro di morire con le arme in man, et non come bestie al macello, si preparono a deffender la torre, ch'era sopra il portigo, che era la maggiore et più forte. Et li Saraceni, li quali per avanti avevano fatto ogni prova per prenderla, et non li era possibile, cominciorono a far le mine, et ne fecero tante, che la torre tremava tutta. Il che vedendo, quelli che erano dentro, feceno apprir le porte, et intrar dentro li Saraceni, et oltre la gran moltitudine che vi entrò 'su detta torre, correvono ancora molti altri, et urtavano l'un l'altro spingendo per intrare; onde la torre, debilitata di sotto dalle mine, et carricata di sopra dalla moltitudine che gli montò sopra, in un subito cadete di fuora, et amazzò tutti li Christiani e Saraceni ch'erano dentro, e tutti quelli che stavano di fuora per intrare, che erano da sette mila infideli dentro e fuora morti, et cento tredici christiani. Et a questo modo fu presa tutta la citta d'Acre, alli 18 di maggio del 1291, et ruinate tutte le case de gran maestri che erano là dentro d'Alemani, de Pisani et Venetiani. L'Hospital haveva una stanza in mezo della terra [1] dove fu fatta la festa della coronation del re Henrico, e haveva una sala longa 150 cane in volto tutta, et ogni cosa fu dagli infideli distrutta.

Il gran commendator del Tempio, quando vide morto el maestro, lui con alcuni altri frati del suo ordine scamporono con certi navigli,

---

[1] Paris et в; A : *torre*.

et andorono a Saeto ch'era del Tempio, dove trovorono la gente montata su un'isola dov'era un' molino, et questo commendator si fece maestro per l'elettion di quelli frati ch'erano seco. Ma il soldan mandò subito un amira chiamato Sogaii, e assediò il detto castello per mare, et con ingegni e stromenti da guerra, fecino si che presino la terra, già abbandonata come ho detto dagli habitanti, che parte si redusse in quel scoglio, e parte andò in Cipro. El detto maestro, fra Thebat Guadin, vedendosi tanto derelitto, andò in Cipro per domandar soccorso; ma considerando esser tardi ogni provission che facesse, scrisse alli frati ch'erano al scoglio et al castello di Saeto, che dovessero abbandonar il tutto e venir in Cipro, et così feceno. Onde Segai amira prese il castello di Saeto et lo fece ruinar per terra. E stando in quella terra, vennero li messi di quelli di Baruto a lui per intendere quello che voleva far di loro, a quali rispose ch'havevano buona tregha col soldano, et che stesseno sicuri, e facessino festa per la presa di Saeto, et quando lui venisse per passar a Damasco, li dovessero andar incontro come amici. I quali furono tanto savii, che gli detteno fede; et al suo passar gli andarono incontro per honorarlo, et lui li fece prender tutti, et ruinar il castello, et le mura della città di Baruto.

Quelli del castello Pelerin, vedendo perso il tutto, et considerando loro non essere equivalenti a sustentar il castello, et deffenderlo contra la gran potentia delli vittoriosi inimici della fede christiana, abbandonorono il castello, et andorono in Cipro. Però li Saraceni feceno ruinar el detto castello per terra, et a questo modo li Christiani perseno ogni cosa, ne li remanse pur un' palmo di terra in la Suria.

E queste sono le città che li Christiani possedevano: Gerusalem, ch'era capo d'ogni città, Tripoli, Acre, Sur, Thoron, Zaffo, Ascalona, Guadre, Ybelin, Galilea, Saphet, Saeto, Belforte, Cesaria, Bessan, Crac, Monreal, Santo Abram, Belien, Gericop, Blanceguarda, San Zorzi, Lidde, Arsuf, San Zorzi de Sabast, Merle, Castel Pelerino, Caifas, Caimon, Nazaret, la terra del conte Iocellin,

1291.

Fin du royaume de Jérusalem.

Castel del re, Scandelion, con sue pertinentie, Belinas, Nefin et Baruto.

Les Latins de Syrie se réfugient en Chypre.

Li Christiani, fuggiti da Acre et altre terre della Soria, si redussero in Cipro con grandissima povertà, et miseria; la venuta dei quali ha causato in Cipro carestia, per il che li poveri forastieri, se non che il re Henrico fece grande elemosine, et provision così delle cose da viver come in trovar le case et accomodarli, pochi di loro sarian vissuti; et quelli che havevano portato seco qualche roba, la vendevano per un terzo di quello che valeva. Ma il re e la regina li provide al bisogno, et detteno salarii alli poveri, di modo che furono sostentati.

Le pape envoie des secours au roi de Chypre.

La nuova di tanta perdita de le terre di Soria fu intesa oltra mare. Di che ebbeno gran dispiacere tutti li potentati, e principalmente il beatissimo; e per conforto delli poveri, che si redussero in Cipro, armò x galee in Ancona, et altre x in Genova, et le mandò in Cipro; le quali furono di gran conforto loro, perchè di quelle si potevano prevaler contro[1] l'orgoglio del soldan che si dispose perseguitarli ancho in Cipro. Il re Henrico armò altre 15, le quali tutti andarono a Candiloro, castello de infedeli, et combattutolo preseno la torre, che è sur mare; ma non potero prender el resto, perchè era ben munito de gente e monition, et si deffendeva gagliardamente. Però gli Christiani, abandonata ancora questa torre, si partirono, e di lì andorono in Alessandria, dove steteno alquanti giorni; et non havendo trovato cosa da far guadagno, se ne tornorono in Cipro.

Meurtre du sultan El Malec Aschraf.

Il che udendo il soldano di Babilonia, deliberò di far armata, et venir a prender Cipro; et però chiamàti cento amira, li ordinò che cadun di loro dovesse far et armar una galea, li quali per obbedientia tutti disseno volontiera. De lì, a pochi giorni, chiamò un altra volta

---

[1] A: tantot *contro*, tantot *contra*.

detti amira e li sollecitò di far le galee, perochè di poi fatta l'impresa di Cipro, si pensava che lo dovessero seguir di andar a prendere Baudas et sedere alla sedia di Calife[1]. Il che inteso per gli amira, e considerando loro quanto difficile erano e l'una e l'altra impresa che voleva fare, et con quanto pericolo et danno loro, si pensorono di levar la vita del soldano, e lo giurorono. E però, un giorno, essendo alla cazza, li corse adosso Beidera[2], suo zio, et li dette una botta sul collo, ma non li fece troppo male; corse poi Lechin amira, et lo buttò in terra morto, e cridò che a lui toccava esser soldan, per haverlo meritato; ma pretendendo anchora d'altri amira d'esser degni di questa dignità, se uccisero tra loro molti, e essendo fatto Beidera, il dì seguente fu morto lui e tutti li suoi seguaci. Et fu fatto soldan Cotbac[3]; e Lechin che haveva morto il soldan, discacciò il detto Cotbacha, e li tolse la signoria, e uccise tutti quelli della sua parte. E fu ucciso questo Lechin e tutti li suoi, e medemamente Sogaii, che fu grand'amirà della pagania, fu ucciso. Et a questo modo furono morti e distrutti tutti li amira persecutori della fede christiana, et vendicata la Christianità da tanti mali, che li fu da loro fatti. Et peggio poi che si straccorono d'ucciderl' un' l'altro, Iddio li mandò una carestia e fame grandissima; e dopo la fame, la peste, che finì di consumar li poveri con la fame, et li richi con la peste. E con questa penitentia de li infedeli, rimaseno li Christiani in quiete dal 1292 fino al 1298[4], che Casan, el gran can de Tartaria, col suo essercito, si mosse di Tartaria, et con lui il re de Giorgiani, per venir contra li Saraceni, a persuasione de Haetonte, re di Armenia, il quale venne in compagnia d'essi Tartari con tre mila cavalli.

El quale Casan mandò un' suo messo christiano con lettere in Cipro, che così contenivano : « Casan, salute ad Henrico, re di Cipro, « al Tempio, Hospital, et Alemani, capitani delli esserciti. Signori, il « vostro buon avo haveva scritto per avanti che se l'essercito del Can

1294-1298.

Guerre entre Gazan, grand khan des Mogols de Perse, et le sultan d'Égypte.

---

[1] A : *caliste*.
[2] Paris : *Beidora*.
[3] Paris : *Cotbacha. Ketbaga.*
[4] Paris et B; A : *dal 1298 che Casan*.

1298.

« cavalcava nelle parti vostre, che voi cavalcarete per acquistar Babi-
« lonia, et li darete aiuto tutti; lui a cavalcato, et voi altri non venite.
« Hora havemo mandato Rabanata ambassiatore in Franza, che havemo
« messo ordine de cavalcar noi de qui, et venir ancora voi altri di lì,
« et esseguir l'ordine de nostri antecessori. Però, noi havemo cavalcato
« con cento thumani; e mandemo il nostro messo Cariedin a voi per
« cavalcar, et trasferirvi con il re d'Armenia et con tutte le vostre
« gente verso di noi, che saremo alli xv della luna del primo mese
« d'inverno a Sem. Scritte a Averel, alli 21 di ottobre, l'anno del porco. »

Il messo gionse in Cipro alli 3 di novembre; il quale fu ricevuto con buona ciera, et honorato da tutti; et volendoli dar risposta, parlò con li maestri dell'Hospital et del Tempio, quali non furono[1] d'accordo tra loro. Alli ultimi di novembre, venne un altro messo del detto Casan, sollecitando il re di partirsi, perochè lui s'era partito da la sua terra. Il qual Casan venne, et alli 20 di decembre fece giornata col soldan de Babilonia et le ruppì, e fuggendo il soldan era seguitato dalli Tartari sino a Gadres; ma poi, per dar l'erba alli loro cavalli, li Tartari si ritirorono verso Damasco, colmi di richezze guadagnate alli Saraceni.

Le roi de Chypre envoie des troupes en Syrie.

El re de Cipro, per alcuni suoi disegni, mandò due galee e due fregate a Butron, et era capitano di questo Polo del Anacto, et con essi andò l'abbate de Chifton con molti frati suoi; al quale capitano commesse il re che, per alcun caso, non si dovessero partir da Butron, ma star lì, et lavorar al castello de Nefin, sino la venuta della sua gente. Ma come gionse le galee, vennero da circa 2000 villani dalle montagne christiani, et dissero al capitano che dovessero andar in la nuova città di Tripoli, che prenderebbero la terra, perchè li Saraceni non havevano ardimento di aspettarli, et ancho li Christiani della terra li giovariano in gran parte. Il capitano desiderava andare, et ancho l'abbate li confortava, perchè si pensava che, acquistando quella terra,

---

[1] Paris : *quali furono.*

havrebbe acquistato gran laude, et apreso la gratia del re. Ma dall' altro canto[1], ricordandosi che il re gli haveva espressamente commesso de non partir dal castello Pelerin, e da Butron, non era buon offitio il suo di passar la sua commission. Infine puote più l'ardito desiderio che il saggio ricordo d'obbedire, e la mattina avanti di buon pezzo, cavalcò con 40 cavalieri et 60 arcieri ciprioti et con quelli villani che lo vennero a invitare. Et come fu una legha lontan da Butron si fece giorno, et ecco 400 cavalli de Saraceni, et molti fanti arcieri che si mosseno contra di loro; et li villani christiani, subito veduti l'infedeli, fuggirono, parte verso la montagna, e parte verso la marina, e rimasse il capitano solo con li Ciprioti. E parendo troppo gran disavantaggio, gli disse che dovessero tornar a Butron, correndo per salvarsi, et egli capitano insieme con un' cavaliere chiamato Beltramo Faissan restorono ultimi. I quali, gionti dalli Saraceni, ch'erano grandissimo numero, si voltorono, et combatterono con essi un quarto d'hora, e se deffesero e contrastarono di modo che li altri cavalieri arrivorono[2] a Butron illesi; il detto capitano et cavalier Faissan restorono con molte ferite et di lanze e di frezze, morti, loro e li loro cavalli; li altri Ciprioti da Butron montarono su le galee, et ritornorono in Cipro senza il capitano. Et narrato il caso al re, egli fece con suo fratello Almerico, signor de Sur, col maestro del Tempio, et comendator dell'Hospital, e signor Chiol, ambassiator de Casan, armar xvi galee, e sei fuste, capitano di quelle fu Beimondo Visconte, et armiraglio delle galee Baduin de Pinquani[3].

1299.

Le quali andarono da Famagosta retto transito al capo Chilodoni, et de lì passarono in la terra d'Egitto, in un loco detto Rassic, dov'è una bocca del Nilo; et in quel loco trovorono cinque galee de Saraceni, che, come vidono li Ciprioti, fuggirono contra il fiume, e furono tanto avanti, che non era possibile di arrivarle. Poi messeno in terra cento cavalli, et andati in un' casal detto Lagidia lo saccheggiorono. Et

Le roi de Chypre envoie une expédition en Égypte et en Syrie.

---

[1] Paris et b. — [2] Paris et b. — [3] Paris: *Pinqueni*.

poi gli metteno al fuoco; nel qual casal trovorono 40 cavalli, che corsono al cridore, ma non hebbero ardir d'accostarsi alli Christiani. Et fattisi apresso alle galee, li Saraceni hanno veduto una bandiera de Casan sopra, la quale teneva il signor Chiol, suo ambassiatore, corsono quattro muchli ch'erano in compagnia delli Saraceni, et andarono alli Christiani; dalli quali furono ricevuti con li loro cavalli, et questi referseno la gran rotta, e tribulation in che si trovavano li pagani.

Le galee, partite de lì, andarono in Alessandria nel porto de Saracini, nel quale non lassavano intrar Christiani per non discoprir la bontà de quel loco; et di lì partendosi andavano appresso la terra, et non trovarono altro che un naviglio moresco, et levati gli huomini da quello lo brusarono. E poi vennero in Acre, e trovarono cento cavalli e trecento fanti, et combattuto, furon rotti li Saraceni, de quali morirono parecchi. Scorseno poi sino a Tortosa [1], nel qual loco erano cento cavalli, ma fuggirono subito, veduti li Christiani, e seguitando li gionsero parte d'essi, et li uccisero. Da questo loco andarono a Maraclee [2], dove li Hospitalieri andorono in terra con due fuste, e si messeno a rubare, e danneggiar la terra, et andavano senz' alcun ordine. Et vedendo li Mori ch'erano di fuora, come questi erano pochi senz' alcun ordine, et le galee da longi, preseno animo di ferir sopra d'essi, e correndogli adosso gli dettero la fuga, et uccissero venti fanti, et un' cavalier [3], li altri detteno nelle fuste; feccono poi le galee la volta dell' Armenia e ritornorono in Cipro.

Il mese di novembre seguente, Almerico fratello del re, contestabile del reame di Gerusalem, et signor de Sur, passò in Tortosa con 300 cavalli, et il Tempio con lui con altri 300 cavalli, et stette in detto loco parecchi giorni, aspettando la venuta de Tartari. Ma vedendo che tardavano molto, et li Saracini apparecciavano molti cavalli et huomini, temendo d'essere assaltati con disavantaggio, ritornoro in Cipro.

Il mese di febbraio, venne un gran capitano dei Tartari, nominato Cattolesso [4], con quaranta mila cavalli in la parte di Antiochia, e di lì

---

[1] Paris: *Torticosa*.
[2] Paris et B; A: *Mala che*.
[3] Paris; A: *cavallo*.
[4] Paris: *Cottolesso*.

andò al re Haetonte de Armenia, et con lui andò il signor Guido de Iblin, conte de Zaffo, et Gioanne signor de Giblet, quali erano de lì aspettando Casan; alli quali il detto Cottolesso fece la scusa de Casan, il quale s'era partito per venire, ma poi s'amalò del gran fredo, et gacchi[1] che fece. Questo Cottolesso scorse con la sua gente tutta la terra d'Alepo, sino alla Camella, e poi ritornò al suo paese senza far altro.

Il soldan fece armare 20 galee al fiume Tenis, e le mandò alla volta di Tripoli, onde fece montar gran essercito in dette galee et altri navigli e vasselli et andorono all'isola di Tortosa, la qual havevano occupato li Templieri; et messeno in terra da due bande, et li Templieri se le oppossero, e deffendendo la terra cacciorono li Saraceni sin dentro li suoi navigli; ma poi essendosi redutti li Templieri nella rocca di dett'isola, li Saraceni discessero securamente, e si cacciorono nelli edificii ch'erano in la terra. Li Christiani si deffendevano assai bene, ma li infedeli ch'erano sparpagnati per tutta la terra erano tanti che li assediorono in la rocca, et li guardavano di modo ch'erano per morir di fame, ancorchè li infedeli non sapevano che la rocca era vuota di munitione; e però gli mandorono a dire se si volevono render con le buone, che li manderiano salvi in quella parte che volevano andare. Alla fede de quali credettero, et non si ricordoro il conseglio degli savii guerrieri, che dicono che nessun valent'huomo non deve dar fede al suo nemico, mentre è sano della persona et armato sopra il suo cavallo, perchè quella fede è piena di viltà et leggerezza. Questi ch'erano alla protetion de fra Ugo Dampiere si reseno, et furono presi cento venti cavalieri, 500 arcieri e 400 persone tra huomini e femine de populari, e feceno tagliar le teste a tutti gli arcieri; li cavalieri furono mandati in Babilonia per terra. Et essendo andata la nuova in Cipro, come l'armata del soldan era a Tortosa, el re fece metter subito la sua armata in ordine a Famagosta per mandar a soccorrer li Templieri. Ma avanti ch'ella si partisse venne l'altra nuova, che Tortosa era presa, e l'armata ritornò a casa del 1302.

---

[1] Paris: *giacci*; B: *giazzi*.

134   CHRONIQUE DE L'ÎLE DE CHYPRE.

1302.

In detto tempo, due galee ed una fusta de mal fare venero da Malvasia et Rhodi, e messero in terra in la contrada de Limisso, al casal del signor Guido de Iblin, conte del Zapho, chiamato Piscopia; et hanno trovato el conte amalato in letto et lo preseno, et sua moglie dama Maria de Iblin, sorella de Baliano, prencipe de Galilea et signor de Thebaria, et una sua figliuola, et un suo figliuolo chiamato Filippo, il primogenito, et saccheggiorno la casa, et tolseno molte robbe de valuta, et amazzono anche un' servitore. Filippo de Iblin, el contestabile, si trovo in dette casa, andato per visitar el conte, et scampò da un balcone, et fuggite anchora la sorella del conte dama Margherita, et aiuto medemamente doi figliuoli del conte, li minori. Et immediate fra Giacomo di Molas, maestro del Tempio, fece parlare a detti corsari, et recuperar li detti priggioni per quarantacinque mila monete d'argento.

1303.
Tremblement de terre.

Del 1303 alli 8 d'agosto, in l'isola di Cipro, fu un' gran terremoto, e durò assai; il quale fu sentito in molti lochi del mondo, et in Candia e Rhodi, fece gran danno con molte de più persone. In Cipro, per merce del Nostro Signor Iddio, non ha fatto danno alcuno di momento. Quest' anno furono presi et impiccati molti corsari genovesi, che feceno molti danni in Cipro.

1304.
Mort d'Amaury de Montfort.

Del 1304, il dì delli Innocenti, morì il signor Almerico de Monforte, il quale fu sotterato in la madre chiesa chatedral, avanti la porta del coro, con suo avo signor de Baruto. Et li frati predicatori messeno differentia al suo sotterrar, et lo richieseno per suo confrate; per il che mandorono al sommo pontefice, el quale comandò che li fusse dato il corpo, le offerte, et anche le spese che feceno in corte; e così, da poi un' anno, trasseno detto corpo, et lo portorono a sotterrar al capitolo de frati predicatori.

Quì finisce il primo libro dell'historia, overo commentarii, dell'isola de Cipro, et seguita el secondo [1].

---

[1] Paris. Cette phrase manque dans A et B.

LIBRO SECONDO.

Il secondo libro dell'historia, over commentarii, del regno di Cipro[1].

A Henrico, re de Gerusalem e Cipro, dopo la morte di suo fratello re Gioanni, rimaseno tre fratelli minori di lui; il maggior delli quali si chiamava Almerico, il secondo Guido, et il terzo Camerino; e il re per honorar et accansarli[2] come fratelli suoi, dette al Almerico la città di Sur, la quale allhora havevano occupato gl'infedeli, non dimeno gli dette quel titolo per esser chiamato signor, et lo fece ancho contestabile del reame de Gerusalem. Costui haveva per moglie Isabella, sorella di Haetonte, re d'Armenia. All'altro fratello Guido dette la contestabilia del reame de Cipro, et per moglie la dama di Baruto, che fo relita de Anfredo di Monforte, fratello di monsignor Gioanne, che fu signor de Sur et de Thoron. Il quale Guido visse poco, et alla sua morte lassò un figliuolo et una figliuola, quali fece con questa dama di Baruto, il quale figliuolo si chiamava Ughet. Et il re, suo zio, lo nutrite appresso di lui, et lo haveva caro come figliuolo proprio. Doppo la morte de Guido, il re dette la contestabilia de Cipro a Camerino, terzo fratello. Haveva anchor un zio, fratello di sua madre, chiamato Filippo de Iblin, quale era siniscalco del regno di Cipro; il quale era huomo di conseglio, maturo, leale, savio e saldo. Il re, ch'era persona de gran giudicio, giusto re e buon christiano, sempre si aderiva alli conseglii di questo suo zio, e l'honorava sempre si per l'età e grado di parentado, come per bontà e probità della persona.

<small>Frères et oncle du roi Henri II de Lusignan.</small>

Per la qual cosa li fratelli del re, cioè Almerico et Chamerino,

<small>Dissensions</small>

---

[1] Paris. Le titre manque dans A et B. — [2] Paris et B : *ajutarli*.

parimente nepoti di esso siniscalco, hebbero cativa invidia contro il detto loro zio, et odio contro il fratello re, et perochè, chi vol operar male, trova chi presto gli presta favore conseglio e brazzo, insino a certi termini, e poi, come più delle volte si è visto, cadaun riceve il condegno merto delle operation sue. Almerico adunque, consegliato dal nemico della generation humana, et confortato da cattivi huomini, pensò prima di farsi governator dal regno di Cipro e privar il re del possesso delle sue intrade e regno, et offender il siniscalco, suo zio. Et a quest effetto, fece che Ugo de Peristerona, cavalier, andò citando li cavalier feudati a far conseglio in casa del signor de Sur.

Et redutti tutti in casa sua, una buona mattina, fece fermar la porta sua, con ordine che non si lassiasse partir alcun cavaliero. Et mentre che costoro si reducevano in detto conseglio, Philippo de Iblin el siniscalco l'intese, e lo fece intendere al re; ma il re, buon christiano, non si vuolse persuadere che li suoi fratelli, da lui tanto amati et honorati, dovessino mai fare una cosa tanta profana. Il siniscalco non vuolse astrenzerlo altramente a proveder, anzi se partì, et andò in la stantia della regina sua sorella, e le contò le cose che Almerico, suo figliuolo, voleva fare. Et la regina immediate montò a cavallo, et con essa andò il detto siniscalco, suo fratello, in casa di Almerico, signor de Sur, et chiamatolo venne fuora del conseglio lui solo, e la regina comminciò a riprenderlo dicendo : « Che pensi tu di fare, o Almerico figliuolo, « contra il re, tuo fratello et tuo signore? Qual maggior infamia, qual « maggior ingiuria, tu puoi acquistar mai che farti conoscere al « mondo per disleale contra il tuo re, contra il tuo signore, contra il « tuo fratello maggiore? Non ti ricordi li beneficii havuti da lui, li ho- « nori con li quali ti ha ornato, il sacramento che tu li facesti del « homaggio et liggezza, che li giurasti tanto solennemente d'essergli « fidele, et deffender l'honor, el regno, et la persona sua contra tutti « li viventi? Deh! figliol mio, non sopportar tanta infamia, perchè non « potrai poi comparer più dove sarà alcun re, o signore; ne potrai dir « parola a nessun homo libero, che non ti possa responder : Tacci, dis- « leale, tacci, traditor del tuo re et mentitor di fede. Deh! per la pas-

« sion de Christo nostro signore, non dar causa che si dica al mondo in-
« fina mille anni, che dalla casa Lusignan e da quella d'Iblin, che sono
« così nobil stirpe et reale, è nato un tiranno infidele, mentitor di fede,
« disleale e traditor. Non ti spaventono questi così horrendi titoli, così
« nefaphandi[1] nomi; deh! per amor di Dio, non macchiar il tuo nome
« illustre e denigrarlo così bruttamente. » Con queste, et molte altre
simili parole di prudentia e verità, e degne d'una regina et madre, le
quali gli furono arricordate dal siniscalco suo fratello, riprese il suo
figliuolo Almerico, presente il già detto siniscalco suo fratello, et alla
fin delle parole gli gittò le brazza al collo e strinselo, non senza lacrime. Alla quale il signor de Sur rispose solamente : « Signora, quel
« ch'io fazzo è causato dalle opere del signor Philippo de Iblin, vostro
« fratello. » El siniscalco, sentendosi[2] imputare, respose : « Le mie opere
« son state sempre leale et bone verso il re; » et il signor de Sur
aggionse : « Presto ven'accorgerete, et vi farò vedere le opere vostre
« in che giovano. » La regina, che temete dalle parole brusche non
fusseno venuti a peggior fatti, fece partir el siniscalco, il quale si
partì solo, imperocchè li suoi compagni furon ritenuti dalli portinari,
ch'erano così ordinati. Et la regina fu accompagnata da alcuni cavalieri che il signor de Sur ordinò a questo effetto.

Ritornato Almerico nel conseglio, cominciò a narrare la impotentia
del re, causata dalla sua malattia, per la quale egli non poteva governar el regno; e havendo in suo conseglio persone non troppo amorevole, li persuadevano ogni dì cose atte a ruinar un mondo, non che
un' piccol regno, come questo : « E attento che, dopo la sua morte, non
« havendo il re ne moglie ne figliuoli, questo regno deve esser mio per
« le assise nostre, e non cale ad alcun altro di governarlo et susten-
« tarlo che a me; però, per le disposition delle leggi a me tocca il
« governo del regno, et ve prego, vogliate con buon animo accettarme da
« quest'hora per governatore, et prestarmi el giuramento ordinato alli

1306.

Amaury de Lusignan, prince de Tyr, se fait nommer gouverneur de Chypre.

---

[1] Paris : *nefandi*. — [2] Paris : *udendosi*.

1306.
« governatori. » Et tanto seppe dire che lo feceno governatore del regno di Cipro, et li giurorono tutti li cavalieri feudati, et stipendiati, alcuni per amore, et altri per forza; et il giuramento fu tale al signor de Sur : « Io vi giuro di guardar et salvarvi come governatore contra « tutti li huomini del mondo, eccetta la persona del re, nostro signore, « al quale sono tenuto. » L'autore di questa opera era il maestro del Tempio, fra Giacobo de Molei[1], et Piero de Erlant, vescovo di Limisso.

Doppo finito il giurare li cavallieri, andò el signor de Sur con tutta la cavalleria in casa del re, al quale Ugo de Iblin, zio de Balian, principe de Galilea, lesse una scrittura di questo tenor : « Noi signori semo « venuti in presentia vostra, a dinotarvi come, attento l'impedimento « della persona vostra, per el quale non potete governare il reame come « si conviene bene, et anche per molti scandali che sono accaduti in « vostro tempo, specialmente con li Genovesi, noi havemo ordinato et « fatto per corte[2] governator il vostro fratello, il signor Almerico, signor « de Sur. » Al che respose el buon cristiano et savio re : « Voi prima« mente non potete haver chiamato corte[3] legittimamente senza mio « ordine, et però ciò che havete fatto è da si nullo, et anderà giù « perchè non ha fondamento da poter stare; ma per rispondere alle « rason frivole che havete ditto, dico, quanto alla mia infirmità, li vos« tri antecessori havevano re Balduino, che era lazarin, perchè era « molto più di me impedito, nondimeno non feceno alcun governatore « in suò loco, ne lo potevano fare senza suo ordine; quanto allo scan« dalo di Genovesi, quello fu causato dal signor de Sur; et se voi farete « lui governator, starete peggio che mai co loro. Io non intendo, ne « voglio che alcun di voi li presti giuramento di sorte alcuna, essendo « tenuti a me di fede; et se altramente havete fatto o farete, voi haverete « mancato di fede, et io querellarò a Dio, et chiamarò per testimonio « voi altri, perchè el crestiano non è conosciuto, eccetto che per la fede « sua. Se Almerico desidera farsi patron del mio, in vita mia non sara, « ne anche dopo la mia morte, perchè dice il proverbio de nostri vec-

---

[1] Paris; A : *Motey*. — [2] Paris et B; A : *cora*. — [3] Paris; A : *core*.

« chi : Chi vuol bruzzar li mazzi non arriva segaglia; e chi favorisce
« questa così disleale operacione, stia di buona voglia, che Iddio lo pu-
« nirà per altra via come el merita. » El signor de Sur non disse altro,
se non : « Tutti m'hanno giurato, et se vi è alcuno che non ha giurato,
« giurerà; et chi non vorrà giurare, li cazzerò questo bastone in la per-
« sona a lui, et alla sua generatione infino al terzo grado; » mostrando
el baston del governo che teniva in mano.

E con questa bravata, uscite fuora pur nelle altre stanze del re, insieme suo fratello el contestabile, con Balian de Iblin, principe de Galilea, et altri gentilhuomini suoi segaci; et fece far le sue cride in la
città di Nicosia, come governatore del reame de Cipro. Fece bollar la
secreta del re et la vota nella quale era il thesoro reale; et ordinò dui
cavalieri feudati a ricevere il giuramento de li borghesi et populi di
Nicosia, et questi furono Ioan le Tort, et Ugo de Fur. Mandò Anfredo
de Scandelion a Limisso, Gioan de Bries a Famagosta, Bartolomeo
de Flassu a Cerines, a ricever l'homaggio et juramento de fidelità per
suo nome, come governator del regno. Et mandò lui castellani et baili
in tutte le fortezze et castelli dell'isola, et si mise al possesso de tutti
li casali et intrade de la real come signor.

El re ordinò dui frati minori suoi procuratori, et un nodaro, et li
mandò a tuor la copia de la scrittura che gli fu letta; e il signor de
Sur non ha voluto dargli udienza, anci comandò che non si lassasse
intrar in corte ne nodaro, ne avocato alcuno. Tre dì dapoi, venne
el maestro dell'Hospital de Limisso, et una parte delli suoi cavalieri;
il quale insieme, col maestro del Tempio, s'interposeno per accordar
el re con il suo fratello, nella qual pratica steteno 20 giorni. Et all'
ultimo hanno limitato il viver del re et delli suoi signori, per ogni
anno bisanti cento mille; per la regina, sua madre, bisanti vinti mille;
per le sue tre sorelle donzelle, bisanti otto mille; per Ughet suo nepote,
figliuolo de Guido Lusignan, bisanti dieci mila; e per la amida, madama Margarita, principessa d'Antiochia, contessa de Tripoli, e dama
de Thoron, bisanti dieci mila. Et li hanno assignati li casali da li quali
el doveva scoder questi bisanti cento quarantotto millia al anno; et il

resto dovesse rimanere nelle man de Almerico, per el governo del paese. Il che concesse il re, vedendo haver contrarii tutti li homini del paese. Et feceno scritto di nodaro sigillato col bollo delli dui maestri, et delli vescovi, et altri superiori de religiosi. Nella qual scrittura conteniva queste parole : « Noi Henrico, re de Gerusalem et Cipro, semo deve- « nuti in questo accordio, con el consentimento di nostri huomini, « cioè noi havemo ritenuto da le nostre entrade et casali bisanti cento « quarantotto millia al' anno, et il resto volemo che sia per il governo « del paese. » E promisseno tra loro, el re et il signor de Sur, de non mandar lettere, ne mesi alla corte di Roma per accusar l' un l' altro.

Il re ha retenuto in suo servitio dieci compagni salariati, dieci cavalieri, venti turcopulli, dieci huomini liggi a cavallo, et tutti li paggi et servitori che soleva tenir. Et questi sono i nomi di cavalieri : il signor Filippo de Iblin, siniscalco de Cipro et cio del re, che mai lassò partirsi da lui; il signor Ioan d'Ampiere[1], cusin german del re e nepote della regina; il signor Aluise de Nores; Balian de Iblin malguarnito; Piero de Giblet; Chamerino de Milmars; Ansian de Bries; Rinaldo de Sanson; Ioan Babin; Ugo da Gulier; Simon da Gulier, suo figliuolo; Ugo Beduin. Questi con altri dieci compagni et altri facevano la vardia al re giorno e notte, mentre era la secretta nella corte del re. Ma poichè l' signor de Sur la trasferì in casa sua, se partì ancora il re da Nicosia et andò al casal Strovilo, lontan da Nicosia circa meza legha; dove erano molti giardini, et bella stantia, et ivi prendeva solazzo, andando a sparavier, matina et tardi. Ma perchè li maligni e tristi huomini non si contentano della quiete di alcuno, ne si satiano di procurar male, quando massime trovano che gli da orrecchie, hanno reportato al signor de Sur che di notte andavano secretamente i cavalieri et parlavano al re, et si offrivano di aiutarlo contro esso signor de Sur, per il che egli pensò di andare una notte a Strovilo, et prender il re, et quelli che erano con lui.

E a quest'effetto, fece armar una notte molti huomini a piedi et

---

[1] Paris : *Dampierre*.

a cavallo, et preseno tutte le strade per le quali si puo venire da Stro- 1306.
villo a Nicosia. Ma il re, avisato di questo, la notte istessa si partì col
siniscalco et con Ugo Beduin solamente e vennero a Nicosia, cammi-
nando fuor la strada per mezo de terreni, et intrò in casa sua per una
picol porta ch'era al suo bagno; e il resto della compagnia venne il dì
seguente. Di che il signor de Sur restò agrizzato et pieno d'ira, et di
sdegno; et però fece poi fare la vardia intorno la casa del re de dì et di
notte, acciò che non intrasse alcuno a parlargli. E similmente li compagni del re et servitori facevano la vardia di dentro, e steteno molti
giorni in queste pratiche.

Questa cosa si seppe per via de mercatanti, che sogliono praticare
per il mondo, et a Venetia, et a Roma, et per tutte le città; et ritrovandosi a Roma li ambasciatori di questo re, andati per altri negotii
avanti fossero seguite queste discordie, l'intesino ancor loro. Et havendo mandato dapoi el signor de Sur un messo a Roma, che fo
Chaiton, baron signor de Curion[1], il quale era foruscito dall'Armenia,
et venne in Cipro, et si fece frate della Piscopia, et era uno delli consiglieri del signor de Sur; et andato a Roma, trovò li prefati ambasciatori del re, che gli contradissero. Il che, quando intese el signor de
Sur, andò in colera contro el re, et voleva farlo prenderlo et mandarlo
in qualche castello. Ma, per interposition de monsignor Guido di Trento,
vescovo di Famagosta, s'acquietò fin tanto che venisse ressolution del
summo pontefice.

In questo tempo, venne a Limisso, un Genovese chiamato Vignuol, Conquête
cio d'Andrea Moresco, con una galea armata, et parlò a fra Fulco de de Rhodes
Vileret, provensal maestro del Hospital; al quale promise dar l'isola de l'Hôpital.
de Lango, e quella de Rhodi. Per il che il maestro subito fece armar
due galee, una fusta, dui galeoni et una fregata, et messe sopra
cinque frati da ogni lingua, et sei turcopulli secolari, et 500 fanti. Et
si partì da Limisso alli 23 di giugno 1306, la vigilia di Santo Gio-

[1] Mieux dans Amadi : *Churico*. Il s'agit ici du célèbre Haïton, religieux prémontré de
Lapaïs, auteur du *De Tartaris*, qui avait été seigneur de Gorhigas.

vanni; et andando, trovò al capo San Piphani due altre galee di Genovesi, l'una di Badin Spina, et l'altra di Michel della Vota, et le fece andar con esso maestro; et andò prima Vignol a Rhodi per spiar le cose che facevano, et l'armata dell' Hospital andò al Castel Rosso. Onde venne Aluise Moresco, nepote de Vignol, et restò anchor lui con ditta armata. Et vedendo che Vignol tardava, mandorono 50 fanti et dui frati a Lango, et preseno all'improviso el castello; ma non si guardando ditti Hospitalieri, feceno gli Greci, che tenivano ditto castello per l'imperatore de Costantinopoli, alcuni ingegni, et lo recuperorono.

Fuggite poi un Greco dall' Ospital, et andò a Rhodi et avvisò li Rhodiani, come Vignol menava un' armata del Hospital per prender Rhodi; et questo faceva perchè li Greci non sono obedienti alla legge di Roma, et recceveno infideli, et danno recapito a quelli che praticano in pagania et portano agli inimici robbe devedate, et instrumenti da guerra, et li favoriscono contro li Christiani. Per il che fu rettenuto Vignol a Rhodi, et hebbe che fare molto, avanti che s'havesse potuto liberar. Il quale andò a trovar l'armata, et fatto tra loro consulto, andorono al castello de Rhodi, et lo hanno assediato per mar et per terra; et in pochi giorni preseno il castello vecchio, ch'era ruinato, et non haveva arme dentro, chiamato Faraclo; et di novo tornorono a combatter il castello di Rhodi. Ma li Greci si deffenderono vigorosamente et stetteno in questo assedio fino il mese di novembre. Nel qual mese, un servitor del castellan de Filermo, sdegnato col suo patrone, venne la notte agli Hospitalieri et gli avisò come gli Greci, per fornir quel castello, messeno dentro trecento turchi; et apresso gli mostrò il modo de poterlo prender, per dispetto del castellan. El maestro mandò huomini armati con la fede di quel servo, et introrono per una falsa porta, mostratali da quel servitore; et preseno el castello, et tagliorono a pezzi tutti li Turchi trovati dentro. Li Christiani, con loro donne et putti, si salvarono nelle chiese. Questa presa del castello li fece animo di seguir l'impresa, essendo el castello de Rhodi assai forte; però steteno all' assedio dui anni, et speseno gran dinaro.

Gli Rhodiani avisorono l'imperatore di Costantinopoli l'assedio, che gli tenivano li Hospitalieri, et li domandorono soccorso d'arme et vittuarie; e l'imperator, che faceva poco conto de quell' isola, nolisò una nave genovese et cargola di formento et arme, et la mandò con un Rhodioto. La qual nave per tempi contrarii scorse in Cipri, et prese porto in Famagosta; onde il signor Pietro Iaune[1], cavalier ciprioto, c' haveva un picol gaglion armato, et era venuto quelli dì da Rhodi, intendendo che ditta nave andava per soccorso de Rhodi, aiutato da altri Ciprioti, prese la nave, et la condusse a Rhodi al maestro dell' Hospital. Et quel Rhodioto, che era per sopracargo della nave, per paura della morte, procurò con li Rhodiani, 'da parte dell' imperatore, talmente che si reseno a fidanza, salvando le persone et hayer suo. Li quali patti osservò il maestro agli Greci, e li fece buona compagnia, li quali andaro a stantiar al borgo de Rhodi. Et a questo modo, gli Hospitalieri acquistorono Rhodi, ch' è la chiave di tutta la pagania. E rendendo gratie al signor Iddio, cominciorono a lavorar et fortificar el detto castello, et intertenir gli huomini valorosi con remunerar ciascuno; et feceno galee per vardar quel loco a honor de Dio, et proficuo della Christianità.

1306.

Et perchè forse non accascarà più in questo libro parlar de questi religiosi Hospitalieri, voglio scriver adesso il principio et origine del sacro hospital de san Giovanne Battista de Gerusalem, secondo le antiche et sacre historie. Le quale dicono che, dopo suggiugata l'India, morto in Babilonia Alessandro magno, re di Macedonia, et sua morte manifestata, le profane genti furono scacciate dalla santa città di Gerusalem, per virtù degli fortissimi e vittoriosissimi cavalieri Machabei, et così el populo giudaico, al culto divino intento, conseguì sua libertà. Per la qual cosa, li vicini feceno molte guerre a Gerusalem; finalmente col favore celeste, Giudo Machabeo, preclarissimo athleta del culto divino et fortissimo triumphatore de un solo Dio cultore, havendo felicemente liberata la sacratissima città dalla tirania delle genti profane,

Origine de l'ordre de Saint-Jean de Jérusalem.

---

[1] Amadi: *Piero el Giovene.*

et di novo apparecchiando di far guerra contra lo sforzo de li vicini gentili et pagani, ordinate le cose nella città, con grande animo, li assalirono. In quel fatto d'arme, molti delle genti hebraica furono amazzati, feriti et indebilitati. Dopo tornati alla città, et pensando essere cosa molto pietosa et devota orare per gli morti, ordinò che per quelli li quali erano morti[1] nella battaglia alli santi lochi continuamente si pregasse, e agli deboli et ammalati si suvenisse. Passando pure alcun tempo, Gioanne Hyrcano, devotissimo propheta e generoso athleta, dopo che del tesoro preso dal monumento del re Antiocho Ephifanio, accerrimo persecutore degli Ebrei per lo nome divino, il quale ha destrutto el tempio de Salamone dapoi redificato per li Machabei, el quale in questo tempo li combatteva, dandogli alcuna parte di quel thesoro, de la restante parte ordinò uno xenodochio et hospitale, dove secondo li vestigii del pietoso Machabeo continuamente si pregasse per li morti, li debili e peregrini; et anche li ammalati fossero religiosamente recevuti, creati et nutriti. In processo di tempo, durante fermamente la santa fundazione et ordinatione di questo hospitale, infino agli tempi di Christo salvatore e redentore nostro, el qual nostro signor Jesu Christo, siando rico, per amor nostro si fece povero, per la qual cosa pensare pietosamente devemo esso hospitale con presentia corporale havere visitato, et in esso per sua divina clementia molte opere di pietà et di miracoli havere dimostrato. In quel loco anchora li santi apostoli e li beati discepoli di Christo molte opere di misericordia havere essercitato, perchè, se il nostro signore Giesù Christo, inanzi la sua sacratissima passione, glorificò et magnificò con le sue santissime opere molti lochi, all'hora non santi, della città di Gerusalem, non deve esser dubbio alcuno che esso hospitale de Gerusalem, loco certo piettoso, recetacolo degli poveri e degli deboli refuggio, con la sua immensa clementia habbia illustrato, e con santissime opere ornato.

Deinde, in processo di tempo, dapoi la sacratissima passione di

---

[1] Paris et B. Ces mots depuis *ordinò* jusqu'à *morti* manquent dans A.

Christo, la cità santa di Gerusalem patì gravi danni, nel tempo di Tito et Vespesiano, imperatori romani, vittoriosissimi vindicatori[1] del sacro sangue di Christo, per li peccati del populo giudaico, et maculata di varie usanze degli gentili, e con tirrania di diverse genti fu disfatta, et suggiugata et ruinata. Et in queste avversitate, l'ornatissimo tempio di Salomone, restaurato per li Machabei, et ancora esso hospitale fondato per Gioanni Hyrcano, et li altri lochi santi furono abattuti, ruinati et esterminati, in modo che ancora questa osservatione santa dell' hospitale, per le avversitate, per alcun tempo fu intermessa.

Nel seguente tempo, primo[2] restituì un altra volta la santa città, et tempio di Gerusalem per Adriano Helio, imperatore di Romani, et siando dapoi il reame di Gerusalem da ogni ornamento privato, et commandando la diversa generatione de barbari, non senza grandi pericoli di Christiani da diversi paesi, così da levante come da ponente, per visitare el sacratissimo sepolcro et altri lochi, in Gerusalem devotamente venivano. Quelli anchora latini Christiani di ponente, li quali la romana fede tenevano, privati di abitatione et di ricetto, pativano gravi e grandi pericoli, et persecutione; e per questi danni, e di fame, e di battiture, di calumnie, di strachezze di longo camino, molti occidentali alla giornata perivano, et non altramente che pecore, per ogni parte, per ville, per spettacoli, in vergogna della nostra fede, erano morti. N'era alcuno che li miseri consolasse, tanta era la crudeltà et asprezza di quella scelerata gente. Per queste occasione, uno chiamato Girardo, peregrino devotissimo, dal divino spirito mosso, et instinto per virtù de santità di vita, temendo Iddio, e della salute della sua anima sollecito, che poco avanti era venuto in Gerusalem, vedendo il danno et la grave servitù delle devote persone, che da ogni banda là venivano, renovando, suscitando et imitando la santa osservatione del fortissimo Giuda Machabeo et del devotissimo Gioanni Hyrcano, propugnatori clarissimi, a similitudine di quello primo xenodochio, deliberò uno nuovo hospitale et recettacolo degli infermi et de li pele-

---

[1] Paris et B; A: *vincitori*. — [2] Cette phrase est vicieuse dans tous les manuscrits.

grini, de li deboli e de li poveri, fare et fondare. Et essendoli data la licentia di poterlo eseguire, da quello che allhora in Gerusalem comandava, seguitando li santissimi vestigii degli predetti, eletto per lui un loco presso al sacro sepolcro del Nostro Signore, hedificò, fece et fundò un novo hospitale in nome di santo Giovanni Battista, come patrone, perchè in quel loco, suo padre, san Zaccaria profeta, visitando la santa città per fare le sue orationi, dimorava. Et si andò adonque il santo hospitale felicemente hedificato, et di buoni costumi et opere ornato. Girardo, ardente dell'amore della fede catholica, se dedicò agli servitii delli poveri, et degli amalati dell'ospitale; e li compagni, i quali insieme con ello vennero, a questo similmente indusse. Fanno adunque la santa compagnia et confraternitate, non promettendo pure alcun voto de religione, ne l'habito seculare mutando, se non che, usando più humili vestimenti, alli servitii della santa fede catholica et delli poveri con giuramento s'astringevano.

Per nullo tempo, in esso ospitale, alcune opere di misericordia furono pretermesse. Li poveri si sustentano[1] et nutriscono, li amalati si curano[2], li sacramenti si ministrano[3], li peregrini et mesti si recreano[4], quelli che non sanno sono[5] indrizzati, li presonieri sono[6] di servitute liberati, e tutta la hospitalità si attende, quella si compie, quella è venerata[7]. Per le quale sante opere non è da maravigliarsi, se lo sacro xenodochio in breve tempo si augumentò, et di beni et possessione si nobilitò, per la cura et diligentia del ditto Girardo. Augumentata la conditione del hospitale, a preghere de Girardo, la sede apostolica prese in protetione lo xenodochio; et ditto Girardo all'hospedale per rettore et preposito ordinà et nominò. Et così el romano pontefice Lucio papa secondo prohibì che nessuno alla cura di esso hospitale violentemente occupare presumesse; ma quello fosse presidente al hospitale, che da gli huomini di quella sacra compagnia fusse

---

[1] Paris: *sustentavano*.
[2] Paris: *si curavano*.
[3] Paris: *ministravano*.
[4] Paris: *recreavano*.
[5] Paris: *sapevano erano*.
[6] Paris: *erano*.
[7] Paris: *attendeva compitavente et era riverita*.

eletto; et per questo molti devoti peregrini alli servitii del sacro xenodochio se dedicano, e molti alla fede catholica[1], per la deffensione di quella l'arme prendono. Li peregrini, et li lochi ancora, da li insulti degli barbari difensano, et come veri e nobili imitatori di Giuda Machabeo, et del devotissimo Giovanne, per lo culto divino, la hospitalità e deffensione della fede, le arme esercitano.

Dapoi havendo Girardo, con grande laude, xvi anni governato, morì; el quale defunto, per elettione di quelle divote persone Raimondo de Podio, huomo per sue virtù di molta prudentia predito, al governo della sacra masone et del hospitale fu eletto maestro. Questo molto prudente, e di grande nome degno, con licentia et approbatione del romano pontefice Eugenio papa II, la regola instituì, et l'habito della croce bianca octogona et del mantello negro alli cavalieri et hospitalieri de Gerusalem ordinò. Alla qual regola certamente, molti gentilhuomini e clerici et laici, con sacramento, sotto tale habito se obligano. Cresce certamente l'hospitale di richezze, e di clarità di fama sotto el governo di Raimondo primo maestro; presertim dapoi la vittoria della santa città de Gerusalem per li Christiani, capitano el fortissimo Gottifredo de Bollione, gallo belga, havuta. Li vestigii del qual maestro molti successori seguitando, egreggi fatti hanno perpetrati; li quali in libri de gesti della religion del ditto hospitale largamente sono narrati, li quali non pare necessario dire in questo locho. La regola del ditto primo maestro F. Raimondo de Podio è stata questa: «In nome «del nostro signor Gesu Christo, amen. Io, Raimondo, servo delli po- «veri di Christo e del hospitale di Gerusalem custode, de conseglio «del capitolo[2] delli frati, ordino queste cose nella masone dell'hospi- «tale de Santo Giovanni Battista di Gerusalem. Io comando che tutti li «frati che vegniranno al servitio de poveri, et tuitione della fede catho- «lica, tengano, et con divino ausilio osservano tre cose, a Dio promesse: «cioè castità, obedientia, cioè che faranno tutto quello che per loro «maestro sarà comandato, et vivere senza proprio; perche Iddio nell'

---

[1] Paris et B: *all' amore della fede catholica.* — [2] Paris; A: *de capitano.*

«ultimo giuditio queste tre cose richiederà da essi.» Questo principio santo e religioso hebbe questa religion, la qual' in detto anno si redusse a Rhodi; la qual origine mi parse scrivere in questo loco, essendosi partiti di Cipro li Hospitalieri et andati a far l' impresa de Rhodi.

Hor, tornando al travagliato re Henrico, il mese di gennaro, essendo mossi da Papho il signor Giacomo de Iblin, et il signor Giovanne Lase, con altri xv cavalieri con circa sessanta cavalli, per venir in Nicosia in aiuto del re, fu ditto essere stati richiesti dal re, ma non si seppe però di certo. Il che havendo inteso il signor de Sur, fece subito armar delle sue genti, e di quelle del contestabile suo fratello, senza dir la causa perchè li preparava all' arme. La qual cosa havendo saputo il re da Balian Machiè, cavalier, dubitò non volesse farlo retener, come pochi giorni avanti, li era sta referto, che si pensava di far el signor de Sur. Però, el senescalco e alcuni delli compagni del re non si volsero partire dalla sua corte, anci hanno conseglialo che si facesse sonar la campana del re all' arme, per radunar quelli di casa sua, quali erano sparpagnati per la terra. Et come fu sonata, corseno in la corte del re, non solo li suoi servitori eccetuati, ma ancho alcuni altri cavalieri, et stipendiati; et molti altri sariano stati, se tosto il signor de Sur, come intese la campana del re all' arme, non havesse mandato genti armate a prender tutte le vie e porte che potevano intrar in casa del re. Et subito fece una crida, che, sotto pena della vita et facultà, non dovesse partir alcuno da casa sua; e come havesse sonato la campana della madre chiesia all' arme, che tutti si dovesseno trovar in casa del signor de Sur, governator del regno, con le loro arme et cavalli in ordine.

Dall' altra parte, il re si armò con tutti quelli che si trovorono in casa sua, e poste le coperte agli cavalli, scopersero il stendardo real, et stavano attenti di attacarsi con quelli del signor de Sur; ed anchor che la compagnia del re era pochissima, ma cadauno di essi era di generoso animo, et disposto di far il debito suo valorosamente. Ma, mentre si mettevano in ordine, et erano per uscir fuora, fu scoperto alla regina madre del re un altro trattato et tradimento ch' el marescalco del Tempio et il gran comendator volevano fare al re. Li quali con 50 cavalieri s'erano armati, et stavano attenti immediate che il re fusse uscito fuora con li suoi huomini, loro dovesseno prender la casa del re, et devedarlo di poter più ritornar in casa; et lo potevano fare comodamente, havendo la casa del Tempio molto vicina a quella del re. La qual cosa havendo inteso il re, non vuolse uscire, perchè li Templieri erano di cattivo animo verso il re, et il re li ha conociuti per avanti, et dalle parole e dalle operation loro, come godevano sempre da ogni atto, che il signor de Sur faceva contra il re suo fratello. Le vardie però poste intorno la casa del re non erano mosse, anci furono radoppiate e fermate nella vota de Ioan de Bries, che è apresso la casa del re; dove fu el contestabile di Cipro, fratello del re, con bandiere spiegate, et con suoni de trombe et tamburi, facendo feste a dispetto del re suo fratello; mandò poi a svaliggiar li magazeni di casali et la casa del siniscalco suo cio, perchè era col re. El vicario di Genovesi, havendo havuto buona ciera dal signor de Sur, mandò a tuor da Famagosta molti Genovesi con le arme, et passan per la corte del re ogni giorno armati a cavallo, et con bandiere spiegate, facendo festa, e mostrandosi allegri delle risse de fratelli. Et a questo modo fu assediato il re quattro giorni.

Ma poi, per interpositione di vescovi di Famagosta et Limisso, del vicario di Nicosia, commendatore del Hospitale et altri religiosi, che si travagliorono intorno a questa discordia, persuadendo l'una parte e l'altra, finalmente li acquietorono in questo modo: che quelli del re dovessero andar a piedi da la casa del re fino alla casa del signor de Sur, et remettersi a lui; il quale con giuramento ha promesso agli prelati preditti de salvar la vita et membri a tutti quelli che fussero presentati, et non metter in preson serrata alcun cavalier; ma solamente retenerli in casa sua alquanti giorni, et poi liberarli. Et anchor che quelli del re non volevono remettersi alla fede del signor de Sur, dicendo lui essere tiranno, et già che la sua fede et

1307.

giuramento fatto al re l'ha violato et rotto, così sfaciatamente non osservaria più fede ad alcuno; et però volevano uscir fuora armati, et morire con li persecutori del re, et suoi. Ma il re non voleva lassar che questi uccissono senza di lui, anci voleva uscir anchora lui et andar a morir in compagnia loro. Et la regina, la quale era prudentissima donna, et madre dell'un e dell'altro, et medemamente el siniscalco suo fratello, hanno dissuaso questa deliberation loro, perchè vedevano la gran ruina che era per nascere da così crudel guerra, perchè tutta la terra saria stata in arme così nobili come arteggiani, et altri quali amavano il re, et gli mordeva anchor la coscienzia loro; et per acquietarli, et indurli a rimettersi, il ditto siniscalco fu il primo lui d'andare in compagnia de Ioan d'Ampiere. I quali s'hanno raccomandato a Dio, et lassato le vendette loro a lui, et con la speranza di questo aiuto di Dio, andorono disposti di soportar ogni supplicio, et ancho la morte. Andati adunque insieme con li vescovi, et commendatore dell'Hospital, tutti a piedi, passarono dalla volta de Ioan de Bries de sotto le bandiere del contestabile de Cipro fratello del re; et doppo questi dui, passarono tutti li altri cavalieri feudati e stipendiati, et andorono a piedi senz'arme; li paggi del re, li turcopulli, et altri servitori andorono a piedi nudi, con le man in drio senza barette, et con le centure al collo. Et gionti avanti el signor de Sur, el siniscalco volse parlare, et comminciò a dirli : « Nepote », et volendo seguitare, el signor de Sur, che sapeva che non poteva dir cosa di sua laude ne che li fosse grata, lo fece tacere, et retenere con Ioan d'Ampiere in una camera, in casa sua, dove feceno[1] dui giorni. Et poi, mandò el siniscalco al suo casal Alaminno, in la contrada di Masoto, et Ioan d'Ampiere al Carpasso, con pena della vita et facultà, che non si dovessero partir de lì senza licentia del signor de Sur. Tutti li altri cavalieri feudati et provisionati furon mandati in le prigion de li castelli, con vardie strettissime, dove restorono molto tempo. Alli paggi, turcopulli, et altri servitori del re, dette sacramento di non portar mai

---

[1] Amadi : *furon retenuti.*

arme contra el signor de Sur, et li lassò andare in corte del re. Mede- 1307.
mamente mandò li x compagni stipendiati al servitio del re; et de li
feudati, mandò solamente Aluise de Nores, Pietro de Giblet, Balian
de Iblin el malguarnito, et Ioan Petit. Tutti li altri feudati ch' haveva
el re, et quelli che andorono quando suonò la campana del re all' arme,
furono mandati nelle prigion de li castelli, come ho ditto di sopra.

Pocco dapoi, s' accorse il re che nella sua corte erano doi cavalieri
stipendiati et dui turcopulli, l' un liggio e l' altro stipendiato, che re-
ferivano al signor de Sur tutto quello che il re diceva o faceva in casa
sua; alli quali dette licentia d' andar fuora della sua corte, e questi
erano nominati, i cavalieri Ioan d' Antiochia, et Camerino de Brandis;
et li turcopulli, el stipendiato era il Benvenuto, et il liggio Henrico
de la Corte; el qual haveva in guardio le arme del re, et quando
suonò la campana del re all' arme, lui non venne in corte, et convenne
romper le porte del armamento; et tratte le arme furono trovate tutte
le fibie de la corazzine del re schiodate, et rotte a posta da costui.
Partiti questi dal re andarono dal signor de Sur, e lui li ha accettati in
casa sua.

Quelli cavalieri, che venivano da Papho, appressati che furono a
Nicòsia, inteseno el successo del assedio de la casa del re, et come
erano vardate le porte, et non lasciavano entrare alcuno, mandorono
secretamente un huomo vestito da vilan, et lo feceno intender al re;
il quale gli rendete gratia del amorevolezza, et fidelta loro, e li fece
intender, che dovessino tornar in drio. Il signor de Sur mandò a chiamarli, che dovesseno venir alla sua merce come li altri cavalieri, et venuti furono mandati anchor questi nelle priggion de li castelli.

Pochi giorni dapoi, el signor de Sur si pensò de stabilirsi gover- Le roi est contraint
nator del reame, et far che il re gli sottoscrivesse una patente a suo de signer
modo. Et per questo menò seco el contestabile suo fratello, Balian de du prince de Tyr
Iblin, prencipe de Galilea, li vescovi di Famagosta, Limisso et Baruto, comme
el commendator dell' Hospital et il mariscalco di Templieri, et tutti li gouverneur
abbati, et capi de religiosi, et andò nella camera del re. Dove fece che de Chypre.

1307. Giacomo Ardito, marechier[1] de la giesa de Nicosia, lesse una scrittura in presentia de tutti, la qual conteniva in sostantia, ch' el re concedeva el governo del reame di Cipro in tutta la sua vita a suo fratello Almerico, signor de Sur. Il re, sentendo questo, si levò in piè, et chiamò il signor de Sur dentro in un' altra cameretta, e gli disse : «Fratello, io
«chiamo Iddio testimonio nel proceder mio, del pensier mio, et del
«parlar mio, qual viene dal mio cuore puro et candido, et de ogni
«altro atto, e segno mio verso di voi, come io non servo rancore ne
«ira o sdegno alcuno, per cosa c' havete fatto contro di me; et se ben
«qualche volta, come homo di carne, sangue et colera, al primo im-
«peto di qualche onta che m' havete fatto, mi sono turbato, et volsi
«fare qualche opera correspondente alle vostre; nondimeno, quando
«mi torna in mente, che voi mi siete fratello di padre et di madre,
«mi sono chiamato in colpa, et dimandato perdono a Dio come
«christiano, et pregato sempre il bene, l'honore et felicità vostra, et
«del resto di miei fratelli, quali vi vedo in tanto errore, che non posso
«se non havervi compassione. Fratello mio, voi m' havete violenta-
«mente spogliato del mio regno, et d' ogni signoria; voi m' havete as-
«sediato in casa con quella compagnia de servitori, che v' ha piacesto
«di darmi, non da re, ma da un priggione privato et di basso stato; et
«hora dimandate ad un priggione che vi conceda governo in scrittura.
«Non vi cape nel' intelletto, che ogni scrittura che io vi facesse, stando
«nelli termini in che io mi trovo, che la saria nulla come scrittura
«violenta, come atto fatto per forza, e tanto vale come se mai non
«fosse fatto, anci n' è d' infamia grandissima apresso tutti gli huomini
«del sensato giuditio. E perchè volete ruinar l' honor, la fama et laude
«ch' havete aquistato fin a questo tempo, e farvi indegno di comparir
«avanti ad alcun signore? Et apresso havete molto, che mi rincresse
«più d' ogni altra cosa, cargato l' anima vostra, et fatto che tutti quelli,
«che per diversi respetti vi seguitano, si sono fatti sperjuri, infideli,
«traditori, et vergognati in questo mondo, e nell' altro hanno daneg-

---

[1] Paris : *merecler;* Amadi : *mareglier.*

« giato l'anime loro. Fratello emendatevi, ch'io vi prometto di non vi
« lassar mancar ne di honori ne di facultà; et il signor nostro Iddio
« mandarà la gratia sua in tutto el nostro paese. Io non ho moglie,
« non ho figliuoli; dopo quel pôco tempo che il signor Iddio mi con-
« cedarà di viver, voi sarete re, voi sarete signor et herede, et dopo
« voi saranno i miei amatissimi nepoti vostri figliuoli; et voi haverete
« per longa esperientia connosciuto s'io sono amorevole, s'io sono ca-
« ritativo verso i miei che non sono così stretti parenti come voi. Però
« lassatemi in libertà, fa che li miei huomini tornino alla mia obbe-
« dientia, et mi conoscono per signore come gli sono. Et vi prometto
« che, in la prima occasione che vegnirà, concedervi il governo et
« sustituirvi in mio loco con autorità ampiissima, la qual cosa voi sarà
« di laude piuttosto che de incarico alcuno. Contentatevi adonque di
« esser fratello d'un re, che usa benignità con li suoi, che esser tirano
« del vostro fratello maggiore et re. »

Come finì queste parole, il re apperse le braccia per abbraciarlo
et basciarlo, et lui si tirò da parte, et non volse stare, anci gli disse :
« Queste parole, che mi havete ditto, sono piene di lusinghe et finte,
« alle quali non debbo prestar fede alcuna; et che sia il vero, hora
« che vi richiedo di sottoscriver la mia patente del governo, voi me
« dite lassa che, come vegnirà qualche occasione, io te concederò el
« governo; che altra maggior occasione aspettate di questa? che d'hora
« in hora s'aspettano mille travagli, et se non si metta qualche ordine,
« perderete et voi et noi tutti. Si che non accade tante parole piut-
« tosto convenevole a predicatori che a re, et vien fuora a sottoscrivere
« in presenza di questi prelati, et altri gentilhoumini, che aspettano di
« fuora; et lassa le sophistarie; altramente io mi scusarò con cadauno,
« et farò quelle che decideranno tutti di quest'isola et regno nostro. »
Et essendo uscito fuora el signor de Sur, venne il re anchora, il quale,
senza parlar con nessuno, tolse la penna et sottoscrisse; dopo del quale
sottocrisseno tutti i prelati, et frati, eccetto i frati minoriti, che non si
volsero ingerir in questa cosa, la quale gli pareva ingiusta. Partitissi
dalla camera del re, el mariscalco di Templieri, a certo modo di abon-

dantia di cuore, et fuor di proposito, disse : « Quod scripsi, scripsi; » mostrandosi allegro del travaglio del re.

Nel medesimo tempo, il signor de Sur mandava fra Nicolo dell' ordine dei minori et un suo compagno e dui cavalieri, il signor Ugo Pisteal et il signor Gugliermo de Viliers, con una galea a Roma, a far la sua scusa appresso il pontefice et suoi cardinali, a quali mandava molti presenti di gran valuta. Et stando nell'isola di Lango in Romania, la galea investite, e si ruppe, onde furono annegati, et li ambassiatori et li marinari, et si persono anchora tutte le ricchezze ch'erano dentro. Di che il signor de Sur hebbe grandissimo dolore, sì per le robbe perdute come per li huomini, et ancho perchè la sua ambassiata non fu fatta.

Nondimeno, ogni giorno andava retenendo et preggionando qualcuno, et per ogni parola che li veniva detta, immediate faceva essecutione molto severa contro cadauno. Un giorno, gli fu detto che il signor Rupin de Monforte et alcuni suoi compagni volevano assaltar et prenderlo ad instantia del re; et lui mandò a chiamar detto signor Rupin in la sua camera, e lo dimandò se questa cosa era vera; e lui rispose lealmente et ingenuamente che il re non li ha mai ordinato simil cosa, ne alcun altro per nome del re; et questo non disse per paura ch'haveva di lui, ma perchè cos' era la verità; et quando il re gli avesse richiesto aiuto, egli haveria fatto per lui quanto havesse potuto, per l'obligo del homaggio, che gia gli haveva fatto come re et capo signor suo. El signor de Sur ha comandato che costui fosse retenuto, et poi, ad instantia del mariscalco del Tempio, lo mandò al casal di sua madre, madama di Barutho, ch'era il casal Lapitho, con ordine che non si dovesse partir de lì, senza licenzia del signor de Sur.

Medemamente mandò a chiamar il signor Badino de Iblin, perchè li fu referto che detto signor Badino s'haveva reconciliato col re, et lo voleva retener per questo. Lui si trovava al suo casal Vizzades; e siando sta fatto avisato da suoi amici, venne in Nicosia con tutta la sua brigata, et andò de longo in l'arcivescovado, credendo esser securo in quello, per la franchisia c'ha la corte del arcivescovo; ma il signor de Sur, come lo seppe, gli mandò dui huomini a citarlo, che andasse da lui; e il signor Badino respose che per all' hora non poteva. Per la qual cosa, il signor de Sur mandò subito il signor Filippo de Iblin, cuggino germano del detto signor Badino, con cento cavalli armati e con una bandiera spiessata; et atorniata la corte del arcivescovo da questi cavalli ed altri fanti, gli feceno intender che si dovesse partir, et andar alla mercede del signor de Sur, governator del regno. Et ditto signor Badino scongiurò ditti cavalieri, in la fede che li dovevano come pari, sesondo le leggi municipali, che non li dovesseno fare alcuna ingiuria, o violentia, de trarlo dal loco dove era, attento ch' el non è traditor del re, al quale han fatto e giurato fedeltà, ne commise alcun errore in lesion della maestà. E questo diceva vardando el signor Ioan de Bries, cavaliere antiguo, et pratico delle leggi et usanze di feudati cavalieri del regno di Cipro, e li racordava che quello ch' allhora facevano a lui, il dì seguente saria fatto anchora a loro; aggiongendo: «Vi ricordo [1] « signori che non è cosa alcuna al mondo che con più facilità possa dis- « trugger una città, un regno over una provincia, quanto è il contra- « star [2] le leggi, et statuti di quello giurati, et promessi di mantenere, « massime quando voi istessi le contrafatte contra di voi stessi; perchè « essendo voi cavalieri feudati, et io feudato cavaliere, sapete molto bene, « che semo una cosa medema; et vi deve essere a memoria l'ordine de « la cavalleria, et il giuramento che giurassimo de mantenir l'un l'altro « come pari. » Al quale rispose il detto signor Ioan de Bries et signor Filippo, suo cuggino, che non dovesse perder tempo in parole, perchè sarebbe predicare nel deserto; conciosia che gli conveniva andar dal signor de Sur, o di volontà, o per forza. Però, vedendo che la raggione non haveva loco, e li preti non se ne curavano di deffender le franchisie loro, anci se ne pigliavano spaso alcuni d' essi, et s' ingrassavano delle miserie d' altri, li convenne montar a cavallo, et andar alla mercede del tiranno signor de Sur. Il quale l' ha tenuto in casa sua serrato, e vardato con gran cura parecchi giorni, et poi tratto et

1307.

---

[1] Paris: *a ricordere*. — [2] Paris: *contrafar*.

mandato al suo casal Coracu, con ordine che non si dovesse partir de li senza licentia del signor de Sur, sotto pena della vita e facoltà sua. Et insieme con questo, et con il signor Rupin de Monforte, furono ritenuti Roberto de Mongesar, Thomaso de Bries, Ugo de Milmars, Gioan Menabovi, Eude Buflier, Giacomo de Iblin, Ansian de Iblin de Tribardon[1], Ioan de Bries, signor de Pistachi, Rinaldo de Mongissard, Guido de Bries, Badin de Milmars; Rolando de la Baume, Bartholomeo della Baume, Guido de Cresi, Gioan Giblet, Badin de Morpho, signor de Stramboli, Galtier de Florin[2], Nicolo di Florin et Thomasin de Iblin, tutti cavalieri feudatarii.

Évènements d'Arménie. Mort de Léon IV, roi d'Arménie.

Mentre che in Cipro si facevano queste seguestratione et tumulti, in Armenia andò un capitano di Tartari, chiamato Balargon, con essercito grande, sotto specie d'amicitia per dar favor et soccorso a Chaetonte, ch'era dretto herede et signor del reame dell'Armenia, contra li Saracini ch'al hora molestavano quel regno; et si pensò il Tartaro con quest'astusia introdursi nel regno, et con facilità occuparlo. Et però, come stete pochi giorni, domandò al[3] ditto Chaetonte un castello chiamato Navarsan, per diffenderlo dalli Saracini. Chaetonte, che era huomo di ingegno e delle pratiche del mondo saputo, intese subito la malitia del Tartaro dove pendeva, et per questo si scusò con lui, dicendo esser governator, perchè el regno era de Livon, suo nepote, coronato re infante, et non poteva egli disponer di cosa alcuna; ne manco, disse, credo che il detto mio nipote possa disponer, perochè detti castelli erano raccomandati alla misericordia di Dio, et alla sede apostolica, et senza licentia del pontefice non si poteva far niente. Il Tartaro, anchora più astuto del Chaetonte, disse ch'el non lo voleva per appropriarselo, ma per logar parte della sue gente, e perchè questo castello era primo appresso li Saracini. Chaetonte tolse termine per consultar questa cosa con li suoi baroni, et egli espedì subito in Cipro a suo cognato Almerico, signor de Sur, governator de Cipro, et gli rechiese

---

[1] Amadi : *Tribardon*. — [2] Paris : *Flurin*. — [3] Paris; A : *il*.

quel maggiore soccorso che gli poteva dare, et mandò danari per assoldar cavalli et fanti; et il signor de Sur immediate gli inviò in Armenia 300 cavalli et mille fanti, quali trasse tutti da Nicosia. Et come intese Balargo la gionta di Ciprioti, mandò a dir a Chaetonte che dovesse andar nel suo padiglione con il re, et quelli altri gentilhuomini del suo conseglio, per consultar una cosa d'importantia, la qual haveva intesa la notte stessa da alcuni suoi che facevano la vardia al passo de li inimici. Chaetonte andò col re suo nepote, et menò seco el contestabile e marizzal d'Armenia et altri suoi cavalieri; et come furono al padiglione del Tartaro infedel, li fece prender tutti diece, et tagliarle teste a tutti, et poi tentò d'aver il regno d'Armenia, per il che stette in quel loco tre giorni. Ma, vedendo che doi fratelli de Chaetonte et li baroni e cavalieri havevano preparato un essercito grande, non solamente per deffendere el regno, ma ancho per vendicar la morte del re et altri loro parenti, hebbe rispetto, et si partì de là et andò nel suo paese. Et questa tanta crudeltà fu fatta alla campagna de Navarsan, con grave danno della Christianità, perochè questo Chaetonte era un forte scudo de tutti li Christiani che passavano in quelle parti.

Li doi fratelli di Chaetonte, rimasti in vita, chiamavansi l'uno Chioysino et l'altro Alinach, et erano gemelli; ma perchè Chioysino uscite prima dal corpo di sua madre, Alinach cedete il regno a lui, et però fu coronato re d'Armenia. Il ditto Chioysino era fratello medemamente della moglie del signor de Sur, et li Ciprioti ritornorono in Cipro da poi il partir de Balargon.

Gioan d'Ampiere, che era relegato al Carpasso, haveva scritto una lettera al re, et per strada fu presa, et menato il suo servitor con la lettera al signor de Sur. Il quale scrisse al baiolo del Carpasso, che fu Filippo de Navarra, che dovesse mandare in Nicosia il ditto Gioan ben custodito; et egli lo fece prendere, et mandar ligato molto vilanamente, et immediate fu posto in priggion. Et anchorchè il prencipe et il contestabile conseglavano che li fusse data la morte, nondimeno il signor de Sur non vuolse; anci pochi giorni dapoi fu tratto

1307.

Rigueurs du prince de Tyr contre les partisans du roi.

dalla preggion et relegato al suo casal Manmogna[1], con protesto che non si dovesse partir da casa sua, sotto pena della vita e facultà; dove stette poco tempo, e poi morì da malinconia, et fu seppolto alla giesa cathedral de Bapho, alli 5 aprile 1308.

<small>Philippe d'Ibelin, sénéchal de Chypre, est exilé en Arménie.
Avril 1308.</small>

Doppo intesa la morte de Ioan d'Ampiere, mandò il signor de Sur[2] una galea da Famagosta con Anfredo de Scandelion, la qual andò in la rivera de Alamino, dove era il signor Filippo de Iblin, siniscalco; al quale il ditto Anfredo fece intendere da parte del signor de Sur che dovesse montar su la galea. El siniscalco disse : « Io non ho mai fatto « cosa contra li miei nepoti, per la qual cosa debbo abandonare el « regno de Cipro così vilmente, et senza alcuna causa, et però non vo- « glio andare, se prima non mi è dichiarato il delitto che feci. » Anfredo fece venir la ciurma della galea, et circondar la casa, et il casal del siniscalco, per non scampare; et poi dette aviso dell' instantia sua al signor de Sur. Di che il detto signor de Sur andò in collera, et subito mandò suo fratello el contestabile el lunedi santo, et con lui il signor Ioan de Iblin, signor de Arsuf, et Gioan d'Antiochia con altri 150 cavalli, tra cavalieri et turcopulli. Quali cavalcarono tutta la notte, et al far del giorno furono al casal Cofinu, poco distante dal casal Alaminno, dove rimase el contestabile; et mandò dui messi a dire al siniscalco ch' el debbe obedire, et montare su la galea; alli quali messi rispose il medemo che disse ad Anfredo. El contestabile mandò doi altri, et li dissero che si dovesse subito partir, et andar in la galea, perchè non obedendo colle buone alli commandamenti del signor de Sur, li intraveniria male et sarà suo il danno. A quali el siniscalco rispose : « Direte a mio nepote, io non ho meritato questo « sì gran oltraggio et tanto vituperio dalli miei nepoti; ma poiche li « è in apiacer, io son pronto di ricevere ogni suplicio; vorrei ben « da loro che s' hanno adocchiata la mia robba la debbano prender « come feceno anche altre volte; se voglion dire d' haver trovato

---

[1] Amadi et Paris; A : *Maniogna*. — [2] Paris.

« alcun mio messo, o lettere, contra di loro, son pronto di patir quella
« pena che li miei pari conosceranno ch' io merita. O se pur mi vo-
« gliono dar la morte per qualche loro intento secreto, li prego mi
« diano[1] la morte quì, in casa mia, senza mandarmi in alieni paesi, per
« manco loro infamia, et menor mia doglia; ma si volesseno relegarmi
« in qualche castello o rocca, in qualche montagna o altro loco, pur in
« questo regno di Cipro, io sono prontissimo di obedirli, et vi prego
« riferite fidelmente al signor mio nepote tutte queste parole. » Le
quale, quando furono referte al contestabile, rimase aggrizzato, et da
la stizza ch' hebbe, voleva cavalcar et andar lui; il che vedendo il signor de Arsuf, lo pregò ch' el dovesse restare, perchè s' offerse lui d' andare, et farlo fare quanto voleva; et cosi andò, et con lui andò Adam
de Cafran.

I quali trovorno el siniscalco c' haveva aldita la messa, et li disseno
che ad ogni modo gli conveniva partirsi et montar su la galea immediate; et se non disponeva di farlo, ch' el contestabile era per venir
là et farlo partir per forza, et s' el contrastava più, ch' el metteria a
fiamma de foco la casa sua, et brusaria anchor la moglie et figli suoi.
Quando il povero gentilhuomo intese questo, si voltò a quelli gentilhuomini ch' erano lì per parte del contestabile, et disse : « El mi con-
« vien partir da la terra che li miei progenitori hanno acquistato et
« tenuto di suo acquisto con[2] buona fede, et sono scacciato non da
« inimici pagani, non da estranei, ma da li miei carissimi nepoti per
« la qual causa? Perchè ho voluto mantenir la mia fede; perchè non
« ho voluto tradir el mio re; perchè m' ho guardato di cader in quelli
« errori, che tanto piacciono alli miei empii nepoti; ma sia un Dio,
« molti santi soffersono il martirio per mantenersi in la fede, posso an-
« chor io patir questa ingiuria per la fede. E si come in questi giorni
« santi il Salvator nostro patì fino la morte per noi, così anch' io per non
« violar la fede, potrò morire nelli medesimi giorni santi. » Voleva anchora aldire il vespro dopo la messa, ma el non fu lasciato, sichè gli

---

[1] Paris : *me la voglian dare*. — [2] Paris; A : *iena*.

convenne partir et andar immediate in galea. Et nel suo partir, fu fatto grandissimo pianto da la sua moglie et fameglia, et non meno dalli suoi contadini, che gli corsero drio, piángendo fino alla marina. Egli, pensando che in galea li dovessero dar la morte, non portò seco ne drappi da dormire, ne da vestire, ne manco robba da mangiare; et per certificarsi se cio erano per farli, essendo montati su una galea doi di soi servitori per servirghe, disse a quelli cavalieri che lo vardavano : « Fate « descender in terra quelli servitori, perchè non voglio tor li suoi pec- « cati sopra di me, per la morte che receveranno con me. » Al quale resposeno quelli cavalieri : « Dio nol voglia, che voi ne alcuni di vostri « servitori mora, o perda alcuni di suoi membri. » Per il che, quel povero gentilhuomo s' ha confortato alquanto, et tolse in patientia ogni sua disgratia, havendosi assicurato che non doveva patir morte. Partitasi adunque la galea, andò a Famagosta; et poi volendo andar verso l' Armenia, hebbero tempi avversi, pur sorseno al porto de Malo, et lo feceno intendere subito al re Chioysin. Il quale venne incontro al siniscalco, e lo accettò con buona ciera, et confortolo ch' el dovesse star di buona voglia, et non reputar manco quel reame, ch'el proprio di suoi nepoti; et dovesse haver pacientia, et sperar che le cose tutte hanno rimedio, et anco il suo esilio si potrà revocare, et presto. Et appresso queste buone parole et conforti, lo fece restar in un casal dell' Armenia.

Otto giorni dapoi, mandò el signor de Sur doi cavalieri al casal Coracu, dove era relegato Badino de Iblin, et li feceno intender da parte sua, ch' el dovesse partirsi dall' isola, et andare in Armenia. Il quale, havendo havuto l' esempio del siniscalco suo cio, obedite prontamente, et fece buona ciera a ditti cavalieri, et andò con loro a Cerines, dove stete da circa xv giorni, aspettando la galea. Et lì fece il suo testamento, et ordinò le cose sue de Cipro; et dopo venuta la galea, montò sopra lui e la sua fameglia, et andorono alla Giazza; onde tutte le comunità, e tutti li Franchi li feceno grande honor, a quali dispiaque molto li gesti del signor de Sur. Poi fu fatto intender al re Chioysin d'Armenia, et venne, et accompagnolo con buone parole medemamente come disse al siniscalco, et lo lassò in un altro casale. Il signor Alinach, fratello del re Chioysin, era andato al re di Tartari, per querellarsi de Balargon, del occision di suo fratello Chaetonte, et del re Livon suo nepote; e al suo ritorno in Armenia intese la relegazione di questi dui signori con grandissimo dispiacere, et medemamente dispiaque a suora Femia sua cia, ch' era gia signora de Saeto, et poi si rese monacha alla Nostra Donna Maggiore in Gerusalem. Et però, operorono con il re Chioysin la relassation d' essi della resta, ricordando al re che questi erano sempre buoni amici del re Livon suo padre, et monsignor Chaetonte suo fratello. Et questa ingiuria fattali dal signor de Sur era senza raggione, perchè loro non hanno ditto ne fatto cosa contra il loro signore, per la qual habbino meritato l' esilio che pativano; et almeno siando fuorusciti, non comporta che siano sequestrati in li casali, come persone che meritano la pena che patisceno. El re li dete licentia di cavalcar et andar insieme l' un con l' altro per el reame dell' Armenia, con condition che non dovessero mai scrivere al re de Cipro alcuna lettera, ne secretamente ne pubblicamente, ne da lui ricever alcuna lettera, sotto pena d' esser ritornati nelli loci dove erano confinati. Costoro, praticando insieme, come parenti e compatrioti, et in quel loco forestieri, si portavano talmente con quelli Armeni, che tutti gli poseno amore; et il re et suo fratello erano assai contenti d' haverli usata cortesia, et si adoperavano nelli loro consegli et action del reame, come amici fideli e persone valorose. Et ancho il ditto siniscalco haveva per moglie una nipote[1] de madama sor Femia, cioè la figliuola d' una sua figliuola; et sor Femia predicta era sorella del re Livon, padre de Chioysin, Chaetonte, Alinach, Thoros et di Sembat.

Il quale Sembat, havendo fatto acciecar uno degli occhi de monsignore Chaetonte, suo fratello, chiamato el gran signor del reame d' Armenia, perochè el non vuolse mai portar corona, et fece ancho strangolar

1308.

[1] Marie de Giblet, seconde femme du sénéchal Philippe d'Ibelin, était en effet, par sa mère Marguerite, dame de Giblet, petite-fille de la princesse arménienne Fémie, dame de Sidon, sœur du roi Léon III.

1308.

il signor Thoros, l'altro suo maggior fratello, padre del piccol re Livon, per suo malvaggio conseglio; et essendo sta perseguitato dagli altri fratelli, et da tutta la nobiltà del Armenia, si fuggì in Constantinopoli. Et hora che intese la morte di Chaetonte suo fratello, et del suo nepote re Livon, ha pregato l'imperator suo suocero[1], che li dovesse dar il modo d'andar nel suo regno, perchè lui era maggior d'età che Chioysin et Alinach. L'imperator li diede due galee e una fregata, et venne sino a Gastria; et lì restorono le galee, et mandò la fregata in Armenia per intendere quello segui del regno. Et havendo inteso quello era stato già occupato da suoi fratelli, dete licentia alle galee che tornassero in Constantinopoli; et lui da Gastria, casal de Templieri, andò per terra a Famagosta, dove la dama de Sur, sua sorella, l'accolse et accettò con allegrezza, e lo fece riposar et rinfrescar, et poi lo menò in Nicosia et alloggiò in casa del signor de Sur parecchi giorni. Poi si partì, et andò a stantiar in casa del signor Badin de Iblin, et andò a visitar più volte il re Henrico, et egli lui una volta in casa del ditto signor Badin de Iblin..

Il signor de Sur haveva mandato monsignor Chaetonte, signor de Curico, ambassiatore al pontefice et al concistoro, per far la sua iscusatione circa il governo ch'haveva tolto da suo fratello, come di sopra havemo ditto, et dir la ragion perchè haveva operato questo; et apresso cercar la confermation sua in governator del regno in vita del re. Il quale ambassiator s'haveva afaticato et operato con l'ingegno suo, et con li amici et presenti del signor de Sur; ma no lo pote ottenir dalla sede apostolica, anci gli fu resposto reservatamente, et senza prejuditio della ragion del re. L'ambassiator fu visto da tutti a Roma con buona ciera, et dopo partitosi de lì, andò in Genova, et confirmò la pace tra il commun et ditto signor de Sur. E al suo ritorno in Cipro, intese la morte del signor Chaetonte, del quale costui fu sempre contrario, et procurava per ogni via il danno suo, et subito venuto si partì per Armenia.

---

[1] Paris : *ch' era gia fatto suo socero.*

In detto tempo, papa Innocentio[1] quinto stantiava in Avignon, et accadete ch'el maestro del Tempio, che era fra Giacobo de Maula, huomo miserissimo[2], et per questo malvoluto da signori et da poveri huomini, andò in Franza et trovò el thesorier del Tempio a Paris, et gli domandò conto dell'amministration sua; il quale lo diede, et in quella era una partida de quattrocento millia scudi imprestati al re di Franza. Per la quale il maestro cridò grandemente con el' thesoriere, perchè haveva palesato d'haver il convento loro tanta richezza, et ancho perchè haveva pericolato in man del re tanti danari; et andò in tanta colera, che spogliò del habito della religion el ditto thesorier, et lo cacciò fuora del convento. El thesorier spogliato andò al re, et gli narrò il caso. El re mandà un suo cameriero, et persona di authorità, che da parte sua pregò il maestro di perdonar il thesoriero per amor suo, et per esser gentilhuomo degno d'honor; e il quale non solamente ha fatto honor a lui maestro della religion, ma ancho li ha acquistato amico un re, che farebbe per lui ogni cosa di suo honor et utile; et li denari che li ha imprestati in tempo di bisogno a beneffi-cio del regno, et non meno della sua religion, sono pronti quando gli piace de tuorli. El maestro non ha voluto far la instantia sua, ma gli rispose haver fatto quello che li stabilimenti et regola della religion loro comanda, et se lui facesse altramente sarebbe contra la regola. El re, deliberato d'ajutar el thesorier che per sua causa pativa, scrisse al summo pontefice il caso; et il pontefice scrisse al maestro del Tempio una lettera, la qual portò il medemo thesorier al maestro. El quale come viste lettera bollata con piombo et sigillo papale, et el già thesorier che la presenta, si pensò quel che poteva essere; et egli non la volse leggere, anci la gettò nel foco, ch'era nel camin de la camera, et cacciò via l'esibittor di quella. La cosa quanto sia dispiaciuta al re è facile ad ognuno di pensarla, ma maggiormente al summo pontefice, havendo fatto così poco conto delle sue letre, anci havendole talmente ingiurate per haverle gettate nel foco. Lo mandò a chiamare il

1308-1310.
Procès des Templiers en France.

---

[1] Sic, dans tous les manuscrits, pour *Clemente*. — [2] Amadi : *era avaro for di misura*.

164 CHRONIQUE

1308. pontefice, e li domandà la sua regola in scrittura, et egli la diede; et fo letta, et considerata da huomini letterati, savii et religiosi; contra la qual da diversi fu detto diversamente. Tanto è, che la fo dannata per impia et irreligiosa, e deliberato da disfara, di modo che più non si trovasse di quella religion al mondo.

Questi erano cavalieri e si chiamavano Templiarii, e portavano un T rosso nelli habiti loro, et havevano per loro protetore santo Antonio abate. In esecution della qual termination, fu menato in Paris el maestro, et el commendator de Gascogna; et in presentia de tutto l'populo, dove intravenivano doi cardinali, rapresentanti el concistoro, feceno leggere el processo, et constitutio loro. Et per quanto hanno referto alcuni mercanti, che si trovorono presente, el maestro si voltò al populo et disse, che quel processo non conteniva verità, perchè lui et li suoi cavalieri erano buoni christiani, et non era vero che loro abbiano confessata tal cosa; e dicendo tale parole un servitore gli diede della palma in bocca talmente che più non pote parlare. Fu poi tirato dentro una capella lui, et questo governator di Guascogna, et poi tratti, furono posti in una barca, et passati in un' isoletta, ch'è in mezzo il fiume dove era il fuoco apparecchiato; et li misero dentro, et li hanno bruggiati, et medemamente altri trentasette cavalieri della medema religion; li quali mentre potevano parlare cridavano sempre nella fiamma del fuoco: « Questi corpi sono del re di Franza, ma le anime sono de « Dio. » Iddio abbia misericordia delle anime loro, et se son morti a torto, Iddio li perdoni a quelli che son stati causa della loro morte[1].

Confiscation des biens des Templiers en Chypre.

Fra Guido Siverac, commendator dell' Hospital de San Gioanne, ha portato queste nuove in Cipro, con una lettera del summo pontefice al capitolo della madre giesa de Nicosia, per la quale commandava che Pietro de Erlant, vescovo de Limisso, dovesse havere el governo delle intrade del arcivescovado; et detratte le spese della chiesa, pagamento di canonici et altri assegnati, tutto quello che avanzasse,

[1] La Chronique d'Amadi ajoute ici quelques mots d'une haute importance: *Ma io ardisco dire che a le opere io li ho cognossuti per boni christiani.*

lo desse alla casa de San Gioanni del Hospital, per le spese fatte, e che si facevano a Rhodi. Medemamente concesse a ditta religion dell' Hospital sei mille ducati, che erano in deposito de beni di Templieri in man del ditto vescovo de Limisso. Et un altra lettera del pontefice direttiva al signor de Sur, contra le persone et boni di detti Templiarii. In esecution delli quali, il signor de Sur espedì a Limisso, dove si trovava el mariscalco del Tempio e altri cavalieri de quella regola, il signor Balian de Iblin, principe di Galilea. Et andato disse al ditto mariscalco, che il signor de Sur, con suo gran dispiacer, ha visto una lettera che il pontefice gli scrive, che debba sequestrar tutte le robbe et beni mobili, et ancho le intrade et casali di Templieri, et ad ogni cosa metter el suo sigilo, et ancho essi Templieri dovesseno mettere un altro sigilo; et appresso fossero sequestrate le persone d'essi Templieri, sino ad altro ordine di Sua Santità. Però convenendo dar la dovuta esecutione al ditto mandato apostolico, era ditto principe andato lì per tuor le arme et cavalli loro; et le persone d'essi dovessero venir a Nicosia, nella stantia dell'arcivescovado, la qual ha deputata per questo, dove si offeriva farli le spese honorevolmente; facendoli intender che se fossero renitenti o dificili all'obedire, che lui era per procedere con li modi possibili a farli obedire, e si scusava et doleva con loro come amico. El mariscalco, che era fra Hemo de Usellet, et tutti li altri frati responseno, doppo fatto conseglio tra loro, in questo modo :

« Io, mariscalco del Tempio, et tutti li frati insieme, si maravigliamo
« assai che il signor de Sur ne manda a dire che li dobbiamo render
« le nostre arme et cavalli, et appresso minazzarne se non li obbedi-
« remo; et per lui sa benissimo, et tutti li baroni del regno de Cipro,
« che noi l'havemo amato con affetione; e sa quante volte mettesimo
« le persone et facultà nostre per sustentarlo contra chi lo persegui-
« tava, et nel governo che è al presente fossemo noi in gran causa di
« mantenerlo, di che fossemo cargati al sommo pontefice e alli re et
« principi del mondo. E questa favor che li facessimo è stata poten-
« tissima causa della ruina della religion nostra, per la quale hanno pa-

1308.

1308. « tito tanti prodi huomini de la casa del Tempio in Franza. Hor noi li
« dicemo, ore rotundo, che le nostre arme et cavalli non semo per ren-
« derle vivi; li casali et intrade nostre mandi a sequestrarle et te-
« nirle a requisition del apostolo; nel nostro thesoro semo contenti che
« metta lui il suo sigillo, et noi metteremo il nostro, ma che quello
« sia dove saremo noi. Quanto al[1] retenir delle persone nostre, cernisca
« un di nostri casali in questo regno, che noi si reduremo là; e staremo
« sotto la custodia de quelli cavalieri et altri che lui ordinara, fino
« altro ordine del signor apostolo, et quelle che sarà de tutti li altri de
« la magion del Tempio, che sono oltra mare, si farà ancho di noi. Et
« lo pregamo, supplicando come signore al quale havemo giovato nelli
« suoi bisogni, che non voglia da noi più di quello che gli offeriamo,
« perchè altramente anchor noi semo disposti piuttosto di morire, che
« far più di quello abbiamo ditto. Et se il signor de Sur si vorrà certi-
« ficar della vita nostra, lo pregamo voglia inquirire con ogni diligenza,
« perchè semo certi troverà che noi credemo fermamente in la santa
« fede catholica, e faciamo[2] quanto commanda la santa madre chiesa
« romana, et semo così buoni christiani come alcuni altri al mondo. »

Con questa risposta el principe tornò in Nicosia, et tanto referse al signor de Sur, al quale non piacque troppo. Et immediate fece far cride
per tutti i lochi de questo paese, che nessuno, sia che esser si voglia,
ardisca prender soldo da la casa di Templieri; ne alcuno abbia ardire
di dar soldo per nome loro, sotto la pena della vita e facoltà sua; et
insieme fece metter in ordine cavalli et fanti per mandar a prenderli.
Ma prima gli mandò maestro Beduin, canonico del domo, il quale gli
disse che dovessino venir al[3] commando del signor de Sur, et obedir li
commandamenti della chiesa, et quello che di lor fosse sententiato; et
se non volesseno venire de volontà, che lui li faria obbedir per forza,
se ben credesse rompere la pace, certificandoli che quando fossono
pertinaci, et si volessino deffender, che lui li metteria tutti alla morte.

Li Templieri risposeno che veneriano[4] a lui nel spacio de mesi

---

[1] Paris; A : at.
[2] Paris; A : il.
[3] Paris: tenimo.
[4] Paris; A : vi vegneriano.

quatro, nel qual tempo egli facesse metter in ordine a loro spese una galea, sopra la quale mettesse lui uno et loro un altro messo al santo apostolo, et stariano a quello che Sua Santità determinasse di loro. Non piacque ne anche questa risposta al signor de Sur, et però mandò un altro messo, che fo [1] M. Andrea Tartaro [2], canonico de Famagosta. Il quale andando, trovò per strada, al casal Nissu, el mariscalco del Tempio e el commendator che venivano, et con essi venivano anche il contestabile fratello del signor de Sur, el principe de Galilea, Rimondo Visconte, et altri; i quali hanno parlato insieme et concluso, ratificando [3] la pace ch'era tra loro per avanti; a quali dette la sua fede el contestabile che dovessero venir securamente in Nicocia. E venuti che furono, mandò il dì seguente a chiamarli el signor de Sur in la sua stantia, dove parlorono privatamente buon pezzo in una camera; et poi usciti fora in la sala, dove erano molti cavalieri e altri prelati et populari che attendevano di vedere quello havese a seguir, deteno li Templarii una scrittura ad un nodaro, che la lesse a voce alta. La qual conteniva tutti li articoli della fede cattolica christiana, et come erano buoni christiani quelli che erano presenti, et tutti gli altri frati della religion loro; et questo hanno sempre dimostrato combattendo fino alla morte per la fede catholica, come campioni et deffensori della christianità; et che sono stati in tutte le fattion, giornate, et imboscate che feceno li baroni del reame de Gerusalem, et altri peregrini che vennero da oltra mare contra l'inimici della fede di Gesu Christo nostro signore, et precipue al castello de Saphet, et in molti altri lochi, et castelli, che si sono trovati. Et poi letta la scrittura, giurò el mariscalco prima, et poi el commendator, et el drapier, e d'ogni linguaggio un frate cavalier, e poi el thesorier, e dui fra sergenti, et giurono per loro e per tutti li altri loro cavalieri, che erano al reame di Cipro, che loro credevano rettamente et fermamente tutti quelli articuli della fede, et ch'erano fideli christiani; quali cavalieri tutti erano al numero de 118.

E mentre che questo mariscalco et commendator attendevano in

[1] Paris et b; mais, au lieu de *stariano*, b porte *starsi contento;* tout le passage depuis *al santo* jusqu'à *che fo* manque dans a. — [2] Paris et Amadi : *Tartarol*. — [3] Paris : *reiterando*.

1308. Nicosia di conzar questa cosa, el signor de Sur mandò a Limisso, et la fece fornir da gente d'arme a cavallo et a piedi, et ancho mandò de Famagosta galee, et navi per vardarli[1] per mare. E poi mandò el signor de Sur a chiamar el visconte con alquanti cavalieri, et prior del Hospital et molti prelati e religiosi, a quali fece leggere il breve apostolico che conteniva che dovesse retinir li Templieri personalmente, et il thesoro, et mobile d'essi, quali haveva reprobati per heretici et mescredenti, contrarii alla regola christiana; et conteniva anchora in una altra letra inclusa al breve, li capitoli de la esamina che fece el re de Franza a quelli che erano nel suo regno. Però disse bisogna andar a bollar et inventariar tutte le cose che sono nel Tempio a Nicosia. Et andati, hanno trovato molto poco, perchè li Templieri non dormivano senza questo pensiero; et come il mariscalco vidde il visconte et altri andar nel monasterio del Tempio, si partite dall'altra banda con tutta la sua compagnia, eccetto el commendator de Cipro, et un suo compagno, et il commendator de Psimolofo, et andarono a Limisso. Scritto ed inventariato il tutto, hanno serrate le porte della capella, e levate le corde delle campane, acciò non cantassero più messa dentro, ne suonassero campane; et fatto ciò, si partì ancora il commendatore con li altri suoi compagni, et andò a Limisso. Medemamente el signor de Sur mandò a Baffo et a Famagosta, et fece inventariar et bollar tutte le robbe dei Templieri; et in li casali messe li balii che governano le intrade.

Stete tre giorni el Tempio di Nicosia serrato; però il re Henrico riprese li religiosi, che havevano consentito che stesse chiusa la capella del Tempio, onde non si faceva el servitio del Nostro Signore ogni giorno in un monasterio sacrato, il che era assai malfatto; et così come era il re privo della sua signoria, comandò che la chiesa fusse aperta et disbollata, e li preti ch'havevano le sue annuale et salarii dovessero officiarla, et specialmente li doi capellani che erano ordinati de officiar per el re Henrico grasso, et così fu assegniato[2].

[1] Paris; A: *mandarli*. — [2] Amadi: *et così fu fatto*.

A Limisso, i Templieri vedendo tante genti armate andar ogni giorno intorno con le armi, gli parse di loro dispregio grande; per il che un giorno cavalcarono anchora loro, et andavano per la terra armati in ordine, cercando occasione di attacarsi con quelli del signor de Sur, et far il resto della vita loro. Ma li capi di quelli del signor de Sur, accortissi dell'atto che volevano fare, et non essendo ben in ordine quel giorno, feceno vista di non si curare altramente; e quella notte assediorono la casa di Templieri intorno, e per le strade, et per li tetti, e mandorono a dire al mariscalco, commendator, e altri frati, che dovesseno mandar li suoi cavalli et arme, si come havevano pattuito col signor de Sur, altramente si procederia talmente, che la peggior parte sarebbe di loro. Li Templieri, vedendosi a tal partito costretti, ed assediati di modo che non potevano uscir fuora della camera loro, el dì seguente mandorono l'arme et cavalli loro nella casa del re a Limisso. All'hora li capitani del signor de Sur intròrno alla maggion del Tempio, et si messeno in possesso di tutti li beni di Templieri; et quelli hanno sequestrato appresso Amfredo de Scandelion, Adam de Cafran, et Piero Isac, et commincioron a far l'inventario et bollar il tutto. Onde hanno trovato arme da fanti, usberghi 930, balestre 970, cellate 640, et una gran quantità de cosciere, zampiere, scudi, lanze, dardi et altre monition, oltre l'armi delle loro persone, et di loro cavalli; hanno trovate assaissime vittuarie di biave, de legumi, vini, carne salate e formaggi, ferri et chiodi de cavalli; hanno trovato venti botte piene, et molti altri guarnimenti che saria troppo longo chi li volesse scriver tutti, all'hora apena havevano tanta monition li re; ma de denari gli fu trovata poca cosa, ne passava centoventi mila bisanti bianchi; il resto fu ascosto tanto segretamente, che non si pote mai saper dove che sia. Argento li fu trovato 1500 marche, et il tutto fu bollato con il sigillo del signor de Sur, et fu poste guardie intorno detta casa, dove ha lassato quattro fra sergenti in compagnia delli huomini del signor de Sur.

Gli altri Templieri furono mandati, el mariscalco con una parte de cavalieri al casal Chierochitia, et il commendator con li altri al casal

1308.

1308.

Geromassoia, tutti doi casali del Tempio; e questi furono vardati da cavalieri, turcopulli, et fanti del signor de Sur, per non fuggire. Et fu ordinato il vitto loro, che ogni doi frati havessero un' rottolo di carne al giorno, sei pani et un carteron e mezo di vino, el dì de pesce tre carteroni di pesce, et il dì de ove et formaggio x ove et formaggio quanto volessero. Li loro servitori veramente havevano le spese all' usanza della corte di Cipro, et cadauno secondo la condition sua; sopra le qual spese fu posti doi cavalieri a Geromassoia, et doi a Chierochitia, quali havevano el cargo de provederli. El signor de Sur fece poi portare in casa sua a Nicosia l'argenteria, danari, et altre cose mobile de valor, giudicando che stariano con più sicurta in casa sua che a Limisso; e fece vendere tutte le mule e muli, et altre cose che potuono deteriorar. Medemamente in Nicosia fece aprir el chiellaro del Tempio, et fece vender ogni cosa, sino li stromazzi, et tovaglie, et mantilli da tavola; le arme de frati, et altre armature, et monition le messe con quelle del re; et li schiavi de Templieri li mandò alla fabrica de Famagosta. Ha poi presentito che li Templiarii havevano scritto et mandati danari in Genova per armar galee, e venir secretamente a levarli, e per evitar questo scandolo, mandò el mariscalco, el commendator de Cipro, el drappier della terra, el turcopulier, el thesorier, et il commendator de Puglia, con buone vardie, al casal Levcara, casal infra terra et in montagna, dove steteno da circa cinque anni.

Les biens des Templiers sont donnés aux chevaliers de l'Hôpital.

Et all' ultimo venne fra Piero, vescovo de Rhodi e legato della sede apostolica. Il quale, in presenza de vescovi de Cipro e di molte altre persone religiose, fece legger lettere del pontefice Clemente quinto, le quali contenivano che li Templieri si dovesseno spogliar del mantello e segno Templiario, et che li beni loro fosseno datti alla religion del Hospital de San Gioanni. Le quali lettere furono eseguite immediate; li frati furono spogliati, et alli Hospitalieri furono consegnati la chiesa del Tempio in Nicosia con la stanza d' essi appresso la corte reggia; il castello de Gastria con li casali Gastria et Camares; la chiesa et casa de Santo Antonio a Famagosta; li casali Mora et Angastina in la contrada della Massaria[1]; il casal Templos a Cerines; il casal Ignia in la contrada de Chrussoco; il casal Acurzo in la contra de Bapho; Caloiennata in la contra de Avdimo; il castello et casal Colosso, Traconi, Assomato, Fassuri et Erimi[2], Logara, Chira, Ville, San Constantin, Aracopa, Dierona, Livichi, S. Paolo, Sicopetra, Adraco, et altri prastii de Longara; Chiellachia, Vigla, Anduclioti, Sanida, Eftagogna[3], Celonari, Armenocori, Monagrulli, et altri prastii de Chellachia; Geromassoia con la fortezza di quello, et Mathicoloni, Ierassa, Apsiu, Paramida, et Maurommeno; tutti in la contrada de Lemisso; il casal Chierochitia con la stantia sua in foggia di fortezza, et il casal Laturu in la contrada de Masoto; il casal Achiera, Mizzero, Mavrovuno, Catomoni, Agrochipia, Pagliochora, Marrulena, Campin, San Roii, Psimolopho, Cato Deftera, et Tripi, in la contrada del Viscontado. Et a questo modo hebbe fine la religgion del Tempio, e tutti li loro beni furono trasferiti in quest' altra religion dell' Hospitale.

Et giachè[4] non si a più da parlare di questi Templiarii, essendo estinta la religion loro, sara bono che si dica anchora l'origine d'essa, giachè non s'a detto primo, almeno sia detto nella loro fine. Presa che fu la santa città di Gierusalem dalli nostri Christiani, nove baroni latini e principali, dei quali erano Ugone Pagano, Gottofredo de Santo Edomaro, con gran compagnia de clienti, facendo voto di castità e di obedientia d'avanti al patriarcha, presero il carico di tenere tutti i passi sicuri a Christiani che per quelle contrade peregrinassero. Fu loro attributo un campo d'avanti al tempio del Signor, per edificarvi un palazzo e stanze per tutti, e per tenerli un bello e compieto armario; e furono chiamati costoro i *Templiari*. I quali andavano armati sopra i barbari, erano felicissimi et invittissimi, et se ne ritornavano con la vittoria e con le spoglie nemiche a casa, e non morivano senza ven-

---

[1] Cf. le texte de Paris de toute cette énumération géographique dans l'*Histoire de Chypre*, t. II, p. 110.
[2] Paris; A : *Trimi*.
[3] Paris; B : *Estaggia*; A : *Efcagora*.
[4] Ce paragraphe, qui n'existe pas dans le manuscrit de Paris, se trouve dans A parmi les diverses notices insérées à la fin.

detta. Quando havevano poi deposte le armi, non haveva al mondo di più humani ne di più savi costumi di loro. Nel consilio che fu fatto in Francia, in Tricassi, nel 1108, che vi fu il vescovo di Albano, legato di papa Honorio, fu a questi Templari ordinato che vestissero una pura e candida longa veste, senza croce; ma in tempo di papa Eugenio, che seguì, fu da loro data per insegna su la veste la croce rossa, overo il T, che significava il Templo. Di breve divenne questo ordine richissimo, perchè, a gara, i re ed i principi di tutto il mondo li davano territori e terre.

Disette en Chypre. 1308-1309.

In Famagosta, quest'anno 1308, fu principiato un nuovo monasterio; per la fabrica del quale Guido, vescovo di Famagosta, lassò alla sua morte settanta mila bisanti in man d'alcuni mercadanti, con ordine che non fossero datti in man d'alcun prelato, ma spenderli essi mercadanti si come e dove ordinarebbe il vescovo suo successore, che fu Antonio, thesaurario de Famagosta. El quale visse da circa un anno, e così in poco tempo ha fatto in la chiesa cattedral di danno assai, perciochè l'ha spogliata de vasi d'argento, e tolse anchora dalli mercanti, da quelli denari lassiati per il suo precessor per la fabrica del monasterio bisanti venti mila; e se Iddio non provedeva, così per tempo, di haverlo levato di là, haveria con scomuniche e minaccie tolto et consumato il tutto. Quest'anno fu molto avverso in Cipro, per una siccità troppo crudelle, et ancorchè dett'isola sia stata visitata spesso da pestilentie et ira di Dio, non dimeno questa volta è stata molto maggior dell'altre; perciochè di novembre piovete molto bene, di che inanimatisi tutti i coloni hanno seminato non solamente li loro terreni apparecchiati per seminare, ma anchora quelli che non erano apparecchiati. Il tempo poi retenne le pioze et facea soli ardenti di dicembre, genaro, et tutto febbraro, come quelli di giugno, luglio et agosto, per il che le biave tutte furone seche, li giardini guasti; et le persone che havevano il modo si mettevano in ordine di fuggire in altri paesi. Per questo ogni giorno facevano processioni et pregavano Iddio con affettioni, così Latini come Greci, et d'ogni altro rito; et il signor de

Sur andava in la procession con la sua comitiva, et medemamente il re Henrico, vi andava a piedi, et faceva cantar messe nelle chiese, e parrocchie de Greci. Alli 27 di febbraro, piacque al Nostro Signor di mandar la sua gratia piovendo, per il che rinvennero le biave, et si feceno più belle che mai; ma poi che Iddio ha visto, che per haverli segnato et minacciato, non si volevano correggere et emendarsi, anzi come han visto le biave con speranza di far bene, hanno principiato alle risse, alli torti, alle tiranie et spergiuri, tornò a mandarli un'altra pioggia. Et in loco d'acqua piove tanto fuoco et arse et disfece ogni cosa, et durò quella pioggia tanto che brussiò tutte le biave, et ogni altro ch'aveva la terra, et spuzzava tutta la terra; li animali non trovano da mangiare di maggio et morivano di fame; li albori non hanno frutato niente, et molti servitori di gentilhuomini hanno mangiato pan d'orzo; et se non fussero sovenuti de formenti forastieri, haveriano patito molto più; cosa che mai più se haveva inteso, in Cipri portar formenti d'altri paesi.

1308-1309.

Sendo nel governo el signor de Sur, morì il duca d'Athene, cugin german di madama Eschiva de Iblin, signora de Barutho, alla quale, di ragione, toccava il detto ducato. Però mandò doi ambassiatori in Athene, et fece intendere a quei baroni che gli rincresceva la morte del suo parente, et come el ducato era pervenuto in lei, come più dreta herede apparente del duca; et ricercava il voler et parer loro in questo, se vi era qualche difficultà avvisarglila. Dove li suoi messi hanno trovato gran dissensione et differentie tra detti cavalieri per il ducato. Non di meno, gli scrissero dui de principali, l'uno era nominato signor Tomaso de la Sola, e l'altro signor Bartolomeo della Gronde, li quali le confortorono d'andare in Athene, perochè la signoria di quel loro sarebbe sua senza difficultà. Et alla mansion delle lettere gli dicevano: *Alla signora ducchessa d'Athene et signora de Baruto.*

Havute le lettere, venne in Nicosia del suo casal Lapitho, et pregò il signor de Sur, che dovesse perdonar a suo figliuolo, signor Rupin, et

Échive d'Ibelin, dame de Beyrouth, fait valoir ses droits au duché d'Athènes.

darli licentia d'andare con lei, et gli concesse. Postasi dunque in ordine de cavalieri, di servitori, drappi e presenti per dare al duca della Morea, al quale doveva far l'homaggio, et obbligato il suo feudo per trovare danari per questo effetto, si partì con quattro arsigli, che il signor de Sur gli dette; et lei li messe in ordine a sue spese. E menò seco il signor Rupin, sua moglie et un suo figliuolo de quattro anni, et lassò in Cipro una figlia, la dama di Baruto, raccomandata alla regina sua madre[1], et due figlie del signor Rupin, raccomandate alle figlie della regina loro zie. Come fu gionta a Negroponte, fu fatta certa detta dama che il conte de Brenne haveva preoccupato el ducato d'Athene, et tolto il possesso per via de messi et baili, et ricevuto l'homaggio et sacramento dalli huomini. Et come intese il signor Tomaso de la Sola, cugino di detta dama, che gli scrisse d'andare in Athene, che lei era a Negroponte, dubitando del conte di Brenne, scampò et andò in Vlachia, da suo genero, che era il signor de Vlachia. La signora de Baruto fu consegliata d'andar in Chiarenza, et de lì mandar li suoi ambassiatori al prencipe della Morea, et offerirli l'homaggio, et così fece. Andò, et mandò li suoi ambassiatori al prencipe, et gli richiese il ducato, et l'offerse l'homaggio, secondo le leggi et consuetudine. Il principe non si resolveva, ma li passava di giorno in giorno; la dama pregò il signor Nicolo de Santo Homero, mariscalco del principe, et il bailo, che dovessero chiamar corte a Chiarenza; et quando fu chiamata, la dama richiese il ducato d'Athene; e la corte li dette tre termini di 40 dì per uno, de quali l'ultimo non li volse accettare, ma fece per via d'un' nodaro intimar a loro un' protesto[2], in scrittura, come lei haveva offerto il suo homaggio, e loro non lo volsero accettare. Fra questi termini, venne di Francia el conte de Brenne, et offerto il suo homaggio al prencipe, fu accettato, et lui andò in Athene al ducato. Per questo, la dama montò in una galea, per tornar in Cipro. Et in Candia, la trovò una fortuna grande, si ruppe la galea, e loro detteno

---

[1] La reine de Chypre dont il est ici question est Isabelle d'Ibelin, veuve du roi Hugues III de Lusignan, qui mourut en 1324. Elle était non la mère, mais la grand' tante d'Échive d'Ibelin de Beyrouth. Amadi dit : *avia*. — [2] B : *processo*.

in terra, non senza pericolo della vita di tutti. Dove feceno parecchi giorni per cattivo tempo, e poi venne a Rhodi, dove restò il signor Rupin, suo figliuolo. Et quando venne la dama in Cipro, andò il signor de Sur a visitarla, et lei li dimandò de gratia il figliuolo, ch'era restato a Rhodi, per tema di non esser relegato da capo in qualche loco, come li era fatto avanti il suo partir; et il signor de Sur li dette licentia di venir, con questo, che non li andasse più contra.

1309.

Il commendator del Hospital, il mese di maggio del 1309, presentò una lettera del pontefice diretta a tutti li prelati, la qual conteneva che il pontefice haveva ordinato la crucciata, con il re de Franchi, per venir all'acquisto de Hierusalem; et voleva che il maestro dell'Hospital fusse capitano della crucciata. Et però ammoniva, et confortava tutti li fidel christiani del mondo, et precipue quelli de Cipro et Armenia, che si dovessero disponer et preparar, con la facultà e propria vita, in questa santa impresa, per la qual haveva concesso molte indulgenze a chi prestava danari per le spese del viaggio di quella. Onde il signor de Sur fece una citation generale di tutti cavalieri et huomini liggi del regno di Cipro, che tutti si dovessero trovar alli x di agosto in Nicosia; et quelli ch'erano citati a Papho, Limisso, et altrove, che dovessero lasciar le sue armi et cavalli nelli lochi dove servivano, et loro dovessero venir senz'arme et medemamente dovessero venire tutti li altri cavalieri senza arme. Quali venuti che furono in la sua corte, comminciò a dire, con parlar benigno, et piano : « Signori et fratelli « miei, questi giorni havemo inteso per lettere del nostro beatissimo « padre, che li signori della cruciata saranno presto in queste parti, « per soccorrer la Terra Santa. Però vi esorto e vi prego, tutti in« sieme, et caduno in particolare, che vi dobiate provider di buoni « cavalli et buone arme, caduno secondo la sua possibilità e con« ditione, et cresser li famegli e fanti, secondo l'intrade e feudi di « caduno; et sopra tutto proveder danari per haver da spender, acciò « venendo il passaggio de quà, come si spera, state provisti e in or« dine di riceverli honoratamente, a far honor e piacer a caduno, se-

Clément V ordonne une nouvelle croisade.

« condo la condition sua, come fecero già li vostri antecessori alli re,
« conti, baroni et signori, che vennero in suo tempo. Et per acquistar,
« et haver ancor voi non minor fama et honor che li vostri anteces-
« sori, vi sforzarete di far che questi siano astretti dalli vostre buoni
« et honorevoli portamenti, lodarvi dove si troverano. Se questi veni-
« rano con buona intentione, facendoli voi honore, acquistarete laude
« al mondo. Se veniranno con animo di nocer il paese nostro, siando
« noi in ordine, con più facilità si potremo diffendere, et insieme con-
« servare l'intrade, moglie, figliuoli, honor et vita nostra. Et acciò
« tutte le cose vostre habbiano a passar con buon ordine, eleggerete
« tra voi un numero di procuratori, huomini liggi, et delli più vecchi e
« pratichi, per haver il conseglio loro in tutte le vostre attion et pro-
« visione. » Et così fecero, elessero el contestabile et il prencipe, con altri
38 vecchi, per procuratori dell'università.

Nouvelles difficultés entre le roi et le prince de Tyr.

Pochi giorni dapoi Philippo d'Iblin, il quale haveva sposata la figlia di Piero Zappo, la giovane feudetaria, alla quale donò el maritaggio el signor de Sur, come governatore, venne in presentia del re; et ingenocchiosi a capo nudo, et offerseli l'homaggio, presente tre cavalieri huomini liggii, et il re non lo volse accettare. Medemamente madama Margarita de Iblin, figliuola del signor Badino, e relitta de Guido de Iblin, offerse l'homaggio che doveva al re per il suo duario, et per il bailaggio di suoi figliuoli, et il re non volse accettare. Et così fece de quanti sono andati ad offerirli homaggio, in tempo che suo fratello haveva el governo. Per il che il signor de Sur comprese, come poteva esser certo, che il re non era contento del suo governo; però mandò il vescovo de Baruto, fra Bartolomeo, abbate della Piscopia, fra Guido Siverac, commendator dell'Hospital, dui frati d'ogni convento, et 4 canonici di Nicosia. Li quali andati al re li fecero intendere, da parte del signor de Sur, et de la università di Nicosia, che di breve dovevano venir di ponente molti signori, per andare in aiuto de la christianità in Gerusalem. Per il che lo pregavano che si volesse acquietar con essi loro, acciò questi del passaggio venendo, si possino accogliere honoratamente et far il debito suo con essi, senza alcun impedimento. Il re rispose a questi : « Io son molto lieto della venuta di questi si- « gnori, et so come devono venire, et sono avisato dal sommo ponte- « fice; perochè per questo mi son travagliato molto dachè hebbi la « signoria, come sa.il maestro del' Hospital, et Dio voglia che venghino « prima ch' io finisca la mia vita. Quanto veramente dicete, che io « mi debba pacificare con li miei huomini, la pace non è mai restata « dalla mia parte, e son contento di star al ditto, et far quanto mi « diranno tre o cinque gentilhuomini, in li quali mi contento compro- mettere. »

Il signor de Sur, intesa questa risposta, et consultato con li suoi, tornà li medesimi ambassiatori a dire, che quella non era risposta di quel che li havevano dimandato, perchè la intention loro è che il re debba confirmar el signor de Sur per governatore, acciochè di suo buon consentimento havesse a governar il paese, in la venuta di questi signori che s' apparecchiano di venire. A quali messi il re rispose : « Io non so giudicar l' intrinseco delle persone, il quale intrinsecho « Iddio solo lo sa giudicare; ma io, per quel che mi havete voi « esposto, vi ho datto risposta; hora, che voi mi dite haver intention « diversa dalle parole, portatemi in scrittura ciò che mi volete di- « mandare, ch' io vi risponderò. » I quali messi, il dì medemo dopo desinar, gli portorono una scrittura di tal continentia : « La università « di cavaliere del paese e il governator fanno sapere a voi re, che « per diverse cose et cause necessarie, et pericoli ch' erano per acca- « der, di comun consentimento, hanno eletto el signor de Sur per « governatore del paese, et ve lo feceno intender; et voi medesimo vi « contentaste, come appar per instrumento pubblico, et per patti fatti « tra voi et lui[1]; dopo, per alcuni disturbi occorsi tra voi et lui, l'havete « tornato a confirmarlo per scrittura sigillita col vostro sigillo, et col si- « gillo di tutti li prelati et religiosi. Et perchè dall' hora in quà sono « seguiti molti disturbi, non ha possuto ben governare et far quel che « doveva; et oltra di ciò, il beatissimo gli scrisse, come a governatore de

[1] Paris.

1309.   « questo paese, ch' era per mandarli alcuni huomini per soccorrer et
« aiutarlo a recuperar la Terra Santa, i quali sono fin hora tardati per
« molti disturbi che gli vostri messi gli feceno a Roma; però, vi pre-
« ghiamo tutti insieme che dobiate trovar via et mezo che il governa-
« tore possa governare, et usare al suo governo pacificamente, per salvar
« l'honor suo et el paese, alla venuta di questa gente. »

La risposta del re, il dì seguente, fu questa :

« Noi havemo inteso le parole contenute nella scrittura presentataci,
« et quanto al governo ordinato per voi nostri huomini, et poi con-
« cesso et confirmato per noi, et li patti fatti per detto ordine, res-
« pondo[1] : che hora non accade commemorar li detti patti, perciò che
« la verità è troppo manifesta a tutti. Quanto all'impedimento fattoli
« in detto suo governo, et in la corte di Roma, et al paese, per me
« o per mia causa, per il che non ha possuto governar bene come do-
« veva, vi rispondo che, se in corte di Roma sia sta detto altro che la
« verità el me rincresce grandemente. Circa la venuta delle genti che
« manda il pontefice, ne piace sommamente, di che deve esser allegro
« et contento ogni huomo da bene. Circa veramente il trovar modo et
« via che il governator possi fare il suo governo pacificamente, noi, non
« se havemo ingerito ne se ingerimo[2] al suo governo, ne impediremo
« ne voi ne altri che si vorran mettere al servitio d'Iddio et della Terra
« Santa, anzi semo per darli quanto favor et aiuto potremo, come semo
« obligati; et quanto al pacifico governo, dicemo che noi non havemo
« mancato mai, ne mancheremo di tener via che si possa fare secondo
« Iddio et convenevol raggione, se dal signor de Sur non sara causato
« il contrario. »

Quattro giorni dapoi, tornorono li medesimi messi al re, et havevano
in compagnia loro xii cavalieri huomini ligii, da li quali cominciò à
parlare Ioan de Bries, signor de Paradisi, et disse : « El signor de Sur,
« governatore del reame de Cipro, et li 40 cavalieri procuratori della
« università ne hanno mandato a voi, et diceno che li havete scritto

---

[1] Paris et B; A : *respondendo*. — [2] Paris et B.

« una risposta molta oscura, la qual' è molto aliena di quello che vi
« hanno dimandato, et però sarete contento di dichiararla meglio. »
A quali rispose il re : « Se loro non intendono la mia scrittura, questo
« non è perchè le sia, come dicono, oscura, ma perchè loro non la vo-
« gliono intendere; et a quelli che non vogliono intendere, non accade
« altra dichiaration di più chiare parole. » Replicò poi il prencipe che
dovesse dichiarar almeno quel passo del governo che lo possa eser-
citar pacificamente, del quale tutti li sudditi si tenirano molto satis-
fatti; et questo lo dovete fare havendo già consentito et posto il vostro
sigillo in la scrittura. Al quale rispose il re : « È vero, et noi lo diremo
« in presentia de re, principi, signori de terre, et in presentia del
« sommo pontefice; ma diremo anchor la causa esser stata, perchè tutti
« voi m' havete tradito, m' havete spogliato, et tolto tutta la mia robba
« et facoltà, e m'havete assediato con le arme dentro in una camera,
« et tolto mie servitori et cavalieri[1], et me havete lassato solo et dere-
« litto, et per fuggir il peggio mi convenne conceder quel che mi fu
« tolto violentemente. » E il principe tornò a dire : « Voi havete li più
« savii della terra et maestri de giuditii, con li quali vi potete consi-
« gliare, et domane tornaremo a tor la risposta. » E il re gli tornò a rispondere : « Non accade[2] tornar domani altramente perchè la mia ris-
« posta è, circa l'instantia fattami, che non havemo risposto secondo la
« dimanda vostra, nel capitolo richiedente, che noi dobbiamo tenir via
« ch'el vostro governator possa governare pacificamente el paese et la
« genti; che noi havemo ben risposto a chi vuol bene intender, perchè
« respondessimo, che nel suo governo, noi non s'havemo ingerito, ne
« se ingerimo, et per il pacifico governo la concordia et riposo della
« gente del paese, non rimase da noi di fare, et tuttavia facemo quello
« ch'è secondo Iddio e la ragione. Ne sapemo circa ciò che volete si
« trovi la via ch'el vostro governator possa governar pacificamente,
« perchè egli è più che manifesto che tutti li huomini liggii, cavalieri,
« feudatarii, et stipendiati, e tutti li huomini del paese sono alla sua

---

[1] b : *consiglieri*. — [2] Paris et b : *accasca*.

« obbedientia, et al suo comando; che accade¹ che io gli trovi altra
« via di governar pacificamente? A noi pare che la risposta nostra è
« molto chiara, ampia et a proposito, et di ciò mi rimetto al parer di
« huomini da bene. » El prencipe pur replicava, che non era risposta a
proposito, et a ciò chiamò in testimonio quelli cavalieri ch' aveva menato seco, a quali disse che li dovessero dir la verità; et loro non resposero niente, anci a certo modo si lasciorono conoscere che sentivano
per il re. El prencipe dapoi disse al re : « Signor se vorrete far a nos-
« tro senno, noi vi daremo un conseglio giusto e santo, che piacerà a
« Dio et al mondo, et sarà per il reposo di tutto il paese. » E il re, che sen'
accorse² quello gli voleva dire, gli rispose : « Gli savii huomini non
« danno conseglio a nessuno, che non gli lo domanda; et li consegli si
« devono dar ai fanciulli minori d'età, et alle femine vidue, et non alli
« re, che non domandano conseglio; se voi sapete il modo del reposo
« del paese, insegnatelo al vostro governator che lo ricerca, et non mi
« tentate, che non vi do impazzo. » El prencipe, ch' ebbe due botte su
la testa di quel detto, che li savii non danno conseglio a chi non li domanda, e l'altra s'el sa³ la via del riposo la doveria insegnar al suo
governator, andò in collera, e li disse : « Voi, signor, parlate troppo
« lievemente », et volse seguitare. Ma suo socero Galtier de Bessan lo
punse, et fece tacere, et si partì dicendo : « El me rencresse che, » et non
seguitò ne anche quel parlare; e poi chiamò in testimonio quelli cavalieri c' haveva menato seco, che dal re non ha portato ne possuto trar
costrutto alcuno di quel che dimandava, et il re ha sempre parlato con
modestia, et ditto le sue rason resarvatamente, et humilmente.

Vedendo il signor de Sur che non potevano li messi et ambassiatori
far alcun profitto al suo proposito, andò lui con el contestabile suo fratello, et il prencipe con li 40 procuratori, et vescovo de Limisso, et
altri religiosi, et introrono nella camera del re; et il signor de Sur, et
vescovo de Limisso sedeteno, et rimaseno gli altri in piedi; et il signor
de Sur comminciò a dire : « Io vi ho mandato più volte prelati e gente

---

¹ Paris et B: *accasca.* — ² Paris et B; A: *Et il re se accorse.* — ³ Paris; A : *se la via;* B: *se sa la via.*

« di religion, et vi ho pregato che doveste trovar via et modo che io « possa governar el paese in pace et reposo, et voi m'havete resposto « al contrario. » Il re fece legger la copia della risposta che gli diede; e il signor de Sur li disse : « Questo non basta, perchè io vi domando una « cosa, et voi mi respondete un altra; ve prego et rechiedo di trovar « via et modo che io possa governar in pace e reposo questo regno; « perchè voi sapete che gli huomini del paese mi hanno eletto al go- « verno, in tempo che l'isola era in gran pericolo, e voi non ponevate « alcuna cura, e le persone dubitando mormoravano; et io, per questa « causa, ho accettato il governo, e vi piacque, e l'havete confirmato, et « io ho governato sin hora con gran contento universale, et se non erano « li movimenti che ben sapete, haveria anco governato meglio. » Al quale il re rispose : « Del buon governo che havete fatto con contento « di tutti, ne piace; ma noi non s'havemo ingerito nel vostro governo, « ne se ingeriamo. »

1309.

El signor de Sur, che l'intento suo era che il re lo dovesse confirmar governator in vita sua, vedendo che il re non li respondeva come desiderava, si partì da lui, et andò fuora della sua camera, pur in la corte del re, dove mandò a tor le sue arme, et parte de drappi, et alloggiò in quella. Et ha vietato ognun di praticare con il re, et licenziò di li sei compagni che haveva il re, li tre cioè : Ugo de Milmars, Balian de Milmars[1] e Julio Aleman. Fece prender maestro Justin dottor, dicendo che lui consegliava il re de non lo confermar governator; et il maestro Justin disse al signor de Sur : « Io sono un huomo solo, forestiero, et « mai ho consigliato il re di cosa alcuna, ne li ho servito in altro, eccetto « in alcun lettere che venivano d'oltra mar lattine, le quali havevano « qualche passo difficili che io gli ho dichiarato; ma io vi so dire che « il re è così savio et pratico, che tutti li dottori di Roma non sape- « riano consegliarlo, ne ha bisogno d'alcun dottor per conseglio; et poi « è tanto confirmato con Iddio, che lui in tutte le sue attioni, l'aiutta,

Le prince de Tyr s'installe dans le palais du roi, licencie sa maison, et confisque ses biens.

---

[1] Paris et B; A : *Milmas*.

« conseglia et conforta. » El re haveva sei capellani, de quali li ha levati quattro, ha licenziati tutti li fanti[1] franchi et forastieri, che accompagnavano il re, quando cavalcava; dete licentia a tutti li turcopulli del re, et fece vendere le loro arme e cavalli. Et mandò a tuor lui li soldati suoi, et messe alla vardia della porta del re la grande; et doi cavalieri delli suoi messe alla vardia dell'altra porta, per non lassar entrar nessuno senzo licentia sua. Et il dì seguente, essendo venuta la moglie del signor Filippo de Iblin, et il siniscalco, per visitar la regina, e medemamente vennero alcuni religiosi per visitare el re, non li lassorono entrare, ma furono licentiati e tornati in drio. Li cavalieri che erano in compagnia del re furono confinati al casal Agridi, a Risso Carpasso, et altri a Pendaia; et li Franchi et altri fanti banditi fuor di Nicosia, et alcuni fuor dell'isola. Il contestabile, fratello del signor de Sur, andò ad alloggiare in la casa di Rolando di la Baume, et il prencipe s'alloggiò al Tempio, e tutti li seguaci del segnor de Sur s'alloggiorno appresso et intorno la casa del re.

Et doppo assediatolo così empiamente, mandò a Limisso et chiamò il mariscalco dell'Ospetal, fra Simon Litat[2], et lo pregò che si volesse intromettere per accordarlo col re. Il quale accettò il caricho, et si affaticò molto per acquietarli.

Ma il re non si muovea dal suo passo, dicendo : « Io non mi sono in« gerito, ne mi voglio ingerire al suo governo. » Vedendo ciò, il signor de Sur, che fra Simon Litat non opperava quello che lui voleva, si sospicò di lui et però non lo lassiò più parlar al re; et poi tolse il mezzo della regina sua madre, et la mandò a persuadere il re, con alcune raggioni che a lui parevano buone, che lo dovesse per tutta la sua vita confermar bailo overo governator del regno. Ma il re rispose più chiaramente alla regina che di sua volontà non voleva ceder[3] la sua signoria ad altri, se prima non li fusse tolta la vita; et per il tempo che il signor de Sur ha governato et governa li dispiaceva e doleva, ma non potendo far altramenti haveva patientia, et del tutto si rimet-

---

[1] Paris et B; A et Amadi : *frati*. — [2] Amadi : *Lerat*. — [3] Paris et B; A : *chiedere*.

teva all' omnipotente Iddio. Il signor de Sur messe dui cavalieri all' uscir della camera del re per non lassiar entrar dentro alcuno, et poi mandò tre cavalieri et un' nodaro alli fra minori, et fece romper la cassa ch'era el thesoro del re, datto in custodia per il maritar delle sue sorelle, et lo fece tuor et portar in casa sua; et fece far notta al nodaro, come lo toleva per bisogno del paese. Et li frati feceno far un'altra notta in presentia de testimonii, come el signor de Sur haveva tolto violentemente el thesoro che il re li haveva comandato[1]. Et la somma del thesoro era cento quattordici mila ducati, quali accausava[2] al re, da poi pagati li debiti et lassi del re Ugo suo padre e suoi medesimi.

Haveva nel medesimo tempo licenziato el signor de Sur, et mandato in Armenia, quattro cavalieri stipendiati, quale per avanti haveva cassi dal stipendio, perchè tenivano dalla parte del re. I quali, quando andorono in Armenia, el re Chioysin mandò a chiamare il signor Filippo de Iblin, il siniscalco del reame de Cipro, et il signor Badin de Iblin, quali erano intrati ostaggi a Tarso, per una differentia che era tra il re Sembat et Alinaco suo fratello, e madama de Sacto, ameda del re Sembat et de Alinaco. Et venuti in presentia del re Chioysin, gli disse come el signor de Sur li ha scrito haver prese lettere del siniscalco dirette al re suo fratello, che contenivano che il re dovesse metter ordine de scampar de Cipro, et andar a Rodi, et che « Voi, siniscalco, et « Badin de Iblin sete per scampar dall' Armenia, et andar ancor voi a « Rhodi. Però, signori carissimi, voi siete huomini liberi, gran signori e « buona gente, et io chiamandomi molto soddisfatto de la vostra buona « compagnia, et ottimi portamenti, vi prego, come parenti ed amici, che « mi vogliate dir l'animo et voler vostro securamente, perchè vi pro-« meto, se voi havete desiderio d'andar a Rhodi, di far armar a mie spese « due galee, et darvi il modo di andar honorevolmente, sicome richierca « la condition de tal franchi huomini come voi sete; che non saria mio « ne vostro honore se voi vi partisse secretamente dal mio paese, ne al-

---

[1] Paris et B : *raccomandato*. — [2] Paris : *avanzò il;* Amadi : *quali rimaseno dapoi pagati,* etc.

«tramente che con honore.» Al quale el sinescalco, accortosi che el re voleva scoprir l'animo loro, con quel modo troppo goffo, respose: «Signore, dell'offerta fattane ringratiamo vostra signoria, come signore «libero et magnanimo. Quanto alle lode che ne fate, rendemo gratie a «Dio, poichè habbiamo fatta cosa grata a vostra signoria; et circa l'acciso «c'hebbe vostra signoria del nostro volersi partire secretamente, e senza «sua saputa andar a Rhodi, certo, signor, noi non havemo mai imaginato «tal cosa, et si contentiamo di non haverla mai imaginata. Anzi noi «semo pronti d'esseguir li patti et promesse che sono tra noi, si come «devono fare tutti li huomini da bene ad un tal signore come voi sette; «ne mai summo, ne mai saremo d'altra opinione, ne habbiamo vo-«glia, piacer, o desiderio partirsi dal reame di Armenia, finche vostra «signoria di buona et allegra voglia ne dia licentia, et all hora par-«tiremo con apiacer, et pace di quella, et con l'honor nostro.» El re, vinto dalla dolce et prudente resposta del siniscalco, gli rendete gratie delle cortese proferte, et buona disposition, e poi li disse: «Signori, sa-«piate che la città de Tarso è infettata, però vi prego vogliate andar «in la città de Sis, la quale è sana, et star di lì in ostaggio.» Et loro andorono volontiera; et con loro mandò doi cavalieri armeni, per loro custodia, i quali andavano il dì ucellando con falconi, et con cani, et la notte si reducevano in casa loro.

Il mese di ottobre, dama Isabella, dama del signor de Sur, sorella del re d'Armenia, si partì da Nicosia, et andò a Famagosta; et in sua compagnia era Filippo de Iblin, chiamato allhora el giovane, et Gioan de Bries, patron del casal Paradissi; et ivi, montata su una galea accompagnata da altre due, andò in Armenia, et menò seco tre figliuoli, Ugo[1] Beimondo, e Lerione[2], et una figliuola chiamata Agnese; et lassò in Cipro altri doi figliuoli, Gioanin et Iotino. In Armenia, andò a pregar il re, suo fratello, e tenne modo col signor Chaetonte, signor de Curico, suo cugino, che il re di Armenia si contentò d'accettar per priggione

---

[1] Paris et B. — [2] Amadi: *Lerion*. Plutôt: *Levone* ou *Levon*.

el re Henrico de Cipro. Et ottenuto c'hebbe l' intento suo, ritornò immediate in Famagosta, e scrise a suo marito il successo, et come lei non voleva venir in Nicosia se prima non intendeva el re esser partito dal paese.

1310.

Alli 28 de gennaro, il signor de Sur mandò a dire al re che li voleva parlare, et il gli rispose ch' essendo priggione non haveva voglia che alcuno li parlasse. Andò poi il signor de Sur alla regina, e li disse che dovesse andar dal re a persuaderlo che dovesse metter qualche buon ordine per quella gente che veniva d' oltra mare, acciò il paese si trovasse in quiete, et che lui potesse governare pacificamente. E la regina le respose che non era ordine, perchè sapeva l'animo suo, che non si voleva privar di sua volontà dalla sua signoria; et pur, per suo contento, andò, et tornata gli diede quella risposta che già gli haveva datto poco avanti. Il dì seguente, mandò fra Gioan San Quentin a far intendere alla regina che il signor de Sur li voleva parlar. Il quale andato, trovò la porta della scala serrata, et aspettò buon pezzo per veder se veniva alcuno per aprir, ma non vedendo alcuno, tornò al signor de Sur. Il quale andò lui con il contestabile, et introrono all' improvisa nella camera del re; e subito che la regina el seppe, andò et sentì tra loro.

Balian de Iblin el Malguarnito, et il predetto fra Gioan si ritirorono, et volevano partirsi dalla camera del re; et il re li chiamò, dicendo : « Non havemo da trattar cose che non sapete, anzi voglio che caduno in- « tenda la instantia e parole di questi signori miei fratelli. » Et il signor de Sur parlò, dicendo : « Signor, noi siamo venuti da voi, come nostro « signore, nostro re, e nostro fratello, et ve pregamo et richiedemo che « ne dobiate consigliar per questa gente che aspettiamo d' oltra mare; la « quale viene sopra di voi, et noi, et non sapemo come habbiamo a go- « vernarsi a questa venuta loro. » Al quale respose il re in questo modo : « A quanto dicete venir da me come vostro signore, vostro re et vostro « fratello, certo il dover vorria che così vi foste venuti; ma è gran dif- « ferentia dalle parole alli fatti che usate meco. Perchè, se tra noi « m' havete tenuto tal come dite, voi che sete miei fratelli, non havreste « comportato che questo sì grande oltraggio mi fusse fatto; ne consentito

« a tanta ingiuria quanta mi fu fatta; anzi m'havreste diffeso, se non
« come re et come vostro signore, come dite, almeno come vostro fra-
« tello. Ma perchè vi piacque et lo consentiste, mi fu fatto quello, che
« mai fu fatto in alcuna terra di christiani ad alcun re; et non basta
« che m'havete tolto violentemente il poter commandar al mio regno,
« ma anche m'havete assediato, anzi incarcerato in questa priggion
« stretta, e tolto il mio thesoro, voi che sette i miei fratelli et miei huo-
« mini; il che non dovevano consentire, ne anche li miei vasalli feu-
« detarii, perchè se io havesse fatto alcuna novità alli miei huomini, in
« accresserli novo servitio contro loro volontà, o se havesse fatto alcuna
« cosa in danno o vergogna loro, o del paese loro, dovevano venir da
« me, et mostrar il loro gravamen, e pregarme che io mi dovesse as-
« tenir di tal cosa, come cosa che li pregiudicava; et quando non havesse
« voluto far per loro, me dovevano impegnare del servitio, et non farmi
« questo si grande oltraggio, ne questa tanta grande ingiuria che voi
« m'havete fatto. Perchè voi, primieramente, veniste in presentia mia
« et m'havete portato quelli articuli che vi parseno, et mi toleste im-
« mediate la signoria senza alcuna raggion; la seconda volta, m'havete
« assediato a casa mia con l'arme in mano, et prendeste alcuno de miei
« huomini, et li incarcerasti come si vede anchora; la terza, m'havete
« impregionato nella mia camera, et albergaste nella mia casa et met-
« teste nelle porte e nelle muri della mia casa soldati con armi, et li-
« cenziati li miei servitori, anzi banditi da tutte le città reale. Et non vi
« contentate anchora, ma di nuovo venite a stimolarmi, dicendo che
« queste genti che vengono sono per noi, e pur, l'altro giorno, mi diceste
« che viene per soccorrer la Terra Santa; et non vi accorgete di tenir
« la vostra parola salda ad un modo. » Al' hora il signor de Sur l'astrinse
con parole che dovesse dir, et aricordar qualche buona provisione.

Et il re gli rispose: « Cari signori, che conseglio domandate ad un
« ch'è prigioniero nella sua camera, se io non posso trovar rimedio per
« me, come lo potrò trovar per altri? Quando venirete da me, come do-
« vete venir al vostro signor, al' hora consegliarò, et farò quel che potrò
« et dovrò fare. »

Il signor de Sur replicò che non lo teniva miga priggione, ma che potea cavalcar, andar et venir a suo piacere, et accadendo nella venuta di questa genti d'oltra mare, potrà cavalcar con el suo confalon inanci, et loro lo seguiteranno come loro signore. Et il re disse al' hora : « Questo
« non potrà essere, ne farete niente, se non venirete prima in presentia
« mia, si come dovete fare al vostro signore; e quel che dite che io non
« sono priggione, questo si vede in fatto manifestamente, quando non
« ho licentia di partirmi dalla mia camera, et peggio son io che alcun
« priggion, conciossiachè agli altri priggioni è concesso di poterli visitare
« in priggione ogn'uno che vuole et confortarli, et a me è vietato an-
« cora la visita de miei amici et de miei servitori. Et sono in peggior
« conditione de priggione, che se fusse in priggion de infedeli; pe-
« rochè, quando il re d'Armenia fu preso da li Saracini, ch'erano
« infedeli, non era tenuto così miseramente; anzi era accompagnato
« et honorato da tutti, et li facevano quanti piaceri li potevano fare;
« et lo facevano cavalcar, et andar alla cazza quando voleva, lassando
« lo[1] prender quelli diletti che haveria possuto prendere al suo paese,
« et li facevano le spese abbondantemente. Medemamente quando li
« Saraceni preseno il re di Franza, il quale li fece molti danni et dis-
« piaceri, et venne a posta dal suo paese in Soria per distrugger et
« ruinar[2] la pagania, e far el suo forzo per[3] recuperar la Terra Santa,
« dove fu preso da li nemici suoi infedeli; et parimente fu preso un
« gran conte d'Allemagna dal soldan Bendugdar; a quali el soldan
« fece haver, et capellani et coghi, et tutte le comitive loro per potersi
« servire a loro modo ad' usanza de christiani, et li furon date le
« spese più[4] abbondante che voi non fate a me, che non sono già
« preso da inimici alla battaglia, anzi havete tolto la mia signoria, et
« il mio thesoro per malvagità vostra. » Dopo queste parole, el signor de Sur disse al re che dovesse metter ordine et modo a quel che li ha detto, et se lui non voleva ordinar, che loro metteriano quell'ordine che saperiano. Al che respose el re, che facessero el meglio che

[1] Paris.
[2] Paris et B; A : *distrugger la*.
[3] Paris : *et*.
[4] Paris et B.

sapessero. Con questo si partì il signor de Sur e il contestabile dalla camera del re.

Le prince de Tyr fait arrêter le roi.

L'ultimo poi di gennaro, el signor de Sur et il contestabile ritornorono di notte in la camera del re, et comminciorono a stimolarlo, et non lo lasciavano riposare; il quale uscì fuora dalla sua camera, dicendo : « Qualche violentia mi volete fare? » Et andato alla loggia ch'è avanti la sua capella trovò alcuni feudatarii, et li disse benignamente : « Cari signori, vi ho io fatto novità alcuna? Ho io contrafatto alle leggi « vostre? Se vi è cosa alcuna, fatimela intender? Perchè vedo che questi « signori mi vanno stimolando con parole, et io voglio che mi parlano « in presentia vostra; et vi scongiuro et protesto sopra la fede che mi « dovete per l'hommaggio fattomi, non vogliate mancar da la promessa « vostra fede; ma che mi vogliate salvar et deffender come dretto he- « rede vostro signore, et che vogliate revocar questo governo, el quale « non è stato mai di mia volontà; et venite a me, che son vero signor, et « io vi provederò di tutte le cose che bisognano, perdonandovi d'ogni « error commesso fin hora contra di me circa questo governo, et vi ri- « ceverò in la mia gratia. »

Alle quali parole il signor de Sur l'interruppe, et disse : « Come « signor volete voi dire di non haver consentito et giurato di non andar « contro questo governo, el quale havete promesso? » Et il re rispose ch'el non diceva ponto il vero, perchè mai di sua volontà non fu concesso. Et il signor de Sur replicò molte parole, tra le quali si dolse che il re procurava la sua morte, et il re li dette un altra volta la mentita più scoperta; et il signor de Sur chiamò la regina in testimonio, e la regina disse al signor de Sur : « Il re mai ha procurato la tua morte, « ma tu si ben la sua. » Et al'hora il re chiamò un altra volta li suoi huomini dicendo : « Venite da me che io vi accetterò, et provederò; anzi « farò per voi tanto che direte che io ho fatto assai per voi; » et poi intrò nella sua camera, e parlava con la regina sua madre; e il signor de Sur, et il contestabile senterono alla porta della camera del re. Alli quali il re disse : « Cari signori, voi non m'havete lassato che questa camera,

« andate fora et lassatemi reposare. » I quali resposero : « Signor, noi vi
« faciamo compagnia; » et il re gli replicò che non haveva bisogno
della loro compagnia. Ma per questo loro non si mossero, anzi feceno
vista di parlar tra loro, et non li aldire; a quali una loro sorella disse :
« Voi sette qui assisi per tradir el vostro signore et fratello come fece
« Giuda. » El re si ritirò verso il suo letto, et comminciò a dire il mat-
tutino, e quando el disse, disse a sua madre : « Signora è tempo hor mai
« di reposare; » e però comminciò a spogliarsi, et andar in letto; et la
madre, e sorelle sue sentavano lì appresso, dubitando della malignità
del signor de Sur, et del suo seguito. El signor de Sur, che era de fora
della camera, tornà per intrar in la porta, e la regina sua madre gli da
una spinta, et lo cazzò fuora. Venne drio de lui il contestabile con una
torza in man per entrare, e la regina li tolse la torza, et lo spinse de
fora, dicendoli; « Ah traditori, andate fuora ! » ma loro si posero a sentar
da recavo in la porta, parlando col prencipe.

Et appresso meza notte, vennero da recavo per intrar in la camera
del re, e la domisella Chielvis, loro sorella, cridò alla regina : « Signora,
« eccoli che vengono a prender il re. » La regina si levò et prese il signor
de Sur, et lo tenne, credando che per tenir lui, li altri non havessero
ardimento di entrar la dove erano le sue figliuole donzelle; ma Filippo
d'Iblin, conte de Zaffo, et Filippo d'Iblin el giovane furono primi ad
entrar; i quali preseno la regina oltraggiosamente et villanamente et li
aperseno le brazza, tenendola appoggiata al muro in croce, di modo che
non si poteva muover, la qual disse al conte : « O signor, non sette voi
« il mio cugino germano, perchè mi fatte così grande oltraggio ? È questa
« la fede e giuramento fatto al vostro re e segnore ? Così servate le pro-
« messe che fate a Dio con giuramento ? Se non havete compassion a
« lui, habbiatela almeno a me, et alle mie figliuole donzelle; che mal,
« che dispiacer ne ha mai fatto il vostro signore ? In che cosa v'ha mai
« mancato, per la qual vi movete a trattarlo così villanamente; con che
« animo ardirete di toccar la sua persona sacra e santa, la persona giu-
« rata da voi di diffendere, et mantenerla da tutte le cose vivente ? Con
« qual parole vi scusarete appresso Iddio, il dì del giudicio ? Con che

1310.

1310. « faccia risponderete, quando Iddio vi domanderà del vostro cuggino,
« del vostro signore, del vostre re? » Queste, e molte altre parole, piene
di prudentia, usò la povera regina in vano, et di poi andò in angoscia,
et si lassò cader in terra; et quelli che intravano dentro la colpeggia-
vano, passando oltra, la qual non si poteva muovere. La damogella
Chielvis, sorella del re, corse al letto del re, e lo svegliò[1], dicendo :
« Sù monsignore, perchè li traditori son venuti a prendervi. » Et il re
nudo in letto disse : « Chi sarà colui dì tanta audacia che mi verrà a
« prendere? » credando che nessuno si trovasse tanto disleale, tanto gran
traditore c'havesse ardimento di metter la man sopra un re unto et
suo diretto signor. Et a questo ecco che le fur adosso el signor de Sur,
el contestabile et poi el prencipe, et doi Genovesi, de quali uno si chiamava Anfredo de Marini, et l'altro Lanfranco Carmain. Anfredo levò il
moschetto dal letto del re, et il buon re si levò, et sentò nel letto in
camicia con un vardacor, et protestò el signor de Sur, el contestabile
et el prencipe, sopra la fede che li dovevano, che non dovessero toccar
sopra la persona sua, perchè egli era unto, et loro dretto signor. Et loro
gli disseno : « Signor, levate sù, et vestitevi, perchè vi conviene levare. »
Et Lanfranco genovese prese li drappi del re per vestirlo; et il re turbato gli dette un pugno sul mustazzo, dicendogli : « Ah ! vil ragazzo, chi
« t'ha invidato a vestirmi? » E il Genovese, con l'abaldezza c'haveva per
quelli che l'havevan menato, messe man alla spada, vardando el re per
traverso; el signor de Sur disse al Genovese : « Voi andate troppo avanti, »
et egli si fermò. Et il buon re cominciò a cridar così com'era sentato al
letto in camissia, et diceva : « O potentia divina, perdona al signor de
« Sur, et agli altri che mi fanno quest' oltraggio, et quest' ingiuria ! » El
prencipe e doi altri cavalieri tenivano la sorella del re, damogella Maria,
acciò non s'approssimasse al re, et lei cridava forte dicendo : « Vendeta,
« o Dio, sopra il prencipe et soi figliuoli, e fa lo tristo della persona sua
« et delli suoi figliuoli come lui ha fatto alla regina del suo buon et ho-
« norato figlio. » Et il prencipe rispose : « Io non vidi mai una donna

---

[1] Paris et b : *dismisciò*.

«così balda a cridare così forte come voi;» et lei le disse : «Ne alcun
«huomo del mondo ha visto mai el maggior traditor, et il maggior ri-
«baldo di te, c'hai mentita la fede giurata al tuo signor et sete venuti
«a prenderlo.» Il re si vestite, e poi fu tratto dalla sua camera, e un'
cavalier stipendiato dislacciò la cortella del offerir da la centura del
re e poi feceno serrar la porte, acciochè la regina e sue figlie non
andassero dal re; le quale feceno un si gran cridore, un pianto, un
lamento tanto grande ch'avriano mosso a pietà i tigri, o altre più
spietate fiere, biasmando e maledicendo el signor de Sur et suoi seguaci
e loro figliuoli, in francese, in arbesco et in greco.

Il povero re andando disse al signor de Sur : «Prego Iddio non vo-
«glia far di voi, ne di vostri figli, quel che voi fate di me;» e poi voltato
a quelli ch'erano presente, menandolo disse : «Io vi scongiuro per la
«fede et sacramento che m'havete fatto d'essermi testimonii quando
«sarà hora, tempo et loco, come io non ho concesso di mia volontà al
«signor de Sur alcun governo, ne li voglio conceder.» Da poi che il
re discese la scala, volevano li suoi fratelli ch'el montasse a cavallo, e
il re diceva : «Perchè mi volete scaciar di casa mia così vilmente me-
«nandomi come un latrone?» et il signor de Sur li disse : «Va pur la che
sarà per vostra salute, et proficuo del paese.» Et con questo, lo messeno
a cavallo, senza haver mai toccato il re l'alcon della sella, ne le redine
del cavallo; ma disse a Nicolo Zappo che dovesse montar in groppa
del cavallo et lui cavalcò; ma il contestabile lo fece scender, et cavalcar
uno delli compagni del signor de Sur chiamato Gioan Lombardo.

All'hora, domandò il re un drappo fodrato et un capello, perchè li
suoi drappi erano troppo leggieri, et però sentiva freddo; et il signor
de Sur li fece dar una sua veste fodrata, et il suo capello. Et poi si
voltò il re al signor de Sur et gli disse : «Almerico, voi mi mandate fuora
«del paese violentemente, et con gran torto, et voi haverete a durar
«poco nel reame de Cipro, perchè havete fatto in loco.[1] pessimo la

[1] Paris et B.

1310.

Le roi
est conduit
au port de Gastria.

1310.

« vostra fondamenta, et conviene ruinar presto la vostra fabbrica. » Al' hora il contestabile, con gran compagnia de cavalli armati et fanti arcieri, menorono il re; et il dì seguente andorono a desinar al casal Levconico, con Aluise de Nores, e dapoi lo menorono al casal Gastria del Tempio, appresso la marina. Al re fu mandati dal signor de Sur tre frati menori, dui preti et dui chierici et dui delli suoi servitori, et alli altri fu dato combiato.

Le roi Henri est conduit en Arménie.

Alli 4 di febbraio, vennero da Famagosta a Gastria due galee armate et una fusta, et il re aldiva[1] messa in quel che gionsero; et udite le trombette, s'accorse ch'erano venute galee per levarlo, et mandò un servitore in le galee a domandare s'erano in ordine per imbarcarsi; e il contestabile gli mandò a dire de non. Dopo desinar, voleva lavarsi il capo, ma havendoli mandato a dire il contestabile ch'era tempo d'imbarcarsi, lassiò di lavarsi il capo et discese alla marina senza mostrar cattiva ciera a nessuno; anzi, usando a tutti la solita benignità e cortesia, montò in barca, et andò in galea, dove stette un pezzo vardando alla destra et alla sinistra per veder quelli che lo devevan vardare; et non vedendo alcuno si voltò alla terra, e le fece tre croce e un'altra fece nel suo volto, et poi fatto vela andarono alla Giazza. E subito gionti, discese il contestabile et li cavalieri, et teseno un padiglione per il re, et poco distante da quello un altro per esso contestabile. Il re discese dalla galea, et andò de longo al suo padiglione senza veder el contestabile et altri cavalieri, dove trovò il suo desinar apparecchiato, et desinò.

Il est enfermé au château de Lambron.

Poi, venne il giovine signor de Curico con 30 cavalieri, et li disse esser mandato dal re d'Armenia per accompagnarlo; et il re Enrico non gli fece buona ciera, perchè conosceva suo padre, che era maligno et traditore; ancho cavalcò senza parlar li, et con lui cavalcarono li frati et altri servitori. Et andando, li venne incontra il re d'Armenia facen-

---

[1] Paris et B; A : *sentiva*.

doli buona ciera et allegra et accoglienze finte, et dicendoli che li piaceva grandemente la sua venuta, perchè saria causa del bene et emendation del reame d'Armenia, e delli christiani che erano in quelle parti. Et con lui cavalcò da circa tre leghe sino ad un casal detto Armavuni, e lì el lassò col el giovane signor de Curico et altri baroni armeni. E ritornò al contestabile, che veniva dopo il re circa una lega, el'abbracciò, et feceli accoglienze grande; et furono insieme un giorno et una notte, e poi si partì el contestabile e ritornò in le galee con le quali venne in Cipro. Et il re d'Armenia ritornò al re Henrico, et lo menò in un loco detto Trabesic, dove lo lassò più de un' mese; et de lì fu menato al castello de Lambron, dove fu vardato, et devedato che alcuna persona, ne Armeno ne altro, osasse parlar al re over alla sua fameglia; e li faceva[1] molti stratii, acciò gli rincrescesse et consentisse a confermar el signor de Sur al governo di Cipro in tutta la sua vita.

Dapoi la presa e confination del re Henrico in Armenia, furon tratti di priggione tutti li cavalieri ch'erano retenuti dal signor de Sur, et concesse che potesseno andar a star come volevano. De Bapho fuggirono con una galea doi cavalieri, cioè Giacomo de Montolipho et Gioan Laze, per tema di non venire nelle man del signor de Sur, et con quella galea andorono a Rhodi. Dapoi preso il re, andavano alla regina molte gentildonne a confortar et consolarla, e per tre dì continui era la corte molto frequentata; ma poi il signor de Sur messe vardiani alla porta, che non lassarono più andar nessuno, e le tenne in questa solitudine gran tempo. Il signor de Sur hebbe licenziato il bailo della corte del re, e il bailo de li casali, et messe altri suoi.

Il mese di marzo 1310, venne a Famagosta il messer Raimondo da le Spine, arciprete del papa, quale era di nation guascone, et venne messo del pontefice per pacificar il re col signor di Sur. Il quale fu ricevuto con grand honore. Et immediate che il signor di Sur intese la sua venuta, andò a Famagosta, et perchè dubitava che non venisse

Arrivée en Chypre de Raymond de Pins, nonce apostolique.

---

[1] Paris et B : *faceva far*.

drio qualch' armata d'oltramare, intrò in Famagosta con gran pompa, accompagnato da molti huomini a cavallo et a piedi; e dete ordine di fortificar Famagosta, con gran forze di denari et huomini; et si lavorava al castello principiato per avanti presso la porta della marina, congionto con la torre del arsenal; fece nettar subito li fossati, et tolse villani da tutti li casali dell'isola per forza; fece ruinar alcuni banchi et altri intrichi che avanzavano fuor de le porte, over balconi, per haver spatio di correre i cavalli senza impedimento; fece mutar la piazza ch'era avanti la corte regal, et metterla drio al monasterio de predicatori; et fece molte altre mutation e preparamenti, e soppratuto fece gran sunanza de denaro[1] delli giudei di Nicosia, et Famagosta, et da tutto il reame, da li quali tolse centomila ducati; et fece fare una taza d'imprestito per due volte alli borghesi di Nicosia et Famagosta, Limisso et Bapho, et tolse altri duecento mila ducati saracineschi. Monsignor Raimon de Spine referì al signor de Sur, de parte del pontefice, l'imbassiata impostali; et l'amonite dolcemente, con parole assai benigne et amorevole, che si dovesse accordare e pacificare col re; che saria meglio per lui et per li suoi heredi, perchè la loro discordia era, a lui signor de Sur, grande infamia al mondo, e grande incarico presso il signor Iddio, et l'inimicitia de tutti li signori potentati christiani, se non si emendava e pacificava col re[2], che lui et soi heredi stessero aspettando l'ira del signor Iddio; et lo lodava che si dovesse humiliar al re, et lo mandasse a chiamar in Cipro, se voleva estinguere quell'infamia c'haveva acquistata, et molte altre simile parole. Al quale rispose il signor de Sur, con voce assai humile et bassa, che la venuta sua l'haveva tutto consolato, et gli rincresceva ch'era tanto tardato a venire, perochè la sua venuta più a buon hora saria stata el radrizzamento del reame de Cipro, e delli cavalieri ed altri; si conzò a scusare circa il governo, che la colpa non era sua, ma dei cavalieri che glie l'havevano dato quasi per forza; et questo perchè loro vedevano ch'el re non era atto a governar, per la sua malattia; et havendo havuto guerra

---

[1] Amadi: *fece gran raccolta de danaro.* — [2] Paris et B: *Et se non vi emendava e pacificava col re.*

con Genovesi el non sapeva proveder, ne voleva intender a chi sapeva
consigliarlo, et vedendo il pericolo in ch'erano per incorrere le persone, le fameglie et feudi loro, volseno provedere. « Et come più dretto
« herede apparente, che io sono de reame dapoi il re, a cui deve essere
« benefficio e danno, mi elessero governator, et mi pregorono che li do-
« vesse trar di pericolo. » Non di meno, quando il re rinvenisse a salute,
ch'egli li renderia la sua signoria. Ma conoscendo la sua fella natura,
non ardivano li huomini rimetterli al suo giuditio; imperochè serva il
rancor intrensicamente, il che sanno per esperientia, per haverlo provato
un altra volta. Et con queste parole s'iscusava, et incargava el buon re
Henrico, concludendo che per alcun modo se voleva remetter al re;
ma che tornando in Cipro, l'haveria come suo re, e li farebbe le spese
del viver largamente, restando lui governator, dal qual governo non
si voleva disbracciar per niente.

Messer Rimondo disse : « Io voglio andare fino in Armenia a parlar
« con il re Enrico, e spero metter buona pace tra voi e lui, mediante
« l'aiuto del signor Iddio, e far che il re si contenti lasciarvi il governo. »
Il signor de Sur fece metter in ordine una galea, et mandò con lui el
vescovo de Limisso, et un canonico de Nicosia; i quali andati al porto
di Malo, de lì andorono in la città d'Adena, onde venne il re d'Armenia; al quale disse messer Rimondo come il beatissimo papa e il
christianissimo re di Francia l'havevano mandato per metter pace, et
accordare el re Enrico et il suo fratello, il signor de Sur. Il re armeno
fece venire il re Henrico dal castel dove era retenuto, et il siniscalco,
et Badin de Iblin, e li altri cavalieri ch'erano priggioni dove havevano
sofferto lungamente disagi infiniti. Et venuti tutti in la città de Adena,
messer Rimondo parlò al re e lo confortò e persuase talmente, che si
contentò di conceder el governo in vita sua al signor de Sur, et che il
re havesse dieci mila ducati all'anno, de più di quel c'haveva per le
sue spese che erano x m. altri ducati al'anno[1]; et che havesse ancho

---

[1] Paris et B. Les mots depuis *de più* jusqu'à *et che* manquent dans A.

1310.

el maritaggio de sei donne ligge o damogelle. E questi patti furono fatti, confermati et giurati mantenere per il re Henrico, et per il re d'Armenia, et soi baroni, per nome del signor de Sur. Et stabilita ch' ebbe questa conclusione, messer Rimondo ritornò in Cipro, et riferì il tutto al signor de Sur, et li richiesse che dovesse sottoscriver li patti per far venir il re in Cipro. Il quale non volse sottoscriver, ne giurar di mantener l'accordo; ma messe tempo di mezzo per tuor conseglio da li suoi huomini, et fu si bello il conseglio che voleva tuor, che stete da 28 di marzo fino alli cinque di guigno, che provide Iddio.

Le prince de Tyr est assassiné.
5 juin 1310.

Era nella corte del signor de Sur un' cavalier compagnon chiamato Symon de Montolipho, figliuolo de Tomaso, el quale era nutrito per Badin d'Iblin, quel che fu preso dell'arcivescovado, come havete inteso. Et perchè Badin, che teniva la parte del re, se ne accorse, o suspicò che detto Symon reportava quelle cose che lui parlava in casa sua al signor de Sur, lo licentiò; et egli andò a star col detto signor de Sur pochi giorni, et poi si partì, et andò in la Morea, e stete alquanti mesi. Et essendo ritornato in Cipro, el signor de Sur lo ritolse nel suo stipendio per cavalier compagnon, e li pagò il suo soldo integro del tempo ancora che mancava fuora dell'isola, et li donò un bel cavallo ed alcune robbe di valor di 200 e più ducati. Costui haveva tanta famigliarità col signor de Sur, che li poteva parlar, et dire quello che alcun altro non ardisca, et haveva anchor licentia da intrar et uscir nella camera sua senza difficultà d'alcun portinaro o cameriero. Accadè che un venerdi, alli 5 de giugno, desinò col signor de Sur et alcuni altri cavalieri, nella camera terrena chiamata vota, perchè era fatta in volto. E siando a tavola, el signor de Sur levò il suo taglier di pesce, et lo fece presentar a Symon per corteggiarlo. Doppo levata la tavola et partiti i forastieri, andorono anche li servitori a desinare; et Simon, parlando col signor de Sur, trasse una coltella che portava, et deteli dieci ferite; et distesselo in terra morto, li tagliò la testa. Si giudicava che la voleva portar via, et dubitò non esser veduto nel suo partir di casa, et li tagliò il pugno destro, et lo portò seco; et il resto del corpo, lo travolse in una filzada, che trovò in quella camera, et quella pose sotto la scala, e possevi di sopra un stramazzo ancora, acciò che tanto più si stesse a trovarlo. E serrate tutte le porte che pote serrar, uscite fuora nella corte, dove fu visto da quelli che vardavano la gran porta, c' haveva un' giozzo di sangue in fronte, si giudica che sia stato ferito dal signor de Sur deffendendosi, o vero che il sangue saltò, e dete a lui. Et dimandato da li vardiani chi l'haveva ferito, rispose: «Ughet, figlio del signor de Sur[1], mi dete, e sono andato a dirlo a suo «padre, e ho[2] trovato che dorme.» Et con queste parole uscite fuora, et trovò un suo servitore che l'attendeva con una mula, et andò a casa sua; e poi montato a cavallo armato alla leggiera, andò fuora della porta della citadella, ed andava di galoppo verso Pendaia. Et si dice che il signor de Sur era stato avertito per avanti dalla sua moglie e da altri, che si dovesse guardar dal sopradetto Simon de Montolipho; ma lui non li volse creder, perchè il peccato del buon re suo fratello l'haveva accecato.

Al' hora di vespro, venne messer Rimondo da le Spine, et il prior del Hospital et altri, cercando di parlare al signor de Sur; e li camerieri si maravigliavano di tanto tardar, che non era solito di dormir tanto. Et andato un' Guielmo Menebef, suo compagnon, in la sua camera, la trovò serrata di dentro; batte la porta, e nessuno non li risponde. Per il che cominciò a pensare diversamente, mandorono in la camera di sua moglie fra Daniel, suo confessor, a veder s' el fosse là per farli intendere la venuta di quelli che l'aspettavano; la quale rispose che dapoi desinar non l'haveva più visto. Di che tutti cominciorono a pensar male, et la dama de Sur pensò fusse fuggito, perchè si diceva che dovevano venir galee armate d'oltra mar in favor del re, et chi pensava una, et chi un altra cosa; ma poi che andarono li camerieri nella camera terrena, trovarono il sangue, et dapoi il corpo ne la filzata, la qual cosa feceno immediate intendere al contestabile e al principe, senza cridar ne far rumore per casa.

[1] Paris. — [2] Paris et B.

Il quale contestabile restò stupito, com'intese la morte sanguinosa del fratello, et però s'armorono tutti doi, et andorono in la corte del signor de Sur, et lo trovarono così crudelmente occiso; et senza dar voce fuora, feceno armar tutti li servitori et huomini del signor de Sur, et tutti li loro seguaci, con li quali feceno circondar tutte le case di quelli gentilhuomini de quali si suspicava fossero della parte del re. Et fu data voce fuora, che li cavalieri del re che erano in Famagosta s'erano rebellati, e però si volevan vardare, e steteno così fino al tramontar del sole; et all'hora si messeno a conseglio, et feceno governator in loco del signor de Sur el contestabile suo fratello. Il che fatto, fu mandato a cavar el corpo morto da la cava, molto brutalmente imbrattolo de la terra e sangue; hanno cuscito il suo ventre, et posto dentro le sua interiora già tratte, et medemamente la sua testa; et all'hora si cominciò il pianto delle donne e servitori. Et alle due hore di notte, fu spedito di mandar dietro a Simon de Montolipho turcopulli et arcieri, con lettere in li rivaggi, et jusdiscenti delle contrate se lo potevan prender vivo, perchè volevano intendere la causa ch'el mosse a perpetrare un così atroce delitto; pensando forsi che il re Henrico, per mezzo di qualch'un altro, l'havesse ordinato a commetter detto assassinamento. Ma, perchè induggiorno tanto a espedire, Simon hebbe avantaggio diece e più hore d'andar prima di loro là dove voleva andare; però non lo potero trovare, ne sapere dove sia fuggito; et non havendo trovato lui, si messeno a far oltraggi et dispiacer alli parente suoi, così alli huomini come alle donne, che non havean colpa.

Il giorno seguente, che fu vigilia di Pentecoste, fu seppolto il signor de Sur con gran solennità a Santa Sophia, al lato del grand altar, appresso del re Ugo, suo padre. Il contestabile fece che li cavalieri, turcopulli e fanti li giurorono di guardar et deffenderlo da tutti li viventi, e lui li promise di rimunerarli tutti; richiesse il medemo giuramento ad altri cavalieri, ch'erano per la città de Nicosia, le quali, parte de quelli ch'erano dalla sua giurorono, et parte tolseno termine a parlar con li loro pari, e consigliarsi. Lui, il dì de la Pentecoste, publicò la sua cride per la città come governatore et fece venir li borghesi da Nicosia a giurar de vardar et deffenderlo come governatore, come già feceno al signor de Sur suo fratello; et il medemo scrisse alli capitani de Limisso, Baffo e Cerines, che dovessero fare da li habitanti di lì. Et scrissero anchora el[1] contestabile et el principe a Gioan de Bries, dinotandoli la morte del signor de Sur, però dovesse affatticarsi, e far ogni suo possibile di tenir Famagosta per il contestabile si come la teniva per il signor de Sur. Gioanne, come hebbe le lettere di mezo notte, mandò alli cavalieri del suo seguito, et li fece armar et andar in la corte del re, alli quali fece intender la morte del signor de Sur, e benchè habbino havuto dispiacer grande, non dimeno non feceno alcun segno per non intender quelli che erano dalla parte del re; ma loro furono avisati da alcuni, come li seguaci del signor de Sur s'armavano, e non sapendo la causa perchè, s'erano pensati esser per causa di prender et mandarli in Armenia, come già poco avanti s'haveva mormorato.

Però, subito mandò a svegliar l'un l'altro, et s'armorono anch'essi, deliberati di morir piutosto con l'armi in man, diffendendo la fede data al re, che lasciarsi prender come bestie, et mandarli in cattività. Et si dice che Ague de Bessan, cavalier di grande et nobil animo, et li suoi seguaci andarono a parlar alli comuni de Genovesi, Alemani et Venetiani, dicendo che loro havevano deliberato di prender Famagosta per il re, et far cridar il suo nome, perchè non volevano esser più governati da altri che dal re, perchè del governo del signor de Sur erano scottati molto. I capi delli qual comuni li promissono di aiutar et favorire, immo viver et morir con loro per il re.

Di buona mattina adunque armati, Ague de Bessan e tutti li amici del re andarono al palazzo regio, e trovorono el castellan, et li altri cavalieri amici del signor de Sur armati, et facevano consulto; et quando il castellan vide Ague de Bessan et li altri armati, li dimandò per che causa s'erano armati, et venuti in corte. Et Ague gli rispose haver inteso che sua signoria con li altri cavalieri s'erano armati, et pensando

[1] Paris; A : *al.*

Famagouste se déclare pour le roi. Ague de Bessan est nommé lieutenant du roi.

forsi questo esser per qualche bisogno, si sono armati ancho loro, e venuti lì per cio che fusse. Il castellan, preso all'improvista, non sapendo dire per che causa era armato, trovò di dirli che da Nicosia haveva havuto lettere che il signor de Sur era amalato gravamente et che si giudicava de così suoi male, et però li parse buono far che la signoria si debba tenir per il dretto herede, ch'è il contestabile, e non volse nominare el re; e poi mandò a chiamar la trombetta, et fece una grida da parte del signor de Sur, che nessuno ardisca di portar arme per la città, eccetto quelli che fossero ordinati per servitio. In questo mezzo, gli amici d'Ague di Bessan da Nicosia li scrisseno la mala morte del signor de Sur, del che se hanno confortato, e ringratiato Iddio, che li ha liberati da quel pestifero angue. Andati poi da Gioan de Bries castellan, li dissero : « Voi tenete occulta a noi la morte del signor de « Sur, forsi per prenderne a tradimento, ma non vi valera questa pensata, « perochè noi sapemo tutta la trama che pensate di fare ». Et immediate calorono le visiere delli elmi, e cridorono : « Viva il re Henrico, et mo- « rano quelli che non vorrano far el sacramento al re. » Et poi fece far le crida per tutta la città da parte del re, che tutti grandi e piccoli dovessino venir in corte a far el sacramento solito al re. Del che Gioan de Bries et li suoi seguaci rimaseno confusi, et non sapevano più che fare, ne che dire, imperocchè li aversari erano molto più potenti di loro, et tuttavia andavano prosperando e da tutti favoriti. Il dì medesimo che fu fatta la crida, vennero tutti allegri, e feceno el sacramento al re al modo ordinato per Ague di Bessan, Roberto Mongesard, et Rinaldo di Sanson. Et il medesimo feceno le tre comuni, et giurarono anchora d'aiutar l'un l'altro fino alla morte, per liberar et mantenir il re; le bandiere del quale[1] furono poste sulle torri; et armati tutti correvano per la città, cridando allegri : « Viva el re. » Feceno ruinar tutti li ponti delle porte, et murar tutte le porte della città, eccето la maestra, per uso delli habitanti; devedorono l'uscir de le vittuarie, et feceno molte provission per la recuperation del stato del loro detto signor. La qual cosa intesa

---

[1] Paris; A : *lequali.*

dalli altri cavalieri, ch'erano in li loro casali et in le marine, citati a posti si¹ redussero a poco a poco tutti in Famagosta, dove feceno una mostra de 1700 huomini ben a cavallo, et circa settemila pedoni ben armati; quali elessero per loro capitanio, et locotenente del re per tutto el regno de Cipro, el signor Ague de Bessan, il quale s'ha portato prudentemente e valorosamente. Quando li cavalieri, ch'erano a Limisso et Papho, inteseno l'impresa che in Famagosta havevano, a laude d'Iddio e gloria del mondo, principiata a fare, feceno ancora loro il medemo, et giurorono tutti di² deffendere la ragion del re fino alla morte, et poste l'insegne del re, cridorono tutti : «Viva el re».

Il re Henrico seppe che il signor de Sur non si risolveva a giurar l'accordo fatto per messer Rimondo de le Spine, il che intese per lettere del maestro dell'Hospital havute dal commendator de Cipro; il quale, ancorchè il re d'Armenia non volesse mai lassarlo parlar al re Henrico, egli tenne però modo di mandarle per un suo cameriero. Però scrisse una lettera, et la mandò³ al commandator, che la portasse alli suoi huomini. Il commendator, giunto a Famagosta a ponto il dì che fu ucciso el signor de Sur, hebbe rispetto di dismontar da la galea perchè gli fu detto che il signor de Sur era sdegnato con li Hospitalieri, perchè tenivano la parte del re; ma, il dì seguente, havendo saputa la morte del signor de Sur dal signor Ague, discese armato, et li dete la lettera del re, et li disse come li bastava l'animo di liberar il re dall'Armenia. La lettera conteniva come perdonava a tutti quelli che l'havevano offeso, quando essi volessero emendarsi dell'error loro et venir alla sua obedientia; et che ordinava per capitanio in loco suo el maestro del Hospital, et voleva che l'obbedisseno sino alla sua venuta, et tutto ciò che detto maestro facesse egli el tegniria fermo et valido; et sigillò la lettera col suo sigillo picolo, perchè l'era stato tolto il grande.

Il modo che pensò il commendator de liberar el re, disse che es-

1310.

Négociations pour la délivrance du roi.

¹ Paris; A : *ll.* — ² Paris. — ³ Paris; A : *mandar.*

sendo in Armenia quel re l'haveva dimandato se la pace et accordo era concluso tra il signor de Sur et altri baroni di Cipro, et esso commendator rispose che nel suo partir si tratava caldamente et credeva[1] hormai fusse concluso. El re replicò, certo vorrei s'accordassero et mandassero a tuor el suo re, perchè l'era grand incarico di tenirlo a quel modo de là; e il commandatore respose che si travaglieria in Cipro d'accordarli, et portar lettere col sigillo del signor de Sur per liberarlo, et il re gli rispose di darlo. Però fece scrivere una lettera finta da parte del signor de Sur, et la sigillorono con un sigillo contrafatto, et la mandorono con el detto commendator, et con lui andì un' altro cavalier stipendiato, chiamato Novéllo d'Argent, ch'era compagnon del signor de Sur, e poi venne et giurò per il re, et fu armiraglio[2] a Famagosta posto del signor de Sur. Il quale s'offerse d'andare alla liberation del re, perchè sapeva il loco et le pratiche di quelli, però che fu con la dama de Sur in quelle bande, et sapeva li patti ch'erano tra il re d'Armenia et sua sorella la dama de Sur; per le qual cose gli dettero fede e lo mandorono col commendator. Li quali, come furono gionti al porto de Malo, discessero in terra a trovare il re; et detto Novello si discostò dal commendatore bellamente et andò tra alcuni Armeni, et li disse che dovessere dire al loro re, come li cavalieri amici del re, con l'aiuto del Hospital, feceno amazar el signor de Sur, la sua moglie et suoi figliuoli; li quali Armeni credutoli si armarono molti di loro, parte a cavallo parte a piedi, et venivano per prender el commendator.

Ma lui, dalla partenza del Novello, sospicò di male, et perciò si ritirò in la gallea con li suoi, et mandò una lettera al re d'Armenia, dicendo lui esser venuto per annontiarli la morte del signor de Sur, et menar via el re Henrico, se li piace di darlilo. El re rispose haver inteso la morte del signor de Sur, di sua moglie et di suoi figliuoli, da li seguaci del re, et da li Hospitialeri; ma se lui li portava lettera da sua sorella certificandolo della sua vita e delli figliuoli, che li voleva dar il re Hen-

---

[1] Paris; A : credà. — [2] Amadi : Et alhora era armiraglio.

rico. Per il che immediate el commendator tornò a Famagosta, e riferì al signor Ague et altri gentilhuomini il tradimento orditoli per Novello d'Argente. Onde fece il signor Ague, come locotenente del re, metter a sacco la casa del detto Novello, et sua moglie e figliuoli furono posti in priggione. Pocco dapoi, il re d'Armeni, havendosi certificato della morte del signor de Sur, fece prender il re Henrico, che al'hora si trovava in Adena, et lo fece venir in un castello ditto Persepia[1], et lo tratò molto villanamente, non da re ne de gentilhuomo, ma da ladro et peggio, accompagnato solamente da un frate, che mosse a pietà tutti quelli che l'han veduto. Medemamente fece prendere el senescalco de Cipro, et Badin de Iblin, quali fece metter in una torre, caduno d'essi serrati; et li cavalieri, che el signor de Sur haveva mandati in Armenia, li fece inpriggionare nel castello de Sis, et metter doi para de ferri a cadun d'essi, e poi li mandò al castel de Noverza[2], dove furono gravamente ammalati. Fece poi prendere un fra Gioanni, ch'era in compagnia del re, il quale fu posto in priggione oscura et puzzolente; et una notte fu tratto et menato fuora di Adena, sopra el fiume, et menandolo alcuni le mettevano le spade nella gola, minacciando di tagliarli la testa. Condotto poi appresso il fiume, et menandolo un official chiamato Thoros Banir[3], li disse : « Sententia della tua morte è data, con « conditione, che dicendomi la verità di quello ch'io ti dimanderò, non « patirai altramento la morte. » Il povero frate rispose : « Io la dirò se tu « mi vorrai credere. » L'Armeno disse : « Voglio che tu mi dichi con ve- « rità tutte le cose che tu ha visto, inteso e saputo del re Henrico, et « specialmente la contenentia delle lettere ch'egli ha scritto in Cipro. » Il frate rispose : « El re ha scritto due lettere alla regina sua madre, che « li dinotava la condition in la quale si trovava. » L'Armeno l'interrogava : « Le altre che scrisse ? » Et il frate rispose : « Lasatemi pensar un poco. » L'Armeno fece portar una corda et una zarra, et ligate le man al frate gli disse : « Perchè ne stentate, io vedo che tu hai più voglia di morire che « di confessare le lettere che tu hai scritto in Cipro da parte del re, alli

---

[1] Amadi : *Presepia*. — [2] Amadi : *Naverza* — [3] Paris : *Thoros Battir*.

1310.

« cavalieri de là, per le quali hanno commesso quel gran homicidio in
« la persona del signor de Sur. » Di che fra Gioanni cominciò a giurare
che non sapeva di ciò, ne il re ne lui, cosa alcuna, ne altre lettere ha
scritto se non una a messer Ramon de le Spine, messo del pontefice,
una al legato, et due al maestro del' Hospital. L' Armeno commandò ch'
el frate fusse menato alai del fiume[1], e fece impir la zarra d'acqua, et
appenderla al collo del frate, amonendolo tuttavia che dovesse dir la
verità; et il frate diceva non saper altro, et pregava l'Armeno che li dovesse tagliar la testa piu tosto che annegarlo[2]. Tuttavia l'Armeno li fece
alzar li piedi in alto, et la testa al basso, in atto di traboccarlo nel fiume;
et vedendo l'empio Armeno non poter haver altro da lui, lo fece drizzar
suso et ritonarlo nella priggione, dicendoli : « Pensate meglio, e se tu
« manifesterai la verità al re d'Armenia, io ti farò liberar, altramente tu
« sarai annegato. »

In questo mezo in Cipro, mandò el contestabile et el prencipe doi
messi a Famagosta, per recever la signoria et il giuramento solito per el
contestabile; et in compagnia di questi messi venne anchora uno di
quelli Genovesi, ch' era quando preso il re nel suo letto. Come il signor Ague de Bessan, et altri cavalieri amici del re, inteseno che questi
messi erano intrati in Famagosta, immediate li feceno prender et metter
in priggione. Et poi chiamorono conseglio, nel quale intrevenne Gioan
de Bries, ch' era già castellan a Famagosta; el quale arricordò che si
dovesse mandar a chiamar el principe, ch' era et personaggio grande
et membro del regno, con el quale se potevano prevaler assai, quando
lo facessino capitanio loro fino la venuta del re. Al quale rispose Gioan
de la Corona, cavalier liggio del re, et disse a bocca piena : « Dio non lo
« voglia, che faciamo alcuno capitanio sopra di noi, el quale sia traditor
« come è il principe verso il re suo signor. » Onde Gioan de Bries lo
mentite et date le parole, vennero a metter man alle spade, ma non
furono lassati. Et perchè il detto de Bries usò alcune parole, che lo
reteno sospetto, il dì seguente, fece il signor d'Ague armarsi li soi, et

---

[1] Amadi : *verso il fiume*. — [2] Paris et B; A : *ed annegarlo*.

prende Gioan de Bries, signor de Paradisi et l'altro Gioan de Bries de messer Beimonte[1], Gioan de Giblet, Gioan de Retis, Anfredo de Scandelion, Beltran Faisan, li quali fece metter in una galea per mandarli a Rhodi. Et in quel che la galea voleva far vela, comparseno nove galee venetiane mercandesche, per il che dubitorno quelli che volevano uscir dal porto, e soprassederono finche si sapesse che galee erano; nel qual intervallo, li amici di quelli che furono pressi procurorono, col mezo del legato, che la regina scrisse al signor Ague, che soprasedesse l'andata d'essi per amor suo; et il signor Ague obedite alla regina, ma li fece ritenir et metter sotto buona custodia tutti li predetti, quali haveva suspetti per traditori del re. Le galee de Venitiani come introrono al porto di Famagosta cridorono : « Viva il re », et si offerseno dar ogni haiuto con l'haver et le persone loro, al signor Ague de Bessan, per mantenir el stato del re, et questo feceno come amici della giustizia, la qual hanno sempre favorita in ogni loco. Fu retenuto ancora quel Genovese Anfredo de Marin, ma poi dette piagiarie per x mila ducati di non se partir dal paese fino la venuta del re; il quale subito relassato, scampò da Famagosta, et andò oltramare.

1310.

Quando vede el contestabile che il suo governo era turbato da quelli di Famagosta, fece conseglio con li suoi, et mandò ambassiatori, el[2] vescovo de Baffo et el vescovo di Famagosta, quali disseno al signor Ague et altri, da parte del legato, et del contestabile, et del principe, che si maravigliavano molto che loro, senza il parer dell'università, habino fatto capitanio; et anchorchè l'intento et opera loro a favor del re era buona et laudevole, la qual cosa piaceva ancora a loro sommamente, non dimeno si doveva fare nella città principale del regno, ch'è Nicosia, con il parere di tutti feudati ed huomini liggii. Et però li confortavano che dovessero venir in Nicosia, dove potriano consultar insieme di molte cose di giovamento de la venuta del re, el nome del quale volevano far cridare in Nicosia et per tutta l'isola; et armar

Le connétable cherche à négocier avec les partisans du roi.

---

[1] Paris, b et Amadi. Les mots depuis *signor de* manquent dans a. — [2] Paris; a : *al.*

galee, et mandar over andar loro medemi a menar el re. Il signor Ague, quando intese le tante et larghe proferte, si pensò ch'erano tutte volpine et disleale, et tutti insieme conclusero di non li risponder altro se non chi li tien che non fanno cridar el nome del re in Nicosia, se loro sono in quella città senza contrasto d'altri, che di loro medesimi; et così mostrandosi d'essersi accorti della falaccia loro, li lassoro senz' altra risposta. Di che el contestabile et il prencipe creppavano di dispetto; et perciò il prencipe pensò d'andare a Famagosta; et andò al casal Colota, appresso Famagosta una legha e meza, e menò seco 40 cavalieri et 100 fanti, credando spaventar quelli di Famagosta. Ma s'ingannò di grosso. Perochè il signor Ague si pensò di andar a prendere et mandarlo a Rhodi, et metter a fil di spada tutti quelli che volessero deffender; di che fu avisato il prencipe da suoi amici, ch'erano in Famagosta, et immediate scampò, et andò quella notte a Sivori a dormir; et alla matina a buonhora andò a Nicosia, e referse al contestabile il tutto, con suo gran dispiacere. Feceno poi un altro conseglio il contestabile et il prencipe, nel quale ha proposto il principe[1] che non volendo obedire al contestabile quelli di Famagosta, che si dovessen prendere le loro moglie et figlie, et offerirle alli famegli e fanti insieme con li loro feudi, mettando il tutto per il tutto et combatter con loro sino alla morte. Nel qual conseglio si trovò chi disse che quest' impresa non era da fare, perchè non era ne buona ne profitevole, anzi era di dishonor grande di tutti loro, perchè parte di quelle moglie erano parenti di tutti quelli che erano nel conseglio; et oltra la vergogna saria anco di danno loro, però ch'essi non erano tanti che potessero resistere con quelli di Famagosta; quali, oltra che di numero sono molto più di loro, sono ancho huomini esperti in la guerra, et deliberati di morir tutti insieme, et in tal caso si metteriano a tal disperatione, che guai a tutti noi; loro appresso s'hanno appropriate tutte le marine del reame, hanno l'armamento delle galee al lor comando; et concludendo diceva che non era impresa da mettersi, et oltra che erano

---

[1] Paris et B. Ces mots, de *nel quale* à *che non*, manquent dans A.

in la ira del re per le occorrenze del signor de Sur, in tal caso si metteriano ancho in la disgrazia et ira d'Iddio. Quando el contestabile intese queste ragioni, rimasse confuso insieme col prencipe, et hanno abassato l'orgoglio loro, et perseno gran speranza, et se humiliarono.

1310.

Apresso pensavano di tenir el castello di Cerines, per via del quale designavano aver aiuto de huomini d'arme dal re d'Armenia e dall' Ottomano; ma questa speranza anchora gli mancò del tutto; perochè, havendo mandato Badin de Navara per ricever quel castello, trovò che li cavalieri et soldati ch'erano in quello s'erano voltati alla devotion del re, et feceno el giuramento per el re; et quando inteseno a Badin de Navara, lo licenziarono dal castello con poco honor; et se non si partiva tosto, li volevano prender et metter in priggione. Il signor Ague, come intese questo, espedì immediate Pietro de Giblet da Famagosta, et lo mandò a Cerines per castellan, che tenisse el castello per el re.

Ague de Bessan fait occuper Cérines au nom du roi.

La dama de Sur temendo li cavalieri di Famagosta, li quali seguivano l'impresa prosperamente, e lei sapeva che molti d'essi havevano patito priggion et altri dispiaceri dal signor de Sur suo marito, per li quali havevano causa di vendicarsi sopra di lei e di suoi figliuoli, et non havendo dove ricorrere per star sicura, andò dal legato, el quale alla sua venuta in Cipro fu accettato honorevolmente dal suo marito, e si raccommandò a lui; e lui si offerse di aiutar e favorir lei et soi figli quanto poteva, e però si redusse a stantiar nell'arcivescovado, dove stantiava il legato, e portò seco anchora tutte le sue robbe di valore.

Il giorno seguente dapoi che la dama de Sur se redusse in l'arcivescovado, il signor Ague de Bessan, capitanio, et la cavalleria di Famagosta mandorno Guielmo de Mirabel e Giraldo de Monreal ambasciatori al legato, alla dama de Sur, al contestabile, al prencipe, et altri cavalieri del loro seguito. Et prima dissero al legato : « Il signor Ague « de Bessan, capitano del regno et locotenente del re, ne ha mandati « a far intendere a vostra signoria reverendissima, che l'altro giorno « che li mandò ambassatori, non li parse responder per essi ambassia-

Négociations d'Ague avec la princesse de Tyr et le connétable pour la délivrance du roi.

« tori per alcuni rispetti che a lui parseno convenienti. Hora, dice che
« non accade che lui venghia in Nicosia a fare conseglio con el contes-
« tabile et prencipe, ne accordarsi con loro, parendo forse a vostra
« signoria ch'el debba ceder el governo del regno al contestabile. Ne è
« officio di quella il procurar simile negotio, perochè il beatissimo apo-
« stolo vi ha mandato quì, voi et messer Rimondo da le Spine, suo
« commesso, che vi dobbiate affaticar et travagliar con le buone et con
« ogni desterità et sincerità, et accadendo adoperar l'autorità aposto-
« lica, et minaciare e scomunicare, e fare quanto fosse de bisogno per
« remetter el re nel suo stato, et pacificarlo con el signor de Sur.
« Il che, fin hora, la signoria vostra non ha fatto, ne si pensa di pro-
« curarlo, perochè, non solamente quando era vivo il signor de Sur,
« non l'havete spogliato del governo per remetter el re nel suo dominio,
« ma hora, che è morto, procurate di far governatore el contestabile,
« acciò restì el re sempre preggione. Et havendo visto li cavalieri et
« fedeli, vassalli del re affatticarzi in tenir le fortezze et marina governate
« per nome del re, voi non vi sette mai mosso di aiutarli, o almeno con-
« fortarli, con qualche buona parola, a questa si giusta et laudevole
« opera; ma li confortate che venghino a cedere el governo del regno
« al contestabile, et accordarsi con lui, come fusse tra loro qualche
« differentia particolare, che non importasse l'interesse del re, a voi
« tanto raccomandato dal pontefice, overo come s'essi cavalieri te-
« nissero el contestabile in preggion, et procurate di liberarlo, come
« dovevate fare, quando erano li cavalieri del re in priggione, et in
« esiglio, del che non vi havete curato mai di fare alcuna provissione.
« Ne hora par che vi pensate di procurare la liberatione del re, che
« anchora è in priggione, anchorchè Iddio n'ha mandato l'occasione
« nelle mani, havendosi, come gia fu hieri riferito, remessa et racco-
« mandata la dama de Sur con soi figliuoli et facoltà nella protettion
« vostra, con la quale potete far ch'ella scrivi al re d'Armenia di li-
« berar il re di Cipro, nostro signore, come pensano che voi farete per far
« officio christiano, e per far quello che vi fu imposto da chi v'ha man-
« dato; il che cridono tutti esservi facile d'ottenere dalla dama de Sur,

« et così vi pregano tutti, et richiedono come a padre spirituale, che
« dobbiate procurare, con detta dama, per el ben suo, che el re vengha
« di breve in Cipro sano e salvo; avertendola che, se il re haverà alcun
« mal in Armenia, che non li valerà la protettione o custodia di sua
« signoria reverendissima ne di alcun altro, perchè essi cavalieri sono
« deliberati, intravenendo il caso, di prender lei et suoi figli, et con-
« durli in Armenia, et li ucciderli tutti in presenza del re d'Armenia
« e de li soi parenti. Se pur voi non vi vorrete ingerire in questo buon
« officio, vi pregano che dobbiate attendere solamente al governo et
« regulation[1] de vostri preti, et reparation della chiesa, et lassar ch'essi
« cavalieri procurino, con el conseglio del signor Iddio et con il suo aiuto,
« la liberation del re; il quale Iddio li consiglierà et ajuterà come soi
« fideli christiani, che amano el dovere et osservano quello che hanno
« giurato al loro signore; et s'altramente opperarete, loro vi fanno certo
« che mandarono li loro nontii al Pontefice, con li processi fatti, et che
« faranno circa l'operatione fatte contra la vostra commission, et che
« havete lassato di fare. Al contestabile, prencipe et loro seguaci, semo
« commessi di dire, che vi danno termine di giorni doi, che vi dobbiate
« emendare, et far cridare el nome del re, et far el giuramento al re
« in presentia della regina sua madre; et il giuramento sia in quella
« forma come habbiamo fatto noi a Famagosta, et mandiate[2] la secreta
« nella corte reale; et han ordinato che Gian Le Tor[3] et Rolando della
« Baume siano consiglieri della regina. E passato ditto termine, se non
« eseguirete questo real ordine, tutti l'inobedienti delli huomini del re,
« come rubelli della sua corona, incorreranno nella pena di perder li loro
« feudi in perpetuo, e le persone loro saranno all'arbitrio del signor, se-
« condo le dispositioni delle leggi nostre municipali.

« Anchora faranno intendere specialmente al contestabile et al pren-
« cipe, che si debbano affatticare et procurare con la dama de Sur de
« menar il re loro signor in Cipro sano et salvo, sicome coloro ch'hanno
« procurato di mandarlo fuora dell'isola e regno suo; et se il re ha-

---

[1] Paris; A: *relegation*. — [2] Paris et B; A: *mediante*. — [3] Paris: *Letor*; A: *Lettore*; Amadi: *Lettor*.

1310.

« verà alcun danno personale in Armenia, siatevene certi che loro
« metteranno tal ordine quale Iddio gl'inspirarà, et s'iscusano con voi
« se alcuno male o danno ve intervenirà, facendovi certissimi che,
« doppo la morte del re, alcun di voi non herediterà el paese, et Iddio
« li provederà signore. Et di ciò non vi dovette maravigliare, impero-
« chè hanno inteso che voi contestabile ve havete fatto governatore,
« et loro, giache sono quietati dal giuramento che feceno al signor
« de Sur, non vogliono haver più altro governatore che il loro dretto
« signore e re. »

Accord entre la reine, mère du roi, et le connétable.

Quando el contestabile et prencipe intesero il breve termine che
le fu assegnato, et considerando la potentia de genti d'arme che haveva il signor Ague, e come esso contestabile et prencipe erano dere-
litti da tutti, et a pena erano seguitati da 40 cavalieri, tra feudati et
stipendiati, furono astretti di cedere et humiliarsi, promittendo de far
l'ordine del signor Ague. Et il dì seguente, col mezo del legato et di
messer Rimondo da le Spine, furono accordati el contestabile, el prencipe, et loro seguaci con la regina. E l'accordo fu che la regina giurò
sopra li santi evangelii de procurar lealmente, con tutto il suo poder,
che il re dovesse perdonar al contestabile, al prencipe et altri cavalieri
loro seguaci de loro errore; et far che nessuna cosa passata s'havesse
a commemorare[1] più tra loro; et che il re dovesse tenir fermi et validi li
maritaggi che il signor de Sur concesse quando era governator; et medemamente confirmasse la compreda del casal Strambolu alli heredi
del signor de Sur, et la compreda del casal Stephanovatili al contestabile. Et poi el contestabile, el prencipe, el conte de Zapho Philippo
de Iblin el giovane, Gioan de Iblin, suo fratello, Ugo de Iblin, Galtier
de Bessan, Henrico de Giblet el Besmedin, Ugo de Peristerona et
suoi figliuoli, Bartolomeo de Flassu et suoi figliuoli, Gioan Lanfranc et
soi figliuoli, Badin de Navarra, et Ugo de Antiochia, giurorno alla regina
in presentia del legato et de messer Rimondo da le Spine, di guardar et

---

[1] Paris; A : *commorare*.

salvar il re, et le sue citta et castelli, et li soi dretti et rason; et procurar con ogni diligentia de liberar el re, et salvar la regina et le sue figlie contra tutti li huomini del mondo. Feceno gridar el nome del re in Nicosia, et mandorono la secreta et l'armamento del re nella corte reale; et la regina et soi conseglieri ordinorono in la corte del re, et ricevetero el giuramento de le tre comuni Venetiani, Genovesi et Alemani, et de tutti li borghesi et populo di Nicosia. Del che fu avisato subito il signor Ague a Famagosta, il quale s'haveva acquietato, et remasso d'ogni altra deliberation c'haveva fatto con li suoi compagni d'esseguire contro di quelli, che non havessen obedito l'ordine suo.

Fu cosa mirabile che Simon de Monteolipho, partito da Nicosia con un suo gineto, et andato alla volta di Pendaja, non fu mai più veduto, ne di lui saputo con verità nova alcuna ne in Cipro ne fuora di Cipro, non fu ne ancho trovato el suo cavallo in alcun rivaggio o casale. Veramente si puo pensare che costui abbia havuto secretissima intelligenza con qualche naviglio, che l'attendeva in qualche via, et come gionse fece mettere anco el suo cavallo, et menato con lui in lontani paesi. Et perchè non si sapeva dove fusse andato, ogni tristo che voleva far dispiacer et danno a qualche persona nobile o religiosa, andava al contestabile, al prencipe, et alla dama de Sur, et li diceva d'haver veduto esso Simon nel tal luoco; et loro armando gente andavono cercando quella casa, et daneggiandola; come feceno la casa di madama Sibilla de Montolipho, ameda del detto Simon, et el monasterio di San Lazzaro, dove era abbadessa dama Margharita d'Iblin, figliuola del conte del Zaffo, parente del re et della dama de Sur, da parte di suo padre re d'Armenia; la quale fu maltrattata, lei et tutte le sue monache, per haver detto un certo clerico Machie, maligno et mal creato, d'haver veduto detto Simon de Montolipho in quel monasterio, el che fu falso; perochè fu cercato el monasterio, la chiesa, le coli[1], le case[2], armari, pozzi et ogni altro loco in che poteva stare un huomo, et astrete le monache con minaccie di tolghe la vita con le spade se non lo palesa-

---

[1] Paris: *celle*. — [2] Paris et B: *casse*.

vano, promesso a schiave et altre masere et libertà et doni grandi se lo palesavano; et con tutto ciò non hanno potuto venir ad alcuna cognitione de lui, perchè non era in Nicosia.

La regina e la dama de Sur, per interpozition del legato et messer Rimondo da le Spine, s'hanno riconciliato nel monastero de Santa Chiara. E parlando insieme, disse la dama de Sur che voleva andare in Armenia, et menar seco li suoi figliuoli; alla quale rispose la regina: «Non anda-« rete miga, ne vi pensate questo, anzi voi et vostri figliuoli resterete « in Cipro securamente, perchè noi vi varderemo et salveremo come « colei che vi tenemo per figlia propria, et li vostri figliuoli per nostri « figliuoli proprii; et non altramente vi tenerà il re che come sorella, et « vostri figli come suoi figliuoli istessi, et vi farà ogni honor, et a quelli « ogni benefficio a lui possibile. Et all'incontro voi vi dovete disponer « di mandar al vostro fratello re d'Armenia, et procurar con lui che « el re sia liberato et lassato venir al suo paese; per il quale si vo-« leva mandare in Armenia, perochè la cavalleria era in gran mut-« tation, et il paese con tanti disturbi et diversità d'opinion che fa-« cilmente se potria perdere senza il re.» Di modo che la dama de Sur promise alla regina di scrivere a suo fratello, et mandar contrasegni per liberar el re; ma non attese, anzi prolungava la cosa di giorno in giorno, et non voleva scrivere. La regina, sollecitando la venuta di suo figlio, fece una lettera aperta al re d'Armenia, per la quale richiedeva a lui, per parte de tutta l'università di nobili et popoli di Cipro, che dovesse lassar venir el re Henrico nel suo paese, attento che colui, ad instantia del quale era sequestrato apprese d'esso re[1] d'Armenia era mancato, ne li figliuoli del signor de Sur ponno haver l'intento[2] che haveva il loro padre, perchè il re Henrico ha fratello, et quelli sono nepoti. La lettera fu dal legato, vescovi, prelati, dalla regina et tutti li baroni del paese sigillata, et la dama de Sur richiesta di sigillarla si scusò di non haver sigillo, ma che mandava

---

[1] Paris. — [2] Paris; A: *inteso*.

un' suo famigliare, detto Guillo Menabovi, et maestro Olivier nodaro, a quali dette una lettera secreta.

La lettera della regina fu mandata per messer Rimondo da le Spine et con el vescovo de Famagosta, maestro Badoin, e Tomaso de Pingueni con quattro galee, e due fuste; et al partir loro messer Ramon richiese al signor Ague che le desse in sua guardia li sette cavalieri retenuti, che li menasse con lui, per metterli in la gratia del re, e il signor Ague gli li diede con buona custodia che messe su quella galea. Partiti questi vennero d'Armenia Piero de Scandelion, compagnon del signor de Sur, et Beimondo de Creel, compagnon del contestabile, et hanno menato un Armeno alla dama de Sur, et volseno prender porto a Cerines, credendo che Cerines se tenesse per la dama de Sur o per el contestabile, dove el re d'Armenia scriveva al contestabile et al prencipe che dovessero menar detta dama et soi figli, et lui voleva mandar vittuarie et soccorso et ciò che bisognava d'Armenia. Ma havendo trovato el naviglio che Cerines era de la parte contraria, andò a sorger due leghe lontan da quella, et messo in terra de notte, andorono a corrando in Nicosia. Quelli de Cerines s'accorseno che questo naviglio non era di buon affare, e però mandorono a prenderlo, et inteso da quelli di naviglio che li messi erano andati in Nicosia, spedirono drio di loro huomini armati per prenderli, ma non li poteno gionger nome a Nicosia; dove fu preso et retenuto in corte Pietro de Scandelion, et scampò Beimondo et l'Armeno li quali erano andati al contestabile et alla dama de Sur. La quale mandò a richieder alla regina che li desse Pietro suo huomo, et il figlio di Novello che era rettenuto a Famagosta, et la regina li ha essaudito et mandato l'un el' altro col signor Aluise de Nores; il qual parlò con dama de Sur da per lui, et li disse: « Dama, procurate che vengha el re, altramente tutto el danno et tutto « el dispiacer sarà di voi, e de vostri figliuoli, et il paese sarà tutto in « gran disturbo per causa vostra. » La quale rispose: « Signor Aluise, fatte « voi le lettere come vi pare che siano bene, io vi prometto di metter « il mio sigillo sopra. » Il signor Aluise le replicò che non bastava questo, ma che lei mandasse le lettere con il suo messo a posta, et

1310.

lei promise di farlo; et questo et ogn' altro consentiva di farlo maliziosamente, però che lei haveva intelligenza con il re d'Armenia suo fratello di andar a solazzo a Cormachitti con soi figliuoli, nel qual loco il re voleva mandare da Curicho tre fuste a levar et condurla in Armenia, per impedir la venuta del re di Cipro. Il che si è saputo da quelli del naviglio per via di tortura; e però la regina faceva la vardia ogni notte intorno all' arcivescovado dove lei stantiava, et il signor Ague fece far buone guardie per tutte le marine, et fece fondar tutte le barche de pescatori ch' erano nelle rive de casali.

Nel medessimo tempo, venne da Rhodi Rupin con sua moglie et menò seco a Famagosta li xii[1] cavalieri ch' erano fuggiti de Cipro per causa del signor de Sur; quali furono ben visti et accarrezzati dal signor Ague, et da tutti li cavalieri ch' erano a Famagosta. E dopo questi, venne fra Guido Siverac, gran commendator del Hospital et prior de Navarra, et menò seco 40 fra cavalieri dell' Ospital con le loro armi et cavalli, et gionsero a Famagosta a favor de quelli che favorivano el re.

La regina fece una supplica al legato, pregandolo fusse contento come padre spirituale, il quale teniva in questa isola la sedia apostolica, di trovar via et modo che il re venisse di breve in Cipro, perchè altramente vedeva che era per seguire gran disturbo nel paese, et procurarsi detta venuta con grande danno di qualch' uno, et per amor di Dio non dovesse soffrire che venghi questa missianza tanto dannosa. Il legato, inteso questo, chiamò tutti li prelati lattini et greci, et di qualunque altro rito, et consultò con essi loro circa la supplica della regina. Et doppo concluso, la dominica seguente, el legato cantò messa a Santa Sophia, et un frate minore predicò, et disse in matteria del re, che la sua tornata in Cipro sarebbe di grandissimo giovamento alla quiete del paese, et anco per la cruciata, che s' aspettava di giorno in giorno per andare in Gerusalem; et sopra ciò disse molte raggioni, per le qual tutti erano tenuti desiderarla, et per ogni via possibile procurarla, allegando molte historie simili. Et alla conclusione disse, che qualunque

---

[1] Paris; Amadi: *li dodise;* A : *li duoi.*

christiano metesse core, voglia, cura et conseglio in aiutar et procurar la venuta del re, che il legato l'assolveva di tutti li soi peccati per l'authorità apostolica che teniva, et che chi impediva o procurava[1] el mal del re, et poteva aiutar et non le faceva, medemamente per authorità apostolica lo escomunicava sino alla quarta generation. Et il vescovo de Greci, scoperso il capo, et fece il medessimo, e così tutte le altre nattion. Nella qual predica si trovò el contestabile et alcuni delli suoi cavalieri che lo seguivano; et, doppo finita la messa, vennero avanti il legato con una supplica la qual tenivano fatta, ed domandorono assolutione; li quali inghinocciati in presentia del legato, li fece la croce sopra la testa, et li assolse, senza domandarli s'erano confessati et pentiti delle loro cattive intentioni che tenivano; per il che fu conosciuto da tutti, che il legato s'intendeva con loro, et ciò che faceva era finto e falso.

Il giorno medesimo che fu fatta la predica et messa, ritornorono a Famagosta, a hora di vespro, le galee che andorono in Armenia per dimandare il re, et refferseno che, gionte che furono le galee al porto di Malò, discese in terra messer Rimond dalle Spine, et il messo della dama de Sur, Gillo Menabovi, et maestro Olivier nodaro. Et restorno nelle galee el vescovo di Famagosta e Tomasso de Pinqueni, quali furono avertiti dal signor Ague che non si dovessero fidar, acciò non fussono traditi da qualche lettera che la dama de Sur scriveva, come era solita di fare, et che fussen presi loro, et le galee, per il che stavano discoste da la terra. Quelli che descessero hanno trovato il re d'Armenia, in quel loco, accompagnato di molte genti, al quale fu fatto intendere ch'erano venuti ambasciatori da parte di sua sorella, et li volevano parlare; e gli rispose che si dovessero partir subito, perchè non li voleva ascoltare ne vedere, del che si puo congietturare ch'egli era avertito che[2] dovevano andar questi. All'hora, Gillo et Olivier nodaro dettero le lettere alli Armenii, che le portassero al re da parte di sua sorella, et essi ri-

---

[1] Paris et R. — [2] B: *come.*

tornorono in le galee; et messer Rimondo restò in terra, et andò dal re di Armenia, et salutatolo non li rese il saluto. Però messer Rimondo stette un pezzo senza parlare ne sapeva che dire, e poi comminciò il re et disse : « Sono buone opere quelle che voi, e quelli che sono in Cipro, ha- « vete fatto ? Me havete fatto giurar la pace, io et una parte delli miei huo- « mini, e poi andatte in Cipro, et ordinaste che fusse ucciso il signor de « Sur, et il popolo volse correr per uccider mia sorella, e li suoi figliuoli. « Se non fusse per qualche rispetto, prenderei tal vendetta, che forse « haverebbe costata cara ancora a quelli che non han' colpa. » Al' hora rispose messer Rimondo : « Io non son[1] partito d'oltra mare, e venuto « in queste parte, per far simil' operation come dice vostra signoria, pero- « chè io son messo del beatissimo apostolo, et del christianissimo re di « Franchi, li quali mi hanno mandato per metter pace et concordia al « paese, et far il mio potere per menare il re in Cipro, in la sua signoria. « Però venni mandato dall signor de Sur a voi, et vi dissi li patti, et le « cose come andavano, et conclusi la pace con disvantaggio del re, et « honor del signor di Sur, si come voi medesimo sapete, et questo era « la intenzion mia, et voi potete sapere da chi è restato. Se la sententia « di Dio è caduta sopra di chi haveva il torto, di ciò io[2] non posso far « altro, però vi prego siate contento ascoltar la mia ambassiata, e poi « darmi risposta, come vi piace. » El re rispose che non voleva ascoltar altramente, et il messer Rimondo le disse : « Dunque io mi raccomando « a Dio, » et cavalcò verso la marina. Ma il re, pentitosi poi di haverlo licentiato senza ascoltar quello che voleva, benche da la lettere di sua sorella sapeva ogni cosa, mandò un messo a staffetta al capitanio di Malo, che lo facesse ritornar a parlare con lui avanti che montasse in su le galee. Però fu tornato e fatta la sua imbassiata al re, et mostrate le lettere che li[3] haveva portato di Cipro, gli rispose el re, che quelle lettere non intendeva che fussero fatte col consentimento di sua sorella, ma per forza, come che colei che sta in loro podere; « et perochè io ho tenuto « il re sano e salvo sin hora, el tenirò ancho sin tanto che io scriva al papa,

---

[1] Paris. — [2] Paris. — [3] Paris, A et B.

« et al re de Franchi l'infideltà che quelli di Cipro han usata col signor « de Sur, et come mi responderanno, così farò. » Messer Rimondo tolse combiato, et tornò in le galee, et venne in Famagosta.

Il che inteso per il signor Ague de Bessan et altri cavalieri, con dispiacer grande per la tanta absentia del re, hanno comandato che le galee dovessero star di fuori, senza dismontar alcun d'essi in terra, ne da terra dovese andar alcun in quelle, senza licenzia del capitanio. Et immediate elessero il signor Rupin de Monforte[1] capitanio sopra seicento cavalli et tremila fanti, per andar in Nicosia, a prendere la dama de Sur e menarla per forza a Famagosta, et mandarla con le galee in Armènia al re, acciochè lui havesse pietà di sua sorella et figliuoli, et rendesse el re di Cipro per haverla. La qual cosa fu intesa in Nicosia, et la regina, la quale come madre li dispiaceva l'absentia del re, et le premeva el core anchora d'ogni dispiacere che antivedeva contro el contestabile medemamente suo figlio, dubitando non venissero a fatti d'arme quelli di Famagosta con quelli di Nicosia, nella qual baruffa s'havesse intricato il figliuolo, et spedì immediate Gioan Le Tor a Famagosta, pregando quelli che non si dovesseno muovere per alhora, perchè lei voleva parlar alla dama de Sur, et veder se la poteva far andar con le buone. Onde quelli di Famagosta mandorono a Nicosia fra Guido Siverac, gran commendator dell'Hospital, e fra Gioan da la Lizza, prior del convento, et fra Tomaso de Pingueni. E andorono al contestabile et al prencipe, et disseno da parte di quelli di Famagosta, che non volevano haver seco odio, o rancor alcuno, ma volevano la loro pace e concordia come hanno havuto sempre; però li pregavano amorevolmente che volessero operar di sorte con la dama de Sur che fusse contenta andar in Armenia con le galee, e che per lei fusse tratto et lassato de lì el loro re e signor. E se loro, contestabile e principe, non volessero o potessero questo, che almeno non li fussero contrarii, perchè egli vegniriano a Nicosia, et la toriano per forza; e se pur volessero impedir li[2] in ciò,

1310.

Les partisans du roi veulent s'emparer de la princesse de Tyr et la garder comme otage.

---

[1] Paris et B; A: *Monfor.* — [2] Paris.

che non credevano, si scussavano con essi di quanto intravenisse. El contestabile et il prencipe resposeno che loro erano per fare quanto potevano con la dama de Sur, ma che gli pareva difficile che lei si consentasse di andare, pur da loro non mancheria di persuadere et confortarla. Dapoi detti messi andarono alla dama de Sur, et gli dissero, da parte di quelli di Famagosta, che la volesse esser contenta con amore e con carità di andare a Famagosta, et di lì in Armenia, a procurar con suo fratello che fosse relassiato el signor loro el re di Cipro; et che fusse di ciò studiosa, come fu in farlo carcerare, et mandar de lì; e questo li domandavano cortesamente et amichevolmente; il che, quando non volesse consentir di far con le buone, si scusavano con essa lei, perchè si pensavano venir in Nicosia e menarla per forza. La dama de Sur messe tempo in mezo per consigliarsi, et alla fine si risolve di voler andare, ma con conditione che nella galea alla quale lei montasse per andare non vi montassero altri cavalieri che quelli che lei voleva per accompagnarla, et che detti messi li giurassero, da parte della comunità di Famagosta, che andando lei in Armenia, dove promettiva di procurar lealmente con tutto il suo poter la libertà del re, e liberandolo o non, lei fusse menata sana e salva, e reposta nella casa dell'arcivescovado in Nicosia.

Le qual cose li messi hanno promesso et giurato come lei voleva, et lei giurò di far lealmente tutto el suo possibile per liberar il re, e sicome se suo figliuolo Uget fusse preggion in pagania; e tolse termine di tre giorni per metersi in ordine et partirsi di Nicosia. Ritornati li messi a Famagosta riferiteno quello havevano operato; il signor Ague de Bessan, al ritornar delle galee senza el re, haveva espedito li cavalieri che erano retenuti in Famagosta, et li mandò a Rhodi in sequestro, ecceto Gioan de Bries de Beimondo, che a prieghi delli suoi fu retenuto, et datto in guardia all' Hospital. Et Guillelmo Menabovi, et maestro Olivier, messi dalla dama de Sur, li quali havevano torbata l'imbassata del messer Rimondo et la venuta del re, con la laro falsa ambassiata, subito gionti a Famagosta, furono posti in priggione alla torre di Famagosta, dove steteno sino la venuta del re.

La dama de Sur deferiva l'andata sua, trovando hor una et hor un altra scusa, et perchè il legato era quello che la consigliava, et non lassava andar per li gran doni et presenti c'haveva continuamente da lei, fu mandato a chiamare a Famagosta, con dir che volevan da lui un conseglio di importanza; et quando andò, gli fu detto che volevano che lui andasse in Armenia a procurar la venuta del re, et fin tanto che si mettesse in ordine, volseno che stesse in Famagosta et non andasse più in Nicosia.

Havevano ancho inteso che il contestabile cercava di haver in sua compagnia li cavalieri già del Tempio ch'erano retenuti a Geromassoia e Chierochitia; però il signor Ague e compagni suoi scrissero alli cavalieri, ch'erano per il re a Baffo e Limisso, che dovessero venir a cavallo et con le loro arme, et menar seco li capi di detti cavalieri già Templiari. Et quelli vennero, et hanno menato el mariscalco del Tempio, el commandator de Puglia, el commendator de la terra, el turcopullier et el drappier; i quali furono alloggiati in Famagosta, nella casa loro medesima con buona guarda intorno.

1310.

Et poi mandorono a citar in Nicosia a cavallo et con arme, come dovevano el servitio del re, de andar a Famagosta, tutti li cavalieri feudati e stipendiati ch'erano in Nicosia, li quali pendevano alla parte del contestabile et del principe. I quali andorono alla regina, et si dolsero ch'el capitano haveva commenzato troppo per tempo a molestar li cavalieri, et che, per amor de Dio, ella dovesse far suspender detta citation. Et la regina scrisse al capitano a Famagosta, come lei voleva che detta cittation fusse sospesa. Il capitano mandò un altra volta tre cavalieri corte in Nicosia, et li fece citar che in termini di giorni tre dovessero andar con le arme et cavalli, ch'erano tenuti servire, et non obbedendo la citation, che incoreriano in la pena di perder li loro feudi, come fosse terminato per corte. Et un altra volta el contestabile et il prencipe andorono dalla regina, et la feceno scriver a Famagosta come haveva sospeso anchor quella citation per pochi giorni. Onde sdegnati grandemente quelli di Famagosta mandorono a dire alla re-

Ague de Bessan somme le connétable de se rendre à Famagouste avec ses partisans.

gina, che si maravigliavano grandemente[1] di lei; perochè loro si travagliavano, studiando et procurando la venuta del loro re loro signor, et lei, che li doveva sollecitare, esortare et confortare a questo, li turbava ogni tratto; però la pregavano che li dovesse lassar fare il debito loro, altramente che loro erano deliberati di venire in Nicosia, et prender et castigare corporalmente li inobedienti, et di ciò non aspettavano altre lettere, perchè le promettevano di non la obedir in questo. Et dal'altro canto, mandarono Gioan de Baruto, con lettere dirette a ciascun separatamente, per le quale citavano el contestabile col suo servitio al casal Pelemidia, contrada di Limisso, el prencipe col suo servitio di andar al suo casal Morpho, contrada de Pendaïa. Henrico de Giblet fu citato andar in un casal della dama de Sur chiamato Tricomo, contrada del Carpasso, et il suo servitio fu citato andar a Famagosta in spatio de doi giorni; li altri cavalieri feudati e stipendiati, ch'erano allora in Nicosia, furono citati caduno nominativamente d'andar a Famagosta in spatio de doi giorni; et mandorono a citar ancho el servitio de Ughet, figliuolo del signor de Sur, quale doveva dar per la dama de San Nicolo, sorella del prencipe, che era sua moglie. Delle qual citatione il contestabile et el prencipe l'hanno resentito grandemente, et ricorseno alla regina per dover sospendere un altra volta questa così aspra citation, per la quale si vedevano disgiunti et mandati in diverse parti dell'isola. La regina li rispose che non potea più di quel che haveva fatto, perchè li cavalieri di Famagosta le scrisseno che non li volevano obbedire più in queste suspension di citation, però el contestabile et il prencipe scrisseno una lettera, et la mandorono con un frate Giordano, che conteniva questo:

« A'gli honorati et cari amici et parenti, al signor Ague de Bessan,
« capitanio di Famagosta in loco di monsignore re, al signor Rupin de
« Monforte, al signor Rinaldo de Sanson, al signor Gioan Babin, al
« signor Ansian de Bries, et a tutta la communità dei cavalieri che sono
« a Famagosta, salute, et sincero amore, da parte de noi, Camerino de

---

[1] Paris: *un poco.*

« Lusignan, dell'illustrissimo re de Gerusalem et Cipro de bona memoria,
« contestabile del regno de Cipro, Balian de Iblin, prencipe de Galilea
« e signor de Thabaria, Ugo de Iblin, Filippo de Iblin, conte de Zaffo, e
« di tutta la università de cavalieri che sono in Nicosia. Signori, tra noi
« non è cosa secreta che, per alcune novita seguite al reame de Cipro,
« noi, et alcuni altri cavalieri et borghesi, a quali apartiene di pacifi-
« care el stato del reame, fossero al palazzo regio, in presentia della
« nostra dama la regina, et havemo giurato corporalmente in presentia
« del legato, et de messer Ramon da le Spine, et giurassimo sopra li
« santi evangelii de Dio, ciascun presi nelle man del detto messer Rai-
« mondo, de guardar et salvare el re, el suo regno, le sue citta et cas-
« telli, la regina e le sue figlie contra tutti li huomini, et de obedir alla
« regina fino alla venuta del nostro signor re; giurassimo ancora de
« procurar et dar aiuto con affettion per ritornar el nostro signor re
« nel suo regno. Le quali cose a sano intendimento havemo servate et
« mantenute per quanto havemo possuto, e così intendemo fare in l'avve-
« nire; et per questo havemo travagliato et affaticato con la regina,
« come sa benissimo el reverendissimo legato, che fu presente in molti
« consulti che facessimo; et sallo ancora tutto el conseglio della regina.
« Dapoi, havemo inteso esser stato ditto da qualche spirito diabolico,
« seminator di scandali et discordie, inimico della pace, che noi pro-
« longamo la venuta del nostro signor re; dil che si teniamo molto aggra-
« vati, perchè ne tocca grandemente nella fede et all'honor nostro; et a
« ciò non crediate a questi seminatori delle zizzanie, ve certificamo noi
« esser pronti di fare et procurare tutte le cose che si convengono per la
« venuta del re monsignore, et per il bene e riposo dello stato del nostro
« reame. Et voi, che sete nostri parenti et amici, et semo tutti una
« cosa medesima in le cose massime del nostro signore re, non dovete
« credere a questi maligni, che reportono simile discordie et inimicitie
« per far male, et mettere in pericolo el paese, che a noi non richie-
« dono simil cose, perchè, come sapete, noi semo in questo paese cir-
« condati da nemici, e tutti noi dovemo essere ligati et uniti insieme,
« come son tutti li membri in un corpo, et lassar le malevolentie, ran-

1310.

« cori, e passioni. E dovemo pensare e travagliarsi tutti studiosamente
« per la venuta del re, et per la diffesa e conservation del nostro paese;
« et così ve ne pregamo et scongiuramo che dobbiate pensare quel che
« sia buono per le predette cose, et noi, quanto potemo aiutar, consigliar
« et servir in cio, semo pronti di farlo, acciò possamo guardar et con-
« servar quel che i nostri buoni antecessori hanno acquistato, et con-
« servato tanto integramente[1] fin al dì d'hoggi. »

Quando il capitano e li altri cavalieri di Famagosta intesero questa instantia, così fuor di tempo et senza proposito, s'accorsero che era arte ed inganno per accompagnarsi con loro, et domesticarsi, e poi farli qualche improviso assalto a trapolarli, e insieme impedire la venuta del re; però mandarono a Nicosia alla regina Gioan Le Tor et Gioan de Conches, e li feceno intender che loro, ad'ogni modo, erano per venir in Nicosia, per trovar via et modo che la dama de Sur volesse procurar da seno la venuta del re, et per levar via dal conseglio di essa el contestabile, el prencipe, et el conte con loro seguaci, perchè loro la favorisseno et consegliano che non procuri con suo fratello la venuta del re. Alli quali la regina fece questa risposta : « A me non pare cosa
« condecente, ne tempo congruo, ne vi conseglio che siate i primi a
« muover le arme contro i vostri compatrioti, perchè occupandovi a
« guareggiare, con chi non sapete certo di havere raggione, oltra-
« che le guerre sono incerte, e molte volte s'ha veduto che poco eser-
« cito ha vinto e rotto uno grande, è anco il tempo che perderete in
« questo, et la venuta del re tanto più sarebbe tarda[2]; considerate la
« cosa meglio, e circa el levar del conseglio el contestabile, el prencipe,
« et il conte et altri, lassiate el carico a me, ch'io li farò fare quanto
« volete voi altri. »

La reine décide le connétable à se retirer à Cormachiti.

Et poi mandò a chiamare el contestabile et altri suoi compagni, et li disse che la era certa che li cavalieri di Famagosta erano per venire in Nicosia con gran numero di cavalli et fanti; i quali erano molto

---

[1] Paris; A : *intentamente*. — [2] Paris et B : *tardata*.

sdegnati contro di esso, contestabile et soi attinenti, et li consegliò che li dovessero partir da Nicosia il più presto che li fusse possibile, per schivar ogni inconveniente che potrebbe intravenire. Et vedendo el contestabile che non haveva tanti compagni di potersi diffendere da quelli di Famagosta, e che li conveniva partirsi da Nicosia, elesse d'andar a Cormachiti, loco lontan da Nicosia sette leghe, appresso la marina, in una piazza ampiissima, vicino a molti casali, dove sono boschi e monti, et ha una strada aspra e difficile; nel quale loco si hariano possuto diffendere, quando fusse accaduto; et domandato alla regina quel loco li fu concesso con giuramento di non se partir de là senza licentia del capitano, il quale li revocasse da la citation. Et partiti da Nicosia hanno menato seco le moglie, figli et fameglie loro, quali erano 40 cavalieri, et havevano seco, tra compagni e servitori, 226 huomini a cavallo et 400 fanti a piedi, et andorono armati di spade, balestre, archi et arme inhastate, et hanno menato seco marangoni et fabbri, e portato cinquanta mila pani de biscotto; et andorono deliberati tutti di morir su le arme, se il capitanio le havesse fatto commandamento di render le arme o cavalli loro, o se li havesse voluto prender.

Sollecitata poi da la regina la dama de Sur di andar in Armenia, non voleva disponersi d'andare; ma per raggion del legato, che era retenuto a Famagosta, et per la regina che la sollecitava, volse mandar fra Daniel minorita, che fu confessore del signor de Sur, da parte sua, al re de Armeni, per liberar el re di Cipro. Et il capitanio Ague volse che con esso andasse anchora el legato, et messer Ramon da le Spine, che s'era travagliato tanto per la quiete di questo paese, come havete inteso. Però fece armar due galee e una fusta, et andarono questi messi in Armenia. Per l'andata del contestabile et altri cavalieri di Nicosia era rimasta la città vuoda, onde la regina, la dama de Sur, la siniscalca et altre dame stavano con gran timore, perchè non havevano chi l'avesse accadendo a diffender, et dubitavano ancho di quelli de Comarchiti[1], che per disperation non fusse loro venuta voglia di venir a mettere la terra

---

[1] Amadi; A: *Comalchiti*.

1310.

a sacco e fuocho. Però scrisseno al capitano che volesse mandar cavalieri in vardia de Nicosia; et lui ha mandato cento cavalieri secolari, sotto la disciplina di Gioan Babin, et Ansian di Bries, et 40 cavalieri dell' Ospital, sotto fra Alberto l'Aleman, commendator de Cipro, et luocotenente del maestro. Li quali capi feceno molte provisioni et vardie per la terra, tenendo lanterne con lumi tutti nelle case loro di fora, et pitheri pieni d'acqua, feceno sbarar per traverso tutte le rughe per le quali si poteva intrar et uscir in la terra, et questo, perchè allhora Nicosia non haveva anchor muraglie.

Lettre du roi conférant tous ses pouvoirs au grand maître de l'Hôpital, en son absence.

Fu citato il conseglio in Nicosia, dove in presentia del commendator de Cipro, lesse Rolando de la Baume una lettera che il re Henrico haveva scritto da Armenia, et portata per il detto commendator avanti la morte del signor de Sur, la qual conteniva questo : « Noi Henrico, per « la Dio gratia re di Gerusalem et de Cipro, salute a tutti li nostri « huomini. Vi dinotamo ch'el maestro del Hospital si ha offerto, lui e « tutta la maggion, d'esser al nostro comando, e adoperarsi, mettendo « l'haver e le persone per ricuperare la nostra signoria et reame di « Cipro, e liberarme della preson d'Armenia. Però comandemo, et « ordinemo in loco nostro el ditto maestro dell' Hospital; et tutti quelli « che veniranno in emendatione, et obbediranno al detto maestro, « et attenderanno alla liberation nostra, li perdonamo di tutte le cose « passate del governo del signor de Sur, et li ritorniamo in la gratia « nostra. Et anco le presente lettere siano credute, l'havemo sigillate « col nostro sigillo picolo, et l'havemo sottoscrite da nostra man pro« pria. » Et dapoi letta questa lettera, il detto Rolando lesse un altra del capitanio che diceva : « Ague de Bessan, capitanio del regno di « Cipro, et locotenente di nostro signore re, salute e sincero amor a tutta « la università de Nicosia, cavalieri, comuni et borghesi. Come ogn'un « di voi sa benissimo, la città di Nicosia è la prencipale città del reame de « Cipro, però noi havemo eletto uno prodo huomo et vecchio cavalier « per esser da parte nostra capo in detta città, ch'è il signor Gioan « Le Tor, per governar la terra et il popolo fine altro ordine nostro, et

« così commandamo che cadun de voi el debbia obbedire. Ancora sap-
« piate che noi havemo fatto un nuovo giuramento quì a Famagosta,
« et volemo che sia fatto similmente a Nicosia, et che cadun di voi
« debba giurar di guardar e salvar el re, e le sue citta e castelli, et
« soi dretti, e rasson, e la regina e sue figlie, contra tutti li huomini
« viventi; e guardar e salvar noi come capitanio; e poi guardar e sal-
« vare l'un' l'altro come fratelli; et se alcun di noi havra oltraggio da
« alcuno, che tutti dobbiamo morir per lui. Vi dico anchora che il re
« ha ordinato in suo loco el maestro dell' Hospital, il quale, perchè
« non puol così tosto venire per alcuni impedimenti c'ha in Rhodi, ha
« ordinato in suo loco, per essere in nostra compagnia al governo del
« regno, fra Alberto l' Aleman, commendator de Cipro; il quale ha giu-
« rato a noi, et noi a lui, d'essere una cosa medesima, li nostri huomini
« del re, et li soi hospitalieri[1]. » Et dapoi lette dette lettere, fu letta un
altra scrittura, che conteniva l'infrascritti capitoli ordinati et scritti
per il capitanio et conseglio di Famagosta :

1310.

S'alcuno sarà provato et convinto d'haver impedito la liberation del
re, o portara arme contro il confalon del re, siando huomo liggio, o
cavalier, o fante, overo altro che non sia leggio[2], debba esser exheredato
come traditor, lui e soi heredi, et lui si debba tagliar la testa; et se haverà stabili in la città, debbono essere ruinati fino alle fondamenta,
et il suo mobile posto a sacco dal populo; et s'altro che huomo liggio
sarà, che gli sia tagliata la testa senz' altra sententia, come traditor,
et il suo mobile posto a sacco[3]; e havendo stabile sia ruinato fino
alle fondamenta. Similmente a tutti quelli che saran convinti o pro-
vati di haver consegliato, o prestato aiuto ad alcuno per impedire
la venuta del re.

Ordonnance d'Ague de Bessan sur la police du royaume.

Si alcuno sarà provato d'aver imprestato o fatto imprestar moneta,
ad alcuno per impedire la liberatione del re, che il suo mobile sia de
populo, et lui all' arbitrio del re.

[1] Paris et B : *hospitalari*. — [2] Paris. Les mots de *overo* jusqu'à *leggio* manquent dans A.
— [3] Amadi : *et il suo mobile sia del populo*.

1310.

Chi venderà, impresterà o donerà arme a quelli che sono per impedir la venuta del re, e sarà convinto, li sia tagliata la testa, et il suo mobile datò al populo, e il stabile ruinato fino alle fondamenta.

Et se alcuno sarà meggiano a comprar le arme per loro, e portargliele, siando convinto, che sia trassinato, et impiccato per la gola, il suo mobile e stabili distribuito come di sopra.

Chi ha tolto soldo da quelli che sono sospetti a la liberation del re, et chi immediate non refuterà il soldo, o sarà covinto o provato, che la sua facultà sia del populo, et lui all'arbitrio del signore.

V'erano anchora molti capitoli, li quali tutti furono letti, et pubblicati in presentia di tutti quelli che si trovavano in la corte de Nicosia; li quali furono statuiti per impedir il modo a quelli che erano col contestabile a Cormachiti, per non cresser le forze loro, e con quelli poi havessino impedito la venuta del re superando quelli di Famagosta.

Poco dapoi, vennero da Rhodi fra Simon Litat, mariscalco dell'Ospital, fra Litier de Mantel[1], prior de Franza, el prior de Alemagna, et el prior de Venetia; et allhora si trovavano in Cipro ottanta frati cavalieri ben in ordine a cavallo, xx paggi d'oltramar ben a cavallo, et 200 fanti. Li quali cavalieri della religion, in ogni occasion, s'hanno portato fidelmente in aiuto del re, non spargnando le facoltà ne la vita stessa, et massimo in questa liberation del re.

Quelli de Cormachiti si rodevano di stizza al dispetto, perchè si vedevano superati e vinti dalli parteggiani del re; et ogni giorno studiavano di trovar modo, et tenir mezo di far morir il re, et occupar poi el regno loro. Et già per quel che fu saputo da un turcopullo del contestabile preso in Nicosia, et mandato in Famagosta, et fatto confessar per via di tormento, il contestabile l'haveva mandato per assoldar fanti secretamente, quali havevano una notte a metter foco in Nicosia, et in un tempo venir ancho lui col suo seguito, et assaltar quelli che vardavano la terra e nocerli; et come el contestabile, el prencipe, el conte del Zaffo, et Ugo, et Filippo de Iblin dovevano mandare in Turchia per

---

[1] Paris et Amadi; A: *Ztetier de Nantel.*

assoldar Turchi, et condurli in Cipro per aiuto loro. Al qual turcopullo fu tagliata la testa; et da un altro chiamato Zaco da le Torre[1], che era salariato da Filippo de Iblin el giovane, preso et mandato a Famagosta, si seppe che lui era mandato dal contestabile et compagni in Armenia, per trattar la morte del re Henrico senza alcun induggio.

1310.

Onde, intesa la mala disposition loro, volevano perchè quelli si fortificassero, et avanti che eseguissero alcuno de questi loro disegni[2] andar a Cormachiti, et prenderli vivi o morti. Ma mentre si mettevano in ordine, ecco venuti dall' Armenia li frati menori et predicatori con una delle galee che andorono li ambassiatori, et referseno, come andati che furno il legato, messer Ramon da le Spine et li frati a la Giazza, trovorono un preparamento de gente d'arme grande, et il capitanio de la Giazza fece armar un'bregantin, et quello mandò a dimandar alle galee ciò che andavano facendo, alle quali respose : « Io sono legato di « Cipro, d'Armenia, de Syria et de Rhodi, et son venuto a visitar el re « et per parlargli. » Il che inteso per il capitanio de la Giazza, li fece intendere che dovesse dismontar lui et li suoi servitori, et non altri. Però disceso il legato, messer Ramon da le Spine, et li frati, dove steteno nove giorni fin che fusse datto notitia al re; il quale come l'intese mandò cavalcature, et li fece menar in un loco chiamato Baudan; et fece alloggiare el legato in un paviglione, et messer Ramon in un'altro, et reposar quel giorno. Et il dì seguente, tolto licentia dal re, andorno a trovarlo nel suo alloggiamento, et comminciato a parlarghe circa la liberation del re di Cipro; el re d'Armenia faceva[3] la cosa difficile, et cercava con diversi modi fuggirla; et quando ha ditto ben tutte le sue difficolta, le quali non erano altro che malitie fraudolenti, respose el valente messer Ramon, et disse ingennuamente : « Io, come ho detto altre volte, signor « re, sono ambassator del beatissimo papa, et di molti re, et precipue « del christianissimo re de Franchi, mandato da loro specialmente in « Cipro per la liberation del preditto re Henrico, et però vi faccio in-

Raymond de Pins est envoyé auprès du roi d'Arménie.

---

[1] Sic dans A; Paris et Amadi : *Torre?* — [2] Paris : *volevano prima fortificarsi et poi andar.....* — [3] Paris : *feva*.

« tender che tutte le citta et castelli et fortezze de Cipro si tengono per
« il re Henrico; et il signor Ague de Bessan, capitanio di quel regno, e
« tutti li baroni et altri huomini vassalli del re m'hanno imposto di
« dirvi che loro vogliono ad ogni modo che sia reso il loro signore
« e re, sano e integro, senza alcun impedimento. Et non volendo
« darglielo, i ve disfidano, et sono dispostissimi di venir a torlo ad
« ogni modo; et se loro se muoveranno saranno soccorsi, e di huo-
« mini, e d'arme, e de navigli, da tutti li signori et re christiani, li
« quali di breve s'aspettano per l'impresa de la Terra Santa, et faranno
« tanto volontiera questa impresa, quanto quella de Gerusalem. Però vi
« essorto, et dico da parte de Dio, et di tutti li signori christiani, che
« m'hanno mandato ambassiatore, che voi vi disponete et presto a li-
« berar el re Henrico, el quale non havette alcuna raggione ne utile di
« tenirlo, perochè non v'ha fatto alcun danno, ne v'ha mosso guerra,
« ne l'havette preso con le arme, ne da la sua morte aspetate alcun be-
« nefficio per voi, o per alcuno di vostri nepoti; però ch'egli ha altri più
« dritti heredi che ponno succeder nel regno; oltra che li figliuoli del
« signor de Sur non ponno succeder mai nel regno, perchè sono figliuoli
« de un' che ha messo man sopra la sacra persona del suo signor e re,
« che per le leggi tutte del mondo, et precipue de Gerusalem, con le
« quale si governa el regno di Cipro, el signor de Sur et tutta la sua
« descendentia devono per rigor de ragion esser privi d'ogni honor et
« beneficio, immo perder quanti beni possedeva egli signor de Sur in
« quel regno. E però, havendo a fare con un re clementissimo, benigno
« e santo, il quale è inclinato a perdonare a chi l'ha offeso, non vo-
« gliate perder l'occasione, e far danno a vostri nepoti, li quali, s'intra-
« ranno in giuditio col re, potranno perder non solamente la roba, ma
« ancho l'honore. »

Quando il re armeno intese le brusche parole di messer Ramon, si
turbò grandemente e non pote celar la colera; e se non che le parole
de messer Ramon erano da parte delli principi christiani dette, gli haveria fatto una bruttissima risposta; nondimeno gli disse: « Se io non
« havesse rispetto alli signori che vi han mandato, vi insegneria a parlar

DE L'ÎLE DE CHYPRE. 229

« più modestamente alli re; et nominando loro nepoti et cugnati, non
« li strapazzare al modo ch'havete fatto, trattandoli per traditori et dis-
« leali, et minazar el mio regno da parte di Ciprioti, come se l'Armenia
« non havesse tanti huomini che potesseno deffenderlo da essi et da
« altri. » Et messer Raimondo li tolse le parole, et disse : « Signor, non
« dir de insegnarme a parlar con li re, imperochè come Ramon de le
« Spine, privato gentilhuomo, io sono uso, et ho sempre parlato et con
« re et signori con tanta reverentia et modestia, che sempre son stato
« lodato da tutti per modesto; ma havendo parlato alla signoria vostra
« da parte di chi non ha quel rispetto di quella, ho detto quello apar-
« teniva di dire alli miei signori et io in particolari vi sono buon servi-
« tore, et amico, il che conoscerà presto se piacerà a Dio, che vengono
« in queste parti li miei signori della cruciata, come mi promisseno di
« fare. » Le parole di messer Ramon intromo nelle viscere del re, così
le prime come le ultime, quando gli disceva che aspettava presto li suoi
signori in quelle parti, e comminciò a bassar la voce, et dire che lui
haveva a piacer d'accordarsi col re de Cipro, si per assicurare le cose
de suoi nepoti, come per essere anche lui libero in la impresa santa de
Gerusalem. E però disse l'intention sua al legato, et li dette licentia
d'andar a parlar al re de Cipro, al castello de Persepie dove era priggione. Et andati, refferseno li patti che domandava da lui il re armeno;
de li quali il re non voleva conceder alcuni, ma all'ultimo come priggione fu astretto concederli, cioè :

1mo Ch'el re Henrico debba recever la dama de Sur e soi figliuoli
in la sua gratia, et perdonargli ogni errore.

2do Che lei possa havere tutto el suo mobile liberamente, et senza
alcuna molestia.

3° Ch'el re prefato debba pagar trecento mila ducati di debito, ch'el
signor de Sur haveva creato siando governatore, oltra di debito de cinquanta mila ducati che Ughet e la dama de Sur dovevano[1] pagare.

---

[1] Paris et B; A : *doveva*.

1310.

Traité signé
avec
le roi d'Arménie
pour
la mise en liberté
du roi
de Chypre.

1310.

4° Ch'el re dia el casal Crusocho a Ughet, con condition che la dama de Sur habbia di quello e dell'altro feudo del signor de Sur el suo duario.

5° Che Ughet e la dama de Sur dovessino haver e tenir tutto el feudo ch'el signor de Sur teniva et haveva acquistato in compreda, senza servitio personale, ma francamente.

6° Che la dama de Sur et Ughet et altri suoi figliuoli possino andar e tornar dove li piacerà, et il re[1] non li potesse contradire.

7° Che il siniscalco et Badino d'Iblin dovessino restar in ostaggi in Armenia et altri quattro cavalieri, finche tutte queste cose fusseno confirmate in la corte di Roma.

8° Ch'el re dovesse far ogni suo potere per maritare la relitta de Guido d'Iblin et la sua figliuola con li figliuoli del signor de Sur, sicome vivente egli haveva pattuito, e questo in spatio d'anni tre, et se in detto termine non lo potete fare, che fusse quietato.

9° Che si debba metter la dama de Sur e soi figliuoli in una corte ch'è appresso l'porto della Giazza de Gioan de Spagu, con questo che nella torre non sia alcun armeno, ma solo el legato, et messer Rimondo et li soi servitori, e mettendoli in quel loco, el re dovesse montare in la galea da altra parte.

Dapoi confirmate queste cose per il re Henrico, son sta mandati detti fratti alla regina et al capitanio, per mandar la dama de Sur, soi figliuoli e la sua robba in Armenia per liberarlo.

Réjouissances en Chypre à la nouvelle du traité.

Questa nova data alla regina in Nicosia, et alli cavalieri, comuni, borghesi et populari, fu di grande allegrezza, per haver inteso ch'el re era sano, et che di breve saria con loro. Et immediate fecero ornar la drapperia et il cridaggio, et gran parte de la terra, con samiti, panni di seda et d'oro, e feceno luminari la notte grandissimi, sonando trombe, tamburi et altri instrumenti d'allegrezza, con balli et canti de dì et de notte, in le loggie de Pisani, Venetiani e Genovesi; et medema-

[1] Paris et B.

mente li populari havevano ornato il loco del cambio con gran feste e luminari, di modo che fino le monache et le donzelle uscivano le notte, et andavano coperte a veder le gran feste che fu fatte per tre di e tre notte.

1310.

Vedendo poi la regina, il capitanio et altri gentilhuomini, che per haver il re nessun altra cosa mancava, che mandar in Armenia la dama de Sur, le feceno intender che si dovesse disponer et espedir con prontezza d'andare accarezzandola et contentandola di quanto sapeva richieder; alla quale s'offerse la regina con le figlie, et con la moglie del siniscalco, d'andar con essa fino a Famagosta. Ma lui, anchorchè tutte le sue robbe eran redutte in argenti, denari e pochi drappi, e già delle sue intrade haveva posto ordine per avanti, et datto il carico de governo di quelle a chi doveva darlo, nondimeno, per strussiar la misera regina, più di quello che l'haveva fin all'hora, andava de dì in dì prolongando la cosa, et dicendo di non haver anchora posto il debito ordine nelle cose sue, et inviava delle sue robbe a Famagosta lentamente. La regina, una matina, si partì da Nicosia accompagnata da 500 cavalli coperti d'arme et 500 fanti, et andò a Levcomiati, una legha lontan, e poi mandò a dir alla dama de Sur, come l'haveva aspettata pur troppo, et che no la poteva aspettar più. Da Levcomiati la regina si partì con 200 cavalli e cento fanti, e li altri li mandò indietro facendo intender alla dama de Sur, c'haveva lassato l'ordine a Ansian de Bries, et a Gioan Babin, in suo loco, di mandarla. La qual, come intese questo, immediate si partì, et andava dietro della regina tre leghe et non volse andar dentro a Famagosta, ma al casal San Sergio di fora, appresso la Costanza. Et poi il capitanio haveva ordinato sette galee, una fusta, et quattro bergantini, per traghettarla in Armenia, et condur el re. Et fu ordinato fra Guidone Siverac, gran commendator dell'Hospital, per andarla accompagnare, et attenderla che ella havesse ciò che sapesse domandare; il quale andato da lei, si offerse ad' ogni suo comando. Ma lei, per la mala intention che teniva contra el re, et odio ch'haveva alli detti Hospitalieri, prolungava la sua andata, et li tenne

La princesse de Tyr consent à se rendre en Arménie.

tre giorni per governar le sue robbe, in fassar et ordinarle; et all'ultimo, quando gli fu detto che le galee erano in ordine, et non potevano aspettar più, ella rispose che non si sentiva, et però non si poteva imbarcare. Et il commendator gli disse : « Madama, par mi che voi so- « migliate a quelli che non voglion fare se non con tocchi della terza « virtù; però se non v'imbarcate, sappiate che dove vi è fatto fin hora « tutte le cortesie, e piaceri, et comodità che havete saputo dimandare, « ve faranno imbarcare senza vostra voglia. » E la dama gli rispose : « Ti « disprecio se non far al piggio che puoi, perchè non t'appreccio « quanto vale un' pistaccio. » Lui andò immediate a Famagosta, et fattolo intender al capitanio, immediate gli mandò 300 cavalli e 500 fanti, et mandò anchora le galee al porto della Costanza, et Roberto de Mongesart andò alla dama de Sur, et gli disse : « Madama, el capitanio me « ha mandato qui perchè ha inteso che non vi sentite bene, per il che « non vi potete imbarcare sur le galee, et dice che non è honesto che « vi state in questo loco deserto senza alcun governo una dama della « condition vostra, però vogliate venire a Famagosta, dove sarete go- « vernata et alloggiata honoratamente di quanto farà bisogno. » La qual dama, come intese d'andar a Famagosta, rispose essere sana, et volersi imbarcare immediate, et saria stata imbarcata anchora avanti, se non fusse stato a sollecitarla el commendator dell'Hospital, el quale reputava per inimico suo con tutti li Hospitalieri; et immediate dette da mangiar alli soi figliuoli, et li fece imbarcar, e poi s'imbarcò anco lei, e la sua brigata, e facultà. E fatto vela le galee, ritornorono li cavalli et fanti in Famagosta, dove furon fatte allegrezze, et feste continuamente fino alla tornata delle galee.

Le galee andorono al porto della Giazza, il giorno medesimo che si partirono de Cipro, et come comparseno al porto, li Armeni che vardavano la terra feceno sonar la campana all'[1] arme, et vennero tutti armati in la marina; et vedendo nove galee, con le due prime che andò

---

[1] Paris; A : *l'arme.*

el legato, et due galeazze, et quattro fuste ben armate, dubitorono, et mandorono a dire a Rinaldo de Sanson[1], ch'era capitanio di quella, che dovesse tenir una galea, una barca, et un bergantin al porto de Giazza, et il resto dell'armata dovesse andar al porto de Pagani[2], finchè la dama de Sur e soi figliuoli et robbe si mettesse in terra, et il re montasse su le galee; altramente che il re Henrico non saria menato al porto della Giazza. Convenne adunque al capitanio far il voler degli Armeni, et lassata una galea, una barca, et un brigantino, mandorono il resto fuora. Il legato, messer Ramondo, e loro fameglia, vennero al porto come fu ordinato, et feceno descender in terra la dama de Sur, soi figliuoli, et robbe. Et il re era da un altra parte sopra una barca, et quando fu consegnato alli Ciprioti in la barca, designorno li Armeni assaltar la barca, et prender el re per forza. Ma li Ciprioti, dubitando di quest'istesso, subito che le fu consegnata la barca, el re montò su el bergantin, et il bergantin allargato andò fuora dove erano le galee, et mese il re su le galee. Li Armeni assaltarono la barca, et non havendo trovato el re, rimasero agrizzati. Quando quelli delle galee vedeno il re in loro possesso, feceno gran feste et segni d'alegrezza; et essendosi accostate et unite tutte le galee, galeazze, fuste, bergantin, avanti il porto della Giazza, spiegorono il stendardo del re, sonando le trombe, e gridando forte : « Viva il re Henrico ».

Ughet, figliuolo del signor de Sur, dopo veduto il re in libertà, richiese licentia a sua madre di andar sopra la galea del re suo barba a visitarlo e farli reverentia; la quale le disse che non accadeva, perchè poteva intravenire qualche danno per lui e per lei; ma poichè lo vide disposto d'andare, el lassò. Il quale andato con una barca in la galea del re, se gitò nelli soi piedi, et li fece reverentia come a suo re e signor, humiliandosi et raccomandandosi a sua eccelentissima signoria, dicendosi esser pronto ad obedire tutti li altri soi comandamenti; et promissò far con suo zio re d'Armenia di menar con lui in Cipro il siniscalco et il signor Badino de Iblin, et li altri cavalieri che erano ostaggi

---

[1] Paris; A : *de Santo*. — [2] Paris; A : *de Lagani*. Peut-être *Alexandrette*.

1310.

in Armenia. A cui rispose el re, che facendo ciò l'accoglieria in la sua gratia, e saria per ben suo; li ha poi dette molte parole amorevoli, et da padre caritativo, amonendolo di essere sempre leale col suo signor et con tutti li suoi pari, per haver la gratia del signor Iddio, perchè, senza quella, non havrebbe mai ne bona vita, ne faria buona o lodevol morte; et poi che stete un pezo tolse licentia, e tornò a sua madre. La quale, dapoi che ha veduto la lealtà et bontà del franco re, et dimandato al figliuol le parole che il re li ha usato, si dispose d'andare anchora lei; ma Mansel de Bollon, suo cugino, ch'era capitano della Giazza, et dal re d'Armeni li era raccomandata la detta dama, la disconsigliava, temendo non fosse retenuta in la galea per haver li ostaggi che il re d'Armenia li haveva ritenuti. Non dimeno la dama volse andar, et andovi in la galea dove era il re, et buttatasi alli soi piedi, dimandandoli venia per lei di quanto haveva mancato alla sua corona, di quanto ha consegliato, procurato, et comparto che si fece contra di quella, et anco per il suo marito morto, di quanto haveva operato in lession di Sua Maestà; ancorchè essa dama diceva non essere tanto colpevole quanto veniva detto di lei, della qual cosa col tempo Sua Maestà sarebbe certificata. Et appresso, li offerse il suo giuramento di fidelità, e poi apperse una sua cassa, portata seco in galea, e trasse da quella et appresentogli la corona, il scetro, l'anello, et soi sigilli, che il signor de Sur tolse per forza dal suo tesoro; et li domandò di[1] gratia volesse far vendetta di quelli che uccisero suo marito. Il re gli rispose sucintamente, perchè le galee volevano far vela al buon tempo, et li disse che, quanto alla sua persona, accettava la sua scusa, et li perdonava; del giuramento che li offriva non era loco di riceverlo, e circa la morte di suo marito gli rincresceva d'esser morto con quel peccato nel quale si trova l'anima sua; et che volontieri procureria con ogni studio di poterla liberare; et con questo tolse licentia la dama[2] e ritornò in terra.

Arrivée du roi en Chypre.

Gionto il re a Famagosta, fu raccolto nobilmente dal capitanio, gen-

---

[1] Paris. — [2] Paris et B.

tilhuomini et populi, accompagnati dalla procession di[1] clerici lattini, et greci, et da tutti gli altri riti. Et haveva al dismontare della galea intorno a lui, tra cavalieri e turcopuli et scudiere, da 500 huomini armati et li cavalli coperti tutti, et circa 500 fanti armati, tutti con coraline[2], et celadonei; li quali l'accompagnorono dalla marina sino alla chiesa, dove fu detta la messa della Santa Trinità, et dalla chiesa al palazzo reale, dove fu fatto un convito generale de tutti li cavalieri, borghesi, et chierici. Et la notte furon fatte gran luminari da tutti, quali vennero tutti ben vestiti, con un torchio per huomo in man, e tutti passarono d'avanti il re, cantando le sue laudi; et per tre dì li cavalieri feceno bagordi e giostre; medemamente a Nicosia fu fatte grande allegrezze et apparati per tutto.

Il signor Ague de Bessan fu lassato capitanio a governare, come governava, et confirmò et rattificò tutto quella ch'haveva fatto, e poi mandò un suo messo a Cormachiti a citar li cavalieri ch'erano di lì, da parte del capitanio, che in spazio di giorni tre dovesseno andar in Famagosta, con mulle, senza spade e lanze, per aldire[3] el commandamento del capitano. Li quali non hanno osato di andarli. Passati quelli tre giorni, el re mandò a Nicosia altri 50 cavalli armati sotto la disciplina de Gioan de Montolipho, et messe vardie all'arcivescovado et all'Hospital, acciò non l'intrassero in quelli lochi ch'hanno franchisia coloro ch'erano suspetti per salvarsi.

Et havendo inteso quelli de Cormachiti come erano venuti cavali freschi da Famagosta a Nicosia, andarono dal contestabile, et gli dissero che da Nicosia vegnivano a prendersi; il quale smarito gli rispose che non sapeva prendere conseglio ne per lui ne per loro. Et il dì seguente, di buona matina, cavalcò con un suo cavallo turco senza dire dove andava, ma solamente disse alli soi servitori che l'aspettasino et apparechiassino a desinar, et egli andò verso la marina accompagnato da Filippo de Iblin, da Gioan de Iblin, Henrico de la Corte et

1310.

Le connétable essaye de s'enfuir en Caramanie.

[1] Paris et p. — [2] Paris: *coraccine*. — [3] Paris et B; A: *ardire*.

1310.   un turcopullo chiamato Theodoro Calife, figliuolo bastardo d'un zangur surian, qual fece con una sua schiava, il qual Theodoro fece gran dispiaceri al re, et alli suoi; et andò anchora quel Genovese Lanfranch Carmain, ch'era col signor de Sur, quando fu preso il re dalla sua camera. Li quali andorono alla marina dove crediteno trovar un naviglio che li dovesse trasportar[1] in la Caramania; ma il disegno li fallite, però che havevano mandato secretamente un servitore a Famagosta a Michel Tarnevazze Genovese, con denari per strapagar marinari, e mandar una fusta o altro naviglio a levarli; et il servitor fu conosciutto, et preso lui, e il Genovese, e però el naviglio non andò altramente. Li servitori loro, havendoli attesi un pezzo, doppo passata l'hora del desinar, et non essendo venuto el contestabile e soi compagni, si levò una voce nelli alberghi loro, che il contestabile era fuggito; per il che tutti li compagni e servitori si messeno a fuggir dove meglio poteno, havendo prima robbato l'argento, l'arnese e vittuarie del contestabile, et menato a Nicosia tutti li soi cavalli, roncini, famegli et bagaglie.

Il che inteso per Gioan Le Tor, che era capitanio a Nicosia, fece prender li cavalli e robbe del contestabile et condurli in la corte del re; e fece cride che tutti quelli c'havevano prese robbe del contestabile le dovessero presentar in la corte, sotto pena della disgratia del re. Il contestabile, non havendo trovato naviglio, tornò indietro al suo alloggiamento, e lo trovò tutto sgombrato, e fuggiti li soi famegli, del che hebbe grandissimo dolor. Di questo fatto fu avvisato el re a Famagosta, e lei mandò a Nicosia, e fece prender tutti quelli ch'erano venuti da Cormachiti, et cavalieri et fanti, e fino li servitori; tra li quali furon presi Beimond de Creel, et Pietro de Scandilion, fratello d'Anfredo, e questi furono mandati a Famagosta con li ferri e cadene, dove furono posti in una priggion aspra.

Henrico de Giblet, signor de Besmedin, casal a Tripoli, il quale haveva molti parenti in Cipro valorosi, et di gran conto, come era il principe d'Antiochia, il signor de Giblet, Filippo de Iblin, Gioan d'An-

---

[1] Paris: *trasgettar*.

tiochia, Vielmo Visconte, et molti altri, siando stato del conseglio del signor de Sur al tempo del suo governo, s'haveva acquistato molti inimici; e doppo la morte del signor de Sur, avendo veduto ch'el signor Ague de Bessan ed'altri amici del re havevano occupato il regno per nome del re, et il contestabile non havendo tanto seguito che potesse resistere con loro, astutamente abandonò la compagnia del contestabile, et si humiliò alla regina; alla qual rese le sue arme, et cavalli, e si misse in salvo nella casa di Rollando de la Baume, marito di sua nezza. Et dapoi, havendo inteso che alcuni cavalieri offesi da lui volevano assaltarlo, si partì[1] da quella casa, e andò alla custodia della regina et stete nella cava del re con buone vardie; et quando venne il re a Famagosta, la regina lo fece licentiar che dovesse andar dove le piacesse. Egli si partì et andò nell'arcivescovado, dove credete poter star securo, si per la franchisia c'ha quella casa, come perchè all'hora stantiava dentro el legato, ma questo non li valse, perchè li soi inimici andarono in l'arcivescovado di notte, et dentro la camera che dormiva l'uccisero nel letto; et la matina fu data la voce fuora della sua morte, ma non si seppe chi l'uccise. Fu detto questo caso al re, et hebbe si gran dispiacere di si crudel vendetta, et perchè non li piaceva che nella sua signoria si usassero simili violente operationi.

1310.

Dapoi ch'el re stete a Famagosta xv giorni, venne a Nicosia, dove fu ricevuto con tanta festa e con tanta allegrezza da tutti, come se qual dì fusse ressussitato. Al suo intrar, fu accompagnato da 200 file de cavalli copertati a cinque per fila, e questi andavano avanti al re, e poi venivano settanto fra cavalieri dell'Ospital armati con tutte le arme, e questi erano intorno al re in quatordici fila, sette dinanti e sette di dietro, et in mezzo de questi era el stendardo real appresso al re; e dietro di questi, venivano immediatamente altri 200 file di cavalli copertati a cinque per fila, e dinanti tutti questi cavalli, andavano 300 file di fanti armati parte con archi, e parte con arme inhastate. La città fu

Entrée du roi Henri à Nicosie.

---

[1] Paris et B; A : *partirono*.

1310.

parata come l'altra volta, ma questa volta feceno compagnie, e si vestiteno tutti con divise: li borghesi franchi si vestirono di bianco e rosso; li borghesi suriani rosso e verde; li Genovesi giallo e pavonazzo; li Venitiani fecero saii di giallo et rosso, e li Pisani tutto rosso; e fecero per cinque giorni grandissime allegrezze, fino li Giudei feceno segno d'allegrezza; fu parata la ruga grande con instrumenti e balli, la ruga de Suriani che è alla grande abbatia delle donne grece, dove li ricchi Suriani fecero la sua loggia; et per tutto fu l'isola piena d'allegrezza.

Le roi fait arrêter et conduire à Nicosie les partisans du connétable.

Quattro giorni dapoi giunto il re in Nicosia, mandò Rupin de Monforte e Gioan Le Tor, con cento cavalli et centocinquanta fanti armati, per menar in sua presentia el contestabile, el prencipe, el conte del Zaffo e li altri loro compagni ch'erano restati a Cormachiti; i quali fecero la via del casal Acachi del prencipe, dove era egli, Ugo de Iblin, et Galtier de Bessan, che aspettavano il commandamento del re. E quando videro venire questa gente d'armi, loro si mossero per venire a Nicosia; con li quali era fra Gioan de San Chentin, et un suo compagno frate de predicatori. Però Rupin de Monforte e Gioan Le Tor scorseno a Cormachiti per trovar el contestabile; il quale fu avisato della venuta di costoro, et lui s'ascose in quelli boschi; et havendo trovato il pasto apparecchiato per desinar, hanno giudicato che non poteva esser molto lontano, et però si misseno a cercarlo per quelli boschi valli e monti, ma non lo poteno trovare.

Il dì seguente, all'alba, introrno Nicosia Filippo d'Iblin, conte del Zaffo, Balian d'Iblin, principe di Galilea, Ugo d'Iblin, et Galtier de Bessan, et andorono in la casa del conte. Et come il re intese la venuta loro, fece subito una crida che tutti quelli o quelle che riceveranno in casa alcun de quelli che sono stati a Cormachiti e non li presenteranno in quel medesimo giorno al re, che le persone, feudi et facoltà loro fossero all'arbitrio di Sua Maestà.

Le comte de Jaffa implore le pardon du roi.

Et quel istesso giorno, a hora di vespro, venne Filippo de Iblin conte del Zaffo, a piedi, da la casa sua fino alla corte regia, caminando per mezo la fiumara, et havendo adosso un drappo bianco senza cintura, scalzo, et col capo nudo, et in sua compagnia erano sei frati dell' Ospital. Il re era assiso nella sua sedia real, al suo palazzo, et nella sua corte erano tutti li soi cavalieri feudati, et stipendiati; era presente anchora el legato messer Ramon da le Spine, tutti li vescovi, abbati, et superiori de frati, canonici, hospitalieri et communi, in presentia delli quali tutti s'ingenocchiò el conte, e disse : « Sacra Regia Maestà, « hanno errato molti nostri compagni contro la Maestà Vostra; ma il « mio errore è stato molto maggiore de tutti gli altri, si per el paren- « tado, si per la grandezza del grado ch'io teneva da quella, come « ancho perchè non solamente ho fatto errore in compagnia del signor « de Sur, ma ancho dapoi ho seguitato il contestabile, et da me non ha « mancato di procurare ogni male contro la Maestà Vostra. Io non voglio « che alcuno mi riprenda dal mio errore, perchè io isteso conosco il mio « fallo, et non ardisco di domandar perdono, perochè veramente co- « nosco et confesso non el meritare, se non fusse per la gran benignità « che regna nella Maestà Vostra. Ecco però la persona mia, ecco la « mia facoltà all' arbitrio di quella, la quale dispona, et comandi, et « di me e de la roba mia, come li piace. » Al quale il re rispose : « Si « come ti portaste tu verso di noi, così si porteremo anchor noi verso « di te. » Costui fu ordinato di venir prima degli altri avanti al re, a domandar venia, perochè il suo feudo era libero, et non haveva si gravamente errato come quelli che li feceno homaggio, et poi era giovane, et adobato cavaliere in tempo del governo del signor de Sur.

Appresso di lui, venne Balian de Iblin, prencipe de Galilea, et signor de Thabaria, et suo barba Ugo de Iblin, et il suo socero Galtier de Bessan, li quali vennero scalci, senza barette, e senza cente, e senza compagnia, et essendosi presentati al cospetto del re, si perseno, et fermati non sapevano che dire. Et il re gli domandò che cosa erano venuti a fare a quel modo in presentia del loro signore, e li domandò perchè non s'ingenocchiavano; alhora el principe s'ingenochiò, et anche li altri, et cominciò el prencipe a scusarsi del governo, ma il re non lo lassò dire,

1310.

Mesures prises
contre les partisans
du
connétable.

1310.

anzi li disse : « Gran stizza regna ancora in voi, di pur in brevità l'error « tuo, se te par d'haver errato, e lassa star il tuo prologo, che non bi- « sogna adesso. » Però hanno confessato l'error loro, et dimandato venia, offerendo le persone et feudi loro all'arbitrio del re; il quale gli rispose : « Si porteremo con voi come voi altri vi portaste con noi. » Poi furono levati et mandati nella preggion de Cerines.

Il seguente giorno furono menati al castello de Cerines, con le cadene et colane di ferro al collo, Thomaso d'Antiochia, Badin de Navarra, Filippo de Navarra, Ramon de Rosea, Guido Coste, Henrico de la Corte, Girardo Menabou, Roberto de Mongesarte, Beimondo Sias, Badin Malevrier[1], Faisan Faisan, Beltramo de De, Thomaso Benfei, Gioan Pomertain[2], Gioan Arra, Thomaso Menabo e Galtier Menabo. Vennero dapoi a piedi, senza berrette, et senza scarpe, da la corte de la dama di Baruto fino al palazzo del re : Gioan de Iblin, et Ugo de Peristerona, e doi soi figliuoli, Boardo Destrap, Gioan Potier, et Simon Atumi, s'ingienocchiarono in presentia del re, et confessarono l'error loro, et domandarono venia; alli quali[3] rispose il re, si come agli altri.

Filippo de Iblin, conte del Zaffo, dapoi che fu retenuto s'amalò gravamente, e fu confessato e communicato in preggion; el quale, ad instantia e preghiere de sor Margarita d'Iblin, abbadessa de la Nostra Donna de Sur, ameda[4] del detto conte, con la piezzaria de Gioan di Blessia, Adam de Canfran, e della madre del conte, fu tratto dalle priggion, quale, come fu guarito, fu presentato al re, et lui lo mandò in preggion de Cerines con tutti gli altri.

Otto giorni dapoi la presentation de li sopradetti, venne el contestabile al monasterio di Belloco, stravestito con un gabam de griso, et la testa travolta con un drappo a guisa de un amalato, et con un par di bisaccie al collo; il quale in questo modo intrava et usciva ogni dì in Nicosia, et intendeva le cose come passavano; ma questa volta fece intendere alla principessa, et lei alla regina, et la regina al re, et il re

---

[1] Paris, b et Amadi, a : *Levrier*.
[2] Amadi : *Pormentan*.
[3] Paris; a : *il quale*.
[4] Paris; a : *amica*.

mandò cavalieri e fanti, et lo fece menar in casa del principe; e poi volse che dovesse andar a domandarli venia, e remettersi a lui in presentia de tutti, come fecero gli altri; ma la regina e la principessa pregarono il legato et messer Rimondo, che dovessero pregar el re fusse contento che il contestabile si presentasse a lui di notte, a lume di torci, per vergogna del populo, et el re lo concesse. Però la sera, uscite da la casa del prencipe senza centura, come li altri, et a piedi, in compagnia del legato e di messer Rimondo, e venne in la sala del re, dove era radunata gran brigata; et ingenocchiato in presentia del re, lesse una scrittura, che gli fu ordinata, per la quale confessò l'error suo commesso contra il re, vedendo et aldendo tutti li astanti; e la sustantia della scrittura era: ch'egli haveva errato contra il re in parole, et in fatti, et però rimetteva la sua persona et il suo feudo alla merce et volontà del re. Et il re le rispose: « Mi rencresse delle cose seguite, perchè non haverei mai « aspettato da te quel che hai operato contra un tuo fratello maggiore, « contra il tuo re e signore, le qual operation m'astringono a far verso « di te quello che non pensava ne desiderava fare verso il mio fratello; « ma, come re e giudice, non posso far se non tanto quanto meritano « i toi portamenti. » Poi si partì il re et andò nella sua camera con le lagrime agli occhi, et il contestabile fu menato abasso nella cava del re, dove stete fin che fu menato a Cerines. Erano retenuti 50 fanti a piedi et otto turcopulli, ch'erano stipendiati del signor de Sur et havevano portato le arme contra il re; li quali son sta licentiati con termine de giorni xv di partirsi fuor del paese.

Filippo d'Iblin el giovane, qual era a Cormachiti con el contestabile e prencipe, non si fidò di venir in presentia del re come li altri, attento che lui haveva ricevuti grandissimi beneficii dal re, e quando morì suo padre povero, e con gran debiti, el re lo tolse in casa sua, e li dette 300 ducati l'anno per spendere, et li faceva le spese a lui, e soi servitori, e cavalli, et lo vestiva della medesima sorte dei drappi che vestiva el re; et havendoli reso tanta ingratitudine d'esserli andato contra,

---

[1] Paris et B : tout ce passage, de *poi si partì* jusqu'à *fuor del paese* inclus, manque dans A.

1310.

et operato quanto poteva et sapeva in maleficio del re, se diffidava d'andare, perchè da se giudicava non meritare perdono. Et però deliberò d'andar fuora del isola; et andando per le marine, capitò a Limisso vecchio, dove trovò una galea genovese, et s'accordò col patron di quella per 500 ducati de condurlo in Armenia, e montato sopra la galea capitò in Famagosta. Il patron della galea parlò con li Genovesi ch'erano in Famagosta; li quali, considerato l'error del detto Filippo commesso contra[1] il re, il quale l'ha fatto cercar e tuttavia lo cercava, et considerato che, s'il re l'avesse saputo che Genovesi l'hanno condotto fuora dell'isola, l'haveria havuto a male, e poteria far dispiacer grande al commun loro, deliberò di darglielo, et però lo fece intendere al capitanio di Famagosta. Il quale mandò a far la cerca nella galea, et trovato detto Filippo, lo fece discender da quella, e de longo via lo mandò a Nicosia ben custodito, e gionto alla porta della cità lo fece intender al re. Il quale ordinò che fusse menato da la porta de la terra fino la corte regia a piedi, senza baretta, e senza centura, e senza scarpe, et le sue mani legate inanci; et entrò di giorno a hora di terzo, per esser veduto da tutti; el quale non fu menato in presentia del re a domandar venia, perchè il re non lo volse veder, per compassione che haveva di lui, ma comandò che fusse posto de longo via in una preggion in casa del re, e poi fu mandato a Cerines.

La princesse de Tyr ramène en Chypre les otages laissés en Arménie.

Un mese dapoi la venuta del re de Armenia, venne anchora la dama de Sur, e menò seco tre de soi figliuoli maggiori, e lassò in Armenia li altri tre e la sua figlia; e con lei vennero Filippo de Iblin, siniscalco del regno di Cipro, Badin de Iblin, Henrico de Milmas, Ugo Beduin, Zaco de Flurin, et Nicolo de San Bertin, quali erano restati ostaggi in Armenia; a quali fu fatto gran festa da tutta la terra. Questi furono liberati per promission del siniscalco et Badin predetti, quali, sopra la fede loro, promissero che il re Henrico mantegneria li patti che fece per la dama de Sur et soi figliuoli, et non li mancaria niente. Promissero

[1] Paris.

anchora fare che il re liberasse dalla prison Gillo Menabo, e maestro Olivier et maestro Gioffredo, ch'erano in preggion con ferri nella torre[1] di Famagosta, posti per il signor Ague de Bessan; et questi volse la dama de Sur che fussero liberati, et el signor senescalco e Badino promessero di procurarlo. Tolseno medemamente sopra d'essi di guardar, salvar et aiutar la dama de Sur et soi figliuoli, et non comportar che li fusse fatto alcun oltraggio. Subito ch'el re intese la promessa di questi soi fedelissimi, fece liberar da la priggion maestro Olivier et maestro Gioffredo, ma non volse liberar Gillo Menabo, perchè costui, la notte che fu preso il re, trasse da la sua centura la cortella che soleva portare el re.

Si ritrovavano ancora alcuni cavalieri de quelli che erano stati a Cormachiti in compagnia del contestabile e del prencipe, li quali erano redutti dentro in l'arcivescovado, tra li quali erano Simon d'Iblin e Bartolomeo de Thabaria, ch'erano banditi per sassinamento, et al tempo del governo del signor de Sur vennero in Cipro. Il re chiamò li suoi huomini, et rimisse a loro di terminare se si potevano prendere dall'arcivescovado; et la corte terminò che si potevano prendere[2] senza errore, attento ch'erano per colpa de lesion de la maestà. Però comandò che fussero presi in questo modo; costoro erano entrati nella capella, e comandò che non lassassero intrar alcun là dentro, ne darli da mangiar ne da bevere; li quali, astretti da la fame e sete, uscitero fora, et si presentorono alla mercede del re, et furono posti in la preggion de Cerines.

Il primo de gennaro del detto anno 1310 morì[3] messer Rimondo de le Spine, messo del papa et del re di Franza, il quale s'haveva affatticato en la liberation del re con gran fedeltà, così grandissima diligentia, prudentia et animosità. Fu sepolto al monastero dei frati predicatori in Nicosia.

[1] Paris; A : *terra*. — [2] Paris et B. Les mots de *dall' arcivescovado* à *prendere* manquent dans A. — [3] Paris.

Nel principio di marzo seguente, el re cominciò a liberar e perdonar a poco a poco a quelli che l'havevano offeso; e cominciò prima da li più strani, che li pareva haver manco colpa, tenendo anchora in preggione quelli che erano soi attinenti, et che havevano da lui ricevuti maggiori benefici, acciò havessino a patire più de li altri nella priggione per emendarsi, et conoscer anco la clemenza sua. Furono adunque liberati Guidone Costa, Thomaso de Benfai, Gioan de Capo d'Istria, Badin Mallevrier[1], e Gioan Potier.

La dama de Sur dapoi che messe quell'ordine che le parse nelle entrate sue, et assicuratasi meglio di potersi fidar in la bontà del re, col mezo del signor siniscalco et del signor Badin d'Iblin, tolse licentia dal re, e ritornò un altra volta in Armenia con soi figliuoli e fameglia.

Nouveau complot contre le roi Henri.

Quando credete il re haver assetate le cose sue, et esser già fora d'ogni suspition del stato, e vita sua, e già haveva comminciato a perdonar a quelli che l'havevano offeso come havete inteso, il mese di giugno del medesimo millesimo fu scoperto un trattato d'alcuni cavalieri, che tenivano la parte del signor de Sur. E erano capi di questo trattato fra Chemi d'Oseliers, già mariscalco del Tempio, Gioan de Bries del signor Beimondo, Balian de Bries del signor Gioanne, Gioan Lombardo, et Piero de Rolante; li quali furono presi, et posti al tormento, confessano d'haver messo ordine d'assaltar et uccidere el re, el seniscalco, Badin d'Iblin, Rupin de Monforte, et Ague de Bessan, et occupar el regno et tenir la terra per Ughet, figlio del signor de Sur; e parte de li loro complici dovevano andar a Cerines per liberar el contestabile, el prencipe e li altri che erano priggioni. El mariscalco fu posto in una grotta a Cerines dove stette cinque anni, e poi morto fu tratto, e per un prete et un zagho fu sepolto in la chiesa di Santo Antonio. Li altri quattro capi, soi compagni, per termination de corte, furono mandati a Cerines, dove furono confessati, et communicati, e la notte furono portati infra el mar, et con una pietra al collo a cadun

---

[1] Paris; A : *Mallaurier*.

furono annegati. Li altri loro complici, per loro accusati nel tormento, deneguavano, dicendo che non si doveva dar credito alle parole d'huomini conossiuti per mancatori di fede, e traditori, rebelli dello stato, come erano quelli cinque, ne poterli dar tormento senz' alcun altro inditio. Però furon banditi fuora dell'isola, e questi furono: Gioan[1] Passoreal, Girardo Passoreale, Gioan d'Antiochia, Reduflin, Zuan de De, Pietro Chascas, Badin Lafranc, Beimondo de Creel, Beimondo Sias, tre figliuoli del signor de Peristerona, Girardo Menaboi, Thomaso Menaboi[2], Zuan Arra, Rimondo Russello, et Beltramo de De.

Et per questo fu turbato l'animo del re, e non solamente cessò de perdonar ad altri, ma ancho mandò a Cerines, et fece trare Henrico, suo fratello contestabile, et menarlo al castello over rocca de Buffavento, la quale è in cima d'un alto et asprissimo monte, e fu impriggionato a quella con vardie. Et li altri preggioni che erano in la preggion de Cerines furono posti in alcune grotte oscurissime et horrende, et li fu tenuto il vitto; et non li davano altro che dui pani, et un bocal d'acqua per huomo al giorno; i quali morivano, e poi venivano portati da schiavi alla chiesa di Santo Antonio, et le sepelivano senz'altra compagnia ne honore come traditori del loro signore.

Il mese di luglio del 1312, tre galee de Genovesi, capitanio Manoel Marabot, capitorno a Baffo, e fecero intender a Gioan de Chivides, capitanio di Baffo, ch'erano messi mandati dalla comune di Genova per parlare al re; el capitanio li dette fide, et non li fece la vardia altramente. Loro messeno in terra la notte, et andorono al casal Geroschipo, lontan da la terra più de una lega; et il dì seguente, vennero in ordinantia con le arme et introno in[3] la terra di Baffo, senza trovar chi li vietasse, però che tutti li terrieri per l'insperata novità si perseno, et li convien fuggire per salvarsi. Li Genovesi messeno la terra a sacco e steteno dentro quattro giorni, et tolseno cio che si poteva levar con le galee; e poi fece vela, et andò de longo alla Giaza in Armenia; et il dì

[1] Paris: *Guido*. — [2] Paris. — [3] Paris; A : *intorno*.

CHRONIQUE

1313.   che si levorono si radunò a Baffo tutta la cavalleria di quelle contrade, et li turcopulli et fanti. Come intese il re questa novità, mandò il signor Ague de Bessan con una gran compagnia, il quale, andando a Baffo, intese per strada come Maraboto s'era partito da Baffo, e però torno indietro. Il re mandò a Famagosta il signor Badin de Iblin, et fece armar sette galee, due fuste e sette schierazzi, delle quali fu capitanio il signor Gioan Le Tor, et andò dietro alle galee de Marabot, et le trovò al porto de la Giazza; dove alcuni delle galee del re volevano che si dovesse combatter con loro; et se quelli della Giazza li havessino voluto favoreggiare, metter a sacco tutta la Giazza e poi metterli el foco. Ma il capitano Le Tor disse che il re li haveva imposto che, trovando Maraboto in porto del re d'Armenia, non dovesse romper el porto, et però mandò al capitanio de la Giazza, et li fece intendere il danno che le galee de Marabot havevano fatto in Cipro, et essendo il suo re amico del re d'Armenia, non voleva romper il suo porto, ma che lui anche come amico li doveva licentiar da quello. L'Armeno rispose ch'erano mercanti, et intrati nel porto con mercantie, e però non li pareva giusto di licentiarli; e poi fece venir molti huomini armati in deffention de Marabot in la marina; il che vedendo le galee del re ritornorono indietro.

Les propriétés des Templiers sont données à l'Hôpital.

Alli 7 di novembre del 1313, furono radunati alla madre chiesa di Nicosia fra Pietro vescovo de Rhodi, legato della sede apostolica, che all'hora si trovava in Nicosia; et in presentia delli vescovi di Cipro, e di tutti li religiosi, furono lette lettere di papa Clemente quinto, per le quali comandava che li Thempliari fussero spogliati de li soi beni, et a loro fusse tolto il mantello, li quali beni fossero dati all'Hospetal di San Gioanni. In esecution delle quali lettere, li frati del Thempio furono spogliati del habito, et alli Hospitalieri furono consegnati li casali et chiese che essi tenivano. Et prima la chiesa de Tempio con la stantia d'essi, appresso la corte del re in Nicosia; il castello di Gastria, et il casal Gastria, et Camarese; la chiesa et casa de Santo Antonio[1] in Fa-

[1] Paris.

magosta; li casal Mora et Angastina in la contrada della Massaria; il
casal Themplos a Cerines; il casal Spigna[1] en la contrada de Chrussocho; il casal Acurzo et Phinica[2] a Bafo; il casal Anoyra et Calogennata in la contrada de Avdimo; el castello et casal Colozzo, Traconi,
Assomato, e Fassuri; il casal Geromosia[3] con la sua fortezza, e prastii
de Mathicoloni, Jeratta[4], Apsiu, Paramida et Marammeno alla contrada
de Lemisso; il bagliaggio de Longara[5], Chiva, Ville, San Costantin,
Aracapa, Dierona et Lividi[6], con li altri soi prastii, in la contrada de
Limisso; il baillaggio de Chellachia, Viglia, Androlioti[7], Sannida, Eftagogna, Clonari, Armenochori, Monagrulli, et altri suoi prastii pur
in detta contrada de Limisso; il casal Chierochitia con la sua stantia
in forma di fortezza, et il casal Laturu in la contrada di Masoto;
il bailaggio di Achiera, Micero, Mavrovuno, Catomoni, Pardi, Agrochipia, Pagliachori, Marullena, Campin et San Roy, in la contrada del
Viscontado.

Nel 1313, il primo di maggio, havendo havuto alcune differentie
il legato con li vescovi greci, vennero detti vescovi in Nicosia; e fatto
consulto tra loro, andorono poi a parlar al legato in l'arcivescovado. Et
havendoli veduti alcuni Greci del vulgo, s'immaginorono che il legato
li voleva far qualche vergogna, et s'aviorono ancor loro verso il vescovado; il che vedendo li vescovi, e dubitando dell'ignorantia del populo non facesse qualche rumore, se retirorono indietro. Il populo però
scorse dentro, et sforzate le porte della sala, cercorono di far dispiacere al
legato, ma non l'havendo possuto trovare, presseno fuoco de la cucina
per brussiar la casa, et esso; et se tosto non giungeva el visconte de
la terra con li soi bastonieri, haveriano fatto del male e danno assai.

Il visconte li cacciò fuora, e poi fece grida da parte del re, che nessuno
non ardisca andar in la corte dell'arcivescovo, sotto pena di perder una
man et un piede. Fatto poi inquisition, et trovato parte di quelli che

---

[1] Paris : *Igna.*
[2] Paris : *Finica.*
[3] Paris : *Geromassoia.*
[4] Paris : *Gerassa.*
[5] Paris : *Logara;* B : *Lagora.*
[6] Paris : *Livichi.*
[7] Paris : *Androchoti.*

1313.

furono capi di questo disordine, li messeno in priggione; et quando fu giustificata la cosa esser processa da ignorantia, furono licentiati.

Duel judiciaire.

In detto tempo, fu occisa in casa sua una dama, ch'era moglie di Giacomo d'Artude; la madre della quale si querellò contro suo genero Giacomo preditto, dicendo che lui l'haveva morta, e denegando il genero, la madre domandò un campione per provarlo. Il re, che era tenuto di vardar le vidue et orfani, fece cavalier uno de soi vassalli ditto Gioanni Panson, et lo fece intrar nel steccato a combatter con Giacomo preditto. Era usanza in quelli tempi tra christiani che li testimonii s'opponevano con disfidarli a combatter, et s'opponevano a questo modo: come veniva un testimonio a giurar per testificar contra alcuno, quello al quale voleva dir contra li alzava la mano, et li diceva: « Tu te ne « menti, » et buttava il vanto in presentia del re, et diceva: « Io lo disfido « a combatter seco, et mi offero in spatio di tre hore renderlo, o morto, « o pentito. » Et quel testimonio era astretto a combatter seco; e se viceva il testimonio, il suo avversario perdeva la causa e la vita; ma se perdeva il testimonio, perdeva colui che lo produceva per testimonio la causa, et era anche impiccato. Le quali oppositioni non si concedevano se non per cause che montassero una marca d'argento e più, el qual argento all'hora valeva bisanti 25; e quando le parti de littiganti over alcuno d'essi era vecchio di 60 anni, overo il testimonio, o se vi intratteniva qualche femina, poteva combatter per sustituito, chiamato campion; e combattevano diversamente li cavalieri da quello facevano li altri che non erano cavalieri. Medemamente, erano tenuti combatter quelli ch'erano querellati d'homicidio, et sassinamento. Et come alcuno de combattenti si rendeva nello steccato, o veniva ferito de sorte che non potesse più combatter, overo ussiva da li termini del steccato, andando indietro per la viltà sua, lui s'intendeva vinto, et da la giustitia veniva impiccato, come perdente, et il quale con l'audatia sua fece pericolar la vita a colui ch'haveva combattuto seco. Et in questi combattimenti s'hanno veduto grandissimi miracoli di giustitia et favor, de quelli ch'havevano la raggione da canto loro; tra li quali è stato anchora questo, che Giacomo uscite fuora da li termini del campo, anchorchè lui haveva ferito Gioanni di spada nella spalla, non dimeno fu terminato da li giudici di corte che era vinto ; et menandolo alla forcha confessò che lui non haveva occisa la moglie, ma fatto occiderla da un altro, con intention de giurare il vero, se stato fusse di bisogno. Ecco che Iddio haveva mandata la verità in luce, e la malitia del mal operante non valse, però che fu appeso nelle forche.

Il paese restò pacifico dal 1312 fino al 1318[1]. Nel qual tempo si trattò della sorella del re Henrico, la damogella Maria de Lusignan, con il re d'Aragona, et li dette l'anello fra Pietro, vescovo de Rhodi, legato et patriarcha de Gerusalem, in presentia delli vescovi di Cipro e de tutta la cavalleria; per il che fu fatta gran festa in Nicosia. Medemamente fu concluso matrimonio fra la figlia del siniscalco de Cipro, Filippo d'Iblin, et il don Ferrante, l'infante de Maiorca; il quale poco avanti haveva preso Chiarenza, et mandò due galee ben armate, et con gran compagnia fu menata a Chiarenza, et ivi si maridò con essa con grand' honore e festa.

Doppo maridata la sua sorella, il re Henrico, havendolo richiesto per genero il re Federico de Cecilia, accettò il partito, et mandò con li soi medesimi ambassiatori el vescovo de Lemisso e Bartolomeo Montolipho ; i quali concluseno il matrimonio, e menorono la regina Costanza con sei galee accompagnata. La quale si maridò in Nicosia con grandissima festa, tenendo corte bandita per xv giorni continui, et nelle sue nozze la regina fu coronata et unta con grandissime cerimonie.

Si maridò ancora in detto tempo il signor Ugo de Lusignan, contestabile del regno di Cipro, et nepote del detto re, con Alisia de Iblin, figlia del signor Guido, signor del castel di Nicosia.

E stando tutti questi signori principi et nobili in quiete e tranqui-

[1] Paris : *sci anni*.

lità, venne un Genovese chiamato Nicolo de Sore con xi galee armate, et rompete la quiete e reposo loro; imperochè messe in terra molta gente, et fece gran danno in la rivera di Bafo, ardendo li casali e ville, e ruinando cio che poteva. Il che inteso per il re, fece gran desterità, et senza strepito assediar tutti li Genovesi nella corte del signor de Sur, et li prese, e tolse tutta la loro facultà, et essi con le moglie et figliuoli furono posti in priggione, dove steteno con gran povertà e disaggio circa tre anni. Et havendo poi armate il re quattro galee et una fusta, per vardia del paese, andavano queste galee intorno; et un giorno s'hanno incontrate in una gran carraca, et li segnorono che dovesse mainare; ma quelli della carraca se ne tragevano delle galee, e dicevano villanie alli Ciprioti; onde Roberto de Mongisard, ch'era capitanio delle galee, vedendo questo, cominciò a combatter, et quelli della carraca medemamente si deffendevano vigorosamente. Li Ciprii dicevano a quelli della carraca che si dovessero render, et non havendo voluto, messero fuoco alla carraca; il che vedendo quelli ch'erano dentro si humiliarono et si reseno, supplicando fussero aiutati di viver; et li Ciprii tolseno li huomini nelle galee e li condussero in Cipro, dove furono posti in priggione, e la carraca fu arsa.

Le sultan d'Égypte envahit l'Arménie.

Poco dapoi, il soldano di Babilonia, con la sua gente, passò in la terra d'Armenia, et arse tutto quello piano, mettendo a morte tutta la gente che trovò; e quelli che pottero scampare se ritirorono in li castelli et fortezze, et con più commodità condussero le moglie e figli loro alla Giazza. Li Saraceni, seguitando la vittoria, andorono alla Giazza, e preseno la città e ruinorono il castello da terra; e poi messeno l'ingegni e machine verso il castello da mar e ruinorono molte stantie di dentro, per il che li Christiani non potendo stare si messeno tutti sopra certi navigli ed abbandonarono il castello. La qual ruina de Christiani intesa per il re Henrico, fece subito metter in ordine quattro galee e tre fuste, sopra le quali messe li cavalieri ciprioti, et mandò per capitanio el signor Ugo Beduin; il quale andò in la Giazza, et ricevete quanti huomini et donne e putti ha potuto levare de li Armeni, et quelli mandò in Cipro con li navigli accompagnati dalle fuste. D'onde li ditti navigli cargorono vittuarie et portorono alli Christiani ch'erano sulle rocche et su navigli, et combattevano con Saraceni; e poi cargorno un altra volta gente, e condussero in Cipro; e le galee del re stavano al porto de la Giazza, e combattevano con li infedeli, e raccoglievano li Christiani.

Et a questo modo condussero in Cipro molti Armeni, alli quali il buon re Henrico dete stipendio, et li accettò per soi huomini. Parte de li quali mandò al castello de Cerines, e parte tenne in Nicosia, con licentia di poter portar arme come soldati, et li dette ogni comodità et fece ogni piacer il re Henrico, in contracambio della male compagnia che lui ebbe dal re armeno.

Del 1324, alli 30 di marzo, il re Henrico si partì da Nicosia, et andò al casal Strovilo, lontan dalla città di Nicosia meza legha; et era in sua compagnia monsignor Gioanne del Conte, arcivescovo di Cipro, il quale era gentilhuomo romano et huomo da bene, che fece gran benefici in la chiesa nel suo tempo; et erano anche il vescovo di Papho et il vescovo di Famagosta et Tortosa. El re andò per li campi a suo diporto per allegrarsi vedendo la verdura; e poi tornato a casa, stete parlando con essi prelati et altri cavalieri ch'erano con lui fino a mezza notte; e poi avendo dimandato il suo letuario e vino, li prelati e parte de cavalieri tolseno licentia, e ritornorono a Nicosia. Et il re messe ordine de andar la mattina a la cazza con sparavieri, poi disse il suo ufficio, et andò a dormire. La mattina, al alba, andò il suo camariero con il cuoco per darli il suo brodo, come era solito, e trovollo morto.

Immediate fu fatto intender al signor Ugo Beduin, che dormiva in quel casal, e poi al signor Ugo Lusignan, contestabile de Cipro, et a[1] tutti li vasalli e huomini liggi, quali furono congregati al palazzo reale de Nicosia. E la matina giurorono tutti di guardar et salvar Ugo el contestabile contra tutti li viventi, fino fusse conosciuto el dretto herede. Et

[1] Paris; A : *tra*.

1324. feceno le cride da parte del contestabile, custode del regno de Cipro, e feceno aprir le priggion, et lassorono uscir li priggionieri tutti. Et domenica la mattina, che fu il primo d'aprile, al alba, fu portato el corpo del re Henrico a Nicosia[1] et posto alla giesa del Tempio, dove fu vestito di drappi reali, e con la corona d'oro; e poi[2] fu portato con grand'honor, come ricercava la condition sua reale, et fu sepolto a San Francesco, appresso l'altare. Il quale regnò anni 30[3] mesi 9 e giorni 7, con santa vita ed honesta conversazione. Che Iddio li donì requie eterna all'anima. Amen[4].

[1] Paris. — [2] Paris et B. — [3] Paris : *38*. — [4] Paris.

LIBRO TERZO[1].

Seppolto che fu il buon re Henrico, fu congregata corte universale, et tutti li prelati et gente de religion, dove il signor Ugo de Lusignan, contestabile del regno de Cipro, figliuolo de Guido contestabile, et nepote de detto re Henrico, fece dire in corte, per Bartolomeo de Montolipho, attento che lui era il più dretto herede apparente e richiedente in corte, che la rason voleva ch'el fusse posto in possesso del suo dretto[2]. Onde la corte, tutta ad una voce, terminò in presentia delli prelati, e della gente di religion, ch'el contestabile era il più dretto herede maschio apparente del re Henrico suo zio; sichè egli fu da tutti ricevuto per re. Al quale feceno tutti hommaggio, cioè l'hanno giurato tutti fedeltà. E poi, la domenica seguente, fu coronato re di Cipro, e sua moglie dama Alisia de Iblin regina, in Santa Sophia, chiesa cattedral di Nicosia, per man dell'arcivescovo Gioan del Conte, predicatore.

Et pochi giorni dapoi, il detto re Ugo et detta regina Alisia andorono a Famagosta, dove si fecero coronar per il vescovo de Barutto, fra Matteo minorita, re de Gerusalem; che così fu terminata per gli huomini d'alta corte e per li prelati, perochè a Sur, dove si solevano coronar li altri re de Gerusalem, non si poteva fare, attento che li Saraceni havevano occupata quella terra. Re Ugo ha ordinato tutti gli officii del regno de Cipro, come de Gerusalem.

In detto anno, ad dì 12 guigno 1324, morì la regina Isabella, relitta dal potente re Ugo, et madre del re Henrico de Gerusalem e Cipro; la quale fu sotterata a Santo Francesco in Nicosia, nelli piedi del detto re Henrico, suo figliuolo[3].

1324.
Hugues IV
est
couronné
roi de Chypre
et de Jérusalem.

---

[1] Ce titre n'est dans aucun manuscrit. Il nous a paru indispensable de l'ajouter ici, la première partie du manuscrit de Paris se terminant au mot *Amen*. — [2] Paris: *del suo regno*. — [3] Tout ce paragraphe manque dans Paris.

1324-1330.

Poursuites entre les chevaliers qui avaient trahi le roi Henri.

Re Ugo, un anno dapoi che fu coronato, chiamò la corte, alla quella domandò se lui si poteva querellar contro quelli che havevano tradito re Henrico, suo zio; e la corte terminò che si poteva, perochè lui era nel medesimo grado et condition che era suo zio e precessore. Fece dunque la sua querella contra quelli che andorono a Cormachiti, e volse che la corte terminasse la pena che dovevano patire. La qual corte terminò che detti delinquenti, come traditori e falsi mentitori di fede, dovevano essere dishereditati, loro et i loro heredi, di tutti i feudi et beni loro[1]. In esecution della quale, il re si misse in possesso dei loro feudi, et confiscati tutti li loro beni.

La regina Costanza, relitta del re Henrico, si partì da Famagosta con tre galee et una fusta, et andò a casa sua in Cicilia.

Mariage de Marie de Bourbon et de Guy, fils ainé du roi Hugues.

Del 1329, venne in Cipro dama Maria, figliuola del duca di Borbon, Aluise di Chiaramonte, et si maridò con Guido, figliuolo del re Ugo, che fu poi contestabile de Cipro, la qual fu ricevuta da tutti con gran festa.

Un anno dapoi, venne Henrico de Verzvic, signor de la Terra d'oro, et venne d'Alemagna; e maridosi con madama Chielvis de Iblin, figliuola del signor Filippo, siniscalco de Cipro, e poi la menò in Alemagna in la sua terra.

Inondations en Chypre.

In detto anno, che fu del 1330, alli 10 di novembre, vigilia di Santo Martino, Iddio mandò un gran fragello in Cipro et precipue in Nicosia, perochè la fiumara venne giù di notte tanto grozza, che ruinò molte case e ammazzò et annegò, tra huomini e donne et putti, da circa tre mille persone; et molti altri hanno perdute tutte le facoltà loro, et alcuni fuggirono nudi et andarono a salvarsi in l'arcivescovado e Santa Sophia, nelli monasteri et altre chiese. Et se el ponte del Cambio, ch'è appresso il Tempio, non si ruinava presto, non romagniva in Nicosia anima viva. S'ha messo per segnale a San

---

[1] Paris. Les mots depuis *di tutti* jusqu'à *loro* manquent dans A.

Giorgio[1] di Latini in piazza uno chiodo al muro bagnato della detta fiumara, che si vede alto più di x brazza. Fece ancho a Limisso gran danno, ammazzò et annegò da 2000 anime; per il che quella città rimasse destrutta; oltra di cio ammazzò assaissimi animali et massime cavalli.

1330.

In questa calamità de poveri, l'arcivescovo Joanne fece grande e fiorite elemosine per aiutarli; e tra le altre, aperse dui granari di formento, e fece cridar per la terra che venissero a tuorlo senza dinari; oltre li drappi e danari che spese in vestire molti di quelli che fuggirano nudi; et così sostenne et aiutò la povera gente. E dapoi questa inondatione de acque, per fino 40 giorni, facevano ogni dì processione, litanie et prediche. Et statuì il detto arcivescovo che ogni anno dovessino tutte le nationi c'habitano in Nicosia far'una processione solenne, tal giorno come fu quella del diluvio, et andar al monastero della Certozza; il che s'osserva anchora fino a nostri tempi.

Dévouement de l'archevêque Jean del Conte.

Il detto buon arcivescovo Gioanne del Conte, quale era frate de predicatori, gentilhuomo romano de la casa Colona, fece in vita sua molti beni, e grande elemosine a poveri, et anche alla chiesa. Ha sacrata la chiesa alli 4 novembre 1326; fece el bel lutrin de marmoro; ha posto la gran gorna de marmoro della fonte; fece la capella di San Tomaso d'Acquino, e la fece dipinger, e consacrare l'altare; ha cresciuto tre assignati, uno da sacerdote, uno da diacono, e l'altro da subdiacono; fece dipinger tre volti della nave della chiesa; fece dipinger le sue colone che sono all'altare grande; cominciò la galilea, et andò fino alle volti; pose due gran campane; fece far doi angioli d'argento; fece tre gran paramenti brocati d'oro, li dui bianchi e l'altro vermiglio; ha cresciuto alli assignati del gran altar, et a li diaconi sei moza de formento all'anno per huomo; ha cresciuto cinque poveri a mangar ogni giorno; fece cappe, casubele, toniche, et altri paramenti, e fornite la sacrestia di cio che bisognava; fece attorno de la chiesa spaliere belissime, et uno gran razzo di seda dov'era ricamata la Trasfigura-

---

[1] Paris; A : *San Giugno*.

256 CHRONIQUE

1330-1333. tione, la quale metteva in mezo della chiesa, li giorni festivi; fece che si mette in l'altare grande, quando è festa de semiduplex, sette sergii, che prima non si mettea più di quattro. Fece gran doni et elemosine in maritar dongelle, et povere vedove, et orphani, et molt' altre buone opere, et più fece che saria troppo longo il raccontarle. Egli morite del 1333; et fu pianto molto dalle gente di Nicosia, perochè ha perso un buon padre ed ottimo pastore. In loco del quale fu fatto arcivescovo frate Elia, minorita, quale era in corte de Roma, et venuto in Cipro stete poco, e poi andò a Roma, et fu fatto cardinale.

Miracle de la croix de Tochni. Ho detto sopra, nel primo libro, come santa Elena, madre de Costantino, dapoi trovata la Santa Croce, et segato il scagnello nel quale era affissa la croce, venuta in Cipro, haveva hedificata una chiesa a lei alla fiumara del casal Togni, dove pose un pezzo di quel legno del scagnello in una croce in detta chiesa. La qual croce del 1318 fu rubata da un prete latino detto Gioanni Sardamari, et volendola portar fuora dell'isola, non puotè, e la buttò nella sfendatura de una carobera. Et nel 1340, fu trovata per relation de un putto pastorello; et il vescovo di Famagosta in presentia del re, volendo far la prova se questa croce era di legno santo, la misse nel fuoco ardente, la qual si fece rossa come il fuoco, e trattala poi fuora, rinvenne e ritornò nel grado che era per avanti. Onde la regina Alisia d'Iblin, moglie del re, la quale haveva la lingua alquanto impedita e barbotava, vedendo questo miracolo del fuoco, andò con divotione, e prese la croce, e postola nella sua lengua operò Iddio quest'ultimo miracolo in essa che guarite, et parlava benissimo come se mai non havesse havuto quel impedimento.

Però dama Margherita de Blesia, gentildonna e richa, nobile e divotissima, ordinò un'monaco chiamato Gregorio che dovesse trovar un luoco che lei voleva, in honor de la Santa Croce[1], fabbricar una chiesa. Il quale frate trovò il terren a S. Demitri[2], appresso Nicosia, che all'hora era senza muraglie, et lì fece edificar la chiesa, la qual fu chiamata

---

[1] Paris; A: *Chiesa*. — [2] Paris; A: *Demeti*.

o *Faneromenos*[1] in greco, altramente ditta *Pippiriu*[2], dove fece una bella stantia et giardino; e dette terreni anchora per seminare, et la fornite d'argento et paramenti. Et il legno della croce trovato fu posto dentro in un altra croce, con molte altre reliquie.

Del 1348 fu in Cipro una gran peste, la qual consumò due terzi della gente de tutta l'isola.

1348-1349.

Il re vivendo in quiete, senza aver da far con alcuno, et havendo più figliuoli, un giorno venne voglia a Pietro, conte de Tripoli, e Gioan principe d'Antiochia e contestabile de Cipro de fugire; et con essi hanno menato Simon Thenouri[3] et Pietro de Conches[4]. Voleva andar anco Gioan Lombardo, cavalier stipendiato, ma quando gionse alla marina, trovò che li figliuoli s'erano partiti con due galee, e lui restò in terra. Il re lo fece prender, e posto lo al tormento confessò come voleva andare anchora lui; però li fece tagliar una man et un piede, e poi impiccarlo, per haver mal consigliato li soi signori et essere stato conscio della fuga loro. Deinde fece armar due galee, e poste sopracomiti Gioan de Nizza ed il signor Aluise de Nores[5]; e scrisse lettere al re di Franza et altri potentati, per rettenirli dove saranno, et ritornarli indietro. Andate le galee in Ponente, li hanno trovati et menati in Cipro; per la qual fuga il re ha speso per recuperarli ducati 13,320, et il ducato alhora valeva bisanti tre, c[arci] 8 l'uno, et el grosso d'argento carci 24. Et oltra questa spesa, dette in feudo alli sopracomiti ducati[6] 4000 all'anno. Dopo menati li figliuoli del re, li fece mettere in priggion a Cerines, facendo far la vardia nelle porte de la priggion.

1349.

Les fils du roi s'échappent pour visiter l'Occident.

Ma, non potendo durar in questa crudeltà, li fece cavar e menar a Nicosia; et alquanti anni dapoi fece coronar suo figliuolo Pietro re de Cipro; et al suo figliolo Gioanne dete il titolo di principe de Antiochia et contestabile de Cipro.

Hugues IV fait couronner son fils Pierre roi de Chypre.

[1] Paris: *Fameromeno*.
[2] Paris: *Tupippirium*.
[3] A: *Thenotri*; Paris: *Tenoturi*.
[4] Paris; A: *Conques*.
[5] A: *Nortès*; Paris: *Norco*.
[6] Paris: *bisanti*.

Et dopo la renuntia un' anno, morì el re Ugo. Il quale era dato a sacri studii, et con maravigliose virtu amministrò el suo regno; et haveva ornato il suo nome con notabili e gloriosi titoli. Era de benigno ingegno, e lodevole per felicità reale. Lui edificò l'Abbatia bianca, con quella stantia maravigliosa, dove per suo diporto andava spesso; egli ornò la corte reale, che portava la palma per il mondo di bellezza et ottima composizione. A lui dedicò il Bocaccio li xv libri che fece della Geneologia degli dei in latino, et dice ancho d'averli scritti a sua requisitione.

Dopo morto, fu coronato re Pietro a Famagosta re de Gerusalem, et similmente la regina Lionora d'Aragona, sua moglie. Et sappiate che Famagosta all'hora era assai riccha, et famosa; et tutte le mercantie de Soria per Ponente si spassavano in Famagosta[1], e tutte le spetiarie, gottoni et altre mercantie di Ponente per Soria[2] si portavano in detto loco; et là si facevano li trafichi e mercati di Levante e Ponente; nella qual città v'erano molti mercanti richissimi, e tra li altri v'era un' nominato Lacha, nestorin[3], c'haveva una richezza inestimabile.

In detto tempo, venne fra Pietro de Tomaso, dell'ordine di Carmini, legato del papa; et voleva confermar li vescovi e prelati greci in latino; il che dispiacque tanto al populo che si dispose di brusar el legato dentro in Santa Sophia. Et il re hebbe che far a placar l'ira del populo, e farli cessare; e questo, con il mezzo del prencipe suo fratello, et del signor Gioan de Sur l'amiraglio, contentandosi el legato che cadauno dovesse restar nelli soi termini com' era per avanti.

Il signor Ugo de Lusignan, prencipe de Galilea, figliuolo de Guidone primogenito del re Ugo, andò di Franza a Roma, e si querellò alla sede apostolica, alhora papa Innocentio, dicendo ch'el regno di Cipro toccava piuttosto a lui che a re Pietro suo barba, per che re Ugo, suo avo paterno, patuì col signor Aluise de Valoce, suo avo materno, che se Gui-

---

[1] Paris; A : *Suria*, erreur manifeste. — [2] Paris. — [3] Paris : *Luca Nestori*.

done, padre del detto Ugo, premorisse a suo padre re Ugo, et che Guidone lassasse figliuoli, quelli dovessero hereditar il regno. Il pontefice mandò a cittar el detto re Pietro, il quale mandò per soi commessi e nuntii Gioan de Morfo, conte de Rochas, et marizal de Cipro, e Thomaso de Montolipho, l'auditore. Li quali, andati a Roma al pontefice, et al re di Franza come amico e parènte, hanno usate le rason del re Pietro, et mostrate leggi di Cipro, e la cognition delli huomini dell'alta corte, le quali vogliono che non si possa domandar alcuna succession de feudi ne de signoria se non dall' ultimo possessor. Et contestata la lite per molti giorni, non dimeno all' ultimo s'accordarono con esso prencipe de darli, el re, ducati cinque mila all'anno et lassarlo nel suo possesso. Alhora il prencipe si maridò con la figlia del detto conte de Rochas, e ritornò in Cipro.

1360-1361.

Lioneto, re d'Armenia, divenne poverissimo, e non potendo tenir el castello de Curico, lo lassò, et andò in Franza. La comunità del qual castello mandò a raccomandarsi a re Pietro, e lui mandò una galea con Roberto Tolosan, cavalier inglese, per capitano di detto castello de Curico. Et egli fu ricevuto da tutti con gran festa, e li feceno homaggio per el detto re Pietro; e Sua Maestà lo fece fornir de vittuarie, soldati et de qualcunque altra cosa che era di bisogno.

1361.

Gorhigos se donne au roi de Chypre.

Il signor de Caramania, dubitando del re di Cipro, il quale poteva per via de Curico danneggiar il suo paese, fece lega col signor de Scandeloro, de Satalia, et Monagati[1]; li quali feceno 30 fuste per venir a danni di Cipro. Il che inteso per il re Pietro, messe anchor lui una grossa armata per andarghe contra; al quale mandò el gran maestro de Rhodi quattro galee con fra Gioan Forbin, l'amiraglio. E alli 12 di luglio 1361, montò il re Pietro su le galee, ed uscì dal porto di Famagosta con galee 46, nave 20, fuste 12, ed altri navigli picoli che furono alla somma de vele n° 106, computando le galee de Rhodi, e la

Prise de Satalie.

[1] Paris : *Monangati.*

1361.

galea con qual venne il legato. La qual' armata andò a Satalia, et messe in terra li soldati, discargò 200 cavalli et li engegni e machine che portavano per espugnar le terre; et da la prima battaglia prese Satalia, et intrò dentro con gran festa et honor, laudando Iddio. Dove ordinò il signor Giacomo di Nores[1] turcopullier per capitanio, e lassò in sua compagnia, tra cavalieri, scudieri, et compagnoni, 200 per vardia de la terra, e lassò anche tre galee et 500 fanti.

Li signori de Scandeloro e di Monagati[2], vedendo la gran potentia e prosperità del re Pietro, si sbigasirono, e però gli mandorono ambassiatori, pregando et richiedendo pace con lui e farsi soi sudditi; et il re accettò l'oblation loro; e mandò le sue bandiere e le messeno in la città e castelli loro. Et il re stete da un mese in Satalia, et poi andò a Scandeloro, dismontò in terra; et il signor del detto luoco gli andò incontro, et li portò le chiave de la città con molti richi presenti; de quali il re non tolse altro ch' un belissimo rubino, et il resto fece restituire al presentante, insieme con le chiave, tolendo[3] da lui sacramento d'esser suo huomo, et di servarli fedeltà; e poi tornò il re a Cerines, et mandò l'armata a Famagosta.

L'anno seguente, il re fece armar otto galee e quattro fuste, e con quelle mandò Gioan de Sur l'armiraglio per dar cambio al turcopullier in Satalia; il quale turcopullier tolse 12 vele, e le tre galee, che erano per vardia de Satalia, et andò alla Smiria, e l'assediò, e presela, ruinò le diffese e missala a sacco e fuoco, tolse l'imagine di san Nicolo, la qual ha poi portata a Famagosta, et abandonata la città ruinata, rittornò in Satalia.

1362.
Le roi de France fait citer le roi de Chypre devant le pape. Pierre se rend à Avignon.

Mentre che queste cose si facevano in Cipro, il re di Franza comparse al pontefice, e fece citar personalmente el re Pietro per deffinir la cosa tra egli e suo nepote Ugo Lusignan, principe de Galilea, con dire che egli re di Franza non era contento dell'accordo che fece il prencipe con l'ambasciatore di re Pietro. Però si misse in ordine e si

---

[1] A: *Dores*; Paris: *di Norco*. — [2] Paris: *Montangati*. — [3] Paris et B; A: *solendo*.

partì di Cipro con quattro galee, et una fregata, et andò a Rhodi, e poi a Venetia, e di lì in Avignone, dove papa Innocentio faceva residentia. Il che inteso per el prencipe de Galilea, andò ancora lui, dove contestorono litte; e doppo disputata la causa longamente con libelli et risposte, il pontefice[1] et cardinali s'interposero, et li accordorono laudando il primo accordo, et confirmandolo la santa sede. Et al'hora il prencipe fece homaggio al re Pietro come suo re; et questa andata del re Pietro in Ponente gli fu di gran benefficio ed honore. Perochè essendo morto il pappa, fu creato papa Urbano Quinto, con il quale rassetò molto ben le cose sue, e poi andato in Franza, in Ingliterra, et dall'Imperatore, et fece amicitia con tutti, et si lassò conoscer con honore grande da tutti.

Et nel tempo che lui mancava in Ponente, Tacca, il Turco, più fiate haveva assediato Satalia, ma sempre fu rebattuto, e rotto; et li convenne sempre abbandonar l'impresa con sua gran vergogna et danno; et medemamente ogni volta che haveva armate fuste et mandate a danno de Cipro, el prencipe, ch'era governator in loco del re, faceva armar galee, et le mandava a darli la fuga. Et mentre che si armava a Famagosta quattro galee per quest'affetto, scamparono doi galeotti genovesi de la galea; li quali furono poi presi, et il governatore, ad essempio degli altri, li fece frustar e tagliar un orecchia a cadun d'essi. Li quali montorono su una galea genovese, ch'era nel porto di Famagosta nolizata et carga di vittuarie per condur in Satalia, et su detta galea feceno gran macello a Ciprioti, aiutati dagli altri Genovesi ch'erano sù la galia, et poi si partirono con la galea e vittuarie, et andorono a Sio.

Il podestà di Genovese, ch'era in Famagosta, essendo in colera prese un Pisan, che era al soldo del re, et li fece tagliar la lengua nella sua loggia; et fece anche molti altri dispreggi et dispiaceri a Ciprioti, di modo che nacque una gran rissa tra Genovesi e Ciprioti. La galea che andò a Sio, andò poi a Genova, et data la nova de la discordia di cos-

---

[1] Paris; A : *principe*.

1363-1364.

toro, li Genovesi scrissero in Cipro alli soi che dovessero evacuar il paese. Dall'altro canto, il re havendo chiamato in Avignone Giacomo e Beimondo di Lusignan, da loro intese questa discordia de li soi con Genovesi, et perchè lui designava fermamente di passare in Soriá, e li pareva non esser a suo proposito lassar dietro tale inimicitie, mandò ambassiatori a Genova et con parole dolce, usate da persone destre, placò il sdegno dei Genovesi, et li fece ritornar in Cipro con le loro galee, li quali andavano cridando la pace.

Le roi Pierre prépare une nouvelle expédition contre le sultan d'Égypte.

Il re, per far la spesa dell'andata sua in Ponente, et per fare un'altra armata, hebbe bisogno de denari; per il che ha franchito una quantità de perperiari, de quali una parte erano borghesi de Nicosia; et toleva il re per franchir la persona de uno de questi con la moglie e figliuoli, bisanti due mila, ad altri 1700, et ad alcuni bisanti mille; di modo che da queste franchizie scosse parechii denari.

Et stando in Ponente, scrisse al governatore suo fratello che dovesse armar tutte le galee, et altri navigli ch'erano in arsenal e che d'altrove poteva trovar, et medemamente dovesse proveder de vittuarie per detta armata, et andar con quella a Rhodi, et aspettarlo. Et così fece el governator. Posta l'armata in ordine, andò a Rhodi, et con una fregata mandò Charion de Giblet in Ponente, et dete aviso al re.

10 octobre 1365. Prise d'Alexandrie.

Il quale venne a Rhodi, e trovò l'armata in porto, ch'era de galee 33, fuste 6, nave 9, barchi 13 vasselli da condur cavalli 11 et altri navigli 20, che feceno la somma de vele 92. Et feceno armar a Rhodi anchora altre galee et navigli per accompagnar l'armata del re fino la somma de vele, tra picole e grande, 165. E poi si partì da Rhodi, e andò con grand'allegrezza a Cambruse, et de lì in Alessandria. Dove trovò molti Saraceni, che vennero a devedarli il descendere; con li quali combatterono valorosi, et data la fuga a Saraceni, discessero in terra, et il dì seguente dettero l'assalto alla città, et la presero con gran facilità, per haverla trovata disprovista. Et il legato cantò messa in detto luoco, a laude dell'omnipotente Iddio. Dove il re fece cavalier Giacomo de Lusignan suo fratello et siniscalco de Cipro; medemamente fece cavalier Tomaso di Antiochia, et alcuni altri che si portorono valorosamente in quell' impresa. Dete il contado de Rochas a Gioan de Morfo[1]; et il principato de Galilea a Ugo de Lusignan suo nepote; et stete in detta città quatro giorni, e poi la messe a sacco e foco; da la quale tolseno una grandissima richezza et molte mercantie.

Con le quali ritornorono in Cipro; et immediate mandò Gioan de Sur l'armiraglio a Genova, al papa, et al re di Franza ed altri potentati, per annontiarli la presa de la città d'Alessandria. E poi cominciò a metter in ponto le galee et altri vaselli per andare a Barutto, ma li signori Venetiani lo persuasero di restare, e loro tolseno l'assunto[2] di trattare la pace con il soldan. Et non essendo andato in quell' impresa, mandò una parte dell' armata in Turchia con Pietro Mustri capitano, et assediò Scandeloro, che già l'era ribellato, siando il re in Ponente. Et dalla prima battaglia presseno il borgo et el porto, e quello dannegiorono, et tolseno quello che si poteva tuore e rittornorono in Famagosta. La qual cosa havendo inteso il duca di Savoia, desideroso di giovar alla christianità, et acquistarsi laude, messe in ponto una grandissima armata, et veniva per unirsi col re de Cipro. Ma, havendo per via inteso che si trattava la pace tra il re et il soldan, fece la via de Costantinopoli, perochè l'imperatore era suo parente; il quale haveva guerra con Turchi, et con l'ajuto del ducca ruppe li Turchi[3] e recuperò molti castelli occupati del imperio poco avanti da li Turchi.

Rè Pietro, vedendo che la pace, la qual si trattava col soldan, non era troppo al suo proposito, per le condition che pretendeva il soldan, la recusò; et sdegnato fece fare una bellissima et potente armata de galee 56, nave, fuste et altri navigli 60, che in tutto furono 126[4]; de le quali erano de la religion de Rhodi galee 4 et fuste 12; et del signor

---

[1] Paris; A : *Molpho*. — [2] Paris, A : *assondo*. — [3] Paris. Ces mots, depuis *et con*, manquent dans A. — [4] Paris et Amadi : *116*.

1366.

de le Sbarre[1] una galea; et si partì el re di Famagosta con detta armata per andar a Tripoli li 6 di giugno 1366.

Ma perchè Iddio, per qualche secreto beneficio de la christianità, non volse che dovesseno andare, si levò un temporal tanto terribile che sparpagnò l'armata di quà e di là, di modo che a Tripoli andò solamente la galea del signor de le Sbarre con altre 14, le quale stettero attendendo il resto dell'armada per circa giorni xii. El il re, tenendo per certo che quelle fussero perite, non le attendeva nè cercava altramente; ma quelle, alla fine, messeno in terra, et corseggiorono, et poi rittornorono, con un bottino di grande utilità, a Famagosta. Il che vedendo il soldan mandò ambassiatori al re, ricchiedendo la pace, et il re, vedendo la cosa venir con suo honore, la consentì e fu publicata.

1367.
Gorhigos attaqué par les Turcs est délivré.

Da Curico fu data notitia al re de Cipro, che la Caramania si metteva in ordine per assediar il detto castello de Curico; et immediate fece armar diece galee, et mandò capitanio di quelle il prencipe, e sopracomiti Filippo de Iblin, siniscalco di Hierusalem, Filippo, conte de Bresivic[2], et altri cavalieri. Et andati in detto castello, hanno trovato un essercito grande de Turchi che tenivano assediato el castello. El prencipe con tutta la sua gente, et con quelli de Curico, li quali usciteno fuora, feceno giornata con li Turchi, et li rompeteno et occiseno, et preseno molti Turchi; et ancho preseno assai paviglioni, over tende, et vittuarie, et liberorno il castello dall'assedio.

A Satalia era gran sbibiglio, et mormoratione tra le genti, perochè il re non haveva mandato a tempo la paga loro et le vittuarie, et una parte de loro rebellati tolseno le chiave per forza, et le vogliono dare a Turchi. Il re, come fu avisato di ciò, fece subito armar 28 galee cipriote et le quattro de le religion de Rhodi, et alcuni altri navigli, e montato su egli in persona andò in Satalia, e fece tagliar la testa de mastro Pietro Cavello[3], ch'era causa di questa mutinatione.

[1] Paris: *delle Sbarse*. Florimont de Lesparre. — [2] Paris, où se trouvent de nombreuses lacunes; A: *Bresines*. — [3] Paris: *Cavalli*.

E poi si partì di lì et andò a Rhodi; dove il signor de Roccaforte venne in parole con Gioan Mustri, et il re tolse la parte del Mustri contra il detto signor de Roccaforte et del signor de Sbarre; e udendo dir male del Mustri, e con certe parole coperte che si potevano intendere ancho per il re, le quali inferivano che il re et il Mustri non erano buoni Christiani, ma c'hanno mancato a certe cose, il re rispose che se ne mentivano per le canne de la gola. Et il signor de Roccaforte, gli disse : « Voi sette re, e vi trovate con un armata in loco de con-
« federati et amici vostri, et noi siamo privati gentilhuomini e fores-
« tieri in questo loco; però non potemo far altro c'haver pacientia. Ma
« quando havessimo da far con qualche privato[1] gentilhuomo, et il
« loco non sospetto, si mostrariamo ancho noi non esser vili nè co-
« dardi. » A li quali replicò el re, cavando la corona che portava in testa : « Donque voi tenete che s'io non fusse re, non saria buono a
« respondere ad un huomo? E io vi prometo di non portar mai più la
« corona, ne chiamarmi re, se non vi chiarisco che io sono e gentil-
« huomo e cavaglier, che voglio per star con le arme in ogni loco,
« e vi prometo anchora da gentilhuomo di venir in qualunque loco mi
« cittarete et darete li campi liberi, come Pietro Lusignan privata-
« mente, a combattere con qualunque che vorrà de voi, a lealtà mia. »
Et il signor de Roccaforte gli rispose : « E noi vi citiamo a Roma la vi-
« gilia del Natale, avanti il papa. » Et con questo, si partirono et andorono in Ponente il signor de Roccaforte et il signor de le Sbarre.

1366.
Différend du roi de Chypre et de Florimond de Lesparre.

El re ritornò in Cipro con la sua armata. Et alli 23 di settembre andò a Tripoli, e prese la città e la messe a sacco. Et havendosi sparpagnate le sue genti di quà e di là, come quelli che non havevano aversarii, e attendevano al guadagno, li Saraceni che erano ascosi nelli giardini, et in alcuni ruinazzi, nel ritorno che volevano far in le galee gli assaltorono et ucciseno parecchi Christiani; il che vedendo il re, fece sonar la racolta, e redusse tutti li huomini et cavalli sopra le navi, et

Pillage de Tripoli de Syrie.

---

[1] Paris.

tolta la porta de la città la portorono a Colcos. Poi si partì l'armada et andò a Tortosa, et la prese et messe a sacco, et portò la porta del castello a Curico; et dopo venuti in la città di Valline, messeno a fuoco. Et si partirono et andorono alla Lizza, e posto in terra huomini a cavallo et a piedi, dove trovò gran numero de infideli, che li feceno fronte e combatterono vigorosamente; all'ultimo rimasero li Christiani vincitori, et havendo rotto li infideli, preseno la città, e quella messeno a sacco, et havendo sacchigiata et dannigiata tutta quella costa di infideli sino la Lizza, ritornò l'armata a Famagosta, e portò seco gran presa di valore.

Et gionto in Cipro il re[1] publicò la guerra contro Saraceni, et lui si misse in ordine per andare a Roma a deffender la lealtà sua contro il signor de Roccaforte et el signor de Sbarre, come haveva promesso. Et ordinò per suo governator in Cipro monsignor el prencipe de Antiochia, suo fratello, et vardian de casa sua Gioan Visconte, un valoroso cavalier; et menò seco Petrin, suo figliuolo, conte de Tripoli, Ugo de Lusignan, principe de Galilea, suo nepote, et altri sei cavalieri. E portò seco molti denari, scossi da la franchissia de perperiari, quali finalmente franchiva a ducati venti per huomo, et ha franchiti tanti, che quasi gli restorono pocchi[2]. Montato il re in una galea con questi gentilhuomini, andò a Rhodi, et de inde a Napoli, et poi a Roma.

Dove immediate si provide de doi grandi e possenti cavalli, et si presentò dinanti al beatissimo, facendoli intender esser ivi andato come Pietro Lusignan, privato cavaliere, per diffender l'honor e lealtà sua contra il signor de Roccaforte et contra il signor de le Sbarre; li quali l'haveva sfidato in quel loco, pregando Sua Santità li facesse intender la sua venuta, secondo la promessa et datta fede. Il signor de Roccaforte, come intese la venuta di Pietro Lusignan, si absentò immediate, et il signor de le Sbarre si presentò dinanti al beatissimo,

---

[1] Paris. — [2] Tout ce passage de *scosi* à *pocchi* manque dans A.

dove, in presentia di tutti, s'ingenocchiò dinanti a Pietro Lusignan, butate le sue arme in terra, et remetendosi a lui, si chiamò malcontento di quello che haveva detto contra di lui, del che s'ha mentito, et chiamato Pietro Lusignan cavalier leale, signor valente, buon christiano, deffensor de la chiesa e prencipe virtuosissimo. Il Lusignan vedendo ch'el si remetteva a lui, gli perdonò, dicendo queste parole: « Ogni ingiuria ch'io vi facessi stando a questo modo, reputarci esser « mia; haverei havuto caro che tu t' havessi disposto di combatter meco, « perchè s'haveria conosciuto il valor tuo, et il mio, et quando t'ha- « vesti portato bene, m' havreste fatto più tuo amico; ma se tu non hai « voluto combatter, per haver conosciuto el torto da conto tuo, ti laudo « et perdono. » Per le qual parole, il Lusignan fu giudicato non meno savio che valoroso. Il signor de Roccaforte fo scridato e cittato nella porta della città sua con cartello, et termine de giorni 40; et non essendo mai comparso, fu pubblicato per codardo, vile, e mancatore, et a Pietro Lusignan furono fatte le sue fede leale del beatissimo. Et al'hora messe la corona in testa, et si tornò a chiamare re Pietro, et cognominato il Valente.

All'hora, il papa et il duca de Milan erano in discordia et guerra, e l'imperatore d'Allemagna favoriva el duca; el re di Cipro s'interpose tra loro, et seppe con tanta prudentia et desterità portarsi, che li accordò con sua laude da tutti.

Mentre il re Pietro Valente era in Roma, li Venetiani e Genovesi instorono al papa che persuadesse re Pietro a far pace con el soldan de Saraceni, acciò potessero lor traficar e far le loro mercantie. Al che il pontifice trovò molto facile il re a consentire a Sua Beatitudine; però armate due galee li Genovesi, et due li Venetiani, mandorono ambassiatori a contrattare la pace col soldan. Le galee vennero primo[1] a Rhodi et hanno mandate le lettere del re Pietro al governator di Cipro, le quali contenivano che ad ogni richiesta delli ambassiatori communi

---

[1] Paris; A : *poi*.

dovesse liberar¹ li ambassiatori del soldan ch'erano in priggione. Dall' altra parte, mandorono per via d'Alessandria al Cairo, e parlato al soldan della pace, si contentò di lassiar alcuni Christiani che teniva in priggione, quando li fusseno liberati li soi ch'erano in priggione in Cipro. Per il che venute due galee in Famagosta da quelle quattro tolseno li ambassiatori del soldan; et ritornati di là per liberar li Christiani, il soldan andava prorogando la cosa, perochè ascoltava li soi amirra, li quali havevano diverse oppinioni, e però non concludeva.

<small>La reine se venge de la dame de Choulou, maîtresse du roi.</small>

Mentre era il re in Ponente, la regina seppe che madama Gioanna l'Alemana, dama del Chulu, relita del signor Tomaso de Montolipho, era gravida del re d'otto mesi, et fatala venir in presentia sua, la fece distender in terra, e metter sopra il suo ventre un morter de marmoro, et pestar dentro del sale per far disperder la creatura. Et non havendo voluto Iddio, el dì seguente fece macinar sopra il detto suo ventre con un molin da mano quattro cafisi de formento; ne per questo havendo posuto farlo disperder, la lassò andare in casa sua, dove la fece guardar; e come fece la creatura fu portata alla regina, de la qual creatura non si sa quel che sia sta fatto. La dama fu mandata² a Cerines così sanguinosa, e posta in preggion strettissima. Delle qual cose crudele fu avisato el re in Ponente, et lui con gran dispiacere scrisse alla regina lettere fastidiose. Onde la regina si turbò molto, et immediatamente fece cavar la detta dama de priggion, e la fece far monacha nel monasterio di Santa Chiara in Nicosia, dapoi che stete un'anno in priggione³.

<small>Jean le Vicomte communique au roi ses doutes sur les relations de la reine et du comte d'Édesse.</small>

Accade ch'el vardian de la casa del re, Gioan Visconti, per alcuni segni che vide più d'una volta, s'accorse che Gioan de Morpho, conte de Rochas, era inamorato in la regina, e lei anchora li facea buona chiera; per il che il povero vardiano si trovò confuso, et non sapeva

¹ Paris. Ces mots de *delli ambasciatori à liberar* manquent dans A.
² Paris : *a Famagosta overo a Cerines.*
³ Sur ces aventures, voir M. Gidel, *Nouvelles études sur la littérature greque moderne*, p. 446-465.

che fare. Et havendosi consigliato di farlo noto al re, acciò non la sa- 1368-1369.
pesse d'altri, e imputasse la sua taciturnità come consapevole, si misse
a scriver al re in questo modo : « Illustrissimo signor mio, sempre osse-
« quissimo, dapo l'humil raccomandationi, sappia l'Eccelenza Vostra che
« la sua illustrissime consorte la regina et li miei illustrissimi signori
« vostri fratelli stanno bene. Da novo de quì non posso dire, se prima non
« maledico il giorno e l'hora che io lo seppi, et maladetto il ponto ch'
« io mi pensai di farlo avisare et l'anno che m'ha ordinato per vardian
« de casa sua. Mi creppa il cuore, annontiando detta nuova, la quale
« anche credo che sia falsa, et ancorchè io la voleva tacere, nondimeno
« dubitando che[1] venisse a saperla d'altri, et me imputaste per conscio,
« overo senza fede, gli dinoto come si mormora per Nicosia che il conte
« de Rochas è inamorato in la madama la regina ; ma a me pare che si
« mentino, e di cio mi scuso, et verso loro mi porterò come si richiede
« con ogni humiltà et modestia, et alla vostra sublimità reverente-
« mente mi raccomando, pregando Iddio per la buona e longa vita di
« quella. Scritta in Nicosia, alli 13 settembre del 1368 di Christo. »

Il re amava la regina estramamente, et si puo vedere il vero da
questo, che da che andò in Ponente haveva una camisia di lei, e ogni
notte il suo cameriero la destendeva nel letto che lui dormiva. Quando
lesse la dolorosa lettera, s'ha trasmutato in un attimo di gagliardo,
allegro, benigno et piacevole ch'era, divenuto malinconico, fastidioso,
ritroso e spiacevole; ne fu mai huomo al mondo tanto dolente,
afflitto, lasso et tristo, quanto fu lui dapoi letta quella lettera. Et
egli medesimo s'accorgeva d'esser così trasmutato, et pareva gli facile
che quelli che lo vedevano potessino imaginarsi la causa della sua malinconia. Però si sforzava di finger il contrario, nondimeno il color,
la chiera sua, annuntiava il vero ; et se ben alcuni de soi amici l'habbiano pregato più volte de dir la causa che così lo teneva così malinconico, et per la quale de continuo se consumava, non fu mai ordine

Les révélations
de Jean le Vicomte
jettent le roi
dans une sombre
mélancolie.

[1] Paris : *che;* A : *non.*

che dicesse parola. Tuttavia alcuni dei soi, et massime el cameriero, vedendolo sospirar spesso, lamentarsi, e dir qualche volta: « Conte « traditor! honor! », e cose simile, e poi havendoli commesso che più non distendesse quella camisia nel suo letto, conjeturava quello che è intravenuto. Et non potendo più stare con tanti pensieri che l'affligevano, lassando ogni buon opera che per inanti si pensava fare, se misse in una galea e ritornò in Cipro. Ivi fu accetato con gran festa da tutti, ma lui prefinse d'andar a visitare le chiese, e monasterii; et andato a Santa Chiara vide madama Gioanna l'Alemana, e subito l'abrazzò, e dimandò la causa perchè così era vestita da monacha, et lei gli narrò il fatto tutto. Il re comandò l'abbadessa che li tolese quell'habito, et la mandasse in casa sua.

La haute cour condamne à mort Jean le Vicomte comme calomniateur.

Et il giorno seguente, fece congregar conseglio de baroni, signori cavalieri privatamente, et avanti detto conseglio fece il re la sua querella, et mostrò la lettera che Gioan Visconte l'haveva scritto in Ponente, et dimandò loro ragion e giustizia. Quelli signori del conseglio inteseno quella querella con non picolo loro dolore et dispiacere, et comminciorono con parole humile e grave a confortar el loro prencipe. Ma lui li pregò che dovessero conoscer e terminar quello che in cio doveva fare con ragione, scongiurandoli, per il sacramento di fedeltà che li erano tenuti, di dover terminare rettamente. Coloro del conseglio pregorono il re che li volesse dar loco, e poi parlarono tra loro, et hebbeno diverse oppinioni. E tra essi conturbavano, discorrendo hor una et hor un'altra cosa che potevano intravenire, havendo rispetto[1] alli parenti della regina, ch'era nepote del re d'Aragona, et del'honor de la maestà del re. E di poi ch'hanno discorso e considerato queste et molte altre cose, hanno concluso e terminato che el cavalier che scrisse quella lettera, la scrisse per sdegno ch'ebbe perochè la regina andò in colera con lui un giorno, et gli disse parole dispiacente; e che per questo haveva cercato falsamente, et contra ogni verità, de infa-

[1] Paris: *risposto*.

marla; perchè loro conoscevano la maestà de la regina loro signora esser da bene et honestissima. Et se il cavalier che scrisse volesse sustentar quella lettera, ciascun de loro era pronto de combatter con esso lui a corpo a corpo, e renderlo morto o pentito, come traditor et mentitor di fede di sua madama, la quale volse infamar falsamente. A questo modo, tutta la colpa fu travolta sopra Gioan Visconte, e raccommandato al re; di modo che la notte seguente lo mandò a prender di casa sua, et lo mandò de longo a Cerines, et lo misse nella priggion chiamata *Scudella*, dove stette parechi giorni; et poi fu menato pur di notte al castel di Buffavento[1], et lo misseno in una priggion oscura, e lo lassaron senza mangiare e senza bever tanto che fu morto.

Con tutto questo, il re non si tenne satisfatto, e benche si sforzava di far buona chiera, e mostrarsi allegro, ma nel suo intrensico teneva quel che li pareva. E però da l'hor in poi non cessò di fare anchor lui gran vituperii, danni et vergogna alli suoi huomini, e precipue a quelli de quali haveva qualche sospetto d'essere stati consapevoli de la sua vergogna; et haveva vergognate molte dame, che per l'honestà si tacciono li loro nomi. Tutti li gentilhuomini stavano di mala voglia, et erano mal saddisfatti delli andamenti et operation del re, nondimeno scorrevano molestamente, facendoli qualche motto dal quale poteva conoscere anchora lui ch'era mal voluto da li soi sudditi; et questo era perchè lui gli dava causa e pur andava dietro al modo principiato.

E per far un bel tratto a soi fratelli e altri de primarii, faceva fabbricare una torre, poco distante dalla citadella, e la chiamò *la Margarita*, et haveva già fornito fondi di quella. La quale è una priggion sotto terra oscurissima, et di muri grossissimi fatta, e profonda, dove pensava far di sopra anchora un'altra torre; e già fece con scalini intorno, et involto sotto tutto el primo solaro. E voleva far di sopra la torre alta; dove si lassò intender, che voleva far un convito, et retenir et incarcerarli tutti. La cosa fu saputta dal confessor del re

[1] Paris : *Buffavena*.

Le roi, exaspéré, prend en haine ses chevaliers.

1368-1369.

che lo disse al principe, et lui avertite gli altri, et andavano tutti risservati.

Odieuse conduite du roi à l'égard de Henri de Giblet, vicomte de Nicosie, et de ses enfants.

Et mentre si fabbricava la torre, accadè che un gentilhuomo chiamato Charion di Giblet, il quale haveva un figliuolo detto Giacometto et una figlia nominata Maria, vedova, haveva un par de levrieri turchi molto belli, et Giacometto prendeva da questi cani gran piacere. Furono un giorno lodati a Petrino, figliuolo del re, e egli li domandò a Giacometto et a suo padre, e con offerirsi di pagargli li cio che volevano, et non gli li volsero dare. Il re l'intese, et mandò un cavaliere al detto Charion a domandarli da parte sua, ma per cosa che li ha saputo dire et offerire, non ha mai voluto darli, anzi disse al cavaliere: « Si come el re li vuol per contento di suo figliuolo, così an« chor io li voglio per il mio, el quale amo quanto ama lui il suo. » Havuta il re questa risposta, privò el detto Charion dal viscontado, et poi senz'altra cognition di corte, lo fece prender et metter in priggion; medemamente fece prender suo figliuolo Giacometto, et lo messe con un par de ferri a lavorar di zappa nella fossa della torre Margarita. Mandò anche per prender Maria, figlia del detto Charion, et maridarla con un vil fante di stalla, e lei scampò, et andò nel monasterio di Santa Chiara a salvarsi. El re comandò el nuovo visconte, et andò, e trasse detta dama da monasterio, et la fece mettere al tormento per confessar che l'haveva consegliata d'entrar nel monasterio; et li deteno molti tormenti, et foco nelli piedi, et lei diceva : « Nessuno mi disse, ma « vedendo el re irrato verso di mio padre et fratello, dubitai anchor io « di quello, che pur hora vedo essere stata indovina. » Et al viconte diceva : « Signor, senza cognitione di corte fatte verso di me quest'ol« traggio, el quale, essendo principiato da me, son certa che finirà in voi « altri. » Vedendo il re che lei non confessava, la mette molto vergognosamente a lavorare ancho lei nella fabbrica de la torre Margarita, tra li huomini. Et un dì passando il re de là, con grande compagnia, questa gentildona che haveva li soi drappi alzati fino a meza gamba, e lavorava, li calò basso tanto che passò il re solamente, et poi li alzò da recavo in presentia de tutti li altri, mostrando li soi piedi e gambe fino a ginocchio. La qual cosa vedendo un suo parente se gli accostò, et domandò perchè non si copriva. Lei rispose : « Donne con donne non « si vergognano di mostrar li piedi, e parendomi che solo el re tra tutti « voi sia huomo, da lui solo mi copersi, et da voi altri[1] non mi curo, « perchè tutti sette femine, che se fosti huomini non patiresti di las- « ciarmi et altri a patir tanta vergogna a torto. »

Questa risposta fu intesa da più de uno, e fu di tanta efficacia che li baroni cavalieri et huomini liggi si redussero quel giorno insieme, e fatto consulto andorono dal re. Et con loro era el prencipe suo fratello, il quale cominciò a dire al re in questo tenore : « Li cavalieri et altri « feudati vostri, a quali voi siete così tenuto di fede come loro a voi, « si dolseno di voi, perochè non le parse cosa raggionevole quella « che voi usate verso de loro pari, la qual cosa reputano cadun di loro « per sua propria, perchè voi giudicate et condannate loro, et mettete « in priggion senza cognizion di corte. Et non vi ricordate il giuramento « c'havete fatto, el dì della coronation vostra, di mantenir l'assise loro « et le bone usanze; et vi richiedono, con ogni somissione e dovuta « umiltà, vogliate revocar tutto quello c'havete fatto contra le leggi et « assise nostre, altramente..... » Il re non lassò seguire la provision che voleva dire che fariano, ma gli tolse le parole di bocca, et li disse villanie e brutte parole, le quale disse molto irato et pien di colera. Al qual replicò il contestabile, e disse : « Voi passate i termini de giusto e « buon re, vi dovreste raccordare che tanto sono li huomini tenuti a voi « quanto voi a loro; e quando voi non servate l'obligo vostro con loro, « ne loro sono tenuti di servare il suo con voi; però vi pregamo che « dobiate haver rispetto a quello che con giuramento tanto solenne pro- « metteste agli vostri huomini; e se alcuno ve haverà errato, la corte « terminerà per giustitia quello che deve patire; e non metter man « sopra di loro così assolutamente come fanno li tiranni, perchè noi

1368-1369.

Indignation des chevaliers, qui délibèrent avec les frères du roi.

---

[1] Paris. Les mots de *sia huomo* à *altri* manquent dans A.

274 CHRONIQUE

1369.
«non se contentiamo d'haver signor tirano.» El re li dette la medesima risposta che dete al prencipe, e di più gli tocò all'honor di casa sua.

Il che vedendo gli altri cavalieri ch'erano lì, si partirono, e con loro el prencipe et il contestabile; et quella medesima hora, andorono in casa de prencipe a consultare quello gli restava a fare, parendogli essere stati molti ingiuriati dal re, c'haveva rotto le leggi, le usanze e franchiggie loro. Onde hanno concluso d'andar tutti il dì seguente di buona mattina dal re, e cortesemente ritenirlo, et farlo promettere con giuramento di tenir, trattar et mantenir le loro leggi et consuetudine del regno; e se non volesse prometterli, abbandonar tutti el paese, et andar cercando la ventura loro per el mondo.

Quelques chevaliers prennent la résolution de tuer le roi.

Et partitisi con questa ferma conclusion, per strada alcuni cavalieri penetrorono più oltra col pensiero, et dissero agli altri: «Il re farà il «sacramento violento; credete voi che l'osserverà più di quel c'ha fatto «del sacramento libero et tanto solenne che fece il dì della sua corona-«tione?» Un altro dimandò: «Ma che dovemo fare?» Et uno d'essi primi respose: «Ucciderlo speditamente;» et un più maturo gentihuomo disse: «Deh! fratelli cari, non fatte fondamenta a questa deliberatione per «l'amor di Dio, ne lasciate questa memoria de noi, che si dica: Li Ci-«prioti hanno ucciso con le arme il loro re e signore, al quale hanno «giurato fedeltà; et anchor che voi mi potete respondere che costui non «è più re, per haver rotto il sacramento fatto di tenir et mantenir le «nostre leggi, le quali vogliono che il re non possa metter mano sopra «li suoi huomini, li quali hanno fatto homaggio, et data la fede l'un «altro, et che però egli sia tirano et non re, et uccidendolo uccideremo «un tirano, et non re; nondimeno io vi dico, che non[1] haveremo al' «mondo sempre chi farà la nostra scusa, ne sì troverà chi dica che noi ha-«vemo morto un tiranno[2]; et noi con honor nostro potemo impegnarlo «dal servitio che lo dovemo, et come vederà che tutti noi l'impegnamo,

---

[1] Paris; A: *noi*. — [2] Paris et B; A: *il nostro re*.

« si placarà ancor lui, e tornerà a far quel buono et real regimento che
« per avanti soleva fare. » A questo buon conseglio respose colui che
propose d'ucciderlo, et disse : « Signori, io non voglio che crediate che
« io habbia ricordato questa cosa perchè nel mio particolar voglia male al
« re, perochè a me non ha anchora fatto ne danno ne vergogna ; ma l'ho
« aricordato perchè vedo che costui non è più per emendarsi, anzi an-
« derà pegg orando, e mentre non faremo noi provisione [1], egli si farà
« più crudele contra di noi, et è manco mal che si dica : Li Ciprioti
« hanno ucciso il loro re, che restar sempre vergognati, e chiamati fe-
« mine come si ha detto quella femina hieri, che ne tratto tutti da fe-
« mine, contra la fama che sempre li Ciprioti hanno havuta de huomini
« valorosi et honorati. Et quando si dirà : Li Ciprioti hanno ucciso il loro
« re, quelli ch'el diranno non mancheranno di domandare perchè
« causa. Et al'hora si dirà la nostra scusa, et questo sara posto ancho
« in scrittura, dove sara scritta medemamente la nostra scusa ; et oltra
« di ciò sara causa questo essempio alli successori re di conservare con
« maggior rispetto nelli nostri termini, et mantenersi le nostre leggi, et
« osservar il giuramento loro, per non intravenir ad essi anchora come
« a costui. Noi saremo adesso liberati da questo tirano ingiusto e dis-
« leale, inimico de la quiete e del retto viver, et immediate stridaremo
« il suo figliuolo re, e con questo atto chiariremo la mente de caduno,
« che il tirano fu causa di far noi incorrere a questo, et non perchè
« desideremo viver senza re. » Alhora tutti s'aderirono alla opinion de
costui, et congiurorono di così eseguire ; et poi andorono nelle priggion,
et liberorono Charion di Giblet, Giacometto suo figliuolo et dama Maria
sua figlia, et Gioan Gorapo, balio della corte del re, quali tutti erano
posti in priggion senza cognition de la corte, ma di sola autorità del re.
Il che intese il re con gran ira, et fu pieno di sdegno.

Il dì seguente, di buona mattina, et fo alli 18[2] di genaro 1368, al
alba, il prencipe et contestabile, et altri signori cavalieri con li predetti

Le roi Pierre est assassiné.
17 janvier 1369.

---

[1] Paris : *et mentre che faremo noi provisissimi.* — [2] *Sic* A et Paris.

1369.

presoneri, montati a cavallo, andorono in la corte reale; et discesi da cavallo, andorono verso la camera del re. El re sentì il caminar, et si levò dal letto e disce: « Chi sono questi che vengono quì dentro? » Dama Civa de Scandalion[1], la quale dormiva con lui quella notte, li disse: « Signor, et quali ardirano di venir qua dentro[2], a queste hore, altri « che li vostri fratelli? » Et poi si levò la dama, e si coperse con certi drappi, et si ascose in una guardiaroba; e come el prencipe sentì la dama uscir de camera, urtò la porta, et intrò dentro et salutò il re, che anchora era in camisa. El contestabile non volse intrare, benchè el fosse stimolato da li cavalieri. El re disse a suo fratello che se retirasse un poco fora, perchè si voleva vestire, et il prencipe uscì di camera; et in quello che prese il suo gippone, et messe l'una manica, entrorno li cavalieri in camera, e il re cridò: « Ah! traditori falsi, che volete fare « a tal hora qua dentro? » Li quali furono Filippo d'Iblin, signor de Sur, Charion de Giblet, e Giacomo de Gabriele, et trassero li bandi, et feritene il re di più ferite, et lui cridava: « Aiuto! Aiuto! », ma non fu chi l'aiutasse. Venne poi Gioan Gorapo, e lo trovò quasi morto, e taglioli la testa dicendo: « Voi m'havete minachiato di farmi tagliar la testa, « hora io ho tagliato la vostra. » Li altri cavalieri tenivano di fora el prencipe et el contestabile, da i quali havevano rispetto non volessero soccorrer el fratello, perchè essi non pensavano che dovesse esser ammazzato il re; ma che l'ordine era di ritenirlo, come fu concluso in casa del prencipe.

Proclamation de Pierre II.

Dapoi che la cosa fu fatta, fu cridata et publicata la morte del re; e preseno el confalon grande real, et lo messeno nelli balconi verso la fiumara spiegato, e cridorono tutti ad una voce: « Viva il re Pietrino, fi- « gliuolo del re morto ch'è in possesso del regno di suo padre. » Et immediate, tutti li signori cavalieri, et altri huomini liggi, li feceno homaggio come loro re e signor. El contestabile andò a Famagosta, e fece publicare la morte del re, et la creation del nuovo re, et tolse el

---

[1] Paris: *Scandebrin*. — [2] Paris: *qua de neror*

giuramento da la gente. El prencipe fu governator del paese et isola di Cipro, per il detto re Petrino, che era minor d'età.

Gioan de Nevilles, visconte de Nicosia, ordinato dapoi che fu casso Charion de Giblet, ricordandosi delle risposte di madama Maria de Giblet, et de la costantia et prudentia sua usata quando la tormentava d'ordine del re Pietro, la richiese a suo padre et la tolse per moglie.

El principe[1], come governator del regno, vedendo che el soldan de Babilonia faceva poca stima de la pace de Ciprioti, commandò che ognun che havesse il modo d'armare a danni de Saraceni lo dovesse fare, ch'egli era contento. A Famagosta furono armate alcune fuste; andate in Suria preseno più navigli carghi de mercantie, et le portorono a Famagosta. Il governatore ancora armò quatro galee, et ordinò capo di quelle il signor Gioan de Morpho, le quali andorono alla costa de Soria, et feceno gran danni alli Saraceni, ruinando et brusando città e borghi, e medemamente in Turchia fino a Satalia; e poi andorono in Alessandria, et introrono per forza nel porto, e mandorono a dire al amira che erano andato lì per concludere la pace col soldan; et lui rispose che el soldan non voleva far pace con Ciprioti.

Le galee trovarono una nave de Magrabiti grande, nella quale erano quatro cento huomini di faccion, la qual hanno combattuto dentro nel porto d'Alessandria; ma havendo havuto la nave soccorso da la terra, non la poteno prendere. Si levorono di là, et andorono a Saeto, et messeno in terra, e combattuto con li Saracini vigorosamente così dal'una, come dall'altra parte, pur al ultimo li Christiani hebbero vittoria, et essendo le persone de le galee stanche dal combatter ritornorono a Famagosta.

Pochi giorni dapoi venne di Ponente Pietro Malosello[2], zamberlan de Cipro, et portò lettere del pontefice al re de Cipro, che ad instantia dei Venetiani e Genevosi dovesse mandar ambassiatori al soldan, in

---

[1] A la suite d'*El principe,* on lit dans A et Paris les mots inexplicables *all' avesta.* —
[2] Paris : *Marisello.*

1369. compagnia de li ambassiatori delli comuni prefati e trattar la pace, per liberar li Christiani che teniva in priggione. Perciò il governator mandò Pietro de Cansin, et Gioan Gorappo, con due galee a Rhodi, dove hanno trovato altre due de Venetiani, due de Genovesi, e due de la Religion; e tutte otto andorono in Alessandria, et fattolo intender all' amira, egli espedì al Cairo al soldan, il quale gli mandò salvo condotto per andare li ambassiatori al Cairo. I quali non si fidando di andare, scrissero al soldan in questo tenor : « Noi semo venuti ambassiatori del « Papa, del governatore de Cipro, de li Comuni de Venetiani et Geno- « vesi, e de la Religion de Rhodi per trattar la pace, et concluder la « fermamente, et tornar li Christiani che tenete in priggione, e le sue « mercantie. Se voi non vorrete consentir a questo, havemo ordine di « disfidarvi, e far el debito nostro. » El soldan respose medemamente con sue lettere : « Se volete discender et venir da noi al solito, noi vi ri- « ceveremo come ambasciatori, et con più facilità tratteremo quanto si « richierca di capitular in questa pace. Se veramente non vi fidate de la « nostra parola, partitevi, ed andate a far el peggio che sapete. » Udendo questo, gli ambassiatori s'hanno confirmato che costui li voleva ingannare come fece un altra volta. E poi il scrissero un altra volta queste parole : « Non te maravigliar se non t'havemo fidato della tua parola, « perchè non sette huomo di parola, essendo mencatore, tristo e ri- « baldo; però ti disfidiamo da parte de nostri prencipi, et apparec- « chiatevi a far guerra con loro, benche sia con tuo gran vantaggio et « honore, essendo li nostri principi signori illustrissimi fideli et nobili, « e tu schiavo di parenti oscuri, infidele e vile. » Questa lettera ligorno in la ponta di una lanza, et quella ficorno in terra appresso il molo del porto nel levar delle galee; le quali andorono quelle de la Religion, di Venetiani e Genevosi a Rhodi, e quelle di Cipro a Famagosta.

Havendo udito el soldan el disfido degli ambasciatori hebbe gran dolor et dispiacer; et per conseglio de li soi amira fece cavare doi mercanti de priggion, un Venetiano et un Genovese, e li mandò a Famagosta a dolersi al governator et alli comuni, del disfido fattoli fuor di tempo, perochè lui haveva invidati li ambassiatori al Cairo per concluder quanto era bisogno e far la pace ferma; e loro, non solo non volsero andare, ma gli scrissero molte villanie, et lo disfidorono molto brutamente; però li faceva intendere che lui era contento di far la pace con loro, et che per questo dovessero mandare li ambassiatori degli potentati per capitulare, et confirmarla. E dopo questi dui christiani, mandò altri doi per solecitarli ad espedirsi. I quali andorono tutti quattro in Ponente, et annontiata la cosa al Santo Padre, et alli comuni, hanno armato quattro galee, et le mandorono a Rhodi; et poi insieme con due altre della Religion vennero a Famagosta, con li ambassiatori di Venetiani e Genovesi. Et medemamente il governatore di Cipro armò due galee, et ordinò quelli ambassiatori che andorono l'altra fiata; li quali si scusorono, et non volseno andar per haver villaneggiato e disfidato[1] il soldan; per il che dubitavano di mettersi nelle forze sue. Et il governator, havendo accettato la scusa loro, mandò Gioan Beduin el primogenito, et Estien Faldin[2]; et li avertì di andar cauti, ma però non si lassassero avillire per tema di morte, anzi rispondere dove fusse bisogno honoratamente et arditamente.

Le otto galee insieme andorono in Allessandria, et li ambassiatori di Comuni, discesi in terra, andoron al soldan, et dopo gran contrasti e differentie, hanno aquiettati li Venetiani et Genovesi el soldan, de la roba che tolse alli loro mercanti, et con questo consentì di confermar la pace et mandò salvo condutto alli ambassiatori di Cipro; li quali, con gran compagnia de amira, andorno al Cairo[3] et si presentorono honorevolmente tutti li ambassiatori al soldan, et han confirmato la pace, giurando il soldan sopra l'Alcoran, et li Christiani nelli Santi Evangelii. Però ordinò il soldan dui grandi amira, et mandò ambassiatori in Cipro per confirmare et publicare la pace, et con essi mandò molti presenti di valuta al re di Cipro. Venuti dunque questi ambassiatori furono ricevuti honorevolmente, et presentatisi al re e al suo governatore cominciorono a parlare orgogliosamente e volevano dire che il loro signore ha fatto questa pace, non per tema del disfido fattogli, ma per

---

[1] B; A: *disfatto*. — [2] Paris: *Tardin*. — [3] Paris.

1369.

le preghiere d'ambassiatori de Comuni, perochè il suo signor è così potente e nobile, che non temeva[1] potentato alcuno. Ed udendo il governatore che costoro volevano piuttosto impizzar la guerra che confirmare la pace, li fece tacere, et mandar in priggione, dove stetino quattro giorni; e poi, ad instantia de Venetiani e Genovesi, furono tratti, et si tornorono a presentar avanti al governatore, et iscusarsi con esso lui de le parole usate, et domandarli perdonanza; a quali rispose il governator che per amor de Comuni che l'hanno pregato li perdonava, et li ammonite che un altra volta, parlando di pace, debbono parlare con più modeste parole, et servar l'onor del loro signore senza toccare ad altri. Hanno poi giurato la pace, et pubblicata per tutto il paese, et alli ambassiatori fece dare belli presenti et honorevoli per loro; et per portarli al soldan gli dette altri presenti richissimi, et il soldan liberò li Christiani preggionieri, et cessò la guerra con Saracini.

Profond ressentiment que la reine veuve Eléonore garde contre les barons chypriotes.

La regina Leonora, la quale era fortemente sdegnata contro li Ciprioti per più cause, haveva scritto lettere al sommo pontefice, et altri potentati in Ponente, et era per fare a sua spese armada per venir a danni di Cipro. Le qual lettere haveva scritto un Nicolo de Naca, maestro della cancelleria, et furon datte a Marco Grimaldo, per portarle in Ponente. El qual era a Famagosta aspettando passaggio, quando la cosa fù scoperta da un coadjutore[2] de la cancelleria; et immediate el governator del regno fece prender el detto Nicolo de Naca, et postolo al tormento confessò ogni cosa, e mostrò il registro di dette lettere. E fece scriver a Famagosta, et fece prender Marco Grimaldo, et mandolo a Nicosia con tutte le lettere; et postolo in preggion fu esaminato, stando presente due Genovesi, quattro cavalieri, et un nodaro, confessò come lui saveva el tutto, et era conscio d'ogni cosa. Nicolo Naca el cancellier fu strassinato fino alle forche, e poi impiccato per la gola per termination di corte, perchè era huomo liggio; et a Marco Grimaldo fu

---

[1] Paris; B: *stima*. — [2] Paris; A: *coagiator*.

perdonato ad instantia del podestà et altri gentilhuomini Genovesi, con giuramento solenne di non esser mai più conscio, ne ingerirse nelle cose che ponno offerir danno allo stato di Cipro. Et ancho espediteno ambassiatori al sommo pontefice, et alli altri[1] potentati in Ponente, et feceno la scusa loro della morte del re Pietro, a quali scrissero molto modestamente le insolentie del re, dal quale furon incitati a proceder al modo che hanno processo[2] con lui. Onde il papa ed altri potentati hanno accettata la iscusation loro, et s'hanno acquietati.

1369-1370.

Tacca, il Turco, al quale era sta tolto Satalia, non cessava dì e notte di cercare occasione come la potesse riavere, et perciò mandò un Turco in detta città, fingendo di volersi far christiano. Il quale una notte, fatto avisato Tacca venne con assai essercito, et messe all'improvisa molte scale in quella parte dove fu avisato; et montorono sopra le muraglie amazzando le vardie, e penetrando dentro, di modo che s'incontrorono in la scalamaita[3]. Et subito cridorno all'arme, dove corseno molti, et trovatisi insieme sopra le muraglie, s'appicciò la battaglia crudelissima, dove li Christiani finalmente vinsero, et rebuttorono li Turchi d'alto a basso, et occiseno gran parte d'essi, et si liberorno da questo improviso pericolo.

Quando re Petrino venne in età di xv anni, volse haver il possesso delli soi reami, et lo disse al governatore; il quale, come giusto et leale, fece congregar el conseglio de tutti li signori baroni e cavalieri dell'alta corte, come a tal bisogno ricercava l'usanza. Dove venne il re Petrino, et fece dir per Thomaso de Montolipho l'auditor, che il re essendo venuto all'età, che per legge deve haver il possesso utile de li soi reami di Gerusalem e Cipro, de quali el signor prencipe tien el governo come suo zio; et havendo provato idoneamente lui essere figlio legitimo de la buona memoria del re Pietro, morto in possesso et tenitura di detti reami, et esser dritto herede di lui; et medemamente ha provato d'haver l'età perfetta, voleva haver el possesso, se la corte

1371.
Majorité du roi.

---

[1] Paris; A: *nostri*. — [2] Paris; A: *precisso*. — [3] Paris: *scala nacta*.

così conosceva essere il dovere. Al'hora il governator, in presentia de la corte ingennochiato, raccomandò con una bacchetta che teniva detti reami al siniscalco, ch'era il signor Giacomo de Lusignan, et egli ricevete la bacchetta; e poi richiese al re che dovesse fare el sacramento solito di fedeltà, se voleva el detto possesso. Et il re, in presentia de la corte, giurò di mantenir et conservar le leggi, usanze et buone consuetudine del regno, li priveleggi de la Chiesa, li possessi dei feudetarii et altri, e salvar e mantenir l'honor e beni loro, et non mettere la man sopra la persona d'alcun di loro senza cognition di corte. Et poi la corte ha terminato che il re haveva fatto quanto era tenuto fare, et che però doveva essere posto al possesso delli detti soi reami.

Onde il siniscalco, in presentia dei prelati latini et greci, e de la corte, messe in possesso il re delli soi reami, come dretto herede del re Pietro de Lusignan suo padre; et tutti li huomini liggi ch'erano presente li feceno homaggio e li giurorono fidelità, secondo l'usanza.

Et la seguente dominica fu coronato re di Cipro nella chiesa cathedral di Nicosia. Et il modo come si coronavano era tale.

Andando il re a chiesa per coronarsi, la proccession le veniva all'incontro fino alla porta della chiesa, dove l'arcivescovo overo vescovo ch'el doveva coronare, gli diceva alcune oration sopra la testa, et il re s'ingenocchiava havendo li soi officiali intorno; et finita l'oration dell'arcivescovo, el re si levava dritto, et poste le man sopra i Santi Evangelii, diceva: « Io Pietro [1], che per divina providentia son per co-
« ronarmi re di Cipro, prometto a voi, monsignore T [2]., arcivescovo de
« Cipro, et alli tuoi successori, avanti di Dio omnipotente, et de tutta la
« chiesa, prelati e baroni miei che qui sono presenti, che io, da questo
« giorno in poi, sarò tuo [3] fidele fautor et deffensore della tua [4] persona
« contro tutti li viventi nel reame di Cipro. Le possessione, franchisie
« della nostra santa chiesa, et di tutte le chiese pertinenti ad essa, le
« possessione et franchisie dico, che hanno già usate haver al tempo

---

[1] Paris. — [2] Paris: *N*. — [3] Paris: *vestro*. — [4] Paris: *vostra*.

« de la felice racordation de re miei precessori, et quelli che giusta-
« mente acquisteranno per l'avenir in mio tempo, le manterò ed
« deffenderò; li canonici, et antichi privileggi, et le divine leggi, et
« giuditii d'esse, et antiche usanze de franchise guardarò, et mantenerò
« le persone ecclesiastiche nelle loro essentioni; alle vidue et orfani
« farò giustitia; li privileggi de buoni operatori re mei precessori,
« et le assise et usanze del reame guarderò e protegerò; il populo
« christiano del detto reame guarderò in loro equità et raggione, sicome
« deve fare re christiano in suo reame. E tutte le predite cose guarderò
« fedelmente, così Iddio e questi soi Santi Evangelii mi aiutino. »

1372.

Et fatto questo solenne giuramento, si solevava l'evangelio, et
l'arcivescovo el prendeva per la destra, et li diceva : « Io vi prometto
« di aiutare, et mantenir ed diffender la corona che vi sara posta in
« capo giustamente, salvo el mio ordine. » Et detto questo, el deve
bassar in bocca in fide, et poi dire in voce alta et intelligibile :
« Signori prelati, maestri, baroni, cavalieri, et huomini leggi, borghesi
« et ogni altra sorte di popolo che sette qui radunati, sapiate che noi
« semo qui radunati[1] per coronar Pietro de Lusignan re de Cipro, et
« volemo che voi ne dicete s'è dretto herede del detto reame; » il che
deve dire per tre fiate, et se li deve risponder de si. Subito poi cominciano a cantare il *Te Deum laudamus*, et così cantando intrano nel
chòro, stando li baroni del re intorno di lui, li quali portono la sua
corona et il pomo; il siniscalco porta il scetro, et il contestabile il confalone. Et il re, vestito, di[2] diacono, col capo scoverto, s'appoggia in
un banco d'avanti l'altare, dove stava in oratione finche sia finito di cantare il *Te Deum landamus*. Et finito questo, l'arcivescovo torna a dirgli
alcune altre oratione, e poi si leva, et va a sentar nella sua sedia, e si
comincia la messa. Et detta l'epistola e la sequentia, doi prelati vengono dal re et lo menano fino al banco ch'è d'avanti al'altare, dove
l'arcivescovo li dice altre oratione et beneditione; e poi piglia el crisma,
l'onge in la coppa, dicendo molte oration che sono registrati qui avanti[3]

---

[1] Paris. — [2] Paris; A : *vestiva da*. — [3] Paris.

et salmi; e benedicendo l'anello gli lo pone in dedo, che significa re; e poi le cinge la spada, che significa giustitia, per deffender se e la santa chiesa; et da poi la corona, che significa la dignità; et li da il sceptro per castigare i rei, et diffender i boni; gli da poi il pomo, che significa la terra del reame, con horation sempre e benedition solite; et poi gridavano l'arcivescovo e tutti gli altri: « Viva il « re in buona prosperità! » et il re basiava tutti li prelati, et poi andava sedere nella sedia regale; et l'arcivescovo li diceva la benedition de la sedia. Et di poi detto l'evangelio, andava il re a offrir nella mani dell'arcivescovo l'oblation et il vino, e poi l'accompagnavano doi prelati alla sedia. Et detto il prefatio, al sacramento, il re si levava la corona; et dopo la cuminion, veniva el re un altra volta avanti l'altare, et si comunicava del corpo et del sangue del nostro segnor Giesu Christo, di man dell'arcivescovo; e poi l'arcivescovo pigliava el confalone del contestabile, lo benediceva, et dava con acqua benedetta e lo metteva nelle man del re; et il re lo consegnava al contestabile, e tornava a casa.

Et queste sono le parole che l'arcivescovo diceva nella consecration del re, cioè[1]: « Omnipotens sempiterne Deus, creator ac gubernator « cœli et terræ, conditor et dispositor angelorum et hominum, rex re- « gum et dominus dominorum, qui Abram fidelem famulum tuum de « hostibus triumphare fecisti; Moise et Josue, populo tuo prelatis, mul- « tiplicem victoriam tribuisti; humilem quoque puerum David regni fas- « tigio sublimasti, eumque de ore leonis, et de manu bestie atque « gulie et de gladio maligno Saul, et omnium inimicorum ejus libe- « rasti; et Salomonem sapientie pacisque ineffabili munere ditasti; res- « pice propitius ad preces nostre humilitatis, et super hunc famulum « tuum N., quem supplici devotione in regem pariter eligimus, bene- « dictionem tuam in eo multiplica, eumque dextera tue potentie semper « ubique circumda, quatenus predicti Abrahe fidelitate firmatus, Moysi

---

[1] Nous reproduisons les prières suivantes telles que les donnent nos manuscrits. Il faudrait en conférer le texte avec celui du pontifical romain, p. 166 et suiv. Anvers, 1627. Cf. *Assises de Jérusalem*, t. I, p. 29 et suiv. et 310 n.

« mansuetudine fretus, Josue fortitudine munitus, David humilitate
« exaltatus, Salomonis sapientia decoratus, tibi in omnibus complaceat,
« et per tramitem justitie in offenso gressu semper incedat, et totius
« regni ecclesiam deinceps cum plebibus sibi anexis, ita enutriat, atque
« doceat, muniat et instruat, contra omnes visibiles et invisibiles hostes,
« eidem potenter regaliterque tue virtutis regimen administret; ut re-
« gale solium et septra non deserat, sed ad pristine fidei pacisque con-
« cordiam eorum animos, te opitulante, reformet, ut horum populorum
« debita subjectione fultus, con digno amore glorificatus, per longum vite
« spatium paterne apicem glorie tua miseratione unatim stabilire et gu-
« bernare mereamur; tue quoque protectionis galea munitus, et scuto
« insuperabili jugiter protectus, armisque celestibus circumdatus, opta-
« bilis victorie triumphum de hostibus feliciter capiat, terroremque sue
« potentie infidelibus inferat, et pacem tibi militantibus letanter re-
« portet, virtutibus nec non quibus prefatos fideles tuos decorasti,
« multiplici honoris benedictione condecora et in regimine regni su-
« blimiter colloca, et oleo Spiritus Sancti perunge. Unxerunt Salomonem
« sacerdos, et Natham profeta regem, in Syon; et accedentes dixerunt:
« Vivat rex in eternum. »

Quando si unge d'oleo santo, dice l'arcivescovo : « Unde unxisti sa-
« cerdotes, reges, et profetas, ac martires, qui per fidem duxerunt
« regna, operati sunt justitiam atque adepti sunt repromissiones, cujus
« sacratissima unctio super caput ejus defluat, et cordis illius intima
« penetret, et promissionibus, quas adepti sunt victoriosissimi reges,
« gratia tua dignus efficiatur, quatenus, et in presenti seculo feliciter
« regnet, et ad eorum consortium in celesti regno perveniat; per Do-
« minum Nostrum Jesum Christum filium tuum, qui unctus est oleo
« letitie pre consortibus suis, et virtute crucis potestates æreas debellavit,
« tartara destruxit, regnumque diaboli separavit, et ad celos victor as-
« cendit; in cujus manu victoria, omnis gloria et potestas consistunt, et
« tecum vivit et regnat, Deus, in unitate ejusdem Spiritus Sancti, per
« omnia secula seculorum. »

Quando gli da l'anello, l'arcivescovo dice : « Accipe annulum, signa-

1372.

« culum videlicet fidei sancte, soliditatem regni, augmentum potentie[1]
« per quod sanas triumphali potentiæ, hostes repellere, hereses de-
« struere, subditos coadunare, et catholice fidei perseverabilitati conecti. »

Quando l'arcivescovo cinge la spada al re : « Accipe hunc gladium
« cum Dei benedictione tibi collatum, in quo per virtutem Spiritus Sancti
« resistere, et ejicere omnes inimicos tuos valeas et cunctos sancte Dei
« Ecclesie adversarios, regnumque tibi commissum tutari, atque prote-
« gere castra Dei per auxilium invictissimi triumphatoris domini nostri
« Jesu Chisti, qui cum patre, » etc.

Quando gli pone la corona in testa : « Coronet te Deus corona glorie
« atque justitie, honore et opere fortitudinis, ut per officium nostre be-
« nedictionis, cum fide recta et multiplici bonorum operum fructu,
« ad coronam pervenias regni perpetui, ipso largiente cujus regnum
« et imperium permanet in secula seculorum. »

Quando gli da el sceptro : « Accipe sceptrum regie potestatis insigne,
« virgam scilicet rectam regni, virgam virtutis, qua te ipsum bene regas,
« sanctam ecclesiam populumque videlicet christianum tibi a Deo com-
« missum regia virtute ab improbis defendas, rectos pacifices ut viam
« rectam tenere possint tuo juvamine dirigas, quatenus de temporali
« regno ad eternum regnum pervenias, ipso adjuvante cujus regnum
« et imperium sine fine permanet in secula seculorum. »

Quando gli da la verga real : « Accipe virgam virtutis atque æqui-
« tatis, qua intelligas mulcere pios et terrere reprobos; errantes viam
« doce, lapsisque manum porrige; disperdasque superbos, et releves
« humiles, ut aperiat tibi hostium Jesus Christus dominus noster, qui
« de se ipso ait : Ego sum hostium, per me si quis introierit salvabitur;
« et ipse qui est clavis David, et sceptrum domus Israel, qui aperit et
« nemo claudit, claudit et nemo aperit, sit tibi adjutor; qui educit
« vinctum de domo carceris sedentem in tenebris et umbra mortis; ut in
« omnibus sequi merearis eum de quo propheta David cecinit : Sedes
« tua, Deus, in seculum seculi, virga equitatis, virga regni tui; et imi-

---

[1] Paris : *unguentum penitentie.*

« teris eum qui dicit : Diligas justitiam, et odio habeas iniquitatem ; prop-
« terea unxit te Deus, Deus tuus, oleo justitie, ad exemplum illius quem
« ante secula unxerat, pre participibus suis, Jesum Christum Dominum
« Nostrum. »

Quando gli consegna el stato, seu throno : « Sta, et retine a modo
« statum, quem huc usque paterna sugestione tenuisti, hereditario
« jure tibi delegatum per auchoritatem Dei omnipotentis, et per pre-
« sentem traditionem nostram, omnium scilicet[1] episcoporum cetero-
« rumque Dei servorum ; et quanto clerum propinquiorem sacris al-
« taribus perspicis, tanto ei potiorem in locis congruentibus[2] honorem
« impendere memineris ; quatenus mediator Dei et hominum te media-
« torem cleri et plebis in hoc regni solio confirmet, et in regnum eter-
« num secum regnare faciat Jesus Christus Dominus Noster, rex re-
« gum et dominus dominantium. »

La benedition per la quale benedisse il vexillo : « Inclina, Domine,
« aurem tuam ad preces nostræ humilitatis, et per interventiam beati
« Michaelis arcangeli tui, omniumque celestium virtutum, presta nobis
« auxilium dextre tue, ut sicut benedexisti Abram adversus quinque
« reges[3] triumphantem, atque David regem in tui nominis laude trium-
« phales congressus exercentem, ita benedicere et sanctificare digneris
« vexillum hoc, quod ob defensionem sancte ecclesie contra hostilem
« rabiem defertur, quatenus in nomine tuo fideles et defensores populi
« Dei illius consequentes per virtutem sancte crucis triumphum, et vic-
« toriam se ex hostibus adquisisse letetur, qui cum Patre et Spiritu
« Sancto », etc.

Partendosi il re dalla chiesa per andare a casa sua, el contestabile
del regno andava avanti di lui a piedi, facendo far largo a tutti, et il
marescalco andava avanti col caval del contestabile copertato, et tenendo el vexillo del re. Et quel giorno il re desinava con la corona
in testa, et era servito di coppa e piati dalli soi baroni ; del qual pasto
haveva il carico d'ordinar et farlo portar a tavola il siniscalco.

---

[1] Paris : LIII. — [2] Paris : *conjuntibus*. — [3] Paris : *eumque triumphantem*.

1372.

Couronnement de Pierre II comme roi de Jérusalem.

Quando li re de Gerusalem possedevano la città santa, si coronavano alla chiesa del Santo Sepolcro, et poi andavano al Templio Domini, et li offerivano la corona sopra l'altare dove fu offerto Nostro Signore a Symeon; e poi intravano nel tempio di Salomon[1], dove era la casa di Templiari, cioè di quella religgion che di sopra dicessimo come fu destrutta, dove erano le tavole aparechiate al desinar. Dapoi, quando fu persa la città santa, si coronavano nella città d'Acre, et questo mentre che li Christiani possedevano Acre; ma dapoi che quella città anchora fu presa dagli infedeli, et il titolo di quel regno venne in li re de Cipro, andavano a Famagosta, et si coronavano nella chiesa di San Nicolo. Però re Pietro el picolo, un anno di poi che fu coronato re di Cipro, andò a Famagosta, et si fece coronar re di Gerusalem; ed uscendo dalla chiesa per andar al palazzo montò a cavallo, et li bajuli di li doi comuni, cioè de Venetiani e di Genovesi, ad un tempo tutti doi andorono dalla destra del re per prendere le redini del suo cavallo, et volendo cadun di loro essere dalla destra banda, comminciorono a far parole, e dalle parole era per seguire rumore nella piazza, però ch'erano parechi, e dall'una al altra parte; però el prencipe li fece allargar tutti dui del re, et prese lui la destra, et il signor de Sur la sinistra banda, et senza pregiudizio delle raggion dei baiuli accompagnoron el re al palazzo, dove erano invitati tutti i nobili paesani et forestieri, e si andò a tavola il re in capo della sala; nelle altre tavole erano sentati i Venetiani, et Genovesi.

Violente querelle qui éclate entre les Génois et les Vénitiens au milieu des fêtes du couronnement.

Li quali Genovesi erano armati d'arme secrete, dal che si puo comprender che quel giorno vennero con pensato animo di far rumore, come feceno. Perochè come hebbe desinato el re si levò da tavola, et intrato in camera si spogliò i drappi regali, et essendo uscito poi fora con altri drappi a vedere come si balava et festegiava, li Genevosi si attacorono con Venetiani per ragion del preceder, et dalle parole contentiose vennero alle ingiuriose; e già tre Genovesi, che furon Julio

---

[1] Voir *Bibl. de l'École des chartes*, 2ᵉ série, t. IV, p. 394.

Talian[1], Barnabo Rizzo[2], et Galdulfle de Tussian trassero le spade per offender li Venetiani; duoi dei quali, cioè Gioan Marco Corner et Marrin[3] Malipiero, trassero anchor loro le soe, et si fermorono in piedi per diffendersi da loro; et alcuni altri che non havevano spade tolsero li trespidi delle tavole per deffendersi. Li Genovesi armati si ritirorono nella corte del re, et feceno arme tutti; dove sentito il rumore del popolo corseno da la piazza per veder, et medemamente li gentilhuomini Ciprioti corseno tutti al rumore; et vedendo la superchieria dei Genovesi armati, che cercavano d'offendere li Venetiani che non havevano arme, li dispiacque, et tolsero a diffendere li Venetiani, et cominciorono a prendere li Genovesi. I quali come vedeno li paesani contro di loro, cercorono di fuggire; et essendo presi Tomaso Sigalle, Domenico Doria, un' savoian et un nodaro, et trovateli armati, l'ucisero; li altri scamporono, parte dei quali furono feriti, et altri buttati d'alto a basso; et li gentilhuomini Cipri cridavano : «Prendeteli, uccideteli li traditori.» Sentito ch'ebbe il vulgo in piazza queste parole, et veduto buttar da li balconi al basso alcuni, quale è segno di traditori, corseno nella loggia dei Genovesi per ruinarla, e cominciorono a rompere i magazzeni e case loro, et metterle a sacco. Ma il re mandò subito Gioan del Morpho, conte de Rochas, con una compagnia armata, per rettenir il furore del populo da tal danno; et andando trovorono li Venetiani armati con la bandiera di San Marco, et uscitono da la loro loggia per andar a trovare i Genovesi; et il conte li fece tornar, et li fece comandamenti, da parte del re, che dovessero lassar le arme; e così fece anche alli Genovesi, e comandò che non dovesse alcun toccar le robe d'essi Genovesi ne la persona loro.

Quando cessò el rumore, fece el prencipe chiamare el podestà di Genovesi ch'era anchora in corte; et in presentia delli prelati, baroni, et altri signori e cavalieri, et per comandamento del re, parlò al detto podestà, reprendendolo del fatto che fece lui et li soi, dicendoli che da lui non era restato, ne da le sue operationi, ch'il re e tutti li baroni fos-

---

[1] Paris : *Salian*. — [2] Paris : *Risso*. — [3] Paris : *Martin*.

seno morti, et per causa sua fu disturbata la festa real, et poi ordinò un nodáro a formar processo. Il podestà cominciò a scusarsi, ma siando l'hora tarda, per il che voleva il re andar a riposare, dette buona piegiaria di ritornare il dì seguente in presentia del re a deffender et escusarsi de la preditta imputatione; et andò a casa sua, accompagnato da cavalieri et huomini armati, acciò non le fusse fatto oltraggio per la via. El dì seguente fu mandato Giacomo di San Michel con alcuni altri in casa del podestà a tuor el suo constituto et diffesa; il quale rispose, che il re doverebbe prima far renterar et restorar li Genovesi da la roba che li fu tolta, et condennar li homicidiarii che occisero li Genovesi, et far ritornar le scritture c'hanno tolto dalla loro loggia, et dalle casse de mercadanti, e poi mandar a tuor el suo constituto.

Giacomo de San Michel gli rispose: « Voi sarete causa di questo dis« turbo, et il re si vendicherà di voi, dove la cosa si potrà mitigare, et « cesare ogni male ». El podestà non volse per niente esser[1] constituto, però rittornò, et reffèrse al re il tutto; di che fu molto turbato il re, et immediate fece prender et metter in préson Francesco Squarciafico et Julian de Camila, li quali portavano arme quel dì della coronation del re, et li volse constituire. Et poi mandò un altra volta Giacomo di San Michel al podestà dei Genovesi, a dirli come el re non vuol punir se non quelli che sono stati capi con lui del scandalo seguito; e per questo ha messo quelli dui in priggion, nondimeno non precederia ad essecutione alcuna, se prima non le facesse intendere a Genova, et vuls' aspettare la risposta de là; et acciò non patiscono li altri mercanti che non è in colpa, li avisa che debbaño seguir, et far i loro trafichi, com'erano soliti, godendo delle loro franchisie per tutto el paese. El podestà rispose: « Certo non se troverà mai ch'io sia stato capo ne con« sapevole della question seguita, ne haveria mai consegliato ne con« sentito che si facesse un atto pensato in una solennità come è stata « quella di sua maestà; ne si può doler di me giustamente; ma io posso « ben doler me di lui et de li soi, perchè ha comandato, et li soi hanno

---

[1] Paris.

« morto et ferito, fugato et trabalciato d'alto a basso li miei huomini,
« et anche saccheggiati li loro boni, et hora a posto altri in priggion e
« li tormenta. Et voi altri signori che sapete i patti che sono tra il re
« e noi Genovesi, non gli li riccordate, come se voi non sapiate li ser-
« vitii che li nostri antecessori feceno in beneficio de li re passati, et di
« tutto il vostro paese. Anzi in un'momento gli havete dimenticati tutti,
« et havete voluto piuttosto ajutar li Venetiani che noi. Questa cosa non
« passarà così de leggiero, come forse alcuni pensano, perchè i signori
« Genovesi sono buoni di pagare ogni uno quanto deve havere. Circa li
« mercanti, che vuol che possino negotiar securamente per il paese
« come solevano, Sua Maestà potrà far una crida che non ardisca alcuno
« afferir molestia ne dispiacer alli Genovesi, acciò che l'intendano tutti. »

La qual crida fu fatta da parte del re, et fece ancho relascar quelli ch'erano in priggione. Onde li Genovesi destramente se misseno in ponto, et cargata la facultà loro sopra due galee, che erano nel porto di Famagosta, se ne andorono con le fameglie loro a Genova; le quale galee furono stimate d'aver levata robba di Cipro [1] per doi milioni de ducati, et li ducati al'hora valevano bisanti tre carati [2] 18 l'uno. Et andati a Genova, hanno contato alla Signoria tutto lo fatto, et aggionto ancho quanto gli parse a favor loro. El re [3], suspicando della partita de Genovesi così sdegnati, espedì Renier Petit et Glimin de Giorni ambassatori al summo pontefice; et medemamente la regina Lionora mandò un mercante catalan, nominato Alfonso Ferrante, suo familiare, a suo padre, per dinotargli le aversità accadute nel paese, et procurar tutto quel mal che potesse per vendicarla.

Mentre che questi si partirono con quattro galee venetiane, venne a Famagosta una galea da Constantinopoli, con la quale venne chir Georgio Vardali, cavalier greco, et un altro cavalier alemano, et portorono ambassiata al re, da parte dell'imperatore, et gli disseno che l'imperatore haveva caro di parentarsi con lui, et darli per moglie

---

[1] Paris. — [2] Paris. — [3] Paris et v.

l'unica sua figliuola, assicurandolo da vero imperatore che detta figlia era bella, et ornata di tutte le virtù che un nobil re può desiderare; et per dotte gli prometteva molte città in Grecia et cinquanta mila ducati venetiani. Il re, dopo fatto consulta con li soi huomini, per conseglio de Gioan de Morfo, conte de Rochas, e Giacomo de Nores el turcopullier, quali speravano tuor per genero el re cadun d'essi in la sua figlia, dette risposta alli ambassiatori ch'il detto matrimonio gli piaceva, et era accettabile et honorevole, ma perchè lui aspettava alhora la guerra con Genovesi, la qual non sapeva ch'esito potesse havere, et alle guerre non si richiede feste di nozze, et alla damigella saria gran pericolo partirsi dal suo paese pieno di quiete et di solazzi, et venir in una guerra dove non s'aspetta altro che male occisioni, pianti e morte, per il che non li pareva tempo congruo de maritarsi; et con queste et simile parole, piene di cortesia et honestà, licentiò detti ambassiatori.

In questo medemo tempo, venne in Cipro madama Margarita de Lusignan, nezza del signor de Sur, et sorella del re Livon d'Armenia, relitta de Manoel Catacusino desposto della Morea, et il re Pietro le dete in feudo bisanti quattro mila all'anno per ducati mille venetiani.

Projet de mariage entre Pierre II et Valentine de Milan.

Poco dapoi la partita de li ambassiatori dell'imperatore per Costantinopoli, venne a Famagosta la conclusion del matrimonio de la figlia del signor Barnabo Visconte, duca de Milan, nominata Valentina, maridata col re; el qual matrimonio s'haveva trattato secretamente per avanti, et quelli che speravano haver per genero el re restarono ingannati.

A l'instigation d'Eléonore d'Aragon, le pape autorise les Génois à armer une flotte pour défendre

Li ambassiatori del re andati a Roma fecero intendere al pontefice qualmente li Genovesi havevano rotto guerra con il re de Cipro, li quali havevano tra loro nelle sue capitulation, che chi prima rompeva la pace dovesse pagar all'altra parte ducati cento mila, et dimandarono la detta pena. Il pontefice scrisse alli Genovesi la instantia de Ciprioti, e li Genovesi mandarono ambasciatori a Roma[1], et udita da loro il pontefice la crudeltà usata da li Ciprioti contra li Genovesi, commandò li ambasciatori del re, che li dovesino scriver et confortar de dar alli Genovesi l'homicida che uccisero li Genovesi, et tutto ciò che hanno tolto alle loro genti, et che delli centomila ducati fusseno assolti, attento che la cosa fu inavvertentemente; et mandando li Genovesi a domandar le dette cose, s'el re non gli le volesse dar, ch'el dovesse cader alla pena di pagar centomila ducati, et ancho tutte le spese che si facesse in far l'armada per questa causa. Havendo li Genovesi tolta la sententia in favor loro, scrissero al re d'Aragona et alli borghesi de Barzalona, che volesseno ad instantia della regina di Cipro far armata per andar a vendicare la morte del Pietro, suo marito, offerendosi anchor loro d'andarghe con le forze loro, se così li piaceva. Alli quali il re rispose che non se voleva metter in questa impresa; et li ambasciatori de Genovesi replicorono al re, già che lui non se voleva ingerire, che ne ancho lor[2] volevano. Ma in questo tempo andò in Avignon Pietro d'Aragona, padre della regina Lionora, et presentò al pontefice le lettere di detta sua figlia, la quale incargava grandemente la nobiltà di Cipro per la morte di suo marito; et siccome il prencipe scode tutte le entrade del regno, et a suo figliuolo, gia coronato re, a pena da tanto che possa vivere da privato gentilhuomo, et non da re. Et insieme con le lettere appresentò al pontefice molti presenti da parte di detta regina, supplicando a Sua Santità di dar licentia alli Genovesi di fare armata per andare in Levante, per far vendeta contra quelli che son stati causa della morte di suo marito, et ancho per metter il re nel possesso delle intrate del suo regno.

Il padre santo, parendoli giusta la richiesta della regina, ed essendo ancho stimulato dal padre della regina, che ogni giorno el molestava, concesse licentia alli Genovesi d'armare et andare in Cipro, per mettere il re in possesso del suo reame, e far vendeta contra quelli che furono causa della morte del re Pietro suo marito. Et scrisse etiam al

---

[1] *Sic*, pour Avignon. — [2] Paris et v.

1372.
les droits
de
Pierre II.

gran maestro a Rhodi d'andare in compagnia de Genovesi in Cipro et metter accordio tra il re et li Genovesi; non sparagnando di condennar alcuno che lo merita. La regina Leonora haveva scritto nella medema forma al re d'Aragona, suo cugino germano, et alla regina Gioanna de Napoli, pregandoli di favorir li Genovesi, li quali se gli offerseno in quelle cose che li potevano giovare, ma però non volevano darghe armata altramente.

Li Genovesi publicarono la guerra a Genova, et comminciorono a far armata per andare in Cipro; et hanno fatto radunansa de quattro cento mila ducati et hanno ordinato quattro capitani in detta guerra: Lamberto Spinola, Georgio[1] Cibo, Lanfranco Doria et Gregorio de Negron; et armiraglio dell'armata era Pietro de Campo Fregoso; et hanno levato el standardo di San Georgio, et andavano preparando detta armata.

Le gouvernement de Chypre, pénétrant les vrais desseins des Génois sur Famagouste, fait saisir leurs biens.

In quelli giorni capitò in Cipro una nave di Genovesi la quale andava in Soria, et havendo toccato a Limisso dette le lettere che portava ad alcuni Genovesi mercanti che erano restati a Famagosta, et quelle furon rappresentate al re; da le quali intesò il re tutti li preparamenti che contra di lui si facevano a Genova. Et lui mandò subito a Famagosta Filippo d'Iblin signor de Sur, et fece retenir tutti li navigli et beni dei Genovesi, facendo però crida che nessun non dovesse offrir molestia o danno alle persone o beni loro, ma fece anchor metter guardia che alcuna delle robbe over alcun de Genovesi non andasse fuor dell'isola. Similmente ordinò di fortificar le muraglie dell'arsenal de Famagosta, et far mantelliti et sparti in le muraglie, et altri fortificamenti ch'haveva bisogno la città. El principe, zio del re, fu ordinato di far apparecchiare le fosse di Nicosia, et alzare le muraglie, con mazzacane; et solecitò tanto, che in spatio di venti giorni, fu fatto il muro che si vede intorno alle muraglie fatto con pietra et fango; et ogni 25 in 30 canne fece un ballevardo de legname per stare li balas-

---

[1] Paris : *Torzi*.

tieri et arcieri, de quali c' haveva assoldati molti Armeni. Comandò poi il re che li Genovesi ch' erano in Famagosta dovessero andar a Nicosia con tutta la loro robba, et questo per maggior segurtà, e quelli che non volsero venir furono menati ben custoditi.

<small>1373.</small>

Queste cose furono cominciate del 1372, et l'ultimo d'aprile del 1373, comparuero a Famagosta sette galee de Genovesi, capitanio delle quali era Damian Catanio; et messe in terra un frate con lettere dirette al re, le quale contenivano loro essere venuti per dimandar l'esecution della sententia papale, et se lui non voleva eseguir la contenentia d'essa, ch' egli capitanio haveva commissione de dirli un altra cosa. El re gli rescrisse che dovesse mandar doi dei soi per segurtà, degli quali mandò Raffe de Carmain e Tomaso de Tron, cavalieri Genovesi et huomini liggi del re; et scrisse al governator di Famagosta che dovesse mandar altri quattro cavalieri per ostaggio e segurtà degli ambassiatori Genovesi, et gli furono mandati; ma il capitanio de Genovesi non li volse accettar, dicendo voler huomini segnalati, et de le casale primarie, del che fu dato aviso al re; ma prima che venisse la risposta del re, li Genovesi cominciorono a daniggiare la contrada.

<small>Une première escadre génoise, commandée par Cattanéo, arrive en vue de Famagouste.</small>

Il re mandò Tomaso de Morfo, fratello del conte de Rocas, Gioan Babin[1], et Bartolomeo de Montolipho de case antiche, et nobili tutti tre; ma le galee de Genovesi andorono al scoglio de Suef, et messeno in terra molta gente, et cercavano accostarsi al borgo di Famagosta con barche. El governator[2] gli scoperse et andò con molta gente a incontrarli, et li dete la caccia fino alle scale delle galee. Li cavalieri andorono sulle galee, et steteno doi giorni dicendo alli Genovesi che dovessero mandar li loro ambassiatori; ma vedendo che loro attendevano ad altro, si tornorono con quei doi Genovesi liggi al re, che andorono per accompagnar li ambassiatori genovesi.

El re, vedendo el proceder di Genovesi, mandò el contestabile[3] a

<small>Pierre</small>

---

[1] Paris; A : *Barbin*. — [2] Le prince d'Antioche, Jean de Lusignan, oncle du roi. —
[3] Le connétable, Jacques de Lusignan, oncle du roi.

1373.
rend Satalie aux Turcs, pour que la place ne tombe pas au pouvoir des Génois.

Famagosta per provedere di quelle cose che bisognavano, giudicando d'haver guerra con loro fermamente. Et havendo dall'altro canto con Tacca turco guerra per Satalia, acciò che Genovesi non s'accorgessino et andassino a prenderla, e poi haver qualche mal vicino, deliberò di mandar a darla al detto Tacca per non haver la guerra da due bande; e però mandò un borghese da Famagosta, detto Badin Mistachel e Giorgio Pissolongo[1] de Nicosia. Et andati a Tacca, li dissero che se voleva farsi huomo del re, et dar tributo alli huomini di Cipro, ch'egli era contento di restituirgli Satalia. Il che vedendo Tacca, senza pensar ne mettere tempo di mezo, assentì a tutto quello che li fu richiesto; et però, andò et alloggiò avanti detta città, et fece il giuramento solenne al re, et dette alli ambassiatori belissimi presenti per loro, et una quantità di vasi d'argento per portar al re; et poi, mostrata la commission al capitanio c'havevano di rendere la citta a Tacca, si redussero tutte le persone in una nave ch'era al porto, et in altri vasselli portorono tutte le robe di valor, cioè oro, argento, reliquie et armature; et partitisi per Cerines, intrò Tacca nella città. Badin Mistachiel, dubitando de le galee genovese, non volse intrar in la nave, ma fece armar una barca, et messe sutto otto huomini, andava a lai de la terra. Et a Scandeloro, s'incontrò in una delle galee genovese, la qual galea prese la barca con tutti gli huomini, et al Mistachiel intravenne quel che dubitava. La nave gionse a Cerines a salvamento et Mistachiel fu presentato al capitanio de Genovesi, il quale da lui intese il fatto de Satalia, et poi lo messe nelli ferri.

Vains efforts du grand maître de Rhodes pour satisfaire les Génois, qui, sous prétexte de défendre les droits du roi, ravagent l'île de Chypre.

Il gran maestro de Rhodi mandò in Cipro el marizzal de Rhodi, per veder de acquietar el re et li Genovesi. Con li quali ha parlato et dimandato alli Genovesi ciò che volevano da Cipro; li risposero voler principalmente che li fussero consegnati quelli c'hanno morto li Genovesi in corte; volevano anchora centomila ducati de la pena, centomila ducati per le robbe tolteli, et centomila ducati per l'armata che

[1] Paris : *Pisoloco*.

feceno[1]; et se non volevano consegnarli li homicidiarii, alhora volevano quattro centomila ducati; dimodochè per li homicida volevano centomila ducati.

Il marizzal referse al re l'instantia de Genovesi, et lui chiamò conseglio general et fece dire al conseglio : « Signori fratelli e figliuoli, io son
« certo che cadun de voi ha considerato et considera inche travagliato
« esser s'attrovamo, et la sententia del papa che è stata contra di noi
« molto crudele et impia; et oltra la sententia, ha concesso licentia a
« Genovesi de far armata contra questa misera et infelice isola; la qual
« licentia, se non fosse per la riverentia che dovemo far alla santa sedia
« apostolica, la qual governa lui al presente, in loco del Santo Apostolo,
« si potria dir essere sententia e licentia diabolica, et data dall'inimico
« de Christiani, et non da pastore, non da papa, non da pontefice, ne
« da christiano. Ma sia come si voglia, noi si trovamo nel travaglio,
« noi stemo in pericolo grande di perdere la robba, le intrade, li 'ho-
« nori già acquistati, et la vita istessa, non senza dubbio delle nostre
« anime anchora. Vediamo di fare anchora, come dice il savio, de doi
« mali schivar se dice il maggiore, cioè schivar la guerra, et conzarla
« con danari. Noi semo assolti dal papa delli ducati centomila della
« pena, et ancho dovemo essere assolti d'altri centomila ducati dell'armata, perchè non doveva prima far armata e poi domandarne i danari et esecution della sententia papale; restono centomila ducati de
« le robbe loro, et altri tanto, per non dar li nostri huomini alla morte.
« A noi pare menor male il schivare la guerra, la qual mai non è certa,
« ne si sa l'esito che possa havere, et ancho quando fussimo certi di
« dover vincere, havendo da far con Christiani, non la dovemo desi-
« derare; et si deve considerare che, quando s'haveremo deffeso ga-
« gliardamente et rebattuti li inimici, et scacciati dal nostro paese, non
« haveremo acquistato niente del suo, ma speso la nostra facultà, et
« consumata la nostra vita con fatica, sudori et stente grandissime. Et
« concludendo, dico e replico ch'è manco mal perdere denari e robba

---

[1] Paris : *volevano m/100 ducati per la spese dell' armata.*

« che far guerra senza speranza di vadagno alcuno. Nondimeno, quando
« voi altri arricordarete, col vostro legal et fido conseglio, altra miglior
« raggione, noi semo pronti di rimuoversi da questa opinione, et vi
« raccordamo ch'il remedio che hora cercamo, se ben io son capo quanto
« alla dignità, ma quello è de tutti voi et de cadun de voi quanto alle
« entrate, et commune all'honor et alla vita. Si che voi altri m'havete
« inteso, dicete, et respondete quello che il signor Iddio si degnerà in-
« spirarvi per beneficio dell'anime, del honor, de la vita et facultà
« universale. »

Alhora i gentilhuomini cominciorono a parlar tra loro, et alcuni giovani gagliardi consegliavano che si dovesse far guerra, de la qual non dovevano dubitare, perochè cedendo de pagar denari, si dirà ch'havemo havuto paura di loro, et li havemo dato ciò che hanno voluto; onde vegniremo a perder tutta la fama et honor de huomini valorosi, che sempre li Ciprioti havevano; et non sono molti hanni che facessimo tremare tutta la Soria fino in Alessandria; et se così fossemo gagliardi et animosi, et havessimo havuto numero equivalente di mantenir le terre che prendessimo, hora saria il nostro signor re di tutta la Soria; dove consegliavano costoro di combattere. Et alcuni poi, contrastando l'opinion predetta, dicevano che alhora havevano appresso l'animo gagliardo, un armata di tante galee, di tante fuste, nave, navigli, che potevano contrastare con ogni gran potentia; et appresso havevano un capitanio, il loro re, che non solamente l'isola di Cipro, ma tutto il mondo era buono di governare; hora si mancamo l'armata, il favor e la fortuna, che come videmo ogni giorno le cose nostre vanno declinando. Al'ultimo, la maggior parte concluse, e così referseno al re, che la sua opinione era laudabile; adunque il re[1]: « Già che si sa il
« rimedio, eseguimolo, havemo el marizzal de Rhodi, che sarà il nostro
« megiano, vediamo appresso poco quel che potemo dare, et ciascun di
« voi offrisca ciò che li pare di poter suvenire, et un'dei nostri nodari
« scriverà l'offerte vostre volontarie. » Parse alhor che tutti s'havevano

---

[1] Paris.

voltati al prencipe, ad un certo modo che parea chiaro che tutti davano l'ansianità a lui d'offrir primo, come primo in dignità, intrade e facultà; che, a comun giudicio, se lui havesse voluto, haveva il modo di contentar gli Genovesi, perochè, oltra le grande sue intrade, haveva governato l'intrade di tutto il regno per si, mentre che il re era minor d'età. Et lui fece prima la sua scusa, che si trovava molto discomodo d'argento, ma delle sue intrade offerse trecento moggia d'orzo, ch'alhora valeva tre moggia al bisante. Vedendo gli altri la tanta smisurata e misera proferta del prencipe, per non lo smaccare offerendo più, disseno al re che da loro non era ordine d'haver denari; ma che si facesse qualche altro ordine et provisione[1]. Li Genovesi, senza aspettar alcuna risposta, si levorono da Famagosta, ed andorono alla volta de Cerines.

1373.

Il marezzal de Rhodi si partì da Nicosia con altri cinque cavalieri, che il re haveva ordinati in sua compagnia per ambassiatori, et andati a Cerines andorono con un bergantin alle galee di Genovesi; et disseno a loro : « Se maravigliamo de li portamenti vostri, che senza veder la « volontà del re, havete dato principio a danneggiar il paese, il quale « è poverissimo, circondato da infedeli inimici de la fede nostra, e poi « per il signor marizzal n'havete dimandato cose eccessive et impossibile. » Li Genovesi, tolte le parole di bocca alli cavalieri cipriotti, disseno[2]: « Manderemo la intention nostra per nostro ambassiatore al re; havendo « però hostaggio per nostra segurtà. » Referta adunque al re la risposta dei Genovesi, mandò il re per ostaggio Gioan Babin el giovane, et loro mandano ambassiatore Glimin[3] Hermin, et riccheseno da capo quel che era terminato per il pontefice in presentia delli ambassiatori del re; et perchè Sua Maestà del re non haveva fatta alcuna provision ne detto di pagarli loro, volevano un million di ducati, et una fortezza per alloggiare li soi mercanti in detto paese, et essere securi. El re[4] rispose che l'instantia loro era troppo ingiusta et inhonesta, perchè

Remontrances des chevaliers de Rhodes aux Génois.

[1] Paris; A : *altra provisione.*
[2] Paris
[3] Paris : *Elimin.*
[4] Paris; A : *principe.*

38.

1373.

loro sono stati causa di tutto el male, et primi furono li Genovesi a muover l'arma, et venir secrectamente nella nostra casa real armati, per il che dovrebbero pagar loro la pena, et non basta questo; ma son venute queste sette galee, et vanno danneggiando el paese, avanti ch'egli fosse intimata la sententia papale, che doverebbono per questo rifarci anchora questi danni; et dovevano con una sola galea mandar a domandar quello che fu terminato, et quando non gli havesse datto et satisfatto, alhora doveriano haver fatto armata, et ogni atto che li havesse parso, si che le cose che domandano, volendo dare il loco al dovere, conosceranno essere ingiuste; et se pur li pare di domandare cosa ragionevole, che lui era contento che, suspesa per adesso la guerra, si rimettesse ogni differentia al pontefice, et sua corte, et quello che fusse terminato s'obbligava d'osservarlo inviolabilmente. Con questa conclusione ritornò l'ambassiatore genovese alle galee et lassato rittornar a casa sua Gioan Babin, ch'era ostaggio.

Les Génois saccagent les contrées de Cérines et de Limassol.

La risposta del re non piacque alli Genovesi, et si levorono di lì, et mandorono a disfidar el re, et publicorno la guerra. Nel levar delle galee, restorono sei Genovesi in terra, quali furon presi, et menati in Nicosia furono posti in priggione insieme con li altri, ch'erano in casa del signor de Sur rettenuti; et medemamente furono posti in priggione li Genovesi bianchi, cioè Genovesi nasciuti in Cipro da parenti Genovesi, et godevano la franchisia dei Genovesi, come sono li Urri, Bibi, Danieli et Gulo.

Le galee de Genovesi andorono intorno al paese, robando, amazando bestiame, ardendo le biave, e facendo quel peggio che potevano. Solamente a Cerines non poteno far dispiacere, per haversi trovato il capitano ben accompagnato; et medemamente a Santo Euxivio[1], dove si trovava el contestabile con 300 cavalieri et 500 fanti francomati et armeni, per vardia di quella contrada. Le galee andorono un altra volta a Limisso, et messeno in terra, brusorono le case, et feceno cride per

[1] Paris: *Paxivio.* Probablement Saint-Xife, mouillage à l'extrémité de la plaine de Morpho, près du Pendaïa.

tutti li rivaggi, che tutti li parici, schiavi, banditi, et condennati che volesseno andar da loro, fossono liberi et franchi; per la qual cosa fece una massa di schiavi bulgari, ch'erano al paese, et banditi per circa due mila, et andavano per li casali corseggiando et portando vittuarie alli Genovesi.

1373.

Li quali andorno a Papho e preseno quelle fortezze, ch'erano alhora troppo basse, et si assicurarono là dentro. Et per proveder a queste cose, il re mandò il principe con mille huomini da guerra a Bapho, et con la gente della contrada andò a combatter le fortezze, et li dete un assalto che durò per sei hore; ma li Bulgari le diffesero vigorosamente, però el prencipe non pote far niente. Anci li Ciprioti furono danniggiati, feriti et maltrattati, perchè non portavano scudi; et vedendo questo il prencipe si ritornò in Nicosia col suo essercito. Et li Genovesi siando restati senza ostaculo uscivano fuora securamente con li schiavi, et andavano per li casali, robando et corseggiando le persone et le robbe, e habbitanti menando in cattività quelli che prendevano. Per il che li poveri huomini abbandonavano le loro case, magazeni et giardini, et andavano su li monti, et li Genovesi col mezo de schiavi accumularono de gran vittuarie.

Ils s'emparent de Paphos.

El contestabile, mosso da compassione, et mosso dalla vergogna, si mosse con le sue gente d'arme et con altri, che fece andare con lui con le dolce e buone parole, et cavalcò a Bapho, dove stete x giorni, fazzando imboscate et vardando la contrada, per non lassar penetrar più l'inimici. Videno poi venire due galee et una nave unirsi con le dette galee[1] de Genovesi, et havendo astretto un Genovese, che haveva preso in la imboscata el contestabile, seppe che dette galee et nave erano da Genova, et che s'aspettava d'hora in hora l'armata tutta. Dopo venute dette due galee, vedando li Genovesi esser cresciute le forze loro, scrisseno al contestabile che si mettesse in ordine per il giorno seguente, perchè metteriano a terra et volevano far giornata con lui. El contes-

---

[1] Paris. Ces mots depuis *et una* manquent dans A.

tabile, il giorno seguente, si misse in posto et andò fin appresso le fortezze, et li mandò a dire che li aspettava secondo el disfido loro; et essi non resposero altramente, ma lassono aspettarli doi giorni et loro aspettavano il resto dell'armata. Il contestabile s'accorse che lo intertenivano, che aspettavano armata per mettere molti huomini in terra per romperlo con facilità; et lui fece crida che tutti li schiavi banditi, ch'erano andati con li Genovesi, potessino rittornar sicuramente, et esser franchi et liberi, et assolti d'ogni error commesso; et poi se partì, et andò a Nicosia con tutta la sua gente. Et, notificando al re che li Genovesi aspettavano armata grossa, comminciò a preparare le cose che bisognavano alla guerra, munendo le città de vittuarie, arme, e recuperando et assoldando gente.

Il primo d'ottobre, comparse l'armata tutta a Bapho, e poi venne la nuova dalle Saline esser passata de lì, et era 36 galee et una nave. Il re ordinò con prestessa le vardie a Nicosia, dove messe tutta la gente che era di fuora, et messe le poste alle muraglie; ordinò per capitanio a Nicosia Gioan de Nevilles, et lui preparò la cavalleria, et aspettava d'intender dove havesse da sorzer l'armata. Et il dì seguente intese da Ugo de Montolipho, governator di Famagosta, che l'armata de Genovesi era sorta a Famagosta, et haveva messo in terra, et pigliato i passi per non lassar che gli fusse dato soccorso, et che lui s'haveva preparato gagliardamente di combatter seco il giorno seguente.

El re fece sonar la trombetta, et comandò che tutti gli huomini d'arme, ecceto quelli ch'egli haveva ordinati per vardia ed diffesa di Nicosia, se dovessero mettere in ponto, con l'arme e cavalli loro, et venissero in la corte reggia a un hora di notte. Et essendo radunati tutti, cavalcò el re con tutta la nobiltà de baroni, cavalieri, feudettari, provisionnati, et altri, et andò di notte col numero di duo millia cavalli. E la matina seguente, a buon hora, s'aprossimò a Famagosta. Dove li Genovesi, subito sentito il strepito de la cavalleria, s'opponero per devedar che non potessero intrar in Famagosta; dove combattetero per lo spatio d'un hora, et anchorchè li Genovesi erano a piedi, et il re a cavallo; ma li cavalli erano tanti stracchi d'haver caminato tutta notte, che tra cavalieri e pedoni era poco avantaggio, però furono morti e feriti molti dal' una et l'altra parte. Pur il re passò a lor dispetto, ed intrò in Famagosta con tutto il suo essercito. E li Genovesi l'assediorono per mar e per terra.

1373.

El contestabile che vide l'assedio tenirli straccando, tolse licentia dal re, et messe in ordine tra cavallieri et altri 500 ben disposti huomini et benissimo armati a cavallo, et uscite fuora da la porta de la Cava; et come li videno, li Genovesi si moseno verso de loro, et s'apizzò la guerra crudelmente tra loro, et combattetero fieramente, dove fu morti 200 Genovesi, et de li Ciprioti solamente tredici persone furon morte, et molti feriti. E da poi spartiti, il contestabile s'aviò per Nicosia, et al prastio de Agro, incontrò settanta Genovesi, che conducevano animali et vittuarie all'essercito, et alcuni altri che vardavano il passo de Nicosia; et li circondò di modo che furono morti tutti, da 20 in fuora, che furono pressi vivi, et menati in Nicosia nelle priggion; et il detto contestabile rimase in Nicosia, governatore in loco del re.

Énergique défense des Chypriotes.

Li Genovesi tenendo assediata Famagosta, per questi, vedevano non poter far alcuna cosa[1], perochè la città era ben fornita di vittuarie et huomini, et arme; et ogni volta che volevano haver rinfrescamenti, uscivano fuori 500 cavalieri a scaramuzzar con essi, et altri 500 andavano a condur quello li bisognava, et al ritorno medemamente uscivano li cavalli di dentro, et scaramuzzavano tanto che quelli delle vittuarie intravano dentro, e poi si ritiravano anchora quelli della scaramuzza; li quali sempre che ussivano facevano danno grande alli Genovesi. Se ben loro erano sei millia che tenevano l'assedio, ma erano tutti a piedi, e li Ciprioti a cavallo. Havevano un'altro contrario li Genevosi, che siando inverno, loro stavano al discoperto, castigati da le pioggie, et tramontana fredissima, et le loro galee in mar battute dagli venti con pericolo grande de perire. Et li Famagostani stavano al co-

Siège de Famagouste.

[1] Paris: *Li Genovesi ..... non vedevano potere far per ciò profitto alcuno.*

perto, e quando volevano uscivano, et quando volevano riposavano. Però li Genovesi giudicorono che per guerra reale non potevano far niente, anci discadevono ogni giorno; e poi temevano del contestabile, il quale era voloroso capitano et poteva dar intellegentia a quelli di Famagosta di uscir fora con 1500 cavalli et venir ancor lui da dietro con quelli 500 c'haveva menati for di Famagosta, et con altri ch'haveva in Nicosia, et torli di meggio un giorno, et farli un danno di tal sorte, che più non fossero boni di starli avanti.

Les Génois cherchent à nouer des intrigues avec le comte d'Édesse.

Però studiando di prevalersi con tradimenti, feceno avisato Gioan de Morpho conte de Rochas, in Famagosta, come el prencipe de Galilea, suo genero[1], il quale haveva lite con re Pietro valente per il regno, era con li Genovesi, a requisition del quale s'è fatta l'armata in Genova per recuperar il suo regno; però dovesse tenir mezo, che li fosse mandati ambassiatori a domandar partito, et che poi l'avisariano quello che haverebbe a fare; ma che di questa cosa non si fidasse di parlar con huomo vivo, se gli era caro el ben di suo genero, et il suo proprio. Il bon conte, con tutto che era valoroso et gagliardo cavaglier, credete facilmente, et perciò andò dal prencipe d'Antiochia, zio del re, et li disse: « Fin quando dovemo star qua dentro assediati, et l'inimici nostri « star di fora, liberi, a darsi buon tempo con le nostre intrade, daneg- « giando et ruinando il paese? »

Le roi négocie avec les Génois.

El prencipe, che era stracco del reposo, ma attristato del danno che pativa di fuori nelli soi casali, andò dal re, et li richiese et persuase che dovesse mandar ambassiatori a trattar qualche accordo con li Genovesi. El re et il suo conseglio consentirono a questo, et mandò quelli cinque cavalieri, che furono in compagnia del marrizzal de Rhodi. I qualli, tolto salvo condotto, andorono su le galee, dove era Damian de Catanio, a cui disseno: « Signor, non vedete qual frutto potete fare,

---

[1] Hugues de Lusignan, prince de Galilée, fils de Guy de Lusignan et de Marie de Bourbon, avait épousé Marie de Morpho, fille du comte d'Édesse; il élevait des prétentions à la couronne de Chypre comme fils du fils aîné d'Hugues IV.

« et che utilità potete tragger da questa guerra? Non havete com-
« passion de li vostri, li quali patiscono crudelmente a questi tempi
« tanto asperi; non vedete che noi ogni volta che volemo uscimo fuora,
« et maltratemo li vostri huomini? Non vedete il pericolo in che voi
« state con le vostre galee nel mar discoperto? Non vedete et non co-
« noscete d'aver torto con noi, et il nostro re; non se duole d'altro se
« non che sete Christiani come noi, ma se fusse¹ infedeli vi stimerebbe
« niente. Però reducetevi a mente che semo anchor noi Christiani, et
« vi semo sempre stati buoni amici, et se il re nostro ha havuto da voi al-
« tri aiuto nelle sue occorrenze, egli v'ha rimunerati et de intrade et
« de franchisie, et di buona compagnia, per la quale havete acquistato
« nell'isola sua tante richezze che non si ponno numerare; et per l'av-
« venir non sarà meno, et mentre state a guareggiar con noi perderete
« in la guerra, et perderete ancho in la mercanzia, et trafichi vostri.
« Percio² deponete l'ira, pacificativi con el re, vostro amico, il quale
« non ha fatto mai cosa per la quale vi dobbiate adirare con tanta cru-
« deltà contra di lui, e vi arricordamo, ch'è meglio far la pace adesso
« che lui ve la richiede, la qual sarà honorevole et con qualche vostro
« avantaggio, che farla a tempo che forsi non vi sarà ne di honore ne
« di utile. »

1373.

Il Genovese, che haveva in animo altro che quello d'essi ambassiatori trattavano, gli disse: « Direte al vostro re che le nostre instantie sono
« diverse, et le differentie grande, e quali non si possono terminare
« così da lonzi; ma, s'el vorrà trattar amorevolmente le nostre diffe-
« rentie, ne faci evacuar un loco, et noi vegniremo a stare in quello
« dove potremo commodamente trattar le nostre cose d'apresso, et con
« breve tempo concluderle, perchè nelle mani de Famagostani non si
« fidamo d'entrar mai. » « E dove vi contentereste? » resposeno li cavalieri mal accorti. Disse el Genovese: « Al castello è buon spatio dove
« potrà ordinare el re xii persone sue, et noi manderemo altre xii. Voi

Les Génois prétextent ne pouvoir suivre les négociations que dans l'intérieur du château.

---

¹ Paris; A : *fosti*. — ² Paris : *per Dio!*

« sete cinque commessi, vegniremo anchora noi cinque, et là si farà al
« meglio che si potrà; et prometemo di far ogni apiacer al re nelle cose
« del dover, perchè noi facemo questa guerra mal volontiera per esser
« Christiani come voi, et come ne havete detto anchora voi. Ne si cu-
« ramo d'inverno, ne di dormir al discoperto, perchè li buoni soldati sono
« usi a patir in la guerra, et oltra di ciò se vederemo bisognar mag-
« giore quantità de soldati, in un attimo, n'haveremo quà altri venti
« galee che condurano solamente arme e soldati. »

Li ambassiatori refersero al re tutte le parole dei Genovesi, et appresso gli dissero d'haverli conosciuti inclinati per far la pace. Però fece congregar gli huomini del suo conseglio, et dimandato il parere di quelli; a quali parse che li poteva far l'instantia de Genovesi, eccetto a Guido de Milmars, armiraglio di Cipro, Gioan de Giblet, Perotto Montolipho et Glimino, suo fratello, li quali contradirono, protestorono e scongiurorono a tutti li altri di non consentir che li Genovesi dovessero intrar nel castello, perchè si tarderia poi a escluderli di là. Alla fine, concluseno di non far niente, se non haverano el parer del contestabile; et per questo gli scrisse el re d'andar a Famagosta presto, perchè si voleva accordar con li Genovesi, et egli non voleva concluder alcuna cosa senza lui. Piero de Casin, che portò la lettera al contestabile, gli narrò ancho la instantia de Genovesi, de la qual cosa si turbò grandemente el contestabile, et perchè non voleva intervenire in questa cosa, s'iscusò col re, dicendo che non si sentiva troppo bene, ma tutto quel che Sua Maestà facesse col suo conseglio, si contentava, et ratificava per buono anchor lui. Li signori del conseglio, vedendo che il contestabile non voleva venire se sdegnorono, et volevano che vi andasse ad ogni modo, acciò el non potesse dire a qualche occasion che non era di suo conseglio. Et però feceno che il re gli scrisse lettere molto gagliarde d'andar per concluder la pace, alla quale mancava altro che la sua presentia; et il contestabile si dispose d'andare. Ma li habitanti di Nicosia corseno tutti in casa sua, et non lo volsero lassare partir da Nicosia; il che avisò il re dicendo che non lo lassavano uscir fuora di Nicosia, et s'egli cercasse partir secretamente tutti li habitanti de Nicosia scampariano, et abbandonariano la città in gran pericolo.

Il re comminciò a far provision di denari per pagar li Genovesi, et fece una tassa, et alcuni non la volevano pagare, et furono posti in priggione, ma poi furono lassati andare a casa loro. Il contestabile, credendo come gli fu scritto la pace conclusa, fece relassar li Genovesi, et fece crida che non ardisca alcuno a darli molestia. Li huomini di Nicosia feceno una compagnia di 60 persone, et la deteno ad un chiamato Psilludi, per far la guardia al contestabile, che non dovesse andar a Famagosta. Et havendo mandato el re Francesco Saturnino, cavalier catalan, con compagnia, per capitanio de Cerines, andò, et portò le lettere al capitano vecchio; et la gente de Cerines non lo volsero ammetter, anzi lo cacciarono via, et si rettirò a Famagosta. Onde li Cerinioti scrissero al contestabile, scusandosi di non haver ricevuto Francesco Saturnin, perchè dubitarono da qualche trattato di Genovesi, et di buon cuore s'offerivano al suo comando et ordini come governator del re. El contestabile le mandò la paga d'un mese, et li laudò della loro buona dispositione, admonendoli di essere vigilanti et diligenti nel custodir bene el castello.

Il re, dubitando che quelli del castello de Cerines non havesseno cativa intention, scrisse al contestabile, che per quanto amor gli portava, et per quanto haveva[1] caro l'honor et benefficio suo, dovesse posponer ogn'altro servitio, et andar a Cerines per governar et custodirla; et anchor che il contestabile fusse contento, nondimeno il populo non lo voleva lassar partir da Nicosia; et più volte deteno la cazza a Gioan Gorappo ed altri, che venivano da Famagosta, credendo che fussero venuti per menarlo a Famagosta. Volendo però el contestabile andare a Cerines et obedire al re, ordinò governatore in Nicosia, et mandò un altra paga a Cerines et mille bisanti di più per proveder de vittuarie; et doi dì dapoi, havendosi messo in ordine lui e la moglie et fameglia sua, si levò di buona mattina, et trovò che quelli che li

[1] Paris.

1373.

facevano la vardia dormivano, et lui si partì alla mutta da la porta di Santa Veneranda, et andò a Cerines. Et Pietro de Cassin, lassato in suo loco governatore a Nicosia, dete aviso al re de l'andata del contestabile, et medemamente el contestabile dete aviso del suo gionger et come fu accettato a Cerines allegramente.

Le comte d'Édesse, dans l'intérêt du prince de Galilée, qui était sur la flotte, appuie la demande des Génois.

Li Genovesi, vedendo così lenta la risolution del re, et dubitando de qualche dissuasion, tornorono a scrivere al conte de Rochas che dovesse procurar con tutte le sue forze di far che il re li lassì intrar nel castello, perchè insieme con loro intraria anchora il suo genero, et a questo modo saria remisso nel suo regno, del qual è sta spogliato con tanto torto, come lui sapeva benissimo.

El conte, che dubitava di procurar questo fatto da per se, et de procurar col prencipe non si fidava, conoscendo che Ramon Babin era molto intrensico del prencipe d'Antiochia, lo chiamò un giorno a desinar con lui, e dopo desinar essendo andati li servitori a desinar gli disse : « Signor Ramon, io sempre vi ho voluto bene, et voglio che « l'amor ch'è tra noi sia confirmato con parentella, perchè io intendo « tuor per genero in una mia figliuola il signor Gioan[1], vostro figliuolo. » Ramon Babin credete che li dicesse ciò per solarli[2], et li rispose : « Si- « gnor conte, se ben son privato gentilhuomo, ma non son così privo « d'inteletto, ch'io non sappia non meritare mio figliuolo tuor per « moglie vostra figlia, havendo voi tolto per genero el prencipe de Ga- « lilea et in altra figliuola pretendiate tuor el re; et hora me volete « solare di voler tuor mio figliuolo per genero. » El conte gli replicò : « Io non burlo con voi, ma vi dico veramente che mi piace di darli una « mia figliuola; et se non ha tante intrade quante ha il prencipe, voi li « darete li vostri feudi, ed io anchora li darò de li miei casali, con li « quali el potrà tenir buon stato, e questo a me basta. » Onde il buon cavalier credete a quanto s'han assicurato tra loro. El conte comminciò a dirli come suo genero il principe haveva condotta quell'ar-

---

[1] Paris : *Giovanni*. — [2] Paris : *per beffarlo*.

mata, et era anchora lui sopra, per tuor el suo regno di Cipro; però l'esortava che dovesse tenir modo con el prencipe d'Antiochia di confortar el re di lassar i Genovesi intrar nel castello, perchè con loro intraria anchora el principe suo genero, et prenderia el suo regno, et loro sariano signori del paese. El prencipe de Galilea, come havete inteso, era figliuolo di Guido Lusignan, figliuolo del re Ugo, et sua madre era figliuola de Alouise de Valoes[1], signor de Chiaramonte, zio di Gioan re di Franza, et però pretendeva toccare a lui il regno de Cipro.

1373.

Ramon Babin referse el tutto al prencipe d'Antiochia, et lo costrinse di far lassar venir li Genovesi nel castello, et havendo chiamato conseglio il re per deliberar se doveva lassar li Genovesi intrar nel castello o non, furono disputate le opinion diverse che proposeno alcuni. Et all'ultimo fu concluso ed ordinato di svodar[2] el castello con loro malla ventura, et così partì il capitano con tutti li compagni, eccetto dodeci ch'erano rimasti là dentro secondo l'ordine, et lo fecceno saper alli Genovesi. Li quali subito mandorono dodeci compagni huomini experti et gagliardi, et cinque messi Genovesi; quali entrorono dalla porta del mare, et andoron al castello; et similmente il re mandò li soi messaggi, et introrono da la porta de la terra.

On consent à laisser les Génois entrer au château.

Li Genovesi, subito intrati, preseno quelli dodeci ch'erano intrati per il re, et li ligorno, e poi fermorono la porta della terra, et dal'altra del mar feceno intrar tanti Genovesi che impirono el castello; il che vedendo la gente del re bellamente dicessero, et andorono a basso in la città. El conte de Rochas, el buttelier de Cipro rimasseno storni, quando si vedeno così traditi et ingannati.

Perfidie des Génois. Une fois dans le château, ils font mettre aux fers les négociateurs chypriotes.

Il dì seguente, discese in terra l'armiraglio del armata Pietro de Campo Fregoso con gran compagnia di patroni et altri, et introrono a Famagosta e andati in chiesa feceno dir messa, et quando fu conse-

L'amiral Pierre de Campo Frégoso entre dans Famagouste.

---

[1] Paris : *Valores*. — [2] Paris : *lasciare*.

crato el corpo di nostro signor Giesu Christo, messeno le loro mani sopra et giurorono al re et alla baronia d'intrar in castello, et parlar con quelli, et far quel che voleva Iddio; per il qual giuramento assicurati, li semplici Christiani del re intromo volontariamente nella prigione et potestà delli inimici de la fede christiana et soi, et entrò il re e la regina Chielvis et el prencipe, quali sentorno in la sala del castello, aspettando di parlare con li Genovesi. I quali feceno serrar le porte, et il re con li soi rimasino tutto quel giorno senza mangiare e bere, et la notte dormitero così vestiti et calzati come andorono. La regina ebbe grandissima dolore vedendo el re suo figliuolo così preggione; il dì seguente, venne l'armiraglio de Genovesi per visitarli, e la regina cominciò a dolersi della mala compagnia, et dire che loro havevano rotto el giuramento. Lui si scusò con la regina, et poi la confortò dicendoli: « Noi semo venuti per aiuto vostro, e per vendicarvi de li vostri « inimici che volseno uccider voi et vostro figliuolo re, come feceno a « re Pietro vostro marito, e però il re mandi a chiamare li soi baroni « e cavalieri, e specialmente el contestabile che venghino qui al castello « a praticar quel che havemo a fare. » El re gli rispose che vedendo la fede che hanno servata nel'intrare in castello, et il giuramento nell' hostia sacrata, e la buona compagnia et accetto fatto a noi, non credo abbino ardimento di venire. L'ammiraglio gli rispose, che non havevano raggione di dolersi, imperocchè non tenivano el re priggione et però poteva andar a casa sua ogni volta che li piaceva; e così lassorno andare il re e la regina per menar li altri, et il prencipe rimase nel castello et a requisition de la regina li fo posti un par di ferri nelli piedi.

Haveva el prencipe un cogo chiamato Galeftera[1], el quale ebbe compassion del suo patrone, e trovogli un abito longo da villan, et un paro de stivalli vecchi, et un cappello imbrottato, et gliele misse adosso; et alzogli i ferri, quali erano con cadenella sotil, et poi gli pose

---

[1] Paris : *Galestira*.

in testa una caldiera, et gl'imbrattò la fazza et gli dete ancho nella man un calderon, et si mise el cogo avanti, et il prencipe fatto sotto cogo andava dopo di lui, et faceva vista de farli pressa nel caminare, et usciteno la porta del castello a questo modo per via della terra; et usciti poi fora di Famagosta sei miglia, vardando sempre indietro se gli veniva alcuno. Da Colota, andò con una giumenta corrando alla rocca di Cantara, dove si assicurò alquanto.

1373.

Il re e gli suoi huomini, vedendo come li Genovesi tenivano el castello for se, et fornito d'huomini e d'arme, vittuarie ed ogni altra munition, ordinarono di far fosse profonde di fora, et impirlo d'acqua per non poter uscire li Genovesi fora a danneggiar la città; ma poco valse la provission tarda, perchè, come videno li Genovesi quello che si pensavano di fare, et loro usciteno fora ben in ordine, et preseno tutta la città; et l'ammiraglio andò ad alloggiare nel palazzo reale in compagnia del re, et ordinò de suoi huomini scudieri et servitori al re, con vardie ordinarie, che non lasciasceno parlarli più alcun Ciprioto secretamente.

L'amiral s'assure de la personne du roi.

Regnavano tre vitii alhora in Cipro: proprietà, invidia, et il conseglio delli giovani precedeva quello delli vecchi; e però Iddio, che in le sue terre non vuol che simile cose regnano, li ha puniti et accecati, et fatti perder così bella gioca come era Famagosta, così ignorantamente; e persono ancho tutti li loro beni con travaglio ed inquietudine del resto dell'isola, che era in ponto d'anihilarsi. La ricca città di Famagosta fu posta a sacco da li perjuri Genovesi, et tolseno quanto poteno trovare, e poi mettevano le persone al tormento per confessare dove erano ascosi i loro beni, et parecchi huomini morirono al tormento.

Richesses et vices de la ville de Famagouste.

Tre dì da poi, feceno li Genovesi tagliar la testa al signor de Sur, a Charion de Giblet Menichioti[1], et a Gioan de Gabriela[2]; et questo per vendicar la regina de la morte di suo marito, et facevano cridar per

Vengeance des Génios.

---

[1] Paris: *Merrichioti*. — [2] Jean de Gaurelle. Voir Machaut, *Prise d'Alexandrie*, p. 254, 269.

la città che ardisca di metter mano sopra il suo signore così sarà punito; e questa è la giustitia d'Iddio e del re di Cipro, perchè hanno ucciso suo padre e loro signore. E molti altri feceno morir de dì e di notte; e si dice che il signor de Sur prometteva gran facultà all'amiraglio per liberarlo, ma sua moglie mandò a dire all'armiraglio che l'espedisca perchè quello che li prometteva non gli mancarebbe.

Nicosia alhora si trovava senza capo; et li Genovesi mandarono una parte de li soi huomini et intromo dentro de la torre di Santo Andrea, et da la porta del mercato, et la messeno a sacco. E poi, per vardia de la terra, quella torre di Santo Andrea fu impita di terra et cogoli, et di sopra feceno un castel di legno, per star a diffenderla. Ma senza il castello de Cerines, gli pareva che non potevano posseder l'isola con quiete, e però l'armiraglio disse al re: « Li vostri zii tengono li vostri « castelli, il contestabile Cerines, et il principe Dio d'Amor (perchè s'era « partito da Cantara et venuto a Dio d'Amor), et pensano occuparli per « loro, et a poco a poco occuparvi tutto il regno, et spogliarvi del vostro « regno. Ma, se voi mi diate a me il castello de Cerines, farò che sia cus- « todito per voi. » El re, per iscusarsi disse: « Et come potrò sdegnar li « miei zii, li quali facilmente mi abbandonariano, s'io dicesse tal cosa? » Dunque disse l'armiraglio al re: « Fantolin, tu non vuol far quel che io « ti dico? » et apresso gli dete uno schiaffo, et lo lassò tutto quel giorno senza mangiare, e senza bere. Il povero re dal ira et sdegno ch'hebbe, non potendo far altra vendetta, si voleva uccidere; ma essendoli vietato il ferro, stete con pacientia diquin fino el seguente giorno. Et poi mandò a chiamar l'armiraglio et li disse esser contento di darli cioè che voleva, et immediate hanno ordinato che la regina dovesse andare in compagnia de Genovesi con letere del re al contestabile, per consignar a loro el castello. Et si partirono da Famagosta, per questo effetto, 700[1] huomini armati, ma il re secretamente scrisse alla regina per Dimitri Daniel ch'ella dovesse intertenir li Genovesi cinque over sei

---

[1] Paris: *300*.

giorni in Nicosia, et scrisse a Coronilo[1] et a Gonnari[2], ch'erano capi delli Bulgari fugiti dali Genovesi et tornati in protetion del re, per la crida che già haveva fatta el contestabile, che si dovessino imboscar nella strada de Cerines, et quando fusse la regina in quel passo, che loro li dovessero assaltare all'improvisa, e torla dalle loro mani, et alli Genovesi facessino al peggio che potessero, et lei dovesse andar dentro a Cerines.

La regina prudentemente eseguì l'ordine del re, et del tutto fece avisato el contestabile a Cerines, per haver anchora lui a tempo le sue genti in ordine. Li Genovesi, venuti in Nicosia, volseno levar l'armi a Nicosioti, et per questo comminciò una differentia grande, et nella terra combattetero, et furono morti parecchi Genovesi in detta guerra, perchè li Genovesi si assicuravano et andavano per le rughe de dì e di notte, e le genti di Nicosia securamente li buttavano nelli pozzi, et li sminuivano pian piano honestamente.

All'intrar che feceno li Genovesi in Nicosia tolseno le chiave delle porte, et il populo gliele tolse per forza. Li capitani di Genovesi, ch'erano Disco Doria et Nicolo de Guarco, si dolseno alla regina dicendo che loro si travagliavano per vendicarla da li soi inimici, et per metter in possesso il re suo figliuolo del suo reame, et le sue genti l'uccidevano et feceno mille oltraggi. Per il che la regina a compiacentia loro fece far cride da parte del re, che nessuno non havesse ardimento di ingerirse nelle cose real, et ciascun dovesse restare in casa sua a far i fatti soi. Onde furono restituite le chiave delle porte, et cessorono.

El contestabile si mosse da Cerines, et veniva verso Nicosia con li Bulgari, giudicando essere il tempo che la regina doveva venire con li Genovesi. Il che havendo inteso le gente di Nicosia, preseno il confalon real, et li andarono incontra con gran festa, et una parte de Genovesi andorono alla porta di Santa Venerenda per impedirli, et li Ciprioti li

---

[1] Paris : *Cornilo.* — [2] Paris : *Gio.*

1373.

occisero, et poi vennero altri Genovesi per impedir l'andata loro fora della porta, ma non potero, perchè se unirono tanti che non li potero tenir. I Nicosioti correvano mal in ordine d'arme per la pressa c'havevano d'andare, et li Genovesi armati nocevano, et offendevano loro. Il che videndo el contestabile, mandò Nicolo Lase con 150 balestrieri, et Mateo de Viliers con 30 cavalli a soccorrerli, et andati casciarono li Genovesi fino al ponte di San Pietro San Paolo. Ma la regina, ad instantia dei Genovesi, mandò Gioan de Nevilles el visconte, e protestò al dito Lase di star in dietro. Il quale immediate tornò, et incontratosi nel contestabile li disse il commendamento della regina, e immediate ritornorono tutti a Cerines, et lassò spie al passo che la regina haveva ordinato, perochè anchora non havevana esseguito quell'ordine per Cerines.

Li Genovesi, per la paura che hebbeno quel dì che venne el contestabile, feceno crida ch'alcuno, sia di qual si voglia condition e grado, non tenesse arme in casa sua, ma che tutte quante le dovessero portar nell'armamento real. Onde li poveri Nicosioti, li quali havevano patito molti danni e travagli, molti de quali furono sassinati, strassinati et morti da Genovesi, ed alcuni martiriggiati sopra li carri, tagliando le loro carne con le tennaglie, convenne render le arme loro nell'armamento real. Li villani per i casali rubellorono et non volevano far le loro fation alli loro patroni; la qual cosa fu avisata alla regina, et lei ordinò Giorgio Manomacho capitano sopra 60 huomini d'arme, et 150 balestrieri Genovesi, et andò per li casali per ridurre li villani all'obedientia[1]. Ma li borghesi ch'erano in compagnia del contestabile con li Bulgari[2] corseno sopra di loro, et li rompeteno, et tolseno le balestre et archi loro, et occisero una parte d'essi, et preseno 30 Genovesi vivi quali menorono a Cerines. Di che li Genovesi, che erano in Nicosia, furono molti afflitti, et feceno che la regina mandò duecento cavalli a Morpho per prendere li Bulgari et borghesi predetti. Ma loro erano partiti avanti con una gran quantità di vittuarie che havevano raccolte[3],

---

[1] Paris; A: *per render obedientia alli villani.* — [2] Paris; A: *burgosi.* — [3] Paris; A: *sonato.*

le quale portavano a Cerines, et a Dio d'Amor; ne cesavano ogni dì di munir Cerines de vittuarie, havendo sempre buone spie per loro custodia.

Pietro de Lansin, lassato per el contestabile governatore a Nicosia, quando vennero i Genovesi, scampò et andò alla volta de Carpasso, dove trovò alquanti huomini con arme, et andò a Famagosta, et accamposi fora, et dannegiava di modo li Genovesi che non osava alcun uscir di fuora. Et un giorno, essendo molti stracchi andorono al casal San Sergi, et intrati in una torre de la despotia si spogliorono l'arme per riposarsi quella notte; et un vilan andò a Famagosta, et dete di ciò notitia alli Genovesi. I quali immediate preseno quel villan, e vennero con lui; e trovarono li Ciprioti in quella torre dormendo, et messeno fuoco per brusarli, e vedendo si vergognosa morte, si resero, et furono fatti prigionieri a Famagosta. Questa fu la prima rotta ch'hebbero li paesani dapoi che cominciorono a guereggiare con Genovesi, perochè tutte le volte che s'hanno appiciato insieme, sempre li Ciprioti hanno reportato vittoria.

La moglie del principe, qual'era a Nicosia, fu presa et mandata a Famagosta, et la sua casa fu messa a sacco. Nella quale fu trovata una grandissima richezza d'oro, argento, pietre pretiose, perle, ducati, grosi, gioe et altre robe, con parte delle quali facilmente haveria possuto contentar li Genovesi nel principio, et mandarli via; perochè, se lui havesse offerto un 50 over 60 mila ducati, haveriano offerto anchora gli altri a portione, et l'haverian contentati li Genovesi. Ma lui offerse 300 moggia d'orzo senza vergogna, et li altri s'hanno agrizzato d'offerire. Hora li fu tolta robba et facultà del valor de un million de ducati, et non ha pagato nessuna parte del credito de Genovesi; ma non se die maravigliar alcuno di questo, perchè la natura d'avaroni è tale che, il più delle volte, per non spender poco convengono poi perdere assai. Vedendo li Genovesi tanta richezza nella casa del prencipe, deliberorono un altra volta mettere a sacco Nicosia, et cavorono fino li fondamenti delle case, tormentorono molti huomini da bene per

1373.

Les Génois mettent une seconde fois Nicosie au pillage. Butin considérable.

1373.

confessare dove havevano li loro beni ascosi, et per questa via trovorono un thesoro grandissimo; et questo fu la terza volta che Nicosia fu saccheggiata. Tutto quel bottino feceno cargar su li carri et gambelli per mandarlo a Famagosta, con vardia di cento persone armate. Un paggio de Genovesi ciprioto fuggì da loro secretamente et andò a Cerines et lo fece intendere al contestabile. Il quale, immediate si messe in ordine con 500 cavalli, et andò a Sivori di notte, et havendo saputo che li cariaggi non erano anchor passati, si voltò verso la strada di Nicosia, et s'incontrorono a casal Sinda, et assaltati li vardi, parte furono morti, et parte presi vivi, et il bottino condussero così con li carri et gambelli fino Tripimeni[1], et li fece discarigar li carri, et metter ogni cosa in gambelli et altri sommieri et condussero ogni cosa a Cerines a salvamento. Quando li Genovesi intesero questo, andorono alla regina, sollecitandola andar a Cerines per fare quello ch'havevano a fare, perochè li pareva d'haver indugiato molto.

La reine Eléonore échappe aux Génois et se réfugie à Cérines.

La regina ch'era parata cavalcò, et li Genovesi andorono seco verso Cerines, et quando sono per passare li monti, la regina s'allontanò alquanto da Genovesi che venivano a passo a passo, e quando le parse tempo voltò un piede, e cavalcò da huomo, et il suo stoffier misse li speroni et corse tanto che arrivò l'essercito di Cerines, et li Bulgari che la spettavano, la ricevettero allegramente. A quali detto ch'ebbe dove e quanto erano li Genovesi, scorse oltra, et andò a Cerines. Poco dapoi gionsero li Genovesi, et quando si calorono ben alla basura sotto il monte di Santo Hilarione, li assaltorono li Bulgari et Ciprioti con le frezze, veretoni et sassi, et li hanno malmenati et con gran scorno ed vergogna li fecero tornar in dietro a Nicosia. La regina fu ricevuta bene ed honorevolmente in Cerines, et fu speso visitata dal contestabile. La quale chiamò el capitanio ed altre genti, et li dette denari, et mandò fuori per i casali a comprar vittuarie per Cerines, perchè non[2] poteva essere che de breve non havessero guerra de Genovesi, et

---

[1] Paris : *Trapimini*. — [2] Paris; A : *lo*.

così feceno tra la regina et il contestabile, che[1] Cerines era ben custodita, munita et governata.

El gran maestro de Rhodi, vedendo che l'armata de Genovesi era passata in Cipro cinque mese avanti, e più non intese d'essa che sia sequito, venne il mese di gennaro e s'intromesse per pacificar li Genovesi con il re, et acquietarli; per il che si travagliò molto, ma non era possibile, perchè li Genovesi havevano tolto ogni cosa, et poi domandavano da capo un million de ducati; et essendo il re esausto di denari, non si poteva concluder niente. El grande maestro s'amalò de fora et morì alli sedici, e fo seppolto a San Gioan del Hospidal in Nicosia.

L'armiraglio dei Genovesi Pietro de Campo Fregoso si partì da Famagosta, et menò seco re Pietro, e Giacomo Grillo, capitano sopra mille huomini armati a piedi et parte a cavallo, per andar a prendere Cerines, et fermorono el campo al casal Dicomo[1], perchè non osavano passar al passo dove stavano li Bulgari. Et più volte hanno provato di passare, e sempre ritornavano con danno e scorno, et furono presi alcuni Genovesi vivi, li quali furono mandati a Cerines.

Un prete greco, credendo far servitio al re, promise alli Genovesi di farli passare senza pericolo, e fattili armare, s'aviorono con lui da un sentiero stretto di sopra de la via larga, et li altri andavano dietro, di modo che messeno li Bulgari in mezzo, li daniggiorno, et tagliorono da circa cento persone, per quel che disce il principe, quando fece la mostra a Dio d'Amor, dove furono salvati quelli che scamporono. Andorono adunque li Genovesi fuor de Cerines, et messeno l'assedio alla banda di Santo Antonio, e feceno vardar il re, come priggione. Et essendo trovati a tempo che anchora il bestiame tutto era fuora al pascolo, l'hanno rettenuto et toltolo. Quelli di dentro fermorono le porte et si vardavano. Li Genovesi richiessono il castello con le buone per nome del re alla regina e al contestabile, et essi gli risposero tener el

---

[1] Paris. — [2] Paris; A : et.

castello per il re, e non per essi; ed andando via gli Genevosi, loro riceveriano il re come signore loro. Li Genovesi biasimorono la regina perchè li haveva ingannati, essendo entrata a Cerines senza di loro; la regina gli rispose esser lecito ingannare li mancatori di fede, li spergiuri, li traditori come son loro; et poi cominciorono a trar de veretoni, frezze, e sassi, et fecero danno assai alli Genovesi.

Li Genovesi apparechiarono scale ed altri ingegni per dar l'assalto al castello, et doppo messo in ordine, feceno una grida da parte del re appresso alle muraglie, qual diceva, da parte del re, che[1] quelli che sono dentro al suo castello di Cerines gli lo debbono rendere et consignare con le buone, et senza contrasto, altramente intrarà per forza, et li tagliarà tutti a pezzi come traditori; et perchè la persona del re è di fora in l'assedio, alcuno de soi fedeli non habbia ardimento di tirare al campo veretoni o altre armi da tiro. La qual cride fece tanto appresso le muraglie che quelli di dentro resposero : « El cas-« tello è del re, et per il re lo guardiamo, et non accade al re assediar li « soi huomini, et ammonerli che non tirano al campo, perchè noi non « tiravamo al re ma alli soi et nostri inimici Genovesi, de quali non se « fideremo più, gia che tante volte ha rotto la loro fede, et falcificato « il suo sacramento, come traditori et pergiuri che sono. » Et poi gridorono tutti per tre volte : « Viva el re Pietro! » et poi tirorono frezze, et veretoni al banditore de Genovesi, ed desseno la fuga.

Alhora i Genovesi tutti in ordine s'accostorono alle muraglie per combattere, et feceno cridar che primo havesse messo el stendardo del re sulle muraglie dovesse haver ducati mille, et il secondo 500 et così fino al quinto; et quelli del castello messeno el primo, secondo, terzo, quarto e quinto, e poi domandarono alli Genovesi il denaro promesso per la loro crida, che montava tre mille ducati, biasimandoli per mancatori di fede, traditori et disleali. Li Genovesi, stizzati et incagnati[2], comminciorono la guerra, et hanno combatuto per il spatio di due hore e meza, dove furono morti 400 Genovesi; il che vedendo gli altri si

---

[1] Paris. — [2] Paris : *incogniti*.

rittirorono indietro alli soi paviglioni, alcuni feriti, e tutti malmenati. Sei giorni da poi fu condotto per mare alli Genovesi un ingegno da tirar pietre come ariete; el quale tirava giusto come una balestra, et tirava una pietra de quattro cantara cipriote, et con quest'ingegno nocevano assai a quelli di Cerines, et ruinavano le case et li muri. Un altra volta s'accostorono alle muraglie, et messeno le scale, et quando erano piene di gente per montar sopra, roverzarono di sopra alcune giarre piene di calcina et altre cose greve, et romperono le scale, e trabuccorono li huomini a basso nelle fozze; et di su con pietre poi et veretoni li amazzavano come porci, uno fu tirato di su che teniva un stendardo, et uccisero anchor esso.

1374.

Stete doi altri giorni l'ammiraglio de Genovesi, e poi si partì et andò a Nicosia, lassando il suo essercito in l'assedio; li quali steteno xv giorni, e poi comminciò mancarli le vittuarie, et loro scrisseno al' ammiraglio in Nicosia che li dovesse proveder di vivere, perochè li Bulgari non li lassano condur da li casali, altramente abbandoneriano l'assedio et andariano a Nicosia. L'armiraglio fece cargar 50 gambelli di vittuarie et veretoni, et li mandò con cento huomini armati accompagnati; et andando a passar da li monti el seppe il prencipe di Santo Hilarione, et ordinò Gioan Proto con li Bulgari et andorono al passo, et assaltati li vardiani li fugorono parte d'essi rittornati in Nicosia, parte furono morti e feriti; et pochi scorseno avanti con cinque gambelli. Li altri 45 gambelli con le vittuarie furono presi et menati a Dio d'Amor. Et quel medesimo giorno, li Genovesi deteno un altra battaglia grande e terribile, alla disperata, et pur al solito furon rebattuti morti et feriti molti.

Le prince d'Antioche enlève un convoi de vivres que l'amiral envoyait au camp de Cérines.

L'armiraglio in detto giorno che spedì le vittuarie per Cerines, se partì anchor lui da Nicosia et andò a Famagosta et menò seco il re; dove volse far la mostra delle gente di Genova per via delle galee, le quali erano venute in più volte numero 49 et una nave. Hor fatto il conto trovò 12 solamente armate, et quelle malamente, et a Fama-

L'amiral se retire à Famagouste avec le roi.

gosta erano restate le genti della nave, et di due sole galee. Onde vedendo li Genovesi che erano a Cerines di non poter spuntare, ne haver l'intento loro, mandorono a dire al contestabile di mandare ambassiatori all'armiraglio, per trattare accordio, acciò si levasse l'assedio.

Il contestabile che desiderava grandemente questo perch'era astretto dall'incomodità del viver, che le vittuarie si consumavano alla giornata, et non sapeva onde ricorrere per haver suffraggio, mandò all' assedio, et li mandorono un Genovese per ostaggio. Et il contestabile[1] mandò un cavallier francese al re ambassiator, et alli Genovesi. Et per guida che li deteno li Genovesi, andò al capitano ch'era a Nicosia, et lui per altra guida lo mandò a Famagosta.

Et andato in presentia del re et dell'armiraglio, disse la sua ambassata in questo modo: « Il signor contestabile si maraviglia molto
« della prudentia vostra, signor armiraglio, che sette huomo d'honor,
« discreto, e savio, et medemamente di questi gentilhuomini vostri, pe-
« rochè sette venuti in un isoletta di Christiani come voi, ma circondata
« intorno da li infedeli della nostra fede, dove havete fatta così crudel
« giustitia, e tanti oltraggi alla povera gente de Christo, e malmenasti
« così vilmente e con tanta crudeltà un re unto et coronato, senza
« haver pietà della sua tenera età, e senza considerar la sua inocentia,
« non vi pensando forse che la giustitia di Dio farà per tempo o tardi
« la sua vendetta. Voi prendeste Famagosta sotto la fede vostra, e sa-
« pete qual sorte de giuramento è stato il vostro all' hostia consecrata,
« che non credo che Dio mandarà in oblivvione una tanta ingiuria. Voi
« havete saccheggiata et spogliata ogni persona con tormenti asperis-
« simi, et havete tolta la facoltà dei ricchi et poveri, et havete ruinati
« et esterminati tutti, senza ricordimento della coscientia vostra; e, quel
« ce non si smenticherà mai con tanta boldensa, dato un schiaffo a un
« re unto, et questa tanta vendetta e tanta impietà usaste contra li fe-
« deli di Gesu Christo, per quattro Genovesi che vi furon morti il dì della

« solennità del coronamento del re, con tanto torto dal conte vostro;
« perchè li vostri feceno la briga, et messeno a rumore una città in così
« solenne festa, et per venticinque mila ducati o manco, che, senza sa-
« puta o voler del re, vi fù tolto dal populo. De la qual facultà vostra,
« et delle spese che faceste per venir in quà, che potevate far di manco,
« vi sette pagati, et d'ogni cosa vi dovresse contentar, et non adirar più
« el Signor, incitando l'ira sua verso di voi, quanto più essercitate la
« vostra verso li suoi popoli. Et queste son cose che si doveriano usare
« contra infedeli, che saria ogni tratto, ogni inganno, ogni vendetta, ogni
« ruina et esterminio che si facesse contra di loro escusabile. Però vi
« conseglio et prego di voler metter fine, et haver pietà anchora di
« vostri popoli, che patiscono et periscono ogni giorno, e partirvi
« hormai, et andare a fare i fatti vostri. Perchè se voi vorrete spogliare
« el nostro signore e re del suo reame, siate certi che Iddio non lo com-
« portarà, et è meglio che vi partite amichevolmente, lassando el re nel
« suo desertato regno, il che sarà a Iddio grato, et li huomini del mondo
« vi daranno lode. »

L'armiraglio rispose : « Cavalier, la vostra ambassata refertene qui
« in presentia del signor re e delli nostri compagni li patroni, da parte
« del contestabile, l'havete molto bene studiata, et vi laudiamo per
« huomo di eloquentia; ma quanto havete ditto che noi semo vendicati
« de la morte dei Genovesi, non è così, perchè la maggior parte delle
« nostre genti sono morti di disaggio et altri occisi nella guerra. Ha-
« vete ditto che noi havemo distrutto et ruinato el paese; questo è stato
« per sententia di Dio, il quale è adirato contra di voi, et non contra
« di noi, perchè voi altri havete occiso il vostro re, unto et coronato, di
« notte, giacente nel suo letto; per il che sette scomunicati dalla Chiesa
« et da Iddio, et mal intesi dal Santo Apostolo, et per il mezo nostro
« vi ha voluto punire. A quanto diceste che noi havemo tolto tanta fa-
« cultà de la vostra gente che semo pagati, le robbe solamente, le
« dette robbe vostre l'han tolte et partite le nostre genti d'arme; et a
« noi non ha toccato niente, et non è vero che noi vogliamo spogliare
« il re, et dehereditarlo del suo regno; anzi noi semo venuti per ven-

« dicare lui da li suoi traditori, e recuperar li suoi castelli et fortezze,
« e metterlo in possesso del tutto. Et direte al contestabile che, si voglia
« pagar over assicurar con pegni per un millione de ducati, et d'ogni
« altro che noi domandemo, altramente non si partiremo da quì[1]. » El
cavalier tornò a dire all'armiraglio in risposta delle cose a lui disse, et
confutò tutte le raggion per l'armiraglio dette, et sustentò per vere
et leale le raggion che disse per parte del contestabile et de li Ciprioti, dimostrando che quel che l'armiraglio ha detto era tutto con
parole fente, imagination vane, per escusare le falsità da lui usate, et
andava dietro parlando gagliardamente. Ma l'armiraglio non li volse
più ascoltare, et li dette licentia e lettere di portar al contestabile.

Voltossi poi el cavaliere verso el re, e lo confortò al meglio che
puote, assicurandolo che Cerines se teniva per lui; et per veder se il
re era in libertà, come assecurano li Genovesi, li disse : « Signor, piacen-
« dovi, fate andare via li Genovesi da quì, perchè io voglio parlar secre-
« tamente. » Al che li Genovesi cridorono : « Dunque vi sono quì falsità e
« tradimenti? Dite ciò che volete dire palesamente. » Alhora disse el cavalier all'armiraglio gagliardamente et con alta voce : « Voi altri sette
« di poca fede, ed è scempio chi da fede alle parole vostre. Perochè
« voi tenete el re priggione, e lo trattate male, et Iddio omnipotente
« farà vendetta in voi altri. » Per queste parole si corrociò l'armiraglio
grandemente, et in colera disse al cavalier di parlare più modestamente
s'el vuol portar via la sua testa. Et lei rispose che parla come ambassiatore, assicurato con hostaggio, et che poteva parlar il vero senza
rispetto; el re s'interpose et ruppe le parole, et li acquietò.

L'armiraglio tornò a dire al cavaliere che dovesse dire al contestabile de evacuare el castello del re, accio ch'el andasse a intrar con li
suoi amici et ben volenti, altramente lo prenderiano per forzad'arme,
et poi li trattariano come traditori. El cavalier rispose : « Li huomini si
« devono spaventar dalle persone che non conoscono, delle quali non
« sanno el valor suo; ma le vostre genti sono state viste, provate et as-

---

[1] Paris : *et ogn'altro che noi anderemo via di qui.*

« saggiate più volte, et sapemo el valor, la forza e gagliardia loro, et
« non si cale niente se fossero altre tanti, ne si curamo delli vostri in-
« gegni et machine. Ne voi faciate conto d'haver Cerines, perchè noi
« semo tanti et così sofficienti, che con l'aiuto del nostro signor Iddio la
« deffenderemo, et ancho semo forniti et provisti de vittuarie, arme e
« machine. » E con questo si partì da Famagosta et andò a Cerines, e riferì il tutto al contestabile, il secondo giorno di marzo del mille trenta
settanta quattro.

1374.

Il dì seguente, le galee de Genovesi andorono a Cerines, et l'esser-
sito per terra; et immediate gionti, li deteno l'assalto generale per terra
e per mare, credando di trovar la fortezza improvissa, et messeno le
scale per intrar; ma di sopra le roversavano d'alto a basso, et con vasi
pieni et pietre grande li percotevano, di modo che non han possuto
far niente. Le galee si sforzorono di intrar nel porto di Cerines, et
hanno provato più volte, et sempre vi han lassato gran parte del suo
sangue, et se ben habbino rotto la catena del porto, non hanno però
havuto ardimento d'intrare. Et da novo cominciorono la battaglia per
terra; et havevano portato quattro ingegni, over machine: l'una era
chiamata *trua*, la quale lansava sassi di dentro; la seconda era nominata *zate*, et era un castel di legno c'haveva tre gradi, come tre solari,
l'uno sopra l'altro; al primo da basso haveva guastadori, con zapponi,
et altri instrumenti da far busi nelle muri; nel secondo grado di mezo,
erano molti balestrieri, che buttavano veretoni da la destra e da la sinistra banda; et era così alta che costorono toccavano li merli de la
muraglia; el terzo grado era tant'alto che sopravanzava le muraglie
alte, et vedeva entro il tutto, et combattevano gagliardamente. Il terzo
ingegno era detto *falcon*, et era come un castel pieno d'huomini in ordinanza per montar su le muraglie. El quarto era come una cheba in
cima d'una trava, piena similmente d'huomini che combattevano fortemente. Il contestabile, da valente e pratico capitanio, la notte mandò
fuora secretamente da una falsa porta sei Bulgari, huomini animosi; et
con il foco arseno li doi ingegni, cioè il falcon e la cheba, et buttorono

Reprise
des hostilités
contre Cérines.

in terra la trua, et con li sassi la ruppeno, et questo feceno con facilità et securamente, perochè l'ingegni erano già condotti appresso le muraglie, et li inimici erano già accampati da longi. Da poi mandò li Cerinioti fuora, et ragunorono tutto il legname e chiodi del' ingegni, et feceno ficar tutti li chiodi in tavole con le ponte in sù, e le medeme tavole poi mandò a metter in terra, et coverse con sabbion nelli lochi dove più frequentamente venivano li Genovesi a combatter, e specialmente la dove era il suo ingegno. El seguente giorno, vennero li Genovesi corrando da quella banda per combattersi come erano usati, et ancho per raccogliere ditti ferramenti; et li Cerinioti facendo vista di non li veder, per non l'impedire, andorono securamente, e furono assai ben chiodati, e da dolore non pottevano ritornare, anzi cadevano lì; et li Cerinioti di sopra con li sassi et veretoni li ferivano tutti grandemente, et molti vi morirono. Feceno un altro ingegno li Genovesi per mare, cioè feceno ligar due galee insieme prova per prova, et sopra li doi arbori messeno un altro arboro per traverso, et in mezo del dett' arboro, ligorno una trava lunga, et in cima de la detta trava, feceno un tavolato dove stavano alcuni balestrieri; et combatteva no el castello crudelmente, perchè sopravanzavano le mura tre canne, e tiravano tanti veretoni che nessuno del castello non osava comparer fora de casa. Alhora el contestabile ordinò, et fece fare anchora lui un tavolato grande all' incontro delle galee sopra el muro, el qual ingegno era alto tre canne e meza, e fu opposto all' incontro de Genovesi; e quello impediva che non poteva veder ne far danno a quelli del castello. Parimente ordinò el detto contestabile tre altri trabochi che trazevano pietre grosse sopra la zente[1], et dal primo colpo la ruppe, il secondo trasse verso el mar a la cadena sopra le due galee, et un colpo trovò el tavolato ch'era sopra le due galee, et lo buttò in mar con tutta la brigata ch'era sopra, e combatteva, e tutti si feriteno malamente, et alcuni morirono; il terzo trabucco buttava[2] fuora el campo, et faceva grandissimo danno alli Genovesi.

---

[1] Paris : *le zate*. — [2] Paris : *tirava*.

Vedendo li Genovesi che non potevano espugnar la fortezza, et che ogni giorno si consumavano, levorono l'assedio et andorono a Nicosia; et da novo al passo li¹ Bulgari li assaltarono, et feceno danno grande.

<small>1374.
Les Génois lèvent le siège de Cérines.</small>

Andorono le nave a Famogosta, et l'armiraglio disse al re di mandar a chiamare la regina sua madre, et li suoi cavalieri per concluder circa la loro espedition. Li Genovesi tutti andorono a Famagosta, eccetto una parte che restò a Nicosia.

Li borghesi ch'erano fuora pensorono di levar anchor quelli da Nicosia per forza, et sapendo come in Nicosia erano dui gentilhuomini fratelli, uno dei quali era duca d'Urbin, et erano al soldo dei Genovesi, fo avisata la regina; et lei scrisse a fra Glimin de Narbona, suo confessor, et dette le lettere a Demetrio Daniel a portarle il più secretamente ch'el potesse. Lui se partì da Cerines, et andò al casal Ara, et disse ad un suo amico che voleva andar in Nicosia a visitar li suoi parenti secretamente; et quel suo amico le dette li drappi d'un suo pecoraro et una zarra di latte; et vestitosi di quelli drappi, venne in Nicosia, et andò de longo a Santo Agostino, dove trovò el detto confessor; et senza accorgersi alcuno, li dete le letre della regina. Il quale immediate si trovò con detti gentilhuomini d'Urbino, et parlato con loro s'accordarono, et s'aviorono andando dietro col suddetto Dimitrio al casal Ara, et di lì a Cerines; quale vidde la regina con allegra ciera, et li fece honor, et parlò loro per la presa di Nicosia.

<small>Le duc d'Urbin va rejoindre la reine à Cérines.</small>

Li Genovesi si dolseno grandemente de la perdita di questi doi gentilhuomini, e per questo sollecitorono il re, il quale scrisse alla regina sua madre, ed alli cavalieri, d'andare a lui per espedire li Genovesi. Ma loro gli scrissero che per niente non s'assicuravano d'intrare nelle man dei Genovesi. L'armiraglio, ben accompagnato, andò col re a Ni-

<small>La reine parvient à se mettre en relations avec le roi.</small>

---

¹ Paris; A : *de*.

cosia. Et havendo inteso la regina, li scrisse, et mandò la lettera per Dimitri Daniel; il quale al primo modo andò, et dete la lettera al confessor, et lui le portò al re. Al quale scriveva la regina, che tenesse mezo d'andare a Cerines quelli più cavalli che poteva. El re ordinò al suo maestro de stala ch'el dì seguente, com'andavano alle fontane di fora di Nicosia, per darli da bever, trovariano un servitor che per segnar li toccaria el dito, al qual dovesse dar tanti cavalli voleva. Il dì seguente, andati li cavalli fora alle fontane trovorono el ditto Dimitri, che toccò el dito al maestro di stala, et lui gli lassò 13 cavalli, et per villani che era lì a posta li mandò a Cerines. La cosa fu scoperta per li vardiani de la porta, per haver visto li servitori venir via a piedi, et immediate el feceno intender al armiraglio, il quale fece metter el maestro di stala al tormento e lui confessò la verità, et fu impiccato per la gola. Demetrio che mandò i cavalli a Cerines intrò a Nicosia per haver risposta dal re, et il confessor lo messe in fuga di partirsi immediate, altramente saria preso, et poi perderian tutti doi la vita. Però Demetrio, de notte, si partì da un buso de un acquedotto, ch'intra l'acqua in Nicosia da la parte di Bel Loco, et andò a Cerines.

Les partisans du roi tentent de reprendre Nicosie.

La regina sollecitò molto il duca d'Urbin e suo fratello, ad'instantia del prencipe, qual era a Santo Hilarione, che dovessero andar all'improviso a prendere Nicosia; loro si scusavano che non havevano cavalli a bastanza, senza li quali non potevano far detta impresa; pur tanto furono sollecitati, che per suo honor, acciò non fosseno parsi villi e codardi, si partirono quasi da disperati con alquanti huomini a piedi, e con solo quindici a cavallo; tutti c'haveva el contestabile, a Cerines, erano morti nell'assedio. Et andati questi di notte, arrivorono a Nicosia avanti giorno, et introrono per li muri a Nicosia dalla parte di Tracona; et per non far rumore e far sentir alli Genovesi, non hanno rotte le porte, ma lassarono i cavalli fora, et la detta gente con il duca andarono per la terra fin al ponte della priggion. Li Genoevsi, li quali dormivano securi et non aspettavano da nessuna banda esser così assaltati, si messeno in fuga, et andorono fino alla porta del foro, non sapendo da chi fuggivano; ma poichè intesseno essere una parte de Cerinioti, et molto menor numero che la metà di loro, si voltorono indietro, et hanno combattuto vigorosamente, et anchor che per ogni Cerinioto erano dieci Genovesi, non dimeno gagliardamente combattevano con tutti quelli ch'havevano d'avanti. Ma poi al rumore, cresse tanto il numero di Genovesi, che li Cerinioti non potevano più durare. Li poveri Nicossioti spasmavano di dolore vedendoli, ma non era alcuno c'havesse armi. Però li Cerinioti si missero a fuggire et si tirorono fino alle porte, et deteno fora, et chi ha potuto correr, ha scapolata la vita. Il duca et suo fratello feceno testa et non si volevano render ne potevano più fuggire, ma menavano le man, et facevano el debito loro senza paura; però adirati li Genovesi, li deteno con li veretoni tanto che li amazzorono tutti doi, li quali caduti in terra tenivan le spade strette nel pugno fino alla morte.

1374.

Li Genovesi imposeno una tassa, con consentimento degli huomini del re, per l'espeditio loro, la qual tassa montò un million de ducatoni[1]; et impose alli borghesi di Nicosia cento mila ducati, li borghesi di Famagosta 200 mila[2]; sopra l'intrade della real, trecento mila; sopra li giudei di Famagosta, cento mila; sopra li giudei di Nicosia, settanta mila; et sopra s.[3] cavalieri et altri trecentomila; et per la gran molestia loro pagorono ciò che havevano al mondo, et poi furono tormentati dalli Genovesi per dar il resto della predetta somma.

Contributions énormes imposées par les Génois.

Li Genovesi richieseno hostaggi al contestabile per mandarli ambasiatori a parlar con lui; il quale mandò Nicolo d'Iblin, Gioan de Blesia, e Rinaldo de Milmars el giovine; et andò li suoi nuntii[4] Daniel Cattanio Genovese, Zaco de San Michel et Alfonso Ferrante, huomini del re, et molti altri in loro compagnia. Et intrati a Cerines, furono ricevuti dal contestabile honoratamente, et li fece un bel banchetto.

Les Génois essayent vainement d'obtenir du connétable la remise de Cérines.

[1] Paris et B : *ducati.* — [2] Paris : *li borghesi di Nicosia m/100, sopra l'entrate della real ducati m/300, et sopra li cavalli et altri m/300.* — [3] *Signori?* — [4] Il faut lire, ce semble : *et andorono li loro nuntii.*

1374.

Da poi espossero la imbassata loro, la quale instantia[1] era che dovesse el contestabile raccomandar Cerines overo consignarla al suo re, e poi consegliarlo il modo che doveva tenir per accordarsi con li Genovesi, et espedirli per andar a casa loro. El contestabile respose : « Me
« maraviglio quando pensano così leggermente ingannarmi a render Ce-
« rines, e mettermi nelle loro mani insieme con questi altri cavaglieri,
« per far poi di noi, come feceno di quelli che con inganni, e sotto
« spetie della loro falsa fede, sottomessero in Famagosta. Però di questo
« gli direte che lavorano in vanno; conseglio non accade al re per espe-
« dirli, perochè loro hanno prima spogliato lui e tutti gli altri habitanti
« in l'isola, et grandi e piccoli, et con metter le case loro a sacco, et
« con imposition di tasse, et con tormentare le persone a confessar
« s'havevano anchora ascosto qualche cosa, et poi da bel nuovo gli
« domandano pagamento impossibile. Vorria che loro s'impensassero.
« tenendo come tengono Famagosta, Nicosia, et tutte le intrade del regno,
« et havendo spogliato, come ho predetto, tutta la facoltà e sostantia
« dell'isola. Che conseglio si potria dare al re di trovare denari per
« darghe? Gli è restato altro che quella fossa di Cerines, et la vita misera
« et cattiva, la qual fossa penso sia la vita del re, perchè lo salvano vivo,
« forsi per haver Cerines col mezo suo, et poi havuta anchora questa,
« privarlo et della vita. Ma non sarà mai; perochè Cerines è bona
« da deffendersi, e li loro inganni et fraude sono già praticate, cono-
« sciute, et noi pregaremo Iddio che ci illumini a guardarsi dalle sue
« astutie et perfidie. » Li detti messi steteno a Cerines sei giorni con repliche di confortar el contestabile di acquietarsi e renderli Cerines; e tutto ciò facevano con arte per spiar bene el castello com'era fornito, et poi tolseno licentia, et andorono via, et li hostaggi ritornorono a Cerines.

Li detti ambasciatori, ritornati a Nicossia, refersero al armiraglio la risposta del contestabile; per la quale s'adirò molto contro il re, dicendoli che tutte quelle cose procedevano da lui, et erano suoi ordini, perchè lui scriveva, ordinava et consentiva che si procedesse contro di loro, che cercavano di aiutarlo e remetterlo nel suo stato et vendicar

---

[1] Paris : *in substantia era.*

la morte di suo padre, et non doveva usar questi termini con li suoi amici et benemeriti. Il povero re non sapeva ne ardiva dirgli altro, se non che si scusava et giurava di non haverli mai scritto ne ordinato cosa alcuna; da qua prese occasion l'armiraglio, et gli disse a questo modo : « Adesso conosceremo l'animo vostro verso di noi, perochè noi « scriveremo lettere al contestabile, et voi le sottoscriverete, » et così feceno.

Scrisseno al contestabile da parte del re, et mandarono le lettere per Lanfranco[1] Doria, le quali contenivano : « Sappi che li Genovesi non si « voglion partire dal paese per alcun modo mentre che voi sarete a « Cerines, et però, per l'amor che mi portate, et per l'homaggio che « m' havete fatto, vi protesto che dobbiate consignar el castello a Luca « Antiame, già che voi[2] lo tenete per mio conto, et ordinarlo che lo « debba custodir bene; et voi montarete sopra una mia galea, et tor- « rete anche le due galee che sono a Cerines in conserva, tolendo ciò « che vi piace da Cerines, e tutta quella compagnia che vorrete, et an- « darete dove più vi sarà grato. Et li Genovesi vi mandranno salvo con- « dotto, se per caso v' incontraste in galee genovese, glilo mostrarete « che non vi sarà fatto dispiacer; et per maggior vostra caution, vi man- « darano otto delli loro patroni delle loro galee, et oltra di ciò vi mando « una lettera di cambio a Venetia per ducati dieci mila, per le vostre « spese. Et questo acciò che li Genovesi cavino dalla loro mente quella « imagination che pensano, voi tenere el castello per vostro conto, et « non per mio. Et poi andarete dal Beatissimo, et li fareste intendere « l'ingiurie et danni che li Genovesi han fatto al nostro regno. Vi « mando anchora una lettera fatta per l'alta corte, che voi, contestabile, « possiate fare ciò che vi piace delli vostri casali et intrade, et disponer « di esse per scrittura de nodaro o di vostro pugno et esser valido. Pari- « mente mando una lettera aperta alla gente de Cerines, ringraziandoli « della buona compagnia che feceno a voi, mio zio, e de li buoni porta-

1374.

Les Génois exigent du roi qu'il ordonne au connétable de quitter le royaume.

---

[1] Paris : *Jean Francesco Doria*. — [2] Paris; A : *gia che lui.*

1374.

« menti loro, et li conforterete anchora voi che debbono obedir a Luca « Antiame, c'ho ordinato nuovo capitanio, et che siano vigilanti a cus-« todire bene et vigorosamente el castello. » El salvo condotto era fatto alli 14 di marzo 1374, scritto per nodaro, et haveva per testimonio Iddio, et per pena seicentomila ducati alla camera del re di Franza. Medemamente gli mandò il re una lettera per l'alta corte, che conteneva, come il re, con detta sua corte, accetta et confirma tutta l'assolutione, quietatione et franchisie che il detto contestabile fece alli schiavi et malfattori, e tutte le gratie, donation, crescimenti de salarii, et ogni altro che fece.

Ils forcent le roi à écrire à sa mère et au prince d'Antioche, renfermés à Dieu-d'Amour.

Alla regina sua madre scrisse : « Li Genovesi, Guelfi et Guibelini, « tre o quattro volte, han fatto questione tra loro, et manco poco che « non s'habbino tagliati a pezzi tutti quanti, et per questo s'erano le- « vati dall'assedio di Cerines, ed andati a Famagosta ; dal'altro canto « perchè han perso dalle sue mani el prencipe, et voi li havete impe- « dito d'entrar in Cerines, et il contestabile gli dete gran disturbo, « come disperati et sdegnati molto, feceno patti con noi come inten- « derete quando sarete in Nicosia; et perciò vi mando sommeri et ca- « riaggi per partirne de là et andar immediate a Nicosia. »

Al principe, che fu al castel Dio d'Amor, scrisse avisandolo di tutte queste cose in conformità, et ch'el dovesse tenir bene et custodir saviamente quel castello. Tutte queste letere artificiose li Genovesi finsero in nome del re, le quali a suo malgrado sottoscrisse di suo pugno, et sigillò col suo anello real. Odendo il prencipe e gli altri capitani di Buffavento et de Cantara come el re s'era convenuto con li Genovesi, li scrissero haversi allegrato, et che dovesse mandar altri capitani in loco d'essi per consignargli i castelli, quali tenivano per lui.

Le connétable, obéissant au roi, remet le commandement de Cérines à Luc d'Antiaume.

El contestabile scrisse una lettera al re in risposta delle sue : « Io ho « dato le vostre lettere real, et consignato el castello a Luca Antiame, « si come ha comandato Vostra Maestà, et ho comandato le genti da « parte di quella, che lo debbono conoscere per capitano et obedirli ; li

« quali dissero di farlo volontiera, et ancho loro li scriveranno. Circa il
« mio partir, io farò quanto la mi comanda, anchor che io sia certo che
« sia qualche inganno in pregiudicio mio. Non dimeno, perchè mia ferma
« intentione è stata sempre di morir con honore per la libertà vostra,
« essendo mio re e signore, quando per questo nuovo inganno che mi
« ordisseno io morisse, sappia la Maestà Vostra che io morirò contento,
« morendo in suo servitio; et Dio lo voglia che per questa mia partenza
« restì libero la Maestà Vostra. Quanto alle mie intrade et casali, ch'io
« debba disponer d'esse; per hora non mi par da far altra disposition
« che raccomandarle a quella; et per il partir mio non mi bisogna altro
« che una galea per levarmi con la mia brigata; et perchè ho giustis-
« sima causa di fidarmi poco alle promesse dei Genovesi, vorria per mia
« satisfation che mi mandassero alcuni delli patroni per giurar sopra el
« corpo del Nostro Signor. »

L'armiraglio, vedendo questa lettera, non curandosi di quante parole
conteniva in dispreggio loro, ma solamente all'intento suo attendendo,
mandò Damian Cattaneo, il quale haveva tanta hautorità quanto lui,
et Giacomo de San Michel, cavaliere del re; et andorono a Cerines dove
furono ben accettati, et honorevolmente. Et il seguente giorno, in la
chiesa di Santo Heloy, feceno dir una messa; et al levar di Nostro Signore, el detto Damian messe le sue mani sopra et giurò per lui e per
l'armiraglio, et per li altri patroni e capitani soi compagni, de mantenir
et osservar el salvo condotto, et tutte le altre promesse fatte et scritte
in la letra del re mandatali, la quale teniva in man, et l'haveva toccata
anchora quella in l'hostia sacrata. Et ancho che restaria la sua armata
et non si partiria da Famagosta, per xv giorni da poi che il detto contestabile fosse partito da Cerines; et nel medesimo modo giurò Giacomo di San Michel per il re, d'osservar et mantenir ferme tutte le
lettere, promission et altro che il re li ha fatto. Finita che fu la messa,
da capo el contestabile consignò el castello a Luca d'Antiame come
capitano, il quale come tutta la gente de Cerines giurò di tenir el castello per il re, et deffenderlo da tutte le sorti de genti. Fu fatta una
crida come li Genovesi feceno bona pace con el re, et che caduno po-

1374.
et se dispose
à partir.

tesse intrar et uscir liberamente per mare e per terra dove cadun voleva, come solevano per il passato, et che alcuno non fosse si presuntuoso di ardir a dimandar, nominar o parlar delle cose passate sotto pena della testa.

Traité avec les Génois.

La regina si misse in ordine, et andò a Nicosia con tutta la sua brigata e robba. L'armiraglio con li Genovesi andò a Famagosta, ma prima che si partissi da Nicosia giurò lui et li altri patroni, in presentia del re, sopra il corpo di Nostro Signore Giesu Christo, di tenir et mantenir per fermo et valido, et osservar, quanto Damian Cataneo fece et giurò a Cerines, et similmente di tenir fermo tutti li capitoli de la pace.

El re dete in feudo a Thomaso de Verrni, perchè l'haveva travagliato tra lui et li Genovesi per concluder la pace, ogni anno bisanti 1500. L'accordo de Genovesi era per novecento mila ducati; et li Genovesi non si contentavano sopra la securtà de Famagosta che tenivano, ma volevano anchora pegni; et non havendo che darghe, convenne al principe de darghe li soi doi figliuoli, Giacomo, conte de Tripoli, et Joan de Lusignan, suo natural, fatto con dama Alis de Giblet, relitta già de ser Philippo Costa. Et lui andò poi da Dio d'Amor a Nicosia.

Le connétable quitte Cérines avec sa famille et se rend à Rhodes. Juillet 1374.

La galea che doveva levar el contestabile venne di Famagosta in ordine, et egli montò sù, con madama sua moglie, et sua figliolina, con tutta la sua fameglia, et levò anchora li otto patroni delle galee che l'armiraglio de Genevosi haveva mandati a Cerines con Montolipho de Verni[1] per securtà del contestabile, et fece vela.

Subito dopo partitosi dal porto de Cerines, comparseno due galee de Genovesi che venivano da Famagosta per farli conserva. Le qual vedendo, el contestabile disse alli patroni: « Oh Dio, che lealtà è questa « vostra? Anchora non son partito di Cipro, et le vostre galee mi ven« gono dietro. » Gli patroni gli risposero: « Signor, non vengono per male, « ma li parse grande inconveniente di lassar andar in Ponente un per-

---

[1] Ainsi dans les deux manuscrits.

«sonaggio come voi di sangue real, con una sola galea, et però le de-
«vono haver mandate queste altre due per accompagnarve. » Gionserò
poi ditte due galee appresso, et lo salutorono, et disseno medemamente
essere venute per fargli compagnia. Il contestabile, anchorchè conosceva et sapeva le fraude et malitie loro, non dimeno fingeva di non
accorgersene.

Come furono giunte le galee a Rhodi, quella del contestabile intrò
nel porto de Madrachi, et lui con li suoi dismontorono in terra con
grande honor che li fra cavalieri li fecino, et andò a stantiar alla terra.
Da poi quattro giorni, li cavalieri l'offerseno el castello, che dovesse andar ad alloggiar in quello per sua securtà, perchè di fora facilmente lo potevano nocer li soi inimici, ed era gran danno di lui, et
vergogna d'essi cavalieri. El contestabile li ringratiò de la buona disposition loro verso di lui, et per contentarli andò al castello con tutta la
sua fameglia; la figliolina del quale era ammalata. Doi delli patroni
andorono dal contestabile, et li dissero s'el voleva montar in galea per
seguitar il loro viaggio. El contestabile rispose cortesamente che li piaceva d'avantaggio, ma perchè la sua figliuola si trovava inferma, bisognava induggiare qualche giorni per governarla, perochè se la moveva
così inferma dubitava della sua vita, et se loro volevano partir, ch'era
al loro comando, perchè lui saria andato con la sua galea[1]. Loro replicorono : «Signor, non, perchè vi habbia promesso di far compagnia fin
«dove vorrete. » E lui rispose : «Et io di questa promessa vi assolvo, vi
«farò anche una fede per via di notaro come vi partiste di mio consenti-
«mento, » et loro voltandosi le spalle dissero un altra volta: «Signor, non. »
Et con questo partitosi da lui, andorono dal luocotenente del maestro,
che fo el marescalco che andò a Cipro, et lo protestarono d'ogni danno
et interesse che facessero, s'el non comandava el contestabile d'an-
darvia del suo paese, e lo minaciorono in la loro armata, la quale veniva dietro. In questo mezzo, la puttina figliola del contestabile de do

1374.

Honorable accueil
que lui font
les chevaliers.
Les Génois
exigent
qu'ils
fassent partir
le prince.

---

[1] Paris. Ces mots depuis *perchè* manquent dans A.

anni morì, et fo sepolta a San Gioani. Li frati hebbeno gran rispetto alle minaccie dei Genovesi, et però mandorono a dire al contestabile che fosse contento d'andar via, perchè loro non potevano contendere li Genovesi. El contestabile, stupito della subita mutation di cavalieri, rispose : « Questa non è meglia[1] la fede ch' aveva in voi signori, ne « sono conforme le promesse fattemi; però vi prego, che mi vogliate « custodir, o che mi date a mie spese una galea delle vostre, che mi « faci conserva fino a Venetia. » Li frati consentirono di darli una galea et che andasse via.

L'amiral, arrivé à Rhodes, insiste pour que le connétable quitte le pays.

L' armiraglio de Genovesi, Pietro de Campo Fregoso[2], restò in Cipro fino a xv giorni dapoi il partir del contestabile, e poi con tutta la sua armata, che fo solamente x galee, perchè non puote armare più, se partì, et andò verso Ponente, et menò seco li figliuoli del principe, Gioan de Morpho, conte de Rochas, Thomaso de Morpho, et altri 72 cavalieri, tolti per loro sicurtà[3]; alcuni dei quali mandorono a Sion[4], in preggion, et li altri a Genova. Queste galee gionsero a Rhodi 14 giorni dopo il giongere del contestabile, et havendolo trovato anchora a Rhodi, si deteno gran maraviglio, et da li Genovesi intesero l'impedimento della putta morta del contestabile, et come li frati lo tenivano. Onde tornò anchor lui a minaciar li Rhodiani, et protestarli di darghe il suo huomo altramente che lo fariano d'haverlo per altra via.

Il che vedendo li frati, andorono dal contestabile, et lo sollecitorono di partirsi ed andar via ad ogni modo. Et la galea che gia li havevano promesso di dare per accompagnarlo, non accadeva dargliela, perchè tanto era l'una come le due tra le XII; et questo perchè loro non volevano pigliarla contra li Genovesi, a quali havevano ancho qualche obbligo, perchè nella presa di questa città di Rhodi del 1306, li Genovesi li

---

[1] Paris : *giu.*

[2] On me fait remarquer une erreur de Florio Bustron. L'amiral était encore en Chypre, quand fut conclu le traité du 21 octobre 1374. (Sperone, *Real Grandezza di Genova*, p. 100.) Campo Frégoso ne quitta Chypre qu'en 1375. (Stella, ap. Muratori, *Script. Ital.*, t. XVII, col. 1105.)

[3] Paris : *per lor scritta.*

[4] *Sic*, pour Scio. L'île de Chic.

havevano dato gran soccorso et aiuto con tre galee loro, si che s'iscusavano con esso lui, non potendo far de manco che mandarlo fora del paese loro.

1374.

Il povero contestabile, che già poco avanti era punto dalli fra cavalieri per la prima licentia che li deteno, haveva pensato su questo, et però li comminciò a dire : « Oh signori cavalieri di Christo, gentilhuo-
« mini religiosi, che sete stati sempre et honorati et accarezzati da li
« re de Cipro, et dalli suoi huomini, non voglio ricordarvi che sono figlio
« di un re vostro amico, che vi amava molto, ne vi voglio ridur a
« memoria che in Cipro tenete 60 e più casali, per li quali sete tenuti
« alla corona, ma vi voglio ridur a memoria quello che sapete meglio
« di me, et è che vi aricordate come questa vostra sacra religion hebbe
« debile principio, ma santissimo da quel Girardo, peregrin, imitator de
« Gioanni Hyrcano devotissimo propheta, et successor di Giuda Ma-
« cabeo, preclarissimo athleta del culto divino ; il quale instituì l'hospi-
« tale reccettacolo degli peregrini, et degli infirmi, degli deboli et de
« li poveri, et ordinò che li poveri si potessero sustentare, curar li
« amalati, ministrar li sacramenti, recrear li peregrini et mesti, drizzar
« quelli che non sanno, li prigionieri liberarli dalla servitute ; et per
« osservar et osequire queste opere misericordiose, vostra religion è
« stata dotata da nostri principi et di casali et intrade, et di argento ed
« altri beni, per li quali hora sette et ricchi et grandi ; et voi mi comme-
« tete che io debba ussir dal securo della chiesa, dalla secretà de voi
« cavalieri, dal convento vostro sacro et dedicato per diffendere li op-
« pressi, et andar nelle mani de miei inimici ? A questo modo osserva-
« rete el sacramento et voto che faceste quando intraste in questa sacra
« religion ? Deh per Dio, signori, non me abbandonate, non mi scacciate,
« non mi consignate alla morte, che se li Genovesi hanno XII galee, Iddio
« è più potente di loro ; se loro vi prestorono aiuto con tre galee all'im-
« presso di Rhodi, il re di Cipro vi ha concesso nell'isola sua sessanta
« casali che importa ogni anno più che non state le soe tre galee un
« mese, o però più che ne aiutorono. Ricordatevi che io son figlio di
« re, e fratello di re, et zio del re che tiene le vostre intrade, et voi

1374.

« potrete con honor vostro dire che dal loco sacro non potete per
« li vostri stabilimenti discacciar alcuno. »

Queste parole disse con voce tanta pietosa ch'era degno di compassione; ma loro, che non havevano capo, e temevano che Genovesi non li facessero guerra, anchora che l'atto di scacciarlo fora era vile et in vergogna loro, et ancho dubitarono alcuni delle parole del contestabile per l'intrade che tenivano in Cipro non li fusseno levati; non dimeno il respeto dei Genovesi gli era presente agli occhi, et temevano più di quello che d'altro, e poi dissero risolutamente al contestabile ch'el si dovesse disponer d'andar via, perchè loro non la volevano con li Genovesi. Et in quel punto, feceno cride per la terra che nessun fusse così ardito che vendesse armi a Ciprioti, et che tutti li Ciprioti si dovessero partir da quella città sotto pena della vita; et ordinorono soldati a vardar la casa del contestabile che non fugisse. Al hora di vespro, andò il marrizzal con tutto el suo convento dal contestabile, et lo commandò strettamente di partirsi, perchè dubitava grandemente de Genovesi più potenti di loro. Il che vedendo el contestabile, mandò a dire al armiraglio che mandasse alcuno delli soi a parlarli. L'armiraglio mandò quattro delli soi patroni de le galee, li quali el salutorono, et gli disseno da novo di Cipro, come volevano uccider la regina per l'inganno che li fece; poi si dolse el contestabile di loro, perchè non lo lassavano andar al suo viaggio, con la sua comodità, secondo li promisseno per salvo condutto, per lettere et per sacramento. Loro li dissero che lo volevano accompagnar senza alcun pericolo de la persona sua ne de li soi. Vedendo il povero contestabile che non poteva far altramente, deliberò d'andar con essi, et li frati lo raccomandorono alli Genovesi.

Déloyauté des Génois. Au lieu de conduire le connétable à Venise, ils l'emmènent prisonnier à Gênes.

Montato el contestabile con sua moglie e fameglia su la galea, feceno vela tutte le galee verso Ponente. Poi feceno dir li Genovesi al contestabile che bisognava andar a Genova per testificar la pace, et far tutta l'instantela[1], et poi andar al reame di Franza; il che li promissero far

[1] Paris : *lo instante lo.*

senza alcuna sua lesion, et di ciò li feceno instrumento notarial, et lo giurorono. Et gionte dette xiii galee a Genova, immediate messeno el contestabile in una preggion chiamata la Malpaga, et sette cavalieri ch'haveva in sua compagnia furono posti in una torre. Madama Chielvis de Bresivich, consorte del contestabile, si alloggiò con una dama vedova, dove cusiva, et vendeva quelli lavori, et della sua fatica sostentava el marito in preggione, et lei medema.

Il contestabile, così in preggione, fece amicitia con alcuni Genovesi[1], li quali li feceno loco di scampare, et havendolo fatto intendere ancho a sua consorte che lo dovesse seguire, li maligni guardiani della priggion seguirono le pedate sue, et il dì seguente, lo preseno. Fu adunque ritornato nella priggion con un ferro a traverso nelli piedi, et posto in una chebba di ferro serrata, la qual fu appesa in priggion. Et ordinorono con giuramento, che non li fosse dato da mangiar ne da bever altro che del pane et acqua, et a questi termini rimasse tutto el carnevale.

Vedendo poi li Genovesi che a questo modo poteva morire facilmente, et loro perder quello che da lui aspettavano, hanno ordinato un Genovese, all'intrar nella quaresima, il quale, fingendo di far elemosina et charità, richiese che fusse concesso a lui il dar del pane al contestabile, et li fu concesso. Costui, per non parer c'habbia rotto li ordini, fendeva il pan, et in mezo et dentro meteva ascosamente pesse, salami et altro companatico, et nel buccale vino temperato con acqua, et così fu sostentato. La consorte del contestabile, alla qual fu datto notitia che suo marito doveva fuggire et andare in Lombardia, si partì prima, et andò in quelle parti per non esser presa et preggionata col marito, la quale, quando intese che suo marito era preso da recavo, ritornò con sua mala sorte a Genova. Il che vedendo li Genovesi, perdonorono el contestabile, et lo cavorono da la chebba[2], et li cavorono ancho il traverso del ferro da li piedi, et lo lassorono dentro in priggion con sua

---

[1] Paris : *gentilhuomini*. — [2] Paris : *gabia*.

338   CHRONIQUE

1374. consorte. Guido de Milmarzo, l'armiraglio, Badin de Nores, et altri 14[1] cavalieri de la sua compagnia, che erano a Genova rettenuti, ma non erano però in priggion serrati, tramavano d'haver una galea armata per fuggire in Cipro; la qual cosa fu scoperta da Genovesi, et li messeno tutti in priggione durissima.

Nel partire che li Genovesi feceno da Cipro, cargorono tutto el thesoro ch' hebbeno da Famagosta, da Nicosia et da li casali, sopra sei galee delle suoi benissimo armate et poste in ponto, li quali mandorono avanti che loro havessino fatto vela otto giorni; et quelle andando da capo di Santa Napa, le trovò una fortuna tanto crudele, che le mandò a fondi tutte, ne vi scampò ne l'uomo, ne robba di sorta alcuna.

La reine Éléonore, pensant toujours à venger le roi Pierre, son mari, feint de se réconcilier avec le prince d'Antioche et le fait tuer.

La regina, volendosi partir da Cerines per Nicosia, hebbe rispetto del principe ch'era a Santo Hylarione con li Bulgari, il quale teniva el passo de Cerines, et però mandò a chiamarlo a Cerines, et si pacificò con esso lui, et andorono insieme fino al passo, e poi la regina andò a Nicosia. Da poi gionta la regina in Nicosia, scrisse al prencipe che si dovesse guardar da li Bulgari, perchè pensavano di ucciderlo, et lui dando fede, montò sopra el dugon dov'è il gran deruppo, et li fece venir ad uno ad uno, et de lì trabucarli dall'alto al basso, et li uccise tutti, eccetto uno, che per miracolo scapollò; il quale visse poi gran tempo. Et poi andò el principe in Nicosia, securo del amicitia della regina.

Ma lei, che non haveva obliata la morte di suo marito, anzi gonfiava del rancore, et ogni dì sollecitava il re suo figliuolo che dovesse far vendetta di quella, un giorno, fece asconder in una camera appresso quella del re Francesco Saturno, catalan scudiere de la regina, Loys Ponto, cipriato scudiere del re, et alcuni altri Napolitani, con spade e daghe; et poi mandò a chiamare el prencipe da parte del re, che dovesse andar a parlargli. Egli fu vestito per andare, et scendendo la scala, alcuni li dissero secretamente che non dovesse andare, perchè el

[1] Paris : XIII.

sarebbe morto. Ma lui fece poco conto delle parole, et partendosi dalla sua corte, scapuzzò il cavallo; et da recavo gli fu ditto : « Certato si-« gnore, per amor di Dio, che questo è cattivo augurio. » Ma lui non volse creder; anzi diceva : « Li signori non rompeno così leggermente « il suo sacramento. » Et medemamente, quando giunse in corte, più d' uno gli disse : « Non andate, signore, se non volete la morte. » Ma lui non ha voluto, però ch' el suo destino così lo confortava. Montato suso, andò in la camera del re, dove trovò la regina, et salutateli lo feceno sentar appresso et in mezo di loro; e tra molti ragionamenti che feceno, li richiese el re, che li dovesse dire la causa per la quale fu ucciso el re suo padre, et il modo come fu ucciso. El prencipe pregò el re che non li dovesse far redur a memoria le cose passate, che tanto li spiacevano, et le quali lui ha dimenticato. La regina al' hora si levò in piedi, tenendo in man la camisa del re suo marito sanguinata, et tagliata in più pezzi, et in colera disse : « Ah falso huomo e traditore dis-« leale, di chi è questa camisa? di chi è questo sangue? Giustitia domando « contra di te. » E subito ditto così, uscirono quelli huomini che erano appostati ascosamente per questo affetto, et con le spade uccisero il povero d' intelletto, et ricco avarone, che credeva che l' ira della regina era estinta perchè li ha parlato con ciera humile et dolce, et non volse creder a tanti che gli disseno che non dovesse andare da lei. El corpo del quale fu posto in un tapedo, et mandato in casa sua; et il dì seguente fu seppolto a San Dominico, senza pompa. Et dicesi che questa cosa s' haveva trattato con conseglio di Giacomo de San Michel, cavalier lombardo, et Polo Marage, che era bailo della regina, huomo molto astuto, che haveva fatto moneta de rame in loco d' argento con croce pontide[1].

1374.

Li Genovesi, nel partir loro, lassorono capitanio a Famagosta et soldati per guardar la terra, et ordinorono che dovesseno domandar le paghe loro al re, in li termini che loro convennero con esso lui per

Un jeune Chypriote, Thibat Belfaradge, enrôle

[1] Paris : *con la croce per fide.*

1374.
un corps de soldats
à Venise
pour rendre
Famagouste
au roi Pierre.

li patti della corte. Il che vedendo Thebat Belfaragge, cavalier Ciprioto, homo non men savio che ingegnoso, et di pratica universale, et considerando la malitia delli Genovesi, li quali non cessavano di rubar et appropriar le cose a dritto et a torto; vedendo la morte del prencipe, la priggion del contestabile et de molti cavalieri, si pensò che costoro potevano far un altra armata, et havendo il porto e la città di Famagosta, venir et prender el resto dell'isola; e però disse al re secretamente di proveder a casi soi, et lui stesso s'offerse d'andar a Venetia, et con l'aiuto de Venetiani armar galee e navi, et condur soldati per suo soccorso, con li quali facilmente potrebbe ancho levar dalli mani loro la città di Famagosta. Al re piacque l'intention di Tebat, et accettò l'offerta sua, et però li fece lettere di credenza per cambii, obligandosi, il re, di pagare tutta la quantità dei cambii che li havesse trasso il detto Thebat. Il quale si partì secretamente, et portò seco gran quantità d'argento del suo, per il che era richissimo. Et andato a Venetia, trovò denaro quanto li bisognava, et trovò mille soldati eletti, et comprò una nave grossa, et montorono sopra per venire in Cipro, et fornita la nave de bocali de terra piena di calcina, palli picoli di ferro, balestre, lanze, et altre arme convenevoli per la ditta nave. E tra le altre, fece alcune spine di ferro et tavolete chiavate con chiodi, lassando le ponte drete et ben aguizze.

Li Genovesi, intesa la preparation di questa nave, immediate armorono due galee, et le mandorono cercando quella; la quale, poco da poi che si partì da Venetia, s'incontrò con dette galee, le quali messeno le loro prove sulla nave; et Thebat vedendo fece metter l'arme[1] in li soi lochi, et fece spender sopra la coperta dall'arbore sino alla prova le spine di ferro, et le tavolete con le ponte de chiodi in sù, et fece asconder tutti li huomini al sotto, lassando alcuni solamente di sopra per guidar la nave; et quando s'approsimorno le galee alla nave[2], la qual non si diffendeva, si messe l'una dal una e l'altra dal'altra banda, et in un tratto montorono sopra da circa ducento huomini, et zappando sù la

---

[1] Paris; A: *le navi*. — [2] Paris.

coperta con gran presa per la carca che facevano, cadevano un sopra
l'altro fitti li piedi dalle spine e chiodi, tal che s'inchinavano per cavar
le spine, lassando l'arme; alhora li huomini della nave uscirono fuora,
et con palli di ferro et bocali di calcina, con spade, lanze, et altre arme
tanto feceno, che in breve spatio li preseno tutti, parte feriti, et altri
morti, et quelli che erano vivi furon posti nelli ferri, et da li huomini,
che haveva la nave, armò le galee et andò a Baffo con questa gran nave,
et doe forbite galee.

Et avanti che queste giongessero, il capitano di Famagosta genovese,
vedendo che il re non era troppo ben in ordine d'huomini ne di denari,
si pensò di trovar occasione di romper la pace et far guerra per acquistar il resto dell'isola, la qual cosa li parse molto facile. Però mandò
Antonio Cansello[1] a Nicosia, et richiese al re la paga delli termini passati, altrimenti li voleva ruinare, perchè non haveva osservato li patti,
et era caduto in contomacio di cento mila ducati, et da capo voleva
principiar la guerra. Il re, che pochi denari haveva, et de cavalieri li
erano restati solamente 76[2], non sapendo che dire, li pregò che li dovessino dar spatio di tre giorni per consultare con li soi et dargli risposta; ma li Genevosi che non volevano induggiar tanto, il dì seguente,
di buon mattina, andorono dal re, con il nodaro, per protestarlo in scrittura. Il re, che dal pensier pien di dolore la notte non ha potuto dormire, si levò a buon hora più del solito, et in quel che vuol uscire fuori
della sua camera, ecco gli astuti Genovesi, et un turcopullo con lettere
da Bapho, la qual non volse dar a nessun altro che nella propria man del
re; e da poi date le lettere, disse a quelli che lo domandavano, che bone
nove portava, come era gionto Thebat con una grossa nave et due galee
che presse de Genovesi, le quale havevano molti soldati et munition da
guerra. Il che inteso per li Genovesi, che già havevano principiato a
parlare altieramente, senza altra risposta aspettare e tor licentia, andorono a basso, et montati a cavallo rittornorono a Famagosta et feceno

Les Génois exigent la stricte exécution du traité, dans l'espérance de ruiner le roi.

[1] Paris : *Castello*. — [2] Paris : *66*.

avisato il capitanio delle cose seguite. Il quale hebbe mutato il pensiere, et dove s'apparecchiava d'uscir fuora et far guerra al re, fece fermar le porte di Famagousta[1], giudicando fermamente dover haver guerra da li Ciprii, come veramente gli intravenne. Dopo che Thebat haveva ordinato[2] Alisopullo de Candia per capitanio della gente c'haveva menato da Ponente, vennero in Nicosia, et introrono in ordinanza, facendo venir li Genovesi presi in galee ligati a doi a doi, et con questo triomphò.

Il re fece cavalier et turcopullier Thebat Belfaragge, et li dete in feudo el casal Pietra[3] et Thirimithia[4] et molti assegnamenti, et li fece quitation e soldo di tutto quello che haveva havuto et speso per il re[5] in Ponente, et a Alisopullo dette gran provision. Li quali andorono con le genti loro, et messeno l'assedio a Famagosta, la qual messe in gran estremità et fame, et non ardivano uscir fora de le porte.

Thebat prendeva spesso le occasioni che veniva in Nicosia, narrando al re le cose che seguivano al campo; et un giorno che vide allegro il re, per le prodesse sue, prese ardir domandandogli el bailaggio di Achieglia, et il castello di Curico. Il re messe tempo di mezo, et consigliatosi con un prete, suo precettore et capellano, huomo giudicioso et fidele, disuase il re di darli el castello, ma che del casale li poteva essaudire, et li disse la ragion, perchè Thebat era richo di facoltà, amato da soldati, d'animo elevato et altiero, di che non si poteva presumere se non qualche inconveniente, però li poteva concedere el casal domandato, et del castello tenirlo in speranza per veder[6] la riuscita che farebbe nella guerra a Famagosta, et poi dirli speditamente che le fortezze sono del re, et li re non li ponno concedere senza el conseglio et consentimento di tutti i soi huomini. Et aderendosi il re all'opinion del capellan, fece fare el privileggio et concessio d'Achieglia, et lo mandò a

---

[1] Paris. Ces mots de *et feceno* jusqu'à *Famagousta* manquent dans A.
[2] Paris. Ces deux mots manquent dans A.
[3] Paris : *Petra*.
[4] Paris : *Trimithia*.
[5] Paris et B.
[6] Paris.

Thebat; il quale dopo lettolo, andò dal re e lo ringraziò primo, et poi li arricordò che haveva dimandato Curico anchora; et il re gli respose: « Tolite questo per hora, et un altra volta ve daremo qualche altra cosa. »

Thebat, che vidde questa essere repulsa honesta, si pensò che qualche maligno haveva consigliato a questo modo el re, et andava investigando l'huomo, et tanto fece che da un servitor del re intese, come il re parlava con il suo cappellan, et intese il nome di esso Thebat et castello de Curico; onde venne a certificarsi che era lui. Però, da poi alquanti giorni, havendo preso alcuni Genovesi et Famagostani, che uscivano da Famagosta, li presentò lui et Allessopullo al re; di che si mostrò allegro il re, et Thebat si ingenocchiò in presentia sua, et li domandò di gratia li volesse conceder Curico. Onde il re, alterato per la sollecita instantia sua, gli dete l'ultima resposta, che dovesse cercar da lui qualche altra cosa che fortezze, perchè quelle sono proprie delli re, et egli non le puo alienare senza conseglio de soi huomini.

Thebat si partite mal satisfatto dal re; et il re andato a desinare si voltò verso il suo cappellan, et gli dice sotto voce la repulsa data a Thebat, et il capellan laudò il re d'haver fatto bene. Quel servitor, che per avanti referse a Thebat ch'el cappellan dissuadeva il re la concession de Curico, intese a dire queste parole al re et al cappellan, et immediate lo fece intendere a Thebat; il quale, pien d'ira et sdegno, narrò il tutto ad Alessopullo, et lui ch'era persona che non considerava più oltra, el confortò d'uccider el cappellan, qual era vecchio de sessanta e più anni.

Et la matina seguente, cavalcò a buon hora il detto Thebat et Alessopullo, con dui altri soldati, et andarono a Santa Sophia, intanto che el cappellan haveva cavalcato per andar al monasterio de Santa Mama de Giardini, per visitare sua madre, che si redusse monacha in quello; et andando per la via, s'accompagnò col visconte et andavano a passo a passo. Thebat et Alessopullo li andorono dietro, et li gionsero al ponte di San Domenico, et Thebat disse al prete: « Signor Philippo, io « sempre vi ho honorato et havuto in reverentia, et voi senza causa mi

1376.

Thibal et Alexopoulo assassinent le confesseur du roi et le vicomte de Nicosie.

« proseguitate, non so perchè. » El prete si volse scusare, ma Alessopullo, snudata la spada, gli dete su la testa et lo inclinò al collo della mulla, et Thebat gli dette alla capa, et lo uccisero. Il visconte, come vide Alessopullo snudar la spada, si voltò in quella parte per aiutar el prete; ma li soldati compagni di Thebat feriteno el visconte de ponta al petto, et l'uccisero anche lui. Et poi andorono Thebat, Alessopullo et li doi soldati in casa di Thebat, che era appresso la comenda dell'Hospital, la qual teniva in pegno da Giacomo de Nores per bisanti mille.

Come intese il re di questo atto di Thebat, si turbò tutto et non sapeva che fare, imperochè l'atto era molto brutto, et in dispreggio della Maestà Reggia, et meritavano castigo di morte; dall'altro canto amava Thebat, et tanto più che egli et Alessopullo erano forte amati et seguitati dalli soldati, et dubitava di qualche gran scandalo. Ma la regina, che odiava grandemente Thebat, perchè fece morir da cento persone de soi famigliari, che non volevano confessar al tormento che la regina li haveva ordinati a retenir et uccider el re; e tra li altri haveva posto al tormento Polo Marag, il quale per disperation s'uccise egli medemo col suo pugnale, et con questa inventione, messe tra la regina et il re non picola discordia, confortava el re che dovesse proceder contra d'esso Thebat. Dall'altro canto, Iddio, che non vuol che quelli che fanno li misfatti impii et contra li ministri soi et della giustitia si possono lodare delle sue operation prave esser andati impunii, indusse Alessopullo il dì seguente di bona matina a pasar da la corte reale, et dalla fiumara vide il re in li balconi di sua camera, et li dimandò uno de soi stendardi; et il re li disse che dovesse andar sopra, et lui non vuolse, però il re comandò un balastrier che lo dovesse ferire, et lui fugì, et andò a casa del turcopullier.

Et il re immediate fece sonar la campana all'arme, et Alessopullo medemamente fece sonar la campana della capella di detto turcopullier a martello. Il re fece poi una crida, chi prendeva et menava in presentia sua Thebat et Alessopullo dovesse haver dalla real camera ducati 500 per huomo, et le case loro a sacco. La casa di detto Thebat era piena di cavalieri et altri, quali havendo inteso il bando del re, andò ciascun in casa sua; et rimasse Thebat, Alessopullo et li doi soldati che uccisero el visconte, li quali furono presi et menati in corte, et la casa sua messa a sacco. Quando furono in presentia della regina, la non si puote contenire, anzi disse a Thebat : « Ah! falso traditore e disleale, « c' havete messo guerra et inimicitia tra mio figliuolo et me! me conos- « cete voi tanto crudele, tanto impio, c' habbi voluto la morte di mio « figliulo, et il mio male? » Et andò gli commemorando tutti gli martirii et occision che fece alli soi servitori, et come voleva metterla a morte; et tolse una dagha da un servitore, et andò per ferirlo nella fazza, ma non fo lassata; e Thebat, per schivar quel che non pensava li dovesse intravenire, non rispose niente.

Poi furono menati nel tormento, et li tennero esaminando tutta quella notte, et hanno confessato molte cose che pensavano di fare. La regina voleva liberar Alessopullo, perch'era valentuomo, del quale il re haveva bisogno grande per la guerra di Famagosta, et scusavalo dell'error commesso, perchè li conveniva obedir a Thebat; ma havendoli risposto el re che se voleva liberar Alessopullo, conveniva liberar ancho Thebat, ch'era tanto valoroso et benemerito appresso di lui, la regina, per non lassar vivo Thebat, pregò che fussero decapitati tutti doi perchè l'havevano meritato, havendo fatto una tanta violentia nella sua terra d'haver ucciso el visconte, che rappresentava la persona sua, et el suo maestro cappellano e ministro de Dio, et quando ciò non fusse per altro, per dar esempio agli altri d'esser obbedienti.

El re haveva ordinato visconte de Nicosia Gioan de Nevilles, el quale fece la sua querella in corte, e la corte terminò che fussero detti delinquenti consegnati all'arbitrio del re. Il re li fece consignar al visconte, et la corte del visconte ordinò quattro carri sopra li quali posero li preditti delinquenti, in uno per huomo, et un sergente d'ogni carro, con un par di tenaglie de ferro caldo, e li tiravano le carni, cridando el delitto loro un nanno inanti, et palesandolo a tutti, ammonendo caduno di non essere così presuntuoso di far violentia in terra d'altri, ne tradimento, ne homicidio. Et passando dalla corte real, Thebat

346 CHRONIQUE

1376.

cridò al re misericordia; e la regina ch'era sù le finestre, fece pressa alli sargenti de passar presto, acciò che il re non li vedesse ne li facesse compassion o voglia di perdonarli. Il che vedendo Thebat, et ricordandosi delle parole precedente a lui dette, considerando che non se li poteva far peggio di quello li facevano, deliberò di sfogarsi anchora lui, et comminciò a dire alla regina : « Ah! brutta puttana, ti è « stata imbretonata[1] da me, et perchè io habbi a schifo la tua brutezza, « et volsi saziar la tua rabiosa voglia et appetito, mi volete male. » E poi scorrendo altre disse : « Guai agli huomini che dalle femine sono amati! « perchè altri con incanti et malie li fanno languire, perder el senno « et valor loro, et altre con astutie et inganni tendono mille lacci contra la « vita et honor suo, quando dal troppo amor son sdegnate con essi loro. »

Tuttavia costoro furono condotti fuora della città, alle forche chiamate di messer Thebat, perchè lui li face fare, et alzare con travi più del solito; et appendeva quelli che li pareva meritarlo, quando lui haveva il favore del re. Dove fu appeso anchor lui et li soi compagni.

A Thebat intravenne il caso medesimo che avenne già a Periclao, atheniese ingegnoso fabbro, che fece un gran toro di bronzo, et quello portò a donar a Phalaride, tiranno, per mettere quelli che voleva castigare dentro in detto toro, et ardesse poi fuoco intorno a quello, il quale scaldato dava un grandissimo tormento et crudelissima morte a quello che era dentro. El Phalaride, in pagamento dell'ingegnoso inventore, lo fece mettere nel suo toro, prima d'ogni altro, per provar la virtù del suo instrumento. Così Thebat fece fare le forche alte per sublime, nelle quali ha trionfato et goduto egli stesso.

Jean de Brie est mis à la tête de l'armée royale.

Nell'essercito del re che teniva assediata Famagosta fu mandato capitano un conte che capitò a Cerines, con una forbita compagnia, el quale tolse el re al suo soldo, et li giurò fedeltà, et in loco de Thebat fu fatto turcopullier Gioan de Bries. A Thebat fu trovato in casa una gran richezza, d'oro, argento, gioe, et monete rhodiote e molti altri

[1] Paris : *imberassata di me.*

beni, et il tutto fu tolto dalla gente che messe casa sua a sacco, eccetto una sella da donna, tutta con grosse perle et altre giòie, la quale fece fare pera presentare alla regina Valentina, sposa del re, figliuola del duca di Milan, che doveva venir di breve in Cipro. La qualle sella fu presentata al re.

1380.

Et poco da poi venne detta sposa, la quale portò seco gran thesoro e ricchezze, et venne accompagnata da molti valorosi gentilhuomini, et belle gentildonne, et si maridò el re con essa. La regina venne con cinque galee de Catalani, et sei Venetiane, richieste da Bernabo, duca de Milan, in recompenso de li quali dete a Venetiani 800 cavalli a danni de Genovesi. La qual, poco stando con la socera regina Lionora, si scorrozzorono tra esse con grandissimo dispiacer del re, che non sapeva a qual di esse dovesse discompiacer, o alla madre, il che per debito filial no doveva, over alla consorte, la qual amava, e però non volea. Alla fine, scrisse al re d'Aragona che dovesse mandare a tuor la madre regina Lionora. Et lui mandò una nave, e la regina andò a Cerines per mettersi in ordine, et andare via. Nelli soi casali haveva ordinato governator Thomaso Cartophilaca[1].

Arrivée en Chypre de Valentine de Milan, fiancée du roi.

Il re, dopo la venuta della regina sua consorte, havendo cinque galee de Catalani, sei de Venetiani, una nave del re d'Aragona, che venne per levar la regina Leonora, ridotte al suo soldo, et haveva anchor lui tre sue armate, quali mandò a prender el porto de Famagosta, et prendendolo tantare di espugnare la città da quella parte, perchè dall'altra parte l'essercito suo per terra haverebbe fatto il medesimo. Adunque l'armata fece impeto nel porto, et nella prima battaglia furono cacciati da Genovesi; nella seconda li Genovesi messeno nella bocca del porto tre navi grosse per impedir l'entrata agli inimici; le galee per questo non andorono a combatter d'avanti, ma da li lati del porto; et ruppeno parte del scoglio, e terra a torno l'acqua, che le

1380.
Le roi attaque Famagouste par mer. Résistance des Génois.

[1] Cf. *Généalogie des Lusignan*. Extr. de l'*Archivio Veneto*, p. 26, 28.

1382.

galee poterono entrare nel porto, et preseno le navi, galee, et altri navigli ch'erano di Genovesi al porto. Et havuto il porto, comminciorono assaltar le mura della città, et poste le scale introrono sopra. Il che vidcndo li Genovesi deliberorono rendersi, con salvar solamente la vita, et già havevano ordinato uno messo per mandar al re. Ma poi venne un Genovese in piazza, et disturbò quest'ordine, dicendo: « Io « vedo che il campo per terra non s'ha accostato a noi, ne si mosse dal « suo loco, perchè dovemo noi perdersi senza causa, et render la città « tanto miseramente? Andiamo tutti al porto e diffendiamolo vigorosa- « mente, et lassiamo dalle parte di terra solamente le guardie, le quali « se vedranno approssimarsi il campo ne faranno intendere, et alhora « prenderemo partito. » Piacque il suo conseglio a tutti, et però, lassato l'ambassiatore, corseno tutti al porto, e combatterono con tal vigoria che cacciorono quelli de le galee fora del porto con gran danno delle genti loro. Il campo da terra non si mosse mai, perochè l'ordine posto tra loro era, che quando le galee erano per dar l'assalto alla città dovessero far intendere al capitano del essercito da terra di muoversi ancho lui: ma le galee, havendo veduta la vittoria facile, non l'han curato di mandarli a dire niente per acquistare la gloria per loro. Per questo el campo non si mosse, che se quello si muoveva, haveriano immediate mandato l'ambassiatore al re, et haveriano di già resa la città.

Le galee venetiane scorseno in Soria, et poi tornando per andare nel golfo di Venetia preseno una gran nave de Genovesi detta Spina Regia, carica di gran mercantie di gran valore.

Guerre entre les Génois et les Vénitiens.

Li Genovesi nel medesimo tempo havevano armata a Genova una gran nave, over barza, chiamata la Pichignona[1], e la volevano mandar al Levante, et la vantavano che quella non haveria paura de xv ne xx galee; e molti mercanti si missero in quella, con robba che valevano da cinquentomila ducati. Li Venetiani, inimici de Genovesi, manda-

---

[1] Paris : *Pichiona*.

rono fuora Carlo Zeno, con XIII galee; il quale andò cercando tanto che la trovò poco discosta da Rhodi, et havendo havuto due barze a Rhodi, una forestiera et una spagnuola, affrontorono la barza genovese, la quale si diffese un giorno et una notte, ma havendo li Venetiani messo fuoco alle vele de la barza, se resero; et il Zeno, dopo tolto tutta la robba, et levati 160 mercanti, et altri tanti marinari, messe fuoco in la barza, et la brusò, altri dicono che l'ha fondata in alta mare. Mentre che il detto Zeno andava cercando la barza, et danneggiando dove poteva Genovesi, li Genovesi feceno armata, et andarono a Venetia, et combattendo tolsero Chioggia, et restrisseno molto Venetia. Per il che furono astretti i signori Venetiani liberar da la priggion perpetua, dove era condennato, Vettor Pisani[1], huomo di grande ingegno e discorso, il quale fece molte diffese et repari a Venetia, et con l'ingegno di quest'huomo et aiuto di Carlo Zeno, il quale immediatamente andò come intese l'assedio della sua patria, hanno liberata la città, rescossa Chioggia, et pressi li navigli et galee de Genovesi, et fatti preggioni loro con grande honore de Venetiani.

1382.

Del 1380, re Petrino cominciò a fondare et a far la citadella in Nicosia, nel qual loco erano le case del conte del Zaffo, ed alcune altre che lui ruinarono, et per la spesa di detta fabrica messeno una tassa volontaria tutti li cavalieri, borghesi, altri, di dar, chi huomini a servir dalli soi casali, chi pietre e calcina, et alcuni argento; et facevano servir li Genovesi che erano priggioni, et servivano con li ferri; e fu si grande la diligentia usata che in un'anno fu conspita la cittadella, eccetto le case real di dentro, che poi re Giacomo et re Giano[2] fecero, perochè re Petrino, del 1382 d'octobre, aggravato di malattia, morì; et fo seppolto con gran pompa nella chiesa di San Domenico con li altri re morti.

Mort du roi Pierre II. Octobre 1382.

Li cavalieri di Cipro, dopo la morte del re Petrino, havevano ordi-

Le connétable Jacques,

[1] Paris; A: *Pesani*. — [2] Paris; A: *Eugenio*.

1383.
sénéchal de Chypre, est déclaré héritier de la couronne.

nato siniscalco del reame, Giacomo de Lusignan el contestabile, ch'era in la priggion de Genova, come dretto herede del regno, et ordinorono per suo locotenente Gioan de Bries, et xv cavalieri al suo conseglio, cioè Gioan Gorapho[1] l'auditor; Gioan de Nevilles il visconte; Renier de Scolar, ch'era capitano della secretta, Ugo della Baume, Guido, suo fratello, Perotto de Montolipho, Glimont suo fratello, Amalin de Blessia, Rinaldo de Montolipho, Thomaso Barache[2], Thomaso de Morpho, et Pietro d'Antiochia. Et per poter liberar el detto siniscalco dalle preggion di Genova, havevano liberati quelli Genovesi, che tenivano con li ferri a lavorar, et con questo feceno pace con quelli di Famagosta.

Les Génois ramènent le connétable à Famagouste.
Déloyale conduite des Montolif.

Li quali subito deteno aviso a Genova delle cose seguite in Nicosia. Et li Genovesi, armate due galee, mandorono el detto siniscalco, sua moglie e tutti li altri Ciprioti ch'erano priggioni a Genova. Et venute le galee alle Saline, feceno avisati li signori del conseglio; li quali mandorono Peroto et Glimotto Montolipho, per veder ciò che volevano li Genovesi per lassar el siniscalco, perochè loro non erano per farlo mai re, mentre fusse priggion. Si dice che detti Montoliphi erano partiali della regina Valantina, et la consegliavano secretamente di tener il regno per lei, come suo padre, che tolse Milan et gran parte della Lombardia per forza; et in publico la confortava che si indusse dar el regno alla sorella del re Petrino. Però, andati alle Saline, et parlati con Genovesi, non conclusero nessuna buona cosa; nonostante che il povero siniscalco habbi pregato affettuosamente el detto Perotto et suo fratello di tener via e modo che dovessino restar in Cipro, e tenirlo in quel conto e titolo che loro volesino, perch'era pur troppo stracco, et lui e li soi compagni stando in preggione tanto tempo, e nelle catene, e che dovessino haver pietà di lui, di sua moglie e delli poveri altri gentilhuomini ch'erano tanti anni in li tormenti di Genovesi.

Ma il detto Perotto gli rispose: « È manco male che perdiamo voi « pochi che perder tutto el regno. » Li Genovesi vedendo così dura ris-

[1] Paris; A : *Corapho*. — [2] Paris : *Bareche*.

posta, voltorono le vele, et rittornorono a Genova con el detto siniscalco et tutti gli altri. Di che gli gentilhuomini del conseglio hebbero grandissimo dispiacere.

1383.

Però chiamarono conseglio per mandar a recuperar il prefatto siniscalco da Genova, et tutti del conseglio furono contenti, ecceto Perotto e suo fratello. Et dicevano alcune raggion che parevano qualche cosa, di modo che alcuni comminciorono adherirsi in la loro opinione; ma Ugo della Baume, che forse sapeva dove tendeva il pensiero di detti fratelli, si levò sù et riprese detto Perotto con parole vergognose; et così come parlava con parole alte cridò : « Viva re Giacomo! » Questa voce fu di tanta forza, che tutti immediatamente cridorono : « Viva re Giacomo! » et in un tratto preseno Perotto e suo fratello et li mandarono al castel di Buffavento. Hanno poi publicate le cride per tutta Nicosia da parte del re, et hanno espedito Nicolo Bussato, il quale, senza metter di tempo in mezo, andò a Cerines, et trovata una navetta andò a Genova, e portò la nova al re Giacomo, il quale li dette in feudo ducati trecento al'anno.

La haute cour proclame le connétable Jacques roi de Chypre.

Li Genovesi, vedendo che il siniscalco era eletto re, s'accordorono con esso lui[1] che la città di Famagosta con le due leghe, et le gabelle di mar fusseno di Genovesi in pegno per ducati cento mila, et li concesse anchora molte franchisie per l'isola, et loro lo lassarono andare in Cipro, con sei galee, lui, la regina, doi figli del principe, e tutti li altri cavalieri Ciprioti; lassando per ostaggio il suo figliuolo Giano, che nacque a Gianua[2]. Et venuto in Cipro, li fu fatto feste grande, come si conveniva; et fu coronato re di Cipro; et quattro anni da poi fu coronato re de Hierusalem pur in Nicosia.

Le roi Jacques traite avec les Génois et rentre en Chypre. 1383.

Perottino[3], qual era in priggion a Buffavento, saltò da una finestra della torre, disse per andar da re a domandarli venia; et cadendo al basso dislongò una gamba, e non pote andar; fu preso, et il re fece

---

[1] Traité de Gênes du 19 février 1383. (Sperone, *Real grandezza*, p. 116.)
[2] Paris et B : *Genova.*
[3] Paris : *Perotto.*

tagliarli la testa a lui et a suo fratello; et un moro, schiavo di Perettino, fu impiccato per questa causa.

El re, per rescuoter suo figlio, mandò Pietro Cafrano [1] con ottocento milo bisanti. Il quale andato a Genova, insieme con Gioan Babin, ch'era andato per insegnar lettere et buona creanza al figliuolo del re, annullorono, e reseccorono molti capitoli ch'erano contro il re di Cipro.

El re fece maritar Giacomo Lusignan, conte di Tripoli, con madama Margarita, sua nipote, figlia del re Pietro il Grande. Fece cavalier Gioan de Lusignan, e li donò la baronia de Baruto; e lo maritò con la figlia di Gioan de Morpho. Fece principe de Galilea Gioan de Bries, e li dette il casal Omodos; Pietro de Cafrano, armiraglio de Cipro, e li dette il casal Cristo e Temocrini [2]; Ugo della Baume, contestabile de Cipro, e li dette li casali di Piscopio [3] e Leucomiati; Guido della Baume, marescal de Hierusalem, e li dette il casal de Pallurocampo [4]; Rinaldo de Milmarz, marizal de Cipro, e li dette il casal de Genagra; Gioan de Nevilles, signor de Cesaria, e li dette el casal Ara; Gioan Gorafo, auditor di Cipro, e li dette el casal Acatho; a Gioan Babin donò el casal Apalestra; a Gioan Sosmeno el casal Crittu Marottu; al signor de Barutho, Gioan de Lusignan, dette li casali Lopho, Pelemidio, Pissuri, Chito, Palamides e San Roy.

El detto re fece una bella stantia, et uno delettevolo girardino al casal Potamia; fece una bella chiesa, la Misericordia, dove fu la torre della Margarita, con un bel vergero intorno; fece el castello de Sivori, chiamato Castel Franco; fece fortificar la citadella e le fortezze de Baffo; fece la gentilissima stantia, giardino e vigna della Cava, fora della mura di Nicosia, e molti altri edeficii.

La decima real fu imposta in tempo di questo re, cioè del 1385, e doveva durar dieci anni per pagar li Genovesi, per la qual decima

---

[1] Paris; A : *Lanfranco*.
[2] Paris : *Crito d'Antiochia, et Themocrini*.
[3] Paris; A : *Liscopio*.
[4] Paris; A : *Pallurocopo*.

mandavasi fuora esattori, e scodevano quel decimo d'ogni sorte d'entrada che producevano li casali. E dopo sei anni, il balio della secreta s'accorse che li esattori non facevano il dover nel scoder, e però fece scriver et esaminar l'entrade con diligentia, e le messe a pagar il decimo in fin. Et essendo passati li 10 anni, attento che il credito di Genovesi non era ancora soddisfatto, consentirono li gentilhuomini di pagare la decima per altri cinque anni, li quali non hebbero mai fine; et oltre di questo decimo, pagavano tutti quelli ch'havevano entrade, doe per cento, e li francomati pagavano bisanti uno per huomo, e si chiamava questa gravezza Chiefagliatico.

1385-1392.

E perchè, nell'anno 1392, fu in Cipro una peste grandissima, il re, a laude del signor Iddio, assolse detti francomati dal Chiefagliatico, e li gentilhuomini dalli due per cento; acciò havesse pietà dell'isola il signor Iddio e facesse cessar la peste; ma poco da poi impose la meta del sale, e volse che ogni huomo et ogni femina per tutta l'isola dovesse pagar un bisante all'anno, e che togliesse un mozzo di sale, la qual imposition montava ogni anno bisanti ottanta mila. E dette quest'intrada a dama Ecciva, sua figlia; di che tutti dell'isola si sentivano aggravati, perchè era cosa nuova, e maledicevano ogni dì tutti quelli che pagavano. Questa figlia del re visse solamente sei[1] anni da poi che fu imposta la meta del sale; la qual cessata di vita, cessò anchora l'imposition del sale.

L'impôt sur le sel.

Il re d'Armenia, nominato Lionetto, morì quest'anno; et il re Giacomo, come suo propinquo parente, richiese in corte il regno d'Armenia, e fu coronato re d'Armenia, e furon chiamati dall'hora in poi li re di Cipro, re di Hierusalem, Cipro, et Armenia.

1396.
Il se fait couronner roi d'Arménie, à la mort de Léon.

El alli 20 di settembre 1398, morì il savio e valente re, e fu sepolto al monastero de San Domenico, alla destra del altare.

E dopo un'anno fu coronato re di Cipro il suo figlio Giano, per man dell'arcivescovo di Tarso, a Santa Sophia.

Mort de Jacques Ier.
1398.

[1] Paris : *quattro*.

1398-1402.
Janus,
roi de Chypre.

Re Giano era molto bel prencipe, valente e pieno d'ogni virtù, amava gli huomini virtuosi, e reprendeva quelli che facevano di errori volontarii; non dimeno nel suo tempo hebbe molte tribulationi di guerre, peste e cavalette. Li Genovesi mossero guerra al re, e lui, con quest'occasione, gli levò molte cose di quelle che suo padre gli haveva concesse.

Nicolas de Guarco tente de livrer Famagouste au roi.

E siando a Famagosta capitano Antonio de Garco[1], qual haveva tenuto el re a battesimo a Genova, e gli portava affettione, gli volse render Famagosta secretamente, e li mandò li contra chiave[2] delle porte, per fra Gregorio[3], eletto vescovo di Famagosta. El re dette le chiavi a Perrin Machiera, et ad un giovane catalan, li quali mandò a Famagosta, che lo dovessero aspettar un giorno, che lui messe ordine d'andar con le sue squadre, et entrare dall'altro canto. Il re ordinò li suoi esserciti e machine da combatter; sopra le qual machine et ingegni ordinò Simon de Morpho e Georgio Billi[4], il qual Symon s'haveva sdegnato d'haver per compagno il Billi, conciosiache lui era nobile, et il Billi era borghese, ma huomo fidato et ingegnoso, et per questo il re s'haveva fidato di lui.

E come sdegnato, il Morpho non si curava di tener secreto il trattato che li era commesso per il re, anzi senza rispetto parlava con tutti; di modo che Tomaso del Campo Fregoso, figlio dell'armiraglio dei Genovesi, venne a saper il tutto da sua sorella, la moglie di Gioan de Nores. Il quale fece intendere alli Genovesi, li quali presero l'eletto, et postolo al tormento contra la volontà del capitano, confessò il tutto; e subito recuperato il giovane catalan, fecero squartar tutti dui e metter li loro quarti in le muraglie. Et essendo andato il re, con l'ingegni e squadre, in ordine a dar la battaglia, trovò li suoi disegni rotti, e li Genovesi in ordine a combattere e responderli; però, senza far altro, tornò in dietro.

Il Billi si fece grande, et il re, che conosse lui per valoroso, per dar esempio agli altri, lo fece proveditore del regno.

[1] Paris: *Cargho.*
[2] A: *schiave.*
[3] Paris: *Giorgio.*
[4] Paris: *Belli.*

Et essendo venuto in Cipro Bucciardo[1], con gran numero de navigli genovesi, il proveditor andò da lui, e lo riceve honoratamente, e li dette molti presenti da parte del re, e col suo mezzo fece pace con li Genovesi; ancorchè la pace durò poco.

E da ben nuovo li Genovesi ruppero la guerra col re, e durò tre anni; nella quale il re spese molti denari, e per mantener la guerra fece batter moneta di ramo grande chiamata Sisimia[2]; la qual valeva sei carci[3] l'una; e fece batter anchora denari minuti, et ordinò un officio chiamato Phoro, dove pagavano tutti quelli che vendevano e compravano in Nicosia due carci per ogni bisante. Il qual officio valeva assai. E quasi con quello manteniva la guerra, et assediò Famagosta per mare e per terra. E secretamente, mandò a Venetia, et fece venire alcuni pezzi grossi d'artiglierie, con le quali comminciò a batter la muraglia, e ruinò una gran parte, verso Chrusso Prassini; ma perchè quelli del re non erano provisti subito buttati li muri intrar dentro, anzi essendo ferito il capitanio generale del campo del re, che era Gioan Castegnan, e fu ferito d'una pietra di bombarda, tratta per li Genovesi in una cossa, morì, e non entrorono in Famagosta, ma levorno il campo.

Il re dette in feudo a Rinaldo de Milmars, mariscalco de Cipro, e suoi heredi de moglie maridata, l'isola de Selcor, all'incontro del castel de Curico[4], per recognittion d'un par de speroni, la vigilia de Nadal, e de ligge homaggio.

Li Genovesi havendo visto levato l'assedio da Famagosta, andorono per mare a Limisso, et hanno assediato il castello. Il re mandò il sinescalco con poca gente; et andato a Limisso, combattete con li Genovesi, e li ruppe, e prese da ottanta persone vive, et un gran pezzo d'artiglieria; la qual rotta fece li Genovesi humiliarsi, e far pace col re. Cessata adunque la guerra, cominciò il morbo, et durò 13[5] mesi; e cessato il morbo, cominciorono le cavalette, le quali facevano gran

1402.
Boucicaut vient en Chypre. Négociations et hostilités avec les Génois de Famagouste.

Les Génois sont battus à Limassol.

---

[1] Paris : *Bucciardo.*
[2] Paris : *Sisinia,* peut-être *Lisinia.*
[3] Paris : *crati.*
[4] *Gorhigos.* Voir Machaut, *Prise d'Alexandrie,* p. 315.
[5] Paris : *17.*

danno nelle biave, o verdure d'estate, le quali messeno nel paese una carestia grandissima d'ogni cosa.

Del 1411[1], venne in Cipro la dama Carlotta de Borbon, figlia del duca della Marca, accompagnata da fra Scurin, prior de Tolosa, e da Estien Pignol[2], e si máritò col re. In tempo della qual regina era pacifico el paese tutto, et era anco abbondantia d'ogni cosa. E elle fece col re un figlio nominato Gioanne, et una figlia chiamata Agnese, la quale fu poi maritata col duca de Savoia, e fece solamente un figlio, nominato Aluise.

Il principe de Galilea, fratello del re, andò a Famagosta, d'onde imbarcò in una nave, et andò in Ponente, senza licentia del re, di che il re ne hebbe gran dispiacere.

Li Catalani, e li navigli e fuste del re non stavano mai in otio, ma sempre andavano corseggiando la Soria, e portavano molte robbe e schiavi in Cipro. Della qual cosa il soldan del Cairo si resentì grandemente, e si morsicava le dita, ma perchè[3] era travagliato dall'altra parte dalli melec di Damasco, Tripoli et Alepo, era astretto attendendo a loro haver pasienza; et ha mandato in Cipro a recuperar con denari tutti li schiavi e schiave, eccetto quelli che furon batteggiati. E tuttavia, li corsari frequentavano, et anco li forastieri che venivano, corseggiando la Soria, tornavano in Cipro, e vendevano le prese loro, e toglivano refrescamenti. Le qual cose raccontò al soldan da novo un schiavo, che fuggì di Cipro, e si dolse precipuamente di Gioan Gasel, capitanio delle Saline, e Filippo di Pinqueni, governator di Limisso.

Per il che mandò il soldan 5 galee per danneggiar l'isola di Cipro, le quali vennero a Limisso il mese di settembre, e messe in terra, tolseno alcune mercantie de Venetiani, li quali erano in casa d'Alfonso di Santa Maria, loro bailo, e rubborono ancho dal resto della terra ciò che

---

[1] Bonne date. *Généalogie des Lusignan.* Extr. de l'*Archivio Veneto*, p. 60.
[2] Paris : *Pignuola.*
[3] Paris; A : *ma che.*

potevano trovar, e poi dettero fuoco. Filippo Provosto era balio in detto loco, il quale andò in compagnia de Filippo di Pinqueni, che il re haveva mandato con 150 huomini a piedi par guardar Limisso. Et in quello che discendevano, li Saraceni trassano una frezza vennenata, e trovò il detto Provosto, et immediate cadette in terra morto[1]. Li Saracini il presero e li tagliorono la testa, e Filippo de Pinqueni si retirò al castello. Le galee si levorono di là, e andorono al casal Covocha[2], e danneggiorono anchora quello, e poi andorno via. Il re fece armare due galee e due fuste, e le mandò dietro a quelle galee moresche; capitano delle quale era Thomasso Provosto, et l'hanno trovato de quelle una alla Giazza, e combattuta la presero.

Il soldan, per questo montato in maggior colera, fece armare et mandar in Cipro 50 galee, e vennero a Chielones, a Riso Carpasso, et il dì sequente andorono a Famagosta. Il re mandò il principe di Galilea, suo fratello, con 500 cavalli e 2000 fanti, tra Suriani, Armeni, artesani de Nicosia e francomati; quali andorno al casal[3] Sinda; e li Saraceni messero in terra parte delle sue genti e cavalli, et andorono al casal Trapesa, e l'arseno, et il medemo fecero al casal Calopsida. Et il prencipe, non sapendo dove si trovavano li Saraceni, cavalcò con tutto l'essercito al casal San Sergi, dove intese che li inimici si trovavano a Calopsides, però si partì et andava verso Sivori. Et al casal Stilles, trovorono 20 Saraceni sopra un monticello, otto a cavallo e li altri a piedi; de quali ammazzorno sei, et uno pressero vivo; li altri scapporno, e no furon seguitati per non disconzar l'ordinanza delle squadre, dubitando di qualche imboscamento di inimici. Quel giorno fece tanto caldo che morirono 11 persone di quelli del principe, tra li quali era Giacomo Palistrin.

L'infideli, come hebbero inteso che l'esercito del re s'approssimava loro, si ritirorno nelli loro navigli; et andavano tutta la riva del mar, et anchorchè il principe li seguitava per terra, non dimeno loro furono i primi alle Saline. E quando gionse el prencipe al casal Ara-

---

[1] Paris. — [2] Paris: *Covocola*. — [3] Les 17 mots suivants manquent dans Paris.

1425.

dippo, mandò una parte delli soi huomini al casal Larnica[1], dove hanno trovato una parte di Saracini a piedi; e combattuto con loro, rompero li Saraceni, quali messero in fuga con morte di più di 30 d'essi, e 6 christiani. Il dì seguente, li Saracini missero in terra, et arseno il casal Chieglia, e poi la stanza de la torre de Salines, et il casal Agrino, Dromolaxia, Chiti. Et andavano brusando da casal a casal fino a Limisso. Et il principe, che il dì inanzi con le sue genti haveva fugati li Saracini, credette che più non dovessero metter in terra, e però s'era ritirato infra terra per riposar li suoi gentilhuomini, et altri, e non meno li loro cavalli; perciò non si trovò più con essi.

Les Égyptiens s'emparent de Limassol.

Li Saraceni andati a Limisso messero in terra, et combattevano il castello. Et a una finestra a loro avvertita per un schiavo saracen, la quale finestra era murata con pietra e fango, trassero un pezzo d'artiglieria e la ruinarono, e fatto loco entrarono dentro, e presero il castello, dove uccisero Stephano da Vicenza, che era il castellano, et tolsero tutto cio che era in quel luogo, de facultà, arme, genti. Il principe havendo Gioan de Grinier[2], e Badin de Nores per consiglieri, li quali s'erano risentiti dal caldo e più non potevano seguitar li inimici, ritornorono in Nicosia, et il re ordinò capitano della detta gente Domenico de Palu, e lo mandò a Limisso col stendardo real.

Li Saraceni intesero la venuta di questi, e fecero un imboscata per tuorli de mezzo, così come venivano, e lasciati fuora otto Saraceni a cavallo andando verso li Christiani, et il resto s'ascose in certa valle; li Christiani vedendo li non si poteron tener e corsero per andarli dietro, ma un villano ch'haveva visto li infedeli imboscarsi, gridò a gran voce: «Non fate, non fate, perchè sono imboscati,» e però si ritirorono. Il che udendo li Saraceni uscirno fuora dell'imboscamento e si ritirorno nelli navigli loro, et erano 600 mamalucchi armati, parte a cavallo, parte a piedi. Il capitano del re andò a desinar a Paramides, e la notte a Limnati. Li Saraceni vedendo non poter far alcun profitto, ma solamente

---

[1] Paris: *Larnaca*. — [2] Paris; A: *Grania*.

danno, si racolsero in li navigli loro et andorno via; li quali havevano preso Andronico da Curico e Precugnato, e mandati al Cayro furono astretti grandemente a rinegare, e non havendo voluto, morino in li martiri; le anime di quali, come si crede, sono come li altri martiri.

Quando Thomaso Provosto e Gioanne Podocatharo andorono al Cayro ambassiatori del re, fecero amicitia con un Saracin di buona coscienza, huomo di valor e di buona creanza, nominato Sith; il quale, havendo inteso da detti ambassiatori, e da altri, le tante virtù, bontà e valor del re Giano, s'indusse a volerli bene, et haverli affetione, come a figlio suo proprio. Al quale li ambassiatori, da parte del re, havevano presentato molte cose, ma lui non vuolse tuor altro che cose da mangiare perchè era troppo ricco, e non haveva desiderio di accumular richezze. Costui, udendo dal soldan la mala disposition che teniva contra l'isola de Cypro, la ruina della quale havevano giurato, hebbe grandissimo dispiacer, sapendo la gran potentia del soldan, il quale haveva suggiugato tutti li baroni e signori de Soria; e conosceva che il re haveva torto, perchè haveva promesso più volte al soldan de non accettare corsari, ne lasciar vender in Cipro le robbe prese da Soria, et tamen lui faceva l'opposito; et il soldan istesso e gli altri Saraceni, che stimavano il re per huomo da bene, si dolevano perchè non attendeva la sua parola; et haveva mandato due volte da poi el soldan al re per reiterar la pace, et il re non vuolse risponder niente.

Onde mosso Sith dell'affettion che portava al re, et per pietà c'haveva di veder così gran ruina, mandò il suo figliolo al re con lettere, confortandolo, che si dovesse rimuover di tal fantesia et animo, perchè era mal consigliato a tirar sopra di se una si fatta guerra; dinotandoli la mala dispositione del soldan verso di lui, e si maravigliava c' habbi voluto mancar dalla sua promessa, e perchè non ha fatto stima degli ambassiatori del soldan, e come fu referto al soldan che li Ciprioti si andavano vantandosi di castigar il soldan, et ampliar li loro casali con li schiavi che si promettevano di fare Saracini, et altre cose inepte, che andavano dicendo; le quali il buon Sith reprendeva amorevolmente,

1425.

Un Sarrasin nommé Sith, touché de ce qu'il avait entendu dire d'avantageux du roi Janus, s'efforce d'empêcher les hostilités.

1425.   et pregava pèr detto figliuolo il re, e lo scongiurava, da parte di Dio, che si dovesse avvertire, e non intrar al peccato del sangue humano, che si potrebbe spander per questa causa; avvertendo il re che il soldan non era all'hora come era nel tempo avanti, perocchè la signoria della Suria, la qual era divisa a più signori per inanti, all'hora era unita, e tutta sotto la sua subiettione, per il che era assai più potente che l're; et era in prosperità grande il soldan, et haveva conseglieri savii, et huomini usati in l'armi più di loro; e che haveva 50 città più grande della sua Nicosia; e ricordandoli che dovesse tuor la carta del navigare, o mapamondo, perchè in quella vedrebbe la grandezza della sua isola, e quella della terra che possedeva el soldan; soggiongendo che lui signor faceva quest'officio con lui, come buon padre, che li era in carità, ancorchè questo era contra la sua legge, e se egli non si voleva remuover da questo, gli pronosticava che saria vinto, e ruinato lui e li suoi cavalieri, e popoli, e potrebbe essere poi che si pentisse tanto tardi, che l'pentir non gli giovasse. Di che egli si iscusava appresso Iddio et appresso al mondo.

Il figlio di Sith venne a Famagosta, e fece intendere al re che li voleva parlare di cose di somma importanza, mandato a posta da suo padre, buon amico ed affettionato del re. Il re, chiamato il suo conseglio, espose il caso della venuta di questo figliuolo di Sith, e domandò il parere delli suoi; li quali consigliorno che per niente non lo lasciasse venir da lui, però il fece andare a Leuconico, dove mandò Perrin Palestrin, e mastro Gioan Synglitica, phisico, e parlorono con esso lei. A quali disse l'ambasciata di suo padre, e diede anche le lettere dirette al re; e chiamato il Pelestrin a parte, gli prometteva gran doni se lo faceva veder il re, che tanto amava e lodava suo padre. Ma egli si scusò, dicendo così usanza in questo regno di non lasciar mai alcun forastiero veder il re, massime in tempo di guerra. Tornati costoro a Nicosia, presentorono le lettere, le quali non lasciarono toccar al re; ma quelle dettero a Gorzi Chadit[1], il quale le tradusse in greco. Il conseglio del

---

[1] Paris: *Giorgio Cadit*.

re, inteso le lettere e le parole che referse il Palestrin, giudicò esser lettere ordinate dal soldan, il quale scriveva così per fare terrore al re, ma che l'tutto procedeva perchè il soldan haveva paura delli Cipriotti, li quali s'offerivano alteramente di sostentar la guerra contra il soldan, e di prender tanti schiavi dalli Saraceni che si promettevano di ampliar da seno li casali e possession loro. Dunque al figliuolo de Sith fu mandato presenti, e fattoli scrivere da parte del re che gli ringratiava Sith, suo amico, degli avisi che gli dava, ma che non si spaventava punto della grandezza e potentia del soldan, e della prosperità, e de suoi soldati pratichi in la guerra; et ogni volta che volesse cercar di far guerra con li suoi, prometteva renderli buonissimo conto; il re non haveva mancato mai della sua promessa, e se Cattalani venivano con robbe corseggiate a vender nel suo paese, questo non era colpa niente, perchè il suo paese era libero, e ciascuno poteva andar vender e comprar ciò che volesse, massime con chi non haveva causa di far devedo[1], per essere Christiani come lui; e se il soldan l'haveva per male, lo lasciava far ciò che poteva.

1425.

E con questa risposta, espedirono il figlio di Sith, e ritornò in Suria. Sith, che per questo si può considerare la lettera che scrisse al re era con ordine, overo con saputa del soldan, che altrimenti non avria potuto mandar fuora di Soria il suo figliuolo, referse la risposta del re al soldan. Il quale immediate fece fare una grossa armata, così confortato e sollecitato da Benedetto Pallavicini et altri Genovesi, e da Caramanla, signor de Scandeloro, li quali dubitavano del re, che havendo resposo non movesse guerra a loro per Famagosta e Scandeloro. Et il primo di luglio 1426[2], comparsero a Pissuri 150 vele in circa, tra galee grosse, e bastarde, e navi da cheba et altre gierme, e gripparie. E da Pissuri vennero a Limisso, e messero a terra 600 mamalucchi a cavallo e molti altri turcomani chiafes[3]. Capitano di quali era Tancrivardi, e per mare era capo Aynal Azercet;

Le sultan, à l'instigation des Génois, envoie une nouvelle armée en Chypre. 1426.

---

[1] Paris: *divieto*. — [2] Paris; A: *1424*. — [3] Paris: *chiafus*.

1426.

Le roi marche contre les troupes du sultan.

et combattuto el castello, il presero con facilità, perchè non gli era chi lo deffendesse.

Il re, come intese la nuova di quest' armata, si partì da Nicosia con tutto il suo forzo dei cavalli e fanti, et andò al casal Potamia, dove intese la nuova della presa di Limisso. Gli Saraceni mandorono un ambassiatore al re, da parte del soldan, e li cavalieri non l'hanno lasciato vedere il re, ne darli audienza. Mandorono un altro messaggiero al re, e Fillippo de Pingueni lo retenne al campo; et il re giunse a Chirochitia con tutto il suo essercito, et alloggiò nella torre di detto luogo, con li signori cavalieri e gentilhuomini che quella puote capire; il resto del campo alloggiò fuori negli arbori, e tanto distanti l'un dall'altro che un huomo a cavallo in mezzo dì non havria circondato tutte le loro stanze.

Nouvelles démarches pacifiques des Sarrasins.

Li Saraceni scrissero al re una lettera, e gliela mandarono con un villan, la quale diceva da poi la debita reverentia : « Il soldan nostro « signor n'ha mandato al vostro paese, e voi come figlio del soldan non « havete mandato a visitarne, non almeno domandarci che cosa cer- « camo nel vostro paese; però vi facciamo intendere che lo dito nostro « signor n'ha mandati quì per fare nuovi patti e convention con voi. « Che più non dobbiate accettar corsari, che daneggiano la Soria, ne « riceverli nel vostro paese, o darli recapito, ma che siete amico degli « amici et inimico degli inimici del soldan, come devono fare li buoni « amici, e vicini; et in questo caso volendo venir a confermar questi « patti il signor nostro soldan, n'ha dato il suo tappendo[1], perchè voi « abbiate a sentar sopra, per honore; e venendo a parlare con noi, « vi promettiamo che voi restarete contenti, e noi ritorneremo al si- « gnor. Ma se voi non vorrete, vi promettiamo essere con voi, avanti « che passi domenica. » Letta la lettera, chi diceva che non era fatta in forma di ragion, chi la giudicava scritta soiando, altri per ingannar

---

[1] Paris : *tapeto*.

il re d'andar a loro e prenderlo; e per sapere questa verità, presero colui che portò la lettera, e li dettero tanti tormenti, che morì. Il dì seguente, fu avisato il re che li Saraceni si mettevano in ordine per combatter; però comandò ancora lui che s'approssimasse l'esercito in li muri della torre dove dormì quella notte. La qual notte fu vista una gran cometa, che parea fuoco in forma d'una stella grande, e quella cadette dal cielo sopra il campo dell'esercito christiano, di che hebbero tutti li Christiani gran terrore. L'improviso partir del re e delli suoi non lasciò proveder di vittuarie, ne per gli huomini ne per li cavalli, però una parte di coloro, che non havevano portato seco, andavano cercando per i casali vicini il pane e la carne, e per li cavalli apersero le are, e li posero molti mazzi, li quali mangiarono tanto, che parevano infiati.

1426.

Il giorno seguente, che fu domenica, di buona mattina, le guardie avisorno il re che li Saraceni s'approssimavano a lui; et immediate si levò, e messò una celata in testa, e cavalcò, commandando che tutti si dovessero armare, e cavalcare quelli che havevano cavalli, ammonendo quelli che gli erano appresso, che per honor di Dio, e per amor suo, dovessino quel giorno redur a memoria li disfidi, e strapasso de parole che gli facevano scriver al soldan, overo a Sith per lui, e s'arricordano che la giornata che havevano a fare andava per la facultà, per la vita, et honor loro et delli figliuoli, e parenti loro; e li confortava che dovessino far corrispondenti li fatti alle parole loro : « Per Dio, ve prego, « diceva il re, lasciate tra voi ogni odio, ogni rancore, ogni inimicitia, « e fatte con tutti in questi giorni essere fratelli, et io, vostro padre, e « le donne, et altri huomini che non han possuto venire, stimateli per « vostri propri figliuoli e così combatterete animosamente, aiutando l'un « l'altro, dove crederete richieder il bisogno. La superbia, come in ogni « cosa è nociva, in la guerra è tanto pessima, che mai hebbe vittoria chi « ha combattuto con superbia; noi siamo christiani, e dovemo essere « humili ed obbedienti alli precetti del nostro signore Giesu Christo; « ognuno sarà contento de redursi sotto la bandiera del suo capo, e star

Bataille de Chierochitia. 7 juillet 1426.

« all'obedientia di lei, perchè siamo uniti tutti di voler e d'animo, non
« dubito c'haveremo vittoria, essendo massime in casa nostra, e l'ini-
« mici nostri forastieri, li quali non sanno dove sia valle, ne campagna.
« Hoggi sarà tempo che dimostriate il valor vostro, e conservando la
« fama delli vostri parenti; col nome del nostro signore Gesu Christo
« andiamo. » Il re haveva ordinato Gioan de Verni capitanio sopra una
parte dei cavalieri, et agli altri haveva ordinato capitano el contestabile;
ma loro non si contentavano di stare alla disciplina d'altri che del re,
e però andavano senza alcun ordine.

Il re stando sopra una colina, metteva in ordinanza alcuni fanti con
li pavesi per la diffesa della sua persona, ma havendo inteso da alcuni
cavalieri, che erano ritornati dall'antiguardia feriti, come l'antiguardia s'era incontrata con li Saraceni e combattevano gagliardamente
dall'una e dall'altra parte e furono morti 3o Saraceni e molti feriti, e
delli Christiani erano morti cinque et otto feriti, spinse l'esercito inanzi,
et andò alla costa d'un monticello, havendo il prencipe alla destra,
e Gioan Grinier e Badin di Nores alla sinistra, e tutti gli altri della sua
squadra il seguitavano in ordinanza. Nel qual luogo comparsero li Saraceni dalla cima, et havendoli veduti li fanti cominciorono a cridar e
sonar i tamburi. I cavalli delli Sarraceni[1] venivano giù dal monte con disvantaggio grande; e li Christiani che erano in la mezza aria del monte
havevano avantaggio, però spinseno li cavalli, correndo adosso alli Saraceni vigorosamente; e primo di tutti corse il re colla spada nuda[2], e
dopo lui gli altri cavalieri; et havendo morti alquanti Saraceni, li fecero
ritirar adietro e ridursi in una valle da quella parte che venivano insieme
molto strette, talche chi voleva disconsarli bisognava haver assai, e
miglior cavalli di loro. Il re non voleva investirli altramenti, ma voleva
farli la guardia, tanto che da se s'havessero mossi e poi dar in mezzo
di loro, e sparpagnar e romperli. E così haverebbe fatto, se non che
un turco figliuolo di Tacca, venuto all'obbedientia e soldo del re, gli
disse : « Signor, diamogli adosso mentre son pochi, e li romperemo certi,

---

[1] Paris. — [2] Le long passage qui suit les mots : *colla spada nuda* jusqu'aux mots *una de Felinger* (p. 366), manque dans Paris.

« perchè venendo degli altri, che difficilmente si ponno vietare d'unirsi, 1426.
« sarà molto più difficile a romperli. » Fece adunque sonar la trombetta
a raccolta; ma li cavalieri s'erano sparpagnati; e li pedoni, ch'havevano
scoperto dalla cima del monte un altro squadrone di Saraceni che
veniva, si missero in fuga, e lasciati li paesi et arme loro, correvano
quanto potevano. Il re, con quelli pochi che restorono[1] con lui, investirono li Saraceni, credando che anco gli altri dovessero venire, e nel
primo impeto fecero miracoli. Li Saraceni vedendo fuggire li Christiani senza causa, dubitorno di qualche strattagemma, e si ritiravano
pian piano indietro, e pregavano Iddio che si havessi trovato alcuno a
parlargli d'accordo. Il re, vedendosi così con pochi compagni, abbandonò
l'impresa, e pi[a]namente andava indietro alli suoi, e per strada il suo
corser cadette tre volte, e poi trovò un gambello, che giaceva in terra,
e l'impediva il passo, onde gli fu forza dismontare. Li Saraceni seguivano li Christiani, ma non in impressia, anzio andavano lentemente,
riservati e dubbiosi; e per strada trovorono alcuni Christiani sedenti
all'ombra degli albori, per il caldo grande che fece quel giorno, e per
la stanchezza del camino, a quali non feceno dispiacer li Saraceni, anzi
passarono oltra spiando d'ogni intorno per qualche imboscamento, di
modo che gionsero fina alla torre, dove trovorono alcuni Christiani che
attendevano di abbrusar il corpo del messo di Saraceni già morto nel
tormento, come si è detto di sopra; et havendolo conosciuto, gridando
fortemente, et abbazzorono le lanze irati, et corsero adosso alli Christiani, et ammazzono molti di quelli, che non volsero abbandonar il
re, e tra gli altri fu morto il prencipe.

Il re che era montato sopra un altro cavallo, ma non era così potente *Prise du roi.*
come il suo, et egli ch'era grasso e grande, caricò di sorte quel' cavallo che non si poteva muovere; dui Saraceni arrestorono le lanze,
e corsero adosso al re, il quale vedendoli gridò in arabesco: « Non fate,
« ch'io sono il re », l'uno ferì il re poco nel viso, e l'altro passò vodo.

---

[1] B; A: *il re che restororono.*

Calceran Suares, cavallier catellan, che fu poi armiraglio di Cipro, si trovò appresso del re, e dismontò dal suo cavallo e coperse il re con la sua sopraveste, e disse alli mamalucchi esser il re, e non lo dovessero occider. Vedendo li Saraceni haver priggione il re, e sconfitto il campo christiano, con pochissima fatica, quasi nol credevano anchora; et essendosi sparpagnati al campo, fecero grande occisione dei Christiani, quali andavano dispersi, e vaggabondi; e poi menorono alla marina, e gli posero li ferri alli piedi; e quella notte dormì in terra.

Et il medemo giorno, andò l'afflitta nova in Nicosia del sconfitto delli Christiani, e della presa del re; dov'era[1] monsignor cardinale, fratello del re, madama Agnese sua sorella, il signor prencipe d'Antiochia, e madama Agnese, figliuoli del re; la madre di quelli figliuoli, la regina Chielvisa, era gia morta 6 anni avanti. E per tutta Nicosia non si sentiva altro che pianti e lamenti in ogni contrada, in ogni casa de gentilhuomini. Il cardinal, quella medema notte, ha posto in fasso tutta la roba, e fece cargar su gambelli e carri, e mandò il tutto a Cerines, in guardia de Estien Pignol; e la mattina, caricò ancora lui con la sorella e figli del re, et andorno a Cerines per salvarsi.

Le genti di Nicosia, parte tolevano le moglie e figli, et andorono per li casali e montagne, et abbandonando le case e robbe loro; alcune se missero con le sua facultà nella casa del bailo di Venitia, nominato Esmerio Querini; il quale era andato a Cerines per salvarsi, et haveva lasciato in suo luogo Estas de Burello. E questi che andavano a salvarsi nell'alloggiamento di Venetiani, il facevano per che Venetiani havevano buona pace col soldan, e costoro dicevano essere Venetiani; et erano da circa mille persone, con una gran ricchezza d'oro, argento e gioie.

Nel mare, si trovarono 17 vele di Christiani, cioè 7 galee, una fusta, 7 navi e due altri navi di pellegrini. Le galee erano due del re, una del Palol, una de Felinger[2] et una di fra Canto; la fusta era di Matteo Costa; delle navi una era de Georgio del Campo Redon di

---

[1] A: *ch' era*. — [2] Fin de la lacune de Paris.

botte 1500; del concilio una, de Fabrigo una, de Carsia una, de Amat una, venetiana una, e del re[1] una, e due di pellegrini. Queste nave e galee deliberorono d'investire l'armata de Saraceni, dapoi che fu preso il re, et andorno contra di essa, ma non voleva alcun di essi essere il primo ad investire. Li pellegrini con le sue due navi e le due galee del re tolsero l'assonto di esser li primi, et andorono avanti, et investirno credendo che dovessero seguitare gli altri; ma non si havendo mossi loro, li poveri peregrini furono circondati da tante galee e navi che non poterono più uscir fuora, di modo che furono presi e tagliati a pezzi in presentia del re. Le galee del re hanno combattuto un gran pezzo, e poi vedendo che le altre non le soccorrevano, e sole tra tanta armata, non potevano fare si non male, s'allargarono e poi a forza di remi si retirorno la dove erano le altre galee. Li Saraceni pensando che erano andate per unirsi con le conserve, e tornar per assaltargli, dissero al re, et egli fece scrivere al signor de Barutho, che era capitano detta armata, che per niente non si dovesse accostar all'armata di Saraceni, ma tornare in dietro, e così fecero; le due galee del re andorno a Cerines, e le altre al Corso[2].

1426.

L'armata delli Saraceni venne alle Saline, d'onde si partì una frotta de Saraceni per andare a Nicosia, e passando dal casal Potamia arsero il casal, e la bella e gentil casa real del detto luogo, poi andorono in Nicosia, e reduttisi tutti nel colle di Santa Margarita, scopersero la città, e vedendola così grande e le case così spesse, hebbero rispetto d'entrarvi. Ma quattro fratelli Audeti, e Badin Billi uscirono fuora delle porte, tenendo in mano rami d'arbori, e torzi allumati, et andorno a confortarli et assicurarli d'entrare; tuttavia li Saraceni non si assicuravano ancora; ma le genti, che rimassero in Nicosia andorono fuora, domandando salvo condotto alli Saraceni, alli quali davano frezze con lettere di tenir in mano per sigurtà, e fecero far grida che ogni huomo dovesse restar in casa sua sicuro; per la qual grida rima-

Prise et pillage de Nicosie.

---

[1] Paris: *regina*. — [2] Sans doute *Corco*, Gorhigos.

sero molti di quelli che fuggivano. Gioan Flatro andò dalli Saraceni, e vi richiese di farlo secrettario perchè sapeva tutte le entrate de Cipro. Un altro, Manoli Lasca, fece fare una lettera a Stassin Gulo[1], che era scrivan, per venir come prattico delle cose del paese, e venne in Nicosia, e li mostrorono buona ciera e li promettevano gran cose. Li Saraceni andati nella casa del bailo di Venetiani, hanno veduto molta gente e gran richezza, dove fu chi gli disse non esser il tutto di Venetiani, e però posero delli suoi huomini a custodirla, acciò non fossero le robbe trabalzate, stettero due giorni vedendo et esaminando minutamente ogni cosa; et il terzo giorno, havendoli scritto gli Saraceni delle Saline, che si dovessero espedir imperochè ancora dubitavano dell'armata del re, la mattina, a buon ora, messero tutta la città a sacco, e presero ciò che trovorono dentro, et huomini et donne et putti, e robe, e similmente quelli che erano nella casa del bailo con tutte le loro robe, et il vice baylo, e parimente Badin Billi, li Audeti, Gian Flatro, e Stasin Gullo; e non hanno lasciato cosa, ne stantia, abbatia, o chiesa, che non sia stata cercata; dove occisero molti huomini, vergognorono molte femine nelle chiese; e poi messero fuoco in molte case grandi de gentilhuomini, e specialmente nella ben composta corte real, che in tutto il mondo era fama che non haveva paro, la qual tutta fu arsa e destrutta.

E si partirono la notte seguente con tutta la presa delle genti e robe, piangendo li poveri Christiani la cattività e servitù in la qual andavano, le infelice femine che tenivano in brazzo l'innocenti loro figliuoli bambini, che piangevano per lattare come si firmavano, perchè impedivano il caminar in fretta. Li Saraceni, che con non picolo sospetto caminavano, prendevano li grami puttini dalle meschine madri, e gli lanzavano per terra morti. Alcune donne che non erano use di caminar a piedi, alcune altre impotente dell'età, o da qualche infirmità, non potevano seguitarli, gliene tagliavano le teste con le cimitarre, e molte altre crudeltà et abhominatione facevano. E se la presa tanta d'andare

---

[1] Paris; A ; *Stasiri Grillo.*

alle Saline non li havesse cacciati tanto tosto da Nicosia, haveriano fatto molto maggior danno in Nicosia, e per li casali. Costoro, andando alle Saline, andorno nel monte della Verace Croce, e brusorono quella abbatia del monte Olimpo.

La città di Nicosia rimase abandonata; onde li huomini ribaldi e tristi, che non havevano timor di Dio, rompevano le case e tollevano quelle robe che gl' infideli non hanno trovate, overo possuto portare. Era nel soldo del re un certo conduttier italiano de casa Sforza, con alcuni Spagnoli, li quali, nella presa del re, fuggirono per li casali, e dopo la partita delli Saraceni, vennero a Nicosia, e sassinavano, e sforzavano le persone per le strade, e li toglievano ciò che portavano; et havendo vista la città senza capo, cercorono di occidere quelli pochi di nobili che ne erano rimasi, e tegnir l'isola per il detto Sforza.

Li villani rebellarono per tutta l'isola, e fecero tra loro molti re e capitani con gente armate, con aste, bastoni, balestre, e ciò ch' han potuto trovare; e fecero eserciti, et andorono rompendo li granari, le are, le caneve, le cuccine de zuccari del re, e delli cavalieri; e toglievano e guastavano il tutto, facendo del mal assai.

Il cardinal, fratello del re, fu fatto governator del regno, per consentimento di quelli cavalieri e borghesi che si erano rimasi. Il qual governator, vedendo li inconvenienti che si facevano per l'isola, da poi che l'armata degli infideli si partì et andò alla volta del Cairo[1], mandò Charion de Giblet con alquanti compagni a Nicosia, e fecero gride da parte del re e del governator che ognuno potesse venir a casa sua, attendendo a fare li suoi negotii senza sospetto; ed havendo preso alcuni di quelli ribaldi, gli fece tagliar le teste, et a questo modo le persone cominciorono a ritornare nelle loro case, e li tristi cessare di far male. Medemamente mandò frate Angelo Mucetola, cavallier della religion de San Gioani, et Antonio da Milan, in compagnia de molti altri,

[1] Paris; A: *Cipro*.

in la contrada de Bafo e Crussocho, et altri in le altre contrade, e presero parecchi di quei rebelli. Li capi delli quali furono impiccati, et agli altri furono tagliati li nasi e le orrecchie, et a questo modo cessò la ribellione.

Nel medesimo tempo, fu portato dal pontefice il capello e bolle del cardinal predetto, il quale era promosso, e postulato ancora per arcivescovo de Cipro; e la seguente domenica portò il capello rosso per cardinal clerico di Santo Andrea, et hebbe ancora il titolo dell'arcivescovo, perchè il possesso l'haveva per avanti.

Il mese di novembre, venne in Nicosia Calceran Suares, mandato dal re dal Cayro, per far provision de denari per il riscatto del re. Et per trovar questi denari, fu data licentia alli feudati di vender parici et entrade, seconda l'assisa; e medemamente, il governator vendette d'ogni sorte d'entrate e parici, e massime li perpiriati de Nicosia, li quali si franchitero all'hora, a ducati 20 per huomo.

Dopo la venuta del Calceran Suares, hanno frequentato di andare e venire molti al Cayro; e dopo preso il re mesi 10, s'accordò col soldan, col mezzo di alcuni mercanti Venetiani, che si trovorno in quelle parti, ma con gran difficoltà, perochè il soldan voleva che il re renegasse, o che le desse un milion de ducati d'oro, overo che le fosse tagliata la testa. L'accordo è stato per ducati duecento mila venetiani, e per cinquemila l'anno de tributo.

Venuto in Cipro il re, li poveri preggioni parte di loro si rescatorono di elemosine, parte con pleggiarie; alcuni furono venduti e mandati in diverse case; e tali renegorono e restorono in pagania, e parte d'essi morirono al tormento, perchè non volsero renegar la fede.

Visse il re Giano, da poi venuto da Cairo, anni cinque, senza travaglio di guerra con alcuno; e poi passò l'humano debito, con una malattia grave, che fu represso, e restò arsirato in letto un anno. Fu sepolto a

San Domenico, dove si vede il suo epitafio in latino, che dice in questo modo :

EPITAPHIUM JANI, REGIS SERENISSIMI CIPRI.
1432, DIE 29 MENSIS JUNII, CUJUS ANIMA REQUIESCAT IN PACE.

Hic situs est Janus, qui Ciprum rexit amenam,
Trajano similis integritate fuit;
Cesar erat bello, superans gravitate Catonem,
Nobilibus fuerat portus et aura viris.
Ut Deus in terris, decimo castissimus anno
Vixit, et in populis gratior ipse Deo.
Sanctior his cunctis, et sanguine clarior extat.
Umbra polum celebrat, detinet ossa lapis.

Dopo la morte del re Giano, fu pubblicato re di Cipro Gioan, suo figliuolo et herede, perochè Giano aveva solo questo figliuolo et una figlia nominata Agnese, la quale maritò nel duca di Savoja, col quale fece solamente un figliuolo, nominato Aluise. Fu dunque coronato Gioanne a Santa Sophia, per man de fra Salomon Cardus, vescovo de Tortosa, alli 26[1] agosto 1432; e si maritò con madama Medea de Monferrato, la qual visse maritata due mesi solamente, e poi morì; e un anno poi, si sposò in madama Elena Paleologo, figliola del signor Theodoro, despota della Morea.

Nell'anno 1441, essendo venuto in Cipro il signor Giames Villaruoto[2], con quattro galleazze, e ritrovandosi in Cipro altre xii galee et otto navi di Catelani, il re volse fare un tentattivo a Famagosta, e mandò l'assedio per terra, e le galee et navi per mare; et la fece combatter tre volte per mar e per terra. Ma li Genovesi, c'hebbero tempo di mettersi in ordine di quelle cose che gli bisognavano, si diffesero gagliardamente; e vedendo il re che non la poteva espugnare, fece trattar la pace con Genovesi, e levò l'assedio.

Detto re Giovanni era huomo piuttosto semplice che d'ingegno ele-

[1] Paris : 24. — [2] Paris; A : *Villamuto*.

vato, di modo che la regina Helena, sua consorte, l'haveva sottomesso tanto che lei faceva e governava il regno come voleva, e lui sottoscriveva ciò che lui comandava; et senza suo rossore, per documento pubblico in alta[1] corte registrata la constituì governatrice del regno, stando lui sano e nel regno. Certamente detta regina Helena era greca, astuta e prudente, haveva gran divotion nella religion dei Greci; e lui fece edificare il monastero di Mangana, e li diede casali ed entrate per più di 1500 ducati all'anno.

Quando venne in Cipro, trovò che il re suo marito haveva ingravidata una dama, Marietta da Patras dal Arcipelago, donna bellissima e savia; e come il seppe la regina mandò a chiamarla, e gli tagliò il naso per due cause: prima acciò non piacesse più al re, e poi acciò disperdesse anco la creatura; indovinando quasi che quella creatura li doveva esser, come fu, contraria molto. Il re non cercò più detta dama Marietta, o perchè la vedeva così brutta senza naso, o perchè forse haveva rispetto della regina. La creatura non fu dispersa, anzi nacque di lei un figliuolo belissimo d'una fazza allegra, e di così ben proporzionate belezze e gratia, che ognun chel vedeva lo giudicava figliolo del re; et havendolo veduto il re suo padre, li pose tanto amore che se il rispetto della gran consorte non l'avesse tenuto, gli haverebbe renunciato il regno. Lo fece governare appresso sua madre, e quando fu il tempo lo mandava alla scuola a imparar lettere; ma lui era tanto fiero, et haveva tanta forza, che tutti li scolari erano da lui battuti ancorchè di età molto maggiori di lui fossero. Andava più volontieri a veder a giuocar di scrimia che alla scola delle lettere; ma dove trovava cavallo da cavalcare non lo dismontava se non lo faceva arivar sangue, ne si vedeva mai stracco per fatica che facesse; e se alcun scolaro gli diceva alcuna parola a lui spiacevole, o faceva alcun atto meno che honesto, guai a lui et agli suoi compagni, perchè non dormiva, se non faceva vendetta, tanto gli dispiaceva d'esser tocco dall'honore. Di modo che tutta la

---

[1] Paris; A: *altra*.

città haveva rispetto di lui, et alcuni cominciavano a dubitare di qualche grandezza, che doveva aspirare, vedendolo di sì elevato animo.

1456-1457.

Ma come venne in età di 15 anni, essendo vacato l'arcivescovato de Cipro, il re glielo conferitte, e mandò al pontefice a confermaglielo; e per metterlo al possesso, lo mandò a stare in arcivescovato con suo maestro[1], e gli dette anco il possesso delle intrate di quello. Et all'hora, quelli che temevano et auguravano per lui el regno cominciorono assicurarsi, vedendolo postulato over eletto arcivescovo. Nel quale, il re, ogni dì più e più s'affetionava, vedendolo riuxir tanto bene, et anco perchè non haveva altri figlioli maschi; che con la regina fece solamente due figlie, Carlotta e Cleopa. Cleopa morì piccola, e Carlotta fu maritata in Gioanne di Portogallo, principe d'Antiochia, e si maritò nella casa de Ugo della Baume, cavalier; e perchè stantiava in quella il re, fu chiamata la corte reale, et è quella che oggi dì stantia il luogotenente del regno. Il detto principe non contentandosi di star con suo suocero si partì et andò a stantiare con sua moglie in la casa di Pietro di Lusignano, conte di Tripoli, qual era barba del detto re Giovanne; della qual partenza hebbe il re e la regina gran dispiacere, perchè non havevano altra figlia che quella.

1456.
Jacques le Bâtard est nommé archevêque de Nicosie.

Accade poi che andando intorno una notte, un giovane nominato Zarra, il quale teniva arme, s'incontrò in alcuni frati della religion di San Giovanne dell'Ospital, e fatto arme contro di loro, egli restò morto. Li fratelli ed amici del quale lo fecero portar in corte la mattina seguente per querelarsi; onde si trovò chi maliziosamente disse agli fratelli del morto li cavalieri della religion, c'havevano occiso loro fratello, ritrovarsi nella casa del principe; et loro, lasciato il morto con la scala in corte, corsero con le armi per andar in casa del principe. Le brigate che li videro correr, anco loro li correvano dietro. Il principe stava in una loggia, che scopriva la strada, e vedendo tante bri-

1457.
Mort du prince d'Antioche.

---

[1] Paris: *sua madre.*

1457.

gate correr verso casa sua, comandò li suoi servitori che dovessero fermar le porte. Gli fratelli del morto volevano pur intrare per forza, e li fu combattuto con essi, li quali havevano molti amici che li fecero compagnia; fu fatto una scaramussa tale che furono uccisi di quelli del prencipe due, e degli altri uno, e feriti più di 12 persone dall'una e dall'altra parte. Per il dispiacer della qual cosa, il principe s'amalò; al quale fu reperto che questo scandalo fu causato da Thoma della Morea, la madre del quale haveva lattata la regina, nel latte di lui, per amor della quale il re l'haveva fatto cavalier e zamberlano, e gli havevano dato molte entrate. Come intese Thoma che il prencipe si doleva di lui, per schivar ogni inconveniente s'assentò da Nicosia, et andò a Famagosta, dove fu molto honorato dagli Genovesi. Da li a pochi giorni morì il prencipe, e fu seppolto in San Francesco a Nicosia. Per la morte del quale fu fatto gran pianto, et a tutti duolse d'haversi privato d'un prencipe tanto benigno e bello. La sua relitta fu menata in casa di suo padre, et havuto aviso il zamberlano della morte del prencipe, tornò in Nicosia, in casa sua, la quale era all'incontro del bagno rosso.

Jacques le Bâtard
fait tuer
le chambellan
de
la reine.

Giacomo, figliuolo naturale del rè, che era eletto arcivescovo, intese come el zamberlano fu causa della briga fatta in casa del principe, per dispiacer della qual cosa si ammalò e morì il prencipe; et ancor che fosse giovanne l'eletto all'hora di 17 anni, andò a trovarlo in casa sua un dì che el zamberlan haveva fatto pasto; et haveva l'eletto in sua compagnia doi Siciliani, che vennero in Cipro poco avanti con Martinengo de Lion; et andato senza strepito, il zemberlan gli venne incontro sino abasso al peron della scala, e gli fece accoglienze grandi; et andati sopra stetteno un pezzo, e poi disse al zamberlano che facesse andar fuora ogni huomo perchè li voleva parlare, e così fece. Andorono tutti, e volendo il zamberlano far andare fuora li Siciliani, li disse l'eletto che li lasciasse, perchè in ogni modo non intendevano la lingua greca; e come andorono gli altri fuora, cegnò[1] a detti Siciliani, quali, disnudate

[1] Paris: *accennò*.

le spade, li dettero molte ferite, per le quali morì; e poi discesero la scala, et andorono via. Et in quel che l'eletto volse montar a cavallo, tirò un sasso grande un servitor del zamberlan, e poco mancò che non l'avesse ucciso.

De li andò da Calceran Suares, contestabile, et domandò conseglio di quel c'haveva a fare; et il contestabile gli disse che andasse in l'arcivescovado, e così fece. Era all'hora visconte de Nicosia, Giacomo Urri, molto familiare gentilhuomo della regina Elena, e per piacere a lei ed alla madre del zamberlano andò al re, e li disse l'atto che fece l'eletto, e glielo dipinse assai più brutto di quel che era, e l'aggionse si non procedeva di castigarlo, che la regina era per far contra l'eletto vendetta severissima. Il re, che d'ogni dispiacer del figliuolo sentiva dolor estremo, e temendo non li facesse qualche ingiuria la regina, tolse lui il tratto e levò l'entrate dall'arcivescovado; la qual cosa dispiace all'eletto, e dolse grandemente come cosa insoportabile; et havendo cercato per più vie non le pote rihavere. Ultimamente andò a parlar al visconte, e lui consegliò l'eletto, che dovesse andar a Mangona, a parlar al confessor della regina; andò ma ne anco questo gli valse.

Disperato adunque, una notte, scalò le mura di Nicosia, con Orlando Mote, prete de Santa Sophia, e Martinengo de Lion, et andorono alle Saline et ivi, trovata una caravella del Tafure[1], montorono sopra e fecero vela, et andando s'incontrorno in una galea fiorentina, e parendogli più sicura la galea, montorono sopra quella. La quale andò a Famagosta per alcuni servitii ch'haveva a fare il patron della galea, et havendolo saputo il re, mandò Bernardin Rosso a Famagosta per tenir mezzo che l'eletto dovesse discender dalla galea, ma egli non vuolse. La galea si levò da Famagosta et andò a Rodo; onde il gran maestro, qual era anco legato del papa, fece dismontar l'eletto con grand honore, dove stette cinque mesi, aspettando sempre che quelli di Cipro li havessino mandato ad offerir l'intrate del suo arcivescovato; e ve-

[1] Paris: *Tanfre*.

dendo che questo non gli veniva scritto, deliberò di prender altro partito. E ritirandosi all'hora a Rhodi fra Guglielmo Gonnem, dell'ordine di Santo Agostino, huomo di grand'ingegno, e molto amato da tutti, il quale stando in Cipro era molto accarezzato dal re Gioanne; ma li invidiosi che sempre odiono li favoriti fecero che lo scacciarono da Cipro; et havendolo trovato l'eletto si fece grate accoglienze. Col quale, consigliandosi l'eletto, e comunicando seco i suoi segreti, missero in ordine, et armorono due galee, una che haveva Gioan Valar, Catalan, e l'altra fiorentina e due caravelle, cioè quella del Tafure, et un altra de Gioan Peres; e montati sopra, vennero alla volta de Cerines.

E di notte, alla muta, messero in terra, e vennero de longo a Nicosia a piedi, eccetto Gioan Valar, ch'era vecchio, il quale cavalcò. Et essendo venuti di notte, scalorono le muraglie dalle porte di Armeni, et accostossi li Armeni, gridorno all'arme; ma come gli parlò l'eletto, parse che doventassero muti, tal gratia haveva l'aspetto suo che ognun era astretto a fargli riverentia; e non solamente tacquero gli Armeni, ma anco andorno con lui una parte di quelli che volse menare. Et andato in casa di Giacomo Urri, che fu causa che il re li haveva levate le sue entrate, et intrati sopra, trovorono il detto Urri che era in letto, ma non poteva dormire, perchè un dì avanti un suo servitore nominato Gaves, haveva occiso un servitor di don Pietro. Et havendo sentito il rumor, credette che fosse don Pietro venuto per prender l'homicida; e levatosi dal letto, fu preso da Tafure, e dall'En Camus, e menato dinanti l'eletto. Il quale, come il vidde, s'ingennocchiò a domandar li venia, chiamandosi in colpa; ma questo non li valse, anzi il fece uccidèr, come inimico e come danneggiator. Fece metter casa sua a sacco, e tolse l'argento, oro, denari, et altre cose portatile, e mandò dal fratello di detto Urri, Tomaso, per dar la morte ancora a lui, e saccheggiar casa sua. Et andò un frate di San Agostino, il quale veniva in Cipro per trattar il matrimonio tra Carlotta et un nipote del papa; l'eletto lo trovò a Rhodi, fece amicitia con esso, ma non sapeva, ch'egli veniva per tal affetto. Andò adunque il frate col Martinengo, et alcuni

Catelani, e posero la casa a sacco; ma il detto Thomasso si ascose in una drappa, et ancorchè il Martinengo l'habbia veduto, nondimeno finse di non. In tanto che queste operation si facessero, si fece giorno, e però si ritirorono in arcivescovado, con le robbe del sacco, che valevano da sei mila ducati.

<small>1458.</small>

Havendo saputo il re queste cose, la mattina, chiamò il conseglio dell' alta corte, et ancorchè amava l'eletto, nondimeno, a compiacenza della regina, fece la sua querela in l'alta corte, e disse : « Signori, voi « sapete che quest'eletto ha scalato le mura della città, di notte con « huomini forastieri, et intrato dentro ha ucciso il visconte della « città, e messo a sacco la facultà sua, e di suo fratello, cose tiraniche, « contra l'honor mio reale, però domando giustizia secondo l'assisa. »

<small>Le roi pardonne à son fils.</small>

Nel conseglio, si trovorono tali che consigliorono di mandare a prender l'eletto, e suoi seguaci, e castigarli severamente; ma quelli che era di più matura età et esperienza, et sapevano l'affetion che il re portava a suo figliuolo, consigliorono che dovesse mandar due cavalieri a chiamarlo, e riprender a castigarlo filialmente[1]. Il re così fece; mandò Pietro Palestrin, Julian Darras, et Pao Croco, li quali andati in arcivescovado, lo chiamarono da parte del re, ch'el dovesse andare in presentia sua; il quale rispose a questo modo : « Signori, sappiate ch'io non venni « mai contro il mio signor, ma venni contro quelli che so che mi erano « inimici, e tramavano il danno, la vergogna e morte mia, overo di « farmi fuoriscito; e mi maraviglio grandemente della prudentia del « signor mio padre, che li dava, et ancora da qualcuno udienza, e peggio, « che gli crede, e si lascia persuadere di farmi male, e mi chiama a si « per questo; adunque, signori, raccomandemi al sublime il mio signore, « diteli che io son pronto in ogni tempo et hora di morir al suo ser- « vitio come son obbligato, ma per buon rispetto, per non haver questi « poveri, che sono nel mio servitio, qualche dispiacere, voglio esser as- « sicurato, e gia, che Sua Signoria positamente m'ha fatto ecclesiastico,

---

[1] Paris : *finalmente*.

« e datomi l'arcivescovado, con tutte le decime, come l'haveva suo zio il
« cardinale, che sia contento di lasciarmi le mie entrate quiete, il che
« facendo sarò pronto di viver o morir ad ogni suo servitio e comando,
« e non voglia Sua Signoria aposta d'alcuni maligni levarmi quello,
« che spontaneamentemi ha dato. Promettendomi questo, io sarò pronto
« di venir in presentia sua; altrimenti vorrò piuttosto morire. » Queste
parole furono riferte al re fedelmente, et egli, che l'amava quanto gli
occhi suoi, concedette all'eletto quanto ha richiesto; et haveva assicurato li suoi huomini e le sue galee d'ogni dispiacer, con patti che
tutti dovessero andar in le sue galee, e questo con scrittura real et
autentica in presenza del bailo di Venetiani, Pietro Rimondo. Come
l'eletto haveva la fede, ordinò la sua corte, e poi cavalcò, et andò nella
corte real, dove trovò molti huomini con le armi; e come li vidde,
l'eletto rise, e poi entrò nella camera dove giaceva la regina nel letto
ammalata. Et ivi comminciò il re a riprenderlo et ammonirlo, se non
era savio, che non li lasciarebbe pan da mangiare; e l'eletto che s'accorse che il padre[1] diceva queste parole a compiacenza della regina,
promisse di mandar via li patroni delle galee e caravelle, e fece far
cride che subito si dovesse partir sotto pena della vita. Et immediate
l'eletto mandò dal visconte, che era Francesco de Montolipho, e fece
trovar carri, e corego le loro arme, drappe e robe che tolsero dalle case
de li Urri, e con loro cavalcò l'eletto et il bailo di Venetiani, qual era
grand amico dell'eletto, et accompagnorono li patroni et suoi huomini
sino alle porte; e poi tornò in arcivescovado, dove stette alquanti giorni.

On cherche à indisposer le roi et la reine contre le prince Jacques.

Per la terra, erano molti che procuravano la rovina dell'eletto, temendo ed augurando mal di lui, vedendo il proceder che faceva. Tra
li altri, haveva l'eletto un servitor nominato Perrino Tunches[2], quale era
parico di mala natura, e per avanti essendo nella torre dell'arcivescovado a far la guardia dell'eletto, che dormiva ivi, lasciò li suoi compagni ch'erano da cinque altri, che dormivano, et aperse le porte della

---

[1] Paris : *re*. — [2] Ou *Tanches*. Paris; A : *Zinches*.

torre et andò via non senza[1] pericolo dell'eletto, che dormiva. Con sospetto per quelli che lo odiavano, costui s'assentò a Rhodi; e quando l'eletto andò a Rhodi, lo trovò, e perdonatoli, menolli seco in Cipro, et al suo servitio. Haveva anche ritornato nella sua gratia Tomaso Urri[2], ch'era canonico, e lo fece governator della chiesa, ma costui come offeso, e l'altro come tristo, che non poteva alterar la sua praticha la[3] natura trista, cercavano occasione di nocer l'eletto. E un giorno, fecero intender al re ed alla regina col maneggio d'altri messi, qualmente l'eletto procurava di maritar Carlotta col signor Ponzio, nepote del papa, e questo col meggio de fra Salpon, qual era venuto col eletto da Rhodi, et era in casa sua come amico. E con questo, messero in tanto sospetto il re e la regina, che si ritirorono nel castello della citadella con la figlia. Il che havendo inteso l'eletto, si dolse grandemente, e volse chiarir la mente del re e della regina, e li fece intendere per Tomaso de Verni, la moglie del quale era damigella della regina, che di questa falsa imputatione lui era innocentissimo, e di ciò si potevano giustificare da fra Salpon ch'era nella sua corte, et non dar orrecchia a malivoli, che cercavano di metter ad'ogni modo in la disgratia loro. El Verni referse al re queste parole, e medemamente fece che sua moglie le referse alla regina. Et il re, per chiarirsi, mandò a chiamare el visconte, e lo mandò dall'eletto, et di sua volontà prese fra Salpon, e un canonico chiamato Gioanni Grand'huomo, venuto medemamente da Roma, e li mandò legati a Cerines. La qual cosa spiacque all'eletto, che credeva doversi esaminare in presentia sua o del suo vicario, come religiossi e come disposero le assise. A Cerines andò il visconte, li misse alla corda presente anco Gioan di Nores, li quali non confessano cosa alcuna contra l'eletto, però rimassero confusi li maligni, che l'accusarono; li preti huomini religiosi furono posti in preggione; e non bastava questo, ma ogni giorno li maligni andavano seminando mille ciancie.

Per le quali hebbe tanto fastidio la regina che s'amalò, et alli

1458.

Mort de la reine Hélène.

---

[1] Paris; A : *non solo senza*. — [2] Paris : *Orri*. — [3] Paris; A : *pari tal*.

1458.

11 d'avril 1457[1] morì; et per avanti la sua morte haveva inteso che alcuni pretendevano maritar sua figlia in Aluise duca di Savoia, chiamò e maledisse sua figlia, se mai consentava torlo per marito, perchè era suo cujino germano, essendo stata Agnese madre del detto Aluise, sorella del re Gioanne, padre de Carlotta.

L'eletto della morte della regina, sua matregna, mostrò d'haver havuto grandissimo dolore, e fece vestir la sua corte di corrotto[2], e medemamente lui, e poi mandò Antonio Salvani[3] cononico e vicario del domo, a condolersi del re da parte sua, e raccomandarlo a lui, e dimandar se li piaceva ch' el andasse a visitarlo. In corte, si trovorono alcuni che consegliorono il re che non lo lasciasse venir alle ossequie della regina; il che essendo referto all'eletto, hebbe tanto dispiacer, che per dui giorni non si partì dalla sua camera.

Jacques prend une situation officielle à la cour.

Da poi alquanti giorni, mandò a dire el re all'eletto che dovesse andar in corte a visitarlo; il che spiacque a quelli che lo perseguitavano, non dimeno perchè vedevano che il re l'amava e voleva bene, si sforzavano anchor loro di mostrarli bona ciera. Il re mandò Bernardo Russet, armiraglio de Cipro, Hettor de Chivides, Pao Croco, et altri per accompagnar l'eletto, e quando venne, entrato che fu nel[4] castello, foron serrate le porte all'incontro della sua comitiva, di che s'alterò forte l'eletto; e quelli della sua comitiva restorono in gran dubbio della vita del eletto, il quale s'havesse saputo che li soi non sariano lasciati entrare, non s'haveria pericolato di entrare a quell'hora, che erano due di notte, nel castello; ma già ch'era entrato hebbe pazienza, e andò de longo là dove era il re; il quale, come el vede, si allegrò tutto, et feceli gran dimostratione d'amore. Stette con lui un hora, et poi tolse combiato, per andar a consolar li soi che raggionevolmente si pensava loro restati sconsolati. Andato l'arcivescovo accompagnato dal bailo di Venetiani, e da molti altri cavalieri, trovò sua madre che piangeva alla scala; et intrato lui in casa tutto alegro, narrò alla madre e agli suoi

[1] Paris : 1458.
[2] B; A : *cerotto;* Paris : *nero.*
[3] Paris : *Solmani.*
[4] Paris et B.

huomini come suo padre gli parlò amorevolmente più che mai. Il dì seguente, vennero tutti gli gentilhuomini a raccomandarsi nel detto eletto, come al figlio del loro signor e re; lui li ha accettati tutti con buona e allegra ciera, rimettendo ogni loro mala intentione, che il per passato havevano dimostrato contra di lui; e offerendosi per loro di operare con tutte le sue forze ad ogni loro utile et honore, per il che lasciolli tutti contenti, e con sperantia d'haver ogni gratia, che dal re desideravano d'avere.

1458.

Da poi, andò l'eletto un altra volta a visitar il re di giorno, et il re l'abrazzò et basciò in presentia di tutti, e li haveva raccomandato tutte le facende del suo regno, con parole cordialissime, come non haveva altro figlio che lui, e non haveva altri che lui che volesse bene lui, l'honor, el benefitio suo, al quale raccomandava il tutto; e quel giorno lo tenne a disinar con lui, e dopo dessinar cavalcò et andò in l'arcivescovado. Hettor de Chivides andò in l'arcivescovado, e trovò l'eletto che giocava a tavolier col vicario Salvani. Et entrato nella sua camera, l'eletto l'abrassò e basciolo, e lo fece sentar appresso di se bon pesso; et poi il Chivides li richiesse di parlare. E egli il prese per la mano, et accostati in un balcon verso ponte, il Chivides si raccommandò à lui, e li richiese di gratia, ch'el tenisse meggio col re che lo facesse visconte, offerendosi d'esser suo servitor perpetuo. Al quale disse l'eletto che stesse di buona voglia; perchè farebbe col re ciò che desiderava. Et il dì seguente, cavalcò et andò al re, il quale al solito li fece buona ciera; e perchè era caldo, trasse la vesta l'eletto, e rimase in giubone, e vedendolo così spogliato il re hebbe maggior piacere che mai, sì per haverlo visto domesticato in casa, come perchè era di una belissima vita; et accostassi a lui, lo baciò teneramente. E l'eletto si inginocchiò, e domandandoli in gratia el viscontado per Ettor de Chivides, et il re lo concessi volontieri; e subito mandò a chiamarlo di casa sua, et li consegnò il bastone.

Il cherche à se concilier les chevaliers du royaume.

E sappiate, che ogni servitio, che poteva far l'eletto per tutti li gentilhuomini, lo faceva volontiera per placar li animi loro dal cattivo desiderio che havevano contra di lui. Et ogni dì otteneva dal re ciò che volevano dimandar all'eletto; ma loro estrinsicamente mostravano d'amarlo, e nel intrinseco Iddio sa quel che desideravano da lui. Un giorno, fece un banchetto l'eletto a tutti li nobili; e dopo pranzo, li fece montar sopra la torre a suoni di diversi instrumenti, e con canti di musica, tenendoli in festa e piaceri. Ma loro volsero remunerarlo all'opposito. Perochè dissero a Marco de Patras, barba dell'eletto, d'haver inteso di certezza, che Marco Cornaro haveva ottenuto l'arcivescovado di Cipro per Andrea suo fratello. Marcho, che non sapeva le malitie di costoro, andò tutto turbato e lo disse a sua sorella, la madre dell'eletto; la qual all'hora disinava con Georgio Bustron, il quale Bustron interrogatelo chi gli desse tal nuova, respose haverlo inteso da Thomaso Urri, et altri; et il Bustron gli aggionse: « Sappi che costoro non sono « troppo amici dell'eletto, e però cercano di seminar qualche scandalo « tra l'eletto et Andrea Cornaro, per tornar a metterlo in la disgratia « del re; si che non si deve dar fede alle parole dei maligni, li quali « vedendo che l'eletto è in tanta gratia del re, gli creppa il cuore, « massime a Thomaso Urri. Però non dite niente a nesuno finchè meglio « intendiamo la cosa. »

Il quel tempo, morì el soldan de Babilonia, e fu fatto suo figliuolo soldan. Il re Gioanni subito mandò Pietro Podocataro con la paga del tributo in tanti zambelotti; et il soldan scrisse al re l'infrascritta registrata lettera :

« Noi soldan Melec Asseraph, giusto guerrier, e virtuoso soldan de « Agarini et Mussulmani, mantenitor della giustitia al mondo, soldan « per succession dell'Arabia, delli Persiani e Turchi, che do e dono « signorie e lochi, Alessandro del mondo, signor dei signori re ed im- « peratori, signor delle due mari, e delli dui tempii, tenitor della « parola della fede, servo coperto dell'ombra de Dio, obbedienti « alli mandati e penitentie di Dio, amico de califà, Embro Elnesar « Aynal, che Iddio doni vittoria alli nostri esserciti, et accresca la sua

« gratia, e gloria al mondo. Col nome del signore, mandamo le presente
« nostre lettere alla signoria del re excellentissimo et honoratissimo
« Gioanni, re de Cipro, potentissimo leone, honor grande della fede di
« Christiani, e gloria delle generation di Franchi, amico degli re e sol-
« dani, che Iddio gli accresca gratie e lo vardi d'ogni male. Dinotamo
« la carità vostra come son gionte le vostre lettere nelle nostre porte,
« con l'honoratissimo cavalier vostro ambassiatore Pietro Podocataro,
« dalla quale, e dal vostro ambassiatore oretenus, havemo inteso la gran
« festa, che la carità vostra e tutto il vostro regno habbiate fatto per
« il nostro coronamento e trono eccelentissimo del soldaniato, e li fuo-
« chi e feste, ornamento della città, e ringratiamenti a Dio per la gratia,
« che mi fece havere l'udito, e veduto al tempestuoso coronamento;
« e come subito con diligenza havete recuperato e mandato alla ca-
« senda nostra li zambellotti, pezze 400 e pezze 20 de pichi 60[1], per
« il nostro vestire, et anco il disturbo che ha il vostro paese dagli ini-
« mici, pregandone dobbiamo scriver all'eccelentissimo Elmacar Enasar
« Maometto, figliolo che fu de Morambac, figliolo di Ottomano, e racco-
« mandargli il vostro regno, come quello che è raccomandato e paga
« tributo alli dui tempii, acciò manchi il corseggiare, e li danni che vi
« fanno li huomini del detto signor nel vostro luogo. Et che del buon
« volere e dilettion ch'havete alla Signoria Nostra, se allegramo et
« havemo in gratia, il che vi ha posto al cuor nostro, e vi habbiamo ri-
« cevuto in amore, e dilettione. Li zambellotti mandati, pezzi 400 della
« paga dell'anno corrente, sono gionti e ricevuti in la casenda nostra;
« e medemamente le pezze 20 del nostro vestire; e noi, volendo che
« partecipate delle nostre gratie, vi acquietamo tutto il debito ch'era
« sopra di voi, dal tempo del Montira[2] Melec Dachror, che sono ducati
« 16,520. E de cetero procurarete di mandarci zambellotti molesini e
« fini così, della chasenda come del nostro vestire. Mandamo ancora alla
« carità vostra un drappo sotilissimo, et un cavallo bello della nostra
« stalla con sella d'argento, quale abbiamo consegnato nelle mani

---

[1] Paris : 40. — [2] Paris : *Martiran Melec Dachier.*

384 CHRONIQUE

1458.

« del vostro ambassiatore, al quale abbiamo dato bel drappo e bel ca-
« vallo. Et è huomo di buona creanza; e li havemo fatte cortesie, honori,
« e piaceri per hamor vostro; acciò siete lieto voi, e tutta l'isola, e
« regno vostro. Accetterete il nostro presente, vestendo il detto drappo,
« in segno della dilettion nostra. Noi habbiamo scritto al signor Machar
« Nazar[1], figliolo dell'Ottomano, ammonition grande per voi e per
« vostra isola. E noi ritornamo il vostro ambassiatore con marsoni, sap-
« piatelo, e Iddio vi conservi. Scritte il primo della luna di novembre
« 1457, dell'anno di agarini 861[2]. »

Mort de Jean II.
26 juillet 1458.

Il re, allegro per haver pacificata le cose sue col soldan, visse dopo la morte della sua consorte, la regina Elena, messi 16 in circa; e poi s'aggravò da una febbre crudele, e morì alli 26 di juglio 1458.

Il detto re regnò anni 26 sempre in pace, e non fece guerra, se non nel principio del suo regimento contra Genovesi a Famagosta, ma no aquistò niente. Ha perso in suo tempo il castello de Curico, qual tolse Caraman turco per tradimento di Giacomo Bologna, che fu capitanio, e con consentimento degli Armeni codesposti, et altri balestrieri, che erano in vardia del castello, e poi mandò con due galee di traditori in Cipro, et il fece tagliar la testa a Giacomo di Bologna capitanio, et impiccar un maestro Muxie, et un cavalier armeno, e dui altri a Cerines in l'anno 1448, il mese di decembre.

La princesse Charlotte proclamée reine.

Subito morto il re Gioanni, il contestabile di Cipro, Calceran Suares, trasse li anelli dalle deta del re, e mandolli per Balian Bustron a madama Carlotta come regina, e si offerse viver, e morir ad ogni suo comando; e dopo lui tutti li altri feudetarii et huomini leggi fecero homaggio di fedeltà secondo il solito. E poi portorono il re, e lo seppelirono a Santo Domenico; e dopo sepoltolo, cavalcarono tutti li cavalieri per accompagnare l'eletto in l'arcivescovado. Ma passando dal castello, il contestabile che stantiava ivi, lo tenne in la sua camera, dove appa-

---

[1] Paris: *Machar Ensar.* — [2] Paris; A : 86.

recchio da cena e da dormire; e restorno con l'eletto Gioan de Verni, Marco de Patra, Gioan Attar, Georgio Bustron e Perin Tunches. Ma quella notte l'elletto essendo afflitto non ha cenato, et il dì seguente gli fu apparecchiato da dessinare. Ma li maligni andorono dalla madre dell'eletto e li detero ad intendere che il contestabile volea tossicar suo figliuolo, e lei apparecchiò il pasto suo, e glielo mandò; del quale cibo mangiò l'eletto, e non cercò d'altro cibo. Il che havendo inteso il contestabile, si sdegnò, perchè non ha voluto cenare quello che fu apparecciato in casa sua, e gli mostrò cattiva ciera; et egli andò in l'arcivescovado molto afflitto ancor per questo. Ma si confortava, imperochè quando andò a visitar Carlotta sua sorella, ella gli disse: « Fratello ca- « rissimo, arricordatevi che io vi ho in luogo del mio padre, e vi racco- « mando il mio regno, perchè non ho alcun parente più cordiale di voi. » Le qual parole le consolavano tutto.

Il dì drio, cavalcò l'eletto ed andò da madama Carlotta, la regina, la qual medemamente gli fece buona ciera, e gli disse come bisognava armar una galea, et mandar anuntiar la morte di suo padre alli signori principi e potentiati in Ponente, e raccomandar il suo regno e lei a detti signori; e perchè non haveva in chi più cordialmente si dovesse fidare che in lui, lo pregò, che fosse contento di mettere a mente che si espedisca questa galea. L'eletto, allegro più che mai per li ordini della regina, andò in arcivescovado, e messe banco, e dette denari a chi volea andar in galea, e con prestezza mirabile l'haveria espedita, se non che li suoi invidiosi inimici, che furono il contestabile, sdegnato con esso, Ettor de Chivides, per ricompensarlo del viscontado che gli fece havere, e Tristan del Giblet, li quali fecero levar il banco dall'arcivescovado, per il chè l'eletto fu contaminato, considerando come li maligni havevano da nuovo cominciato a tentarlo. Non di meno finse di non si curare, et ogni mattina andava al domo, et aldiva messa, e poi andava con li suoi huomini a visitar la regina, la quale gli dimostrava buona chiera, quanto era possibile.

1458.

Bonne entente entre la reine et l'archevêque.

1458.
Intrigues
contre Jacques.

Gli emuli dell'eletto, vedendo che la regina gli mostrava così buona chiera, si pensorono de ovviarli[1] il modo di andar più da lei[2]. E reduti a San Domenico, Calceran Suar, Bernardo Russet, armiraglio, qual era nipote del Suar, Odet l'Inglese, zamberlan, Hettor de Chivides, Tristan de Giblet, Tomaso Pardo, spurio e marsano, Francesco Montolipho, mastro Pietro Uriona fisico e Tomaso Urri, con alcuni altri fecero consulto tra loro, e posero ordine di non lasciar più che nel castello entrì alcun huomo dell'eletto, ma lui solo. L'eletto, non sapendo quest'ordine, venne all'hora solita come seguiva ogni dì, per visitar la regina, e quando fu alla casa del conte del Zaffo, il signor Gioan de Fiorin, gli venne incontra Tomaso Pardo, e fece comandamento agli suoi huomini, da parte della regina e del suo conseglio, che non dovesse entrar alcun di loro nel castello, ma volendo l'eletto entrar solo, che l'intrasse. L'eletto non sapendo altro restò attonito, e si voltò indrio, e andò in l'arcivescovado, e voleva sonar la campana all'arme, e radunarsi quelli in le quali si poteva fidar; ma come prudente mutò proposito, e volse tolerar ancora questa ingiuria per schivare il scandalo, che poteva far senza profitto. Remisse adunque di sonar la campana, mandò a chiamar il vicario Salvani, e lo mandò alla regina a dolersi della ingiuria fattali quella mattina, e dimandar s'è stato ordine di Sua Signoria, perchè essendo di suo ordine egli era più che contento di quanto gli piaceva. La regina rispose : « Salutalo da parte mia, e digli « che quello parse al nostro conseglio a bene[3], convien che para an- « cora a me. » Questa risposta fu una ferita all'eletto penetrante alle viscere di suo cuore; non dimeno si confortava, e da prudente portava ogni cosa con patientia, et aspettava sempre, che si come non fu di ordine della regina quel vieto, che lei dovesse mandarlo a chiamare; ma li suoi avversarii non lasciarono mai che lo chiamasse.

Défense
est
faite

Passati alquanti giorni, posero ordine di coronarla, e però la trassero dal castello, e la menorno nella casa che fu de Ugo della Baume,

---

[1] Paris : *tuorli*. — [2] Paris. — [3] Paris.

dove stava suo padre, accompagnata da tutti li cavalieri. Il che havendo inteso l'eletto, che la regina si doveva coronar dopo passati quaranta giorni dalla morte di suo padre, si allegrò pensando, come capo della chiesa, che sarebbe invitato ad intervenire in detta coronatione. Ma la vigilia del dì che si doveva coronar, andò Polo Zappa al eletto da parte della regina, e li disse: « La regina ve saluta, e manda a dire, che voi « faciate intender a colui che è in vostro luogo in la chiesa, che la facci « parare, et ornare come si deve, perchè doman, ch'è domenica, se vol « coronar al domo per regina de Cipro; e te comanda, che ne voi ne « alcuni di vostri huomini si debbano partire domani dalla vostra corte, « e così è il suo comando. »

L'eletto rispose: « Raccomandatemi a madama la regina, e dite a « Sua Signoria ch'io intesi li suoi comandi, e sene basta, che ne io ne « li miei servitori si dobbiamo partire domani di casa, piacendoli in « quest'hora usciremo tutti, et anderemo fuora della terra leghe sei « lontano, al comando di Sua Signoria. »

La domenica, venne la regina con li suoi cavalieri e tutto il populo al domo, e s'ha coronata con grandissima festa. E tornando dalla chiesa per entrare la porta della sua corte, si spaventò il cavallo suo, e cadete la corona dalla sua testa, il che fu giudicato per cattivo auguro.

Dopo la morte della regina Elena, vivente il re Gioanne, non ostante li protesti, e scongiuration della regina predetta, il re haveva mandato Gioan de Montolipho, marizzal de Cipro, et Odet Bussato in Savoia, per menare il figliuolo del duca nominato Aluise, per maritarlo con madama Carlotta.

E mentre la regina non era maritata, ma regina, e vidua[1], seguirono molti dispetti fatti all'eletto, et alli suoi servitori. Onde l'eletto non pote più comportare li suoi inimici; però messe ordine con alcuni suoi amici, di quali si poteva fidare, d'andar a sforzar le porte della corte, et uccider tutti quelli che lo perseguitavano; e così quella notte,

1458.
au prince Jacques d'assister au couronnement de la reine.

Les ennemis du prince Jacques l'accusent de vouloir assassiner la reine.

---

[1] Paris: *maritata ma vedova*.

1458. chiamò[1] Rizzo de Marino de Napoli, e li diede 25 huomini ben armati, e l'ordinò che'l dovesse andar ad assaltar la corte della porta del giardino; e lui con altre 60 persone voleva assaltare le porte. Questi si redussero nella chiesa di San Costantino, che era appresso la casa di Thomasso de Verni; e certo s'havessino processo avanti, saria seguito gran scandalo quella notte, perchè erano in corte molti gentilhuomini, e loro servitori. Ma Perrin Tunches[2] in quel che volevano andar via, finse d'esser ammalato, e come loro si partitero, et egli andò da maestro Pietro Urioni, medico, e li fece intender la cosa, che si doveva fare; il qual medico subito mandò a dirlo in corte. La madre dell'eletto stava alla scala dell'arcivescovado per intender quello che doveva seguire, e con lei era fra Giulian Gonnem[3], il quale s'accorse che Perrin Tunches non era in casa, e disse alla madre dell'eletto, la cosa sarà scoperta, e seguirà gran danno d'ogni banda. E però subito fra Giliano andò a San Costantino, e trovò l'eletto e compagni che ancora non s'erano partiti; e gli disse come Perrin Tunches s'era partito di casa per far avertiti quelli della corte, e mentre parlava con loro, ecco che sentirono batter la porta della corte, e si certificorono d'esser scoperti, e però ritornorono subito senza far nullo. Et il dì seguente, un servitore della regina andò in casa di Georgio Bustron, e li disse: «Son belle «opere quelle che voleva far l'eletto hersera; e lei voleva entrare in «corte per uccidere la regina, e lei adesso se vuol querelar contra di «lui in l'alta corte.»

Il qual servitor pregò il Bustron che non dovesse dir niente ad alcuno, ma lui che era amichissimo dell'eletto andò da lei et li refferì il tutto; et l'eletto[4] menò immediate il Bustron dal vescovo greco, e li disse la cosa; e poi menò il vescovo in arcivescovado per haverlo per testimonio, ed aspettava di veder la fine della cosa.

La regina mandò Pietro Palestrin, e Pao Croco, et un cancelliere nominato Nicolo Salaca, per tuor il constituto dell'eletto, il quale rispose in poche parole: «Non si troverà mai ne mai, si proverà, che io

[1] Paris: *chiamato*.
[2] Paris; A: *Tundres*.
[3] Paris; A: *Gilamo Garnon*.
[4] Paris, depuis *andò da lei*.

« cercai di fare tradimento tale, che vuolsi intrare in corte per uccider
« la regina, mia sorella e mia signora; e chi ha detto e dirà simil cosa
« se ne menti per le bonne della gola, da tristo e maligno, che gli è; e
« glielo proverò in ogni forma che vorrà che io glie lo provi. » Li cavalieri rifersero il tutto alla regina, la quale chiamò il suo conseglio et dimandò il parer di quello. Il quale conseglio di cavalieri fu che si mandasse all'improviso a prender e menar l'eletto in presentia della regina. E per questo effetto si armorono tutti. Dall'altro canto, havendolo inteso l'eletto, fece venire tutti li suoi benevoli in l'arcivescovado che furono da 300 huomini, oltra li suoi servitori, tutti disposti di morir per lui piuttosto che lasciarsi prender.

1458.

La regina scrisse un mandato a Georgio Bustron, che immediate si dovesse trovare in presentia di lei; et il Bustron, mostrata la lettera all'eletto, il confortò che dovesse andar subito, et a quello che fosse domandato, dovesse risponder il vero, come colui che sapeva il tutto. Il detto Bustron andò da Tristan de Giblet e Bernardo Russet, l'armiraglio, li quali l'accompagnarono al castello dov'era la regina; la quale comandò Giacomo de Fiorin, che el dovesse esaminare. E dimandato di quello si pensava di fare l'eletto, rispose come havesse sonato la campana all'arme di venir subito in presentia di madama la regina, e se non credevano, gli disse che dovessino far la prova.

Però mandorono il bailo di Venetiani, Pietro Pelestrin e Pagio Croco all'eletto, il quale come li vidde cavalcò, et andò in presentia della regina; e dall'altro canto, mandorono secretamente Balian Frasenge in l'arcivescovado e tolse tutte le robbe dell'eletto, eccetto le arme e cavalli; il che vedendo li servitori suoi, fuggirono tutti.

Da poi che la regina parlò con l'eletto in presentia del suo conseglio, lo licenziò, e lasciò andar solo, e fece li comandamento che non si dovesse partir di casa sua senz'altro suo ordine. E ritornato l'eletto a casa, la trovò tutta saccheggiata, e li servitori andati via, e dismontato entrò solo. Li servitori come intesero che l'eletto era tornato, tornorono ancora loro, e per alcuni giorni stette in casa, giocando, e dandosi piacere, senza curarsi più di niente. In casa sua l'eletto haveva un servitore, cognominato O Caloyros, qual era chiellaro, et era gran ribaldo traditore, qual andava referendo alli cavalieri ciò che faceva e che pensava di fare l'eletto. Il quali cavalieri pensorono d'andare una notte in l'arcivescovado, e prenderlo o vivo o morto; e l'haverian eseguito se Balian Frasenge non l'havesse fatto avvertito. L'eletto, che fin qui haveva sopportato tanto che gli pareva haver passato li termini della patientia, anzi tra se pensava d'essere reputato vile e pusillanimo, havendo in vita di suo padre fatto carezze, usato cortesie, e servitii a tutti, e per tutti non ha sparagnato ne fatica ne roba, e dopo la morte del padre non haveva fatto dispiacer a veruno, e loro tutti l'urtavano, tutti lo contrastavano, tutti s'erano fatti suoi inimici, e seppero farsi che lo possero in disgratia anche della regina sua sorella tutto con le arti loro; benchè il tutto era da tolerar, come l'haveva tolerato, ma quel volerlo prender in casa o vivo o morto, gli fece mutare pensiero, e perder la patientia,

Jacques le Bâtard s'échappe de Nicosie et se rend en Égypte.

E per salvar la vita sua, e vendicarsi di quelli, che con tanta iniquità il perseguitavano, quel giorno isteso chel fu avisato, al tardi, mandò un servitore con un buon cavallo fuora della porta ad aspettarlo, et alle due ore di notte, l'eletto, fra Giulano, Marco de Patras, Giovan de Verni figliuolo di Tomaso, Nicolo Morabito, Rizzo de Marino, e Nassar Chus, scalorono le mura della città, dalla porta dell'Armenia, et andati a San Georgio de Glangia, trovorono il servitor col cavallo. E cavalcò l'eletto, e tolse in groppa Gioan de Verni; e gli altri a piedi andorono alle Saline, dove trovata una nave de Nicolo Galimberto, montorno sopra.

Il traditor trovò all'hora di vespro li cavalieri, e li disse che quella sera era tempo di mandar ad esecution l'intento loro, alle 4 overo alle 5 ore di notte; e così, il contestabile con alquanti altri, andorono in l'arcivescovado, et entrati in camera che solea dormir l'eletto, straciorno il padiglione credendo che egli dormisse, e quando l'apersero non l'havendo trovato si missero a cercare per tutto sin dentro della cisterna, e non l'havendo trovato restorno tristi e dolenti. E fatto giorno, le porte della terra per buon spatio non erano aperte, perchè cercavano l'eletto; et essendo venuti huomini dalle Saline, domandorno la causa, e li fu detto che era per l'eletto, e loro dissero haverlo veduto alle Saline, et era montato sopra la nave de Galimberto, di che hebbero gran dispiacer tutti li suoi persecutori.

L'eletto alle Saline scrisse una lettera alla regina di questo tenor: « Illustre madama e signora mia osservanda, Iddio sa ch'io non ho mai « pensato mal, ne danno vostro, anzi con puro cuore et animo vi ho « sempre cercato di servire, non come feudato o stipendiato soldato, « ma come fratello cordialissimo, e beato voi se, come m'havete da prin- « cipio raccomandato il vostro regno, m'haveste lasciato il carrico e « governo di voi e di quello. Ma già, che voi come donna di consiglio « pensato voi havete voluto governare per consiglio di quelli che mi « vuol male, et a voi peggio, io son scusato appresso Iddio et il mondo. « Io son nato da un re e mi contento di viver arcivescovo come piacque « alla felice memoria di nostro padre di dichiararmi[1]; ma già che li « vostri consiglieri non mi vogliono lasciar vivere in pace, et haver la « gratia vostra, anzi già che io vedo che il regno di mio padre hanno « da goderlo li traditori inimici di suoi figliuoli, e discacciarmi di casa « mia, io non posso ne so viver servitori d'altri signori ne farmi servo « dove che Iddio mi ha fatto signor e libero, e non vi para distranio « s'io cercaro di viver in casa mia, e sottomettere ogni mio inimico; state « sana, et in ogni stato che mi troverò, siate certa ch'io v'amarò da fra- « tello, e farò per l'honor vostro più di quello, che si pensano li nostri « inimici, et iniqui consiglieri, adulatori et ingrati. »
Quando li cavalieri della regina intesero il tenor della lettera non sapevano pensar quello voleva inferir; ma alcuni pensavano che'l voleva andar all'incontro al duca di Savoia, e carcar li suoi persecutori; altri interpretavano che voleva andar a Roma, e far che il pontefice mandasse scomuniche et interdici contra quelli che lo molestavano. Ma non passorno molti giorni, che d'alcuni mercadanti venuti dal Cayro

---

[1] B: *dedicarmi*.

1459.

intessero lui essere andato al soldan e dimandato essere fatto re di Cipro; ed alcuni aggionsero anche di haverlo fatto il soldan, e postoli un drappo d'oro ed un capello d'oro, l'ha fatto girar attorno della città, stridandolo per re di Cipro, et affirmavano detti marcadanti d'haverlo visto con li proprii occhi. Come fu intesa questa nova in Nicosia, si turbarono tutti, e chi cercava di fuggire, chi di mettere in ordine Cerines, chi piangeva e sospirava. Poco dopo venne un altro naviglio del Cayro con altri mercadanti, li quali medemamente affirmorno la prima nuova, et aggiungevano, che di breve il soldan il manderia in Cipro con una gross'armata, e tutte queste le insegnava l'eletto alli mercadanti, e li faceva dire per far dispiacere a quelli che le volevano male.

1459.
Arrivée en Chypre de Louis de Savoie. Son mariage avec la reine. 7 octobre 1459.

La regina voleva mandare ambasciatori al soldan, et alcuni altri dissuadevano dicendo che si dovesse aspettare più certa cosa.

In tanto venne Aluise, duca di Savoia, e con lui venne monsignor Jose, monsignor de Ornes, e molti altri Savoiani[1], et entrorono in Nicosia con gran festa, e fu maritato con la regina Carlotta, sua cugina germana, contra li precetti divini e contra il voler della regina sua madre Elena.

La reine envoie une ambassade au sultan.

E dopo alquanti giorni fecero ambasciatori li predetti signor Jos et Ornes, e li mandorno al soldan, con molti presenti; li quali furon visti dal soldan gratamente; et udita la loro istantia, li rispose, di modo che hebbero speranza di ottener l'intento loro; ma la sorte volse, che li ambasciatori morirno dalla peste, et anco della compagnia dell'eletto morì Gioan de Verni et un giovane rodioto chiamato Costantin Saxi[2], e l'ambasaria della regina cessò. Intesa la morte de detti ambasciatori in Cipro, fecero un altro ambasciatore Pietro Podocataro, il quale andò al

---

[1] Paris: *Et con lui venne Moris Tas et monsignor di Ornes et molti altri Savoini.* Ces noms sont bien altérés. *Tas,* pour d'Aix? désigne probablement, Philippe de Seyssel, seigneur d'Aix, un des ambassadeurs envoyés par la reine Charlotte au Caire, où il mourut; *Ornes* est certainement Jean, seigneur de Lornay. Cf. Guichenon, *Hist. de Savoie,* t. II, p. 113, 114.

[2] Paris: *Jaxi.*

Cayro, e portò seco il tributo, e lettere, et altri presenti nuovi, e comparse avanti il soldan, expose l'ambasciata impostali; il quale fu aldito con grata udienza, e visto allegramente. Andato poi nel suo alloggiamento, andò a trovar li amira, li quali conosceva dall'altra fiata ch'andò a portar li zambelloti del tributo, e trattò con la maggior parte d'essi, che fu concluso di restar la regina, e suo marito, signori de Cipro, secondo l'usanza come dretti heredi, et ordinorono un drappo d'oro per mandargli in segno del regno. Come l'eletto intesò questo, afflitto e dolente, il disse a fra Giuliano, il quale il confortò, che dovesse haver le sue speranze in Dio, che altri che lui non sarebbe re di Cipro. E partitosi de lì, fra Giuliano con Nassar Chus, che sapeva la lingua, andò intorno tutta la notte, e trattò la cosa, e dispose li amira tutti che dovessino far signor re il figliuolo maschio, e non la femina, ne altri forastieri; e promise loro presenti, e cose grandi.

1460.

La mattina fra Giulano andò a svegliar l'eletto, dicendoli che si dovesse levar per andar a veder come consegna il soldan il drappo d'oro all'ambassiator della regina, e così fece; cavalcò, et andò al soldan, e trovò l'ambassiator, et il drappo che volevano mandar alla regina, e quello che volevano donar all'ambassiatore, e glielo posero adosso all'ambassiatore; e subito gridorono gli mamaluchi una gran voce: « Come? se deve privar il maschio, e dar la signoria alla femina? » e così detto, zafforono il drappo dell'ambasciatore della regina, e lo stracciorno, e tolsero quel altro drappo d'oro, e lo possero adosso a Giacomo, e lo gridorno re di Cipro, e li consegnorno lo ambassiatore nelle sue mani, et anco i drappi delli primi ambassiatori morti. Et immediate il soldan ordinò l'armata, che lo dovesse menar in Cipro. Il quale re Giacomo si dice haver accresciuto[1] il tributo del soldan, qual era 5,000 ducati, e fecelo ducati 15,000; che in quel tempo il ducato venetiano valeva bizante sette e meggio, che sono lire quattro e meggio; ma questo non sa per scrittura alcuna, ma per fama. S'ha detto da molti malivoli, e

Le sultan reconnait Jacques le Bâtard comme roi et lui fournit une flotte.

---

[1] Paris; A : *cesciuto*.

1460.

falsi raportatori, che il re fece giuramento al soldan, e renegò la croce, et altre ciancie, le quali non solamente credette papa Pio II, ma le scrisse anco in mala forma; pur non si deve maravigliar alcuno, perochè il detto papa trattava di darli per moglie sua nipote, et il re Giacomo la rifiutò per alcune informationi, che gli furono date della detta novizza; onde sdegnato per questo il papa scrisse del re ogni male; ma quando havesse tolta per moglie sua nepote saria stato il miglior christiano del mondo, basta che si conosce che Sua Santità scrisse con passione.

Li Ciprioti, havendo inteso che il soldan haveva confirmato l'eletto per re de Cipro, mandorno il signor di Naves per certificarsi; il quale andò in Alessandria, et intese la cosa pienamente, e ritornato di là, certificati tutti, li quali immediate scamporono da Nicosia, et andorno con la regina, e suo marito, a Cerines; li altri andorno chi a Famagosta, e chi per li casali, di modo che Nicosia restò vota.

Arrivée de Jacques en Chypre. Sept. 1460.

Non passò troppo, che comparse l'armata moresca alla volta de Famagosta vecchia, dove era la Costanza; la quale armata era tra grandi e picoli navigli vele 80, et era capitano di mille lanze il gran Tartaro, et era anco l'amira chiamato Chiaus. A quali parendo la Costanza troppo distante, tornorno alla parte di Famagosta, dove è Santa Napa, e smontorno in terra; e tutti qualli paesani, che vedevano il re, andavano a lui, e li davano obedienza come re, e lui li faceva buona ciera. Subito mandò alla Massaria e Saline, Rizzo de Marino de Napoli con 50 mamaluchi, e condusse quanti carri ha trovato per condur artellerie, e le robe dell'esercito. E il re fece cavalier Nicolo Morabito, e l'ordinò visconte de Nicosia, e Rizzo de Marino fu fatto zamberlan de Cipro, e donò al Morabito il casal Nissu con li suoi prastii, et al Rizzo, Genagra; e fra Giulano fu ordinato arcivescovo di Cipro. Mandò poi Marchio, suo barba, con una compagnia de mamalucchi, a prender il Castel Franco, a Sivori, dove era capitano Tomaso Marchie e Zilardin siciliano, con 15 Savoiani; e se li capi delle maestranze di quel castello havessero ubbedito al capitano et a Zilardin, non saria stato preso il castello con tanta facilità;

ma li capi delli balestrieri, e maestri, come intesero la venuta del re, andorno avanti e gli dettero obedientia; il che vedendo il capitano si rese ancora lui, salva la persona sua, la moglie et haver suo. Entrati poi nel castello, lasciorno andar via il capitano e licentiorno li Savoiani, et il resto delli compagni e maestri furono lasciati com'erano. Et immediate il re Giacomo mandò un gentilhuomo venetiano, nominato Filippo, di casa de Pesaro, che per essere stato amico del detto re, la regina Carlotta et il suo conseglio lo fecero mettere in priggione a Cerines, d'onde scampò, et andato al Cayro trovò il re, e venne con lui; et all'hora il fece capitano de Sivori. Mandò poi fra Giuliano arcivescovo con 50 mamalucchi, et alcuni chiaus a piedi a Nicosia, per assicurar le persone, che non havessino paura, e potendo prender il visconte; il quale, quella mattina, havendo inteso da alcune donne di Leucomiati, che sentirono gran strepito, sì volse chiarir, et andò con Gabriel Ferer, Giovan Roblin, Giacomo Tis Annes, et il mattasipo, dove poco discosto dalla città, scopersi gli Saraceni, e vedendosi sotto d'essi, tolse partito di non andar da Amorfita, che saria stato veduto, ma tornò in Nicosia, et andò dall'altra porta della cittadella, et uscito andò a salvo a Cerines. Li Saraceni tolsero la via del casal Amorfita per trovarlo, e non lo havendo trovato entrorno alla città, e presero il matasipo et un figliolo di Georgio Chadit; et li astrinsero de dire dov'era ascoso il visconte, et quando s'hanno assicurati che non gli era, lasciorono il matasipo nel suo ufficio, e posero in possesso del viscontado Nicolo Morabito.

Il dì drio, venne re Giacomo in Nicosia, e l'esercito de mamaluchi pose padiglioni e tende, fuora a San Demetrio, e stette tre dì, e poi si levò il campo de mamaluchi, et il re dopo loro per andar a Cerines, et espugnar quel castello. E quel dì medemo, il re Aluise haveva mandato huomini a Monadi, ch'è un passo stretto, a tagliar la strada, acciò non potessero passar carri con monition, ne anco cavalli in fretta, ma così tutto non fu gionti, che le guardie scopersero l'esercito del re Giacomo, e le fecero avvertiti, e fuggirno, eccetto tre che furon gionti e morti; e poi li chiaus conciorno la strada meglio di quel ch'era prima, e passò l'esercito e tutti i carri, e cariaggi, et andorno a metter loro padiglioni intorno al casal Pifani, poco distanti da Cerines, dove stettero tre dì, e poi si levorno, et andorno sotto Cerines, alla volta de Camusa. Andò il gran daidar ch'era capitano dell'armata, et appresso di lui re Giacomo, con li priggionieri c'haveva menato di Soria, ch'era Pietro Podocataro, et uno fra Christoffaro, cavaliero di San Giovanni, il quale era stato mandato dal re Aluise, subito gionta l'armata del soldan in Cipro, e gli portò presenti di vittuarie, et altre cose. Li presenti furon tolti, e l'ambassiator fu mandato a re Giacomo, che disponesse d'esso. Re Giacomo il pose dove era il Podocataro, et un luogotenente Bressan, e Giames de Genova con altri Savoiani, quali tutti erano nel padiglione propinqui al re, et ordinò che li fosse fatto buona compagnia.

Il assiège Cérines, où s'étaient retirés la reine et Louis de Savoie.

Nel casal Rigatico s'accampò l'amira, chiamato Comun, Circasso[1], e posto un'artelleria, che tolsero da Sivori, dentro nella barbacana; alla volta de Catolichi alloggiorno dui altri amira, e posero due altre pezzi d'artellerie, che battevano la volta de Canuso, et alla banda dello Speron alloggiò un altro amira, dove posero due altri pezzi d'artelleria[2], ma piccole, che facevano piuttosto paura che danno; e sopra una chiesa greca pose il re una serpentina, la qual fece gran danno a Cerines, et uccise più persone al castello. Il re fece fare una gran bombarda in la chiesa de Catolichi, ma il maestro fece la forma grande, et il metallo, che liqueface, era poco, e venne falsa, si che non valeva niente. Cerines haveva artellerie d'ogni sorte, et il castello era fornito a sufficientia; e nel porto, haveva una galea della religion di San Giovani fornita d'una compagnia nobilissima de cavalieri de San Giovanni; due galee de Sor de Nave, ben in ordine, una galea di Benedetto[3], et altri navigli che si trovorno al porto de Cerines, tutti desiderosi di servir al re Aluise. Nel castello poi si trovava la persona del re Aluise, e della regina; era il conte de Zaffo[4] Giacomo de Fiorin, Morfo de Grinier,

---

[1] Paris: *Cerchasso*. — [2] Toute cette phrase, depuis *che battevano*, manque dans Paris. — [3] Paris: *Benetto*. — [4] Paris; A: *Giaffo*.

conte de Rochas, Gian de Montolipho marizzal de Cipro e signor de
Tiro, Pietro Pelestrin, Phebo de Lusignan signor de Arsufo, Galtier de
Nores, Sanson de Nores, Giovan de Nores, don Pietro de Dalmada[1],
Portogalese, Ettor de Chivides il visconte, Bernardo Rosso armiraglio
de Cipro, Domenico[2] de Giblet, Tristan[3] de Giblet, Odet le Inglese,
Tomaso di Vernino[4] marizzal de Gierusalem, Francesco de Montolipho,
monsignor de Martres cavalier savoiano, monsignor de Suna, Giotino
de Nores, Alisperto Zarte, Pietro Impatol[5], Giacomello Croco, Poggio
Croco, Giulian d'Arras, Gioan Bragadin[6], Antonio de Mus, Andrea
Cornaro, Venetian, qual era auditor di Cipro; et oltra questi cavalieri
e gentilhuomini, erano anche molti borghesi, e servitori, e Cerinioti.
Quali tutti d'accordo fecero Sor de Naves capitano, e li dettero il cargo
d'andar intorno alle muraglie, e far la scalaviata; fecero fra Telli guardian del castello di dentro con tutti li frati della sua compagnia, ordi-
norno ogni cavalier al suo luogo, e li dettero huomini per presidii.
Hanno ordinato i luoghi più bisognosi et in quelli posti maggior forte.

E dopo ordinato ogni cosa, mandorno fuori fra Nicolo, dell'ordine
de predicatori vescovo, et andato al campo salutò primo il capitano
dell'esercito, e poi il re Giacomo, e disseli che le signor d'esso vescovo,
re Aluise e la regina, il salutavano assai, e re Giacomo li rese gratie.
Si voltò poi il vescovo all'amira, e presentò gli alcuni presenti c'haveva
portati, dicendo : « Signor amira e gran daidar, il mio signor si racco-
« manda a vostra signoria. » E poi domandò licentia al capitano et al re
per far la sua ambasciaria commesa li; il capitano gli disse, che dovesse parlar liberamente quel che voleva. Però disse : « Del venir vostro
« in queste parti con monsignor l'eletto, per re, siate ben venuti; e
« sappia vostra signoria che questo luogo paga tributo al signor soldan,
« e tutti noi siamo suoi tributari. Se a vostra signoria stato dato ad in-
« tender altro ch'el vero, per questo sua signoria non dovea mandar a

---

[1] Paris : *Pietro di Mada.*
[2] Paris : *Tomaso.*
[3] Paris : *Trestin.*
[4] Paris : *Vernino.*
[5] Paris : *Pietro Palol.*
[6] Paris; A : *Bragordin;* B : *Bragudin.*

Négociations
de la reine
avec
le général égyptien.

1461.

« spogliar quelli che sono veri heredi della terra, e li quali non hanno
« mai errato a lui in alcun conto; e il signor soldan vorrà ch'el mio
« signor re Aluise gli mandi ogni spesa ch'a fatto in l'armata, et altro,
« egli è pronto di mandarla. » Al quale rispose il gran daidar : « Havemo
« inteso quel c'havete detto, ma il soldan ha mandato per signor de
« Cipro questo figliuolo del re morto. » A cui repplicò l'ambassiatore :
« Sappi, signor, ch'el quondam re suo padre, essendo vivo, fece eccle-
« siastico questo suo figliuolo, e li diede l'arcivescovado, c'ha d'en-
« trada ogni anno ducati dodeci mila venetiani; la qual cosa volendo
« sarà sempre sua, e non volendo esser ecclesiastico, sarà fatto prencipe
« con una contrada grande, e viveranno in pace e carità il fratello e la
« sorella, la qual cosa sarà grata ancora al signor soldan. » A questo
rispose il re Giacomo : « Direte alla regina che se li suoi consiglieri
« m'havessino lassiato nel mio grado, e lei m'havesse conservato nella
« sua gratia come servitor, o fratello, overo arcivescovo, io non sarei
« venuto a questo che mi spinsero le cattive attion degli infidi miei
« persecutori; raccomandatemi a lei, e ditteli ch'io sempre la tratterò
« per mia sorella e per la figlia del re mio padre ». Et il capitano disse :
« Torna al tuo signor, e digli da parte mia ch'io intesi ogni cosa, e farò
« ogni bene. » Tornato il vescovo a Cerines, referse al re Aluise il tutto;
il conseglio del quale giudicò difficile ad intendere le parole del gran
daidar, e consegliò che si dovesse usar maggior diligenza nelle guardie
perchè dubitavano dalla porte di terra con tutto ch'era rocca.

Le général
égyptien
lève le siège
de Cérines
et
retourne
au Caire,
en
laissant
quelques troupes
au
roi Jacques.

Dapo quest'ambassiata otto giorni, il campo de Saraceni si levò, e
pose fuoco negli alloggiamenti, e bruxò l'ingegni e machine de legno,
che facevano, et andò via, lasciando vittuaglie e molte altre cose, che
non potevano portare. E la causa di ciò era, che venne una lettera del
capitano di mar, dinotando come l'inverno haveva causato un temporal
grande, per il quale s'havea rotto una galea et alcune zerme. Quelli
de Cerines vedendo il campo levarsi, et andar via senza causa, dubitorno di uscir fuora pel qualche stratagema, imboscata, e altro inganno;
però rimasero perduti, ne osavano di comparer alle porte, ne alle mu-

raglie più di quello facevano quand era l'assedio intorno, e questo finche due Saraceni, quali erano figliuoli de christiani corseggiati a Mettolino, e fatti rinegar, li quali al levar del campo fuggirono, et andorono a Cerines, e da loro intesero la causa del levar del campo; nondimeno alcuni credevano, et alcuni non. Ma a poco a poco si assicurorno di uscir fuora, dove trovorno molte vittuaglie, e le condussero dentro a Cerines, pur non usavano d'allontanarsi troppo dalla fortezza. L'esercito moresco andò in Nicosia, et il re con esso; da Nicosia, il dì seguente, non ostante le preghiere, et ammonition del re Giacomo, che dovesse restar per confirmarlo nel regno, come haveva ordinato il soldan, si partì per andare verso Famagosta dove era l'armata. Il re vedendosi abbandonato da tutti, cavalcò, et andò dove erano li amira, e capitano di mar, e gettosi nelli suoi piedi, pregandoli volessero restare per aiutarlo, ma havendosi loro scusati che l'inverno era principiato, e non potevano stare, almeno disse il re: «Lasciatemi 200 chiaus e « 200 cavalli in aiuto mio nelli bisogni, altramente tornerò ancor io al « Cayro; » e tanto seppe pregar, dire, e persuader li amira e capitanio che li lasciarono capitano nominato Gianubei, con 200 mamalucchi cernuti, e bravi, et altri 200 chiaus, e poi l'armata si levò subito.

Come s'intese a Nicosia la nuova ch'el re tornava con 400[1] Saraceni, fecero allegrezze grandi, e fa sonate le campane de Santa Sophia, e si radunorno tutti con le arme per andar acompagnar il re Giacomo. Medemamente Giorgio Bustron, ch'era capitano delle Saline, haveva trovato, tra Saline e Masoto, 125 huomini a cavallo, et altri 100 soldati con li archi, e questi ancora andorno incontra al re per accompagnarlo; a quali il re fece buona ciera, et accompagnato l'amira fino al castello tornò il re alla corte. Li altri mamalucchi alloggiò in diverse case de quelli gentilhuomini che erano a Cerines. Vennero anco li priggionieri, quali haveva mandati al castello de Sivori, e quelli fece alloggiar alla camera ch'è sopra la scala de piera, et il medemo giorno

---

[1] Paris; A: 60.

1461.

Le roi Jacques se retire à Nicosie.

1461.

tolse il re una parte de mamaluchi, et alcuni de christiani, et andò a Cerines all' improviso, per fare qualche imboscata; et alle due ore di notte, gionsero al casal Pifani poco lontano da Cerines, onde Rizzo de Marino et un mamalucco nominato Alis andorono sopra un mandolaro per spiar, e viddero andar dentro villani con le legne, et altri uscirono per andar alli molini, e presero 27 persone. Et havendo saputo quelli de Cerines come re Giacomo era lì con poca gente, la qual non arrivava tra mamalucchi e christiani da 100[1] persone, hebbero ardire uscir fuora 500 persone et andar drio al casal Rigatico, ma non li bastò l'animo d'affrontar, ne aspettar re Giacomo; il quale subito si misse in ordine et andò a trovarli, ma loro s'erano ritirati a Cerines.

Il réprime les attaques des Génois.

Li Genovesi da Famagosta uscirono, e danneggiavano quelli del Carpasso, il che havendo inteso l'arcivescovo fra Giulian Gonnem andò al Carpasso, e trovò Alessandro[2] Tarantin, ch'era balio del Carpasso; e fatto un imboscata, amazzorono 35 Genovesi e Famagostani, e ritornò a Nicosia. Medemamente, subito gionto l'arcivescovo, venne il re Giacomo da Cerines, et havendo inteso questa novità, andò del longo dove uscirono li Genovesi, e danneggiavano li suoi, et affrontossi con loro, et uccise 40 persone, e da quelli del re non fu ferito alcuno, e subito tornò a Nicosia. Li Genovesi perciò non volsero cessare di dar travaglio al re, perchè considerando forsi la felicità, l'ingegno, ardire e la prosperità di lui, pensavano, che dopo havesse assettate le cose sue nel resto del regno, doveva dar poi sopra di loro ancora per Famagosta; e per vietarli questo, lo travagliavano nel regno per far che non si potesse fermare in esso, e liberarsi da quel sospetto. Overo havevano havuto intelligenze con re Aluise, e ciò facevano per indur re Giacomo a divertir la guerra de Cerines a Famagosta, e dividendo li suoi huomini che erano pochi poterlo con facilità rompere dall'una e l'altra parte. Però armorono un naviglio con 50 persone ben in ordine, et ardorno a danni del Carpasso. Il re, come il seppe, mandò Rizzo de Marino, il quale fece un im-

---

[1] Paris : 200. — [2] D'après Georges Bustron, ms. A : *Alessan;* Paris : *Alessandro.*

boscata, quando quelli del naviglio uscivano in terra, e prese il capitano del naviglio ch'era un Genovese, nominato Freun, e presero anco un naviglio cargo di sapone e formento, il qual capitano un altra volta era stato preggion del re Giacomo, e fuggite, et andò a Famagosta. Hora, come fu presentato al re, lo mandò al ponte della piazza, et lo fece appiccar per li piedi, e medemamente fece appicar per li piedi un giovane servitor, che fu servitore[1] del zamberlano.

Re Giacomo, vedendo l'ostination di quelli ch'erano con Carlotta e non si volevano render, ne venir a reconciliarsi con lui, cominciò a saccheggiar le case loro. Et aperta la casa de Nicolo de Candia, trovò ferro pezzi 430; la casa de Mitrano, padre de Pietro, che fu poi chiamato de Petra, dove trovò zambellotti pezzi 140, e cinque tavole de concorades[2], e 21 sacco de lana margase, e grana sacco uno; dalla casa de Sobba Venetico tolse azzal pezzi 250, e ferro spiazza larga piastre 60, et altre robe de valuta; nella casa d'Antonio Audet tolse di cose mobili[3] carri 12, ma le contadi non li pote trovar[4]; medemamente nel pozzo de Simon Bragadino ha trovato ferro pezzi 365; nella casa di Tomaso Chareri ferro carri 25. Mandò poi a Bafo, et altri luoghi, Giannutio Salviati, Nicolo de Cres, Nassar Chus Eferes mamaluco. Et andati alli castelli de Bafo, parlorono col il capitano, ch'era Giacomo Machies, dicendoli la venuta del re Giacomo con l'armata del soldan, e richiedendoli il castello al comando del re. Li consignò le chiave, et entrati dentro tolsero il giuramento di fedeltà dal detto capitano et altri che erano dentro in nome del re Giacomo; e poi consignorno le chiave al medemo capitano, lassiandolo com'era. Di lì andorono a Crusoco, e fecero gran strusii alli frati del monastero de Giaglia.

Poi andorno a Pelendria, e presero un huomo da bene nominato Georgio Sateni, e lo astrinsero a confessar la sua roba; il quale li menò in una caneva di vini, e li mostrò un pitharo[5], che poteva capir tre some de vino, qual era pieno de grossi d'argento, e li tolsero tutti; di

---

[1] Paris. — [2] Paris: *camocades*. — [3] Paris; A: *mobilia carra*. — [4] Paris: *ma denari non se puote trovar*. — [5] B; A: *litharo*; Paris: *picharo*.

1461.

poi alle Maratasse del conte, a Pendaïa, alla vigna del Chareri, a San Demetri, et anco alla Chitria[1], al casal Chrussida de Giulian d'Acre, e tolsero molto oro accusato da Perin Puzzori[2], suo scrivan, e credeva poter tuor ancora lui due gioie, che valevano 300 e più ducati, ma non li pote haver, ch'el Salviati le vidde e le tolse. Fece gran strusii a poveri christiani il detto Salviati, e molto più haverebbe fatto se non che tornò infermo, e morì nella casa di Giacomo Urri, donatagli per il re.

Da Cerines era scampato Calceran Chimi, et Antonio Synglitico[3], e vennero in Nicosia in presenza del re, e si raccomandorono; et il re l'accettò volontieri, e dimandandole delle cose de Cerines, e quello facevano e pensavano di fare, come passavano del viver, li risposero che la facevano honestamente bene; et ogni settimana prendendolo fuora[4], e portavano vittuaglie; e che mercordi ch'era prossimo a venir, era la volta de Ettor de Chivides d'andar a Lapitho per vittuaglie. Il che udendo re Giacomo, che d'altri non desiderava intender, cavalcò la notte avanti, et andò a dormir a Monadi, con alquanti di suoi huomini; e come fu fatto giorno, mandò alla volta di Lapitho; et aspettorno tanto che venne a passar Ettor de Chivides; et li dettero la cazza; il quale si diffese quanto pote, e al far del giorno si rese, dove fu morto, e tagliatali la testa, fu portata et appesa al ponte de Berlina nella piazza di Nicosia. A questo modo fu pagata la sua ingratitudine usata verso re Giacomo, che con tanta amorevolezza e così prontamente gli fece haver il viscontado.

Noble conduite de Gautier de Norès.

Da Cerines si partì la galea di fra Pussula[5] per andare a Rodi, e quando fu a Pendaïa si rompete, e gli huomini del re Giacomo presero Galtier de Nores, Tomaso Chareri e due figli di Galtier, e molti altri Ciprioti, e li menorno in Nicosia. Onde cavalcò l'amira Gianubei con altri mamalucchi et andò a vederli, e li trovò alli ferri, e gli voleva tagliar la testa a tutti; ma l'arcivescovo pregò il re che non lasciasse

---

[1] Paris : *Christia*.
[2] Paris : *Puzeni*.
[3] Paris : *Sinagliatico*.
[4] Paris : *mandavano per ruotolo fuora*.
[5] Paris : *Pusulano*.

far tanto danno al sangue de christiani, et il re li salvò tutti, e li menorno a piedi in la città, eccetto Galtier et Chareri, quali havevano le catene de ferro al collo, caminando avanti l'amira, e del re. E li fecero entrare dalla porta del phoro, e venir per la piazza, dove vidde Galtier la testa d'Ettor de Chivides, ch'era visconte, e li fu mostrata da un saracen in certo modo che pareva che gl'havesse ditto così saria anche della sua; di che pianse Galtier. Arrivati nel palazzo real furono posti in una camera terrena, e Galtier e Chareri furono menati di sopra, e fecero alquanti giorni; e poi furono tratti, e bacciorno il pie del re e giurorno d'esser suoi fideli, eccetto Galtier, che diceva non poter far tal giuramento, havendo giurato alla regina Carlotta de vardar e diffenderla da tutti li viventi; però diceva non poter giurar il medemo al re Giacomo che faceva guerra contra di essa. Per il che il re li levò li suoi casali, ch'era Vassiglia, Cormachiti, Mirtu, Carpassia, Gambili, e Margi, et all'ultimo per compassion li dette una provigione per viver poveramente; ne mai volse rimorsi di questa ostination; et però rimase in Cipro il proverbio degli ostinati, che dice: « La fe de ser Galtier. »

1461.

Li Genovesi mandorno una galeotta col capitano Cibo, et andò a danneggiar il Carpasso, dove si trovò il balio Alessandro Taratino, con la sua compagnia; et assaltati li Genovesi fu morto il capitanio Cibo, e presi tutti gli altri e mandati a Nicosia. Il re, vedendo il stimolo dei Genovesi, deliberò d'andare col suo esercito ad espugnare Famagosta. Et andato, pose l'assedio in li luoghi che li parsero convenienti; ma perchè non haveva per mare armata de assediarla come si doveva, li Genovesi, che per l'insperato et improviso assedio si trovorno esausti di vettuaglie, mandorno fuora Giames Saplana[1], et andò pur alla volta di Carpasso per ricuperar vittuaglie. E la sua sorte volse che si rompete la galeotta con la quale era andato, et il balio de Carpasso prese il detto Giames e tutta la sua compagnia. E li mandò a piedi in Fama-

Le roi Jacques tente de nouveau de prendre Famagouste. Il s'attache un chef nommé Jacques Saplana.

[1] Paris: *Spalma*.

gosta, eccetto il Saplana, c'haveva cavalcato perchè haveva le gotte over selepa nelli piedi, e non poteva caminare; e furono presentati al re che era accampato a Famagosta. Il quale mandò Giames Saplana nel padiglione dove erano le robe del re, nelle mani de Stefano de Sio[1], e dopo tre dì, il re gli mandò un giubone di veluto cremesino[2], e lo fece trar dagli ferri, e menar in presentia sua, e gli disse : «Signor Giames,
« non ti doler della fortuna vostra peroch'egli havendove fatto mio
« priggione, non v'ha però fatto danno e dispiacere, imperocchè se dentro
« in Famagosta havevi degli amici, quelli amici non vi poterano mai far
« beneficio alcuno, ma di continuo mettervi in pericolo della vita vostra
« senza speranza mai di premio, imperocchè chi non ha niente non
« puo donar alcuna cosa ; voi sete huomo valoroso, esperimentato, savio
« e pratico delle guerre, e degli signori; io sono, a Dio laude, re e signor
« de città e castelli, e non ho da render conto di quel che voglio fare
« e donare ad altri che ad un solo Iddio; se voi vi disponerete di star
« meco e servirmi fedelmente, e giurar d'esser leal diffensor dell'honor
« e facultà mia, io vi prometto di farvi felice, e contento della compa-
« gnia mia[3]; se non che volete ritornare a servir alli Genovesi, io son
« contento di lasciarvi andare in Famagosta, perchè non vi voglio tener
« per forza, ne torre mai la vita ad un huomo ingenuo che fosse preso
« in battaglia. Si chè disponete voi, che l'andare ed il stare sta in
« voi. » Il Saplana, che si vidde vinto dalla bontà e cortesia del re, s'in-
gennochiò e con le mani in croce si chiamò gramo di non haverlo
conosciuto avanti. Si che il re fece dall'hora in poi gran conto, et estima-
tione di lui.

Il re ritornò a Nicosia, et haveva lasciato il suo campo a Famagosta; et una notte segretamente andò con scale et machine per assaltarla, e quando fu al casal Trapesa, due leghe lontan de Famagosta, ordinò Pietro de Naves con 50 huomini christiani, e 30 Saraceni, Giovan Ta-fure[4] medemamente, Nicolo Morabito medemamente, Rizzo de Marin

---

[1] Paris: d'Asio. — [2] Paris; A : cremesile. — [3] Cette phrase, depuis *io vi prometto*, manque dans Paris. — [4] Paris; A : *Tafere*.

altrettanti, et il re col resto, e tutti a piedi, eccetto il re ch'era a cavallo, andorno alle muraglie alla volta dell'arsenal dov'era una torre; e perchè le scale erano curte, trovorono un buso, e comminciorno con zapponi allargarlo; ma quelli della città sentirono, e si radurono tutti da quella banda, e comminciorno a rebatterli di dentro, e già comminciava a chiarirsi il giorno, et il re fece ritirarsi li suoi, e fecero gran danno alle vigne, e bruggiorno molte stanze de Famagostani, e tornorno a Nicosia.

<small>1461.</small>

Il re Giacomo all'hora si trovava esausto de denari, e per poter sustentar la spesa della guerra ha fatto moneta di ramo, et ha rotto molto caldiere; et all'hora furon ruinati tutti li bagni, perchè le tolse le caldiere, e fece le monete grandi chiamate *Sisinia*, e si spendevano sei carci[1] l'uno, e corsero sin che si fece forte nel regno, e poi le bandì[2]; e fece grossi argento; e stampò la sua persona a cavallo con la spada nuda in mano, et all'altra banda la croce di Gierusalem.

Li Famagostani andorno in casa de Marco Gabriel per occiderlo; e scalata la casa, e cercato per tutto non l'hanno potuto trovare; et havendolo inteso il capitanio, mandò a chiamarlo e lo messe in priggione, perchè era amico del re Giacomo.

<small>Ses expédients pour battre monnaie.</small>

Il detto re attendeva hora a Cerines, hora a Famagosta, ne stava mai tutto un giorno a Nicosia, e di giorno e di notte non possava, ne con la persona ne con l'animo. E certo che ogni altro che fosse stato, s'haveria straccato, e voluto reposare alquanto, overamente haveria atteso a Cerines e poi a Famagosta; ma lui attese con pochissima gente all'una et all'altra fortezza. Andò adunque a Cerines a far all'improviso imboscata, e quelli de Cerines, che altre volte sono stati scotati, stavano attenti, et havevano posto ancor loro li scontri di quelli che potevano noccerli. Però scorrendo Nicoló Morabito, il visconte, da Catolichi tutta la fossata della barbacana, s'incontrò in alcuni huomini che ivi

<small>1460-1461.
Il surveille incessamment Cérines et Famagouste.

Comment il s'attacha Nicolas Morabit, le vicomte de Nicosie.</small>

---

[1] A: *sei gratii*. — [2] A: *e poi l'ha banditi*.

erano ascosi; e presero il Morabito dalle redine del cavallo, e prese lo Diego de Cacciorla, e tenendolo preso dalle redine, venne Giacomo de Martin per dargli una cortellata; e per sorte gli tagliò le redine, et il cavallo corse, et il caso lo guidò dove era il re Giacomo, a cui gridò forte : « Un altro casale »; et il re andato in Nicosia, gli donò Visachia, Cascalo, Achasi[1], e due vigne, e fecelo marizzal de Cipro, e maridollo con la fia de Alvise de Nores, la qual morì da pochi giorni da passion, perchè'l detto Morabito era di bassa condition, e lei era delle prime case nobili che erano in Cipro, et era di quelle casate che vennero all'acquisto de Gierusalem. In questa imboscata adunque, havendoli trovati il re provisti non fece alcun profitto, e però ritornò in Nicosia.

Pochi giorni dopo, vennero due galee de Sor de Naves alle Saline, per star al servitio del re Aluise; e come l'intese il re Giacomo e l'amiran, andorno alle Saline, e fecero sì che si contentò di servir al re Giacomo. Però li dettero ordine d'andar a Tripoli con lettere per menar Saraceni et altre robe; et andò via. Re Giacomo andò in Nicosia e messe in ordine il suo esercito, et andò a Famagosta, et accampossi il re alla volta di San Nicolo Gerassimo, e l'amira con li Saraceni verso la porta di Limisso. Dopo venne a Famagosta la nave di Rinaldo Grimaldo da Genova, e condusse per capitano Davila Gentile Pallavicino. Venne anco Imperial Doria, con una fusta di 22 banche e con una gripparea carrica di vettuaglie, e cinque giorni dopo venne ancora Sor de Naves da Tripoli, e menò 60 mamaluchi e 50 chiaus, e 20 m[2]. frezze, molti archi, una botta de polvere, e due pezzi d'artellerie, et una fusta di Peretto Cartagena, e con tutte queste robe entrò nel porto di Famagosta, e diede l'artellerie alli Genovesi, et il resto portò a Cerines.

Il re Giacomo vedendo questo tanto tradimento, qual aspettava il soccorso per dar la battaglia a Famagosta, al quale venne soccorso da Genova e da Sor de Naves soccorso insperato, lui levò il campo; per il chè quelli di Famagosta mandorono senza rispetto Luca Amelin mer-

---

[1] Paris; A: *Atlassi*. — [2] A: *20*; Paris: *m/20*.

cadante per portar vittuaglie d'onde potesse, e poi uscivano da Famagosta et andavano per li casali et dove trovavono degli animali li conducevano a Famagosta. Imperial Doria usciva con la sua fusta, et andava fuori conducendo formenti a Famagosta. Franceschetto Dalma, borghese di Famagosta, andò in Ancona; e medemamente andorno a Genova, Valsuro famagostano, Lazaro Laico genovese, et un Gioan Andrea, e condussero formenti et altre monitioni a Famagosta.

Capitò in detto tempo alle Saline un Catalan nominato Gioan Peres, con una gripparea, e Michel de Martin con una galeotta. Il qual Gioan Peres era mallissime vestito, e dimandò di gratia al capitano delle Saline, ch'era Georgio Bustron, che lo dovesse mandar a Larnica, a star in fino la mattina, perchè poi voleva andar dal re, a domandarli tratta di mille mozzi di formento per Rodi. Il capitano menollo in casa sua, e dettegli da cenare e da dormire; e la matina gli scrisse una lettera, e lo mandò al re. Il re vedendo l'aspetto del huomo lo giudicò valente; però il persuase che'l dovesse restar in Cipro; si contentò e stette. Al quale il re diede molte entrade, e quando hebbe assetate le cose sue, e rimasse quieto, per sublimar et honorar il detto Gioan Peres Fabrices più de tutti gli altri gentilhuomini e baroni, fece una baronia, la qual volse che fosse più sublime et honorata de tutti li conti e principi del regno, e la chiamò el contado del Carpasso, e questo diede al detto Gioan Peres, e suoi discendenti; la qual dignità hora è pervenuta in gentilhuomini venetiani de cha Giustinian[1].

Et in quel medemo tempo che venne Gioan Peres, vennero a Papho due galee, capitano delle quali era un gentilhuomo cicilian[2] nominato Mutio de Costanzo, e nella conserva era un gentilhuomo francese. Costoro domandorono al capitano di Papho, ch'era Gioan Mistacel, salvo condotto, e glielo concesse, et introrono al porto. Il capitano diede aviso al re, et il re cavalcò immediate, et andò a Papho, e menò

---

[1] Erreur. Voir *Arch. Veneto*, xviii, p. 2, 377; année 1879. — [2] B; A: *venetiano*. Rien dans Paris.

1461.

Le roi s'attache le Catalan Jean Perez Fabrice et le crée comte de Carpas.

Il s'attache le gentilhomme sicilien Mutio de Costanzo et un gentilhomme français.

1461.

con esso lui li detti Costanzo et Francese in Nicosia, lasciando le galee in guardia di Mistachele. E quando venne in Nicosia, mandò per capetano d'esse Gioan Peres, et al detto Mutio diede una bella entrata, che fu il casal Vavla, Corno, Mosfiloti, Delichipo, Calotriti, Arsos della Messaria ed altri casali, e fecelo armiraglio de Cipro, e lo maritò con la figlia di Tomaso Verni, e li diede ancho la casa che fu de Benetto Pallavicini. L'altro capitano francese non si volse maritare; anzi, perchè era maritato, domandò licenza, et il re gliela concesse, e diede presenti e denari per più di mille ducati; et andò a casa sua contento.

Historique de la maison Costanzo.

Il prenominato Costanzo, per quello ho veduto nelle croniche che stanno a San Lorenzo de Napoli, discese dalla casa Costanza, de gentilhuomini nobilissimi, fondatori de parte di detta città anticamente, e le arme loro in la città di Costantia era uno scudo rosso, et un leon in passo d'oro, e le coste bianche. E la causa che si fanno a questo modo fu, che 12 cavalieri di questa casata Costanza fecero una gran battaglia con altri gentilhuomini de detta città, di quali li 12 Costanzi amazzorono più di 60 et hebbero vittoria. L'imperatore della Magna fece bandire li sopradetti 12 cavalieri, il capo dei quali si chiamava Spada de Costanza, e perciò fanno il campo dell'arma rosso per il sangue sparso in detta città. Detti 12 cavalieri furono capitanei de ventura, et acconcioronsi, e firmaronsi con re Ruggeri Biscardo, e fu in li anni 1130; il qual re subjugò la città di Napoli, e mandò questi 12 cavalieri in Napoli, li quali si parentavano con la casa de Ebuli, e con la casa Cirbunara, e con la casa d'Arcucio, e fecero molti figlioli. Fondarono lo vico[1] degli Costanzi con una capella sotto nome di Santa Maria delli Costanzi; et in detto vico ci sono stati 39 cavalieri de speron d'oro. E questi cavalieri fecero entrare re Carlo primo in Napoli, e Sua Maestà donò a Peglio[2] de Costanzo e successori suoi il scudo celestro, et il cimiero reale; et anco spada de Costanzo fece lo trattato che fece entrare re Ladislao.

[1] Paris : *castello*. — [2] Paris : *Phebo*.

Detta casa di Costanza è de gentilhuomini antichi de Porta Nuova, e a detta casa ci son stati gran signori e gran contestabili e prothonotarii e grandi armiragli del mare, si come appare per instrumenti e privilegii, e testamenti. E di detta casa uscirono 11[1] cavalieri detti di casa Spada in Fazza, et è detta così perchè Spada dette d'una spada in fazza al fratello dell'imperatore Barbarossa, e fanno le arme in questo modo : il scudo celestre, e tre spade d'argento, e li denti d'oro atorno alle arme ; e la casa Costanza, con casa Spada in Fazza, è una medema.

Vi è ancora à Puzzolo, un altra casa Costanza pur della medema ; et hebbe questa origine da Roberto de Costanzo, cavalier de re Carlo primo, al quale il re diede Puzzolo in governo, et andò con sua moglie nominata Cizzola Mamola. Et havendo una figlia nominata Faustina Costanza, la maritò in Pompeo Costa, filio[2] de Pietro Costa, gentilhuomini honoratissimi ; et dalla casa sua uscivano 15 cavalieri, e stavano al palazzo chiamato Truglio Fazza Fronto, a Puzzolo ; et all'huora Roberto de Costanza dette il nome e cognome e le arme de casa Costanza a Pompeo Costa, e li Costanzi de Puzzolo usciteno dagli Costanzi di Porta Nuova ; et fanno le armi tutti ad un modo, si chè il re Giacomo havendo abbracciato Mutio de Costanzo non ha errato de niente.

La regina Carlotta, quando levò il campo del soldan da Cerines, confortò re Aluise d'andar a Rhodi a domandar soccorso contro re Giacomo per rihaver il suo regno. Et andato re Aluise, e la regina Carlotta con una galea della religion, e due de Sor de Naves, il gran maestro gli fece buona ciera ; però non gli diede sussidio altramente. E di ritorno, tornorono a Pafo ; e come li vidde il capetano Gioan Mistachel, immediate rese li castelli in potestà della regina, e la regina pose Pietro Palol[3] capitano, e li lasciò una buona compagnia ; e poi andò la regina a Cerines, del ritorno della quale fu fatto grande allegrezza.

Pochi giorni dapoi uscì Sor de Naves con le sue galee et con lui Pietro di Nores[4], e passando da Pendaïa cercorno de danneggiare quel

---

[1] Paris : 40 ; B : quaranta.
[2] Paris ; A : Pietro.
[3] Paris : Paulo.
[4] Paris.

1462-1463.

loco, e ritrovandosi di lì Demetrio de Coron, civitan de Pandaïa, radunò quanti huomini puote trovare dillì[1], et andò a trovarli, e rebattolli[2] fino alla marina, di sorte che non lasciò far alcun danno; onde furon feriti, e morti parecchi dall'una e dall'altra parte. Sonossi partite[3] adunque le galee, et andorno a Pafo senza utile, dove cavorno il Palol, e posero don Pietro de Naves, et il Palol tornò a Cerines.

Paphos se rend au roi Jacques.

Re Giacomo, intendendo questa novità, mandò il civitan de Pendaïa, Dimitrio da Coron a Pafo, dove fece comandamento a tutti li turcopulli e francomati d'andare in presentia sua; et andati, li menò a combatter li castelli, e li diede più assalti, e li astrinse molto. Ma don Pietro de Naves, c'haveva nelli castelli Franchi e Ciprioti, si diffese mirabilmente; e più fiate uscì fuora, e se haveva affrontato con Demetrio, e combatterono ambi vigorosamente. Gioan Mistachel mandò a dimandar salvo condotto al re, e da lui tolse licentia d'andar a parlar con don Pietro, et andato parlò con esso più volte, e seppe dire e prometter tanto, che rese li castelli al re Giacomo, et il Mistachel con don Pietro andorono a Nicosia. Et al gionger d'essi gli andò incontro tutti gli mamalucchi e molti christiani, e gli accompagnorono prima dal re, e poi dall'amira al castello, e lo mandorono ad alloggiar in casa del Pallavicino, e donò al detto don Pietro una bella entrata.

1463.
Aventures et supplice du comte de Jaffa à Constantinople.

La regina Carlotta mandò el Fiorin, conte del Zaffo, a Costantinopoli per ambassiator. Et intendendo un bassan c'haveva per moglie una Catacusini cugnata del conte, così instigato dalla moglie, richiese al conte che dovesse mandar a tuor sua moglie, e figlioli che sua sorella la voleva veder per sua consolatione. Il conte scrisse in Cipro, ma saviamente avvertito e la moglie e li figlioli che non andassero, e così fecero, non andorno. Onde il bassan che era di grande autorità, il pose nel martirio, e voleva che si dovesse rinegare. Il povero conte stette nella priggion con gran stente assai tempo, costante nella fede di

---

[1] Paris: *di li*. — [2] Paris: *et ributtatoli*. — [3] Paris: *Si partirono*.

nostro signor Jesu Christo, et ultimamente fu seguato; et egli sempre fin che poteva parlare cantava laude di Gesu, e di sua gloriosa madre; e morì con pacienza, e constantia grande. Iddio, dovemo esser certi, haveva logata l'anima sua tra gli eletti suoi.

<small>1463-1464.</small>

El castello de Cerines fu tanto astenuato che più non havevano da viver dentro, e mengiavano cibi inusitati, et un ovo valeva un bisante. Nel quale era capetano Sor di Naves, perochè re Aluise era andato in Savoia, dove stette fin alla sua morte, senza cercar più ne moglie ne castelli. La regina Carlotta, seguitata da molti cavalieri e feudetari, se ne andò a Rhodi, e non havendo potuto haver soccorso, se n'andò a Roma, dove havendo più volte richiesto succidio di poter ricuperar il regno, e non l'havendo impetrato, restò a Roma fin la sua morte. Re Giacomo trattò il matrimonio tra una sua figlia naturale c'haveva e Sor de Naves, e con questo mezzo hebbe Cerines.

<small>Sor de Naves livre Cérines au roi Jacques. Sept. ou oct. 1463.</small>

Re Aluise era devoto christiano, ma non troppo atto a guareggiare, di che ha dato buona testimonianza con l'operation sue. Il quale con la regina Carlotta non fece figlioli, e morsero tutti duoi senza lasciar descendentia. Si giudica sia stato per il peccato che due germani cugini s'habbiano congionti insieme in matrimonio; il che è accaduto ancora nelli re di Gerusalem, che si maritorono con loro congionti e parenti[1].

Re Giacomo, fattosi signor di tutto quello che suo padre re Gioanne possedeva, hebbe tempo di attender a Famagosta; e l'attese di tal sorte che, vinti quelli di Famagosta dalla fame, si convennero col re, che s'in spaccio di quindici giorni li veniva soccorso da Genova, et entrando dentro nel porto di Famagosta, che il re fosse tenuto di levar l'assedio, e che per un anno fosse trà loro trega; ma se non li venisse, o, venuto, non potesse entrar sino a quel terminato giorno a salvamento, che li Genovesi fossero tenuti a rendersi, con li patti contenuti ne loro capitoli, li quali in sostantia sono questi[2]:

<small>Capitulation de Famagouste. 6 janv. 1464.</small>

---

[1] Ici commence une grande lacune du manuscrit de Paris, qui va jusqu'à la p. 413, aux mots *arme et monitione de lo magnifico*.
[2] Ce document important est publié ici

1. Che siano salvi e seguri della vita tutti li habitanti in Famagosta, con le mogli, figlie, schiavi e servi, e tutti li loro mobili e stabili.

2. Tutti li casali e feudi che erano di Genovesi nel regno di Cipro, fuor del territorio di due leghe[1], per qualunque modo acquistati, siano dati e restituiti alli loro padroni, tali come se troveranno.

3. Il prastio de Capedes sia dato a Benedetto di Vernazza, suo patrone, et anco li suoi assegnamenti.

4. Il feudo de Catanio da Negron, de ducati 1200, et il feudo della donna di detto Catanio, assignato al peso del Cridaggio, et il lago d'Agro, nel territorio di Famagosta, che fu de Piero de Negron, cittadin de Genova, siano lasciati al detto Catanio.

5. Il molin di Ciprian Pallavicino, e generalmente tutti gli altri beni de Genovesi, gli siano restituiti.

6. Tutte le franchisie, c'havevano gli habitatori di Famagosta, così Venetiani come Genovesi, et altri, gli siano confirmate.

7. Le chiese, e vescovi greco e latino, siano lasciati posseder liberi, et entrade loro senza molestia.

8. Li borghesi greci haver debbono la loro corte de Suriani[2], e governarsi per le usanze, et assise che solevano per avanti.

9. Li parici che si trovano dentro in Famagosta, così delle due leghe come d'altri luoghi, siano franchi come erano in tempo di Genovesi, eccetto quelli che sono fuggiti in tempo del re Giacomo, quali si debbono restituire.

10. Li francomati delle due leghe habbiano le loro franchisie e beni stabili.

11. Tutte le persone che si trovano in Famagosta, quando il re Giacomo riceverà il possesso, siano in libertà di poter star et andar dove e quando gli piacerà.

---

pour la première fois dans son intégrité, d'après le manuscrit A. L'*Histoire de l'île de Chypre*, t. III, p. 170, n'en donne que les derniers fragments, fournis par le ms. de Paris.

[1] Cf. *Histoire de Chypre*, t. II, p. 395; 472-473, n. 476; t. III, p. 223 et n. 5, 488-489, n. 5, 6, 8, 15.

[2] Cf. *Hist. de Chypre*, t. III, 529, 533, 814, 853. — *L'île de Chypre*, in-12, Didot, p. 356.

12. Che la moneta minuta, si vecchia che nuova, si possa spender come si spendeva in tempo de Genovesi, e se al re non piacerà, all' hora si debba disfar a spese del re.

13. Che la città di Famagosta si debba regger per il re, e suoi sustituti christiani, e non mamalucchi, mori, o altri infideli, quali non abbino alcuna balia, autorità o possanza sopra li Famagostani, a quali per il re e suoi ufficciali sia amministrata ragion somaria et espedita contra qualunque persona, così Nicosioti, come villani, et e converso.

14. Item, che ogni persona la qual habbia il governo a Famagosta, la robba e li beni de Nicosioti, de qualunque sorte et conditione si siano, e a quelli li sia data presa per lo capitano de Famagosta et officio deputato, et fatta vendere, non possa essere molestata per la Sua Maestà, ne per suoi officiali, in alcun modo, di doverla restituire a quelli delli quali haveranno dette robbe, ne ad altri per loro, ne la valuta; et ancora quelli havessero comprato la detta robba, non pensando essere molestati per tal ragione, ma piuttosto s'intende loro haver bene comprato, si chè non possono essere per alcuna raggione molestati, così quelli che havevano la robba come quelli li quali l'hanno comprata, come ho detto di sopra.

15. Item, che la Sua Maestà ne debba dare tutti li priggioni nostri Genovesi, e de questa terra, li quali se trovano al presente in possanza di Sua Maestà, et ultra se fuchini fugiti de la nave del nobile M. Edoardo Grillo, capitano della detta sua nave.

16. Item, che intervenendo caso che la Sua Maestà habbia lo dominio della detta città di Famagosta, e da poi havuto lo dominio, s'atrovasse alcune[1] arme e monitione de lo magnifico officiero de san Zorzi[2] in la detta città de Famagosta, che la Sua Maestà sia tenuta quelle tale arme et munitioni restituire, dare et consegnare al magnifico capitano de Famagosta, lo qual è al presente capitano.

17. Item, che così intervegnando il caso come è detto[3] di sopra, che la Sua Maestà non debba nocer, ne permetter che siano nociute le due navi

---

[1] Fin de la lacune du manuscrit de Paris. Cf. *Hist. de Chypre*, t. III, p. 170.

[2] Paris : *de San Giorgio*.

[3] Paris; A : *com' è dovuto*.

delli nostri Genovesi, stando[1] così in lo porto, come se fossero partite, e dapoi tornassero a porto, ovèro all'isola de Cipro; ma per patto espresso le debba trattare come amici, e dargli ogni vittuaria e refrascamento possibile, per pretio honesto e corrente.

18. Demum reguiremo che in osservatione delle predette cose, la Sua Maestà ne debba permetter de attender et osservare tutto quello lo quale è detto di sopra, e giurare debba sopra lo corpo sacrato del nostro signor M. Jesu Christo, de quelle attendere, compir et osservar. Et che la Sua Maestà faccia, e se obbliga, che lo illustrissimo signor soldano non contravegnirà in alcuna cosa alli detti patti, ma più tosto ne debba prometterlo lo magnifico Zanibech, suo armiraglio, lo quale è al presente all'isola de Cipri per nome dello detto illustrissimo soldano. Et de questo la Sua Maestà ne sia contenta, e de tutte le altre cose sopra dette, alla pena de ducati 50 d'oro, applicati alla camera della santità del nostro signor papa. E de ogni cosa se ne debba fare publica scrittura con debbite solennitade, in la qual intervénga la sua alta corte, e tutti quelli li quali se converranno. Et ulterius, che per maggiore roboratione e fermezza delle predette cose, la Sua Maestà allo presente sia tenuto, e dia due ostaggi[2] per sicurtà, cioè misser Rizzo[3] et Lupo de Baldaia. E venendo lo soccorso di sotto scritto, le debba restituire li ostaggi detti, e così non venendo passato lo termine de 20 giorni dello mese di genaro.

Ex adverso vero, noi altri de Famagosta promettemo[4] alla maestà del detto re Jaques de fare che lo magnifico capitano di Famagosta, e suo officio, fatto che sia le predette cose, concluse, giurate et promesse, come ho detto di sopra, lascerà la detta città de Famagosta alla detta maestà del re Zaco; e questo, passati che siano 20 giorni del mese di genaro presente, in caso, et si in quantum dentro di questo termine non vegnisse soccorso alla città de Famagosta; perciochè venendo soccorso dentro allo detto termine, li sopradetti patti e concetioni non se intendono dover haver loco in alcuna cosa.

[1] B: *stagando*. — [2] Paris; A: *gli ostaggi* — [3] Paris; A: *cioè a M.* — [4] A: *promettono;* Paris: *prometteno.*

Ceterum est actum d'accordio trà la detta Maestà del re de una parte, et li spettabili ambassiatori, sindichi et procuratori della detta comunità de Famagosta, dall'altra parte, che sia per inteso, che la maestà del re Jaques e tutti li soi possino, durante lo detto termine, entrare, così di giorno come di notte, dentro le do leghe de Famagosta, così come faceva per avanti, e che possono prendere de bona guerra ogni persona de Famagosta, la quale trovassero e prendessero li huomini della detta maestà del re, per ciò è stato dechiarato espressamente in li detti patti che a niuno de Famagosta sia data licentia per la Sua Maestà ne sicurezza di poter uscire dalla detta città de Famagosta. E questo è fatto, a buon fine[1], e per bona causa.

1464.

Acta, facta et lecta atque conclusa fuerunt hec omnia, et singula supra scripta Nicosie, videlicet in regali palatio residentie dicti serenissimi regis Jacobi, presentibus reverendissimo in Christo patre et domino domino Gugliermo Gonem, archiepiscopo Nicosiensi, reverendissimis dominis episcopis fratre Michaele de Castellatio, decretorum doctore, episcopo Paphiensi et Antonio d'Euchanta, juris utriusque doctore, episcopo Nimosiensi[2], spectabilibus et nobilibus militibus dominis Morpho de Grigneriis, comite de Rochassio, Sansono de Nores, Joanne Tafurerio[3], magistro regis hospitii; Rizzo de Marinis, de Napoli, zamberlano regio, Joanne de Ras, Hyeronimo de Salviatis, altam curiam facientibus prefacti serenissimi regis Cipri, anno Domini nativitatis 1464, indicione duodecima, die vero Veneris sexto mensis Januarii, presentibus spectabilibus viris Thoma Carerio, balio secrete regie, Philippo Podachataro, legum doctore, testibus vocatis et rogatis.

Qui quidem serenissimus rex, coram predictis omnibus suis consiliariis et militibus, suam altam curiam facientibus, et testibus supra scriptis, et etiam me nodaro infrascripto, promisit omnia et singula supra scripta attendere, et adimplere et observare spectabilibus et generosis viris dominis ambasciatoribus, sindicis e procuratoribus comunitatis et universitatis Famagoste, videlicet Babilano Gentile, Hieronimo Ver-

---

[1] Paris; A : *a confine.* — [2] Paris : *Nimiosiensi.* — [3] Paris : *Taufererio.*

dure, Nicolao Archerio e Francesco de Pastinos, presentibus, stipulantibus et recipientibus nomine e vice prefacte universitatis et comunitatis Famagoste, ac juravit super Eucharistie sacramentum, inter missarum solemnia ex causa[1] celebratarum. In quorum omnium fidem et testimonium, idem serenissimus rex, manu propria, confirmavit, suique regalis et majoris sigilli mandavit[2] apensione roborari.

Jacobus rex, confirmo. Hieronimus de Bagaretis, consiliarius, de mandato[3].

Famagouste ouvre ses portes.

Nel termine, venne una carraca grossa de Genova, carrica di vittuaglie; la quale vedendo il re montato in persona sopra certi naviglietti, che si trovavano, l'assaltò, la° quale non havendo tempo d'intrare in Famagosta, fuor d'ogni speranza di tutti, la prese esso re per mezzo Famagosta, e fu assunto l'ultimo del termine che li Genovesi si promissero di rendersi; onde persa la speranza del soccorso, i Genovesi si resero. Dove il re pose per capitano Conella Morabito. E l'haveva avvertito che, di notte, non dovesse mai averzar a persona del mondo, se ben fosse venuto esso re in persona per entrare in castello.

Le roi Jacques fait massacrer les auxiliaires mameluks.

Ma alcuni dì da poi, Gianubei, capitano de mamalucchi, una notte, volse entrar in Famagosta, et il Morabito non li volse aprire per niente, e gli disse l'ordine c'haveva dal re, di chè si ramaricò. Et il dì seguente, lo disse al re; il quale lo passò con buone parole. Et investigando poi la causa che l'amiran moveva di venir a quell'hora di notte, trovò un trattato contra la vita sua, per occupare il regno per loro i mamalucchi. E lui scrisse a Nicosia, e fece venire secretamente li suoi huomini, e catelani soldati, i quali gionsero di mezza notte a Famagosta, et andati dove erano li mamalucchi tutti, eccetto tre valenti huomini, quali la sera avanti tenne in casa suae il re, e li fece dormir in una camera al palazzo, cioè Curcuma huomo valente, il zamberlan de Gianubei, e Giacomo Sarachino, qual si battezò poi; li assaltò, e con facilità, trovandoli

---

[1] Paris; A : *et causan.* — [2] Paris. Le passage depuis *suique...* à *mandavit* manque dans A.
— [3] Paris. Le contreseing manque dans A.

a piedi, e senz'arme, li uccisero tutti. Et il re rimase quieto e pacifico signor di tutta l'isola e regno di Cipro.

<small>1464.</small>

Il capitano Gianubei haveva una sorella molto valorosa femina, la qual come intese la morte di suo fratello, andò al cospetto del soldan, e fece gran querele, e gran lamenti, dicendo haver mandato suo fratello in Cipro, et ha fatto re un porco ingrato, il quale, in premio delle sue fatiche tante, e di tanti pericoli, in che s'haveva messo per lui, lo fece ucciderlui e tutto l'esercito del soldano. Però dimandava che il soldan mandasse un armata, e li voleva andar a far vendetta del sangue nobile del suo fratello, e degli altri maomettani. Dall'altro canto, il re Giacomo, subito seguito il caso, mandò ambasciatori con presenti al soldan, e narrato il trattato e tradimento che scoperse contra di lui, accettò le cose, di modo chè il soldan s'aquietò. La sorella de Gianubei, vedendo che il soldan non faceva le vendette del fratello di lui, mandò un Saracin a Famagosta come mercadante, il quale trovò il re al molo della marina, e come stava, fece vista di volerlo salutare, e l'afferrò nel petto, e gli diede una pugnalata al collo. Il re, ch'era di una mirabil forza, come lo prese il Saracin, et egli li diede una scossa e sponta che li disconzò il suo disegno, però che lo tolse a raso della pelle, e non li fece male, e dalla sponta buttò il Saracin nell'acqua, dove fu morto subito dagli guardiani del re.

<small>La sœur du capitaine des mameluks tente de faire assassiner le roi.</small>

In tanto il re attese a viver in pace e quiete, governando il suo paese, e dando recapito a molti forastieri, Catelani e Spagnoli, tra li quali vi furono e grandi e nobili huomini; et in quel mezzo andava reducendo alla sua obedientia li cavalieri ciprii. Li quali, vedendo le cose di Carlotta disperate, si lasciavano persuadere di ritornare in la patria loro, a quali donava li casali et entrade, quanto ne sapiano dimandare. E qui in frà notaro quelli cho trovati scritti in diversi privilegii, cioè :

<small>Les chevaliers chypriotes font leur soumission au roi.</small>

A Pero Davila[1] : li casali Geroschipos, Timi, Mandia, Coloni, Ca-

<small>Le roi</small>

---

[1] Paris : *Pietro d'Avila*.

tochorio de Levcara, Chortini, Trimithussa, Psiathi, San Thodoro, e Romano.

Mutio de Costanzo : San Demeti, Ara, Chiendinari, Glangia, Mallura, e li casali che teniva in duario dama Annes de Verni.

Gian Peres Fabrices : Chnodara, Cuca, Moniati, Santo Andronico d'Acachi, Maglia, Carpasso, Anichides, Selegno, et altre pertinentie[1].

Gioan Cercasso : Plessia, San Sergi, Parsada, Melini, Odu, vigne a Cagliana, et alle Marathasse, et il casal Rionero.

Giames Saplana : Agrinu, Togni, Vuda, Maroni, Ardana e pertinentie.

Tuccio de Costanzo, e dama Helena Podocatharo[2] : Agridi, Crini, Letrico, e bisanti 1500 a l'anno[3], a Pelendria.

Rizzo de Marino de Napoli, capitano per Famagosta : San Pifani, Agriosichia, Pigaduglia, Tenagra, e terreni m.[4] 200, da Levconico.

Sor de Naves, contestabile : Lapitho, Vassiglia, Cormachiti, Dicomo, la gabella de Cerines, Stefani e Sclepini, Lissuri[5], Agridia, Cutrafades, Aïa, Levcara, e giardini a Chitria.

Pero Zerbas, signor de Suna[6] : Trachona, Evretu, Filussa, et vin metri cento alle Marathasse.

A Galeazzo de Villaraut : San Pifani della Solia, Astromeriti, San Georgio tou sporou[7], Calavasso[8], et Voni.

Fra Giulian Gonnem, arcivescovo : Agridia de Pelendria, et Assomato de Levcara.

Dama Marietta de Patres, sua madre, et alli suoi nepoti : Lisso, Pilathussa, Peristerona, et terreni a Poli, che fu de Perrin de Troies.

Dama Marietta Bragadin : la casa e vigne de Agro, Exometochi, Amargeti, Chiedares, Faranga, e Cledassi[9].

Vinciguerra Moressin : il casal Litrodonta.

Gioan Ferer : il casal Catocopia.

---

[1] Paris : *Selegna et altri.*
[2] Paris : *Podacatharo.*
[3] Paris.
[4] Paris : *m^a 200 a Lefconico.*
[5] Paris : *Pissuri.*
[6] Peut-être *Sinda.*
[7] A : *San Georgio tre Speron;* Paris : *San Giorgio Tuspone.*
[8] Paris ; A : *Cavalasso.*
[9] Paris : *Chidassi.*
[10] Paris ; A : *Catopia.*

Plissin Mustatoso : Santo Armola, Sischipo e Facli.
Catanio de Negron et heredi maschi : San Thodoro, Patrichi e Flissi.
Nicola Calaberto : Pelemidia, e terreni di San Giovanne.
Tomassin Chareri : Stromato, e molin de Petonachi.
Thomasin de Nores, de ser[1] Galtier : Siria e Vanuglia.
Antonio Santa Maura : Santa Barbara e Pigi.
Piero Bustron : Lithrodonta[2], Mirtu e Santo Elia.
Filippo Syniglitico : casal Tera, e terreni d'Androlico.
Gioan Chimi : San Gioan de Malondos.
Christoforo de Negron : el lago d'Agro.
Marco d'Alessandria : provision de biave e contadi.
Lunardo de Santo Antonio : Cardomeno, e biave.
Manoel Zebe : Assomato de Chilani.
Antonio Ribado : provision de biave e contadi.
Benetto de Vernazza : Capedes.
A Ardito de Casanuova : San Pifani.
Dimitri de Corphar[3] : Vrechia.
Papa Michali Sucon : Clavdies.
Fra Gioan Altodeu : Chieglia.
Fra Francesco[4] Sabat : Flassu et Omorfites.
Fra Gioan Ribera : Petres.
Fabritio de Sotil : Lurichina.
Fra Gioan Torel : Catochorio[5] de Levcara.
Mario Squarzoluppi, consule de Fiorentini : Marin et Psematismeno, liberi.
Gioan Flatro : Nichitari.
Nicola Chandachino : provision de biave e contadi.
Amir Cursuma : Mamogna.
Balian Bustron : Santo Andronico de Chilani, e San Georgio de Chatia.

1464-1468.

---

[1] Paris.
[2] Paris; A : *Lithrodonato*.
[3] Paris : *Gurfii*.
[4] Paris : *Fra Nicolo*.
[5] B : *Catiohorio*.

Tomasino Malatesta : Prastio rosso.
Gioan Filisperto : Agridin al Carpasso.
Gioan de Giblet : Prastio curia.
Giacubi Redable : Vavacingna.
Pao Costa[1] : Parzadio e Cambio[2].
Gioan Garo : Melatia.
Simon Frasinge : Cormia[3].
Gioan Garo : Malatia.
Glimin d'Arras : biave e contadi.
Pietro de Lignan[4] : Sarama[5], Aplanda e Crio Neron.
Fra Glimin Compost : Zades, Axilu e Simu.
Gioan Busello : Ariachi.
Dimitri Calamonioti : contadi, bisanti 300.
A Gioan de Nores : contadi bisanti mille, e vin mettri cento.
Nicola Scarnachioti : Machidonitissa, Petaglia e Sotyra, appresso Machidonitissa.
Andruva Cuduna : Larnaca de Cerines.
Gioan de Ledro : Ceri.
Polo Gonnem : Monagri, Lapathos, et pertenentia.
Zullo de Rames : Psillato.
Pietro Podocatharo : Chirsefano Apano, e Cato Chiedares, Farango, San Tharapo, Iono e lago de Limisso.
Antonio Ribado : Terdiato.
Filippo Podocatharo : Doro, e vin metri 200.
Gioan Loredan : Disporia et Alamino, libero.
Gioan Attar : Zades, e un quarto d'Apalestra.
Fulco Gonnem : biave, vin e contadi.
Perrina dell'Agridia : Lapithu.
Gianus Podocatharo : ducati 150.
Tangrivardi : Comi e Geri.

---

[1] Paris : *Palol Corta*.
[2] Paris : *Parzada et Cambia*.
[3] Paris et B ; A : *Cosnio*.
[4] B : *Lusignan*.
[5] Paris : *Saramia* ; B : *Saramana*.

Merbeo Caramadin : l'abbatia de Cornochipo.

Pietro de Levante : Chira, e vigne de Monagri.

Alissandro Contestefano : biave e contadi.

Nicolo Sguro : Avgoru e San Chetin.

Alupo de Beldaghe : Peristerona della Massaria.

Isabella d'Andria : San Georgio Passieu[1].

Andrea Mistachiel : biave e contadi.

Ugo Mistachiel : biave e contadi.

Giacomo de Nores, li casali di suo padre : Pera, Noia, Agius, Strongelo[2].

Balian de Nores : Eglia de Pendaïa.

A Ferrandetto[3] de S. Luca : Capedes.

Gianes Sivalier : Catocopia.

Fra Carcia de Frenes[4] : ducati 300 all'anno.

Manoli Zebe : Peristeronari, libero.

Arnao Rosso : Santo Hyllari e Maratha.

Gioan Sardamari : San Chetin, a Bafo.

Nicolo Giafuni : il dretto delli Cingani.

Giames Masdomonto : San Vassili.

Gioan Arogno : Calavasso di Chifalo, e vin metri 200.

Gabriel Gentil : San Theodoro[5], Patrichi, Pagliometocho, Clavdia, Dora e Chito.

Filippo Mistachiel : Chieglia e Charchia.

Fra Gomes Davila : Vavacigna e Tripi.

Filippo Scbba : Axilu, Salamiu e Calamulli.

Rodorico de Mendozza : biave e contadi.

Cristoforo Benevilles[6] : biave e contadi[7].

Giorgio d'Arta : contadi, provision.

Gioan Andrea Stella : provision in contadi.

1464-1468.

---

[1] Paris : *Pasticu.*
[2] Énuméré plus haut, dans Paris.
[3] Paris ; A: *Forrandetto* ; B : *Fra Bandetto.*
[4] Paris : *Furnes.*
[5] Paris : *San Tron.*
[6] Mieux, *Benevides.*
[7] B. manque dans A et dans Paris.

1464-1468.

Ardito de Casanova : Trimithi.
Ettor Lase : le case e vigne che erano di suo padre.
Marco de Rhodi : Glangia.
Margarita, fia de Franceschin de Bandes : Catocopia et Syriati.
Ugo Lusignan, fio de Fibo[1] : Menico, et Aglassica.
Dimitri da Coron : Caputi e Strovilo.
Dama Civa de Nores : Piscopio.
A Comes de Tinet[2], Gioan Navarro, Gioan Comes, Giacomo Maltese, Perrico Navarro, Val de Vieso, Gioan Catania, Lunardo de Avicari[3], Nicolao de Castiglia[4], Carsia de Piles, Ferrando de Falager, et altri 23 de questi, dette provisioni honorevoli de biave, vini, e contadi.
Luca Bragadin : Mavro Marico[5] e Trimithia.
Perrot de Cartagene : Curdaca, Anafotides, e vino metri 150.
Stefano da Sio : molin a Chitria.
Hieronimo Salviati : Omodos, Simu, Axilu, Salamiu, Thregna, Platanisto, Pagliometocho, Callepia, Stavrocomi et Anarita.
Gioan d' Arras : la metà de Aretiu[6].
Carion[7] de Lusignan, del signor Filippo : Chiti.
Gioan Zappo : biave e contadi.
Ughet di Verni : Carpasso, con la razza et boveria de Carpasso[8].
Consalvo di Nissa : biave et contadi[9].
Morpho de Grigner, conte de Rochas : Traconi, Lurichina, Alessandretta, Aplanda Apano, Chivida et Agridia.
A Mosè de Giblet : biave e contadi.
Diego Goteres : Catodri.
Gioan Tafure : Chio, Lassa, Asca[10], Timbria, Cutrafa, Plessia e Clavdia.

[1] Paris : *Febus.*
[2] B : *Trivet.*
[3] B : *Lunardo de Avicario;* Paris : *Lunardo del Avicano.*
[4] B et Paris.
[5] Paris ; A : *Marco Maries.*
[6] Paris : *Aretu.*
[7] Paris ; A : *Chimon... de s.*
[8] Paris et B. Manque dans A.
[9] Paris et B. Manque dans A.
[10] Paris : *Ascha.*

Marco Gabriel : Syncrassi.

Sanson de Nores : Piles e la metà d'Aretiu.

Martin Albanese : Chiusiglia[1] e Giovo.

Gioan Grandulli : Atalu.

Perrico de Torres : Ariachi.

Consalvo Perres da Rio : Pagliometochó, Cataliondo, vin metri 100 e contadi bisanti 800, l'anno[2].

Honofrio Requesens : San Demeti, Pallurocampo, Chiti, vin metri 1200, et l'officio del gran syniscalco.

Badin Salacha : San Photi.

Gioan Viludo : Gerolacco e Margi.

Tomaso Ficardo : Pistachi, Politico, vin metri 150, e contadi bisanti mille.

Diego de Vittoria : Strovilo.

Nicolo Benedetto : San Sosomeno, libero.

Gioan Imperator : Margo, Sia e Cormia.

Polo e Gioan Zappo : Geri e Cato Deftera.

Helena Zappe : Psimolofo e Tripi.

Alfonso Ribera, et Arigo d'Alvet, suo genero : Lissi, Panaïa e S. Thodoro.

Gioan Mistacel : Strumbi e Polemi.

Giorgio Romaniti : biave e contadi.

Simon Strambali : due molini a Chitria, case in Nicosia.

Franceschin Camus : Sia, Margi e Cormia, tolti da Gioan Imperator per cambio, e Peristerona[3] della Masseria.

Aluise Merie : San Sergi, Platanistassa, Dali, e li prastii de Satena, cioè Cutrebu, Daphnes, Dimes e Santa Margarita de Pelendria.

Gioan Calephe : Pitarulli, Calamulli et un giardin.

Antonio de Bon : Cardomeno, Santa Barbara, Lionarsos, Psillato.

Marco Carioti : biave e contadi.

Giacomo Lusignan, servitor de stala : formento, vin e contadi.

---

[1] Paris : *Chivis Paglia.* — [2] Paris. — [3] A la suite, lacune dans Paris.

1464-1468.

Gioan Marino : Stremata.

Andriola, moglie di Pietro Gulo : Diorigo.

Giffren¹ Babin : Trimithussia² e pertinentie.

Antonio Burazza³ : biave e contadi.

Chiriaco Buccari : Paglio Piscopia, ch'era de Sor da Naves.

Gioan Aragona : Pagliochori, Aloda e Paglioloda.

Domenico da Messina : Thernia, Fratitu, Salvago⁴, Cacotaria, Piperi, Sibi e Mazzucchi.

Carubina⁵ d'Acre : Melamiu, Lemona e il giardino de la Blanche Guardia⁶.

Stefanello Garafa : el Casal Vrechia.

Summachia Piscayno : biave e contadi.

Giacomo Maltese : Santo Andronico de Curicho, e l'fonsego delle frutte⁷.

Pietro Gullo : el Casal Timbo⁸, libero.

Gioan Synglitico : Nichitari.

Philippo Contestefano : Dematona⁹.

Pietro de Medina : biave, vino e contadi.

Et a molti altri delte et casali et provision.

Et non parrà di strano ad alcun perchè si legge ch'un casale sia stato comesso a più d'uno, perochè è così il vero, et è la causa, o perchè il primo donatario sia morto senza discendenti, come sono alcuni di quelli frati cavalieri de San Giovanni del Hospital, et altri seculari, overo perchè il re ha contracambiato con essi, per benefitiar alcuni parenti degli primi, o altri.

Ses libéralités l'appauvrissent.

Tanto è ch'el re, havendo donato quasi tutte l'intrate, e casali principali del regno, restò povero, a tal modo che non havea da pagar

---

¹ Paris : *Gioffre*.
² Paris; A : *Primithussia*.
³ Paris : *Durazza*.
⁴ Les mots *Fractitu* et *Salvago* paraissent étranges pour des noms géographiques en Chypre.
⁵ B : *Carulina*; Paris : *Chambinto*, mauvais.
⁶ Paris; A : *e giardinol de a Blance Guardie*.
⁷ Paris : *Tontegho di frutti*.
⁸ B : *Tambo*.
⁹ Paris : *Domatoria*.

li stipendiati. E essendo stretto dalla necessità, chiamò conseglio, et espose il suo stato in che si ritrovava, e come egli fu consegliato di dar ogni cosa per assicurarsi il regno, per il che era redutto, che non haveva ne da viver ne da pagar li soi stipendiati. Però recchese loro volessino pensare la via e l' modo che a questo si potesse rimediare per beneficio loro et ancho[1] di lui. Li gentilhuomini del conseglio, considerando e scorrendo molte cose tra loro, e più d'ogni altro la desterità del re, la prudentia, la magnanimità sua, il quale siando signor assoluto che potea del libito far licito, non vuolse imponere alcun gravamen contra di loro, per non alterar le leggi e assise del regno, ma rimesso il rimedio a loro, risposeno : « Voi, signor, havete aquistato con la felicità[1] vostra, « così la prudentia, et valorosità vostra, e la dignità del regno, et l'ho- « nore, et la robba della quale havete voluto usar liberaliter in noi; et « noi, che non semo ingrati con voi, nostro signore e re, offeremo e « le intrade e le facultà, e anco le persone proprie, remettemo alla bona « conscientia e sapientissimo giudicio del nostro signore e re il reme- « diare et eseguire quello li parerà bisognare, e di tanto quanto egli « comanderà, di tanto anchora noi adesso per all'hora ratifichamo « et approbamo. »

1468-1470.

Il re si fece dar, prima da tutti, quelli ch'havevano intrade per tre anni, li più prossimi quanto valseno esse intrate, et ancho il gravame che sosteneva cadaun d'essi; e del netto poi impose una tassa de 20 per cento, et a chi più a chi meno, secondo il gravame di cadauno. Et tolse per questa via ad alcuni tanti casali et altri tante robbe, e a chi sola- mente contadi; ma non passò molto tempo, che tornò a donar li me- demi casali, e di assolver anche dalle rate prefate parecchi de loro. E veramente questo re, si come era giusto, savio, liberale, humano, e fortunato, s'havesse ancho moderato nella libidine, saria stato perfetto re e glorioso al mondo.

Ma perchè peccava in questo, come giovane, ancor ch'el suo errore era

Complots

---

[1] B et Paris. — [1] Paris : *facilità*.

scusabile, perchè non era ancora maritato, non dimeno quelli ch'erano lesi, non lo potevano comportare, ne volevano haverlo per favore, come alcun altri fanno, ch'el re fosse innamorato nella moglie o sorella, over altra sua parente. Però Balian de Nores, cavalier di casa antiquissima e nobilissima, huomo d'honor, e dal fior de giovane de valor, amato cordialmente, ritrovandosi un giorno con alcuni suoi amici disse una parola : « S'alcun di voi trovasse il re a violar una sua parente « stretta, che cosa farebbe? » Li compagni resposero che l'uccideriano; e lui soggiunse : « E se ciò intravenisse a qualche vostro amico, che « cosa fareste per l'honor suo? » E loro resposero tutti che moririano per lui. E Balian replicò : « A fede, signori fratelli, che anche io sono di « quest'oppinion che sete voi. » E quanto a quel giorno, cessò questo raggionamento.

Era, tra molti forestieri venuti in Cipro, un Giacomo Maltese, povero, con una casacca de griso, e nel resto nudo, e scalso; e quivi trovò una balestra, e per il meggio di Pietro Davilla fu scritto al soldo. Era medemamente un Nicolo da Palermo, liberto del conte di Tripoli, il quale dapoi che fu liberato si fece hoste, e vadagnò assai denari; e havendo una fia, la maritò con detto Giacomo Maltese. E perchè sempre li dannosi[1] sono accarezzati e favoriti, costui montò, e divenne civitan de Pendaïa; e per ingratitudine diceva sempre mal di Pietro Davilla[2], che fu causa d'ogni suo bene. Carceran[3] Chimi, genero di Gioavan Mistachel, fece amicitia con detto Giacomo, et essendosi ritrovato un giorno el detto Chimi, con alcuni altri, che si dolevano delle ingiurie del re, li quali conclusero esser meglio di morir che sopportarle; e messero ordine, et congiurorono contro il re, Balian de Nores, Giacomo, Gioanne e Carceran Chimi, fratelli de Demetrio Bustron, il Marsiglio, Gioan Seba, Giacomo Salacha, e Nicolino Costantino, huomo del populo, ma valente et amato da tutti gli gentilhuomini.

Carceran Chimi, il dì seguente, accompagnato con Giacomo Maltese, andorono a San Gioan de Monforte, e, aldita messa, disse a Giacomo :

---

[1] Paris : *danarosti*. — [2] Paris : *d'Avilla;* toujours. — [3] Paris : *Calceran*.

« Sappi che li tali miei fratelli, e amici, e io con loro, facessimo conjura
« di occider il re, o di morire, per le vergogne e violentie che fece a
« molti, e vedemo fare ogni dì ; si che, se vi basta l'animo d'esser
« nostro compagno, ve invido. » Giacomo, senz'altro, posta la man sopra
l'altare, giurò d'essere il primo compagno tra loro. El Chimi disse a
Giacomo dapoi : « Per vostra fe, fratello Giacomo, tenete appresso di voi
« le parole che io v'ho detto, imperochè potria esser che non seguisse
« altro, perchè, come sapete, li giovani alle volte parlano, e dicono di
« fare, e dire cose grande, e poi gli passa quella collera, e non ese-
« guiscono niente. » Giacomo rispose : « È forse la prima volta c'havemo
« parlato insieme li nostri secreti. »

Il re era andato a Famagosta, e voleva venire di notte con un portante, e veniva in una cavalcata, accompagnato da Perrico de Torres,
Spagnuolo, qual veniva a piedi con un partesanon[1] in spalla, e correva
avanti al re. Li prefati Chimi, Balian de Nores e gli altri, come intesero
ch'el re era per venir quella sera, uscirono for di Nicosia; e in una
valle del casal Agridia fecero l'imboscata; e lasciorono Gioan Sebba
nella strada con una mula, che passeggiava, con ordine, come fosse comparso il re, egli dovesse seppiare[2]. E attendendo a questo, il Sebba s'in-
dormentò nella strada, di sorte ch'el re lo sopragiunse, e tanto appresso
che non pote ne seppiar, ne altro segno fare alli compagni. Il re, come
vidde il Sebba, gli cridò : « Olà, che fatte quì[3] ? » E il Sebba respose :
« Signor, ho inteso che la Maestà Vostra veniva da Famagosta, e son
« venuto per farle compagnie. » El re gli disse : « Camina avanti. » E così
lo menò fin dentro in Nicosia ; e li compagni ch'aspettavano sino all'alba,
mandorono el Salacha alla strada, per veder el Sebba ciò che faceva.
E andato, non lo trovò; però fattosi giorno ritornorno in Nicosia.

Giacomo Maltese, la seguente notte, vedendo le cose di questi giovani
quella notte avanti non haver havuto effetto, deliberò di andare ad
accusarli al re. E andato, fu introdotto nella camera del re, al quale
richiese di parlar in secretto, e fattosi dar loco, s'ingenocchiò con una

---

[1] Paris : *partesano*. — [2] Paris : *fischiare*. — [3] Paris : *che fai quì?*

corda al collo, e disseli : « Serenissimo re, io merito la morte, percio
« che ho consentito d'essere nella conjura d'alcuni c'hanno deliberato
« d'ucciderlo, e s'alcuni d'essi, come dicono, hanno raggione di pro-
« curare questo, per le ingiurie le quali dicono che la Maestà Vostra
« l'ha fatte, io però non haveva cosa alcuna, perchè venni nel vostro
« regno povero e mendico, e dalla liberalità vostra son fatto feudatario,
« con casali e intrade, ne ho mai havuto cosa alcuna dalla Maestà Vos-
« tra, se non di pregare Iddio per la longa vita sua; ma eccomi qui
« pentito di quella oppinion prima, e pronto a patir quel con degno
« supplicio che alla Maestà Vostra parerà di darmi; » e nominò ad
uno ad uno tutti li complici. Il re, ch'intese quello che non pensava
che tanta audacia si ritrovasse in questi giovani, rimasse per se per bon
pezzo attonito, e tacito, e si turbò nella mente sua, e poi come savio
ripresse l'error sua, dicendo in se medesimo, s'io non l'havesse dato
causa, loro non haveriano usato di procurar la sua e mia morte, bisogno però mitigar l'odio e malavolentia di questi, con beneficii et
honori, e damo in poi guardarmi da tal errore per assicurare meglio
la vita mia. E confirmandosi in quest' oppinion, disse al Maltese : « Io
« per hora vi voglio perdonar, ma fa che non sappia huomo alcuno,
« che tu mi hai manifestato questa cosa, per che voglio acquietar questi
« giovani che si dolgono di me, con beneficii, e a piaceri molti. » Il Maltese si partì, e voglio credere che lui non habbi palesato ad alcun
d'aver accusati li suoi compagni, perchè, oltra il commandamento del
re, haveva anco il rispetto degli accusati, li quali haveriano possuto occiderlo facilmente; ma li camerieri e guardiani del re, che domandavano
l'un l'altro che cosa voleva a tal hore el Maltese, qualcuno che intese
la sustantia del suo parlare, lo disse agli altri, e quelli ad altri, talmente che la cosa fu sapputa da molti.

Alcuni giorni dapoi, il re fece crida che tutti li feudati e provisionati dovessero esser in ordine in tal giorno, perchè voleva fare la ras-
segna, che qui usano di dire la mostra; e voleva che tutti si dovessero
presentar a lui personalmente armati, e con li loro cavalli, e obliga-

toni in pronto; di che li giovani della conjura si pensorono male, per che Giacomo Maltese, dapoi che l'haveva accusati, si ritirò, e non pratica va più con loro, come soleva per inanti. Tanto maggiormente si confirmavano che il re faceva questo per prenderli. E però, il dì della mostra, si armorono tutti, e tolsero i loro miglior cavalli per loro, e si redussero tutti nella casa delli Chimi; e per la loro obligation, mandorono i più tristi cavalli c'havevano, e ordinorono i loro parenti di scusarli con il re. E così, quando fu chiamato Balian de Nores per servitio, il cavalier presentò quattro rozze che non potevano essere più triste, e Giacomo de Nores, suo fratello, comparse per lui, e disse ch'el non si sentiva bene, ma come fusse guarito era per venir a far obedientia a Sua Maesta. El re accettò la scusa sua, e fece notar la presentation di cavalli; medemamente quando furono chiamati li altri, furono scusati dalli parenti loro, le scuse degli quali furono dal re accettati, senza cercar se quelle erano vere o altramente. Et subito che li servitori di questi furono chiamati e licentiati, andorono in casa degli Chimi, e lo fecero intendere agli patroni loro come il re haveva accettate le loro scuse. Il che inteso si assicurarono, e andati cadauno in casa sua si disarmarono senza pensiero.

Et seguitando il re la mostra, chiamò Pietro Davilla[1] per servitio di huomo d'arme, e lui si presentò con doi cavalli, uno bono, e l'altro tristo; il quale vedendo il re, disse al Davilla: « Questo non è il do-« ver, voi havete tanta intrata da me per doi cavalli, e quelli non li « tenete boni; non li voglio accettare, e se non provederete voi de boni « cavalli, provederò io. » A cui rispose il Davilla: « Signor, voi havete « ammesso più tristi cavalli alli vostri traditori, et a me, vostro fede-« lissimo, fate tanta fortuna. » Al quale il re soggiunse: « Taci, huomo « inconsiderato. » E al levar su dalla mostra, chiamò il Davilla, e lo represse per che le haveva detto così publicamente c'haveva traditori, et che lui sappeva li traditori del suo re, e non glie li ha fatti intender per guardarsi da loro. E havendo resposto il Davilla: « La Maestà

1468-1470.

---

[1] Paris; A: *chiamò Giacomo Pietro Davilla.*

« Vostra so che li sa, e però non li disse altro, perchè Giacomo Maltese glie
« lo ha detto. » — « E come sapete voi che Giacomo m'ha detto questo? »
disse il re, e il Davilla rispose : « Lo sa tutta la piazza. » Come intese
il re che quel che voleva asconder era publicato a molti, disse : « Sin
« qui io voleva rimediar l'error de questi arroganti con finger che non
« sapea niente, il che ho giudicato esser prudentia, e in processo di tempo
« s'haveria detto c'ho fatto da savio d'emandarmi, e scusar l'error de
« quelli che ho dato causa di sdegnarsi ; ma hora che questa cosa è nota
« a tutti, e facilmente lo devono saper anchor gli delinquenti istessi,
« giustamente sarò da tutti giudicato per vile, che non ardisco per tema,
« o viltà mia, castigar quelli che contra la vita mia hebbero ardimento
« di congiurare. »

Però mandò a chiamare Gioan Tafure, conte de Tripoli, al quale
dette la lista de li nomi de quelli congiurati, e li disse : « Meno[1] con voi
« quelli et quanti huomini volete, e fate che tutti questi venghino questa
« sera qui, in priggione. » Il conte immediate esseguì l'ordine del re ;
li prese e pose in priggione tutti con facilità, però che li ha trovati
disarmati, e soli nelle case loro. El dì seguente, il re chiamò conseglio,
e forono redotti in corte la maggior parte de feudatarii ; e sentati al loco
del conseglio, venne il re, e dette la sua querella, e la chiave delle
priggion nelle quali erano li querelati ; li quali furono constituti de
plano, et de plano confessorono il tutto, e la ragion che li mosse a de-
venir a questo, dicendo esser gentilhuomini d'honor che non potevano
patir le insolentie et ingiurie fateli, e che cercava de farle ; ma quando
han visto che il re s'haveva ritirato, e non andava drio al primo stile,
e loro hanno mutato oppinione, et hanno remesso l'ordine, che già
havevano[2] deliberato di fare.

Circa il constituto degli quali hebbero gli giudici tra loro contrasti
assai. E tra gli altri Galtier de Nores, il quale non volse mai giurar
fideltà al re, come ha[3] detto di sopra, diceva : « Signori, l'assisa dice che
« quanti colpi ha il morto de sassinamento, tanti compagni del sassin,

---

[1] Paris : *Menati*. — [3] Paris ; A : *haveva*. — [2] Paris : *come si è*.

« se tanti n'ha, devono essere condannati; però contemo[1] i colpi del
« sassinato, et condannemo li sassini. » E diceva ancora molte raggion
ch'era appresso al honesto; ma la maggior parte, havendo rispetto alla
lesion della Maestà, giudicò che tutti fossero morti, et li loro beni
confiscati.

La mattina seguente, furon condotti sopra li carri, con le bande
negli occhi, e condotti nella piazza, comminciò il ministro della giustizia a tagliarle le teste; e comminciò dalli Chimi, tre fratelli, e poi il
Bustron, Marciglio, e maestro Nicolino. E mentre che il carnefice faceva
questo maleficio, nella città non si sentiva altro che pianti et lamenti,
ne si vedeva altro che donne scapigliate correr per le strade, quale per li
fratelli, altre per li figlioli, per cuggini e parenti, di sorte che tutta la
terra fu sotto sopra.

Dette donne presero partito, e andorno alla madre del re, e piansero,
e cridando dissero, e fecero sì che la madre del re andò a trovarlo; e
trovò la porta della sua camera fermata con cadenalzo di dentro, e li
soi guardiani stavano di fuora armati, con ordine di non lassiar alcuno
andar da lui. Ma sua madre, alla quale alcun ossava devedere l'entrata, fece buttar giù la porta con prestezza, dove il re corse in colera;
e sua madre si buttò in genocchioni, e, tratto il velo che portava in
testa, lasciò venir giù li soi capelli spanti, e lei abracciò li piedi del re,
e gli disse: « Figlio mio, io t'ho offeso, perdona a tua madre, perochè
« io che son madre so il dolor che sentono le madri; non mi levarò di
« terra, se non mi perdonate; e se pur volete far vendetta contra di me
« per tutti quelli che vi hanno offeso, eccomi, son contenta di patire
« per aiutare tanti gentilhuomini, li quali non ve offesero se non con
« l'animo loro solamente. » Il re prima gli disse: « Taci, femina, che non
« consideri più oltra ne sapete ciò che importa una congiura di tale
« sorte; loro mi volevano uccidere et hanno giurato di farlo, et voi vo-
« lete che li lasci vivi per adempier il giuramento loro. » La madre anchora diceva: « Deh! figliolo mio, e signor mio dolcissimo, un che dice

[1] Paris et B; A : contorno.

« voglio uccider il tale, e lo dice in colera, e tamen non fa l'effetto,
« per questo non merita morire; e s'el merita punition per che l'ha
« ditto, vi è priggione, v'è bandi for dell'isola e regno vostro; castigateli
« in altro modo che con la dura e vergognosa morte. » Il re la tenne
con parole e dispute tanto che le parse che già dovevano essere espe-
diti; e poi trasse una corona de pater noster, che portava al collo, e la
mandò per segno di farli tornare in priggione.

E chi tolse il segnale andò volando, non che correndo presto in
piazza, e da lontan gridando : « Gratia, gratia. » Ma giunto il segno, trovò
solamente vivo Balian de Nores, Gioan Sebba, e Giacomo Salacha, li
quali furono mandati nella priggion a Cerines, dove stettero sino alla
morte del re, e poi gli fu apperto, e andorono a Rhodi. Balian de Nores
andò in Franza, e studia in medicina, e ritornò in Cipro, in tempo della
illustrissima signoria de Venetia, e visse con il medicare sino l'anno
1528, sempre robusto e gagliardo. Nel ritorno de quelli che scamporono
dalla morte, domandò il re se Nicolin fosse decapitato, e havendoli detto
de si, disse : « Dio gli dia pace all'anima! »; et ha mostrato d'haverli
rincresciuto d'haver perso un'huomo della qualità sua.

Scorso che ebbe il re questo pericolo della vita sua, deliberò di maritarsi, per haver causa di lasciar la via che teneva tanto pericolosa. E però
mandò l'arcivescovo de Nicosia, Aluise Fabrices, fratello del conte
del Carpasso; e andò a Roma, a procurare con papa Pio secondo che
Sua Santità dovesse mandar a coronarlo re de Cipro, et ancho di trattar di maritarlo con la fia del despoto della Morea, la quale s'atro-
vava a Roma, nel governo del cardinal Niceo. Il Beatissimo non voleva
concederli la corona, se non in caso che volesse tuor per moglie una
nipote di Sua Santità; della quale havendo portato l'arcivescovo il re-
tratto, e descritti li costumi d'essa, non volse re Giacomo, ne quella
consorte tuor, ne ancho d'esser coronato re con quella condition.

Et havendo considerato poi qual moglie poteva tuor che fosse a suo
proposito, havendo l'animo elevato in cose alte, mandò Philippo Po-

docatharo a Venetia, e trattò che la illustrissima sighoria de Venetia fece la sua figliola adottiva Catherina, figliola legitima de Marco Cornaro, gentilhuomo di chiara e illustre fameglia. E il dominio promisse la dote al re.

Venne la regina di Cipro del 1472, e si maridò a Famagosta, con quella festa che si richiedeva ad un re magnanimo e liberale.

Ma da poi maridatosi visse poco il re, imperochè morì alli 5 di Giugno 1473; e lasciò la regina gravida. E per suo testamento ha ordinato che lei fosse herede, signora e regina di Cipro, con il suo figliolo che da lei nascesse. E commessarii e governatori del regno haveva ordinato el conte de Tripoli Gioan Tafure, capitano di Famagosta, Gioan Peres Fabrices, conte del Carpasso, e capitano de galere, Morpho de Grinier, conte de Rochas, Andrea Cornaro, auditor de Cipro, cio della regina, Gioan d'Aragona, Rizzo Marino di Napoli, zamberlan, et Pietro Davilla, contestabile. Disse alla sua morte il re che lasciava un gran thesoro, qual haveva acquistato per diverse vie; commandò ancora che le sue galere, le quale haveva tenute armate per forza, dovessero esser disarmate, e liberati gli huomini, e così fu fatto.

Immediante morto il re, fu ordinato in Nicosia l'armiraglio Mutio de Costanzo, ch'era vice-re de Nicosia, e il bailo de Venetiani, che dovessero recever il sacramento di fedeltà per la regina, la quale fu fidata[2] regina de Cipro. A Cerines fu mandato fra Sabat, insieme con Nicolo Morabito, capitano de Cerines, e ricevettero il giuramento di fedeltà. A Bafo andò il conte[3] Cortese, con il capitano Gioan Attar; e similmente a Famagosta fecero homaggio alla regina tutti gli feudatarii. Pietro Davilla andò a Famagosta e restò de là, e mandò a tuor anche sua moglie, che li dette il re, la quale era nepote del re. Pochi giorni da poi che il re fu balsamato, et seppolto a San Nicolo in Famagosta, mandò la regina a tuor la sepoltura de diespo[4] ch'è a Santa

1473.
Catherine Cornaro.

Mort du roi Jacques.
6 juillet 1473.

Catherine Cornaro est proclamée reine.

---

[1] Paris.
[2] Paris et B : *stridata*.
[3] Paris : *cavaliere*.
[4] Paris : *diaspro*.

1473.

Sophia in Nicosia, per metter il corpo morto del re; ma li preti della chiesa devedorno con scomuniche, e non lassiorono toccarla; e mandato il decano a Famagosta, fece la scusa loro, com'è devadata dal pontefice; et la regina deliberò di mandar a Roma a tuor licentia, ma non seguite altro da poi.

Della morte del re fu dato notitia al soldan, et fu mandato una galera a Venetia, a dar la nuova al senato, et raccomandar la regina; medemamente fu mandato al pontefice nontio, per far nota la morte del re, et raccomandar la regina.

Le sultan d'Égypte reconnaît la reine Catherine.

Il soldan vide con bona ciera l'ambassiator della regina, e li mandò un drappo d'oro con offerte grande; et il daidar, che venne con re Giacomo con l'armata prima, mandò a dire alla regina che dovesse mandar il tributo del soldan presto, secondo l'usanza, e mandandolo haverebbe ogni a piacer. Dapoi mandò un naviglio con lettere alla regina, che richiedeva le spoglie del re defunto, cioè il suo mobile come suo vassallo, morto senza figlioli, ma quando intese il soldan che la regina haveva partorito un puto maschio s'aquietò. Li signori venetiani scrissero al general loro che era in Candia, che dovesse prestar ogni aiuto, et ogni favore alla regina.

La reine Charlotte fait valoir ses droits à la couronne de Chypre.

La regina Carlotta, come intese la morte di re Giacomo, suo fratello[1], si ridusse a Rhodi, e procurava per ogni via d'haver sussidio per venir a prendere il suo regno. E mandò un ambassiator al soldan, il quale fu Nicolin di Miglias; ma quello fu consegnato all'ambassiatore della regina Catherina, che lo dovesse menar a lei, per fare di lui quel che li piaceva. Passando a Fisco, città all'incontro Rhodi, l'armata venetiana, capitano della quale era Pietro Mocenico, Carlotta mandò ambassiatori al detto capitano, avisandolo la morte del re di Cipro quelli giorni essere stata, dal quale, Carlotta sua sorella, nata in legitimo matrimonio, era stata spogliata del regno ingiustamente, alla quale aspettava per here-

[1] Paris.

dità; però supplicava e domandava ajuto, come figliuola del re, amico de Venetiani, e nora[1] del duca, ivi esser rimessa nel regno paterno, d'onde ingiustamente dal fratello bastardo prima era stata cacciata. Alle qual parole il capitano venetiano, ricordandosi l'antiqua amicitia e lega del re Giacomo con le Venetiani, respose ch'egli era pronto di far tutto quello ch'egli, per nome publico, verso Carlotta raggionevolmente potesse fare, ma che molto si maravigliava lei non intendere le raggioni dei regni consistere nelle armi, e non in leggi; ne a[2] lei sola essere stato tolto il dominio, ma a Genovesi anchora, i quali in quel tempo havevano posseduto la miglior parte dell'isola; appresso, dovea sapere la moglie del morto essere adottiva figliuola del senato venetiano, lasciata gravida; et il re prima ch'egli morisse, haverla fatto herede col nascimento che seguirebbe, volontiera voleva haver rispetto e consideratione, essendo ella moglie del re, e madre di quello c'haveva a nascere, la quale era Venetiana, e figliuola adottiva del dominio della sua città. Però contra di lei altrove si procacciasse soccorso, per ciò che egli, come era tenuto, voleva essere in sua protetione e diffesa. E con questo risposto, espedì l'ambassiatore della regina Carlotta.

1473.

Costei mandò in Cipro un bregantin, il quale misse in terra a Chrusocho un giovene de Gioan de Montolipho, nominato Valentino, il quale andava a Nicosia. Ma siando a Pendaïa, fu conosciuto e preso dal civitan, e mandato a Famagosta; et essendo esaminato, disse haverlo mandato la regina Carlotta, la quale si trovava a Rhodi, per intendere la morte del re Giacomo, e quello che pensavano li Ciprii di fare; e disse che, sopra il bergantino col quale era venuto, era un gentilhuomo nominato Gioan de Giblet, e un servitore della regina, nominato Odet Bussat e molti altri, li quali tenivano molte lettere. Per il che fu armata una galeotta, sopra la quale montò Gioan Peres, conte del Carpasso, e andò cercando il bergantino, ma non lo pote trovare. E al ritorno

Tentative de la reine Charlotte.

---

[1] Paris; A : *non.* — [2] Paris; A : *ma.*

1473.

della galera, fu tagliato la testa del detto Valentin, e de la sua persona fu fatto quattro quarti, quali appicorno nella città.

Prétendu trésor du roi.

Quelle parole che disse re Giacomo, siando in l'estremo, d'haver lasciato un gran thesoro, da gli huomini savi fu giudicato d'haver detto degli huomini valorosi c'haveva acquistati in diversi tempi e modi; ma quelli di Famagosta, havendo inteso il thesoro essere denari, cercorno molti lochi per trovarli; e per questo presero un chiamato Foca, qual era cameriere del re, e era un avarone misero, e domandato de plano, e con tormento, non ha detto saper niente. Fu scritto a Nicosia, e mandato un servitor del Rizzo, qual fu colleggiato, e non havendo saputo dir niente, fu relessato; furono tormentati alcuni altri per questa raggione, et escavati[1] molti lochi, e cercato diligentemente, ma non hanno mai possuto trovar cosa alcuna.

Fu scritto da Famagosta al visconte de Nicosia che dovesse far commandamento a Luca Bragadin, fratello de Marietta Bragadin, d'andar alla presentia della regina a Famagosta, e se non volesse andar, ch'el visconte la mandasse per forza. Egli andò, e portò seco li suoi privilegii, e quelli de Marietta e Chiara sue sorelle, e Zarla, sua cugnata. E andando[2] a Famagosta, fece homaggio alla regina per tutti questi, et la regina confermò tutti li suoi privilegii.

Négociations pour marier une fille naturelle du roi Jacques à un fils naturel du roi de Naples.

Vivente re Giacomo, haveva mandato Aluise Fabrices, arcivescovo de Cipro, doppo la morte di fra Giulian Gonneme, et andò a trattar il matrimonio tra la bastarda del re Giacomo, ch'era di sei anni, et il figliuolo bastardo del re Ferdinando. Il quale arcivescovo menò seco un ambassiator del detto re Ferdinando, nominato Severo[3]; il quale comparse nella sala regia a Famagosta, in presentia delli governatori del regno, il quale parlò circa il matrimonio di detti figli naturali, e confortava li governatori di far detto matrimonio, perchè saria de benefitio grande di tutto questo regno. Per le qual parole, sdegnati quelli che

---

[1] Paris: *aperti*. — [2] Paris; A: *anda*. — [3] Paris: *Securo*.

erano dalla parte della regina, scacciorono for di Famagosta questo ambassiatore, e alcuni Catalani, pensando cose nuove volevano favorirlo.

Nel medesimo giorno, fu scoperto a Cerines un trattato de alcuni, che volevano prender Cerines per nome della regina Carlotta. E questi erano Matteo Centurione, patre Desiderio, uno canonico, fra Antonio cavaliere de Rhodi, e Giorgio Liuter[1]; quali, posti al tormento per il capitano de Cerines, con l'assistentia del vescovo de Limisso, che si trovò à Cerines, confessorono ogni cosa; onde il vescovo li schiericò, e mandò a Famagosta, con altri cinque forestieri. Li quali siando la notte al casal Stillus, uno de' quelli forastieri trovò un coltello col quale si ferite nella gola per uccidersi. Li turcopulli e guardiani corsero per prendere costui, che non si uccidesse, et in quel tumulto scampò un altro de quelli forestieri. Li altri furon menati a Famagosta, e confessorono, che alli 15 di agosto si faceva fiera al monastero de Achieropyti, e a Psithia, vicini a Cerines; e molti Cerinioti[2] andavano alla fiera, e loro volevano lasciar il Centurione entrar al castello, e uccider il capitano, e tenir il castello per Carlotta, e questo col mezzo de Manoli[3] Chavaro, Rodioto, mandato da Carlotta a posta per questo. Costoro furono tutti squartati, parte a Famagosta, e parte mandati a Cerines, e furon squartati in quel castello.

All'hora l'isola di Cipro si trovò in gran combustione; e massime che li forastieri, Catalani, Spagnoli, et altri, havevano diverse oppinioni. Parte di loro volevano raccomandarsi al re Ferdinando, altri pendevano dalla parte di Carlotta; ma la maggior parte di[4] essi, insieme con li paesani, desideravano confermarsi con li signori venetiani, da quali speravano essere deffesi da ogni ingiuria per amor della regina Catherina, loro compatriota, e figliuola adottiva. E per questa diversità, non sapeva in chi fidarsi la regina Catherina.

L'arcivescovo, nel suo ritorno, portò una lettera del Beatissimo, qual

---

[1] Paris : *Livert* ou *Livest*.
[2] Paris; A : *Cerioti*.
[3] Paris : *Manuel*.
[4] Paris. Lacune de six mots dans A.

scriveva alla regina, e un altra alli cavalieri, che diceva che da tutto il mondo erano tenuti e reputati per huomini vili et ingrati, per la caggion che dall'esibitore potevano intendere. E havendoli data la lettera, e parlatoli poi l'arcivescovo in casa del Saplana, dettero ad intender alle persone che Andrea Cornaro haveva ordinato un capitano italian, nominato Gioan di Visconti, come havesse sonato la campana all'arme, che questo capitano con li soi soldati dovesse occider li governatori del regno. Però li avvertite che dovessero esser in ordine, e come sonasse la campana, che si dovessero ritrovare tutti con le loro arme in ordine, per diffender li governatori contra quelli che li volessero offendere. La campana fecero sonar tre hore avanti giorno, e tutti si ritrovorono in corte armati.

Piero Urri andò in casa de Paolo Zappo e lo trovò dormir in letto, e fecelo vestire, e andorono in corte per vedere che novità era quella. Il Zappo era a cavallo, e l'Uri in groppa. E andati in corte, trovorono Aluise Almerico, nepote del Saplana, che disse al Zappo : « Andate[1] « dentro, che vi vogliono parlare. » E intrato in corte, trovò il cavaliere Cortese, al quale richiese la man per dismontare, perch'era debile della malattia ; et il Cortese gli disse : « Non accade dismontare ; » et in quello dimontò l'Urri per aiutarlo ; et Rizzo de Marino li dette d'una gianetta, e lo passò de banda a banda, e poi lo fece strassinar per i pie, e buttarlo in un pozzo.

Maestro Gentile, medico, subito intese la campana, si armò et andò in corte ; e come vide il giuoco fatto al Zappo, destramente ritirossi nella camera della regina, dove venne l'arcivescovo, e lo vide armato, e non lo conobbe, anzi credete che fosse guardian della regina. Intrò poi il Rizzo, e come il vide gli disse : « Ah traditor, tu è quà ? » E ancor che la regina il voleva agiutar, ma il Rizzo lo prese per il petto e li dette due pugnalate, e essendo forte di una coracina non lo passò. Il che vedendo il Rizzo, lo prese per i capelli, e strassinolo fuora della camera

---

[1] Paris ; A : *non date.*

e li tolse la spada che portava, et in questo mezzo trovo tempo di scampare, e prese una scala della cucina per montar sopra, ma gli corsero dietro più di sei e lo presero, et menato avanti al Rizzo, disse il medico: « Che error ho fatto io, che mi volete occider? » E Rizzo alzò lo falda, e li dette una stoccata e l'uccise.

1473.

Andrea Cornaro, sentendo la campana disse a gli suoi huomini che delle finestre dovessero vedere quel che era; et havendoli referto ch'erano huomini armati che andavano sù e giù, si levò dal letto, si veste, e medemamente Marco Bembo, suo nepote. E andando in casa del bailo di Venetiani per intender la cosa, s'incontrò al conte de Tripoli armato, e gli disse: « Torna voi in casa; » ma egli non volse. Andato el bailo, domandò che cosa era accaduto de novo, il bailo gli disse: « Io « son stato avvisato di non mi partir de casa mia. » Andrea Cornaro disse al bailo, e lo astrinse di dover andar al castello con lui; e non havendo voluto, andò il Cornaro con suo nepote, Marco Bembo, e chiamò quelli del castello per aprirgli. Ma il castellano[1], ch'era Ferandetto de San Luca, gli rispose haver commandamento dagli governatori del regno, ch'eccetta la persona della regina, a nessun altro dovesse aprire. E non sapendo che fare, il Cornaro andò in un loco del castello ch'era come un rastello, e intrò dentro.

Meurtre d'André Cornaro, oncle de la reine, et de Marc Bembo, neveu d'André.
15 nov. 1473.

Dapoi venne il conte e il Rizzo, e, chiamato il castellan, domandorono s'era andato alcun nel castello. Il castellan rispose che non era stato altro che messer Andrea Cornaro; il Rizzo replicò: « Messer Andrea « Cornaro? » Il Cornaro, che non era troppo da longi, sentendo il suo nome, credete essere sta chiamato, e rispose: « Son quì, che cosa vo- « lete? » Et il Rizzo gli rispose: « Venite, che la regina ve vuol parlare. » E uscito fuora da quella scosagna[2], dismontò Andrea de Santo Andrea, ditto Caccioli, ch'era visconte de Famagosta, per dargli il suo cavallo. Et l'Rizzo non lo lasciò, e essendoli menato il suo portante, cavalcò sopra quello. Et all'hora, il conte disse: « Io vado avanti, e voi verrete

[1] Paris. — [2] Paris: *di qual loco.*

« col Rizzo. » Il Cornaro rispose : « Anch' io voglio venir con voi. » E Rizzo, a questa parola, trasce la spada, e gli dette una ferita sopra la testa, e lo buttò da cavallo; e poi gli furono adosso gli altri; et ucciso, lo gettorono allo fosso del castello.

Marco Bembo fu ucciso da un marrano nominato Mastichi, e gettato ancora lui nelle fosse; e morti questi, cessò il romore.

Il dì seguente, fu preso il capitano Gioan de Visconti, e posto in priggione per coprir l'error già commesso; e mandorono in Nicosia da 30 Ciciliani soldati, e molti altri ch'erano a Famagosta dalla compagnia del detto capitano di Visconti. Quel dì medemo, cavalcò Pietro Davilla da Nicosia, il quale per tre giorni avanti era ornato cavalier[1], e andava a Famagosta con li suoi soldati a domandar la sua paga, overo bona licentia d'andar via. Et havendo inteso d'Aluise Almerico, nepote di Gioannes[2] Saplana, il tumulto seguito a Famagosta, non volse andare, per non essere causa che si dica haver havuto ancora lui intelligentia con quelli che uccisero Andrea Cornaro e gli altri.

Louis Alméric obtient la garde du château de Cérines.

Il detto Almerico andò a Cerines per tuor il castello da Contarini, e tenerlo per la regina, il quale era mandato da quelli governatori del regno, che erano a Famagosta; et il Contarini non vuolse consignarlo, anzi scrisse alla regina : « Io non ho voluto consignar il castello e for« tezza vostra di Cerines a Aluise Almerico, per che non mi parse « convenevole consignare una tal fortezza, ch'è di molta importantia, « ad un huomo che non ha in Cipro moglie, ne casa, ne alcuna sorta di « entrata ferma. Ma parendo alla Maestà Vostra di mandare Nicolò Mora« bito, prontamente glielo consignerò in nome vostro. » La regina scrisse al detto capitano de Cerines che dovesse consignar il castello al Morabito, et il Morabito, ch'era visconte in Nicosia, scrisse che dovesse sostituir in suo loco, e andar a ricever Cerines dal Contarini, in nome della regina. Il Morabito ordinò visconte in suo loco Balian Frasenge, suo suocero, et andò a Cerines. Al quale il Contarini domandò prima che

---

[1] Paris : *capitano*. — [2] Paris : *Giaimes*.

lo assicurasse della vita sua, se voleva entrar dentro, et havendolo assicurato, il Morabito aperse il castello; et entrato dentro, venne li capi di soldati, e dissero al Morabito : « Noi[1] consegniamo il castello per « nome della regina nelle man vostre, et non ad altri. »

E questo per che vedevano essere Aluise Almerico in compagnia del Morabito, e pretendeva che il Morabito gli dovesse consegnar il castello, subito ricevuto dal Contarini; ma il Morabito gli disse : « Fra-« tello, la regina mi scrisse ch'io debba venir a ricevere il castello dal « Contarini, per nome suo, e non mi dice che io lo debba consegnar a « voi, però haverete tanta patientia che io scriva alla regina; e quello « mi commanderà, obedirò volontiera. » Scrisse adunque alla regina; e Aluise Almerico scrisse a suo barba, il Saplana. Il quale Saplana andò subito a Cerines, con il contestabile; et il Morabito, come intese la venuta del contestabile, apperse immediante il castello. Et entrati dentro, comminciò il Saplana a parlar in colera al Morabito, perchè non ha consegnato immediante il castello a suo nepote. Al quale rispose il Morabito : « Io non ho da obbedire ad altri che alla maestà della regina; « e tanto ho ossequiato, e eseguirò quanto lei m'ha comandato, e com-« manderà ; e voi pretendetelo in quel modo che mi pare per che poco « conto faccio delle vostre minaccie, quando obbedisco alla mia signora, « la quale m'ha commandato di ricever il castello di Cerines per lei, e « non mi comanda di darlo ad altri. Hora li ho scritto, e se mi respon-« derà di darlo, lo darò; se non, farò quanto mi sarà commandato, e « cadauno potrà haver pacientia. » Il che inteso, il Saplana si partì et andò a Nicosia, et Aluise Almerico restò a Cerines, aspettando la risposta della regina. La quale venne il dì seguente, e diceva che dovesse il Morabito consignar la fortezza al detto Almerico per nome della regina, e così fece.

Li Venetiani, come hanno inteso la morte di re Giacomo, espedirono una galera, la quale venne a confortar la regina, e disse haver inteso

---

[1] Paris; A : non.

1473-1474.
Victor Soranzo avec une escadre au secours de la reine Gatherine.

qualmente il soldan dell'Egitto haveva promesso il regno de Cipro a Carlotta; e per ciò era venuta detta galera con un sopracomito, nominato Coriolano[1], per far la avvisata qualmente vegniva il Soranzo proveditor, con otto galere, a diffesa di questo paese, e quanto fosse di bisogno saria venuto ancora il capitano dell'armata, con tutta l'armata venetiana. Si che confortò tutti del paese, che dovessero star di bona voglia, e servir e obedir alla loro regina, con ogni fedeltà, perchè la signoria di Venetia non era per mancargli d'ogni favore e aiuto, per deffender da ogni ingiuria la regina e suo piccolo figliuolino, con tutto il regno. Di che la regina hebbe allegrezza grande e conforto, e subito espedì in Nicosia, e fece far fochi, e sonar le campane, e far ogni segno d'allegrezza, dinottando a tutti la ferma speranza c'haveva d'esser diffesa d'ogni ingiuria. Quelli adunque che pensavano con facilità mandare ad effeto quello che lor desideravano[2], per questa nova, rimasero confusi, e non sapevano che fare.

Quattro giorni da poi, venne il proveditor Vettor Soranzo[3], con 1∙o galere dell'armata venetiana, per custodia dell'isola. E havendo inteso il caso d'Andrea Cornaro et Marco Bembo, non vuolse dismontar in terra, ne manco fu lasciato entrar nel porto di Famagosta, ma stette fuora a Santa Catarina, d'onde espedì immediante una galera per dar avviso al dominio delle cose seguite. Li governatori, come intesero questo, mandorono l'arcivescovo su le galere a parlar con il proveditore, e tolse prima salvo condutto; e andato, cercò iscusare quelli che uccisero Andrea Cornaro in diversi modi. E il proveditor, ammettendoli per bona ogni scusa, dicendo che l'ingiuria del Cornaro era privata e non publica, gli avvertiva esser fedeli alla regina, et boni amici a Venetiani; e poi gli domandò il porto per entrar dentro. E l'arcivescovo gli rispose ch'el re Giacomo, quando era alla morte, haveva ordinato otto governatori del regno, che dovessero governar, et conservarlo per la regina e suo figlio; dunque bisogna dir[4] una parola a questi governatori, e poi vi darò risposta. Et ritornato l'arcivescovo, parlò con li go-

[1] Coriolan Cippico.
[2] Paris; neuf mots omis dans A.
[3] Paris; A : *Formazo*.
[4] Paris et B; A : *dar*.

vernatori, et erano per darli il porto, se non che Antonio de Ersa,[1] amico servitor de Andrea Cornaro, credendo far bon effetto, mandò un servitore del castellan de Famagosta, nominato Giameco[2] Zetto, Portogalese, a prometter al castellan doi millia ducati se voleva[3] dar il castello ai Venetiani, a cui il castellan disse[4] esser contento; et a mattina, a bon hora, andò a trovar li governatori del regno, e dirgli la cosa. Li governatori pressero il detto Giameco, e Antonio dall'Ersa scampò, e andò sopra le galere venetiane.

La regina mandò e chiamò Nicolò Morabito, al quale disse che dovesse andar a Cerines, e tuor quella fortezza dalle man d'Aluise Almerico, per che disse: «Non mi fido di dar quella fortezza in man «d'altra persona che di voi, come colui che la felice memoria del re «mio marito haveva per suo caro e fedel vassallo; e così son certa che «voi sete fedele ancora verso di noi; e acciochè conossiate voi essere «nella gratia nostra, vi concedemo il viscontado de Nicosia in vita vostra, «con autorità di poter sostituir in suo loco chi vi piacera; si che con «celerità anderete a Cerines, con Rizzo de Marino, a farvi consignare «il castello.» Il Morabito rispose d'andare volontiera dove a Sua Maestà piacera, e ingenocchiato le basò la mano, e le fece anco homaggio per suo figlio, Giacomo. E tolse le sue patente e licentia, andò col Rizzo a Cerines; dove Aluise Almerico serrò le porte del castello, e non lasciò entrare se non il Rizzo. Et il Morabito convenne dormire quella notte al borgo, et il seguente giorno gli aperse, e intrato gli consegnò il castello, e lui uscite d'una falsa porta, e senz'altro cambiato, andò via lui solo, et andò a Nicosia in l'arcivescovado. El Rizzo si partì il seguente giorno da Cerines, e venne a Nicosia, dove intese che l'armata di Venetiani haveva posto in terra 300 persone, le quale uccisero un servo del conte di Tripoli. E partitosi il Rizzo da Nicosia, per andar a Famagosta, si fece accompagnare da molti soldati a piedi e

La reine confie le château de Cérines à Nicolas Morabit.

---

[1] Paris: *del Orsa*.
[2] A: *Giacomo*, plus bas: *Giauneco*; Paris: *Gioanico*; B: *Giammico*.
[3] Paris; A: *se non voleva*.
[4] Paris.

1473-1474.

a cavallo. Il conte andò fora di Famagosta, siando capitano di quella, et andò su le galere, e parlò col proveditor de Venetiani, dove stette sino a notte, e quando l'intese il Saplana, che hebbe a male per che voleva ch'el havesse tolto il consentimento di loro anchora, e per questo fecero parole il Saplana et il conte di Tripoli, per il che la regina fece commandamento al Saplana da parte sua, che, sotto pena della testa, non si dovesse partir di casa sua; e obedite per due giorni, e poi tolse licentia, et andò a Nicosia con 25 cavalli.

Les bourgeois de Nicosie, se défiant des Catalans, s'organisent pour défendre les droits de la reine Catherine.

Ma in Nicosia non fu lassiato entrar, per che il populo, qual teniva la parte della regina con gran devotione, temeva di questi forastieri non li facessino qualche tradimento. E però dissero al Saplana: « Torna, « va, mena nostra signora la regina. » E poi il populo si redusse in casa di Stefano Cuduna, homo di bona condition del popolo, e valente, e fecero capi il detto Steffan, Gioan Negro, Canna Cutano[1], et alcun altri maestri di scrimia; li quali subito presero la bandiera della regina, e andorno in la corte reale. E trovato l'armiraglio, lo ritenero, e lo scongiurorono, da parte di Dio, che debba procurar che la maestà della regina dovesse venir da Famagosta, a star in Nicosia. E l'armiraglio scrisse, e mandò le lettere con Balian Frasenge e Pietro Bussato.

Nel partir degli quali, venne Gioan d'Arras per entrar in Nicosia, e non fu lasciato intrare fin ch'ha giurato d'essere in favor della regina, et, in ogni bisogno di essa, morir in loro compagnia. Venne anco Benetto Carthagenia, e non fu lasciato intrar fin c'ha giurato il medemo. Gionte le lettere dell'armiraglio in Famagosta, la regina mandò il conte de Tripoli Gioan Tafure, e Pietro Davilla, a parlar con gli huomini di Nicosia, e mandorono prima questi il capitano de Sivori, Philippo Synglitico, il quale fece intender a Gioan d'Arras, capitano degli capi del popolo, come venivano il conte e il Davilla per parlarli, e per tuor il giuramento di fedeltà da loro. E li capi resposero: « Noi semo fidelis-« simi della maestà della regina, e del suo figliolino, nostro signore e re,

[1] Paris; A : *Gaetano*, et plus bas *Cutano*, comme Paris.

« e non desideremo altro che vederli nella loro città, per viver e morir
« sotto il nome e governo d'esso; si che se questi signori voglion venire
« come fedeli della regina, saranno honorati et accarrezzati, altramente
« non se ne pensino d'entrar le porte di Nicosia. » Il capitano de Sivori
andò fora, e referse le predette parole al conte e al Davilla; li quali
vennero appresso Nicosia, onde andò Gioan d'Arras, Philippo de Nores,
Stephano Cadauna[1], Canna Cutano, maestro Nicolino Depis[2], maestro
Pietro Savoia. E quando s'approssimorono a questi gentilhuomini, dismontorono da cavallo e li salutorno; alli quali disse il conte, dapoi il
saluto : « La regina havendo inteso l'amor e fedeltà vostra, vi ha nella
« gratia sua molti cari e raccomandati, e circa ciò n'ha mandati a par-
« lare con voi altri e confortarvi a perseverar in questa bona oppinione,
« et ancho di ricever da voi il sacramento di fedeltà. » Li maestri risposero : « Signori, non vi pensate d'entrar nella città, se prima non giu-
« rate, con la man sopra li santi evangelii, che voi sete fedeli vasali della
« regina e del re, suo figliuolo, e che volete viver e morir con essi e
« con noi, perchè noi quanto habbiamo fatto è per mantenir questa città
« per lei; e non vi pensate inganarci con bone parole, ma quando così
« ne giurarete, vi haveremo per signori e patroni, e vi apriremo le porte
« della terra, e non faremo altramente. » Il conte et Davilla furno contenti di giurare, e però mandorno a tuor l'evangelio per il maestro
capellan et hanno giurato. Et intrato in Nicosia, confirmorono Gioan
d'Arras capitano, e [hanno] posto ordine[3] in quelle altre cose c'haveva
commandato la regina.

Il dì seguente, venne la nova a Famagosta come il Saplana, qual era
fora di Famagosta ascosto, quando seppe il partir del conte di Tripoli
e del Davilla, mandò a dir all'arcivescovo et a Rizzo di Marino che
dovessero andar da lui, che li voleva parlare, e potendo menar seco
il conte de Rochas anchora. L'arcivescovo et il Rizzo uscitero fuora di
Famagosta, e poi ritrovandosi alla porta Gioan de Naves fece serrar la

1473-1474.

L'archevêque
de Nicosie
s'enfuit
avec
Saplana
et
Rizzo de Marino.
1473-1474.

[1] Paris : *Cudunos.* — [2] Paris : *de Pis.* — [3] Paris; A.: *e posto in ordine.*

446   CHRONIQUE

1474.
porta, et essendo venuto il conte per uscire, trovò la porta serrata, e rimase dentro. Quelli ch'erano usciti, vedendo serrata la porta dopo loro, andorono correndo a trovar Gioannes Saplana, e con lui Aluise Almerico; e tutti questi andorono alla marina, dove dismontati dagli cavalli, trassero le briglie d'essi, e quella attacata in li arcioni di cavalli e lasciati in abandon, montorono in una barca dove posero le loro arme, et un poco d'argento, e andorno sopra la galera del re Ferdinando, e andoron via; e nel partir loro, disse il Saplana ad Alfonso, figlio[1] naturale de Calceran Suar, il quale stava con esso Saplana, ma non vuolse andar con lui, se ben fu richiesto : « Andarete a casa mia, « e direte a madona che non staga di mala voglia. » E a questo modo, fuggirono questi, c'havevano mala oppinion contra il stato della regina et suo figlio.

Il conte de Tripoli et il Davilla, dopo intesa questa nuova, ordinorono Gioan d'Arras capitano et Antonio de Bus, e Peretto Cartagenia che con tutta la cavaleria dovessino far ogni notte bona guardia per terra; e loro partitisi, andorono a Famagosta, e trovorono le porte serrate, e fatto intender la loro venuto, andò il conte de Rochas, accompagnato da molti huomini armati, e li aperse; li quali refersero alla regina e al proveditor di Venetiani la bona dispositione del populo e de Gioan d'Arras. Il proveditor scrisse al dettò d'Arras, e sotto postamente al populo, ringratiandoli del bon animo che tenevano a favor della regina e suo figlio, e li mandò ancho alquanti denari per bona man; et insieme, scrisse la regina a Gioan d'Arras che dovesse mandar a bollar li casali dell'arcivescovato, di Giames Saplana, d'Aluise Almerico, e del Rizzo. E nel medemo dì, fu preso il secretario dell'arcivescovo; e volendoli dar la corda, ha confessato e mostrato molte lettere, e manifestato alcuni complici, e poi fu posto al castello.

Arrivée en Chypre
Mentre si trattavano queste cose, venne il capitano dell'armata venetiana, Pietro Mocenico, e benchè nel suo gionger li rebelli eran fugiti,

---

[1] A : *suo figlio.*

non dimeno fece grand'animo agli affettionati in la devotione della regina; e la prima cosa che fece a Famagosta, fece venir tutti li suoi huomini in la piazza di San Nicolo, all'incontro del palazzo reggio, e li fece passare tutti in ordinanza, quasi tutti come si fa alla mostra, con allegrezza de tutti li paesani. Di poi incominciò a investigare quelli che erano stati li conscitienti della morte di Andrea Cornaro; et per questa causa, fece impicar Perrico de Villafranca, e Pietro d'Ermorino[1]; fu retenuto Ferrandetto de San Luca, che era castellan nel tempo che fu morto il Cornaro, il quale fu constituto, e disse: « Quella notte che fu « morto il Cornaro, venne avanti il conte de Tripoli, qual era capitano « de Famagosta, e mi commandò ch'io non dovesi aprire il castello « quella notte a persona nata, sotto pena della forca. Io, che non sa- « peva gli ordini che di fuora si facevano, e temendo di non errare, per- « chè nel commandamento non eccettuava alcun, ho obedito al capitano « puramente e fedelmente. E la notte poi, quando venne il conte con il « Rizzo, disse il conte al Cornaro: « Compare, andemo alla regina che mi « vol parlare[2]. » E quando lo trasse fuora del restello del castello, andò « via il conte, ét lo lasciò con il Rizzo, che lo uccise. »

1474.
de
Pierre Mocénigo,
capitaine général.

Dopo tolto il suo constituto, Ferrandetto fu mandato in galera; e poi fu retenuto il conte de Tripoli, e posto nel castello. Si redusse il capitano dell'armata Pietro Mocenico, il provedítor Vettor Soranzo, il conte de Zaffo Giorgio Contarini, il conte de Rochas, et il contestabile Davilla, et Thomaso Ficcardo, cancelliere della regina, et il cavalier del proveditor, e dopo tolto il suo constituto de plano, il[3] fu posto in una galera, e mandato a Venetia. E la regina scrisse in Nicosia che non si dovesse offerir molestia alcuna in casa del detto conte, ne de li suoi. Fu preso poi fra Simon de Santo Andrea, abbate della Croce, e posto nella torre, per haver trovato una lettera che li scriveva a suo fratello in Padova, la qual diceva: « Sappi, per la gratia di Dio, l'è morto il « bastardo tirano, che occupava il regno de Cipro con gran tyrannie, e

On bannit
les suspects.

---

[1] Paris: *Termorino*; B: *Tormorino*. — [2] Paris. — [3] Le comte de Tripoli, Jean Tafur.

1474.
« il regno rimasse in gran confusione; ha lasciato la regina gravida, la
« quale ha partorito un fio; e sappi che secretamente cerca il regno re
« Ferdinando; e dall'altro canto, il cerca la regina Carlotta; e per ciò
« sono in gran travaglio tutti per il regno. Hora è in man de Venetiani,
« e se siamo usciti dalle man del cane, entrassimo nelle onge del lione. »

Doppo tenuto alquanti giorni nella torre del castello, con Gioan de Tivola[1], canonico, il secretario dell'arcivescovo, Gabriel Ferer, e maestro Bernardo, sartor del re, furono tratti e posti in una galera, e mandati fuora dell'isola. Furono poi retenuti per la fuga dell'arcivescovo, Saplana e Rizzo e molti altri, cioè Pietro Hermin, Bartolomeo medico, l'Incamus, Pietro de Lignam, Gioan Cenges[2], Francesco Rivado, Giacomo Maltese, Charion e Gioan Calergi, e molti di soldati forastieri; li quali furono tutti constituti, parte de plano, e parte con il tormento. Dalli quali poi furono licenziati Bartolomeo medico, Gioan Cenges, l'Incamus, e li figli de Franceschin[3] de Bandes; e perdonato ancora a Giacomo Maltese, e banditi Pietro l'Hermin, Pietro de Lignem[4], Francesco Rivaldo, e Gabriel Ferer; Charion e Gioan Calergi furono licentiati, e poi furono citati d'andar in ordine, per andar a Venetia.

E furono banditi anchora tutti li Franchi li quali erano maritati in Cipro; e nel partir loro, fu fatto da le moglie e parenti loro grandissimo lamento. Et li Franchi si dolevano, dicendo: « S'havemo fatto qualche
« errore, puniteci; s'havemo fatto qualche[5] tradimento, fateci quattro per
« uno; se vi rincresse il salario, fatteci cassare, et lassatici vivere con le
« nostre arti. » Ma non li fu ammesso nessuna[6]; tutti furono mandati via. Fu retenuto Gioan Storches, perchè la regina l'haveva mandato per sue facende, et lui era andato a dir male d'essa; però fu posto nella torre del castello, e tolto il suo cavallo, e le sue arme, le robe e case.

La reine

E parte degli casali degli traditori fugiti e banditi sono sta donati

[1] Paris: *Rivola*.
[2] Paris; A: *Gengas*, et plus bas *Cenges*.
[3] Paris: *Francesca*.
[4] Paris: *de Lignan*.
[5] Paris. Ces mots, depuis *qualche*, manquent dans A.
[6] Paris: *Ma non furno ascoltati le lor raggioni.*

e dati alli constanti nella divotion della regina. La qual ha fatto Pietro Davilla contestabile de Cipro; e li ha dato li casali del Rizzo, cioè Genagra, Stromata, e li doi prastii de Pelendria, e la sua casa de Famagosta, e la casa del Saplana in Nicosia, che fu del conte Tripoli all'incontro del castello, e la vigna che è a San Demetri. Fece capitano de Famagosta, in loco del conte de Tripoli, Consalvo Peres; fece cavalier Filippo de Nores e Gioan Attar, e li dette li altri tre quarti de Apalestra[1], e l'assolse dalle rate, overo assegnamenti, che pagava all'armiraglio. Medemamente fece cavalier Antonio Peres, qual era compagno di Pietro Davilla, e fu dal re beneficato, e honorato, li dette il casal Epicho, e per moglie la relitta d'Helia Strambali; et la regina gli dette il fontego delle frutte, e dui prastii alla Chitria, che erano di Giacomo Maltese, quali furono levati perchè era traditor. A Stefano Cuduna, uno dei capi del populo di Nicosia, dette salario alla porta bisanti mille, formento moggia cento, e vin metri cento all'anno. Fece siniscalco di Gerusalem Gioan Navaro, e li dette li casali che erano de fra Comes. Fece Giorgio Contarini, gentilhuomo venetiano, conte del Zaffo, e li dette li casali Vavacigna e pertinentie, Platanistassa e Calopsida, e pertinentie. E con il conseglio del proveditor e capitano, mudò tutti li forastieri dalle fortezze, e pose Venetiani : a Famagosta, un Galamberto; a Cerines, Polo Contarini; a Bafo, Gioan Pennal; a Chrussoco, Andrea Provenzal. Dalla porta del palazzo privò li soldati Ciprioti, e pose Italiani. Alle porte furon posti Candioti; all'armamento fu casso Gioan Francese, e posto Nicolo Benedetto.

1474. distribue les biens des proscrits. Les chefs chypriotes sont remplacés par des Vénitiens.

Et all'hora, il paese comminciò a quietarsi, non però del tutto, perchè vi era chi desiderava mettere in scandalo li Franchi con li Greci, et il popolo con li nobili, massime col visconte de Nicosia. E però, una mattina, Carlo Gonnem andò in casa del visconte[2], e li disse : « Chana Cutano m'ha detto de dir a vostra signoria che non debba « cavacar oggi, perchè gli huomini della città lo volevano uccidere. »

Pacification du royaume. Heureux efforts du vicomte de Nicosie.

---

[1] Paris; A : *Capalestra*. — [2] C'était Jean ou Guillaume d'Arras ou de Ras.

1474.   Il visconte si misse in ordine con li suoi servitori e bastonieri, e cavalcò, e andò in piazza, e trovò Stefano Cuduna, e li disse: « Ho inteso « che li huomini della terra mi voglion far dispiacer, quali sono questi? « E per qual cosa si muovono a questo? » Al quale rispose non saper niente. Trovò poi Chana Cutano, e gli disse: « Voi mi mandaste a dire « le tale parole. Quali sono questi huomini che mi vogliono far dis- « piacer? » E Chana denegò d'haver mandato a dire simil cosa, et affrontatili con Carlo Gonem, diceva Carlo: « Così m'havete dito di dire, « e così ho dito. » Et Chana respondeva che non se trovaria mai che da lui habbi deto tal parole.

Il popolo tutto era ridotto intorno al visconte, per udire la cosa; al qual popolo parlò il visconte e disse: « Figli, Iddio sa ch'io non studio « altro, giorno e notte, se non farvi abondantia di viver, e di tenervi in « quiete e pace; e nelle vostre differentie civil con ogni equità procedere « senza parzialità, senz'odio, e senza alcuna sinistra machinatione. E se « ho castigato alcuno delinquente, l'ho fatto per esempio degli altri, « accio habbino a viver corettamente, come vuol e come comanda Iddio, « e non perchè io abbi havuto mal animo verso di alcuno. Anzi, come « potete conoscere dalle operation mie, in ogni mio giuditio criminal, « procedo piuttosto con misericordia che con severità; e non mi spiace « cosa del mondo più ch'el condannare Christiani. E ogni giorno, prego « Iddio di levarmi l'occasione di condannare alcuno. S'io vi sono molesto « in cosa alcuna, se vi par ch'io manchi in cosa alcuna del debito mio « verso di voi, s'io non mi governo bene e lealmente, come padre e voi « figli, vi prego me lo vogliate dire liberamente, perchè vi prometto, che « quando conoscerò non vi sia grato il mio governo, lascierò quest'uffi- « cio molto contento. E così vi giuro e prometto, sopra la fede mia. »

Il popolo, quasi con le lacrime, cridorono tutti: « Signor visconte, « hora conoscemo chi ha in odio il nostro quieto vivere, e cerca met- « terne in qualche travaglio con vostra signoria. Signor, sappiate certo « che noi semo fedelissimi sudditi della maestà della regina, nostra si- « gnora, e delli soi fidel ministri, come credemo sia la signoria vostra; e « però sempre ne honoreremo, e obediremo, come sostituto in loco di

« Sua Maestà ; vi pregamo, non voler dar orrecchia a maligni, che ci
« voglion male. » E con queste et altre dolce et humile parole, inclinorono tutti a bassar il suo genocchio, e de farli compagnia sino a casa sua. La qual cosa, ancorchè sia stata muesta di qualche maligno, non di meno ha partorito un effetto molto bono, però che s'ha conosciuto l'animo del popolo inclinato all'obedientia della regina e di soi rapresentanti.

1474.

Dovevo dir alquanto primo come li proveditori del regno, dopo la morte d'Andrea Cornaro e altri, havevano mandato ambassiatore a Venetia per iscusare l'error che havevano commesso ; e fecero che anche la regina scrisse al senato in iscusation di quelli che l'hanno morto. E andò a Venetia Philippo Podocataro, con una galera. Ma come gionse de li, trovò ch'alla signoria era stato dato aviso per altra via com'era andato il fatto ; e però fu fatto commendamento alla galera, che immediate dovesse tornar in Cipro, e a Philippo che, in spatio di hore sei, non si dovesse trovar più in alcun loco venetiano, sotto pena dell'arbitrio di dominio. E però li convenne andar via, perchè ha veduta forte turbata la signoria contra tutti li Ciprioti, per haver toccato el sangue dei loro nobili. E con il ritorno della galera, fu levato il casal del Podocatharo, ch'era il casal Doro, benchè questo fu un sfogar di colera contra chi non haveva colpa, come ultimamente con più pacientia considerata la cosa fu restituto il casal a Podocatharo, e lui alla gratia della signoria.

Mauvais accueil fait, à Venise, au premier ambassadeur chypriote envoyé, après le meurtre d'André Cornaro.

Li Franchi ch'erano redotti in Famagosta, dico dei soldati forastieri, non si convenivano con li Greci ; e questo perchè ancora v'era qualcheduno che l'intricava, e però ogni tratto erano alle mani. E ritrovandosi Pietro Bembo in Nicosia, venne nuova come a Famagosta li Franchi s'havevano preparati da far rumore contra li Greci ; e gli mandò a Famagosta Gioan Sarasin, con altri cinque compagni, e lo mandò con lettere alla regina. E li maligni, che non cessavano di seminar zizanie, il dì seguente, fecero venir nuova che Gioan Sarasin era ucciso a Sivori.

Rixes entre Francs et Grecs.

1474.   Il che inteso per il popolo di Nicosia, non volevano patti più; e andati[1] in corte, dimandavano licentia di uccider li Franchi che erano in Nicosia, attento che li compagni loro havevano morto Gioan Sarasin. E con gran fatica ha possuto Piero Bembo, et il visconte Gioan d'Arras, et altri gentilhuomini d'autorità, aquietarli, con il tuor le arme alli Franchi. E essendo andati a tuorle con inventario per dar aviso alla regina, li huomini intromo nelle case de Franchi, e, senza riverentia del visconte, o d'altri nobili che erano presenti[2], spogliorono le case loro; di che il Bembo e il visconte scrissero alla regina, e il capitano dell'armata venetiana, il caso come era passato. E la regina fece congregar il suo conseglio, e domandò giustitia contra quelli che furono causa di questo scandalo; e però fu mandato in Nicosia a tuor li maestri de scrimia per giustificar questa cosa. E dopo esaminati, scrisse la regina che dovessero andar tutti li stipendiati franchi a Famagosta senz'arme, e obedirono.

Ma in questo meggio, venne una galera, e portò lettere al capitano Mocenico che si dovesse levar immediate, e andar dov'era l'armata. Et essendosi levato, lasciò il proveditor Soranzo in l'isola, con 10 galere e tre navi armate. Doi giorni dapoi la partita del capitano dell'armata, alcuni Italiani andarono alle meretrici in Famagosta, e dopo negotiato con esse, non le volsero pagare, et esse cridorono con parole brutte; alcuni Famagostani ripresero li Franchi, per che vennero dalle parole all'arme, e si feritero parecchi e Famagostani e Italiani, per il che il proveditore fece prendere dall'una e dall'altra parte, e metterle in priggione; e di poi, havendo tratto li Franchi, e lasciato li Greci in priggione, si dolse[3] Gioan Sarasin a Consalvo Peres, capitano de Famagosta, e gli il conseglio che dovesse, con cinque o sei compagni, andar al proveditor a pregarlo per che tutti haveriano aiutato a cavar anchora quelli. E essendo andato esso Gioanne, con alcuni parenti de li priggionieri, il conte de Rochas, ritrovandosi appresso il proveditor al balcon disse: « Ecco Gioan Negro[4] ha fatto esercito, e vien quà; un giorno sarà

---

[1] Paris; A : mandati.
[2] Paris.
[3] Paris et B; A : dovesse.
[4] Paris; A : Annegro, et plus bas Negro.

« ucciso. » Il proveditor si sdegnò per queste parole, e lo fece prender, e mandar in galera con li ferri. Della qual cosa hebbero gran dispiacer tutti de Famagosta, e andavano mormorando per gli cantoni de questa ingiustitia. Ma mentre che costoro si dolevano, ecco un schiavo armato di spada e pugnal ch'intrò nella camera della regina, e andò a star appresso di lei. Et havendoli detto il conte del Zaffo : « Che faste quà? » egli rispose : « Cerco la mia ventura. » Il conte andò per prenderlo, et egli messe man al pugnal, e ritrovandosi Chana Cutano presente, e Giacomo de Pisani[1], presero il schiavon, e lo destessero in terra, e li tolsero le arme dalle man, e lo cacciorono in preggione con li ferri.

Di che, hebbe gran spavento la regina; e immediate corsero molti con le arme, non sapendo che cosa fusse. Con tutto ciò, Gioan Negro rimase in galera, e non lo vuolse cavar il proveditor, per alcun prego, anzi havendolo pregato la regina, gli disse : « Lasciatelo castigar, perchè « soleva ogni dì le persone a scandali. »

1474-1476.

Quattro giorni dapoi, vennero navi da Venetia; portorono lettere, e condussero un capitano per star a Famagosta, e 250 soldati; e portorono lettere al proveditor, il quale, in essecutione di quelle, mandò a Venetia la madre del re Giacomo, e li soi bastardi, e Eugenio, e Gioanne, il conte de Rochas, Pietro Davilla, Gioan Attar, e alcuni altri, li quali sono andati. E doppo corso tempo furono licentiati, eccetto li bastardi del re Giacomo. Alcuni de quelli che furono licentiati, li piacque tanto di star in Venetia, che non volsero tornar mai più in Cipro.

La mère et les enfants naturels du roi Jacques sont transférés à Venise. 1476.

All'hora del tutto le cose del stato de Cipri furono aquietate. E la regina venne in Nicosia, dove stette con due consiglieri, gentilhuomini Venetiani, tredici anni, oltra gli tre che stette in Famagosta; e governava l'isola con ogni equità, honore e riverenza, tenendo corte real, e spendendo il tutto in feste, allegrezze. Et ogni altra cosa che faceva

La reine vient résider à Nicosie.

---

[1] Paris : *Pifani*.

1476-1488.

circa li giuditii e governi era col parer di doi consiglieri, che li venivano mandati da Venetia, da due in due anni.

Mort du roi Jacques III. Un parti cherche à marier la reine avec un fils du roi de Naples.

Il suo figliolino visse un anno da poi nato[1]; e morì a ponto nel medemo dì del natal suo. Essendo poi venuta la madre della regina in Cipro, la vide far tante gran spese in un anno che stette con lei, che gli rincrescete il veder consumar tanta roba[2]; ritornata adunque a Venetia referse la spesa estrema che a lei pareva non conveniente ad una gentildonna Venetiana; e dall'altro canto, essendo scoperto che re Ferdinando trattava per mezzo del Rizzo Marino, suo ministro, e Tristan de Giblet, gentilhuomo cipriotto, di maritar la regina con un suo figliuolo naturale; li quali Rizzo e Giblet furono presi dal capitano dall' armata venetiana, e mandati a Venetia. Tristano, con un diamante che teneva un anello pestato[3] e mangiato con pane, hebbe la morte da sua posta, perchè sapeva lui medemo, che andando a Venetia, andava per morire con più vergogna. Del Rizzo, non s'ha più inteso altro[4].

Mossi adonque i signori Venetiani per questo, e anco però che il signor soldan della Soria era tanto vicino a Cipro, e temendo medemamente le insidie del Turco, per la qual cosa non le pareva securo l'esser della regina in Cipri, mandorono Giorgio Cornaro, fratello di lei, in Cipro a persuaderla che lasciasse il governo del regno alla Republica, e che lei si dovesse ritornare in la sua patria, a viver tra li suoi parenti con tranquillità.

Venise décide que la reine doit cédér l'île de Chypre à la république. 1488.

Venne adunque il Cornaro, e immediate gionto in Nicosia, dopo salutata la sorella, gli disse brevamente la raggion della sua venuta, per il che la regina, tolta all'improviso, si commosse tutta, e a certo modo comminciò a ricusare, e non voleva lasciar un ricco e bello regno, nel quale era già usata di viver da regina splendidamente, per andare a Venetia, dove considerava, imo sapeva, molto bene quanto parcamente e

---

[1] Jacques III mourut le 26 août 1474. — [2] Paris; A : *con tanta roba*. — [3] Paris; A : *prestato*. — [4] Venise le fit emprisonner et exécuter secrètement. (*Hist.*, t. III, p. 441, n. 3; 442, n. 1; 477 et n. 3, 484, n.)

con quanta mesura si viveva. E però disse a suo fratello: « Non si con-
« tentono li signori Venetiani d'aver quest'isola da poi la mia morte,
« perchè mi vogliono privare di questo lascito del mio marito, così per
« tempo? » E quì il fratello, che istrutto era, e huomo di gran ingegno e
molto eloquente, se ben non haveva lettera ne doctrina, prese caggione[1],
e cominciò a dire con parole simile: « Sorella mia carissima, non dovete
« voi far tanta stima de Cipro, che si trova circondata da ogni intorno
« da nemici infideli e potenti; oltra li molti e continui pericoli, che la
« tengono assediata, con tendervi insidie di più sorte, le quali vi ponno
« con facilità nocer, essendo voi donna senza conseglio fidato; e molti
« di quelli che voi credete fidelissimi non studiano altro che di privarvi
« dal regno, forse perchè si sdegnano d'esser signoreggiati e governati
« da una femina. Dovette considerare che l'instate passata, se non fosse
« stato il rispetto dell'armata nostra, l'armata di Bajasetto[2] turco v'ha-
« vrebbe fatto scampare miseramente da quest'isola, overo v'haveria
« fatta schiava, e mandata in servitù a Constantinopoli; cosa ch'ogni
« volta che vi torna a mente vi dovete spaventare nell'animo vostro,
« e restare tanto più obligata alla republica, che v'ha liberata da questo
« sì gran pericolo. E dovete considerare che la fortuna non è sempre
« favorevole, ma varia e incerta nei casi suoi; ne li consegli del nemico
« si ponno sempre provedere, e trovarsi presenti alla diffesa, attenta
« massime la distantia che è da Venetia fino a Cipro, e la contiguità
« degli nemici. E vi dovete pensare, che se un altra volta, che l'armata
« turca o d'altro re venisse all'improviso, potrebbe, avanti che la repu-
« blica mandasse de quì le galere, overo sdegnata non vi voler man-
« dare, privarvi del regno, e poi perder la signoria, e la gratia della
« vostra patria cara, che all'hora vi potreste chiamare veramente in-
« felice più d'ogni altra donna, in miseria constituta. Non è meglio, non
« è maggior gloria vostra donar un regno alla vostra patria, il che sarà
« detto sempre con somma vostra laude, e si scriverà da molti huomini
« dotti in tutto il mondo, che Venetia è stata honorata del regno di

---

[1] Paris: *occasione*. — [2] Paris; A: *Biasetto*.

1488. « Cipro per opera di una sua cittadina, che per ogni minimo acci-
« dente perder il regno, la gloria, l'honore, la vita, over andar in
« cattività?

« Or, voi mi potreste dire: Io vissi tanti anni regina, e usai riceverc
« signorilmente, come volete che di mia volontà mi privi di questa gloria
« e di questo contento? Ma a questo vi respondo, che voi sempre sarete
« chiamata regina, e sempre haverete a menar la vita vostra signorile,
« quieta et allegra, e fuora d'ogni sospetto d'inquietudine. E se voi
« siete stata tanti anni al governo di questo regno, vi deve essere a
« mente, che questo è stato per benignità del senato, che v'ha con
« l'ombra sua deffesa da molti pericoli, ne quali sareste stata caduta,
« se egli non havesse presa[1] la cura vostra con tanta affetione. Di che do-
« vreste render gratie infinite ad esso senato, che nelli pericoli v'ha dif-
« fesa, in tempo di quiete v'ha lasciato godere il regno in pace; e hora
« che vede le insidie, e le rete tese da gli inimici per offendervi, vuole
« con questo unico rimedio aiutare, il che dovete far molto volontiera,
« attento che non havete figli al quale potesse il regno pervenire.
« E come renderete queste gratie alla republica, se hora che con tanta
« instantia vi richiede quello che voi dovereste da voi offerirgli libe-
« ramente, voi vi mostrerete renitente, e gli lo negarete! Certo sarà
« officio de ingratitudine molto grande, e della quale vi potreste pen-
« tire in tempo che il pentire non vi giovase. E gli è gran sapere, il
« prendere la fortuna quando vi porge il crine. Prendetela, sorella mia,
« prendetela, regina felice, che questo è l'occasione di farvi immortale,
« che poche regine hanno havuto lo simile, se ben molte l'hanno desi-
« derato. Voi anderete nella vostra patria, che doppo tant'anni la do-
« vete haver desiderata, perchè è cosa naturale; et ogni giorno vedemo
« l'esperentia, che ogni uno desidera quella patria, quella città, et
« anco la casa nella quale sia nato e nutrito, se ben la patria sua sia
« vile, la città ignobile, e la casa bassissima; tanto più la dovete voi col
« vostro animo gentile desiderare, essendo la patria vostra nobilissima,

---

[1] Paris; A: per

« la città di Venetia stimata da tutto il mondo la più eccellente de tutte
« le altre che vede il sole, e la casa vostra illustre quanto altra che sia
« in quella città; dove voi sarete salutata con tanti honori, mostrarete
« alli cittadini e parenti vostri il splendore e grandezza vostra, e l'an-
« data vostra sarà più cara alla vostra patria che mai sia stato ad alcun
« altro. Ma quando nessuna delle cose dette non vi movesse a questo,
« dovete ricordarvi ch'io vi son fratello, e fratello tale che dovete creder
« ch'io vi consiglio di cuore e fedelmente; e per ciò mi dovete amare, e
« dar fede al mio consiglio, che quando non mi vorreste esaudire, ogni
« uno crederà che sia venuto a dissuader piuttosto che persuadervi, il
« che mi metterà nell'odio, e nella disgratia de tutta la republica; e
« dove voi mi potete fare beneficio a me, ed a tutta la casa nostra,
« senza alcun nostro sconcio, mi farete malificio, e esterminio di tutta
« la generation nostra, con danno e rovina ancor di voi medema. Ri-
« cordatevi che il nostro signor Iddio suole alcuna volta, con qualche
« avversità, far prova di coloro a quali esso è stato longamente favore-
« vole, acciò conoschino e si ricordino essere nati huomini; ne li spiace
« cosa maggiore che l'ingratitudine contra la patria sua, e contra li soi
« parenti, che l'hanno sublimata e illustrata. »

Quando tacque il Cornaro, la regina, che apena pote tenir le lagrime,
respose : « Fratello mio, nessuna raggione, di quanto m'havete allegate,
« mi può muovere quanto la pietà e amor di voi, il mio amantissimo
« fratello, per reparare li danni vostri e delli vostri[1] posteri; e gia che
« così vi pare, così farò parer anco nell'animo mio, e voi potete dire
« certissimo d'haver donato voi il regno di Cipro alla patria vostra, ed
« a voi lo deve conoscer e non da me. »

Da poi, havendo preparate le robe, et arnese suo reale, si partì da
Nicosia, accompagnata dal proveditore, e da tutta la nobilità de Cipro,
e da 300 stradioti, e molti soldati; e lei, vestita di raso negro, e così
tutte le sue damigelle, uscì dalla città di Nicosia, et andò a Famagosta.

1488.

La reine
se résout
à céder
Chypre
à
la république.
26 février 1489.

---

[1] Paris et B; A : *li danni vostri posteri.*

1489.

Dove il capitano e gli proveditori fecero celebrar una messa solenne; e fatte oratione a Dio, de ordine, et in presentia della regina, fu alzato lo stendardo della Republica in piazza di Famagosta, con felicità e prosperità perpetua. E a questo modo fu redotto il regno di Cipro in provincia, del 1489, alli 14 marzo.

Elle se retire à Venise. 1489.

Appresso, la regina e suo fratello, montati nelle galere, andorono a Venetia, dove fu ricevuta del principe Barbarico, e dagli senatori, che gli andorono in contra sino alla chiesa di San Nicolo, con infinita moltitudine, anzi con tutti li huomini della città, che con barchette andorono lietamente accompagnandola. Et essa, nella nave detta Buccentoro, in mezzo de senatori e di nobilissime donne, portata dentro di Venetia; il che a nessuna Venetiana era avenuto insino a quel giorno, il quale a tutta la città fu lietissimo e festissimo. Poco da poi, li fu, da signori dieci, donato Asolo, castello ne colli di Trevizzi posto, et ordinatogli tanta migliara de ducati all'anno che li bastorono a far la vita sua ampiamente, con le sue damigelle, tenendo corte signorile, sempre con feste de canti e soni, con intervenimento d'huomini virtuosi.

Organisation de l'île sous l'administration des Vénitiens.

In Cipro, all'hora fu comminciato a mandare in Nicosia un luocotenente e due conseglieri, che rappresentano l'alta corte, e giudicano feudati e gentilhuomini; e due camarlenghi, che ricevono e dispensano tutte le entrate del regno, con bollette sottoscritte dalli predetti luogotenenti et conseglieri. A Famagosta un capitano e due castellani, a Bafo un capitano; a Cerines un castellano, o sia capitano, et alle Saline un capitano.

Li rettori ponno solamente far sangue in tutta l'isola, eccetto Famagosta, Messaria e Carpasso, dove il capitano di Famagosta, chiamato capitano del regno, ha libertà solo di giudicar e condannar a morte quelli ch'el meritano.

E in Nicosia è restato l'ufficio di visconte a Cipriotti; a Limisso capitano; a Pendaïa, Avdimo, Masoto, et Crussocho, civitani, mandati da Nicosia, eletti nel conseglio dell'università, e tratti per tessara dagli rettori. E alla Messaria un capitano, et al Carpasso un bailo, imbossolati, e tratti per il capitano di Famagosta. Li giuditii di quali hanno appellatione de quelli di Nicosia al regimento, e de quelli de Famagosta al capitano del regno. E le sententie[1] del regimento e del capitano hanno appellation a Venetia, quando importono ducati cento[2] e ultra. E a questo modo sono li Ciprii retti e governati, con somma equità e giustitia, delli signori Venetiani, nel qual governo desiderano esser in tutti gli secoli venturi. Amen.

[1] Paris; A: *stanze.* — [2] Paris; A: *importono duocento.*

APPENDICE.

Les manuscrits A et B donnent seuls les notices ou documents que je réunis ici sous les numéros I à IV, et qui manquent dans le manuscrit de Paris. J'imprime en italique les références de sources inscrites en marge des numéros III et IV. Le manuscrit de Paris renferme seul le numéro V. Ce manuscrit contient aussi un tableau synoptique de la généalogie des Lusignans et l'ébauche d'une carte de Chypre, que je n'ai pas cru devoir reproduire.

I

EXPLICATION DE QUELQUES TERMES CHYPRIOTES.

La dechiaration di alcune cose usate in questa istoria parreno neccessarie a dechiarir.

Il *Parico* è vocabolo greco, tratto da παρὰ τουκῆς, che vuol dire huomo obligato star appresso la casa, che non si può partir da quella casa, overo casale, senza licentia del patron di quel casale; et l'hanno così nominati del tempo che santa Helena e suo figlio l'imperatore havevano mandato stratioti, per custodia dell' isola; a quali furono consegnati tanti contadini, a cadauno di essi stratioti, quali contadini fossero obbligati a pagarli[1] bisanti sei caratti otto, per huomo; e questo pagamento fu nominato *stratia*, cioè pagamento de stratioti.

Perpiro era una moneta che valeva bisanti tre carati quattro; la qual moneta erano tenuti pagar li habitatori nella città, per il stipendio degli stratioti.

Bisante bianco era moneta, la quale, sino al presente, si conta per tutta l'isola; e uno bisante val soldi venetiani XII.

Bisante saracinesco era moneta che valeva bisanti tre e caratti otto. In Soria queste monete sono chiamate *ducati paesani*, e vagliano diremi 5o l'uno.

[1] B; A: *pigliarli*.

Carcie sono monete cipriote; che ogni quattro carcie vagliano un soldo venetiano.

Il Bisante si parti in caratti 26; et ogni caratto è due carcie.

Cantaro è un peso de duecento rottoli; e un rottolo cipriotto fa sette lire e mezza venetiane dello sottile; et uno cantaro di gottone fa centanara sette e mezzo, alla venetiana.

Casale, chiamato le ville di fuora; e *prastii* sono alcuni casaletti piccoli, quali sono pertinentie de casali grandi.

Despottia vuol dire signorile; e così si chiamono le case et altre intrade del signor di quel casale.

Assisa si chiama le legge municipale, overo li statuti del loco.

Capo signor era il re, il quale non doveva per il regno suo alcuna cosa ad altri.

Homaggio vuol dire la fede che da il feudato, e il signor al huomo, de conservar l'uno l'altro, con giuramento.

Ligessa, li huomini che fanno homaggio ad un altro feudato devono servar la legessa al capo signor; e tanto vuol dire leggessa quanto obbligation legata con fede.

Huomini d'huomini sono quelli ch'hanno feudi, che devono servitio ad altri feudati del capo signor.

Compagnon è quel medemo cioè quel cavalier, ch'era obligato servir ad un altro feudato cavalier, c'haveva obligation de due cavalier; uno serviva lui, e l'altro faceva servire da un altro gentilhuomo, ma sotto la bandiera del prencipal feudato cavaliere.

Bailo, o *Balio,* vuol dire governatore; e Bailaggio di suoi figli vuol dire Tuttoria, over governo, di suoi figlioli.

Dama, tanto è quanto gentildonna.

Pari sono tutti li feudati, overo cavalieri, tra loro; che non commanda alcuno sopra l'altri, ma tutti sono eguali.

Servitio de cavalier è con quattro cavalli; e quando il feudato non è d'età, o che il feudo sia pervenuto in femina non maritata, paga de fatto, cioè mancamento de servitio, ducati ottanta all'anno al signor.

Servitio de scudier, overo scutifero; serve con tre cavalli, e in caso di defatto paga ducati 60 all'anno.

Servitio d'huomo d'arme è con due cavalli, e per defatto paga ducati 40 all'anno al signor.

APPENDICE. 364

Servitio de Turcopullo è con un cavallo; et il defatto, che paga, è ducati 20 all'anno.

Turcopullier era un ufficio del capo degli turcopulli.

Impegnar il signor del servitio. Quando il signor non voleva menar alcun feudato per via del giuditio della corte, cioè di suoi pari feudati, ma voleva castigarlo, e tuorli altra cosa di potentia, li altri feudati andavano al re, e li richiedevano la esecution delle leggi; e quando il re non voleva esaudirli, li dicevano: « E noi tutti v' impegnano del servitio, che per gli nostri feudi vi dovemo, fra « tanto che restituite il nostro fratello nella sua raggion. » Et all'hora, non erano più obbligati di servirli in alcun suo bisogno fin tanto [1].

Machine erano alcuni instrumenti di legno, con li quali sollevano nelle guerre trar piere grosse nella città, con le quali facevano danno e nelli huomini e nelle stantie della città.

Dono di maridaggio. Le donne a quelle perveniva feudo di servitio erano tenute maritarsi in quel marito che il re voleva; et il re, in questo caso, mandava alla feudataria in una lista tre gentilhuomini, e li mandava a dir che in spatio di giorni tre ella dovesse elleggere uno di quelli tre mariti qual a lei paresse; e se in detto spatio lei non elleggeva, il re faceva eletta, e li mandava uno, e li comandava di prenderlo per marito; e se non lo prendeva, perdeva il suo feudo, overo se lei si maritava senza licentia del re, ella perdeva il suo feudo, in vita sua; e alle volte il re, pregato dalli parenti, e de tal feudetaria, gli donava il maridaggio, cioè li dava licentia di maritarsi in chi voleva lei, purchè fusse gentilhuomo

Decima real è una imposition che il re impose, che tutti dovessero pagare il decimo de quelle intrade che havessero ogni anno; la qual decima impose ancora sopra le decime della chiesa; la qual decima fu chiamata real, a differentia della decima della chiesa.

Chiefagliatico[2] fu una imposition che pagavano un tempo, come inhoggi si pagano in Turchia, e altrove, tanto per testa.

Phoro fu un ufficio che pagavano al mercato, tanti carri per bisante; et foro tanto vol dire quanto mercato.

Ruga coverta era all'incontro del castello, over cittadella di Nicosia, alle parete di Tramontana, seguitando tutta la fiumara sino al Tempio; in tutta quella

---

[1] La phrase n'est pas terminée. — [2] B: *Chifaglitico*.

parte erano botteghe con loge d'avanti coperte, per le quali si poteva andare sino alla Corte Reale et alla piazza d'abasso, sempre sotto coperte; e quella si chiamava la *ruga coperta*.

Pegno di battaglia. Sollevano quelli che opponevano un testimonio, overo che negavano un fatto, sfidare quello testimonio, overo generalmente, e in quella sfida buttando un vanto, dicendo : « Mi offero, in spatio di tre hore, renderlo « morto o pentito. » E quel vanto si chiamava Pegno di battaglia.

Frate della Piscopia, l'abbatia di Premostratensi, hoggidi chiamata Abbatia Bianca, era antiquamente una Piscopia; et alle volte ancora si chiamavano li frati di quella abbatia frati della Piscopia.

Vota sono molte case in questa città sotto le quale sia un passo in volto, che passavano le persone; quel volto vien chiamato Vota; e Vota ancora in alcuni lochi chiamono qualche camera sotterranea fatta in volta; la quale adoperavano l'estate per il fresco, com'era quella dove fu morto Alme ico, signor de Sur, da Simonetto de Montolifo.

II

LETTRE DE FLORIO BUSTRON À SON COUSIN JÉRÔME.

Al magnifico cavalier, messer Hieronimo Bustron.

Havendo trovato in alcuni libri francesi come, nella città nostra, nel tempo di serenissimi re latini, si tenevano le scritture, l'ordine, la regola, l'obligo e preminentie della nobilissima dignità della cavalleria, et havendo tradotto da lingua francese in italiana, pensai dedicarlo ad alcun di nostri cavalieri feudati; ma vedendo come l'uso del longo tempo ha mutato molte cose da quello che contiene la regola, a questo che se osserva in tempi nostri, giudicai c'haveria più tosto parso ad esso cavaliero ch'io havesse fatto per rimproverare a lui quello ch'egli fa contro la regola, che per ricordarli fedelmente quello che deve fuggire, e quello che deve fare per honor e beneficio suoi. E per non incorrer in qualche repressione e dispiacer a quelli che desidero conservarmi servitore, me sono restato di mandarlo fuora; e perchè con Vostra Signoria non ho ne debbo havere questi rispetti, sì perchè io vedo, e cadaun altro puo vedere, egli approssimarsi alla detta regola, como anche per gli manca l'obligo dell'homaggio feudale, e il peccato della giurata promessa d'osservare quel che poco a tempi nostri si osserva, e anco perchè l'amor e consanguinità che è tra noi non lo lasserà creder ch'io gli habbi, per altro che bono effetto, mandata detta mia tradutione, mi ha parso a presentarla a quella. E sappia che li numeri che sono in margine della regola sono li capi dell' Assisa Pladeante dell' Alta Corte, che contengono quello che la regola contiene; il resto della regola è tratta dall'usansa, e dal signor Ugo Thabaria, principe de Galilea, famosissimo non meno in scientia et pratica delle leggi, che in gagliardia et esperientia de guerra, come nel libro de parentadi nobili, venuti di Francia a tempo dell'acquisto di Gerusalem, si vede, si che Vostra Signoria lo leggerà; et essendo breve, li darà poca noia; e con questo, sarà contenta di tenermi nell' amor e confirmarmi nella gratia sua per sempre, che per sempre me li raccomando.

Di Vostra Signoria il cugino e servitore.
Florio BUSTRON.

III

NOTICE SUR LES TROIS ORDRES DE CHEVALIERS.

Erano in Cipro, in tempo di serenissimi regali, tre sorte de cavallieri, cioè feudati, stipendiati et compagnoni. Li feudati cavalieri erano tenuti ornarsi cavalieri, perchè li feudi loro erano obligati a servitio de cavalieri; e se non si ornavano cavallieri, erano tenuti pagare per defatto, cioè mancamento de giuditio, ogni anno, ducati ottanta. Li cavalieri stipendiati erano salariati dal re, in vita, et havevano ducati ottanta, all'anno, per servire come cavalieri; li quali erano medemamente ornati cavallieri.

137.

Li cavalieri compagnoni erano huomini per gli huomini del signor; cioè un cavallier haveva feudo de servitio di due o più cavallerie, uno serviva con la propria persona sua; e le altre faceva servir da altre che fossero nobili, li quali si chiamavano compagnoni; e questi medemamente si ornavano cavallieri. Non potevano altramente essere commessi a servire; et il cavalier principal, patron del feudo, dava a questi compagni parte del suo feudo, e glielo dava perpetualmente; pur non poteva dare eccetto che manco della metà del suo feudo. Questi compagnoni facevano homaggio, cioè giuravano fedeltà a principal cavallier, che gli dava parte del feudo, con reservation della legessa al re, capo signore, giurando l'homaggio in questo modo. Il compagnon, poste ambe le palme fra quelle del signor del feudo, diceva : «Io divento vostro huomo per «il feudo che m'havete dato, e vi do la fede mia d'esservi fidele diffensore,

Lib. di defatti et privilegii.

195

« contra tutti li viventi, salvando la ligessa al re, capo signor del paese. » Et colui che riceveva l'homaggio respondeva: « Et io vi ricevo in la fede de Dio « e mia; » e lo bassava nella bocca in fede. Nel far poi della leggessa al capo signor s'ingenocchiava, e metteva la sua man fra quelle del signor, e diceva: « Signor, io vi faccio la legessa per l'assisa del tal feudo, ch'io tengo dal tale; « e prometto di guardar e deffendervi da tutte le cose mortali. » Et il signor gli respondeva: « Et io così vi ricevo in la fe di Dio e mia, come debbo far per leggessa fatta [per] l'assisa; » e lo bassiava nella bocca per fede. E questi sono chiamati liggi.

Li cavallieri delle prime due sorte, cioè feudati e stipendiati, facevano l'homaggio liggio al capo signor, cioè senza reserva alcuna ad altri, dicendo: « Io « divento vostro huomo liggio, videlicet[1] ligato, con l'obligo della fede, promet- « tendo mantenir e deffendervi da tutte le cose mortali, justa le mie posse. »

Quando alcuno si voleva ornare cavalliere, prima si confessava, e poi veniva alla chiesa cathedral, all'ora della messa, dove ancor veniva il re, con li ornamenti regali. Et aldita la messa, si comunicava in presentia di tutti, per che a voler ricevere l'honor e dignità sì nobile come è del cavalliero, convien esser netto d'ogni immonditia e da ogni peccato, come il dì che nel sacro battesimo rinasce il fedel christiano. E per ciò, il signor di Thabaria, principe de Galilea, essendo fatto priggione dal gran soldano, soldan de Babilonia, et essendo richiesto da esso Saladino che secretamente gli mostrasse l'ordine delli cavallieri christiani facendo cavalliere, il principe glielo negò, ancor che fusse minacciato nella vita, ne vuolse mai consentire di ornarlo, se prima in un bagno insieme non lo battezzava, con bella e christiana inventione. Communicatosi adunque, veniva con tutti li suoi drappi scolti, senza centa, o nodo alcuno, e ingennochiavasi dinanzi la maestà del re, domandando l'ordine e dignità della cavalleria. A cui faceva responder il re: « Se ben l'ordine della cavalleria è « veramente nobile, e deve da tutti essere desiderato, non di meno colui che lo « richiede deve sapere che questa dignità ha carico grande anchora, e regola « strettissima. Et accio non possate in alcun tempo dire io non sapeva queste « condittioni, hora vi sara letta; e parendovi quella alle tue posse comples- « sione e natura da poter osservare, ditelo, che il nostro signor re vi sarà liberale; « ma avvertirsi bene che si preferisce gli ordini della nobilissima dignità della

---

[1] B; A: un.

« cavalleria, che voi richiedete, in alcune cose sarà coretto per privation di
« robba, e feudo; in alcune sarà punito nella persona e vita; e de tutte sarà
« tenuta l'anima sua render conto al sommo re celeste, il dì del giuditio uni-
« versale. » E poi, faceva che il cancelliere legeva la regola et obbligation della
cavelleria, la qual è registrata qui in fine. E dopo letta, il richiedente diceva:
« Sacra Maestà, io intesi la regola e l'obligation della cavalleria, la qual in vero
« pare grande, ma nessuna cosa è difficile a quelli che deliberano far una bon
opera, imperochè Iddio aiuto questi; et io pregarò sua immensa clementia,
« ogni giorno, che ponga la sua santissima mano in aiuto mio, che senza quello
« nessuno è si forte, ne si ben complessionato e potente, che possa dire di poter
« osservare detta regola, e non errare. » All'hora il re diceva: « Già che tu hai
« così buona dispositione, e in così bon loco posto la tua speranza, io son con-
« tento della tua persona sia ornata della dignità della cavalleria. E prima giu-
« rate[1] di osservar, tenir e mantenir la legge e regola della cavalleria, hor hora
« a te letta. » Et il richiedente, posto la man sopra li Santi Evangelii del mes-
sale averto, diceva: « Così Iddio et questi suoi Santi Evangelii mi aiutano, come
« io tenirò, mantenirò et osservarò, con l'agiuto del signor Iddio, quanto in
« questa regola et ordine della cavelleria, che la Maestà Vostra è per ornarmi,
« si contiene; ne prometterò cosa alcuna, o contravegnirò a quello, fin che la
« vita mia durerà, e che le forze mi serviranno. »

Si levavano poi dui cavallieri degli più antiqui, e tutti dui ingennochiati gli
ponevano dui speroni d'oro nelli piedi, et il più vecchio di quelli dui gli diceva: « Fratello, gli speroni d'oro postovi alli piedi voglio inferire due cose:
« la prima si come il cavallo, vi obedisse, e si lascià regger e governar de voi *Ugo.*
« per il messo degli speroni, e con quelli lo fate ascender e discender come a
« voi piace, così voi vi dovete lasciar regger e governare per li commandamenti
« di Iddio, e per quello ha ordinato la santa madre chiesa, et essere obbe-
« diente, et humile a quella et alli suoi commandamenti, come christiano, e
« come real e fedel cavalliero; vedi che son d'oro, cui sono posti nell'infimo *Consuet.*
« loco della persona nostra, acciochè con quelli toccando la terra, vi ricordate
« sempre che l'oro deve essere sempre da voi sprezzato, e posposta ogni ric-
« chezza e utile, all'honor vostro, et al dovere. » Uno poi delli cavallieri pre- *Ugo.*
detti lo cingueva una centura bianca, e l'altro cavallier che faceva le parole,

---

[1] B: *giurarete*.

diceva: « Questa centura bianca vi da ad intendere purità e castità della per-
« sona vostra, perchè già che sete asseso a questa si nobil e santa dignità, dovete
« guardar la vostra persona da ogni vitio, e conservarla pura e casta. » Messa
poi nella centura predilta la vasina della spada, il re gli dava la spada nuda
in mano, et egli diceva: « Ti do la spada, e ti faccio mio cavallier, con la quale
« mi farai sicuro in qualunque loco anderai, havendo sempre in tua prottetione
« quella croce santa, il che diffenderà da ogni pericolo. » Et il vecchio cavalier
soggiongeva: « Com voi vidette, la spada è tagliente da tutte due le bande, e
« questo significano giustitia e lealtà, per deffendere realmente l'impotente
« dal potente, il povero dal ricco, e le vidue et orfani, justa le tue posse; e
« dove sarete a giudicar con li tuoi pari, dobbiate giudicar giustamente, et real-
« mente. » Et il cavallier novello, prendendo la spada, basciava la mano del re,
e poi la croce santa della spada, e quella riponeva nella vasina, a cui diceva il
cavalier antiquo: « Voi non snuderete più quella spada, se non è per deffention
« della santa madre chiesa, per esaltation della christianità, e per deffention
« del nostro signor re, e dell'honor e regno suo, e per deffender ancho la vita
« e honor vostro da qualunque si volesse mover a far il contrario. »

Ugo.

Ugo.

Poneva poi il re una cadena al collo del novo cavallier, e diceva: « Con
« questa te orno, et obligo alle leggi della cavalleria. » Et anutendo la palma,
uno delli due cavallieri vecchi gli dava [la cadena] d'oro al collo, gli diceva:
« Va, che Iddio ne faccia prod'huomo. » Et il cavallier che gli dichiarava gli
articoli tutti gli diceva: « Quella cadena d'oro significa l'obligo vostro nobi-
« lissimo acciò tutti ne videno con quella sappiano voi essere huomo tenuto

Consuet.

« di fede e di servitio di cavallier al capo signor del regno. E quella botta che
« al vostro fratello v'ha dato sia l'ultima vergogna ch'havete a sopportare in

Ugo.

« questo mondo, che vi sia fatta, e anche per riccordarvene del loco c'havete
« ricevuto la cavallaria, e da chi l'havete ricevuta. »

Poi venivano tutti li cavallieri, ad uno ad uno, lo basciavano nella bocca,
in segno della fede che doveva essere tra tutti loro, che diventavano pari. E per
quel giorno, si poneva a sedere appresso la maestà del re, facendoli honore et
accompagnandolo sino a casa sua tutti li cavallieri.

IV

DROITS ET DEVOIRS DES CHEVALIERS.

QUESTA È LA REGOLA, ORDINE, OBLIGATION E PREMINENTIE DI NOBILISSIMI CAVALLIERI DE GERUSALEM E CIPRO.

Nessuno che non sia nato in legittimo matrimonio, e da parenti nobili, puo essere ammesso a questo consortio. Ne alcun c'ha fatto profession di frate, monaco, o sacerdote, overo diacono dell'evangelio, o del epistolo. Il cavallier deve esser fedele, e totis viribus studiare la esaltation et augumento della fede christiana; deve però posse deffender l'impotenti, poveri, le vidue, li orfani, e andar a loro consulto e deffensione, così in giudicio come alla guerra; appresso deve essere religioso, caritativo e meritevole; e fuggendo i vitii, farsi virtuoso a laude d'Iddio e del signore, e sua propria. Ogni mattina deve aldir messa divotamente, e dir l'officio suo, se non è impedito da giusta causa. Devono sempre portare la spada al lato[1], e li speroni d'oro nelli piedi, e la cadena d'oro al collo; la spada, per esser pronti dove bisognera deffender l'honor d'Iddio, la maestà del re, e l'honor suo, et il diritto d'ogni vedova, orfano, et impotente; li speroni per ricordarsi sempre li comendamenti d'Iddio, d'antiponere sempre il dover e honor suo alle richesse; et la catena per essere da tutti conosciuto per huomo del signore et honorato per cavalliere.

Che, cavalcando per la terra, o fuora, habbia sempre in sua compagnia due servitori honorevoli a cavallo, et uno a piedi, o con le sue bagaglie di fuora. Non sia lecito ad alcuno di far mercante di sorta alcuna; ma delle sue intrade viver, e procurar l'abbondantia della terra[2], perchè a questo modo sostegniranno li poveri, li vidue et orfani. Non sia lecito alli cavalieri giocar a dadi, o carte, ma l'esercitio loro sia il giocar de scrimia, di stocco, o senza cavalcare, giostrare, bagordare, lottare, trar d'arco e balestra, et andar a caccia con falconi e cani. Li cavallieri [son] tenuti amar l'honor l'uno all'altro, e quello deffender come il proprio, per esser tutti pari eguali. Il cavallier non deve nel suo parlar essere facile a giurare il nome di Dio, ne dir parole inhoneste, ne smaccar l'honor d'alcuno, parlando anzi deve sempre parlar modestamente, e dire il

187. Consuet. Consuet. Consuet. Ugo. Privil. Ugo. Consuet. Ugo.

---

[1] A; B: *alai*. — [2] A; B: *Torre*.

vero a cadauno con gravità et humiltà. Il cavallier deve portare l'impresa che il re li donera, la qual per l'ordinario sia due spade nude in croce, con un breve che dica: Per mantenir lealtà[1]. Li drappi del cavallier non siano disconvenienti all'arme, le quale per usanza devono sempre portare per non li rincrescere alli bisogni della guerra, e sempre devono portare un drappo rosso, o di seta, o di scarlatto, almeno le calce; e questo significa il sangue che il cavalier è tenuto spender nel servitio de Dio, per diffender e guardar la santa madre chiesa, e per essaltar la santa christianità. Il cavallier deve essere accostumato, e reverente, e deve anche riprender quelli che vivono altramente[2]; parola o atto inhonesto ad alcuna femina, il cavallier deve riprenderlo, altramente sara tenuto ancora lui di non[3] bona creanza. Li più vecchi tra loro devono preceder[4] alli giovanni, eccetto li baroni et officiali del re ordinarii. Nelle giostre e bagordi ch'usano li cavallieri, non ponno entrare altri che cavallieri e feudetarii e figli de cavalieri, e de dame, cioè gentildonne. S'alcun cavalier, solo in compagnia d'altri, metterà man all'armi, e ferirà o batterà altro cavaglier, quello sarà condannato a pagar al signor ducati duecento, et al ferito arnese di cavallier si convenevole che non possa per raggion essere refudato; et se sarà ferito da altro che non sia cavaglier, quel feritore deve perdere il pugno destro, per l'honor et altezza che ha il cavallier sopra tutte le altre genti.

Essendo sfidato il cavallier da alcun che non sia cavalier a combatter per sassinamento, il cavallier non è tenuto accettar il disfido, se non vuole; e se cavallier disfiderà uno che non sia cavaliere, deve combatter con lui a piedi. Il cavallier è tenuto servir al signore quando sara citato, in tutti i lochi del regno con tre huomini a cavallo armati, computando il cavalle, et arme sue, e con un altra cavalcatura con le sue bagaglie. Obligato consigliar, e deffender in giudicio li poveri, orfani, e vidue, e quelli a cui il re lo darà, se non è[5] consultor dell'avversario, e se la lite non è contra se stesso. È obligato il cavallier far tutte le ambassiate che il re li commetterà per tutto il reame. È tenuto il cavallier andar per tutto il reame, a citation come corte, et aldir differentie come corte, et andar a far division di terreni et acque, e far inquisition, e veder confini de terreni, et ogni altro che gli sarà commesso di fare come corte, pur

---

[1] A; B: *realta*. Voir *Hist. de Chypre*, t. II, 250, n., 433, n.; t. III, 77, 815-817.
[2] Il manque ici quelques mots.
[3] B.
[4] B; A: *proceder*.
[5] B.

dentro al reame. Fuor del reame il cavalier è tenuto servire al suo signor per tre cause, cioè per andar a maritar il signor, o alcuno de suoi figlioli; per guardar e diffender la fede e honor suo; e per gran bisogno del suo dominio. E il signor mandandolo fuora del reame, per alcuna delle predette cause, è tenuto farli le spese.

Il cavalier che sarà citato a servitio, al quale manca alcuna parte del suo feudo, o stipendio, non deve essere astretto d'andare, se prima non è dal re refatto, eccetto le fusse per defender cittade, borgo, o castello del signor, nel quale si trovasse quando fusse citato. Il signor non deve spogliar alcun cavallier de fatto senza determination de suoi pari cavallieri; e spogliandolo, il cavallier sarà assolto della fede che deve a lui. Il cavallier che sarà citato d'andar fuora del reame per altra che per le tre predette cause, non deve accettar la citation, se non fosse la persona del signor. Essendo citato il cavallier di star un tempo in un loco nominato, e lui si parte avanti il termine, deve perder il suo feudo, o stipendio, anno e giorno, o per tanto tempo quanto la corte terminerà, secondo il bisogno di quel loco. Il cavaliere che sarà citato a servitio con li suoi compagni, e de quelli sarà alcuno impedito, deve trovar un altro col suo pagamento, e non potendo trovar, deve dar i denari al signor che li trovi. Se cavallier sarà citato ad alcun servitio, et il suo cavallo haverà qualche impedimento, e non potrà trovar altro, deve domandar uno al signor, et se lui non li darà, non sarà tenuto andar a quel servitio finche sia guarito il suo cavallo. Come passo il cavallier l'età d'anni 60, non è più tenuto di servitio più personale; ma in li bisogni del signor deve dare le armi, et suo cavallo; se il cavaglier deve avere dal signor alcuna cosa, possa citar et impegnar il suo signor del servitio che li deve dare; et impegnando, non sarà tenuto il cavallier ad alcun servitio, ma deve tenir arme et cavallo, accio che il suo servitio richiede finche sia pagato. Il cavallier che si parte dal suo signor dal quale ha stipendio, se non è per alcuna delle cause specificate nella legge [1], et arme sue et esser bandito da quel paese. Si alcun cavalier, che Iddio li guardi e deffendo tutti! renegarà Iddio, deve perder il suo feudo, lui e li suoi heredi. Medemamente, chi mette man sopra la persona del signor, chi vien con arme contra il suo signor al campo, chi rende città o castello senza licentia del re, havendo però vittuarie, chi tradisse et da il suo signor alli inimici, e chi procurerà la morte

---

[1] Il manque ici quelques mots.

del suo signor, o di exheredarlo; et il medemo chi' è querelato de tradimento, e non si diffende, o sarà vinto all'estoccate [1].

291. Li cavalieri sono tenuti di far homaggio, o di offerirlo, quando mude il signor bailo, cioè governatore nel regno; et non lo facendo, o non offerendolo, infra l'anno e giorno, perderà il suo feudo per tutto il tempo che quel signor a bailo starà in quella signoria.

291. Chi sarà provato di fede mentita verso il suo signore, perde il suo feudo in vita.

291. Movendosi cavallier col suo signor, e poi lo lascia andare senza di lui, non havendo giusta causa, perde il suo feudo, o stipendio in vita.

296. Il cavallier essendo richiesto dal suo signor d'intrar pieze per lui, deve intrar per tanto quanto val il suo feudo in rendità; e non intrando, deve perderlo in vita sua.

206. Si alcun cavallier sarà convinto del suo signor per traditore, oltra l'ammissione del feudo per lui e suoi heredi, il signor puo confiscar la sua facultà, e far della sua persona come li piace.

249. Essendo preso il re, e volendo pagar taglia per riscattarsi, il cavallier è tenuto di render il feudo che possiede in vita per soccorrirlo; altramente deve esser bandito, e perder anco quel feudo, per esser mancato al re di quel che li era tenuto. Et il signor è tenuto a far restoro a quelli che vendono, o impegnono li loro feudi per il suo rescatto.

238. S'alcun cavalliere protesterà o astringerà il suo signore per cosa che non li deve dare, li deve questo restoro che si deve ingennochiare avanti al signore, dimandare venia; et anco pregar li soi amici che preghino al signor li voglia perdonare. E deve dire: «Per la fede che debbo al signore, che quelche ho domandato al signore nol facci per farli danno, o ingiuria;» et il signor li deve perdonare.

196. Il cavallier è tenuto entrare hostaggio per liberar il suo signor dalla priggione, se lo richiede.

196. Il cavallier, trovando il suo signor al campo a piedi, o in bisogno d'arme, è tenuto aiutarlo, e cavalcare; e non potendo fare altramente, deve dismontare, e darli il suo cavallo, e liberarlo al meglio che potrà, altramente manca di fede verso lui, e deve esser punito come mancator di fede. Et il signor aiutato, o

---

[1] B: *allo steccato*.

liberato dalla priggione, o al campo, è tenuto a far tutto il suo potere per liberar chi l'ha liberato.

Il cavaliere compagno deve astringere il suo signore che si pacifichi col capo signor del reame in spatio di giorni quaranta, e star alla termination della corte, havendo alcuna differentia con lui; e non volendo suo signor far questo, deve il cavalier compagnon andar in aiuto e servitio del capo signor; ma se il suo signor si contentasse star in giuditio, e il capo signor non volesse, et deve andar all'aiuto del suo signor, il quale nel spatio di quaranta giorni non si deve muover contra il capo signor, et muovendosi alcuno, abandonarlo li cavallieri suoi compagni che gli fecero homaggio, et andar in servitio del capo signor, al quale ha fatto ligessa. E il capo signor è tenuto refarli ogni danno che per questo haveranno patito, quali devono essere cretti per la fede loro della valuta.

198.

Non abbia ardimento alcun cavalier di tuor alcuna cosa del signor, et appropriarsela, o in alcun modo rivertirla al suo feudo, perchè, oltre de quella sarà recuperata dal signore, sarà ancora castigato lui come mentitor di fede.

95.

Il cavallier non deve consigliar alcuna cosa contra il suo signor; non deve procurar, ne comportar alcuna ingiuria del suo signor, non deve cercar la vergogna della moglie, o della figlia del signore, ne della sua sorella, mentre sarà donzella in casa sua.

195.

Il signor è tenuto per fede tanto al suo cavallier quanto è egli a lui, eccetto la riverentia che si deve haver al suo signor.

196.

Nella guerra, il contestabile ordinando gli eserciti, puol dar di mazza a chi gli piace, eccetto agli cavalieri. Nessun cavalier puo, per debito alcuno, esser ritenuto, ne le sue arme, et cavalli impegnati, ne il suo stipendio sequestrato, per esser obbligato al servitio del signor, è così promesso dal re mantenire.

257.
115.

Il cavalliere che havrà ricevuto ingiuria alcuna, o con superchiaria, o come si voglia, non deve dall'hora in poi portar cadena, ne speroni d'oro, se prima non haverà fatto vendetta, et dichiarata la lealtà e prodezza sua.

Ugo.

Nella morte del cavalliere, devono andar tutti li altri cavallieri per accompagnarlo, e li suoi cavalli con li quali serviva vivendo el re devono venirli drio, coperti di negro; e quando sono in chiesa, correre et andar via, con quattro servitori, che li cavalcano, li quali eranno liberi.

Consuet.

V

CHRONOLOGIE DES ROIS DE CHYPRE [1].

Guido Lusignan comprò Cipro del 1192, da li Templiari, et la tenne anno uno et mesi XI; morì del 1194.

A cui successe Almerico, suo fratello, et morì in Acre del 1205.

Dopo Ugo, suo figlio; et morì del 1218, a Tripoli, a San Joanne.

Henrico, suo figlio, morì del 1253, a 18 di gennaro, in Nicosia.

Ugo, suo figlio, morì alli 5 di settembre 1267.

Ugo, figlio de Henrico, principe de Brenne, et de Isabella, figlia de Henrico, del 1269, fu coronato etiam re Gierusalem, per la morte de Coradino, suo cuggino; et morì alli 24 di marzo 1284, a Sur, et fu portato in Nicosia.

Successe Gioanne, suo figlio primo genito, et morì alli 10 di maggio 1285.

Henrico, suo fratello, morì al casal Strovilo, alli 30 di marzo 1324, et fu seppolto a Santa Sophia.

Deinde successe Ugo, figlio de Guido, contestabile, nepote del re Henrico; il quale del 1358 fece coronar suo figlio Pietro, cognominato Valente, re de Cipro; et alli 10 d'ottobre 1359 morì Ugo.

Pietro Valente fo amazzato alli 17 di gennaro 1368.

Pierino, suo figlio, successe, et morì alli 13 d'ottobre 1382; seppolto a San Francesco, a Nicosia.

Giacomo, fratello di re Pietro valente, qual era preggion a Genova, fu tratto dalle preggion et menato in Cipro, cesse a Genovesi Famagosta con le doe lege; et lui fo coronato del 1389. Et per la morte de Lionetto, re d'Armenia, fu coronato etiam re d'Armenia; morì alli 20 di settembre 1398; seppolto a San Domenico, in Nicosia.

Giano successe al patre Giacomo, et morì alli 28 di giugno 1432; fu seppolto a San Domenico, in Nicosia.

Gioanne, suo figlio, morì del 1458 a 26 di luglio, et fu seppolto a San Domenico, a Nicosia.

---

[1] Paris seul donne cette chronologie.

Carlotta, sua figlia, successe, et fu maridata con suo cuggino germano Aluise, figlio del duca de Savoia; la quale insieme col marito furono scacciati da Giacomo, figlio natural del re Gioanne; il quale Giacomo morì del 1473, a dì 6 giugno, in Famagosta, et fu seppolto a San Nicolo.

TABLE

ANALYTIQUE ET CHRONOLOGIQUE.

	Pages.
Avertissement..	3

CHRONIQUE DE FLORIO BUSTRON.

LIVRE PREMIER.

Dédicace aux gentilshommes de Chypre................................	7
Éloge de l'île de Chypre. Ses différents noms..........................	10
Situation et description de l'île.....................................	11
Baffo ou Paphos nouvelle...	12
La vieille Paphos..	15
Curium ou Piscopi...	15
Amathonte. Limassol..	16
Citium ou Larnaca..	17
Throni...	17
Salamine...	17
Carpasso...	18
Cérines..	19
Soli et la vallée de Solia ou du Mirianthoussa........................	19
Arsinoë..	23
Acamante..	23
Châteaux. Cantara..	23
Buffavent. Dieu-d'Amour. Syvori. Limassol.........................	24
Colossi...	25
Villes de l'intérieur. Chitro ou Kythrea. Tamasso....................	25
Treminthus. Nicosie...	25
Famagouste..	27
Limassol...	28
Rivières...	28
Torrents...	29
Montagnes...	30
Produits...	31

TABLE ANALYTIQUE

		Pages.
	Hommes célèbres.	31
	Saints. Évêques.	32
	Ermites.	33
	Guerriers. Histoire de l'île dans l'antiquité.	35
	Voyage de sainte Hélène en Chypre.	44
	Les Chypriotes se mettent sous la protection de l'empereur de Constantinople.	45
1191.	Troisième croisade. Arrivée de Richard, roi d'Angleterre, sur les côtes de Chypre.	46
	Mauvaise foi d'Isaac Comnène.	48
	Richard s'empare de l'île de Chypre.	49
	Il vend l'île aux Templiers.	49
	Soulèvement des Chypriotes.	50
	Les Templiers rétrocèdent l'île de Chypre au roi Guy de Lusignan.	52
	Guy de Lusignan se rend en Chypre.	52
	Distribution des fiefs.	52
	Création d'évêchés latins.	52
1194.	Mort de Guy de Lusignan.	53
	Amaury de Lusignan.	54
1195-1197.	Il demande à l'empereur d'Allemagne le titre de roi.	54
1205.	Mort d'Amaury.	55
1208.	Mort de la reine Isabelle. Marie de Montferrat, reine de Jérusalem.	55
	Hugues Ier, roi de Chypre.	55
1210.	Majorité du roi.	56
1217.	Hugues passe en Syrie.	56
	Mariage de Boémond IV et de Mélissende, sœur du roi.	57
1218.	Mort de Hugues Ier.	57
	Minorité de Henri Ier.	57
1219.	Prise de Damiette.	57
1223-1225.	Projet de mariage entre Isabelle, héritière de Jérusalem, et Frédéric d'Allemagne.	57
1228.	Mort de l'impératrice Isabelle de Brienne.	58
1226.	Couronnement de Henri Ier.	58
	Dissensions intérieures en Chypre.	59
	La reine Alix veut reprendre la régence.	60
	Duel d'Anseau de Brie et d'Amaury Barlas.	62
1227.	Mort du régent de Chypre.	63
1228.	Arrivée de Frédéric II en Chypre.	63
	Entrevue de Frédéric II et du sire de Beyrouth.	65
	Ibelin échappe aux ruses de Frédéric.	68
	Frédéric traite avec le sire de Beyrouth.	70
	Frédéric passe en Syrie.	71
12 février 1228.	Son traité de Jaffa.	71
	Ses mesures déloyales.	72
1er juin 1229.	Frédéric quitte la Syrie.	72

	Mariage du roi Henri..	73
	L'empereur laisse le gouvernement à cinq bailes........................	73
	Bataille de Nicosie. Le sire de Beyrouth poursuit les bailes............	77
	Siège de Dieu-d'Amour et de Cantara...................................	79
	Capitulation de Dieu-d'Amour..	80
	Frédéric II envoie des troupes en Syrie................................	80
1231.	Prise de Beyrouth par les Impériaux. Le château résiste................	81
	Le sire de Beyrouth implore le secours du roi contre les Impériaux.....	82
1232.	Le roi de Chypre part au secours de Beyrouth.........................	84
	Le sire de Beyrouth renforce la garnison du château...................	86
	Ibelin cherche des appuis en Syrie.....................................	86
	Levée du siège de Beyrouth..	88
	Défaite des Chypriotes...	88
	Les Impériaux passent en Chypre.......................................	90
	Majorité du roi..	91
	Le roi retourne en Chypre avec le sire de Beyrouth....................	92
	Le roi s'empare de Famagouste...	93
	Le roi poursuit les Impériaux..	94
	Victoire d'Agridi...	94
	Le roi assiège Cérines...	98
	Mort de la reine Alix de Montferrat....................................	99
	Cérines est investie par terre et par mer...............................	99
	Mort d'Anseau de Brie. L'assaut est repoussé par les Lombards........	100
	Frédéric cherche à diviser les chevaliers de Chypre et ceux de Syrie...	101
1233.	Vaine médiation de l'évêque de Sidon..................................	102
	Capitulation de Cérines..	104
1236.	Mort de Jean d'Ibelin..	105
1243.	La reine Alix est proclamée régente de Jérusalem......................	106
	Prise de Tyr, dernière ville des Impériaux.............................	106
1245.	Concile de Lyon...	107
1248.	Croisade de saint Louis..	107
	Captivité de saint Louis..	108
	Saint Louis passe en Syrie...	108
1250.	Henri Ier épouse Plaisance d'Antioche.............................	109
1253.	Mort de Henri Ier...	109
1254.	Guerre en Syrie...	110
	Perte de Césarée..	111
1266.	Perte du Saphed..	111
1267.	Mort du roi Hugues II. Avènement de Hugues III, d'Antioche..........	112
1268.	Perte de Jaffa...	112
	Seconde croisade de saint Louis..	112
	Conquête de Bibars en Syrie...	113

480   TABLE ANALYTIQUE
Pages.

1269	Mort de Conradin. Marie d'Antioche conteste à Hugues III le titre de roi de Jérusalem.	113
1270.	Assassinat de Philippe de Montfort, seigneur de Tyr.	114
1271.	Trêve avec le sultan.	114
	Le roi de Naples envoie des troupes en Syrie et fait occuper Saint-Jean-d'Acre.	115
	Hugues passe en Syrie.	116
1284.	Mort de Hugues III. Avènement de Jean Ier.	116
1285.	Mort de Jean Ier. Avènement de Henri II.	117
1287.	Mort de Boémond, prince d'Antioche.	117
1289.	Nicolas IV envoie des troupes en Syrie.	118
1290.	Siège de Saint-Jean-d'Acre par le sultan d'Égypte.	119
	Le roi Henri vient au secours de Saint-Jean-d'Acre.	120
18 mai 1291.	Prise de la ville.	123
	Perte de Sidon et de Beyrouth.	126
	Fin du royaume de Jérusalem.	127
	Les Latins de Syrie se réfugient en Chypre.	128
	Le pape envoie des secours au roi de Chypre.	128
1294-1298.	Meurtre du sultan El-Malek Ashraf.	128
	Guerre entre Gazan, grand khan des Mogols de Perse, et le sultan d'Égypte.	129
	Le roi de Chypre envoie des troupes en Syrie.	130
1299.	Le roi de Chypre envoie une expédition en Égypte et en Syrie.	131
1303.	Tremblement de terre.	134
1304.	Mort d'Amaury de Montfort.	134

LIVRE II.

	Frères et oncles du roi Henri II de Lusignan.	135
1306.	Dissensions dans la famille royale.	135
	Amaury de Lusignan, prince de Tyr, se fait nommer gouverneur de Chypre.	137
	Conquête de Rhodes par les chevaliers de l'Hôpital.	141
	Origine de l'ordre de Saint-Jean de Jérusalem.	143
1307.	Le prince de Tyr confine le roi dans son palais.	148
	Le roi est contraint de signer la nomination du prince de Tyr comme gouverneur de Chypre.	151
	Événements d'Arménie. Mort de Léon IV, roi d'Arménie.	156
	Rigueurs du prince de Tyr contre les partisans du roi.	157
Avril 1308.	Philippe d'Ibelin, sénéchal de Chypre, est exilé en Arménie.	158
	Badin d'Ibelin est également envoyé en Arménie.	160
	Procès des Templiers en France.	163
	Confiscation des biens des Templiers en Chypre.	164
	Les biens des Templiers sont donnés aux chevaliers de l'Hôpital.	170
	Origine de l'ordre des Templiers.	171
1308-1309.	Disette en Chypre.	172

ET CHRONOLOGIQUE. 481

Échive d'Ibelin, dame de Beyrouth, fait valoir ses droits au duché d'Athènes.	173
Clément V ordonne une nouvelle croisade.	175
Nouvelles difficultés entre le roi et le prince de Tyr.	176
Le prince de Tyr s'installe dans le palais du roi, licencie sa maison et confisque ses biens.	181
Isabelle de Tyr passe en Arménie pour négocier avec son frère l'internement du roi Henri.	184

1310.

Le prince de Tyr fait arrêter le roi.	188
Le roi est conduit au port de Gastria.	191
Le roi est conduit en Arménie.	192
Il est enfermé au château de Lambron.	192
Arrivée en Chypre de Raymond de Pins, nonce apostolique.	193
Le nonce passe en Arménie pour négocier la mise en liberté du roi.	195

5 juin 1310.

Le prince de Tyr est assassiné.	196
Le connétable Camerin se fait proclamer gouverneur.	198
Famagouste se déclare pour le roi. Ague de Bessan est nommé lieutenant du roi.	199
Négociations pour la délivrance du roi.	201
Le connétable cherche à négocier avec les partisans du roi.	205
Ague de Bessan fait occuper Cérines au nom du roi.	207
Négociations d'Ague de Bessan avec la princesse de Tyr et le connétable pour la délivrance du roi.	207
Accord entre la reine, mère du roi, et le connétable.	210
Réconciliation de la reine et de la princesse de Tyr.	212
Nouvelles négociations avec le roi d'Arménie.	215
Les partisans du roi veulent s'emparer de la princesse de Tyr et la garder comme otage.	217
Ague de Bessan somme le connétable de se rendre à Famagouste avec ses partisans.	219
La reine décide le connétable à se retirer à Cormachiti.	222
Lettre du roi conférant tous ses pouvoirs au grand maître de l'Hôpital, en son absence.	224
Ordonnance d'Ague de Bessan sur la police du royaume.	225
Raymond de Pins est envoyé auprès du roi d'Arménie.	227
Traité signé avec le roi d'Arménie pour la mise en liberté du roi de Chypre.	229
Réjouissances en Chypre à la nouvelle du traité.	230
La princesse de Tyr consent à se rendre en Arménie.	231
Le roi est mis en liberté.	232
Arrivée du roi en Chypre.	234
Le connétable essaye de s'enfuir en Caramanie.	235
Entrée du roi Henri à Nicosie.	237
Le roi fait arrêter et conduire à Nicosie les partisans du connétable.	238
Le comte de Jaffa implore le pardon du roi.	238
Mesures prises contre les partisans du connétable.	239
La princesse de Tyr ramène en Chypre les otages laissés en Arménie.	242
Le roi fait arrêter les partisans du connétable qui s'étaient réfugiés à l'archevêché.	243

MÉLANGES. — V. 61

TABLE ANALYTIQUE

		Pages.
	Mort de Raymond de Pins, légat du pape.	243
1311.	Nouveau complot contre le roi Henri.	244
1312-1313.	Pirateries des Génois.	245
	Les propriétés des Templiers sont données à l'Hôpital.	246
	Duel judiciaire.	248
1313-1318.	Mariage de la sœur de Henri avec le roi d'Aragon.	249
	Mariage du roi.	249
1318-1324.	Nouvelles pirateries des Génois.	249
	Le sultan d'Égypte envahit l'Arménie.	250
Mars 1324.	Mort du roi Henri.	251

LIVRE III.

1324.	Hugues IV est couronné roi de Chypre et de Jérusalem.	253
	Poursuites contre les chevaliers qui avaient trahi le roi Henri.	254
	Mariage de Marie de Bourbon et de Guy, fils aîné du roi Hugues.	254
1330.	Inondations en Chypre.	255
	Dévouement de l'archevêque Jean del Conte.	255
	Miracle de la croix de Tochni.	256
1349.	Les fils du roi s'échappent pour visiter l'Occident.	257
	Hugues IV fait couronner son fils Pierre roi de Chypre.	257
1359.	Mort du roi Hugues IV.	258
	Pierre Ier est couronné roi de Jérusalem.	258
	Le prince de Galilée conteste la couronne à Pierre Ier, son oncle.	258
1361.	Gorhigos se donne au roi de Chypre.	259
	Prise de Satalie.	259
1362.	Le roi de France fait citer le roi de Chypre devant le pape. Pierre se rend à Avignon.	260
	Difficultés du roi avec les Génois.	261
1363-1364.	Le roi Pierre prépare une nouvelle expédition contre le sultan d'Égypte.	262
13 octobre 1365.	Prise d'Alexandrie.	262
	Retour du roi en Chypre.	263
	Expédition contre les Turcs en Syrie.	263
1367.	Gorhigos, attaqué par les Turcs, est délivré.	264
1366.	Différend du roi de Chypre et de Florimond de Lesparre.	265
	Pillage de Tripoli de Syrie.	265
1367.	Pierre Ier part pour Rome. Le prince d'Antioche est nommé gouverneur de Chypre.	266
1368.	Séjour du roi à Rome.	266
	La reine se venge de la dame de Choulou, maîtresse du roi.	268
	Jean le Vicomte communique au roi ses doutes sur les relations de la reine et du comte d'Édesse.	268
	Les révélations de Jean le Vicomte jettent le roi dans une sombre mélancolie.	269
	La haute cour condamne à mort Jean le Vicomte comme calomniateur.	270

		Pages.
	Le roi exaspéré prend en haine ses chevaliers.	271
	Odieuse conduite du roi à l'égard de Henri de Giblet, vicomte de Nicosie, et de ses enfants.	272
	Indignation des chevaliers, qui délibèrent avec les frères du roi.	273
	Quelques chevaliers prennent la résolution de tuer le roi.	274
17 janvier 1369.	Le roi Pierre est assassiné.	275
	Proclamation de Pierre II.	276
	Expéditions diverses.	277
	Négociations avec le sultan d'Égypte. Traité de paix.	277
	Profond ressentiment que la reine veuve Éléonore garde contre les barons chypriotes.	280
1371.	Majorité du roi.	281
	Couronnement de Pierre II comme roi de Chypre. Cérémonies du sacre.	282
1372.	Couronnement de Pierre II comme roi de Jérusalem.	288
	Violente querelle qui éclate entre les Génois et les Vénitiens au milieu des fêtes du couronnement.	288
	L'empereur de Constantinople offre sa fille au roi Pierre.	291
	Projet de mariage entre Pierre II et Valentine de Milan.	292
	A l'instigation d'Éléonore d'Aragon, le pape autorise les Génois à armer une flotte pour défendre les droits de Pierre II.	292
	Le gouvernement de Chypre, pénétrant les vrais desseins des Génois sur Famagouste, fait saisir leurs biens.	294
1373.	Une première escadre génoise commandée par Cattaneo arrive en vue de Famagouste.	295
	Pierre rend Satalie aux Turcs, afin que la place ne tombe pas au pouvoir des Génois.	296
	Vains efforts du grand maître de Rhodes pour satisfaire les Génois, qui, sous prétexte de défendre les droits du roi, ravagent l'île de Chypre.	296
	Remontrances des chevaliers de Rhodes aux Génois.	299
	Les Génois saccagent les contrées de Cérines et de Limassol.	300
	Ils s'emparent de Paphos.	301
Octobre 1373.	Arrivée de la flotte génoise avec l'amiral Pierre de Campo Frégoso.	302
	Le roi entre dans Famagouste, malgré les Génois, qui assiègent aussitôt la ville par terre et par mer.	302
	Énergique défense des Chypriotes.	303
	Siège de Famagouste.	303
	Les Génois cherchent à nouer des intrigues avec le comte d'Édesse.	304
	Le roi négocie avec les Génois.	304
	Les Génois prétextent ne pouvoir suivre les négociations que dans l'intérieur du château.	305
	Le comte d'Édesse, dans l'intérêt du prince de Galilée qui était sur la flotte, appuie la demande des Génois.	308
	On consent à laisser les Génois entrer au château.	309
	Perfidie des Génois. Une fois dans le château, ils font mettre aux fers les négociateurs chypriotes.	309
	L'amiral Campo Frégoso entre dans Famagouste.	309

484   TABLE ANALYTIQUE

Pages.

	Le cuisinier du prince d'Antioche le fait évader	310
	L'amiral s'assure de la personne du roi	311
	Richesses et vices de la ville de Famagouste	311
	Vengeance des Génois	311
	Les Génois pillent Nicosie et essayent de se faire livrer Cérines	312
	Haine qu'ils inspirent aux Nicosiotes. Énergique défense du connétable	313
	Les Génois mettent une seconde fois Nicosie au pillage. Butin considérable	315
	La reine Éléonore échappe aux Génois et se réfugie à Cérines	316
	Inutile médiation du grand maître de Rhodes	317
1374.	Les Génois assiègent Cérines et en demandent la remise au nom du roi	317
	Le prince d'Antioche enlève un convoi de vivres que l'amiral envoyait au camp de Cérines	319
	L'amiral se retire à Famagouste avec le roi	319
	Le connétable entre en négociation avec les Génois	320
	Reprise des hostilités contre Cérines	323
	Les Génois lèvent le siège de Cérines	325
	Le duc d'Urbin va rejoindre la reine à Cérines	325
	La reine parvient à se mettre en relation avec le roi	325
	Les partisans du roi tentent de reprendre Nicosie	326
	Contributions énormes imposées par les Génois	327
	Les Génois essayent vainement d'obtenir du connétable la remise de Cérines	327
	Les Génois exigent du roi qu'il ordonne au connétable de quitter le royaume	329
	Ils forcent le roi à écrire à sa mère et au prince d'Antioche renfermés à Dieu-d'Amour	330
	Le connétable, obéissant au roi, remet le commandement de Cérines à Luc d'Antiaume et se dispose à partir	330
	Traité avec les Génois	332
Juillet 1374.	Le connétable quitte Cérines avec sa famille et se rend à Rhodes	332
	Honorable accueil que lui font les chevaliers. Les Génois exigent qu'ils fassent partir le prince	333
	L'amiral, arrivé à Rhodes, insiste pour que le connétable quitte le pays	334
	Déloyauté des Génois. Au lieu de conduire le connétable à Venise, ils l'emmènent prisonnier à Gênes	336
	Mauvais traitements qu'endure le connétable	337
	La reine Éléonore, pensant toujours à venger le roi Pierre, son mari, feint de se réconcilier avec le prince d'Antioche et le fait tuer	338
	Un jeune Chypriote, Thibat Belfaradge, enrôle un corps de soldats à Venise pour rendre Famagouste au roi Pierre	340
	Les Génois exigent la stricte exécution du traité, dans l'espérance de ruiner le roi	341
1375-1376.	Thibat reçoit de nombreux bienfaits. Il met le siège devant Famagouste	342
	Incessantes exigences de Thibat auprès du roi	342
	Thibat et Alexopoulo assassinent le confesseur du roi et le vicomte de Nicosie	343
Avril 1376.	Arrestation et supplice de Thibat et d'Alexopoulo	344
	Jean de Brie est mis à la tête de l'armée royale	346

ET CHRONOLOGIQUE. 485

		Pages.
1380.	Arrivée en Chypre de Valentine de Milan, fiancée du roi................	347
	Le roi attaque Famagouste par mer. Résistance des Génois...............	347
	Guerre entre les Génois et les Vénitiens...............................	348
Octobre 1382.	Mort de Pierre II...	349
	Le connétable Jacques, sénéchal de Chypre, est déclaré héritier de la couronne.....	350
1383.	Les Génois ramènent le connétable à Famagouste. Déloyale conduite des Montolif....	350
	La haute cour proclame le connétable Jacques roi de Chypre............	351
	Le roi Jacques traite avec les Génois et rentre en Chypre..............	351
1383-1385.	Le roi rachète son fils Janus..	352
	Il nomme aux grands offices et distribue des fiefs.....................	352
1385-1392.	Administration de Jacques Ier. Contributions énormes pour payer les Génois........	352
	L'impôt sur le sel...	353
1396.	Il se fait couronner roi d'Arménie à la mort de Léon...................	353
1398.	Mort de Jacques Ier...	353
	Janus, roi de Chypre...	354
	Antoine[1] de Guarco tente de livrer Famagouste au roi.................	354
1402.	Boucicaut vient en Chypre. Négociations et hostilités avec les Génois de Famagouste..	355
	Les Génois sont battus à Limassol......................................	355
1411.	La reine Charlotte de Bourbon arrive en Chypre.........................	356
1413.	Courses des Chypriotes en Syrie..	356
1425.	Le sultan envoie une flotte en Chypre..................................	356
	Les Égyptiens s'emparent de Limassol..................................	358
	Un Sarrasin, nommé Sith, touché de ce qu'il avait entendu dire d'avantageux du roi Janus, s'efforce d'empêcher les hostilités.............................	359
1426.	Le sultan, à l'instigation des Génois, envoie une nouvelle armée en Chypre........	361
	Le roi marche contre les troupes du sultan.............................	362
	Nouvelles démarches pacifiques des Sarrasins...........................	362
Juillet 1426.	Bataille de Chierochitia...	363
	Prise du roi...	365
	Prise et pillage de Nicosie..	367
	Nicosie est abandonnée. Soulèvement des paysans........................	369
	Le cardinal, frère du roi, est nommé gouverneur du royaume.............	369
	Le roi est mis en liberté..	370
1427.	Retour de Janus en Chypre..	370
1432.	Sa mort..	370
	Jean II de Lusignan, roi de Chypre.....................................	371
1441.	La reine Hélène Paléologue gouverne sous le nom du roi.................	371
1456.	Jacques le Bâtard est nommé archevêque de Nicosie......................	373
1457.	Mort du prince d'Antioche..	373
	Jacques le Bâtard fait tuer le chambellan de la reine..................	375

[1] La manchette porte par erreur Nicolas de Guarco.

TABLE ANALYTIQUE

		Pages.
	Jacques le Bâtard se réfugie à Rhodes.	375
	Jacques retourne en Chypre. Il fait tuer Jacques Urri, vicomte de Nicosie.	376
1458.	Le roi pardonne à son fils.	377
	On cherche à indisposer le roi et la reine contre le prince Jacques.	378
	Mort de la reine Hélène.	379
	Jacques prend une situation officielle à la cour.	380
	Il cherche à se concilier les chevaliers du royaume.	381
	Mort du sultan d'Égypte.	382
	Lettre de son successeur au roi de Chypre.	382
26 juillet 1458.	Mort de Jean II.	384
	La princesse Charlotte proclamée reine.	384
	Bonne entente entre la reine et l'archevêque, son frère.	385
	Intrigues contre Jacques le Bâtard	386
	Défense est faite au prince Jacques d'assister au couronnement de la reine.	387
	Les ennemis du prince Jacques l'accusent de vouloir assassiner la reine.	387
1459.	Jacques le Bâtard s'échappe de Nicosie et se rend en Égypte.	390
	Lettre qu'il adresse à la reine, sa sœur.	391
7 juillet 1459.	Arrivée en Chypre de Louis de Savoie. Son mariage avec la reine	392
	La reine envoie une ambassade au sultan.	392
1460.	Le sultan reconnaît Jacques le Bâtard comme roi et lui fournit une flotte.	393
Septembre 1460.	Arrivée de Jacques en Chypre.	394
	Jacques s'empare de Nicosie.	395
1461.	Il assiège Cérines, où s'étaient retirés la reine et Louis de Savoie.	396
	Négociations de la reine avec le général égyptien.	397
	Le général égyptien lève le siège de Cérines et retourne au Caire, en laissant quelques troupes au roi Jacques.	398
	Le roi Jacques se retire à Nicosie.	399
	Il réprime les attaques des Génois.	400
	Le roi Jacques sévit contre les partisans de la reine.	401
	Noble conduite de Gautier de Norès.	402
	Le roi Jacques tente de nouveau de prendre Famagouste. Il s'attache un chef nommé Jacques Saplana.	403
	Nouvelles attaques contre Famagouste.	404
	Ses expédients pour battre monnaie.	405
	Il surveille incessamment Cérines et Famagouste.	405
1460-1461.	Comment il s'attache Nicolas Morabit, vicomte de Nicosie.	405
	Il cherche à déterminer Sor de Naves à entrer à son service. Secours inespérés reçus par les Génois.	406
	Le roi s'attache le Catalan Jean Perèz Fabrice et le crée comte de Carpas.	407
	Il s'attache un gentilhomme sicilien, Mutio de Costanzo, et un gentilhomme français.	407
	Historique de la maison de Costanzo.	408
	La reine Charlotte se rend à Rhodes pour demander des secours.	409

		Pages.
1462.	Paphos se rend au roi Jacques...	410
1463.	Aventures et supplice du comte de Jaffa à Constantinople.....................	410
Sept.-oct. 1463.	Sor de Naves livre Cérines au roi Jacques....................................	411
6 janvier 1464.	Capitulation de Famagouste...	411
	Famagouste ouvre ses portes..	416
	Le roi Jacques fait massacrer les auxiliaires mameloucs......................	416
	La sœur du capitaine des mameloucs tente de faire assassiner le roi..........	417
1464-1468.	Les chevaliers chypriotes font leur soumission au roi........................	417
	Le roi concède de nombreux fiefs...	417
	Ses libéralités l'appauvrissent..	424
1468-1470.	Complots contre la vie du roi..	426
	Comment il se venge des conjurés...	428
1471-1472.	Négociations pour le mariage du roi..	432
	Le roi épouse Catherine Cornaro..	433
6 juillet 1473.	Mort du roi Jacques..	433
	Catherine Cornaro est proclamée reine..	433
	Le sultan d'Égypte reconnaît la reine Catherine..............................	434
	La reine Charlotte fait valoir ses droits à la couronne de Chypre............	434
	Tentative de la reine Charlotte..	435
	Prétendu trésor du roi...	436
	Négociations pour marier une fille naturelle du roi Jacques à un fils naturel du roi de Naples...	436
	Complot pour livrer Cérines à la reine Charlotte.............................	437
	Troubles et confusion des partis en Chypre...................................	437
	Paul Zappe, conseiller de la reine, et le médecin Gentile sont assassinés par Rizzo de Marino..	438
15 novemb. 1473.	Meurtre d'André Cornaro, oncle de la reine, et de Marc Bembo, neveu d'André..	439
	Louis Alméric obtient la garde du château de Cérines.........................	440
1474.	Venise envoie Victor Soranzo avec une escadre au secours de la reine Catherine....	442
	La reine confie le château de Cérines à Nicolas Morabit......................	443
	Les bourgeois de Nicosie, se défiant des Catalans, s'organisent pour défendre les droits de la reine Catherine.......................................	444
	L'archevêque de Nicosie s'enfuit avec Saplana et Rizzo de Marino.............	445
	Arrivée en Chypre de Pierre Mocénigo, capitaine général......................	446
	On bannit les suspects...	447
1474-1476.	La reine distribue les biens des proscrits. Les chefs chypriotes sont remplacés par des Vénitiens...	449
	Pacification du royaume. Heureux efforts du vicomte de Nicosie...............	449
	Mauvais accueil fait à Venise au premier ambassadeur chypriote envoyé après le meurtre d'André Cornaro...	451
	Rixes entre Francs et Grecs..	451
1476.	La mère et les enfants naturels du roi Jacques sont transférés à Venise......	453

		Pages.
1488.	La reine vient résider à Cérines.	453
26 février 1489.	Mort du roi Jacques III. Un parti cherche à marier la reine avec un fils du roi de Naples.	454
1489.	Venise décide que la reine doit abdiquer et céder l'île de Chypre à la république.	454
	La reine se résout à céder Chypre à la république.	457
	Elle se retire à Venise.	458
	Organisation de l'île sous l'administration des Vénitiens.	458

APPENDICE 461
Explication de quelques termes chypriotes. 461
Lettre de Florio Bustron à son cousin Jérôme. 464
Notice sur les trois ordres de chevaliers. 465
Droits et devoirs des chevaliers. 469
Chronologie des rois de Chypre. 474

TABLE DES NOMS DE LIEUX.

Afin de suppléer à la rareté des notes ajoutées à la Chronique de Florio Bustron, je renvoie à quelques-uns des ouvrages où il est question des localités ou des personnages mentionnés dans ces tables.

Hist.   Indique l'Histoire de l'île de Chypre, sous le règne des princes de la maison de Lusignan.
N. P.   Nouvelles preuves. Extr. de la Bibl. de l'École des chartes, in-8°.
D. N.   Documents nouveaux servant de preuves. Mél. historiques, in-4°, t. IV.
Île.   L'île de Chypre, sa situation et ses souvenirs, in-12, Didot, 1879.
Machaut: Prise d'Alexandrie, in-8°, 1877.

A

ACAMANTE, en Chypre, 23.
ACAMANTIDA, île, 10.
ACAMAS, promontoire, 23.
ACHASI, en Chypre, 406. *Hist.,* III, 251, n. 3.
ACHEGLIA, ACHIEGLIA, en Chypre. Voir ASCHEGLIA.
ACHIERA, en Chypre, 34, 171, 247. *Hist.,* II, 110, 529; III, 502.
ACHIEROPYTI, monastère en Chypre, 437.
ACURZO, en Chypre, 171, 247. *Hist.,* II, 110; III, 502.
ADENA, en Arménie, 195, 203.
ADRACO, en Chypre, 171.
AGIDOS, en Chypre, 19.
AGIUS, en Chypre, 421.
AGLANGIA. Voir GLANGIA.
AGLASSICA, en Chypre, 422.
AGORASTU, en Chypre, 29.
AGRIDI, en Chypre, 94, 182, 418. *Hist.,* III, 508.
AGRIDIA, en Chypre, 418, 422, 427. *Hist.,* III, 247, n. 3, 261, n. 8, 511, 673.

AGRIDIA DE PELENDRIA, en Chypre, 418.
AGRIDIU DU CARPAS, en Chypre, 420.
AGRINU, en Chypre, 418. *Hist.,* II, 533; III, 510.
AGRIOSICHIA, peut-être le même que AGROCHIPIA, en Chypre, 418. *Hist.,* II, 110; III, 503.
AGRO, en Chypre, 303. — Son lac, 412, 419.
AGROCHIPIA, le même peut-être que AGRIOSICHIA, en Chypre, 171, 247. *Hist.,* II, 110; III, 503.
AGROLADU, en Chypre, 28.
AÏA, HAÏA, en Chypre, 418. *Hist.,* III, 22, 126, n., 203, 253.
ALAÏA. Voir CANDELORE.
ALAMINO, en Chypre, 150, 158, 420.
ALECTORA, en Chypre, 34. *Hist.,* III, 178, 508.
ALEP, en Syrie, 133.
ALETRICO. Voir LETRICO.
ALESSANDRETTA, en Chypre, 422. *Hist.,* I, 123; III, 224, 261 et n. 3, 507.

ALEXANDRIE, en Égypte, 128, 132, 262, 277.
ALODA, en Chypre, 424. — Cf. ALONA. *Hist.*, III, 234, n., 3 et 4, 505, 813.
AMARGETI, AMARGHETIS, AMARIETTI, en Chypre, 418. *Hist.*, III, 262, n., 506.
AMATHONTE, auj. LIMASSOL, en Chypre, 16, 32. — Son évêché, 53.
AMATHUSIA, île, 11.
AMATHUSSA. Voir AMATHONTE.
AMOCOSTI. Voir FAMAGOUSTE.
AMORFITA, et mieux OMORFITA, en Chypre, 395. Voir OMORFITA.
ANAFOTIDES, ANAPHOTI, en Chypre, 422. *Hist.*, III, 275, n. 2, 296, n. 2.
ANARITA, en Chypre, 422. *Hist.*, III, 255, n. 8, 256, n. 2, 512.
ANCÔNE, en Italie, 407.
ANDROLICO, en Chypre, 419. *Hist.*, III, 273, n., 506.
ANDROLIOTI, ANDRUCLIOTI, en Chypre, 247.
ANDUCLIOTI, pour ANDRACLIOTI, en Chypre, 171. *Hist.*, II, 110.
ANGASTINA, en Chypre, 170, 247. *Hist.*, II, 110; III, 503.
ANICHIDES, en Chypre, 418.
ANOYRA, *la Noyère, la Naugière*, souvent uni à Phinika, en Chypre, 247. *Hist.*, II, 110, 501, 502; III, 59, 87, n., 503.
APALESTRA, en Chypre, 352, 420, 449. *Hist.*, III, 509.
APLANDA, en Chypre, 420. *Hist.*, III, 511.
APLANDA APANO, en Chypre, 422.
APSIU, en Chypre, 171, 247. *Hist.*, II, 110; III, 502.
AQUILÉE, en Illyrie, 56.
ARA, en Chypre, 325, 352, 418.
ARACAPA, ARACOPA, en Chypre, 171, 247. *Hist.*, II, 110; III, 503.
ARADIPPO, *Radipe*, en Chypre, 358. *Hist.*, II, 141, 219, 220, 533, n.; III, 510.

ARDANA, peut-être ARDOMA, en Chypre, 418. *Hist.*, III, 510.
ARETIU, en Chypre, 422, 423.
ARIACHI, en Chypre, 420, 423.
ARMARRUNI, en Arménie, 193.
ARMENOCHORI, en Chypre, 247. *Hist.*, II, 110; III, 502.
ARODES, en Chypre, 34. *Hist.*, III, 507.
ARSERANSAPHO, en Égypte, 108.
ARSINOË, ARSENOË, en Chypre, 23, 33. — Son évêché, 53. *Hist.*, I, 381; III, 325, 328, 329, n. 2, 622.
ARSOS DE LA MESSARIA, ou MESSORÉE, en Chypre, 408. *Hist.*, III, 32, 552.
ARSUR, ARSUF, en Syrie, 127.
ASCA, ASCHA, en Chypre, 422. Cf. *Hist.*, III, 248 et n., 253, 505, 509, 602.
ASCALON, en Syrie.
ASCHEGIA, CHELIA, CHIEGLIA, ACHIEGLIA, ACHEGLIA, *l'Eschelle*, en Chypre, 342, 419, 421. *Hist.*, III, 176, 219, 220, 232, 253, n. 7, 254, 270, 507.
ASOLO, près de Trévise, en Italie, 458. *Histoire*, III, 428, n., 441-448, 452-454.
ASPELIA, île, 11.
ASSOMATO, en Chypre, 171, 247. *Hist.*, II, 110; III, 503, 509.
ASSOMATO DU CHILANI, en Chypre, 419. *Hist.*, III, 507.
ASSOMATO DE LEVCARA, en Chypre, 418.
ASTROMERITI, en Chypre, 418.
ATALU, en Chypre, 423.
ATHÈNES, en Grèce, 172.
AVDIMO, en Chypre, 34, 247. *Hist.*, II, 110, 511, n., 535, 536, n.; III, 206, 283, 284, 494, 561, 811, 845, 854. *Île*, 23.
AVEREL, en Perse, 130.
AVGORU, en Chypre, 421.
AVIGNON, en France, 163, 261.
AXILU, en Chypre, 34, 420, 422.

B

Baffo, ou Paphos Nouvelle, en Chypre, 12, 458.
Bagdad ou Baudas, en Mésopotamie, 129.
Baudan, en Arménie, 127.
Baudas. Voir Bagdad.
Beaufort, en Syrie, 113, 127.
Beaulieu, abbaye à Nicosie, 34, 240.
Belien, en Syrie, probablement Bethléem, 127.
Bélinas, en Syrie, 128.
Bessan. Voir Bethsan.
Bethsan, Bessan, en Syrie, 127.
Bethléem, Belien, en Syrie, 127.
Beyrouth, en Syrie, 66, 81, 84-88, 126, 128.
Bibi, monastère en Chypre. Voir Nicosie.
——, famille de Chypre. Hist., III, 316. n.
Blanchegarde (La), en Syrie, 127, 424.
Blesia, Blessia, en Chypre, 98, 256. Hist., III, 511. Voir Plessia.
Buffavent (Château de) ou Château de la Reine, en Chypre, 24, 78, 91. Arch. des missions scient., I, 512.
Butron, en Syrie, 84, 130.

C

Caco, en Syrie, 114.
Cacopetria, en Chypre, 28.
Cacotaria, en Chypre, 424. Cf. Catocopia, Catoplepria. Hist., III, 257, 513.
Cagliana, en Chypre, 418.
Caïmon, en Syrie, 127.
Caire (Le), en Égypte, 393.
Calamulli, en Chypre, 421, 423.
Calavasso, en Chypre, 418.
Calavasso de Chifalo, en Chypre, 421.
Callepia, en Chypre, 422.
Calogennata, Kaloïennata, en Chypre, 171, 247. Hist., II, 110; III, 503.
Calopsida, Calopsides, Kalopsida, en Chypre, 357, 449. Hist., II, 532; III, 368, n. 1.
Calotriti, en Chypre, 408.
Camarès, Camarese, en Chypre, 170, 246. Hist., II, 110.
Cambio, Cambia, en Chypre, 420. Cf. Cambi. Hist., III, 602. Kampia. Hist., II, 110.
Cambruse, sur la côte de l'Asie Mineure, 262.
Campin, en Chypre, 171.
Candelore, Scandeloro, Candilloro ou Alaïa, sur la côte d'Asie Mineure, 128, 260, 263. Hist., II, 216, 535, n.; III, 51, 64, 175, 321 et notes, 335.
Candie, île, 174.
Cantara, Kantara, la Candare, château en Chypre, 23, 78, 79, 91, 93. Hist., II, 18; III, 556. Archiv. des missions scient., I, 514.
Capedes, en Chypre, 412, 419, 421.
Caputi, Kapouti, en Chypre, 422. Hist., III, 238.
Caramanie (Mer de), 11.
Cardomeno, en Chypre, 419, 423.
Caris, rivière, en Chypre, 28.
Caroblier, le Caroublier, en Syrie, 111.
Carpassia, Karpassia, en Chypre, 18, 403.
Carpasso, Karpasso, en Chypre, 400, 418, 422, 458. Voir Risso Carpasso.
Carpasso, Karpasso, district en Chypre, 53, 77. Hist., II, 532, n.; III, 165, n., 245, 305, n., 306, 311, n., 495, 498, 531, 532, n., 561, 622, 811, 814, 845, 854. Île, 46.
Casal Imbert, en Syrie, 88, 90.

Cascalo, Kascalo, en Chypre, 406. *Hist.*, III, 251, n. 3.

Castel Franco. Voir Château Franc.

Castel Rosso, Castello Riso, sur la côte d'Asie Mineure, 142. *Hist.*, III, 437.

Cataliondo, Kataliontas, en Chypre, 423. *Hist.*, III, 510.

Cato Chiedarès, en Chypre, 420.

Catochorio de Levcara. B. Catiochorio, village de Chypre, 418, 419.

Catocopia, en Chypre, 418, 421, 422. *Hist.*, III, 513.

Cato Deftera, Kato Deftera, en Chypre, 171, 423. *Hist.*, II, 110; III, 502.

Catodri, Katodri, en Chypre, 422. *Hist.*, III, 241, 253, 296, 510.

Catolichi, à Cérines, 396.

Catomoni, Kato Moni, en Chypre, 171, 247. *Hist.*, II, 110; III, 271, 503.

Cayphas, Caifas, en Syrie, 55, 127.

Celonari, en Chypre, 171.

Céri, Xéri, en Chypre, 420. *Hist.*, III, 601.

Cérines, en Chypre, 19, 33, 79, 91, 98-105, 107, 317, 325, 330, 396, 411, 440, 443, 453, 458. — Catolichi, 396. — Lo Speron, 396. *Hist.*, II, 191, 373, 395, 396, 503; III, 117, n., 120, 128, n., 129, 133, 225, 495-496, 561, 811, 845, 854. — Son évêché grec, 52. *Hist.*, I, 123. — Son église de Saint-Antoine, 244. — Son église de Saint-Éloi, 331.

Césarée, en Syrie, III, 127.

Chamèle (La), Camella ou Émesse, en Syrie, 133.

Charchia, en Chypre, 421.

Château Franc, en Chypre, dans le Sivouri, 394. *Hist.*, II, 532, n.; III, 243, n. 6.

Château du Roi, en Syrie, 128.

Château Pèlerin, en Syrie, 127.

Chelidoni, Chilodoni, cap de Chypre, 131.

Chellachia, Chiegliachia, Chiellachia, Kellachi, en Chypre, 171, 247. *Hist.*, II, 110; III, 502.

Chiafur, mont, 82, 85.

Chiarenza, en Morée. Voir Clarentza.

Chiedarès, en Chypre, 418. *Hist.*, III, 162, n.

Chieglia, en Chypre, 419, 421. Voir Ascheglia. *Hist.*, III, 506.

Chiellachia. Voir Chellachia.

Chiendinari, en Chypre, 418. *Hist.*, III, 510, 670.

Chierastia, île, 11.

Chiérochitia, Schirokitia ou Khierotikia, en Chypre, 169, 171, 247, 363. *Hist.*, II, 110, 512, 536, 538; III, 503.

Chilani, Kilani, le Quilane, en Chypre, 34, 46. *Hist.*, II, 4, 90 et note; III, 196, 507, 521. *Île*, 23.

Chilodoni. Voir Chelidoni.

Chio, Scio, île de l'Archipel, 261, 334.

Chio, en Chypre, 422.

Chioggia, près Venise, 349.

Chionodès, montagne en Chypre, 30.

Chiprio, en Chypre, 29. *Hist.*, III, 509.

Chira, Kyra, en Chypre, 171, 421. *Hist.*, II, 110; III, 502. *Île*, 394.

Chirsefano Apano, en Chypre, 420. Voir Thersephano.

Chiti, en Chypre, près de Larnaca et confondu souvent avec cette ville, 52, 422, 423. Voir Citium. *Hist.* (Château du Quid), III, 240, n. 3, 242.

Chito, peut-être Chitokadamia, en Chypre, 352, 421. *Hist.*, III, 162, n., 361, n.

Chitria, en Chypre. Voir Kythréa.

Chitro. Voir Chytro.

Chiusiglia, en Chypre, 423.

Chiva, en Chypre, 247. Voir Chira.

Chivida, Kivida, Chividés, Quevides, en Chypre, 422. *Hist.*, II, 57, n.; III, 240, n., 511.

TABLE DES NOMS DE LIEUX.

Chnodora. Voir Knodora, en Chypre.
Chorion, en Chypre, 29.
Chortini, en Chypre, 418.
Choulou, en Chypre, 268, 270.
Chrussida, en Chypre, 29, 402.
Chrusso Prassini, en Chypre, 355.
Chrysocho, Hrusoho, Chrussocho, en Chypre, 23, 401, 458. — Son district, 53, 247. *Hist.*, II, 110, 114; III, 205, 230, 242-243, 274, 290-291, 304, 329, n., 496, 506; 561. *Île*, 27.
Chypre (Île de), 10.
Chytriá, Kythréa, la Quithrie, en Chypre. Voir Chitro, 29, 34, 402, 418. — Son évêché, 52. — Ses belles eaux, 18, 19. *Île*, 36-37.
Chytro, Chytroi, Chitro, Chytri, en Chypre, probablement l'ancien Chytrus, 25, 33. *Hist.*, II, 504, n.
Citium, en Chypre. Voir Larnaca.
Clarentza, Chiarenza, en Morée, 174, 249.
Claudia, en Chypre, 421, 422.
Claudiès, en Chypre, 419.
Cledassi ou Chidassi, en Chypre, 418.
Clides, îles sur la côte de Chypre, 25.
Clonari, en Chypre, 247. *Hist.*, II, 110; III, 502.
Cofino, Cofinu, Kofinou, en Chypre, 34, 158. *Hist.*, III, 512.
Colonès, port en Chypre, 77.
Coloni, village de Chypre, 417.
Colossi, Colosso, Kolossi, le Colos, en Chypre, 25, 29, 47, 49, 171, 247. *Hist.*, II, 5, 91, 110, 455, 457, 503; III, 24, 27, 28, 59, 88-89, 105-106, 248, 502-503, 821.
Colota, en Chypre, 206. *Hist.*, II, 186.
Coma, Choma, en Chypre, 34. *Hist.*, 508.
Comi, en Chypre, 420.

Constantia, Costantia ou Salamine, évêché en Chypre, 53. Voir Costanza, Famagouste.
Coraco, Korako, en Chypre, 28. *Hist.*, III, 506.
Cormachiti, Kormachiti, en Chypre, 31, 214, 223, 403, 418. *Histoire*, III, 197, n.
Cormia, en Chypre, 420, 423. Peut-être le même que Cornica. *Hist.*, III, 507.
Corno, en Chypre, 408.
Cornochipo, abbaye, en Chypre, 421.
Costanza (La), marais près de Famagouste, dans les ruines de l'ancienne Constantia ou Salamine, 28, 231.
Covocla, Covocha, Kouklia, la Covocle, l'ancienne Palépaphos, en Chypre, 29, 357. *Île*, 26.
Crac (Le), en Syrie, 114, 127.
Crini, en Chypre, 418. *Hist.*, Crinia, III, 504.
Crio Neron, en Chypre, 420. *Hist.*, III, 511.
Cripto, île, 11.
Cristo, en Chypre, 352. *Hist.*, Critus, III, 512.
Crittu Marottu, en Chypre, 352. *Hist.*, Critu, III, 508.
Croix (La Vraie). Voir Sainte Croix.
Crusoco. Voir Chrysocho.
Cuca, en Chypre, 418.
Curdaca, en Chypre, 34, 422.
Curico. Voir Gorhigos.
Curium, Curéon, en Chypre, 15, 33, 53. Voir Piscopi.
Curris, rivière en Chypre, 28.
Cutrafa, en Chypre, 422.
Cutrafadès, en Chypre, 418.
Cutrebu, en Chypre, 423.
Cuzzoventi, monastère, en Chypre, 34.

D

Dali, l'ancienne Idalie, en Chypre, 423. *Hist.*, II, 431, n.; III, 368, n.
Damas, en Syrie, 130.
Damiette, en Égypte, 57, 107.
Deftera, en Chypre, 33. Voir Cato Deftera.
Delichipo, en Chypre, 408.
Dematona, Domatoria, en Chypre, 424.
Diariso, rivière en Chypre, 29.
Dicomo, en Chypre, 317, 418.
Dierona ou Ierona, en Chypre, 171, 247. *Hist.*, II, 110.

Dieu-d'Amour ou Saint-Hilarion, château en Chypre, 24, 34, 78-80, 91. *Hist.*, II, 2, n., 17, 18; III, 556. *Arch. des missions scient.*, I, 508.
Diorigo, en Chypre, 424.
Disporia, en Chypre, 420.
Dora; Dhora, en Chypre, 421. *Hist.*, III, 162, n., 361, n., 508.
Doro, en Chypre, 420, 451.
Dragon, source en Chypre, 79.
Dromolaxia. Voir Yromolochia.

E

Édesse ou Roha, Rochas, Ruccas, en Syrie, 29.
Eftagogna ou Heptagonia, en Chypre, 171, 247. *Hist.*, II, 110; III, 503.
Eglia de Pendaïa, en Chypre, 28, 421. *Hist.*, III, 512.
Englistera, Enklistera, l'Englistre, en Chypre, 35. *Hist.*, III, 210, 503.
Epico, 29, 449. *Hist.*, III, 229, 512.

Episcopi. Voir Piscopi.
Episcopia. Voir Piscopia.
Erimi, en Chypre. *Hist.*, II, 110; III, 503.
Evretu, en Chypre, 418.
Evricho, Evrikou, en Chypre, 28. *Hist.*, III, 295, 505.
Exometochi, en Chypre, 29, 418. *Hist.*, III, 509.

F

Facli, en Chypre, 419.
Famagouste, Amocosti, en Chypre, 27, 92, 93, 199, 303-310, 342, 347, 354, 371, 403, 404, 406, 411, 416, 458. — Son évêché latin, 53. *Hist.*, I, 123; II, 110, 140, 211; III, 488, § 4, 502. — Son district. *Île*, 45. *Hist.*, II, 170, 199, 200, 234; III, 222, n., 224, 463, n. 3, 814. — Église Saint-Antoine, 170, 246. *Hist.*, II, 110. — Église Saint-Nicolas, 433. *Hist.*, II, 354; III, 344, n., 347. — Porte de Limassol, à Famagouste, 406. — Le marais dans les ruines de Constantia, dit *la Costanza*, près de Famagouste, 23, 231. — Famagouste Vieille ou Salamine, dite aussi *Constantia*, 17, 18, 29, 36, 53. *Hist.*, II, 214.
Faraclo, dans l'île de Rhodes, 142.
Faranga, Farango, Pharango, en Chypre, 418, 420. *Hist.*, III, 162, n.
Fassuri, Phasouri, en Chypre, 171, 247. *Hist.*, II, 110; III, 503.
Filermo ou Philerme, en Asie Mineure, 142.
Filussa, en Chypre, 418.
Fisco, en Asie Mineure, 434.
Flassu, Phlassou, en Chypre, 28, 419. *Hist.*, II, 24, n.; III, 506. Cf. Elacie, *Hist.*, II, 24.
Flissi, en Chypre, 419.
Fratitu, en Chypre, 424.

G

GADRES. Voir GAZA.
GALATÈS, en Chypre, 28. *Histoire,* III, 508.
GAMBILI, en Chypre, 403. *Hist.,* III, 197, n., 510.
GASTON, en Syrie, 113.
GASTRIA, GUASTRIA, en Chypre, LA CASTRIE, 25, 77, 96, 162, 170, 192, 246. *Hist.,* II, 12, 18, 110.
GAVATA, GATTA, CAVATA, en Chypre, 81. *Hist.,* II, 506-507, n.; III, 644.
GAZA, GADRES, GADARA, en Syrie, 130.
GÉNAGRA, IÉNAGRA, YÉNAGRA, ÉNAGRE, en Chypre, 352, 394, 449. Cf. TÉNAGRA, 418. *Hist.,* III, 253, n., 509.
GÉRI, en Chypre, 420, 423.
GÉRICOP. Voir JÉRICHO.
GÉROLACCO, HIÉROLAKKO, en Chypre, 423. *Hist.,* III, 512.

GÉROMASSOÏA, HIERMASSOÏA, en Chypre, 170, 171, 247. *Hist.,* II, 110; III, 502.
GÉROSCHIPO, HIÉROKIPOS, en Chypre, 245, 417.
GIAGLIA, IAILLIA, IAGLIA, en Chypre, 401. *Hist.,* III, 503.
GIAZZA (LA). Voir LAJAZZO.
GIOVO, en Chypre, 423.
GLANGIA, AGLANGIA, GLANGUIE, en Chypre, 418, 422. *Hist.,* III, 178, 247, 367.
GLIFIARO, en Chypre, 34.
GORHIGOS, CURCO, LE COURC, ville et château sur la côte d'Arménie, 259, 264, 384. *Hist.,* II, 35, n., 74, 75, n., 267, n., 319, 532; III, 8, 48-56, 59, 110, n. *Machaut,* 315.
GRECQUE (LA) ou LA GRÉE, cap en Chypre, 17, 92. *Hist.,* II, 508.
GUION, en Chypre, 29.

H

HAÏA. Voir AÏA.
HEPTAGONIA. Voir EFTAGONA.
HIERMASSOÏA. Voir GÉROMASSOÏA.

HIÉROKIPOS. Voir GÉROSCHIPO.
HIÉROLAKKO. Voir GÉROLACO.
HIÉROSKIPOS. Voir GÉROSCHIPO.

I

IALLIA, IAGLIA. Voir GIAGLIA.
IÉNAGRA. Voir GÉNAGRA.
IÉRASSA, GERASIA, en Chypre, 171. *Hist.,* II, 110; III, 502.

IGNA, plutôt que SPIGNA, en Chypre, 247.
IGNIA, en Chypre, 171. *Hist.,* II, 110; III, 503.
IONO, en Chypre, 420.

J

JAFFA, en Syrie, 54, 71, 112, 127.
JERATTA, IÉRATTA, en Chypre, 247. Cf. IÉRASSA.
JÉRICHO, GÉRICOP, en Syrie, 127.

JÉRUSALEM, en Syrie, 44, 127.
JÉRUSALEM (Notre-Dame-la-Grande-de), couvent en Chypre, 161.
JOCELIN (La terre du comte), en Syrie, 127.

K

Kantara. Voir Cantara.
Karpas. Voir Carpassia, Carpasso.
Kilani. Voir Chilani.
Kivida, Chividés. Voir Chivida.
Kolossi. Voir Colossi.

Kouklia. Voir Covocla.
Knodora, Knodara, Chnodora, Conodori, en Chypre, 418. *Hist.*, III, 178.
Kythréa. Voir Chitria.

L

Lagidia, en Égypte, 131.
Lajazzo, Lajasso ou Aïas, la Giazza, port d'Arménie, dans le golfe d'Alexandrette, 160, 227, 232. *Hist.*, II, 74, n., 115, n., 267, n., 304, 328, 383, 387, 532.
Lambadisto, montagne en Chypre, 30.
Lambron ou Lampron, château d'Arménie, 193. *Hist.*, II, 60.
Lango, île, près de Rhodes, 141, 154. *Hist.*, II, 377, n., 502, n.; III, 15, 16, n., 112.
Laodicée, la Lizza, Licia, en Syrie, 266. *Hist.*, II, 122, 328, 373, 482.
Lapaïs ou l'Abbaye Blanche. Voir Piscopia, près de Cérines.
Lapathos, en Chypre, 420.
Lapithos, en Chypre, 19, 33, 154, 173, 418. — Son ruisseau, 30. *Île,* 38. — — Son évêché, 52. *Hist.*, I, 123; III, 242, n., 253, n. 7, 510, 601.
Lapithu, village en Chypre, 420.
Larnaca de Cérines ou de Lapitho, en Chypre, 420. *Hist.*, II, 257, n.
Larnaca, dit aussi la Scala ou les Salines, ancien Citium, en Chypre, 17, 32, 458. *Hist.*, I, 123-124; II, 6, 17; III, 178, 231, 249, 495, 510, 554, 561, 562, 568, 578, 581, 811, 845, 854. Voir Chiti.
Lassa, en Chypre, 422. *Hist.*, III, 511, 649, n., 508.
Laturu, en Chypre, 171, 247. *Hist.*, II, 110; III, 503.

Lemona, en Chypre, 424.
Letrico ou Aletrico, en Chypre, 418.
Leucadion. Voir Nicosie, 26.
Leucosia ou Levcosia, évêché. Voir Nicosie.
Levca, Lefca, Lefques, en Chypre, 29. *Hist.*, II, 541; III, 178, 221, 504. *Île,* 29.
Levcara, Lefcara, en Chypre, 170, 418. *Hist.*, I, 381; III, 241, 248, 275, 296, 325, 329, 510, 622.
Levcomiati, Lefcomiati, en Chypre, 231, 352. *Hist.*, II, 541, n.; III, 203, 204, 229, 511.
Levconico, Leuconico, Lefconico, en Chypre, 34, 192, 418. *Hist.*, III, 509.
Limassol ou Limisso, ancien Amathonte; latin, Nimocia, Nimotium; français, Limesson, Nimesson, en Chypre, 16, 24, 28, 33-44, 46, 53, 64, 355, 358, 420, 458. *Île,* 20. *Hist.*, I, 123; II, 3, 4, 20, 24, 35, 39, 54, 64, 89, 93, 104, 110, 170, 211-213, 316, 430, 450, 483, 507-511, 528, 531, 533, 535; III, 162, n., 237, 488, 494, 502, 504, 508, 543, 577, 579, 580, 814, 845, 854.
Limnati, en Chypre, 358.
Linu, en Chypre, 28.
Lionarsos, en Chypre, 423. *Hist.*, III, 511.
Lissi, Lyssi, en Chypre, 423. *Hist.*, III, 509.
Lisso, en Chypre, 418. *Hist.*, III, 199, n.

TABLE DES NOMS DE LIEUX.

Lissuri, probablement pour Pissuri, en Chypre, 418.
Lithrodonta, en Chypre, 418, 419.
Lizza, en Syrie. Voir Laodicée.
Logara, en Chypre, 171. *Hist.*, II, 110; III, 503.

Longara, Logara, en Chypre, 171, 247.
Lopho, Loffu, 352. *Hist.*, III, 512.
Lurichina, Lourgina, en Chypre, 419, 422. *Hist.*, III, 261 et note, 511.
Lydda, Lidde, en Syrie, 71, 127.
Lyon, en France, 107.

M

Machidonitissa, en Chypre, 420.
Madrachi, port de Rhodes, 333.
Maglia, en Chypre, 418.
Mallura, en Chypre, 418.
Malo, en Arménie, 160, 195, 202, 215, 216.
Malvoisie, Malvasia (Île de), 134.
Mamogna, en Chypre, 29, 419. *Hist.*, III, 508.
Mandia, Mendias, en Chypre, 417. *Hist.*, III, 502, 634 et n. 4, 638.
Mangana, abbaye grecque. Voir Nicosie.
Mansourah, en Égypte, 107.
Maraclée, en Syrie, 132. *Hist.*, III, 9, n.
Marammeno, Moramenos, en Chypre, 247. *Hist.*, II, 110; III, 503.
Marathasse, en Chypre, 418. *Hist.*, III, 79, 195, 203, 505-506; D. N., 371.
Marathasse du Comte, en Chypre, 402. *Hist.*, III, 262, n., 505 et n.
Margat, en Syrie, 116. *Hist.*, II, 7, 131; III, 629.
Margi, en Chypre, 403, 423. *Hist.*, III, 197, n. 1, 510.
Margo, en Chypre, 423. *Hist.*, III, 511.
Marguerite (La), château près de Nicosie, 271. *Hist.*, III, 265, n. 3, 265-266.
Marin ou Mariu, en Chypre, 419. *Hist.*, III, 286, n. 3.
Maroni, en Chypre, 418. *Hist.*, III, 509.
Marrulena, en Chypre, 171, 247. *Hist.*, II, 110.

Masoto (Le), en Chypre, 30, 45, 150, 247, 458. *Hist.*, II, 110; III, 490, 813, 494, 509, 561, 811, 845, 854.
Massaria. Voir Messaria.
Mathicoloni, en Chypre, 171. *Hist.*, II, 110; III, 503.
Mavro Marico, village en Chypre, 422.
Mavrommeno, en Chypre, 171.
Mavrovuno, en Chypre, 171, 247. *Hist.*, II, 110; III, 502.
Mazzucchi, en Chypre, 424.
Melamiu, en Chypre, 424.
Melanissia, en Chypre, 28. *Hist.*, Melamichia, III, 512.
Melatia, en Chypre, 420. *Hist.*, III, 512.
Melini, en Chypre, 418. *Hist.*, III, 511.
Menico, en Chypre, 35, 422. *Hist.*, II, 190; III, 257 et n.
Messorea, Messaria, Massaria, la Messorée, canton et vaste plaine en Chypre, 25, 29, 458. *Hist.*, II, 110; III, 243, n. 6, 561, 811. *Île*, 41.
Micero, Mitzerou, en Chypre, 247. Voir Mizzero.
Mirianthoussa. Voir Myrianthoussa.
Mirtu, en Chypre, 403, 419. *Hist.*, III, 197 n., 510.
Mizzero, Mitzerou, en Chypre, 171. *Hist.*, II, 110; III, 502. Voir Micero.
Mnassi, en Chypre, 29.
Monadi, en Chypre, 395, 402.
Monagati, en Cilicie, 259.

MONAGRI, en Chypre, 420, 421.
MONAGRULLI, en Chypre, 171, 247. *Hist.*, II, 110; III, 502.
MONIATI, en Chypre, 418.
MONTE CUCU, couvent du Temple, près Tripoli, 87.
MONTFORT, en Syrie, 114.
MONT PÈLERIN, en Syrie, 87.
MONTRÉAL, en Syrie, 127.
MONT SAINTE-CROIX, en Chypre. Voir OLYMPE.

MORA, en Chypre, 170, 247. *Hist.*, II, 110, III, 502.
MORÉE (LA) ou L'ACHAÏE, 174, 196.
MORPHO, LE MORF, en Chypre, 29, 34, 220. *Hist.*, II, 435; III, 178, 260, n., 504. *Île*, 33.
MOSFILOTI, en Chypre, 408.
MYRA ou SMIRIA, sur la côte d'Asie Mineure, 260.
MYRIANTHOUSSA, vallée en Chypre, 19. *Île*, 29.

N

NAPLES, en Italie, 408.
NAVARSAN, NOVERZA, en Arménie. 156, 203.
NAZARETH, en Palestine, 71.
NEFIN, en Syrie, 71, 128.
NÉGREPONT, en Grèce, 174.
NICHITARI, en Chypre, 419, 424. *Hist.*, III, 506.
NICOSIE, LEUCOSIA, LEFCOSIA, LEUCADION, en Chypre, 25, 26, 33, 77, 237, 312, 315, 328, 367, 369, 395, 458. — Son évêché grec, 52. *Hist.*, III, 504, 579. — Abbaye ou monastère de Beaulieu, 34, 240. *Hist.*, III, 293, 651. — Abbaye de Bibi, 35. *Hist.*, 276, 281, 294, n., 504. — Abbaye des Carmes, 35. — Abbaye de Sainte-Claire, 212, 268, 272. *Hist.*, II, 156, 187. — Abbaye et église Saint-Dominique, 349, 353, 384, 386. *Hist.*, II, 224, 447, 451, 453; III, 211, n., 266, n., 556, n. — Abbaye de Saint-Lazare, 211. — Saint-Mamas des Jardins, abbaye, peut-être à Nicosie, 343. — Abbaye de Notre-Dame-la-Grande-de-Jérusalem, 161. — Abbaye de Saint-Georges de Mangana, 372. *Hist.*, III, 80, n., 294, n. 4, 503, 556, n. — Spine (Monastère delle), près de Nicosie, 78. — Église cathédrale de Sainte-Sophie, 100, 253, 353, 454. *Hist.*, II, 225, 253, 383, 396; III, 281, 739. D. N., 559-561, 611. *Archiv. des missions scient.*, I, 521. — Église de Saint-Constantin, 388. *Hist.*, II, 399. — Église et couvent de Saint-François, 252, 253, 374. *Hist.*, II, 200, 202, 433; III, 209 et n., 670. — Église de Saint-Georges des Latins, 255. Cf. *Hist.*, II, 339. — Église de Saint-Jean de l'Hôpital, 317. — Église de Saint-Jean de Montfort, 427. *Hist.*, III, 556, n., Cf. 267, n. — Église de la Miséricorde ou la Notre-Dame la Miséricordieuse, 352. *Hist.*, III, 203, n.,'265-266, 267, 269, 282, 504. — Pont au Change, 254. — Pont de la Berline, 51, 402. — Pont du Lodron, Ladron, ou du Sénéchal, 51. — Pont Saint-Pierre-et-Saint-Paul, 314. Cf. *Hist.*, III, 210, 282, 283. — Porte Sainte-Vénérande, 308, 313. Cf. *Hist.*, 636, n. — Tour de Saint-André, 312. — Château de la Marguerite, près de Nicosie, 271. *Hist.*, III, 265-266 et n. 2, 3.
NIFFATIS, rivière, en Chypre, 29.
NIMESSON. Voir LIMASSOL.
NISSU, NISSO, en Chypre, 167, 394. *Hist.*, II, 431 et n.; III, 251, n. 2, 616.

TABLE DES NOMS DE LIEUX.   499

Nizza, fief en Chypre, 257.
Noïa, en Chypre, 421.

Noverza, Navarsan, en Arménie, 156, 203.

O

Olympe (Mont), en Chypre. Voir Sainte-Croix.
Omodos, en Chypre, 422. Voir Osmodos. *Hist.*, III, 255, 503.
Omorfites, Omorfita, mieux que Amor-

fita, en Chypre, 395, 419. *Hist.*. III, 511.
Ormidia, en Chypre, 34.
Osmodos, en Chypre, 352. Voir Omodos.
Ourios, torrent, en Chypre, 29.

P

Pagani, Lagani, port d'Arménie, 233.
Paglia Piscopia, en Chypre, 25, 29, 424. Cf. Palochitro.
Pagliochora, Palæochori, en Chypre, 171, 424. *Hist.*, II, 110.
Pagliometocho, Paléometocho, en Chypre, 421, 422, 423. *Hist.*, III, 255 et n. 8, 261, n., 512.
Palamides, en Chypre, 352. *Hist.*, II, 511; III, 534.
Palepapho, la Vieille Paphos, en Chypre, aujourd'hui Kouklia, 15. *Histoire*, II, 211.
Pallurocampo, en Chypre, 352, 423. *Hist.*, III, 512.
Palochitro, Paléo Chitro, en Chypre, 29. *Hist.*, II, 504; III, 509. Cf. Paglia Piscopia.
Panaïa, en Chypre, 423. Cf. *Hist.*, Panagioti, III, 506.
Paphos, Baffo, Baffe ou Paphos Nouvelle, en Chypre, 12, 301, 410, 458. *Hist.*, II, 54, 110, 199, 211, n., 212, 451, 483; III, 494, 504, 534, 560, 580, 811, 814, 845, 854. Île, 24. — Son évêché latin, 33, 53. *Hist.*, I, 123; II, 211; III, 502.
Paradisi, Paradisia, en Chypre, 178, 184. *Hist.*, III, 508.

Paramida, en Chypre, 171, 247. *Hist.*, II, 110; III, 503.
Paramidès, en Chypre, 358.
Pardi, en Chypre, 247, *Hist.*, II, 110.
Paris, en France, 164.
Parsada, en Chypre, 418.
Parzadio, en Chypre, 420.
Patrichi, en Chypre, 419, 421.
Pédéa, Pidias, rivière en Chypre, 24, 29.
Pelemidia, en Chypre, 220, 419. *Hist.*, III, 249, 372, n. Cf. Polemidia, *Hist.*, II, 110, n., 534; III, 249, 250, 508, 812.
Pelemidio, en Chypre, 352.
Pelendria, Pelentria, en Chypre, 401, 418, 449. *Hist.*, III, 203, 204, n., 227, 228, n., 264.
Pendaïa, Pendaies, Pandée, en Chypre, 182, 197, 402, 458. *Hist.*, II, 395; III, 204, 224, 504, 579.
Pendaïa, vallée et district, en Chypre, 31, 211, 220. *Hist.*, III, 224, 495, 561, 811, 845, 854.
Pera, en Chypre, 34, 421. *Hist.*, II, 536, n.; III, 126, n., 286, n. 1.
Peristerona de la Messorée ou Messaria, ou Peristeronari, en Chypre, 421. *Hist.*, III, 608, 649.
Peristerona ou Peristeronari du Comte ou

63.

de la Montagne, en Chypre, 34. *Hist.*, III, 234 et n. 3, 257, n. 7.

PERISTERONA, dans la plaine de Morpho, ou PRESTERON DOU PLAIN, en Chypre, 33, 418. *Hist.*, II, 541, n. 8; III, 199, n. 2, 262, n., 504.

PERISTERONARI, l'un des précédents, en Chypre, 28, 421.

PERSEPIE ou PARSERPERT, château en Arménie, 203, 229.

PÉTAGLIA, en Chypre, 420.

PETRA, PETRES, en Chypre, 28, 419. *Hist.*, III, 230 et n., 506, 512.

PHILATHUSSA ou PILATHUSSA, en Chypre, 418.

PHILONIDA, île, 11.

PHINICA, FINIKA, LA FENIQUE, en Chypre, 247. *Hist.*, II, 110, 500, 501, 505; III, 59, 87 et n., 94, 125, 250, 503, 530.

PIETRA, en Chypre, 342.

PIFANI, en Chypre, 396. *Hist.*, III, 510.

PIGADUGLIA, en Chypre, 418. *Hist.*, III, 505.

PIGI, PIGHI, en Chypre, 419. *Hist.*, III, 254, 602.

PILATHUSSA. Voir PHILATUSSA, en Chypre, 418.

PILES, PILA, PYLA, en Chypre, 423. *Hist.*, 397, 533; III, 199, n., 284, 507.

PIN (LE), ou LE PIN DU CONNÉTABLE, en Syrie, 84.

PIPERI, en Chypre, 424.

PISCOPI, PISCOPIA, EPISCOPIA, CURÉON, LA PISCOPIE DES CORNIERS, ancien CURIUM, près de KOLOSSO, en Chypre, 15, 29, 33, 53, 134. *Hist.*, II, 61, n., 115, n., 373, n. 5, 380, 434, 436, 455, 457, 483, 503; III, 76, 264, 280, 281, 297, 305-306, 648. *Île*, 22.

PISCOPIA, EPISCOPIA (Abbaye DE LA), en Chypre, est LAPAÏS, près de Cérines, 176. *Hist.*, II, 61, n., 645, 646; III, 211, 226, 288, n., 513, 523, 537-538, 543-544, 632, 637, 646, 657.

PISCOPIO, en Chypre, 352, 422. *Hist.*, III, 215, n., 242, n., 259, n.

PISSURI, PISOURI, en Chypre, 352, 361, 418. *Hist.*, II, 535, n.; III, 78, 512.

PISTACHI, en Chypre, 423.

PITARULLI, en Chypre, 423.

PLANISTASSA, en Chypre, pour PLATANISTASSA, 449.

PLATANISTASSA, en Chypre, 423. *Hist.*, III, 368, n. 1.

PLATANISTO, en Chypre, 422. *Hist.*, III, 255, n. 7 et 8, 256, 512.

PLESSIA, en Chypre, 418, 422. Voir BLESSIA.

POLEMI, en Chypre, 423. *Hist.*, III, 456, n. 1. POLEMIDIA. *Hist.*, II, 110, n., 534; III, 249, 250, 508, 812.

POLI, probablement POLI TOU CHRYSOCHOU, en Chypre, 418.

POLITICO, en Chypre, 25, 432.

PORT-BONEL, en Syrie, 113.

POTAMIA, en Chypre, 34, 352.

POUZZOLES, en Italie, 409.

PRASTIO CURIA, en Chypre, 420.

PRASTIO Rosso, en Chypre, sans doute KOKKINO PRASTIO, 420.

PSEMATISMENO, PSEMTISMENO, en Chypre, 419. *Hist.*, III, 286, n. 3.

PSIATHI, en Chypre, 418. *Hist.*, III, 513.

PSILLATO, en Chypre, 420, 423. *Hist.*, III, 511.

PSIMOLOFO, PSIMOLOPHON, en Chypre, 168, 171, 423. *Hist.*, II, 110; III, 215, 242, 259, 502.

TABLE DES NOMS DE LIEUX.

R

Rassie. Voir Rosette.
Rhodes (Île de), 134, 141-143. — Église de Saint-Jean à Rhodes, 334.
Rigatico, en Chypre, 396, 400.
Rionero, en Chypre, 418.
Risso Carpasso, chef-lieu du district de Carpasso ou du Carpas, en Chypre, 31, 182. *Hist.*, I, 381; III, 245, 260, 329, 464 et n., 622. Voir Carpasso.

Rochas, Roha, Ruchas. Nom de la ville d'Édesse.
Romano, probablement pour San Romano, Haïos Romanos, en Chypre, 418.
Rosette, Rassie, Rossie, Rosette, en Égypte, 131.
Rubin, en Syrie, 110.
Rus, en Syrie, 85.
Russole, en Syrie, 113.

S

Saint, San, Santo, Haios, Hagios.
—— Abraham, en Syrie, 127.
—— Andronique ou Andronico, en Chypre, 418. *Hist.*, III, 273, n. 1, 505.
—— Andronique de Curicho, en Chypre, 424.
—— Andronico de Chilani, en Chypre, 419.
—— Armola, en Chypre, 419.
—— Chetin, en Chypre, 421.
—— Constantin, en Chypre, 171, 247. *Hist.*, II, 110; III, 502.
—— Demeti, Demetis, en Chypre, 418, 423. *Hist.*, III, 289, n., 297, 812.
—— Demetri, Dimitri, en Chypre, 256, 402. *Hist.*, III, 242, n., 259, n., 506, 510.
—— Elia, en Chypre, 419.
—— Épiphane, Épiphanios. Voir Pifani.
—— Georges de Chatia, en Chypre, 419. Cf. San Zorgi. *Hist.*, III, 502, 505, 506, 508, 510.
—— Georges de Glanglia, en Chypre, 390.
—— Georges Passieu, en Chypre, 421.
—— Georges tu Spuru, tou Sporou, 28, 418.
—— Georges, en Syrie, 113, 114, 127.
—— Georges du Sabast, en Syrie, 127.
—— Hilarion, mont en Chypre, 24, 316.

Saint Hilarion, honoré en Chypre, ...
Hist., II, 212. — (Château de). Voir Dieu-d'Amour.
—— Hyllari, en Chypre, 421.
—— Jean-d'Acre, en Syrie, 115, 119-126, 127, 132. — Monastère de Sainte-Anne, 124. — Église Sainte-Croix, 101. — Église San Rinaldo, 123.
—— Jean de Malondos, village en Chypre, 419.
—— Laurent, à Naples, 408.
—— Lazare, monastère de Chypre, 211.
—— Mamas des Jardins, monastère de Chypre, peut-être à Nicosie, 343.
—— Nicolas Gerassimo, 406.
—— Paul, en Chypre, 171. *Hist.*, II, 110; III, 503.
—— Pifani, Épiphanios, en Chypre, 28, 34, 418, 419. *Hist.*, II, 505, 511.
—— Pifani, dans la vallée de Solia, en Chypre, 418.
—— Piphani, cap en Chypre, 142.
—— Photi, en Chypre, 423.
—— Romano. Voir Romano.
—— Roy ou Roп, en Chypre, 171, 352. *Hist.*, II, 110.
—— Serge, en Chypre, 231, 315, 357, 418, 423. *Hist.*, II, 532; III, 289, n.

San Sosomeno, Souzomeni, en Chypre, 423. *Hist.*, III, 195.
—— Tharapo, Tarapo, en Chypre, 420. *Hist.*, III, 162, n.
—— Théodore, Thodoro, en Chypre, 418, 419, 421, 423. *Hist.*, III, 261, n. 8.
—— Vassili, en Chypre, 421.
—— Xife, Santo Euxivio, mouillage de Chypre, 300. *Hist.*, II, 395; III, 80.
Sainte, Santa, Haïa.
—— Barbara, en Chypre, 419, 423. *Hist.*, III, 511.
—— Claire, monastère à Nicosie, 212, 268, 272. *Hist.*, II, 156, 187.
—— Croix, Stavro Vouni, ou Olympe (Mont), en Chypre, 30, 45. Appelé aussi la Vraie-Croix, 369. *Hist.*, II, 35, n., 213, 430, 512, 541; III, 520. Cf. *Hist.*, II, 212, n., pour le mont Troodos, nommé aussi Olympe. — Abbaye bénédictine du mont Olympe, 369. *Hist.*, II, 213.
Santa Napa (Cap de), 338, 395. *Hist.*, III, 578.
Salachia, Salakieh, en Égypte, 119. *Hist.*, III, 123.
Salamine ou Constantia, en Chypre, la Vieille Famagouste, 17, 29, 36. — Évêché de Salamine, 53.
Salamiu, en Chypre, 422. *Hist.*, III, 255, n. 5 et 8.
Salines (Les). Voir Larnaca.
Salvago, en Chypre, 424.
Sanida, Sannida, en Chypre, 171, 247. *Hist.*, II, 110; III, 502.
Saphet ou Saphed, en Syrie, 111, 167.
Sarama, en Chypre, 420. *Hist.*, III, 507.
Satalie, en Asie Mineure, 259, 260, 296. *Hist.*, II, 13, 216, 217, 237, 267, n., 282, 283, 387, 393, n.
Satena, en Chypre, 423.
Scandelion, en Syrie, 128.
Scandeloro. Voir Candeloro.

Scio. Voir Chio.
Sclepini, en Chypre, 418.
Selcor, en Syrie, 355.
Selegno, en Chypre, 418.
Sem, en Asie Mineure ou dans le nord de la Syrie, 130.
Sfichia, Île, 11.
Sia, en Chypre, 423. *Hist.*, III, 510.
Sibi, en Chypre, 424.
Sica, Sicha, en Chypre, 29. *Hist.*, III, 509.
Sicopetra, en Chypre, 171. *Hist.*, II, 110.
Sidon, Saète, Saiéte, en Syrie, 126.
Simu, en Chypre, 420, 422. *Hist.*, III, 242, n., 255.
Sinda, Synta, en Chypre, 34, 316, 357. *Hist.*, II, 532; III, 253, 602, n. 4.
Singrassi. Voir Syncrassi.
Siria, en Chypre, 419.
Sis, en Arménie, 111, 184, 203.
Sischipo, en Chypre, 419.
Sivori, Syvori, en Chypre, 206. *Hist.*, III, 243, 273, 463, 464, n., 490, § 13, 509, 724, 811, 845, 854. — Son château, dit le Château Franc, 24, *Hist.*, II, 532, n.; III, 243, n.
Smiria, en Asie Mineure. Voir Myra.
Soli, en Chypre, 19, 33.
Solia, vallée en Chypre, dans le Lefka, 19. *Hist.*, I, 123, 381; II, 24, n.; III, 253, n. 7, 325, 538, 579, 601, 622.
Sotyra, Sotira, en Chypre, 420. *Hist.*, III, 509.
Speron (Lo), à Cérines, 396.
Spigna, peut-être Igna, en Chypre, 247.
Spine (Monastère delle), près de Nicosie, 78.
Stavrocomi, en Chypre, 422. *Hist.*, III, 255, n. 8, 256 et n. 2, 512.
Stavro Vouni, en Chypre. Voir Sainte-Croix.
Stefani, en Chypre, 418. *Hist.*, III, 510.
Stephanovatili, en Chypre, 210. *Hist.*, II, 112, 393; III, 236, n. 4, 237, n., 509.

TABLE DES NOMS DE LIEUX. 503

STILLES, STILLUS, STYLOUS, en Chypre, 357, 437. *Hist.*, II, 532; III, 638.
STRAMBOLU, STAMBOLU, en Chypre, 210. *Hist.*, II, 112.
STREMATA, en Chypre, 424. *Hist.*, III, 510.
STROMATA, en Chypre, 449.
STROMATO, en Chypre, 419.
STRONGELO, STRONGHILO, en Chypre, 421. *Hist.*, III, 126, n.

STROVILO, en Chypre, 140, 251, 422, 423. *Hist.*, III, 509.
STRUMBI, 423. *Hist.*, III, 510.
SUEF, îlot en Chypre, 295.
SYNCRASSI, SINGRASSI, en Chypre, 423. *Hist.*, III, 512.
SYRIATI, en Chypre, 422.
SYVORI. Voir SIVORI.

T

TAMASSIA, THAMASSIA, TAMASSOS, en Chypre, 25, 34. — Son évêché, 33, 52. *Hist.*, III, 215, n.
TARSE ou TARSOUS, en Arménie, 183.
TEMBRIA, TIMBRIA, en Chypre, 28, 422. *Hist.*, III, 506.
TEMOCRINI, THEMOCRINI, en Chypre, 352. *Hist.*, III, 506.
TEMPLOS, THEMPLOS, en Chypre, 171, 247. *Hist.*, II, 110, 500; III, 87, n., 93, 250, 503, 530.
TÉNAGRA, vraisemblablement IÉNAGRA, en Chypre, 418.
TENIS, TANIS, en Égypte, 107, 133.
TERA, en Chypre, 419. *Hist.*, III, 273.
TERDIATO, en Chypre, 420.
THABARIE. Voir TIBÉRIADE.
THEMOCRINI. Voir TEMOCRINI.
THEMPLOS. Voir TEMPLOS.
THERNIA, en Chypre, 424.
THIRIMITHIA. Voir TRIMITHIA.
THIRSEPHANO, le même vraisemblablement que CHIRSEFANO APANO, en Chypre, 420. *Hist.*, III, 162, n.
THREGNA, TREGNA, THRENIA, en Chypre, 422. *Hist.*, III, 240, n. 2, 255, n. 6, 8.
THRONI, en Chypre, 17.
TIBÉRIADE ou THABARIE, en Syrie, 107.
TIMBO, en Chypre, 424.
TIMBRIA. Voir TEMBRIA.

TIMI, en Chypre, 417.
TOCHNI, en Chypre, 45, 256, 418.
TORON (LE), en Syrie, 127.
TORTOSE, en Syrie, 71, 132, 266.
TRABESIC, en Arménie, 193.
TRACHONA, TRAKONAS, en Chypre, 418. *Hist.*, III, 209, n. 4. Cf. 261, n. 1.
TRACHONI, en Chypre, 29, 171, 247, 422. *Hist.*, II, 110; III, 261.
TRAPESA, TRAPEZA, en Chypre, 357, 404. *Hist.*, II, 532; III, 243, 509.
TREMINTHUS, TREMITHUS, LA TREMETOSSIE, en Chypre, 25. *Hist.*, II, 6; III, 204, 217, n. 3, 246, 521, 601.
TRICOMO, TRIKOMO, en Chypre, appartenait à la princesse de Tyr, 220. *Hist.*, III, 508.
TRIMITHI, en Chypre, 421.
TRIMITHIA, THIRIMITHIA, en Chypre, 342, 422. *Hist.*, III, 217.
TRIMITHUSSA, en Chypre, 418.
TRIMITHUSSIA, village de la famille Babin, 25, 33, 49. *Hist.*, III, 507.
TRIMITHUSSIA, en Chypre, 424.
TRIODOS. Voir TROODOS.
TRIPI, TRYPI, en Chypre, 171, 423. *Hist.*, II, 110; III, 259.
TRIPIMENI, en Chypre, 316.
TRIPOLI, en Syrie, 117, 127, 265. Voir MONTE CUCU.

TROODOS, TRIODOS, dite aussi LAMBADISTE, CHIONODES et OLYMPE, montagne, en Chypre, 30. *Hist.*, II, 212, n., 430, n.

TROYES, en France, 172.
TUNIS, en Afrique, 112.
TYR, en Syrie, 106, 127.

V

VALLINE ou VALÉNIE, en Syrie, 266.
VANUGLIA, nom douteux, peut-être VASSIGLIA, en Chypre, 419.
VASSA, en Chypre, 34. *Hist.*, III, 187, 283 et n. 2, 501, 648 et n.
VASSILIA, VASSIGLIA, en Chypre, 403, 418. *Hist.*, III, 197, n. 1, 501, 568.
VASSILIPOTAMO, en Chypre, 45.
VAVACINGNA, VAVACIGNA, VAVATZINIA, en Chypre, 420, 421, 449. *Hist.*, III, 259 et n., 368, n. 1.
VAVLA, en Chypre, 408.
VICOMTÉ (LE), district en Chypre, 171, 247. *Hist.*, II, 110; III, 495, 528, 561.

VIGLA, VIGLIA, en Chypre, 171, 247. *Hist.*, II, 110; III, 502.
VILLE, en Chypre, 171, 247. *Hist.*, II, 110; III, 502.
VISACHIA, en Chypre, 406. *Hist.*, III, 251, n. 3.
VIZZADES, en Chypre, 154.
VONI, VOUNI, en Chypre, 29, 418. *Hist.*, III, 229, 509.
VRAIE-CROIX (Mont de la). Voir SAINTE-CROIX.
VRECHIA, en Chypre, 419, 424.
VROMOLOCHIA, DROMOLOCHIA, en Chypre, 358. *Hist.*, II, 423, 533; III, 216, 510.
VUDA, VOUDAS, en Chypre, 418. *Hist.*, III, 510.

X

XENAGORA, île, 11.
XÉRI, CÉRI, en Chypre, 420. *Hist.*, III, 601.

XÉROS, rivière en Chypre, 29.
XIFE (SAINT-). Voir SAINT.

Y

YÉNAGRA. Voir GÉNAGRA.

Z

ZADES, en Chypre, 420.

ZODIES, en Chypre, 34.

TABLE DES NOMS PROPRES.

A

Acqua Viva (Gautier d'), 98.
Acre (Chérubine d'), 424.
—— (Julien d'), 402.
Agridia (Perrine d'), 420.
Agulier, Aguilier, serait mieux que da Gulier (Hugues d'), 140. *Hist.*, III, 670. Il y a cependant un Hugues de Gulier, II, 102.
—— (Simon d'), 140.
Albanais (Martin), 423.
Albert, archevêque de Nicosie, 56.
Aleman. Voir L'Aleman.
Alexandrie (Marc d'), 419.
Alinach, prince d'Arménie, 157, 161.
Alisopullo, Alexopoulo, 342, 346.
Alix. Voir Champagne.
Allemagne (L'Ordre d'). Voir Ordre Teutonique.
Alméric ou Albéric (Louis), neveu de Jacques, partisan de Jacques le Bâtard, 438-440, 441, 443, 445. *Hist.*, III, Not. sur ce personnage, 165, n. 2, 360, n. et 403, n. 2. *Nouv. Preuv.*, 6.
Altodeu (Frère Jean), 419.
Alvet (Henri d'), 423.
Amat, 367.
Amaury Ier, roi de Jérusalem, 53. *Hist.*, II, 24, 26.
Amelin (Lucas), 406.
Anacto (Polo del), 130.
André (Jean), 407.
Andria (Isabelle d'), 421.
Andriola, femme de Pierre Goul, 424.

Anjou (Charles Ier d'), roi de Sicile et de Naples, 113-115, 408, 409.
Antiaume ou Antiame (Balian), 115.
—— (Luc d'), 330, 331.
Antioche (Boémond IV, dit *le Borgne*, prince de Tripoli, duc d'), 55, 57. *Hist.*, I, 195, 219; II, 11, 14, 17, 73, 80, n., 86, n., 89, n., 130.
—— (Boémond V d'), dit *l'Enfant*, 60, 109. *Hist.*, II, 47-48, 61, n.
—— (Boémond VII d'), 117.
—— (Henri d'), père de Hugues III de Lusignan, 110. *Hist.*, II, 15, 16, 48, n., 69, n., 73, n.
—— (Hugues d'), chevalier, 210.
—— (Jean d'), 151, 158, 245. Cf. *Hist.*, II, 56, 495 et 504.
—— (Lucienne d'), 117.
—— (Marie d'), fille de Boémond IV, tante de Hugues III de Lusignan, 113. *Hist.*, II, 73, 80, n., 85, 86, n., 89, n.
—— (Pierre d'), 350. *Hist.*, II, 391.
—— (Plaisance d'), femme de Henri Ier de Lusignan, 109. *Hist.*, II, 69.
—— (Thomas d'), 240, 263.
Aragon (Constance d'), femme de Henri II de Lusignan, 249, 254. *Hist.*, II, 132 n.; III, 709, 712, n., 713, 716, 718, 722.
—— (Éléonore d'), femme du roi Pierre Ier de Lusignan, 258, 280, 293, 316, 338, 345-347. *Hist.*, II, 225, 354; III, 524, 761, 763, 764, 767, 770, n., 772-773, 778, 794, 797, n., 799.

TABLE DES NOMS PROPRES.

Aragon (Jacques II, roi d'), 249. *Hist.*, III, 679, 709.
—— (Pierre d'), comte de Ribagorça, père d'Éléonore, reine de Chypre, 293. *Hist.*, III, 712, n., 716, 717, n., 719.
Aragona (Jean), 424; paraît différent d'Aronion.
Archerio (Nicolas), 416.
Ardito ou Ardit (Jacques), 152.
Argent (Novello d'), 202, 203.
Arménie (Fémie ou Euphémie d'), fille du roi Héthoum Ier, dame de Sidon. Voir Fémie.
—— (Isabelle d'). Voir Isabelle.
—— (Léon II, dit *Lionet* et *Livon*, roi d'), 54, 55.
—— (Léon III, fils d'Héthoum Ier, roi d'), prisonnier des Sarrasins, en 1266-1268, avant de parvenir au trône, 187.
—— (Léon IV, roi d'), 156.
—— (Léon VI, ou Lionel, dernier roi d'), proclamé en 1365 (en 1361, le trône était vacant). Il mourut en 1393, 259, 353.
—— (Oschin, Chiosyn, roi d'), 157, 160, 183. *Hist.*, II, 111, 113, 114, n., 117.
—— (Sembat, roi d'), 161, 183.
—— (Thoros, roi d'), 162. *Hist.*, II, 85.

Arogno (Jean). Voir Aronion.
Aronion, Arognon, dit aussi *Aregnon*, *Arigon* et *Aragon* (Jean), partisan de Jacques le Bâtard, 421, 433. *Hist.*, III, 181 et note, 346. Cf. 493, un autre Jean d'Aragon. *Doc. nouv.*, 596.
Arra (Jean), 240, 245.
Arras (D'). Voir De Ras.
Arsur et non De Sur (Seigneur d'). Voir Philippe d'Ibelin.
Arta (Georges d'), 421.
Artois (Robert d'), frère de saint Louis, 107.
Artude (Jacques d'), 248.
Athènes (Le duc d'), Guy II, de la Roche, mort en 1308, 173-174.
—— (Gautier, duc d'). Voir Brienne, 174. *Hist.*, II, 70, n.
Attar (Jean), 385, 420, 433, 449, 453. *Hist.*, III, 83, 397, 527.
Atumi (Simon), 240.
Audet (Les frères), 367. *Hist.*, II, 540, 541, n. *Doc. nouv.*, 596.
—— (Antoine), 401. *Doc. nouv.*, 596.
Autriche (Berthold, duc d'), 56. *Hist.*, II, 14.
Avicari (Léonard d'), 422.
Avila (D'). Voir Davila.

B

Babin (Famille des), 25. *Doc. nouv.*, 597.
—— (Geoffroy), 424.
—— (Différents Jean), 140, 220, 224, 231, 295, 351. *Hist.*, II, 102, 144, 428, 478, 495; III, 614.
—— (Jean), le Jeune, 299.
—— (Raymond), 308. *Hist.*, II, 179, 399.
Bagaretis (Jérome de), 416. *Hist.*, III, 173.
alargon, chef tartare, 156.

Baldaia (Rizzo et Loup de), 414.
Bandes, nom francisé de Pendaïa (Franceschin de), 422, 448.
—— (Marguerite de), 422.
Banir (Thoros), Arménien, 203.
Barache (Thomas), 350.
Barbarico (Le doge), 458.
Barlas (Amaury, Haymeri, dit *Camerin*), 59, 60, 62, 63, 73, 80, 81. *Hist.*, I, 229 et suiv.; III, 614, 670.
Barnabé (Saint), 16, 32.

BARNABO ou BERNABO, duc de Milan. Voir VISCONTI.
BARTHÉLEMY, abbé de Lapaïs, 176.
BAUDOUIN (Maître), 213.
BECCARD (Ernauld ou Arnaud), 50.
BÉDOUIN ou BÉDUIN (Différents Hugues), 140, 141, 242, 250, 251, 279. *Hist.*, II, 102, 114, 142, 144, 150, 180; III, 705, n. 3.
—— chanoine, 166.
BEIDERA, émir, 129.
BELDAGHE ou BELDARI (Alupo), 421. *Hist.*, III, 506.
BELFARADGE, BELPHERAGO, BELFERAZO (Thibat ou Thibaud), 339-346. *Hist.*, II, 273. *Nouv. Preuv.*, 69.
BEMBO (Marc), 439. *Hist.*, III, 353, 555.
—— (Pierre), 451.
BENEDETTO (Nicolas), 423, 449.
BENEVIDÉS ou BENEVILLES (Christophe), 421. *Hist.*, III, 197, 247.
BENFAI (Thomas DE), 244.
BESSARION, cardinal de Nicée, 432.
BETHSAN ou BESSAN (Ague ou Aygue DE), 199 et suiv., 217, 219 et suiv., 225-235. *Hist.*, II, 103, 117, 136, 172.
—— (Amaury DE), 63, 73. *Hist.*, II, 17.
—— (Gautier DE), 56, 59. *Hist.*, II, 14; III, 609, 614.
—— (Autre Gautier DE), 180, 210-238.
BEYROUTH (Jean DE), 220. Cf. *Hist.*, II, 25; III, 648.
BIBARS BENDOGDAR, sultan, 111, 113.
BIBI, famille de Chypre, 300. *Hist.*, III, 316, n.
BILLI (Georges), 354.
—— (Badin), 367.
BLESIA ou BLESSIA (Amalin DE), 350.
—— (Jean DE), 240, 327.
—— (Marguerite DE), 256.
BOCCACE, 258.

BOLLON (Mansel DE), 234.
BOLOGNA (Jacques DE), 384.
BON (Antoine DE), 423.
BOUCICAUT, maréchal de France, 355.
BOUILLON (Godefroy DE), 147.
BOURBON (Charlotte DE), fille de Jean II de Bourbon-Vendôme, comte de la Marche, femme de Janus de Lusignan, 356. *Hist.*, II, 494, 495, n., 504, 528-531.
—— (Louis Ier DE), duc de Bourbon (et non de Valois), comte de Clermont, beau-père de Guy de Lusignan, prince de Galilée, fils du roi Hugues IV, 254, 258, 309. *Hist.*, II, 141, 145, 161. *Nouv. Preuv.*, 89.
—— (Marie DE), femme de Guy de Lusignan, fils de Hugues IV, prince de Galilée, impératrice de C. P., 254. *Hist.*, II, 140, 144, 147-149, 158, 160, 161, 163, n., 164, 200, n., 223, 253, 289, 291, 374, 375, 407, 423-426.
BOURBON-VENDÔME (Jean II DE), comte de la Marche, père de Charlotte de Bourbon, 356.
BOUSSAT, BOUSAT ou BUSSAT (Nicolas), 351. *Hist.*, II, 394, 395.
—— (Odet), 387, 435. *Hist.*, III, 61. Cf. Huguet BUSSAT ou BOUSAT. *Hist.*, III, 127, n. *Doc. nouv.*, 597.
BRAGADIN (Jean), 397.
BRAGADINO (Claire), 436.
—— (François), 24.
—— (Luc), 422, 436.
—— (Mariette), 418, 436.
—— (Simon), 401.
BRANDIS (Camerin DE), 151.
BRESIVICH. Voir BRUNSWICK.
BRESSAN (Un chevalier), probablement de la Bresse, 396.
BRIE (Anseau DE), différents chevaliers de ce nom, 61, 62, 65, 78, 89, 94-99, 140, 220, 224, 231. *Hist.*, II, 56, n. 1,

64.

102. Cf. Anselme. *Hist.*, II, 158; III, 725.

Brie (Balian de), fils de Jean, 244.
—— (Guy de), 156.
—— (Jean II de), 139, 155. *Hist.*, II, 103, 136. Cf. Jean Ier. *Hist.*, II, 56.
—— (Jean III), prince de Galilée, 346, 350, 352. *Hist.*, II, 372, 391-393, 393, n., 394, 3,6, 398, 412, 420, 428, 436, n.
—— (Jean de), seigneur de Paradisi, 178, 184, 199, 204, 205.
—— (Jean de), seigneur de Pistachi, 156.
—— (Jean de), fils de Boémond, 218, 244, 295.
—— (Thomas de), 156.

Brienne (Gautier IV de), comte de Jaffa, beau-frère de Henri Ier de Lusignan, 109. *Hist.*, I, 336, 337, 402; II, 15, 25, 60, 70, n.
—— (Isabelle de), 57, 58. *Hist.*, I, 218, 238.
—— (Jean de), roi de Jérusalem, 56, 57, 70. *Hist.*, I, 179, 183, 226. *Nouv. Preuv.*, 41.
—— (Gautier V, comte de), Gautier Ier, duc d'Athènes, 174. *Hist.*, II, 70, n.

Brunswick, Bresivich, Versvic (Henri II, duc de), 254. (Voir Héloïse d'Ibelin). *Hist.*, 215, n.
—— (Philippe de), 264. *Hist.*, II, 230, 249, 396, n.
—— (Héloïse de), 337. *Hist.*, II, 392, 401, n., 531; III, 793.

Buccari (Churiaco), 424.
Buflier (Eudes), 156.
Burazza ou Durazza (Antoine), 424.
Burello (*Estas*, Eustache de), 366. *Hist.*, II, 540.
Bus (Antoine de), 446.
Busello (Jean), 420.
Bussat (Pierre), 444. *Hist.*, III, 281.
Bussat. Voir Boussat.
Bustron (Balian), 384, 419. *Hist.*, III, 82, n.
—— (Demetrius), 426, 431.
—— (Florio), 7, 464. *Hist.*, II, 109, 225; III, 185, 517, 550 et n. 2.
—— (Georges), 382, 385, 388, 389, 399, 407. *Histoire de Chypre*, III, 82, 500.
—— (Jérôme), 464.
—— (Pierre), 419. *Hist.*, III, 243, 299, 300.

C

Cacciobla (Diego de), 406.
Cadauna, mal pour Cudunos ou Cuduna, 445. Voir Cuduna.
Cadit, Chadit (Georges), 360, 395.
Caffran ou Cafran, et mal Canfran (Adam de), 159, 169, 240.
—— (Philippe de), 91. *Hist.*, II, 56.
—— (Pierre de), 352. *Hist*, II, 413, 417, 420, 421 et n., 486, 522.
Calabert (Nicolas), 419. Mal pour Galambert ou Galimbert.
Calamonioti ou Galamuglioti (Dimitri), 420. Cf. *Hist.*, II, 529; III, 501.
Calergi (Henri), 448.
—— (Jean), 448.
Calife (Théodore), 236.
Caloyros (O.), Le Caloïer, 390.
Camila (Julien de), 290.
Campo Fregoso (Pierre de), amiral, 294, 309, 317, 319, 334. *Hist.*, II, 360, 486; III, 771, 778. *Nouv. Preuv.*, 75, n. 6. *Arch. de l'Or. latin*, II.
—— (Thomas de), fils de l'amiral, 354.
Camus (Franceschin), 423.

CANDELORE ou ALAÏA, SCANDELORO (Seigneur de), en Asie Mineure, 259, 260, 361. *Hist.*, II, 216, 535, n.; III, 51, 64, n., 175, 321 et n. 2, 335.
CANDIE (Nicolas DE), 401.
CANFRAN. Voir CAFFRAN.
CANSELLO (Antoine), 341.
CANSIN (Pierre DE), 278.
CANTO (Frère), 366.
CAPO D'ISTRIA (Jean), 244.
CARAMADIN, peut être CARMADIN (Merbeo), 421. Cf. *Hist.*, II, 118, 158.
CARAMANLA, seigneur de Candelore, 361. Voir CANDELORE.
CARDUS (Salomon), évêque de Tortose, 371. *Hist.*, III, 78.
CARER ou CHARERI (Thomas), bailli de la Secrète royale, 401, 402, 415, 419. *Hist.*, III, 172, 197, n.
CARIOTI (Marc), 423.
CARMAIN (Lanfranc), 190, 236.
—— (Raffe DE), 295.
CARPAS (Le comte DE). Voir JEAN PÉREZ FABRICE et *Doc. nouv.*, 598.
CARSIA, 367.
CARTHAGÈNE (Benoît DE), 444.
—— (Pierre, Perot et Perret DE), 406, 422, 446. *Hist.*, III, 275, n. 2, 296, n., 511.
CASANUOVA (Ardit DE), 419, 420.
CASSIN (Pierre DE), 308. *Hist.*, II, 347.
CASTEGNAN (Jean), 355.
CASTELLACIO (Michel DE), évêque de Paphos, 415. *Hist.*, III, 87, 172, 265.
CASTIGLIA ou CASTILLE (Nicolas DE), 422.
CASTILLE (Blanche DE), 109.
CATANIA (Jean), 422.
CATANÉO, CATTANIO (Damien), 295, 304, 331. *Hist.*, III, 778.
—— (Daniel), 327. Cf. DAGNAN CATANÉO. *Hist.*, II, 292, 303, 323, n.
GATTOLESSO, général mongol, 132.
CAVELLO (Pierre), 264.

CEBA. Voir SEBA.
CELINGE (Entra DE), 98.
CÉNARD (Philippe). Voir GÉNARD.
CENGES (Jean), 448.
CENTURIONE (Matthieu), 437.
CERCASSO (Jean), 418.
CÉSARÉE (Gautier III, seigneur de), dit le Vieux Connétable de Chypre, 56, 57, 65, 77, 80. *Hist.*, I, 240 et suiv.; II, 14, 18, 25; III, 609, 614.
—— (Jean DE), fils de Gautier III, 85, 92, 95, 101. *Hist.*, II, 56-58, 58, n., 62, 63, n.
CHAETONTE. Voir HAÏTON.
CHAITON. Voir HAÏTON.
CHAMPAGNE (Alix DE), 55, 57, 58, 59, 60, 63, 106. *Hist.*, I, 177, 197, 215, 219, 221, 231; II, 9-12, 15, 33, n., 38, 39, 40-49, 59, 60, 69; III, 611, 614.
—— (Henri DE), 53, 54. *Hist.*, I, 36, 50, 142; II, 9, 10, 21.
CHAMP REDON (Georges DE), 366.
CHANDACHINO (Nicolas), 419.
CHARERI. Voir CARER.
CHARION. Voir HENRI.
CHASCAS (Pierre), 245.
CHÂTEAUNEUF (Guillaume DE), 109. *Hist.*, II, 66.
CHAVARO (Manoli, Manuel?), 437.
CHENECHY (Gauvain DE), 59, 61, 63, 73, 80. *Hist.*; II, 17, 18.
CHIELVIS, CHIELUIS, en français HÉLOÏSE.
CHIPTON (L'abbé DE), 130.
CHIMI (Jean), 419, 426. Cf. GEORGES. *Hist.*, II, 525.
—— (Calceran ou Carceran), 402, 426.
CHIO, SIO (Étienne DE), 404, 422.
CHIOL, seigneur mongol, 131, 132.
CHIOSYN. Voir OSCHIN, roi d'Arménie.
CHIVIDÈS ou KIVIDÈS, QUEVIDES (Hector DE), mort en 1461, 380, 381, 385, 386,

397, 402. *Hist.*, III, 85, 240, n. 2, 241, 511. Voir HECTOR DE CHIVIDÈS, le jeune, en 1468. *Hist.*, III, 240, 256. *Doc. nouv.*, 392.

CHIVIDÈS (Jean DE), 245.

CHOULOU. Voir L'ALEMAN (Jeanne).

CHRISTOPHE, CHRISTOFFARO, chevalier de l'Hôpital, 396.

CIBO (Georges), 294, 403.

CIGALA ou SIGALLE (Thomas), Génois, 289. *Hist.*, II, 355.

CIPPICO. Voir CORIOLAN.

CIVA, ECCIVE, en français ÉCHIVE.

CIVALIER. Voir SIVALIER.

CIZZOLA MAMOLA, 409.

CLÉMENT V, pape, 163, 170, 175.

CLERMONT (Louis DE) ou Louis Ier, duc de Bourbon, et non, comme dit Bustron, Louis de Valois, 254, 258, 309. Voir BOURBON.

COÏMBRE (Jean DE). Voir PORTUGAL.

COMES (Jean), 422.

COMNÈNE (Isaac), 46 et suiv.

COMPOST (Frère Glimin), 420.

CONCHES (Girard DE), 91.

—— (Jean DE), 222. *Hist.*, II, 164.

—— (Pierre DE), 257.

CONRAD, fils de Frédéric II, 58.

CONRADIN, petit-fils de Frédéric II, 113.

CONSTANTIN (L'Empereur), 44.

CONTARINI (Georges), comte de Jaffa, 440, 447, 449. *Hist.*, III, 366, 368, n., 369, n., 378, n., 381, 407. *Doc. nouv.*, 430-432 et suiv., 600.

—— (Paul), 449. *Hist.*, III, 359, 360, 371 et n., 376. *Doc. nouv.*, 600.

CONTE (Jean DEL), archevêque de Chypre, 251, 253, 255. *Arch. de l'Or. latin*, II, 255.

CONTESTEFANO (Alexandre), 421. *Hist.*, III, 501.

—— (Philippe), 424.

CORIOLAN, CIPPICO, 442. *Hist.*, III, 311, 345, n., 351, n., 353, n., 388, n. 3.

CORNARO ou CORNER (André), oncle de Catherine, 382, 397, 433, 438, 439, 443. *Hist.*, III, 77, 165, 177, n., 182, 221, 231, 249, 277, 308, n., 310, 315, 346, 347, 353, 354, n., 437, 446. *Notice sur sa vie*, 820-821. *Doc. nouv.*, 600.

—— (Catherine), reine de Chypre, femme de Jacques II de Lusignan, 433-457, 458. *Hist.*, III, 814, 815. *Doc. nouv.*, 409. (Ses testaments), 418, 583, n. 1, 601.

—— (Georges), frère de Catherine, 454. *Hist.*, III, 420, 424, 425, 436, 440, 441, 445. *Notice sur sa vie*, 821. *Doc. nouv.*, 601.

—— (Jean-Marc, dit *Jannachi*), 289. *Hist.*, II, 355 et n., 372; III, 816.

—— (Marc), père de Catherine, 382, 433. *Hist.*, III, 60, 182, 307, 398, 404, 445, 446, 819. *Doc. nouv.*, 601.

COROMILO, 313.

CORON (Dimitri DE), 410, 422. *Hist.*, III, 202, n., 215, 224, 238.

CORPHAR, CORFOU? (Dimitri DE), 419.

CORPO (Gent DE), 98.

COSTA ou COSTE (Guy), 240, 244. *Hist.*, III, 725.

—— (Matthieu), 366. *Hist.*, III, 527, 539, 542.

—— (Pao, Paul?), 420.

—— (Philippe), mort avant sa femme Alix de Giblet, 332. *Hist.*, II, 428, n. *Généal. des Lusignans*, 22.

—— (Pierre), 409.

—— (Pompée), 409.

COSTANTINO (Nicolino), 426, 431.

COSTANZO (Faustine DE), 409.

—— (Mutio, Maouchio DE), 407, 418, 433. *Hist.*, III, 263, 270, 273-275. *Doc. nouv.*, 415, 602.

TABLE DES NOMS PROPRES.   511

Costanzo (Peglio, Phebo de), 408.
—— (Robert de), 409.
—— (Spada de), 408.
—— (Tuccio de), 418.
Cotbac, Cotbacha, Ketboga, sultan mamelouc, 129.
Coudouna, Coudounos. Voir Cuduna.
Créel (Bohémond de), 213, 236, 245.
Crès (Nicolas de), 401.
Cresi ou Crécy (Guy de), 156.
Croc ou Croco (Giacomello), 397.

Croco (Pao, Paolo), 377, 380, 388, 389, 397.
Cuduna, Cudunos ou Coudouna, Coudounos (Andruva), 420. Hist., III, 500.
—— (Étienne), 444, 449, 450; Cadauna, 445.
Curcuma, 416.
Curico ou Gorhigos (Andronique de), 359. Voir Gorhigos.
Cursuma (Amir), 419.
Cutano (Canna), 444, 445, 449, 453.

D

Dalma (Franceschetto), 407.
Dalmada (Pierre de), 397.
Dampierre (Hugues de), 133.
—— (Jean de), 140, 150, 157. Hist., II, 102.
Daniel (Frère), religieux mineur, confesseur du prince de Tyr, 197, 223.
—— (Demetrius), 312, 325.
Danieli, famille génoise de Chypre, 300.
Darras. Voir De Ras.
Davila, Davilla, d'Avila (Pierre), connétable de Chypre, 417, 426, 429, 433, 440, 444, 445, 447, 449, 453. Hist., III, 204, n., 209, 229, 270, 289, n., 346, 359, 364 (notice), 365, 366, 369,

394, 395, n. Nouv. Preuv., 2-13. Doc. nouv., 602.
Davila (Fra Gomes), 421. Hist., III, 193, 259.
Dé (Bertram de), 240.
—— (Jean de), 245.
Depis (Nicolin), 445.
Derras, Derais, Darras, Arras. Voir De Ras.
Desiderio, 437.
Destrap (Boardo), 240.
Doria (Disco), 313.
—— (Dominique), 289. Hist., II, 355.
—— (Imperial), 406.
—— (Lanfranc), 294.

E

Ecciva, en français Échive.
Édesse ou de Roha (Comte d'). Voir Morpho de Grinier.
Édouard, fils du roi d'Angleterre, 114.
Encamus, 376.
Épiphane (Saint), 18, 32.
Erlant (Pierre d'), évêque de Limassol, 138, 164, 195.
Ermorino (Pierre de), 447.
Ersa (Antoine de), 443.
Escolpe, Escople (L'), Vénitien, 118.

Étiene (Le comte), capitaine lombard, 71.
Euchanta (Antoine d'), évêque de Limassol, 415. Hist., III, 172.
Eugène II, pape, 147.
Eugène, fils naturel de Jacques le Bâtard, 453. Voir Lusignan.
Euphémie. Voir Fémie.
Eustorge, archevêque de Nicosie, 56, 58, 77, 107. Voir Arch. de l'Orient latin, II, 10 et suiv.

F

Fabrice (Jean Perez), comte de Jaffa, comte de Carpas, 407, 418, 433, 435. *Hist.*, III, 165, n. 4, 242, n., 320, 333, n. 3, 346, 347, n. 4, 366-367, 367, n. *Doc. nouv.*, 409, 421, 604.

—— (Louis Perez), archevêque de Nicosie, frère du comte de Carpas, 432, 436, 445. *Doc. nouv.*, 417, 603. *Arch. de l'Or. latin*, II, 297.

Fabrigo, 367.

Facredin ou Fachredin, Faihredin, sultan, 107.

Faisan, Faissan (Bertram, Beltram), 131, 205.

Faisan (Faisan), 240.

Falager (Ferrand de), 422.

Faldin (Étienne), 279.

Famagouste (Évêque de), 141, 172, 205.

Félinger ou Filangier (Richard), 81, 97, 106, 366. *Hist.*, II, 16, 17.

Fémie ou Euphémie, d'Arménie, *dame de Sidon*, sœur de Léon III, 161, 183.

Fernand. Voir Majorque.

Ferer (Gabriel), 395, 448.

—— (Jean), 418.

Ferrant (Alphonse), 291, 327.

Ficard ou Phicard (Thomas), 423, 447. *Hist.*, III, 345, 405 et n. 3, 418, 419, 420, 499. *Doc. nouv.*, 604. Notice sur ce personnage.

Filisperto (Jean), 420.

Flassou ou Flassu (Barthélemy de), 139, 210. Cf. *Hist.*, II, 24; III, 506.

—— (Raymond de), 95.

Flatre (Jean), 368, 419. *Hist.*, III, 242, n.

Flory, Florin, Flurin, Fiorin (Gautier de), 156.

—— (Jacques Ier), 242. *Hist.*, II, 114.

—— (Jacques II de), comte de Jaffa, 389, 396, 410. *Hist.*, II, 526, n.; III, 18, 62. *Doc. nouv.*, 365, n.

—— (Jean de), 115, 386.

—— (Nicolas de), 156.

Foca, camérier du roi de Chypre, 436.

Foies ou Foggia (Jean de), sire d'Arsur, 4e fils de Jean Ier d'Ibelin, dit *le vieux sire de Beyrouth*. Voir Jean Ier d'Ibelin d'Arsur.

Forbin (Jean), amiral, 259. *Hist.*, III, 176, 179.

Four (Hugues du), 139. *Hist.*, II, 103.

Frasenge ou Frasinge (Balian), 389, 440, 444.

—— (Simon), 420. Cf. *Hist.*, II, 530.

Frédéric II, empereur, 57, 64, 73, 107.

Frenes ou Furnes (Frère Garcia de), 421.

G

Gabriel, Guabriel (Marc), 405, 423. *Hist.*, III, 273.

Gabriela (Jean de), 311.

Gabriele (Jacques de). Voir Gaurele.

Galambert. Voir Galimbert.

Galilée (Prince de). Voir Jean II de Brie.

—— (Balian d'Ibelin, prince de), fils de Philippe d'Ibelin, 221. *Hist.*, II, 103, 110.

Galimbert, Galambert, Calabert [mal] (Nicolas), 390, 419, 449. *Hist.*, III, 157, n., 371 et n. 3, 372, n. 2.

Garafa (Stefanello), 424.

Garo (Jean), 420.

Gasan, grand-khan mongol, 129.

Gasel (Jean), 356.

Gaudin, Guadin (Thibaud), grand maître du Temple, 127.

GAURELE, GAVERELLE, GABRIELE (Jacques ou Jean DE), 276. *Hist.*, II, 336, 341. Voir Machaut, *Prise d'Alex.*, p. 314.

GAUVAIN, GAVANO. Voir CHENECHY.

GEMEL ou MALEC KAMEL, sultan d'Égypte, 71.

GÉNARD ou CÉNARD (Philippe), frère utérin de Gauvain de Chenechy, 80, 98.

GÊNES (Jacques ou Giames DE), 396.

GENTILE (Babilano), 415.

GENTILE ou JENTIL (Maître Gabriel), médecin du roi Jacques le Bâtard, 421, 438. *Hist.*, III, 240, n. 5, 261, n. 8, 353, 354, n. 5, 361, n.

GÉORGIE (Le roi de), 129.

GÉRALD ou GÉROLD, patriarche de Jérusalem, 61. *Hist.*, III, 626, 631, 636-637.

GÉRARD ou GIRARD, fondateur de l'Hôpital de Jérusalem, 145.

GIAFUNI (Nicolas), 421.

GIANUBEI, ZANIBECH, émir, 399, 402, 414, 416.

GIBLET, ZIBLET, ZIMBLET (Alix DE), veuve de Philippe de Costa, 332. *Hist.*, II, 428, n.

—— (Dominique DE), 397.

—— (Henri ou Charion DE), vicomte de Nicosie, l'un des meurtriers du roi Pierre Ier, 262, 272, 275, 276. *Hist.*, II, 336, 338, 339, 341.

—— (Autre Henri DE), 369. *Hist.*, II, 542; III, 16, n.

—— (Henri DE), sire de Besmedin, 210, 220, 236.

—— (Hugues DE), 59, 63, 73, 75. *Hist.*, II, 17, 18.

—— (Jacques DE), fils de Henri, 272. Cf. *Hist.*, II, 429, 467.

—— (Jean, sire DE), 133, 156, 205. *Hist.*, II, 103, 174.

—— (Autres Jean DE), 306, 420, 435.

—— (Marie DE), seconde femme de Philippe d'Ibelin, sénéchal de Chypre, 161. *Hist.*, III, 705.

GIBLET (Marie DE), fille de Henri, veuve de Jean de Verny, 272. *Hist.*, II, 339.

—— (Marguerite, dame DE), femme de Guy II, sire de Sidon, 161 et n.

—— (Moïse DE), 422.

—— (Pierre DE), 140, 151. *Hist.*, II, 102.

—— (Renier DE), 54. *Hist.*, II, 10; III, 599, 607.

—— (Tristan DE), fidèle à la reine Charlotte, 385, 386, 389, 397, 454. *Hist.*, III, 85 et n., 375 et n., 419, 429, 433, 439, 440, 475. *Documents nouveaux*, 525.

—— MENICHIOTI (Henri DE), 311.

GIORDANO (Frère), 220.

GIORNI (Glimin DE), 291.

GIUSTITIER ou JUSTICIER (Le fils du), vraisemblablement le fils de Henri de Morra, grand justicier de Sicile, de 1223 à 1242, 98. (Huillard Bréholles, *Hist. dipl. Frider.*, introd., p. cxxxix, et les tables des tomes suivants.)

GODEFROY, fils du comte d'Auvergne, 111.

GONNARI, 313.

GONNEM, GONÈME, GUNÈME (Charles), 449.

—— (Foulques), 420. *Hist.*, III, 187, 208, 253, n. 7, 272, 276, 287, 306.

—— (Guillaume ou Julien), de l'ordre de Saint-Augustin, archevêque de Nicosie, 376, 388, 390, 393, 394, 400, 415, 418. *Hist.*, III, 97, n., 129, n., 172, 173, 326, n. Notice sur ce personnage, 310-311, n. *Arch. de l'Or. latin*, II, 293 et suiv.

—— (Paul), 420. *Doc. nouv.*, 424.

GORAB, GORAP, GORAPH (Jean), seigneur de Césarée, 275, 276, 278, 307, 350, 352. *Hist.*, II, 372, 391, 417, 420, 421; III, 764, n.

GORHIGOS (Seigneur de), 162.

—— (Le jeune seigneur de), 192, 193.

Hist., II, 35, n., 74, 75, 78, 267, 319, 532; III, 8, 48-56, 59, 110, n.
GORHIGOS ou CURICO (Andronique DE), 359.
GOTERES, GUTTIERES (Diégo), 422.
GOUL, GUL, GULO, famille génoise de Chypre, 300.
—— (Pierre) et sa femme Andriola, 424. *Hist.*, III, 187, 189 et suiv., 268, 276, 286 et n., 290, 305, 306, 513. *Doc. nouv.*, 527, 557.
—— (Stassin, probablement Eustache), 368. *Hist.*, II, 540, n., 541, n.; III, 293.
GRAND'HUOMO (Jean), 379.
GRANDULLI (Jean), 423.

GRANSON (Eudes ou Othon DE), 123.
GRÉGOIRE, évêque de Famagouste, 354.
GRILLO (Édouard), 413.
—— (Jacques), 317.
GRIMALDI (Marc), 280. *Hist.*, II, 139.
—— (Renaud, Rinaldo), 406.
GRINIER. Voir MORPHO.
GUARCO (Antoine DE), parrain du roi Janus, 354. *Hist.*, II, 459; III, 8, n.
—— (Nicolas DE), 313. *Hist.*, II, 486.
GUISCARD (Roger), 408.
GUL, GULO. Voir GOUL.
GULIER (Hugues et Simon DA), 140. Mieux D'AGULIER. *Hist.*, II, 102.
GUY, évêque de Famagouste, 172.

H

HAÏTON, seigneur de Gorhigos, 141, 162, 184.
HAÏTON II, HAETONTE, roi d'Arménie, 129, 133.
——, HAÏTHON, CHAÏTON, CHAETONTE, roi d'Arménie, 156.
HÉLÈNE (Sainte), 8, 44, 45, 461.
HENRI VI, empereur d'Allemagne, 54.

HERMIN (Glimin), 299.
—— (Pierre), 448.
HILARION (Saint), 32.
HONGRIE (André, roi de), 56.
HONORIUS II, pape, 172.
—— III, pape, 57.
HÔPITAL DE JÉRUSALEM (Les chevaliers de l') s'établissent à Rhodes. Voir RHODES.

I

IBELIN (Alix D'), fille de Guy, femme du roi Hugues IV de Lusignan, puis de Philippe de Brunswick, 249, 256. *Hist.*, II, 285, n., 396, n., 401, n.
—— (Anseau D'), de Trihardon, 156.
—— D'ARSUR (Balian Ier D'), fils et héritier de Jean Ier, sire d'Arsur, 109, 115, 134, 165. *Hist.*, I, 365; II, 69.
—— (Balian III D'), ou Balian Ier d'Ibelin de Beyrouth, fils aîné de Jean Ier, le vieux sire de Beyrouth, 59, 77, 79, 87, 92, 95-107. *Hist.*, II, 56, 62, n. 6 et 7; III, 629, n. 2, 643.

IBELIN (Balian D'), le Malgarni, fidèle au roi Henri II, 140, 151, 185. *Hist.*, II, 102.
—— (Balian D'), prince de Galilée, sire de Tibériade, fils de Philippe d'Ibelin et de Simone de Montbéliard-Tibériade, partisan du prince de Tyr, 138, 151, 221, 238. *Hist.*, II, 103, 110, 115, n., 136.
—— DE RAMA (Baudouin D'), seigneur d'Ibelin et de Rama, fils cadet de Balian Ier d'Ibelin et d'Héloïse, héritière de Rama, 54. *Hist.*, II, 10, 22, 23.
—— (Baudouin D'), le sénéchal de Chypre,

TABLE DES NOMS PROPRES. 515

2ᵉ fils de Jean Iᵉʳ d'Ibelin de Beyrouth, mort en 1267, 50, 79, 95.

IBELIN (Baudouin ou Badin D'), dont la fille Marguerite était en 1309 veuve de Guy d'Ibelin, 176.

—— (Baudouin D'), connétable de Chypre, fils de Guy d'Ibelin, 5ᵉ fils de Jean, le vieux sire de Beyrouth oncle du roi Henri II, mort en 1286, 117. *Hist.*, III, 669.

—— (Baudouin ou Badin D'), fils vraisemblablement de Baudouin, ou de Jean ou d'Amaury d'Ibelin, fils de Guy de Lusignan, 5ᵉ fils du vieux sire de Beyrouth; il était neveu de Philippe d'Ibelin, sénéchal de Chypre; comme lui il resta fidèle au roi Henri II de Lusignan et fut exilé en Arménie, d'où il revint en 1310, 154, 160, 162, 183, 195, 203, 230-233, 242. *Hist.*, II, 103, 114.

—— (Échive D'), femme du roi Amaury de Lusignan, 54. *Hist.*, II, 10, 15.

—— (Échive D'), dame de Beyrouth et de Lapithos, fille cadette de Jean II d'Ibelin de Beyrouth et d'Alix de la Roche, femme de Humfroy Iᵉʳ de Montfort, puis de Guy de Lusignan, fils de Hugues III, prétendante au duché d'Athènes, 116, 173-174.

—— (Guy D'), comte de Jaffa, fils de Jean d'Ibelin, comte de Jaffa, 133, 134. *Hist.*, II, 115; n.; III, 652.

—— (Guy D'), seigneur du château de Nicosie, 249. *Hist.*, II, 115, n.

—— (Guy D'), mari de Marguerite d'Ibelin, fille de Baudouin, ne vivait plus en 1309, 176.

—— (Guy D'), 5ᵉ fils de Jean Iᵉʳ, le vieux sire de Beyrouth, 89. *Hist.*, III, 643.

—— (Héloïse D'), fille de Philippe d'Ibelin, sénéchal de Chypre, fils de Guy Iᵉʳ, connétable de Chypre, 5ᵉ fils du vieux sire

de Beyrouth, femme de Henri II de Brunswick-Grubenhagen, 254. *Hist.*, II, 215, n.

IBELIN (Hugues D'), oncle de Balian d'Ibelin, prince de Galilée, 138, 210, 221, 226, 238. *Hist.*, II, 103.

—— (Hugues D'), 3ᵉ fils de Jean Iᵉʳ d'Ibelin, le vieux sire de Beyrouth, 79, 89, 94. *Hist.*, II, 56; III, 638, 639.

—— (Isabelle D'), femme du roi Hugues III de Lusignan, mère de Henri II, 174, 253. *Hist.*, II, 112, 117.

—— (Jacques D'), 148.

—— (Jean Iᵉʳ D'), dit *le vieux sire de Beyrouth*, mort en 1236, 55, 56, 57, 61, 62, 105. *Hist.*, I, 311; II, 12, 14, 16, 17, 18, 43, 44, n., 56, n.; III, 609, 614, 640, n.

—— (Jean D'), emprisonné à Cérines en 1310, ne peut être Jean d'Ibelin d'Arsur, 235, 240.

—— (Jean D'), fils de Guy d'Ibelin, comte de Jaffa, frère de Philippe d'Ibelin le Jeune, 210.

—— (Jean D'), *le Jeune*, comte de Jaffa, l'auteur des *Assises*, neveu du vieux sire de Beyrouth, 71, 89, 92, 98. *Hist.*, II, 56, 66, 115, n., 337, n.; III, 636, 638, 648-649.

—— D'ARSUR (Jean Iᵉʳ D'), dit *Jean de Foggia* ou *de Foies*, 4ᵉ fils de Jean d'Ibelin, le vieux sire de Beyrouth; mort peu après 1258, 86, 92, 107; — mentionné peut-être encore en 1277, sous le nom de *Jean de Troes*, 115.

—— (Jean II D'), fils de Balian Iᵉʳ d'Ibelin d'Arsur, fils de Jean Iᵉʳ; partisan du prince de Tyr, mort en 1309, 158. *Hist.*, II, 103.

—— (Marguerite D'), fille de Baudouin d'Ibelin, veuve de Guy d'Ibelin en 1309, 176.

65.

TABLE DES NOMS PROPRES.

IBELIN (Marie D'), fille de Philippe d'Ibelin, fils de Baudouin, 2° fils du vieux sire de Beyrouth, sœur de Balian, prince de Galilée, et femme de Guy d'Ibelin, comte de Jaffa, 134. *Hist.*, II, 115 n., 136.

—— (Marguerite D'), fille de Jean II d'Ibelin, comte de Jaffa, l'auteur des *Assises*, sœur de Guy d'Ibelin; abbesse de Notre-Dame de Tyr, à Nicosie, 134, 240; — abbesse de Saint-Lazare, 211.

—— (Philippe D'), sénéchal de Chypre, fils de Guy Ier d'Ibelin, 5° fils du vieux sire de Beyrouth; oncle et fidèle conseiller du roi Henri II de Lusignan, dont il partagea l'exil en Arménie, 135, 161, n., 183, 242. *Hist.*, II, 102, 114 et n., 129, n., 180, n., III, 694, 695, 705 et n.

—— (Philippe D'), frère de Jean Ier d'Ibelin, connétable de Chypre, père de Jean d'Ibelin de Jaffa, auteur des *Assises*, 56, 57, 60, 63. *Hist.*, I, 236; II, 12, 14, 15, 39, 48; III, 611, 612, 644-645.

—— (Philippe D'), fils de Baudouin d'Ibelin, le sénéchal, fils lui-même du vieux sire de Beyrouth, est connétable de Chypre en 1302, 134.

—— (Philippe D'), seigneur d'Arsur, mal nommé, dans les manuscrits de Florio Bustron, seigneur de Sur, l'un des meurtriers du roi Pierre Ier de Lusignan, 276,

294, 311. *Hist.*, II, 291, 335, 134. Machaut, 316.

IBELIN (Philippe D'), sénéchal de Jérusalem, 264.

—— (Philippe D'), comte de Jaffa, fils de Guy, partisan du prince de Tyr, 134, 189, 210, 221, 238.

—— (Philippe D'), cousin germain de Baudouin ou Badin d'Ibelin, 155.

—— (Philippe D'), qui eut pour femme la fille de Paul Zappe, 176.

—— (Philippe D'), *le Jeune*, partisan du prince de Tyr et de son frère le connétable Camerin, 184, 189, 227, 235. — Son ingratitude à l'égard du roi Henri II, 241-242.

—— (Simon D'), 243.

—— (Thomas D'), 156.

IBLIN (Nicolas D'), 327.

IMPERATOR (Jean), 423.

INCAMUS, 448.

INGLESE (L'). Voir L'ANGLAIS.

INNOCENT VI, pape, 261.

ISABELLE D'IBELIN. Voir IBELIN.

ISABELLE, fille d'Amaury Ier, roi de Jérusalem, 53.

——, reine de Jérusalem, sœur de Sibylle, 53-55.

—— D'ARMÉNIE, fille de Léon III, femme d'Amaury de Lusignan, prince de Tyr, 184, 207-233, 242. *Hist.*, II, 112, 114.

ISAC (Pierre), 169.

J

JEAN, (Frère), 203.

——, fils naturel de Jacques le Bâtard, 453.

—— DE JÉRUSALEM (Ordre de Saint-), 143. Voir RHODES.

—— LAMBADISTE (Saint), 30.

——, seigneur de Lornay, 392.

JENTIL, JENTILE. Voir GENTILE.

JOSE, probablement Philippe de Seyssel, seigneur d'Aix, 392.

JUSTICIER (LE). Voir GIUSTITIER.

JUSTINIS (Maître Justin DES), 181. *Hist.*, II, 202, 272; III, 705, n., 5.

K

Kividès. Voir Chividès.

L

La Baume (Barthélemy de), 156.
— (Guy de), 350, 352. Cf. *Hist.*, II, 391, 428.
— (Hugues de), 350, 351, 352, 373, 386. Cf. *Hist.*, II, 391, 393, 428, 467, 530.
— (Roland de), 156, 224, 237. Cf. *Hist.*, III, 607.
Lacha, chrétien nestorien, riche Chypriote, 258.
La Coronne, Corona, peut-être Corogna (Jean de), 204. Cf. *Hist.*, III, 104, 106, n.
La Cour (Henri de), 151, 235, 240.
La Ferté (Eudes), 95.
La Gronde (Barthélemy de), 173.
Laigo (Lazare), 407.
L'Aleman (Albert), commandeur de l'Hôpital, 224, 225.
— (Garnier), 73.
— (Jeanne), dame de Choulou, 268, 270.
— (Jules), 181.
La Marche (Jean II de Bourbon-Vendôme, comte de), beau-père de Janus de Lusignan, 356.
Lanfranc (Badin ou Baudouin), 245.
— (Jean), 210. *Hist.*, III, 667.
L'Anglais, Langlois, Langlès (Odet), ou mieux Hugues ou Eudes Langlois, fidèle à la reine Charlotte de Lusignan, 386, 397. *Hist.*, III, 85, 124, n., 126 et n.
Lansin (Pierre de), 315.
Lapaïs ou Piscopia, dite aussi l'*abbaye Blanche* (Barthélemy, abbé de), 176. *Doc. nouv.*, 617.
La Palud (Dominique de), 358, 359. *Hist.*,

II, 509, n., 516, 533, n.; III, 16, n., 24.
La Roche (Guy II de), duc d'Athènes, 173-174.
Lasca (Manoli), 368.
Lase (Hector), 422.
— (Jean), 148, 193.
— (Nicolas), 314.
La Soule, La Sole, dit aussi *Salone*, sur le golfe de Corinthe (Thomas de), 173-174.
La Torte ou mieux La Cour (Jacques de), 227.
La Tour (Guillaume de), 61.
La Voute ou La Voulte (Michel de), 142.
Le Caloïer, O Caloyros, 390.
Lechin, émir, 129.
Ledro (Jean de), 420.
Le Français (Jean), 449.
Le Jaune (Pierre), deux chevaliers de ce nom, 143. *Hist.*, II, 165 et n. 3, 495, 499 et n. 15, 500; III, 703. *Île*, 362.
Le Maltais. Voir Maltese.
Le Petit (Jean), 151.
— (Renier), 291. *Hist.*, II, 373, n.
Le Rat. Voir Litat.
Le Roux. Voir Rosso.
Lesparre (Florimont de), 264, 267, *Hist.*, II, 359, n. Machaut, 318.
Le Tor ou Le Tort (Jean), 139, 209, 217, 222, 224, 236, 238, 246. *Hist.*, III, 670.
Levante (Pierre de), 421.
Le Vicomte (Boémond), 131.
— (Guillaume), 87.
— (Jean), 266, 268-271.
— (Raymond), 167.

LIGNAN (Pierre DE), 448.
LIGNAN ou LUSIGNAN (Pierre DE), 420.
LIMASSOL (Évêque de), 138, 164, 180, 249.
LINTER, LIVERT ou LIVEST (Georges), 437.
LION (Martinengo DE), 374, 375.
LIONET ou LIVON. Voir ARMÉNIE.
LITAT ou LE RAT (Simon), maréchal de l'Hôpital, 182, 226.
LITIER DE MANTEL, prieur de France, 226.
LIVON. Voir ARMÉNIE.
LIZZA OU DE LAODICÉE (Jean DE LA), de l'ordre de l'Hôpital, 217.
LOMBARD (Jean), 191, 244, 257.
LORÉDANO (Jean), 420.
LORNAY (Jean DE), 392, n.
LOUIS (Saint), roi de France, 107-109, 112.
LUSIGNAN (Agnès DE), sœur de Janus, 366. *Hist.*, II, 432, n.; III, 18, n., 21, 136, n. *Doc. nouv.*, 367, 368.
—— (Agnès ou Marie DE), fille du prince de Tyr, 184.
—— (Agnès ou Anne DE), duchesse de Savoie. Voir ANNE.
—— (Alix DE), fille d'Amaury II, 54. *Hist.*, II, 10.
—— (Amaury II DE), roi de Jérusalem et de Chypre, 53, 55, 474. *Hist.*, I, 120; II, 9, 10-12, 15, 22, 23, 24-32, 34, 37 n.; III, 598-607.
—— (Amaury DE), prince de Tyr, frère de Henri II, gouverneur du royaume, 118, 132, 134-197. — Sa mort, 196, 198, 464. *Hist.*, II, 101, 103 et n., 112, 114-117, 134, 136, 152, 154, 172, 203, n.; III, 523, 679.
—— (Anne, dite aussi Agnès DE), fille du roi Janus, duchesse de Savoie, 356, 366, 371, 380. *Hist.*, II, 523, n., 525, n., 529, 539; III, 4, 10-12, 17, n., 20, 22 et n., 124, 805. *Nouv. Preuv.*, 124-127. *Doc. nouv.*, 367.

LUSIGNAN (Boémond DE), fils de Hugues III 116.
—— (Boémond DE), fils du prince de Tyr, 184.
—— (Boémond DE), 262.
—— (Bourgogne ou Burgondes DE), 54. *Hist.*, II, 10, 13.
—— (Camerin DE, dit aussi Aymeri ou Haymeri), connétable, frère de Henri II, 135, 198, 218 et suiv. *Hist.*, II, 102, 112, 136.
—— (Charles, Carion ou Clarion DE), fils de Philippe, sire de Lapithos, 422. *Hist.*, III, 221, 222, n., 240, n. 3, 241-242, 259 et n. 3. *Doc. nouv.*, 524, n.
—— (Charlotte DE), reine de Chypre, sœur du roi Jacques le Bâtard, 373, 380, 384, 392, 409, 411, 434, 435, 474. *Hist.*, III, 80, 81. — Documents de son règne, III, 82-151. — Faits divers, 351-352, 392, 399 et n., 404. — Son épitaphe à Rome, 114, n. 1. *Doc. nouv.*, 384, 391 et suiv., 398 et suiv., 608.
—— (Charlotte, dite *Zarla*, DE), fille naturelle de Jacques le Bâtard, 436. *Hist.*, III, 308, n., 346, n. 3, 347, n., 361, n. 2, 410, n., 412, n. *Nouv. Preuv.*, 14. *Doc. nouv.*, 437.
—— (Cléopâtre DE), fille de Jean II, 373.
—— (Échive, Cive, Ecciva DE), fille du roi Hugues IV de Lusignan, femme de Fernand de Majorque, vicomte d'Omelas, 353. *Hist.*, II, 179, 183-186, 189, 192, 195, 203, n.; III, 228, n.
—— (Eugène ou Gen DE), fils naturel du roi Jacques le Bâtard, 453. *Nouv. Preuv.*, 14 et suiv. *Doc. nouv.*, 608.
—— (Guy DE), roi de Jérusalem, 46, 52, 53, 54, 474. *Hist.*, I, 19, 41 et suiv.; II, 1, 6, 8, 9, n., 21, 30; III, 591, 643.

Lusignan (Guy de), le connétable, père de Hugues IV, 135. *Hist.*, II, 101.

—— (Guy de), prince de Galilée, fils aîné de Hugues IV, 254. *Hist.*, 140, 144 et n., 149, 161, 164, 178, 223.

—— (Héloïse ou Chielvis de), fille d'Amaury II, 54. *Hist.*, II, 10.

—— (Héloïse de), fille de Hugues III, sœur de Henri II, 189, 190. *Hist.*, III, 700, et la note, où il faut rectifier et dire que Héloïse était veuve de Thoros III, roi d'Arménie.

—— (Henri Ier de), 57, 58, 73, 91-109, 474. *Hist.*, I, 197; II, 15, 17, 38-66, 69, n.; III, 610-650.

—— (Henri II de), 117, 123, 128, 135-251, 474. *Hist.*, II, 85-136; III, 523, 669-707, 718.

—— (Henri de), prince de Galilée, frère de Janus, 356. *Hist.*, II, 509, n. 1, 528, n., 532, 533, 537, 539; III, 242, n.

—— (Hugues de), seigneur de la Marche, dit le Brun, 53.

—— (Hugues Ier de), 54, 55, 57, 474. *Hist.*, I, 170; II, 10, 12, 14, 15, 33-37; III, 608.

—— (Hugues II de), 109, 112, 474. *Hist.*, I, 363; II, 68-73; III, 651-658.

—— Antioche (Hugues III de), fils du prince Henri d'Antioche, 110, 112, 114-116, 198, 474. *Hist.*, I, 421; II, 66, n., 73-82, 108, 130, 131; III, 660-662.

—— (Hugues IV de), fils de Guy, qui était frère de Henri II; connétable, puis roi de Chypre, 135, 139, 249, 251, 253, 258, 474. *Hist.*, II, 101, 115, 135, n., 137-224, 226, 227, n., 307, 332, 337, n., 353, n., 396; III, 709-740. *Nouv. Preuv.*, 57.

—— (Hugues de), cardinal, frère du roi Janus, 366, 369. *Hist.*, II, 518, 520, n., 521-523 et n., 526, 539, 542, 543. III, 1, 2 et n., 23, 28, 73, n., 79, n.

Lusignan (Hugues ou Huguet de), fils du prince de Tyr, 184, 197, 220, 230, 233. *Hist.*, II, 114.

—— (Hugues de), prince de Galilée, petit-fils de Hugues IV, sénateur de Rome, 258, 260, 263, 266, 304. *Hist.*, II, 144, n., 223, 224, n., 253, 254, 291, 346, 407, n., 408, n., 409-411, 427, n., 445, 447, 450, 453, 457. *Nouv. Preuv.*, 75, n. 9.

—— (Hugues, fils de Phébus de), 422. *Hist.*, III, 129 et n., 257, 284.

—— (Isabelle de), sœur de Henri Ier, femme de Henri d'Antioche, 110. *Hist.*, 15, 48 et n., 60, 69, 73 n.

—— (Jacques Ier de), connétable, puis roi, 262-263, 273, 282, 295, 301, 303, 306, 313-337, 350, 351-353, 474. *Hist.*, II, 224, 342, 344, 346, n., 354, 386-445; III, 525, 767-794. *Nouv. Preuv.*, 73. *Doc. nouv.*, 363, 364, 365.

—— (Jacques II de), ou Jacques le Bâtard, 372-433, 474. *Hist.*, III, 73 et n., 76, n., 82, n., 97, 106, 109-111, n., 114, n., 128, n., 153-345, 346, 356, n., 408. *Nouv. Preuv.*, 14-37. *Doc. nouv.*, 409 et suiv., 608.

—— (Jacques III de), fils de Jacques le Bâtard, 454. *Hist.*, III, 348-391.

—— (Jacques de), comte de Tripoli, et non prince de Galilée, fils du prince d'Antioche, 332, 352. *Hist.*, II, 345, 395, n. 9, 396, n., 428; III, 770, n., 792. *Nouv. Preuv.*, 75, n. 9.

—— (Jacques), employé subalterne, 423.

—— (Janus de), roi de Chypre, 351, 353, 354-371, 474. *Hist.*, II, 395, 421, 449, 544; III, 4, 8, n., 30-31, 78, 332, n., 346, 347, n., 797-809. *Nouv. Preuves*, 89-126, 609.

LUSIGNAN (Jean Ier DE), 116, 117, 474. *Hist.*, II, 84, 131; III, 669.
— (Jean II DE), 356, 366, 371-384. *Hist.*, II, 529; III, 1-82. *Doc. nouv.*, 379 et suiv., 391 et suiv., 609.
— (Jean DE), fils d'Amaury II, 54. *Hist.*, II, 10, 12.
— (Jean DE), prince d'Antioche, frère de Pierre Ier, oncle de Pierre II, 257, 273, 295 et suiv., 310, 319, 330, 338. *Hist.*, II, 206, n., 224, 225, 230, 250, 252, 342, 344, 346, n., 351, n., 365 n., 428, n. *Doc. nouv.*, 365, n.
—, dit *Janot* (Jean DE), sire de Beyrouth, fils naturel de Jean de Lusignan, prince d'Antioche, 332, 352. *Hist.*, II, 395, n., 396, 404, 420, 423, 428 et n., 438 et n., 439, 478. *Nouv. Preuv.*, 76, n. 1. *Doc. nouv.*, 365.
—. (Jotin ou Joannin DE), fils d'Amaury, prince de Tyr, 184.
— (Léon DE), fils du prince de Tyr, 184.
— (Marguerite DE), fille du roi Pierre Ier, sœur de Pierre II, femme de Jacques de Lusignan, comte de Tripoli, 352. *Hist.*, II, 354, 370, 396, n.; III, 770 et n., 792, 794. *Doc. nouv.*, 376.
— (Marguerite DE), dame de Tyr et de Toron, princesse d'Antioche, comtesse de Tripoli, fille du prince Henri d'Antioche-Lusignan, fils de Boémond IV, sœur du roi Hugues III, tante de Henri II, 116, 139. *Hist.*, I, 473; II, 73, n., 101.

LUSIGNAN (Marguerite DE), fille de Jean de Lusignan, roi d'Arménie, petite-fille d'Amaury de Lusignan, prince de Tyr, veuve de Manuel Cantacuzène, despote de Morée ou de Mistra, 292. *Généalogie des rois de Chypre*, 10, n.
— (Marie DE), sœur de Henri II, femme de Jacques II d'Aragon, 190, 249. *Hist.*, 702 et n., 703, n. 2, 703-705.
— (Mélissène ou Mélissende DE), femme de Boémond IV d'Antioche, 55, 57. *Hist.*, I, 195; II, 11, 14.
— (Phébus DE), sire d'Arsur, paraît différent du fils naturel du roi Janus de Lusignan, nommé aussi Phébus, mais *sire de Sidon*, 397. *Hist.*, III, 124, n. 1, 125, n. 1. *Doc. nouv.*, 366, n.
— (Pierre DE), 420.
— (Pierre Ier DE), 257-275, 474. *Hist.*, II, 228 et suiv.; III, 740-758. *Nouv. Preuv.*, 60.
— (Pierre II DE), 266, 276, 281, 282, 311, 317, 349, 374. *Hist.*, II, 346 et suiv.; III, 759-766. *Doc. nouv.*, 389.
— (Pierre DE), comte de Tripoli, fils de Jacques, petit-fils de Jean de Lusignan, prince d'Antioche, frère du roi Pierre Ier, 373. *Hist.*, III, 3, 16, n. *Doc. nouv.*, 367, n. 3, 376 art. 7.
— (Sibylle DE), fille du roi Amaury, 55.

M

MACHAR-NASAR, sultan, 384.
MACHIE (Balian), 148.
— (Clerc), 211.
MACHIERA ou MACHÉRA (Perrin), 354. *Hist.*, II, 542. Cf. HENRI, II, 542; LÉONCE, II, 537; III, 3.
MACHIES (Jacques), 401.

MAJORQUE (Fernand Ier ou Ferrand, infant de), prince d'Achaïe, mari d'Isabelle de Lusignan, 249. *Hist.*, II, 180, n.; III, 705. Son fils, Fernand II, fut gendre de Hugues IV de Lusignan. *Hist.*, II, 179, 182-202, 203-205 et les notes.
MALATESTA (Thomassin), 420.

TABLE DES NOMS PROPRES.

Malec Aschraf, sultan, 128.
Malguastato, Maugastel? (Philippe), 101.
Malipiero (Marin), 289. *Hist.*, II, 355.
Malocello, Malosello ou Marocello (Pierre), 277. *Hist.*, II, 273, n., 291, 302, 308, 356, 425, n. Cf. 95, n.
Maltese, Maltès ou Le Maltais (Jacques), 422, 424, 426, 427, 430, 448. *Hist.*, III, 204, n.
Mamas (Saint), 34.
Mamini ou Mameni (Robert), 95.
Manépian (Gautier de), 96, 98.
—— (Bérard de), 96.
Manomaque (Georges), 314.
Mantel (Litier de), prieur de France des chevaliers de l'Hôpital, 226.
Marabot (Manuel), 245.
Marag (Paul), 344.
Marchie (Thomas), 394. Cf. Marchio, *Hist.*, III, 443 et n. Markios. *Hist.*, III, 83.
Marciglio, Marsiglio, 426, 431.
Marini (Humphroy ou Anfred de), Génois, 190, 205.
Marino de Naples (Rizzo de), partisan de Jacques le Bâtard, chambellan de Chypre. 388, 390, 394, 400, 405, 415, 418, 433, 438, 439, 443, 445, 454. *Hist.*, III, 165, n., 171, n., 172, 181, 247, n., 253, 259, 307, n., 346, 360, 391 et n., 392, 402, 409, 412, 418, 419, 431, 433, 436-439, 440, 444, 475, 484, n. *Doc. nouv.*, 610.
Marino (Jean), 424.
Markios. Voir Marchie.
Marsico (Comte de), 115.
Martin (Jacques de), 406.
Martres (Monseigneur de), 397.
Masdomonto (Jacques), 421.
Mastichi, Mastachi, 440. Cf. *Hist.*, III, 396. Un Dimitri de Patras, dit *Mastachi*. Voir Patras.

Mathieu (Frère), évêque de Beyrouth, 253. *Hist.*, II, 165.
Maugastel. Voir Malguastato.
Maulevrier (Baudouin), 240, 244.
Medina (Pierre de), 424.
Melec Asseraph, sultan d'Égypte, 382.
Menabovi. Voir Menebeuf.
Mendoza ou Mendozza (Rodrigue de), 421. *Hist.*, III, 197, 247.
Menebeuf, Mainebeuf, dans les textes italiens Menabo, Menabovi (Gautier), 240, 241, 245.
—— (Gérard), 240, 245. *Hist.*, II, 67; III, 636.
—— (Gille), 243.
—— (Guillaume), 197, 213, 215, 218.
—— (Jean), 156.
—— (Thomas), 240, 245.
Merie (Louis), 423.
Messine (Dominique de), 424.
Meysis (Étienne de), 112.
Miglias ou Milias (Nicolas de), 434. *Hist.*, III, 127, 189, 406, n. 1.
Milan (Antoine de), 369.
Mimars ou Milmars (Badin ou Baudoin de), 156.
—— (Balian de), 181.
—— (Camerin de), 140. *Hist.*, II, 102, 114.
—— (Guy de), l'amiral, 306, 338.
—— (Henri de), 242.
—— (Hugues de), 156, 181.
—— (Renaud de), 352, 355.
—— (Renaud de), le Jeune, 327. Cf. *Hist.*, 44, 164.
Mirabel (Guillaume de), 207.
Mistachiel, Mistachel, Mustachel (André), 421.
—— (Badin), 296.
—— (Hugues), 421.
—— (Jean), 407, 409, 410, 423, 426. *Hist.*, III, 456 et n. 1. *Doc. nouv.*, 439, 471, 522, 555, 610.

MISTACHIEL (Philippe), 421. *Hist.*, III, 48, 53, 126, 178, 182, n. 4, 202, 308, 313, n., 315, 316, n., 499.
MISTRA (Despote de). Voir PALÉOLOGUE.
MITRANO, 401.
MOCENIGO (Pierre), 434, 446, 447, 452. *Hist.*, III, 348, n., 362, 363, n., 388, n. 2.
MOLAY (Jacques DE), 134, 138, 163. *Hist.*, III, 690-692.
MONAGATI, MONOGATI (Seigneur de), en Asie Mineure, 259, 260.
MONSTRY ou MUSTRY (Jean DE), amiral, 263, 265. *Hist.*, II, 291, 302, 308, 338, n., 339. *Machaut*, 321.
MONTAIGU (Pierre DE), grand maître du Temple, 72.
MONTBÉLIARD (Échive DE), femme de Balian d'Ibelin, 91. *Hist.*, II, 18, 62, n. 6 et 7; III, 629, n. 2.
—— (Eudes DE), 73. *Hist.*, II, 58, n.; III, 636.
—— (Gautier DE), 54, 55. *Hist.*, I, 171-180; II, 10, 12, 13, n., 14, n., 34.
MONTFERRAT (Alix DE), fille de Guillaume IV, femme de Henri Ier de Lusignan, 73, 99. *Hist.*, II, 17.
—— (Boniface II DE), frère de Conrad, 53.
—— (Conrad DE), fils de Guillaume III, marquis de Monferrat, frère de Boniface, 53, 73. *Hist.*, I, 21 et suiv.; II, 28. *Doc. nouv.*, 610.
—— (Guillaume III, Longue-Épée, marquis DE), 73. *Hist.*, I, 21.
—— (Marie DE), 55. *Hist.*, II, 66, n., 73, n.
—— (Médée DE), fille de Jean-Jacques Paléologue, femme de Jean II de Lusignan, 371. *Hist.*, III, 79, 80, n.
MONTFORT (Amaury DE), 134.
—— (Humfroy Ier DE), sire de Toron et de Beyrouth, 116, 135.
—— (Jean DE), sire de Tyr et de Toron, 114, 116, 135. *Hist.*, II, 73, n., 74, n.; III, 671.
MONTFORT (Philippe DE), sire de Tyr et de Toron, 106, 108, 114. *Hist.*, II. 74, n.
—— (Rupin DE), fils d'Échive d'Ibelin de Beyrouth et de son premier mari Humfroy Ier de Montfort, 154, 156, 173, 174, 217, 238. *Hist.*, II; 103.
—— (Saint Jean DE), 34.
MONTGESARD ou MONTGISSARD (Renaud DE), 156.
—— (Robert DE), 156, 200, 232, 240, 250. *Hist.*, II, 57; III, 643, 652.
MONTOLIF (Barthélemy DE), 249, 253, 295. *Hist.*, II, 167, 178.
—— (François DE), 376, 386, 397. *Hist.*, III, 85 et n., 306, n.
—— (Gimin ou Glimot DE), 306, 350. *Hist.*, II, 391, 394, 396.
—— (Jacques DE), 193.
—— (Janus ou Jean DE), maréchal de Chypre, seigneur de Tyr, fidèle à la reine Charlotte, 387, 397, 435. *Hist.*, II, 542, 543; III, 125, n., 126, n. *Doc. nouv.*, 381.
—— (Jean DE), en 1310, 235. Cf. *Hist.*, II, 141, 158, 164, 285, n.; III, 725.
—— (Pierre DE), 95. *Hist.*, II, 140, 161.
—— (Pierre ou Perot DE), 306, 350, 351. *Hist.*, II, 391, 392, 393, 394, 396. *Doc. nouv.*, 351.
—— (Sibylle DE), 211.
—— (Simon ou Simonet DE), meurtrier du prince de Tyr, 196, 197, 198, 211, 464. *Hist.*, II, 116, 141, 178; III, 523.
—— (Thomas DE), 196, 259, 281. *Hist.* (plusieurs chevaliers du même nom), II, 141, 142, 144, 150, 179, 233, 352, 354, 396.
—— (Valentin DE), 435.
—— DE VERNY, 332. *Hist.*, II, 421.

MONTRÉAL (Gérard DE), 8, 207. *Hist.*, III, 517, 529.
MORADIT (Conella), 416.
—— (Jacques), fils de Nicolas, 443. *Hist.*, III, 498.
—— (Nicolas), vicomte de Nicosie, 390, 394, 395, 404, 406, 433, 440, 441, 443. *Hist.*, III, 251, n. (Notice), 181, 248, 254, 266, 272, 360.
MORÉE (Le prince de), Philippe d'Anjou-Tarente, 174.
—— (Thomas DE), 374.
—— (Despote de). Voir PALÉOLOGUE.
MORESCO (André), Génois, 141.
—— (Louis), 142.
MORESSIN (Vinciguerra), 418.
MORPHO (Badin ou Baudouin DE), sire de Stramboli, 156. Cf. *Hist.*, II, 56, 57; III, 639, 643.
—— (Jean de Grinier DE), comte d'Édesse, au XIV° siècle, 259, 263-268; 277, 289, 292, 304-309, 334. *Hist.*, II, 179, 230, 233, 356; III, 741 (Notice). *Machaut*, 321.
MORPHO (Un autre Jean Grinier DE) en 1425 et 1426, 358, 364.
—— DE GRINIER, comte d'Édesse, au XV° siècle, 396, 415, 422, 433, 447, 452, 453. *Hist.*, III, 172, 247, n. 3, 260 (observ. sur son nom), 261 n., 346, 366, 369, 377 (Notice), 395, n., 396, n., 397, n., 511. *Documents nouveaux*, 603, 611.
—— (Simon DE), 354.
—— (Thomas DE), frère du comte d'Édesse, 295, 334, 350. *Hist.*, II, 391.
MORRA (Henri DE). Voir GIUSTITIER.
MOTE (Orlando ou Roland), 375.
MUCETOLA (Ange), chevalier de Saint-Jean, 369. *Hist.*, II, 542, n. Cf., II, 372; III, 256, 306, n., 499, 500.
MUS (Jean DE), 397.
MUSTATOSO ou MUSTATOUZE (Plissin ou Plichy), 419. *Hist.*, III, 191.

N

NACA (Nicolas DE), 280.
NAPLES (Roi de). Voir CHARLES Ier D'ANJOU.
—— (Jeanne, reine de), 294.
NARBONNE (Frère Glimin DE), 325.
NASSAR CHUS EFERES, 390, 393, 401.
NAVARRE (Badin ou Baudouin DE), 207-210, 240.
—— (Philippe DE), l'auteur du livre sur les *Assises*, 74-80, 84, 87, 93, 95, 98, 105. *Hist.*, II, 57, n. 2 et 4, 67; III, 517-518, 649, 652.
—— (Philippe DE), 157, 240.
NAVARRO (Perrico), 422.
—— (Jean), 422, 449.
NAVES (Jean DE), 445.
—— (Pierre DE), 404, 410.
—— (Sor DE), 396, 397, 406, 409, 411, 418, 424. *Hist.*, III, 117, n., 308, n. Notice sur ce personnage; III, 114, n., 119, n., 120, 128, n., 130-131, 138, n., 147, 164, 176, n., 308, 346, n. 3. *Doc. nouv.*, 400, 611.
NEGRO (Jean), 444, 452, 453.
NÉGRON (Catanio DE), 412, 419. *Hist.*, III, 205, 222, n., 224, 270.
—— (Christophe DE), 419.
—— (Grégoire DE), 294.
—— (Pierre DE), 412.
NEUVILLE ou NEVILLE (Jean DE), vicomte de Nicosie, seigneur de Césarée, 277, 302, 314, 345, 350, 352. *Hist.*, II, 391, 394, 398, 421.
NICÉE (Le cardinal de), 432.
NICOLAS IV, pape, 118.

николаs (Frère), 397.
Nissa, 81.
—— (Gonzalve de), 422.
Nizza (Jean de), 357.
Norès (Badin de), probablement le maréchal de Jérusalem, 338, 358, 364. *Hist.*, II, 521, 526, n., 542; III, 10, 13, n., 16-18, 21, n., 498. *Nouv. Preuv.*, 37. [Baudouin de Norès, maréchal de Chypre, *Hist.*, II, 141, 144, 158, 162, 178, 183, 184, n.]
—— (Balian de), 421, 426, 429, 432. *Hist.*, III, 235.
—— (Échive de), 422. *Hist.*, III, 215, 251, n. 3, 252.
—— (Gautier de), 397, 402, 430. *Hist.*, III, 197, n. Notice.
—— (Guiolin de), 397.
—— (Jacques de), turcoplier de Chypre, sous Pierre Ier, 260, 292, 344. *Hist.*, II, 179, 291, 292, 302, 308, 323, 328, 341, 394; III, 771.

Norès (Jacques de), fidèle à la reine Charlotte, 421, 429. *Hist.*, 126 et n.
—— (Jean ou Janot de), fils du turcoplier, mari d'Andréola de Campo Fregoso, amiral de Gênes, 354, 379, 397, 420. Cf. *Hist.*, II, 393; III, 124, n. 1, 498. *Nouv. Preuv.*, 75, n. 6. — Autre Jean, comte de Tripoli, III, 516, 518, 519, n., 531.
—— (Louis de), chevaliers divers du même nom, 140, 151, 192, 213, 257, 406. *Hist.*, II, 102; III, 251, n. 3, 252-253. *Doc. nouv.*, 612.
—— (Philippe de), 445, 449. *Histoire*, III, 397, 537.
—— (Pierre de), 409. *Histoire*, III, 498, 670.
—— (Sasson ou Samson de), 397, 415, 423. *Hist.*, III, 187, 207, 236, 248, 254, 260, 268, 272, 275, 283, 287, 293, 306, 356, n. 3., 498.
—— (Thomassin de), fils de Gautier, 419.

O

Olivier, notaire, 213, 215, 218.
Ornes (Monsignor de) est Jean, seigneur de Lornay, 392.

Oschin, Chiosyn, roi d'Arménie, 157, 160, n., 183.
Oselier (Chemi d'), 244.

P

Pagano (Hugues), 171.
Paléologue (Hélène), fille de Théodore II, despote de Morée, femme de Jean II de Lusignan, 371, 379. *Hist.*, III, 76, n., 80 n., 81, n.
—— (Théodore II), despote de Morée ou de Mistra, 371.
Palerme (Nicolas de), 426.
Palestrin. Voir Pelestrin.
Pallavicini ou Pallavicino (Benoît), 361, 408.

Pallavicini (Ciprian), 412.
—— (Davila Gentile), 406.
Palol, 366. Cf. *Hist.*, III, 516. *Doc. nouv.*, 612.
—— (Pierre), 397, 409, 410.
Panson (Jean), 248.
Paphos (Évêque de), 205.
Pardo (Thomas), 386. *Hist.*, III, 85 et n., 127, n., 129, n., 200, n. 2.
Passoréal (Gérard), 245.
—— (Jean), 245.

TABLE DES NOMS PROPRES. 525

Patras (Marc de), 382, 385, 390, 394. *Hist.*, III, 396. Voir Mastichi.

—— (Mariette ou Marguerite de), mère du roi Jacques le Bâtard, 372, 418. *Hist.*, III, 199, 347, n., 513. *Nouv. Preuv.*, 44 et suiv. *Doc. nouv.*, 489 et suiv.

Pélage, légat apostolique, 57. *Hist.*, II, 38, 45-46, n. 4, 65, n.; III, 610, 612, 633.

Pelestrin ou Palestrin (Jacques), 357. *Hist.*, II, 533, n.

—— (Pierre ou Perrin), 360, 377, 388, 389, 397. *Hist.*, II, 543; III, 16 n., 126. *Doc. nouv.*, 380.

Pélichien ou Poilechien (Eudes ou Hugues), 117. *Hist.*, III, 671.

Pendaïa, en français Pendaies et Bandes.

Pennal (Jean), 449.

Perès (Antoine), 449.

Perez ou Perrès da Rico (Gonzalve), 423, 449, 452.

Perès Fabrice (Jean). Voir Fabrice.

Péristerona (Hugues de), 136, 210, 240.

Pesaro (Philippe), 395.

Petra (Pierre de), 401. Cf. *Hist.*, III, 230 et n., 506, 512.

Phalaris, 346.

Phicard. Voir Ficard.

Philippe-Auguste, roi de France, 49.

Picquigny, dit Pinqueni, Pingueni (Baudouin de), 131.

—— (Girard ou Gérard de), 110. *Hist*, II, 67.

—— (Guillaume de), 114. *Hist.*, II, 179.

—— (Philippe de), 356, 357, 362. *Hist.*, II, 531.

—— (Thomas de), 213, 215, 217. *Hist.*, II, 103. — Autre Thomas, 142, 144, 150, 158, 162, 167, 178.

Pie II, pape, 394, 432. *Hist.*, III, 113.

Pierre de Thomas, légat. Voir Thomas.

Pignol ou Piniol (Étienne de), 356, 366. *Hist.*, II, 504, 516, 528; III, 24, n. *Île*, 198, n. 100.

Piles (Carsia de), 422. Cf. *Hist.*, III, 507, 523, 525, 526; III, 14, 806.

Pingueni, Pinqueni. Voir Picquigny.

Pins (Raymond de), ou da le Spine, nonce du pape 193, 194 et suiv., 197, 201-204, 208-210, 212-216, 227 et suiv., 243.

Pisani (Jacques de), 453.

—— (Victor), 349.

Piscayno (Summachia), 424.

Pissolongo (Georges), 296.

Pistéal (Hugues), 154. *Hist.*, III, 680, n.

Pleine-Chassagne (Pierre de), évêque de Rodez, patriarche de Jérusalem, 270, 246, 249.

Podocatar, Podocatoro, Podocatharo (Hélène), 418.

—— (Jean ou Janus), 359, 420. *Hist.*, II, 434.

—— (Philippe), 415, 420, 433, 451. *Hist.*, III, 153 et n. 2, 155, 162, n. 1, 172, 272, 320, 361, n., 499, 523.

—— (Pierre), 382, 392, 396, 420. *Hist.*, III, 74, n., 96, n., 98, n., 158, n., 162, n., 283, 284, 498. *Doc. nouv.*, 427, 614.

Poitiers (Le comte de), 112.

Pomertain (Jean), 240.

Ponto ou Pont (Louis), 338.

Portugal (Jean de), duc de Coïmbre, prince d'Antioche, 373, 374. *Hist.*, III, 81. *Doc. nouv.*, 384, 385, 392.

Potier (Jean), 240, 244.

Pragas. Voir Préaux.

Préaux, Pragas dans Bustron (Guillaume de), 47. *Hist.*, II, 5.

Precognato, 359.

Prevost, Prevôt, Provosto (Philippe), 357. *Hist.*, II, 509, n., 531.

Prevost (Thomas), 357-359. *Hist.*, 495, 496, 528, 530, 532, 534.
Proto (Jean), 319.
Provençal (André), 449.
Psilludi, 307.
Pussula (Frère), 402.
Puy (Frère Raymond du), 147.
Puzzori (Perrin ou Pierre), 402.

Q

Querini (Esmerio), 366. *Hist.*, II, 540, n.

R

Rabanata, seigneur mongol, 130.
Rames, probablement Rama (Zullo de), 420. Cf. *Doc. nouv.*, 614.
Ras, Darras, Derras, qu'il serait peut-être mieux d'écrire d'Arras (Jean de), 415, 422, 444, 445, 446, 452. *Hist.*, III, 172, 245, 251, 266, 270, 271, 283, 396, 397, n. *Doc. nouv.*, 614.
—— (Glimin de), 420. Un Guillaume Darras, Deras ou de Ras. *Hist.*, III, 124, n., 272, 275.
—— (Julien de), 377, 397.
Redable (Giacubi), 420.
Reduflin, 245. *Hist.*, III, 264. Jean Randeufle.
Renier ou Renieri (Jean), 20.
Requesens (Onuphre), 423. *Hist.*, III, 531. *Doc. nouv.*, 444.
Retis (Jean de), 205.
Revel (Hugues), 115.
Rhenier. Voir Renier.
Rhodes (Les chevaliers et le grand maître de) ou chevaliers de l'Hôpital. Leur établissement à Rhodes, 141, 148. *Hist.*, II, 120 et n., 131, 241, n.; III, 33, n., 681-683. Cf. *Giornale Ligustico*, sept.-oct. 1884, 338, 341.
—— (Marc de), 422.
Ribado (Antoine), 419, 420.

Ribera (Alphonse), 423.
—— (Frère Jean), 419.
Richard Ier, roi d'Angleterre, 46 et suiv.
Richard. Voir Félinger.
Rieussec, Russet ou Rousset (Bernard), amiral de Chypre, 380, 386, 389. *Hist.*, III, 60, n., 85, 125, n. *Doc. nouveaux*, 362, 393.
Rimondo (Pierre), 378.
Rivado (François), 448.
Rivet (Guillaume de), 59, 63, 73. *Hist.*, II, 17, 18; III, 611, 614.
Rizzo (Barnabé), 289.
Rizzo de Baldaia, 414.
Roblin (Jean), 395.
Rochefort (Le sire de), 265, 267. Cf. Machaut, 324.
Rolant (Pierre de), 244.
Romaniti (Georges), 423.
Rosea (Raymond de), 240.
Rosel (Martin), 100.
Rosso (Arnao), peut-être Arnaud Le Roux, 421. Cf. *Hist.*, III, 501.
—— (Bernardin), 375, 397.
Roucas, Rouchas, Rochas. Voir Édesse.
Rousset (Bernard). Voir Rieussec.
Rupin, fils de Raymond Rupin, comte de Tripoli, 54.
Russet. Voir Rieussec.

S

Sabat (Frère François), 419, 433.
Saète ou Sidon (La dame de). Voir Fémie d'Arménie.
Saint-André (André de), dit *Caccioli*, 439.
—— (Simon de), abbé de la Croix, 447.
Saint-Antoine (Léonard de), 419.
Saint-Bertin (Nicolas de), 242. *Hist.*, II, 114.
Saint-Luc ou San-Luca (Ferrand de), 439, 447.
—— (Ferrandetto de), 421.
Saint-Michel (Jacques de), 290, 327, 331.
Saint-Nicolas (La dame de), femme de Huguet, fils du prince de Tyr, 220.
Saint-Omer (Godefroy de), 171.
—— (Nicolas de), 174.
Saint-Quentin (Frère Jean de), 185, 238.
Saint-Severin (Roger, comte de), 115. *Hist.*, II, 80, 130, 131.
Sainte-Marie (Alfonse de), 356.
Sainte-Maure (Antoine de), 419.
Saissons. Voir Soissons.
Salacha (Badin), 423.
—— (Jacques), 426, 427, 432. *Hist.*, III, 126, n. Notice sur lui.
—— (Nicolas), 388.
—— ou Melec Sala, sultan, 107, 118.
Saladin, sultan, 46, 124.
Salebières (Comte de), 108.
Salone (Thomas de), sur le golfe de Corinthe. Voir La Soule.
Salonique (Le roi de), 65.
Salpou ou Salpous (Frère), 379.
Salvani (Antoine), 380, 381, 386.
Salviati (Jannosse ou Giannutio), 401, 402. *Hist.*, III, 97, n., 106, 159, n. (Notice), 162, 255, n., 512.
—— (Jérôme de), 415, 422. *Hist.*, III, 172, 240, n., 245, 255, 256, n. 2, 270-272. *Doc. nouv.*, 411.

Sanson, Sassons. Voir Soissons.
Saplana. Voir Zaplana.
Sarachino (Jacques), 416.
Sarasin (Jean), 451, 452.
Sardamani (Jean), 256, 421. *Hist.*, III, 500.
Sargines. Voir Sergines.
Sasson, Sassons. Voir Soissons.
Satalie (Seigneur de), en Asie Mineure, 259, 260. *Hist.*, II, 13, 216, 217, 237, 267, n., 282, 283, 387, 393, n. Méchaut, 324.
Sateni (Georges), 401.
Saturnino, Saturno (François), 307, 338.
Savoia (Pierre), 445.
Savoie (Louis II de), fils de Louis Ier de Savoie et d'Anne de Lusignan, mari de la reine Charlotte de Lusignan, 356, 371, 380, 392, 409, 411. *Hist.*, III, 81, n., 82-151, 351, n. 1 et a. *Doc. nouv.*, 398, 616.
Saxi (Constantin), 392.
Sbarre (Delle). Voir Lesparre.
Scandelore. Voir Candelore.
Scandelion (Échive de), 276. *Hist.*, II, 340.
—— (Humphroy ou Anfroid de), 139, 158, 169, 205, 236. *Hist.*, II, 103, 109, n., 164; III, 674.
—— (Pierre de), 213, 236.
Scarnachioti (Nicolas), 420.
Scolar (Renier ou Rainier de), sire de Bethsan, 350. *Hist.*, 391, 406, 412, 420.
Scurin (Frère), prieur de Toulouse, 356.
Seda, Sebba ou Ceba (Jean), 426, 427, 432. Cf. *Hist.*, III, 129, n.
Segai, émir, 127.
Sembat, roi d'Arménie, 161, 183.
Sergines ou Sargines (Geoffroy de), 110, 111. *Hist.*, II, 71 et n., 72.
Séverac ou Siverac (Guy de), grand com-

mandeur de l'Hôpital, 164, 176, 214, 217, 231.

Seyssel (Philippe de), seigneur d'Aix, 392. *Hist.*, III, 96, n., 135, n.

Sforza, 369. *Hist.*, II, 536, 541, n.

Sguro ou Scure (Nicolas), 421.

Sias (Boémond), 240, 245.

Sibylle, reine de Jérusalem, 52, 53.

Sicile (Frédéric, roi de), 249.

Sidon (Évêque de), 101-103.

Sigalle. Voir Cigala.

Simon, archevêque de Tyr, 58.

Sio. Voir Chio.

Sith, émir, 359.

Sivalier ou Civalier (Gianes ou Jacques), 421.

Sobba Venetico, 401.

Sogan, émir, 129.

Soissons, Saissons, Sassons, Sanson (Raoul de), 106.

—— (Renaud de), 140, 200, 233. Cf. *Hist.*, I, 164; II, 54, 102; III, 607.

Sole. Voir La Soule.

Soranzo (Victor), 442, 447, 452. *Hist.*, III, 370, n. 4, 395, 396, 527, 834. *Doc. nouv.*, 428 et suiv., 616.

Sore (Nicolas de), 250.

Sorel (Hugues de), 98.

Sosmeno, probablement pour Sosomeno ou Sozomène.

Sotil (Fabritio de), 419.

Sozomène, Sosomène, dit *Sosmeno* (Jean), 352. Cf. *Hist.*, 243, 274, 281, 499.

Spagu (Jean de), 230.

Spina, probablement Spinola (Badin), 142.

Spine (Raimondo da le). Voir Pins.

Spinola (Lambert), 294.

Squarciafico (François), 290.

Squarzoluppi, Squarcialupi (Mario), 419. *Hist.*, III, 286, n. cf. 554, n.

Stella (Jean-André), 421. Cf. *Hist.*, III, 803, 814.

Storches (Jean), 448.

Strambali ou Strambaldi (Élie, Helia), 449.

—— (Simon), 423. *Hist.*, III, 187, 188, 234, 290, 296, 306, 499.

Suarès (Calceran), 366, 370, 375, 384, 386, 446. *Hist.*, II, 512, n., 526, n., 538, n., 542, 543, n. 3; III, 82, 85, 346, n. 1, 356, n. 1.

Sucon (Michali), 419.

Suna (Monsignor de), nom probablement altéré, 397.

Sur (Jean de), amiral, 258, 260, 263. *Hist.*, II, 179, 263, art. 3. *Machaut*, 279, n. 15, 280, n. 20.

—— (Seigneur ou prince de). Voir Tyr.

Synclitique, Synglitique (Antoine), 402.

—— (Jean), 360, 424.

—— (Philippe), 419, 444. *Hist.*, III, 243, 272, 281, 499.

T

Tabarie. Voir Tibériade.

Tacca, émir Turcoman, en Asie Mineure, 261, 281, 296. *Hist.*, II, 538.

Tafur, Tafure ou Tafures (Jean), comte de Tripoli, 375, 376, 404, 415, 422, 430, 433, 444, 446, 447. *Hist.*, III, 172, 253, n. 7, 345, 347, n. 4, 355, n. (Notice), 360, 402-403, 409, 412, 512. *Doc. nouv.*, 503, 617.

Taliau (Jules), 289.

Tangrivardi, Tangrivirdi, émir égyptien, 362, 420. *Hist.*, II, 511, 514.

Tarantin (Alexandre), 400, 403.

Tarnevase (Michel), 236.

Tarsous (Archevêques de), en Asie Mineure, 353. *Hist.*, II, 359, 433, 454; III, 327, n.

Tartaro (Antoine), 167.

TABLE DES NOMS PROPRES.

Telli, chevalier de l'Hôpital, 397. Cf. Teldi. *Hist.*, III, 478.
Temple (Ordre du), 163-172. *Hist.*, II, 7, 8, 12, 21, 91, 97, 98, 109-110, 128, 212; III, 658, n., 662, 663, 690-692, 690, n.
Teutonique (Le prieur de l'ordre), 226.
Thenouri, Tenuri, Thinoli (Simon), 257. *Hist.*, 116, n., 179, 249, 254, 291, 302, 308. Voir *Prise d'Alexandrie*, 325.
Théodore, despote de Morée ou de Mistra, 371. Voir Paléologue.
Thinoli. Voir Thenouri.
Thomas (Pierre de), légat en Orient, ami de Ph. de Maizière, 258. *Hist.*, II, 281, n. 2, 253, 254, n., 255, 266, 281, n., 282, 283, 284, n.; III, 744-746. Machaut, 323.
Thoron. Voir Toron.
Thoros, roi d'Arménie, 162.
—— fils du roi d'Arménie, 111.
Tibériade ou Tabarie (Barthélemy de), 243.
—— (Hugues de), prince de Galilée, 465, 466.
Tiepolo, Thiepolo (Laurent), doge, 118.
Tinet ou Triret (Comes de), 422.
Tis Annes (Jacques), nom altéré, 395.
Tiviers (Guillaume de), 80.
Tivola (Jean de), 448.
Tolosan (Robert), 259.

Torel ou Torello (Frère Jean), 419. Cf. *Hist.*, II, 199. Cf. *Doc. nouv.*, 563.
Toringel, chevalier toscan, 80. *Hist.*, I, 231.
Toron (Humfroy IV de), fils de Humfroy III et de Stéphanie de Naplouse, mari d'Isabelle de Jérusalem, sœur de Sibylle, 73. *Hist.*, I, 20.
Torrès (Perrico de), 423, 427. *Hist.*, III, 220, 245.
Tort. Voir Le Tort.
Tounchès. Voir Tunchès.
Trente (Guy de), évêque de Famagouste, 141.
Treulci (Nargo di), amiral de Sicile, 117.
Tristan (Jean), fils de saint Louis, 109, 112.
Troes ou Troyes (Jean de), 115. Est peut-être Jean de Foies ou Foggia. Voir Jean Ier d'Ibelin d'Arsur.
Troies ou Troyes (Perrin de), 418.
Tron (Thomas de), 295.
Tunchès ou Tounchès (Perrin), 378, 385, 388. *Hist.*, III, 83.
Tussian (Galdufle ou Gandulphe de), 289.
Tyr ou Sur (Le prince de). Voir Amaury de Lusignan.
—— (La dame ou la princesse de). Tricomo lui appartenait, 220.
—— (Isabelle, princesse de). Voir Isabelle.
—— (Jean de), amiral. Plus communément appelé Jean de Sur.

U

Urbain V, pape, 261. *Hist.*, II, 239, 246, 251, n., 256, 288, 310, 313, 329.
Urbin (Le duc d'), 325.
Uriona ou Urioni (Pierre), 386, 388.
Urri, Ourri, famille de Chypre, 300. Peut-être la même que les Gourri. *Hist.*, III, 18, n.

Urri (Jacques), vicomte de Nicosie, 375, 376, 402. *Hist.*, 16, n., 17, 18, n., 355, n.
—— (Pierre), 438. *Hist.*, III, 126, 127, n., 397, n. 3.
—— (Thomas), 376, 386. *Hist.*, III, 85.
Usellet (Hemo d'), 165.

V

VALACHIE ou VLACHIE (Le seigneur de), 174.
VALAR (Jean), 376.
VALOIS (Louis DE), confondu par Bustron avec Louis Ier, duc de Bourbon, comte de Clermont, 254, 258, 309. Voir BOURBON.
VALSURO, 407.
VARDALI (Georges), 291. Cf. *Hist.*, III, 505.
VERDURE (Jérôme), 416.
VERNAZZA (Benoît DE), 412, 419.
VERNI ou VERNY, et non VERME (Anne DE), 418. *Doc. nouv.*, 415, 618.
—— (Huguet DE), 422. Cf. AGUET DE VERNY. *Hist.*, III, 260, 498. HUGUES DE VERNY. *Hist.*, II, 339.
—— (Jean DE), seigneur d'Aguidia, fils de Thomas, 364, 385, 390, 392. *Hist.*, II, 83, 164, 537; III, 673.
—— (Thomas DE), 332, 379, 388, 418.
VERNINO ou VERNI (Thomas DE), maréchal de Jérusalem. Le même que le précédent. 397.
VERSVIC. Voir BRUNSWICK.
VICENCE (Étienne DE), 358. *Hist.*, II, 533, n.

VIESO (Val DE), 422.
VIGNOLO DE VIGNOLO ou VIGNUOL, Génois, 141, 142. *Hist.*, III, 681, 682. Cf. RHODES.
VIGNUOL, Génois. Voir VIGNOLO.
VILLAFRANCA (Perrico DE), 447.
VILLARAUT (Galéas DE), 418.
VILLARAUT, VILLARUOTO (Jacques, Giames), 371. *Hist.*, III, 79; cf. III, 105, 106, n., 769.
VILLARET ou VILERET (Foulques DE), 141.
VILLIERS ou VILIERS (Guillaume DE), 154. *Hist.*, III, 680, n.
—— (Mathieu DE), 314.
VILUDO (Jean), 423.
VISCONTI (Bernabo ou Barnabo), duc de Milan, 292, 347. *Hist.*, II, 282, 283, 313, 370, 378, 380, n.; III, 744.
—— (Jean), capitaine, 438, 440.
—— (Valentine), fille de Barnabo, femme de Pierre II de Lusignan, 292, 347. *Hist.*, II, 373, 392; III, 815, 816.
VITTORIA (Diego DE), 423.
VIVAL (Jacques), 115.

Z

ZANGAR EL SCAR, émir, 113.
ZANIBECH, GIANUBEI, émir égyptien, 399, 402, 414, 416.
ZAPLANA ou SAPLANA (Jacques), 403, 418, 438, 441, 444, 445. *Hist.*, III, 165 (Notice), 207, n. 3, 258, 263, 273, 296, 346, n. 1, 360, n., 403, n. 2, 409, n. 1, 411, 412. *Doc. nouv.*, 619.
ZAPPE (Hélène), 423. *Hist.*, III, 242, n.
—— (Jean), 422, 423.
—— (Nicolas), 191.
—— (Paul ou Paulin), 387, 423, 438.

Hist., II, 520, n., 525; III, 66, n., 242, n., 354, n. 4.
ZAPPE (Pierre), 176. — Sa fille, femme de Philippe d'Ibelin, 176.
ZARRA, 373.
ZARTE (Alisperto), 397.
ZEBE (Manuel), 419, 421.
ZEN ou ZENO (Charles), 349.
ZERBAS (Pierre, Pero), sire de Suna (nom altéré), 418. Cf. *Hist.*, III, 499.
ZETTO (Giameco), 443.
ZIBLET, ZIMBLET. Voir GIBLET.

ERRATA.

Page 53, ligne 3 du 2ᵉ alinéa, au lieu de : *Monferrato Bonifacio,* lisez : *Monferrato [fratello di] Bonifacio.*

107, ligne 12 du 2ᵉ alinéa, au lieu de : *Faihredin,* lisez *Fachredin.*

115, ligne 8 du 2ᵉ alinéa, au lieu de : *Ioan de Troes,* lisez : *Joan de Foies.*

140, ligne 18, au lieu de : *Ugo da Gulier; Simon da Gulier,* lisez : *Ugo d'Agulier, Simon d'Agulier.*

172, ligne 3, au lieu de : *1108,* lisez : *1128.*

179, 1ʳᵉ ligne, 3ᵉ mot, au lieu de : *molta,* lisez : *molto.*

190, ligne 21, au lieu de : *l'abaldezza,* lisez : *la baldezza.*

354, à la manchette, au lieu de : *Nicolas de Guarco,* lisez : *Antoine de Guarco.*

419, ligne 3, au lieu de : *Calaberto,* lisez : *Galamberto.*

445, ligne 7, au lieu de : *Cadauna,* lisez : *Cudunos,* comme dans le manuscrit de Paris.

CARTULAIRE DE LANDÉVENNEC,

PAR

MM. LE MEN ET ÉMILE ERNAULT.

PRÉFACE.

Le principal auteur de cette édition est M. René-François-Laurent Le Men, archiviste du Finistère, mort à Quimper le 2 septembre 1880.

L'un des membres les plus zélés de la Société archéologique du Finistère, fondateur du musée archéologique de Quimper, M. Le Men a publié, outre un certain nombre d'articles d'érudition, quatre ouvrages importants :

1° Une réimpression de la partie bretonne du *Catholicon de Lagadeuc*, Lorient [1867], in-8°; — 2° *Histoire de l'abbaye de Sainte-Croix de Quimperlé*, par dom Placide Le Duc, bénédictin de Saint-Maur, Quimperlé, un vol. in-8°; — 3° *Études historiques sur le Finistère*, Quimper, 1875, 1 vol. in-8°; — 4° *Monographie de la cathédrale de Quimper*, Quimper, 1877, 1 vol. in-8°.

C'est M. Le Men qui a proposé au Comité des travaux historiques la publication du Cartulaire de Landévennec, c'est lui que le Comité a désigné comme éditeur, en chargeant de la surveillance de la publication le signataire de ces lignes. M. Le Men a préparé la copie qui a été envoyée à l'impression; mais la mort l'a empêché de corriger les épreuves et de rédiger l'index. Il a été remplacé dans ce double travail par son savant compatriote M. Émile Ernault, aujourd'hui maître de conférences à la Faculté des lettres de Poitiers.

DESCRIPTION DU MANUSCRIT.

Le document édité ici sous le titre de *Cartulaire de Landévennec* commence au folio 140 v° et finit au folio 164 v° d'un manuscrit du XI° siècle qui appartient à la bibliothèque de la ville de Quimper. Ce manuscrit paraît avoir eu originairement 166 feuillets. Au XVII° siècle ces feuillets ont été numérotés en chiffres arabes, avec deux erreurs. L'une de ces erreurs a consisté à passer de 11 à 13, en comptant un feuillet de trop à commencer par le feuillet coté 13 inclus, qui est en réalité le douzième; l'autre erreur a, par compensation, fait compter un feuillet de moins qu'il ne s'en trouvait réellement entre les feuillets cotés 73 et 89. Depuis l'époque où ce numérotage a été inscrit sur les feuillets du manuscrit de la bibliothèque de la ville de Quimper, 16 feuillets ont disparu : cette lacune comprend les feuillets cotés de 74 à 88. On peut la réparer en recourant à deux manuscrits latins de la Bibliothèque nationale. C'est d'abord le n° 5610 A (x[e] ou xie siècle). Le passage correspondant à cette lacune commence, dans ce dernier manuscrit, au folio 44 r°, ligne dernière, et se termine au folio 54 v°, ligne 17. On peut consulter aussi à la même bibliothèque le manuscrit latin 9746 (xvie siècle), du folio 33 v°, ligne 7, au folio 40 r°, ligne 8; ce manuscrit est une copie de celui de la ville de Quimper.

Dans le manuscrit de Quimper, la lacune dont il s'agit s'est produite depuis l'époque où dom Lobineau a réuni les matériaux de son *Histoire de Bretagne*. Le tome II de cet ouvrage contient aux colonnes 25 et 26 divers extraits du livre II de la vie de saint Guénolé par Gurdestin; or ces extraits sont tirés de la portion du manuscrit de Quimper dont l'absence constitue aujourd'hui cette lacune. Le tome II de l'*Histoire de Bretagne* a paru en 1707. A cette date, ou du moins à la date à laquelle a été exécutée la copie dont Lobineau a fait usage, les seize feuillets dont nous signalons l'absence existaient encore.

Pour nous cette lacune a peu d'importance puisqu'elle se trouve dans une partie du manuscrit de Quimper que nous ne reproduisons pas, et puisqu'on peut la réparer à l'aide d'autres manuscrits. Ce qui est plus grave, c'est que deux feuillets manquent dans la partie que nous publions, c'est-à-dire au 19e des 21 cahiers dont se composait originairement notre manuscrit; ces feuillets devraient porter les n°s 147 et 148. Ils étaient déjà en déficit au xvie siècle, comme on le voit par la copie du manuscrit de Quimper qui forme le manuscrit latin 9746 de la Bibliothèque nationale. Au folio 72 v° de cette copie, les deux feuillets manquant au manuscrit de Quimper ont fait défaut au copiste, qui ne s'est pas aperçu de cette lacune, ou qui du moins ne l'a pas signalée.

Avant le numérotage des folios des manuscrits de Quimper au xviie siècle, on ne pouvait se rendre compte de l'importance de ce manuscrit que par le nombre des quaternions ou cahiers dont il se composait.

PRÉFACE.

En voici l'état :

NUMÉROS D'ORDRE des quaternions.	FOLIOTAGE.	NOMBRE des FEUILLES de parchemin.	COTES en CHIFFRES grecs.	COTES en LETTRES romaines.
1	1-8	4	A	a
2	9-17 [9-16]	4	B	b
3	18-25 [17-24]	4	Γ	c
4	26-33 [25-32]	4	Δ	d
5	34-41 [33-40]	4	E	e
6	42-49 [41-48]	4	ϛ[1]	f
7	50-57 [49-56]	4	Z	g
8	58-65 [57-64]	4	H	h
9	66-73 [65-72]	4	Θ	i k
[10]	[73-80]	[4]	[I]	[l]
[11]	[81-88]	[4]	[I A]	[m]
12	89-96	4	I B	n
13	97-104	4	I Γ	o
14	105-112	4	I Δ	p
15	113-120	4	I E	q
16	121-128	4	I [ϛ]	r
17	129-136	4		s
18	137-144	4		t
19	145-150 [145-152]	3 [4]		v
20	151-158 [153-160]	4		x
21	159-164 [161-166]	3		y

[1] Épisème *vau* ou *digamma*.

Le nombre des quaternions était donc de vingt et un. S'ils avaient tous été composés de quatre feuilles de parchemin donnant huit feuillets, ils auraient fourni un total de 168 feuillets; mais le 21ᵉ quaternion n'ayant que trois feuilles de parchemin, ou 6 feuillets, il y a deux feuillets à retrancher; par conséquent, le manuscrit avait 166 feuillets au lieu de 168. Il manque aujourd'hui dix-huit feuillets, c'est-à-dire : 1° les seize feuillets constituant les deux quaternions numérotés 10 et 11; 2° deux feuillets du 19ᵉ quaternion.

Les quaternions sont cotés en lettres latines sur le bas de la première page.

Le premier quaternion fait seul exception : sa cote est inscrite au bas de la troisième page ou au recto du folio 2.

Outre ces cotes en lettres latines, les seize premiers quaternions portaient des cotes en chiffres grecs inscrites sur le bas de la dernière page. La cote du premier quaternion est à peu près effacée. Les quaternions 10 et 11 sont perdus. Restent treize quaternions, qui nous offrent des cotes en chiffres grecs parfaitement lisibles. Ce sont des capitales qui semblent de la même date que le texte du manuscrit, et qui auraient, par conséquent, été écrites vers le milieu du xi° siècle. Le scribe auquel on les doit connaissait la valeur numérale du digamma, qui est six, et celle de l'iota, qui vaut dix.

Notre manuscrit offre deux particularités paléographiques intéressantes : l'emploi de l'*apex* ou accent aigu pour distinguer la voyelle longue ; l'emploi du demi *h* interlinéaire au lieu du *h* minuscule ordinairement usité. Ces particularités paléographiques se rencontrent dans les manuscrits irlandais, avec d'autres caractères que n'offre pas le manuscrit de la ville de Quimper. Dans l'écriture irlandaise, l'usage de l'*apex*, pour distinguer la voyelle longue, se constate dès le viii° siècle, et il s'est maintenu jusqu'à nos jours. Le demi *h* interlinéaire y apparaît pour la première fois au ix° siècle : on en a signalé des exemples dans deux manuscrits de cette date, écrits et glosés par des Irlandais, le Priscien de Saint-Gall et le Priscien de Leyde[1], et il a persisté dans certaines éditions irlandaises jusque dans notre siècle[2], quoique, dès le xiv° siècle, on le voie de temps en temps alterner avec le point supérieur[3], employé à l'exclusion

---

[1] Zeuss, *Grammatica celtica*, 2° édition, p. 70. Les gloses irlandaises du Priscien de Saint-Gall ont été publiées par M. Ascoli : *Codice irlandese dell' Ambrosiana*, t. II, Turin, 1880, in-8° ; celles du Priscien de Leyde se trouvent dans l'ouvrage de M. Zimmer, intitulé, *Glossae hibernicae*, Berlin, 1881, in-8°, p. 226, cf. lix. On trouve à peu près le même signe employé pour *h* dans le *Pater* latin en caractères grecs du livre d'Armagh (f° 36 r°), au mot *hodie*. Ce manuscrit est du ix° siècle et appartient au collège de la Trinité de Dublin.

[2] Voyez par exemple la partie de l'Histoire d'Irlande de Keating publiée à Dublin en 1811.

[3] Voyez les célèbres manuscrits irlandais connus sous le nom de *Leabhar breac* et le livre de Ballymote. M. Gilbert, dans ses *National mss. of Ireland*, part III, plate XXX, donne le *fac-similé* d'une page du *Leabhar breac*: en général l'abréviation de *h* est le demi *h* interlinéaire, cependant ce signe est remplacé par le point supérieur dans *tuatha* (col. 1, ligne 25), *chombreic* (col. 2, ligne 17), *focher* (col. 2, ligne 25), *lethchil* (col. 2, ligne 26), *comchendach* (col. 2, ligne 44). Pour le livre de Ballymote, voy. Gilbert, *Na-*

PRÉFACE. 539

du demi *h* interlinéaire dans divers documents manuscrits et imprimés du xviie, du xviiie et du xixe siècle [1].

Les exemples d'*apex* sont très fréquents dans le manuscrit de la ville de Quimper : nous signalerons par exemple *prohibére* (f° 3 v°), *dé* (dix-huit fois, du f° 5 r° au f° 6 v°), *vi* (f° 9 v°), *né* (f° 10 r°), *sé* (f° 14 r°). On en trouvera plusieurs autres dans le texte publié plus bas.

Du demi *h* interlinéaire, nous avons deux exemples : l'un dans le nom propre *Amhedr* (f° 152 v°), l'autre dans le mot *hospicio* (f° 163 v°).

Il y a entre l'Irlande et les moines de Landévennec des relations intimes. Elles sont établies par un diplôme de Louis le Débonnaire qui était daté de l'an cinq du règne de ce prince, et remontait à l'année 818 de notre ère. Ce diplôme nous apprend que les moines de Landévennec avaient reçu la règle et la tonsure des Irlandais : *cognoscentes quomodo ab Scotis sive de conversatione, sive de tonsione capitum accepissent* [2].

Louis le Débonnaire décida que les moines de Landévennec adopteraient la règle de Saint-Benoît et la tonsure romaine. Cet ordre fut exécuté l'année même [3]. Nous nous sommes d'abord demandé si l'emploi de l'*apex* sur les voyelles longues et celui du demi *h* interlinéaire n'auraient pas été, à Landévennec, au xie siècle, un débris des usages irlandais supprimés au ixe siècle. Mais d'observations déjà anciennes et de recherches plus récentes faites par le savant et obligeant administrateur général de la Bibliothèque nationale, M. Léo-

---

tional mss., part III, plate XXV, et O'Curry, *Lectures on the manuscript materials*, plates IX et X, figures X, Y et Z. Dans ce manuscrit, le point supérieur est plus usité que le demi *h* interlinéaire, cependant on trouve ce dernier signe dans *uáithi* (O'Curry, fig. X, ligne 3), *graphaind* (O'C., fig. Z, ligne dernière).

[1] Lettre adressée à Robert Nugent dans Gilbert, *National mss.*, part IV, 1, plate XXXIV ; — *Grammatica latino-hibernica nunc compendiata*, authore Rev. P. Francisco O'Molloy, Rome, 1677 ; — *The english-irish dictionary. An focloir bearla gaodheilge ar na chur a n-eagar le Conchobar O'Beaglaoich mar-aon le congnamh Aodh Buidhe Mac-Cuirtin*, Paris, 1732 ; — *Annals of the kingdom of Ireland by the Four Masters*, Dublin, 1851, sept volumes in-4°, etc.

[2] Ce diplôme a été déjà publié plusieurs fois. Voyez Sickel, *Acta regum et imperatorum Karolinorum*, t. II, p. 121. En collationnant le texte des éditions avec la copie contenue au ms. latin de la Bibliothèque nationale 5610 A (f°* 52 v°-53 r°), on pourrait introduire dans ce texte quelques améliorations : *Hludouuicus* au lieu de *Ludovicus*, etc.

[3] Vie de saint Guénolé par Gurdestin, chez Lobineau, *Histoire de Bretagne*, II, 26 ; Morice, *Mémoires pour servir de preuves à l'Histoire de Bretagne*, t. I, col. 228.

68.

pold Delisle, il résulte que l'emploi du demi *h* interlinéaire a été fréquent sur le continent du ixᵉ siècle au xiiᵉ et a encore persisté au xiiiᵉ. M. Delisle nous a signalé notamment : 1° deux exemples tirés de deux sacramentaires tourangeaux, le premier du ixᵉ siècle, le second du xiᵉ ou du xiiᵉ, ms. 184 de Tours (fᵒˢ 158 v°, 264 v°); 2° deux exemples fournis par le ms. de Leyde, n° 38 du fonds Scaliger, commencement du xiiᵉ siècle (f° 77); 3° un exemple offert par le ms. 538 de Wolfenbüttel, qui date du xiiiᵉ siècle et qui a été écrit par un scribe français. L'*apex* pourrait donner lieu a des observations analogues. Ainsi doit s'expliquer la présence du demi *h* interlinéaire et de l'*apex* dans le cartulaire de Landévennec appartenant à la bibliothèque de Quimper; il est inutile de recourir à l'hypothèse d'une influence irlandaise.

Le manuscrit de la ville de Quimper s'ouvre (fᵒˢ 1 v°-2 r°) par le récit d'un miracle que l'intercession de saint Guénolé aurait opéré en faveur d'un jeune garçon frappé par la foudre; on trouve aussitôt après (fᵒˢ 3-114) la vie, en prose et en vers, de saint Guénolé, écrite au ixᵉ siècle par le moine Gurdestin, qui paraît avoir été abbé de Landévennec de 870 à 884 [1]. M. Ramé a donné dans le *Bulletin du Comité des travaux historiques*, année 1882 (p. 421 et suivantes), une savante étude sur ce document, et il en a publié des extraits (*ibid.*, p. 444-448).

Viennent ensuite : des compositions en vers en l'honneur de saint Guénolé (fᵒˢ 114-129); M. Ramé (*op. cit.*, p. 423-425) les attribue en partie au même Gurdestin; les leçons de l'office de saint Guénolé (fᵒˢ 130-135), toujours par Gurdestin (Ramé, *op. cit.*, p. 425-426); enfin (fᵒˢ 135-140) une vie anonyme de saint Idunet ou Ethbin (Ramé, *op. cit.*, p. 439-440).

Après tous ces documents, commence le texte que nous publions : une liste des abbés de Landévennec, un recueil de chartes et de notices de donations, dont une partie paraît avoir été fabriquée au xiᵉ siècle, dont les autres datent du xᵉ et du xiᵉ siècle, sauf quelques notes marginales du xiiᵉ et du xiiiᵉ siècle; en dernier lieu, une liste des comtes de Cornouaille.

La première partie de la liste des abbés paraît avoir été écrite d'une autre main que la portion du manuscrit qui précède. Cette main nouvelle est celle à laquelle nous devons la plus grande partie du texte que nous publions. Le dernier nom compris dans cette première partie de la liste est celui du dix-septième abbé,

---

[1] *Gallia christiana*, t. XIV, col. 896 A.

c'est-à-dire le nom d'Elisuc, qui gouverna l'abbaye de 1047 à 1055[1]. La date de l'avènement d'Elisuc a été placée à la suite de son nom par le scribe auquel on doit cette portion de la liste et la copie de la plus grande partie du texte qui suit.

Jusques et y compris Elisuc, les initiales des noms des abbés sont écrites alternativement en encre rouge et en encre verte, et ces noms sont suivis de chiffres romains en encre rouge qui donnent leurs numéros d'ordre. A partir du successeur d'Elisuc, ce double caractère cesse d'exister : l'initiale est écrite en encre noire, et le numéro d'ordre qui désormais manque d'ordinaire est tracé en noir les deux fois qu'il apparaît. Le nom du dix-huitième abbé, Kyllai (1056-1085)[2], ne doit pas avoir été écrit par le même scribe que le corps du manuscrit, l'a et l'i sont caractéristiques.

La liste des comtes de Cornouaille, placée à la fin du manuscrit, se termine par le nom de Houel, qui régna de 1058 à 1084, qui fut par conséquent contemporain de Kyllai. Comme le nom de cet abbé, cette liste est tout entière écrite à l'encre noire, et bien que datant du xie siècle, de 1084 au plus tard, elle a été écrite postérieurement à la principale partie du texte que nous publions. Elle est l'œuvre d'un scribe différent de celui qui a écrit la portion la plus considérable de ce texte, et un scribe unique l'a écrite tout entière, sauf quelques notes ajoutées dans les deux siècles suivants.

La partie la plus considérable du recueil des chartes, commençant au folio 141 r°, paraît avoir été écrite intégralement par un seul scribe depuis le commencement jusqu'à la première ligne du folio 163 r°, où ce scribe s'est arrêté sans achever la phrase qu'il copiait. Il traçait les titres à l'encre rouge. Quant aux initiales, il les écrivait de même, la plupart du temps, à l'encre rouge, mais quelquefois aussi à l'encre noire ou à l'encre verte. Ce scribe est le même que celui qui a commencé la liste des abbés.

Dans la vie de saint Guénolé, jusques et y compris le folio 131, c'est l'encre bleue qui, alternativement avec la rouge, a servi pour dessiner les initiales. A partir du folio 132, et jusqu'à la fin de la vie de saint Idunet, l'encre rouge est exclusivement employée pour tracer les initiales. L'écrivain qui a commencé le manuscrit de la ville de Quimper, et auquel on doit ce qu'on lit du folio 2 v° au folio 140 r°, avait probablement épuisé son approvisionnement d'encre bleue

---

[1] *Gallia christiana*, t. XIV, 896 c. — [2] *Gallia christiana*, XIV, 896 c.

quand il est arrivé au folio 132. M. Delisle m'a fait observer, en outre, que ce scribe formait les *e* minuscules autrement que celui auquel est due la copie de la plus grande partie du document que nous éditons.

Dans le texte que nous publions (f°ˢ 140 v° et suivants), un procédé nouveau est employé. Avec un scribe nouveau, l'encre verte apparaît. Elle fait concurrence à l'encre rouge avec laquelle elle alterne, du folio 140 v° au folio 161 r°. L'encre rouge persiste encore dans deux initiales, folio 162. Puis, à partir du folio 163, l'encre noire est employée seule. Or, sauf la première ligne de ce folio, le reste du manuscrit (f°ˢ 163-164) a été écrit, tant au xɪ° siècle qu'au xɪɪ° et au xɪɪɪ°, par d'autres scribes que celui auquel on doit le commencement et la plus forte partie de notre recueil. Ces nouveaux scribes n'avaient pas, semble-t-il, d'autre encre que la noire à leur disposition.

LANGUE DES MOTS BRETONS.

La plupart des mots bretons contenus dans le document que nous publions offrent les caractères distinctifs de la langue du siècle où ses différentes parties ont été écrites. C'est ainsi que, dans une note marginale du xɪɪ° siècle, apparaît le changement de la moyenne initiale en spirante, *an Vastardou* (f° 145 v°), avec un *v* initial au lieu d'un *b*, cela conformément à la règle moderne, parce qu'il s'agit d'un nom au pluriel précédé de l'article masculin du même nombre : *an Vastardou* « les Bâtards »; au singulier on devait dire *an bastard*.

Cette permutation du *b* initial en *v* est un phénomène analogue au changement du *b* final en *f* ou en *v*. Les chartes du *Cartulaire de Redon*, qui remontent au ɪx° siècle, écrivent *treb* le nom de la petite circonscription géographique qui, dans les chartes postérieures du même cartulaire, devient *trev* au x° siècle, et *tref* au xɪ° [1]. La partie de notre manuscrit qui date du xɪ° siècle nous offre toujours *tref*. Un mot, qui présente primitivement la même labiale que *treb*, le bas-latin *plebe* « paroisse », devient, sous la plume du scribe qui a écrit la plus grande partie du *Cartulaire de Landévennec*, *plueu*, avec *v* final = *b*, exemple : *Plueu Crauthon, Plueu Eneuur, Plueu Neugued*, à moins qu'on ne voie disparaître toute trace de labiale, exemple : *Ploe Ermeliac*. Comparez dans le *Cartulaire de Redon* : *Pluiu-Catoc*, dans une charte de 848 [2], *Ploi-Lan*, dans

---

[1] Loth, *Voc. vieux breton*, p. 11; voyez dans le *Cartulaire de Redon* : *Treu-Munbl*, en 904, p. 227; *Tref-hidic*, xɪ° siècle, *ibid.*, p. 310, 311. — [2] *Pluiu-catochensibus*, p. 88.

PRÉFACE.

une charte de 871[1], l'un conservant le *v* final = *b*, l'autre le laissant tomber[2]. Ainsi le *b* final, qui était médial avant la chute de la désinence, tombe ou s'affaiblit en spirante vers le milieu du ix⁰ siècle; et il y a une grande analogie entre ce phénomène et la permutation postérieure du *b* en spirante après l'article masculin pluriel : *an Vastardou*.

Ce qui est presque identique à cette permutation, c'est le changement du *b* en spirante, c'est-à-dire en *v* ou *uu*, quand il est initial du second terme d'un composé dont le premier terme est un nom ou un adjectif.

Cat-bud «victoire dans le combat» est un nom propre fréquent dans le *Cartulaire de Redon;* il est écrit *Cat-uud* dans une charte de 875 conservée par le même cartulaire, p. 213; *Gal-budic*, probablement «victorieux à la guerre», 871, p. 196 du même cartulaire, devient *gal-vudic* à la page suivante dans une charte de la même date; *Al-brit* dans deux chartes du milieu du ix⁰ siècle, p. 66, 200, est écrit *Al-vrit* dans deux chartes du même temps, p. 157, 202. Le second terme de ce mot se rencontre dans divers composés, comme *Uuen-brit*, femme de Salomon, roi de Bretagne, 857-875 (*Cartulaire de Redon*, p. 39, 45, 61), écrit *Guen-uureth, Guen-uuret* dans un diplôme de l'année 869 (*ibid.*, p. 189)[3]. Ces noms propres sont des composés asyntactiques. Dans *an Vastardou*, xiii⁰ siècle, au lieu d'un composé asyntactique dont le premier terme était originairement terminé par une voyelle, comme dans *Cat-vud, Al-vrit, Guen-uuret*, nous avons un composé syntactique dont le premier terme remplit la même condition. Dans les composés syntactiques la permutation du *b* en *v* est plus tardive que dans les composés asyntactiques.

Le *d* a plus de solidité que le *b*. La spirante qui lui correspond est le *z*. Mais cette lettre n'apparaît pas avant le xii⁰ siècle[4], et elle ne devient fréquente qu'au xiii⁰. Le *d* persiste donc dans le *Cartulaire de Landévennec*: *Budic* «victorieux», nom d'homme, plus tard *Buzic; rud* «rouge», plus tard *ruz; neuued* «nouveau», écrit *nouuid* de 826 à 851 dans des chartes que nous a conservées le *Cartulaire de Redon* (p. 86, 92, 100, 117, 133), et plus tard *nevez*.

---

[1] *Ploi-lan*, p. 197.

[2] Comparez *Jacu=Jacób*, ix⁰ siècle; *Jacutus*, xii⁰ siècle, *Cart. de Redon*, p. 346, a été fabriqué par des gens qui ignoraient l'étymologie de *Jacu*. Cf. *Grammatica celtica*, 2⁰ édition, p. 137.

[3] Cf. *Grammatica celtica*, 2⁰ édition, p. 137.

[4] *Barza=Barda*, *Cartulaire de Redon*, p. 325, charte non datée, qui se place entre 1114 et 1139.

Le *g* a, dès le ix° siècle, un sort analogue à celui du *b* : il tombe ou se change, soit en *i*, soit en *e*. Il tombe ou se change en *i* entre deux voyelles. Il tombe entre deux voyelles : c'est ainsi que le *Tegernâcus* de deux inscriptions chrétiennes de la Grande-Bretagne, écrites vraisemblablement soit au vii°, soit au viii° siècle, devient *Tiarnoc* dans une charte de 814 conservée par le *Cartulaire de Redon* (p. 102). De même dans le *Cartulaire de Landévennec*, *ti* = *tigos* «maison» forme le second terme des composés *Laed-ti* «laiterie», *Guolch-ti* «buanderie». Le *g* se change en *i* entre deux voyelles quand il est initial du second terme d'un composé : *Prit-ient*, dans une charte de 869, *Cartulaire de Redon*, p. 193, et dans plusieurs passages du *Cartulaire de Landévennec*, tient lieu d'un plus ancien *Prito-gento-s* «fils de Pritos». On trouve aussi dans le *Cartulaire de Redon* : en 895, *Hoiarn-ien* = *Ésarno-genos* «fils du fer», p. 217; au ix° siècle, *Dubr-ien* = *Dubro-genos* «fils de l'eau», p. 74; en 842, *Bud-ien* = *Bódi-genos* «fils de la victoire», p. 104. *g* se change en *e* ou *i* entre une voyelle et *l*. *Uuin-mael*, dans une charte de 862, *Cartulaire de Redon*, p. 65, est identique au *Vinne-maglus* d'une inscription datée du v° siècle par M. Hübner, *Inscriptiones Britanniae christianae*, qui l'a publiée sous le n° 157. *Cun-mailus*, dont il sera question plus loin, succède à un plus ancien *Cunomaglus*.

L'orthographe qui nous offre la chute du *g* médial, ou son remplacement par *i* ou *e*, semble représenter la prononciation du ix° siècle et des siècles postérieurs. A côté de cette orthographe les textes en offrent quelquefois une autre qui est historique et qui conserve le *g*. A côté de *Hoiarn-ien* se trouve, dans le *Cartulaire de Redon*, p. 126, 96, 220, *Hoiarn-gen*, dans des diplômes de 854, 858, 892. Le diplôme du même Cartulaire, qui porte la date de 869, et où se lit le nom propre d'homme *Prit-ient*, nous met trois fois le même nom sous les yeux avec l'orthographe historique *Pri[t]-gent*.

Gurdestin, dans sa vie de saint Guénolé, écrite dans la seconde moitié du ix° siècle, conserva l'orthographe historique du substantif *maglus* «prince», employé, soit simple, soit comme second terme de composé. Au livre I, c. xviii, il écrivit *Maglus, Cono-magli filius*[1]; son orthographe fut reproduite au x° siècle

---

[1] Conomaglus avait élevé Fracanus, père de saint Guénolé. Maglus avait joué le rôle de jockey dans une course de chevaux où luttaient l'une contre l'autre l'écurie de Fracanus et celle de Rivalus, duc de Domnonie. Maglus montait le cheval de Fracanus; il fut le vainqueur; mais, arrivé au but, il tomba, et faillit se tuer.

environ dans le manuscrit latin de la Bibliothèque nationale 5690 A (f° 28 r°), et vers 1050 dans le manuscrit de Quimper (f° 51 v°). Or *Maglus* est déjà *Mael* dans deux chartes du *Cartulaire de Redon*, 838-849, p. 47, et 832-867, p. 100. *Cono-maglus*, qui a dû être, un ou deux siècles plus tôt, *Cuno-maglus*, devait au ix° siècle se prononcer *Con-mael*, ou *Cun-mail*, si nous nous en rapportons au *Cartulaire de Redon*, qui donne l'orthographe *Con-mael* dans deux diplômes, l'un de 835-838 (p. 146), l'autre de 854 (p. 19), et qui nous offre la variante *Cun-mailus* (p. 69) dans un diplôme sans date, mais probablement contemporain des précédents.

Plus bas (livre II, c. xxiii) Gurdestin racontait l'aventure des fils d'un personnage nommé *Cat-maglus*, plus anciennement *Catu-maglus* «prince du combat». Le manuscrit de Quimper respecte l'orthographe de Gurdestin (f° 94 r° et 103 r°). Le manuscrit latin de la Bibliothèque nationale 5610 A écrit *Catmaelus* (f° 58 r°) avec *e*=*g*, comme une charte de 869, conservée par le *Cartulaire de Redon* où l'on trouve le nom d'homme *Mael-cat*, avec interversion des termes dans le nom de lieu composé *Plebs Maelcat*, aujourd'hui *Plumaugat* (p. 83). L'orthographe *Maglus*, *Conomaglus*, *Catmaglus*, nous paraît établir que Gurdestin, quand il écrivit la vie de saint Guénolé, avait sous les yeux des documents antérieurs au ix° siècle.

Au ix° siècle, les ténues persistent quand elles sont placées immédiatement entre deux voyelles ou quand elles sont finales. Deviennent quelquefois spirantes : 1° *t* précédé de *r*, de *c*, ou doublé; 2° *c* précédé de *r*, de *l*, ou doublé; *t* spirant s'exprime graphiquement par *th*; *c* spirant est représenté par *ch*. Telles sont les lois qui s'observent dans les chartes les plus anciennes du *Cartulaire de Redon*. Ainsi la ténue entre deux voyelles persiste dans *Catoc* = *Catuâcus*, chartes de 837 (p. 13) et de 872 (p. 207); *Cadoc*, charte de 826 (p. 205), a été vraisemblablement modernisé par le copiste; c'est la prononciation du xi° siècle, exemple : *Cadocus*, dans une charte de 1084 (p. 295). Nous citerons encore le *Cat-votal* = *Catu-votalos* des chartes du ix° siècle, changé en *Cadodal*, en 1060 (p. 316). Quant au *t* et au *c* spirant : Arthur avec *h* (=*Artōros*), dont il y a de nombreux exemples, s'oppose à *enep-uuert* «douaire», sans *h* final, 875 (p. 184); *march* «cheval» dans les composés s'oppose à la variante *marc* sans *h*; on trouve *Con-march* et *Con-marc* dans deux diplômes de 833 (p. 6 et 7); *Bresel-marcoc* «cavalier de guerre», en 86 (p. 61), s'oppose à *Bresel-marchoc*, 869 (p. 83), etc. *Uualc-moel* «fauconnier, domestique chargé du faucon», est écrit sans *h* dans deux diplômes, l'un de 859 (p. 25), l'autre à peu près contemporain du premier (p. 60).

Dans le *Cartulaire de Landévennec*, la tendance vers le changement des ténues médiales en moyennes est bien plus marquée que dans les chartes anciennes du *Cartulaire de Redon*, où, comme nous venons de le dire, ce changement est dû à l'influence exercée sur le copiste par l'orthographe de son temps, c'est-à-dire du xi° siècle. Ainsi le gaulois *Caratâcus* devient *Caradocus* dans le *Cartulaire de Landévennec*; à côté de *Rathenuc* « fougeraie », nous y trouvons la variante *Radenuc*; cependant *machoer*[1] « mur », du latin *maceria*, ne change sa sourde en moyenne que dans une note marginale du xiii° siècle, où son pluriel est écrit *maguerou*; *Caer-Tanett*, aujourd'hui Kerdanet, *Mor-cat*, aujourd'hui Morgat, conservent la sourde initiale du second terme.

Le changement des ténues en spirantes se fait aussi dans le *Cartulaire de Landévennec* plus facilement que dans celui de Redon. L'*enep-uuert* du *Cartulaire de Redon* devient *enep-guerth* dans le *Cartulaire de Landévennec*; au *uualc* « faucon » du *Cartulaire de Redon* on peut comparer le *guolch* qui, dans le *Cartulaire de Landévennec*, est le premier terme du composé *Guolch-ti* « buanderie ».

Je pourrais continuer cette étude, insister, par exemple, sur la forme *gu* du *v* primitif qui, dans les chartes du ix° siècle conservées par le *Cartulaire de Redon*, s'écrit ordinairement *uu*, et montrer comment *Uuin-uualoeus* est devenu *Guingualoeus*; *enep-uuert, enep-guerth*; *Uurdestinus, Gurdestinus*, dans le *Cartulaire de Landévennec*[2] ; je pourrais examiner d'autres points de phonétique, prouver, par exemple, que *oi = é* dans le *Cartulaire de Redon* devient *u* dans le *Cartulaire de Landévennec*, où *ruant = roiant, huarn = hoiarn*, etc.

Je termine ici ce travail grammatical, laissant à d'autres la tâche de le reprendre et de le compléter. J'en ai dit assez pour montrer quel genre d'intérêt le *Cartulaire de Landévennec* offre, au point de vue de la linguistique, et je vais passer à un autre ordre d'idées.

---

[1] Ici, comme dans un certain nombre d'autres mots, *ch=k*. V. par ex. : Chourentinus. On remarquera que dans *Laed-ti* « laiterie » la dentale spirante est notée par *d*.

[2] Voir, sur ce point de phonétique, Loth, *Vocabulaire vieux breton*, p. 12.

PRÉFACE.

CHRONOLOGIE DU CARTULAIRE DE LANDÉVENNEC.

Les doctrines chronologiques reçues à l'abbaye de Landévennec, du IX° au XI° siècle, sont en contradiction avec celles qu'on admet de nos jours et qui ont trouvé chez M. de la Borderie un défenseur aussi savant que convaincu. Voici la croyance des moines de Landévennec.

Matmunuc, leur troisième abbé, était contemporain de Louis le Débonnaire, dont il obtint un diplôme en 818. Ceci est reconnu comme certain par tout le monde. Mais en voici la conséquence tirée par les moines de Landévennec et presque unanimement repoussée par l'érudition bretonne des temps modernes. C'est que le premier abbé de Landévennec, saint Guénolé, vivait au siècle précédent et était contemporain de Charlemagne. Voilà ce qu'affirme le *Cartulaire de Landévennec* (f° 146 r°), dans un récit quelque peu légendaire peut-être dans certains détails, mais dont le fond n'offre rien de suspect et où il met en présence saint Guénolé, saint Corentin, le roi Gradlon et trois ambassadeurs de Charlemagne : or cette doctrine s'accorde parfaitement avec un autre passage du même Cartulaire (f°ˢ 157-158), où il est dit que saint Conocan, ayant reçu autrefois du roi Hylibertus, c'est-à-dire Childebert, probablement de Childebert III, mort en 711, une certaine propriété, *recommanda* cette propriété à saint Guénolé. Comme il résulte des observations de M. Ramé, cette théorie chronologique est conforme à la thèse de Gurdestin, qui, après avoir vanté Gradlon, Corentin et Guénolé, après avoir parlé de la splendide lumière projetée sur la Cornouaille par ces trois flambeaux, ajoute que saint Tutgual ou, pour adopter une orthographe plus ancienne, saint Tutual les précéda :

> Jamque tamen ternos praecesserat ordine sanctos
> Eximiis istos Tutgualus[1] nomine clarus,
> Cum meritis monachus multorum exemplar habendus[2].

Il est constant que saint Tutgual fut contemporain d'un Childebert, roi des Francs, qui, comme on l'admet généralement serait Childebert I°ʳ, mort en 558, mais qui serait mort en 711, si c'est Chilbebert III, comme nous penchons à le croire. En tout cas, que le Childebert contemporain de saint Tutgual soit mort en 558 ou en 711, il est impossible de placer au V° siècle des personnages qui

---

[1] *Tutualus*, dans le ms. latin 5610 A. — [2] Ms. de la ville de Quimper, f° 90 v°; ms. de la Bibl. nat., lat. 5610 A, f° 71 v°.

548   PRÉFACE.

ont vécu après saint Tutgual. On ne pourrait donc dater du v° siècle avec l'érudition bretonne moderne, dont M. Hauréau a accepté les doctrines, saint Corentin, premier évêque de Quimper[1]. Remarquons, du reste, que Félix, troisième successeur de saint Corentin, vivait au ix° siècle, exactement comme Matmunuc, troisième successeur de saint Guénolé. Il résulte de là que vraisemblablement saint Corentin doit avoir occupé le siège de Quimper au viii° siècle, époque où saint Guénolé, dans le même système, aurait fondé l'abbaye de Landévennec.

Nous ne voyons pas pourquoi on soutiendrait que le roi des Francs du nom de Childebert mentionné à propos de saint Tutgual n'a pas été Childebert III. Avant l'érection de l'évêché de Tréguier par Noménoé en 848, l'abbaye de Tréguier paraît avoir eu sept abbés, Tutgual compris[2]. En leur attribuant vingt ans d'exercice à chacun en moyenne, on trouve cent quarante ans, qui nous font remonter à l'année 708, c'est-à-dire au règne de Childebert III. Les textes hagiographiques suivant lesquels saint Tutgual est un contemporain de saint Aubin, évêque d'Angers au vi° siècle, sont interpolés[3]. On ne peut donc s'appuyer sur eux pour faire de saint Tutgual un contemporain de Childebert Ier.

La conséquence de tous ces faits serait que le fameux Gradlon, placé communément au v° siècle, aurait vécu au viii° siècle, comme saint Guénolé, comme saint Corentin, comme saint Tutgual ou Tutval, un peu antérieur à eux. Gradlon était un simple comte de Cornouaille. Par reconnaissance pour ses bienfaits, les moines de Landévennec lui ont attribué le titre de roi, et ils ont fabriqué des chartes dans lesquelles ils se sont fait donner par lui diverses possessions pour lesquelles ils n'avaient pas de titres.

Je ne prétends pas soutenir que ces doctrines chronologiques soient certaines. Je dis simplement que c'est le résultat auquel conduisent : 1° l'étude de la vie de saint Guénolé, écrite au ix° siècle par Gurdestin; 2° l'examen des documents, les uns faux, les autres vraisemblablement authentiques, contenus dans le *Cartulaire de Landévennec*. D'autres textes pourraient peut-être amener à un résultat différent. Je n'ai en aucune façon la prétention de donner une solution définitive. Je me borne à constater que la tradition de l'abbaye de Landévennec

---

[1] *Gallia christiana*, XIV, 871-872.

[2] *Gallia christiana*, XIV, 1135.

[3] M. A. de Barthélemy a découvert la plus ancienne rédaction de la vie de saint Tutgual. Il vient de la faire paraître dans les *Mémoires de la Société des antiquaires de France*, année 1883, t. XLIV, p. 104 et suivantes.

est très différente de la doctrine reçue, et que cette tradition relatée par Gurdestin au IXe siècle, vraisemblablement un siècle après la fondation monastique avec laquelle cette tradition est intimement liée, ne peut guère être considérée comme tout à fait méprisable[1].

H. D'ARBOIS DE JUBAINVILLE.

---

[1] Pour étudier le système opposé à cette tradition, on fera bien de lire les pages 4-12 d'un mémoire publié par M. A. de la Borderie (*Ann. hist. et arch. de Bretagne*, 1862).

CARTULAIRE
DE LANDÉVENNEC.

[1]

Sanctus Uuingualoeus	I
Sanctus Guenhael	II
Matmunuc	III
Segneu	IIII
Aelam	V
Gurdistin	VI
Benedic	VII
Gurdilec	VIII
Iohan	IX
Clemens	X
Clemens	XI
Clemens	XII
Iohan	XIII
Gulohet	XIIII
Cadnou	XV
Blenlivet	XVI
Elisuc in $\widetilde{\mathrm{M}}\cdot\overset{\circ}{\mathrm{XL}}\cdot\overset{\circ}{\mathrm{VII}}$ anno[1]	XVII

[f° 140 r°]

---

[1] Jusqu'à ce nom inclusivement, la liste des abbés de Landévennec est écrite de la même main que le corps du manuscrit. Les noms des abbés suivants paraissent avoir été ajoutés au fur et à mesure de leur élévation à cette dignité. Il y a presque autant de scribes différents que d'abbés.

Kyllai.
Justinus.
Guilhelmus.
Lancelinus.... .... XIX[1]
Orscandus... XXII
Elimarius M·C·XL II· anno.
Gradlonus.
Riuuallonus.
Gradlonus de plebe Sancti Eneguorii de pago Cap Cavall.
Iacobus.
Rivalonus M·CC·XVIII·
Tadic anno Domini M·CC· quadragesimo.
Rivallonus de Ploemergat.
Rivallonus de Treles.
Bernardus.
Riocus abbas istius loci de plebe Sancti Eneguorii de pago Cap Cavall.
Johannes dictus porcus.
Eudo Gormon de Leon[ia].
Alanus Piezresii qui obiit ammene.
Armaelus de Villanova apud Languern.
Alanus de Doulas, qui obiit anno Domini M·[CCC]·LXXI°, cujus anima requiescat in pace. Amen.
Hic desunt multi usque ad Joannem Brient, factum abbatem anno 604, magnum archidiaconum Cornubiæ et rectorem de Crauzon, doctorem in utroque jure.

[2]

Post ammirabile generis humani commercium, quod de antiqui facinoris fecce mundatum est, post ignitas linguarum coruscationes de cælo emissas, quibus novus cum rudi fonte imbueretur cuneus, ita ut, quod ignis doctrinæ contingeret, baptismatis unda dilueret, ita etiam

[1] XIX paraît une faute pour XXI.

et Dominus Jhesus Christus nobis transmisit sanctum Guingualoeum, de insula Thopopegia pergens siccis pedibus cum undecim fratribus per profundum pelagus, quousque Cornubiam deveniret. Sed statim ex quo ille amabilissimus venit, sicca rupis aquæ jussa est fundere eidem sancto fontem Guingualoeo. Illo vero rogante non modicum fecit inundare. His et aliis virtutibus ejus plurimis factis atque manifestatis, ibidem nutu Dei enituit, scilicet cæcos illuminavit, surdos audire fecit, mutos loqui, [claudos sanavit, paraliticos curavit, leprosos mundavit, trium mortuorum suscitator magnificus fuit, et rudes fontes inundare fecit, sicut in primo libro de vita ejus scripto nuper edidimus atque caraximus. Sed non post multum tempus sanctus Uuingualoeus iter edidit ad fratrem suum Ediunetum, qui morabatur in quendam montaneum qui vocatur Nin, serviens Deo die noctuque super ripam fluminis quod vocatur Hamn. Et ille sanctus Dei Ediunetus occurrit sancto Uuingualoeo, videns eum venientem ad sé, et se ipsum sancto Dei commendavit, id est corpus et animam et spiritum et omnia quæ habebat, et terras quas Gradlonus rex sibi dedit, id est tribum Dinan, tribum Cunhin, Caer Choc, Lan Iuncat, dimidiam partem Gumenech. Hæc omnia in dicum[bitione sancto Vvingualoeo tradidit coram multis testibus. Et ibi remansit sanctus Dei tribus diebus cum sancto Ediuneto. Loquebantur de regno cælesti. Et postea reversus est sanctus Dei ad locum suum cum quinque monachis religiosissimis optimis viris.

[3]

DE CONLOQVIO GRADLONI APVT SANCTVM WINGVALOEVM PRIMO.

Ego Gradlonus, gratia Dei rex Britonum nec non et ex parte Francorum, cupiebam videre sanctum Dei Uuingualoeum ex multis temporibus; idcirco obvius fui illi per viam in loco qui vocatur Pulcarvan. Et ideo do et concedo de mea propria hereditate sancto Vvinvvaloeo, in dicumbitione, et ut mercarer cælestia regna et ejus preces assiduas pro anima mea atque pro animabus parentum meorum sive vivorum atque defunctorum, nec non et eorum qui futuri erunt.

[4]

DE TRIBV CARVAN.

Et ideo innotescere cum pio [1] per istas litterulas quid volo illi dare coram multis testibus cornubiensibus nobilissimis et fidelibus, id est tribum Caruan, xiiiivillas.

[5]

DE INSVLA SEIDHUN.

Et insulam quæ vocata est insula Seidhun, cum omnibus ei apendiciis, in dicumbitione aeterna.

[6]

DE TRIBV PEDRAN.

Tribum Petrani, xxx villas, in dicumbitione aeterna.

[7]

DE TRIBV CLECHER. DE P[L]EBE ARCHOL. DE PLEBE TELCHRVC [2].

Tribum Clecher, xiii villas, et omnem plebem Arcol, a mare usque ad mare, et omnem plebem Telchruc, excepto Lanloebon, in dicumbitione æterna.

[8]

DE PLEBE CRAVTHON.

Terciam partem plueu Crauton in æternam hereditatem, Alvarpren in dicumbitionem aeternam, Lanloetgued in æternam dicumbitionem.

Ecce ego Gradlonus, gratia Dei rex, do sancto [Vvingualogo terciam partem plueu Crauthon ejusque aecclesiam in dicumbitione aeterna.

---

[1] Lisez *cupio*.

[2] « ..... qui sunt de genere Matret tenent [a sanct]o Wingualoeo et ab abbate suo ...m sexciatus mellis in plebe Ar[ch]el, in plebe Thelgruc xx . viii. » — Ces mots ont été ajoutés en marge, probablement au xiii° siècle. Le commencement des lignes a été rogné par le relieur.

[9]

Tres filii Catmagli, inique agentes, venerunt nocte ad locum sancti Uuingualoęi, et ibi rapinam fecerunt quasi lupi rapaces. Modo autem per virtutem sancti Dei cælebites sunt. Et ideo tradiderunt hereditatem suam sancto Vvingualoęo in æternam hereditatem. Ego Gradlonus hoc affirmo, Roscatmagli in dicumbitione aeterna sancto Uuingualoęo.

[10]

Haec memoria retinet, quod emit Gradlonus Eneshir, atque Rachenes, Caerbalauan, nec non et Ros Serechin, de auro atque argento, quod accepit filii regis Francorum; et postea tradidit sancto Uuingualoęo in dicumbitione Tref Pulcrauthon, Tref Lés, Morcat, Sent Uurguestle, Bois, Les Rattenuc, Labou Hether, Lan Cun, Tref Cun.

[11]

Hae litterae narrant, quod ego Gradlonus [iterum dó sancto Uuingualoęo dimidiam partem Tref Hirgard, Tref Caruthou, Guern Pen Duan, IIIes villas; Lan Tnou Miou, Lan Gun[,] Caer Gurcheneu, Les Tnou, III[or] villas; Caer Gurannet, Les Cletin, dimidiam partem Caer Beat, Tí Ritoch Han Silin, Tref Limunoc, Caer Pont, Tref Pul Dengel, Sent Rioc, dimidiam partem Ros Tuder, Solt Hinuarn, Caer Truu, in dicumbitione.

[f° 143 v°]

[12]

DE TRIBU UUILLERMEÆN.

Et iterum haec memoria retinet, quod emit sanctus Uuiconus quandam tribum in vicaria, quæ vocatur Trechoruus nomine, Tref[1] Uuilermeaen, Lan Hoiarnuc ex quinque libris aureis preciosissimis a Gradlono rege in perhennem hereditatem, et tradidit sancto Uuingualoęo pro anima sua. Ego Gradlonus hoc affirmo in dicumbitione.

[1] Dans le manuscrit, *tres*.

[13]

DE TRIBV LAN TREFHARTHOC.

[Sub eodem tempore emit Harthuc transmarinus quandam tribum, xxii villas, in plebe quae vocatur Brithiac, per ccc^{tos} solidos argenteos in æternam hereditatem a Gradlono, rege Britonum. Et ille non habebat filios neque parentes nisi tantum seipsum solum, et ideo se ipsum commendavit predicto regi atque omnia sua. Sed tamen, dum ille defunctus esset, ego Gradlonus accepi ipsam terram, quæ vocata est Tref Harthoc; cum omnibus ei apendiciis, pratis, silvis, aquis, cultis et incultis sancto Uuingualoeo in dicumbitione do et affirmo propter sepulturam meam a[t]que pretium sepulchri mei.

[14]

DE TRIBU QUI SUNT IN BRITHIAC.

Rursus sub eodem hujus temporis articulo hæ litterae narrant, quod mortuus est filius meus amantissimus Rivelenus, et ego ideo Gradlonus, gratia Dei rex, dó et con[cedo in dicumbitione sancto Uuingualoeo pro anima ejus atque sepulturam illius : id est tribus tres de mea propria hereditate quae vocatur Guodmochus : Tref Les, vii villas, Solt Gneuer, Tref Budgual, Tref Marchoc, vii villas, Caer Gurhouen, Penn Hischin, Busitt, Lan Hoetlleian, Cnech Crasuc, Sulian, Lisiann, Anlaedti, Ludre Sirfic, Caer Deuc, Bot Tahauc, Tref Cann, vii villas, et unum scripulum terræ in Moelian. Haec omnia do sancto Uuingualoeo pro anima ejus Riuelen in dicumbitione aeterna. Amen.

[15]

DE TRIBV HERPRITT ET LANBERTHVUAULD.

Eodem quoque tempore erat quidam vir sanctus Dei nomine Berduualt qui et seipsum commendavit et omnia sua, id est Lan Herprit et locum, qui vocatur Lan Bertuualt, cum omnibus ei apendiciis sancto Uuingualoço in dicumbitione. [Ego Gradlonus, nutu Dei rex, hoc affirmo in dicumbitione.

[16]

DE LAN RITIAN [1].

Hae literae narrant, quod ego Gradlonus do de mea propria hereditate scripulum terræ viro Dei sancto Tanuoud, Tnou Mern, pro redemptione animae meæ in aeternam hereditatem; et ille postea commendavit se ipsum sancto Uuingualoęo cum omnibus sanctis. Ego Gradlonus hoc affirmo in dicumbitione.

[17]

Et iterum hæc memoria retinet, quod quidam vir nobilis nomine Cunianus tradidit subjectionem atque ęlemosinam de sua propria hereditate, id est tria vicaria, Uuoeduc, Luhan, Buduc, sancto Uuingualoęo, xvi modios frumenti uno quoque anno usque Lanteguennoc. Ego Gradlonus hoc [affirmo in nomine Dei summi.

[f° 145v°]

[18]

DE LAN TREFMAEL [2].

Ita etiam sub eodem tempore quidam vir indolis nomine Uur-

---

[1] «Lan Ritian II sextaria et I pastum. De terra Minihi ecclesie Guoethuc VIII; unum pastum de capellano ecclesie, et unum pastum decimat.....» — Cette note a été écrite au XII° siècle en marge du folio 145 v°.

[2] «Hec sunt debita Landrefmael Haethurec Caer Nilis IX sextaria frumenti. De terra Hedrgual II sextaria frumenti et unum pastum. De terra Gleulouen [I]I sextaria et unum pastum. De terra Jedecael Guidet III modios frumenti. [L]an Huncat II sextaria. Pul Scayen II sextaria. Kaer Foet I sextarium. De terra An-Vastardou III sextaria frumenti. De terra Hinebet II sextaria et unum modium et duo pasta. Buort III sextaria frumenti. [De] terra Hebguoeu in Ro Riguin II sextaria. [De] terra An-Prunuc I sextarium et I pastum. De terra An-Kelihuc I sextarium.» — Cette note a été écrite au XII° siècle dans la marge gauche du folio 145 v°.

«Terræ de Landremael, Penannaut, Kaer Bea...os, Kaer Cadaven, An-Kelioc, An-Luch.

«De Goedoc, terra Briendi Conrrier, an Staer, Run an-peliet, an-Birit, an Busit, Lan guegon an Maguaerou.

«An-Porht Gludoc, Run Guennargant, Landremael.» — Ces trois derniers paragraphes ont été écrits au XIII° siècle sur la marge gauche du folio 145 v°.

A droite on lit en écriture du XVII° siècle: «Landremel.»

meini tradidit suam propriam hereditatem sancto Uuingualoęo pro redemptione animæ suæ ejusque parentum post se in aeternam hereditatem, id est : Tref Ardian, Ros Guroc, Buorht, Pen Carhent, Tref Tocohan, Ros Riuuen, Tref Rinou, Lan Tref Mael, Caer Poeth, Caer Uuern, cum omnibus ei apendiciis cultis et incultis in dicumbitione. Ego Gradlonus hoc affirmo in dicumbitione aeterna. Amen.

[19]

DE TRIBV VVINVVIRI [1].

Ego Gradlonus do sancto Uuingualoęo quandam tribum Uuinguiri in plebe Niuliac, in Gurureęn Lan Sent, in Lan Chunuett Les Radenuc, in Rioc Lan Preden v villas, Loc Iunguorett, [v villas, in Neuued Lan-Tutocan, Lan Sonett in plebe Treguenc, locum sancti Uuingualoęi in Buduc, v villas.

[20]

DE TRIBV LAN SENT [2].

Item tunc quidam vir nomine Uuarhenus erat vir nobilis et auctor atque pincerna regis Gradloni. In cujus domo erat Gradlonus, rex Britonum, quando venerunt nuntii regis Francorum nomine [Karolus][3] magnus ad illum. Tres nuntii fuerunt; haec sunt nomina illorum :

---

[1] «Guinguri.» — Note marginale en écriture du xviie siècle.

[2] «Lan Sent.» — Note marginale en écriture du xviie siècle.

[3] Le mot *Karolus* a été effacé dans le cartulaire original et remplacé, probablement vers la fin du dix-septième siècle, par *Theods*, lisez *Theodosius*; et sous *Theods* on distingue encore l'écriture primitive. En marge on lit la note suivante : *Tres nuncii religiosissimi missi a Theodosio magno*. L'écriture est du seizième siècle, sauf celle du mot *Theodosio*, qui a été tracé en surcharge sur *Karolo* vers la fin du dix-septième siècle ou le commencement du dix-huitième. Le haut des hastes du *K* et de l'*l* de *Karolo* est encore visible.

La copie du seizième siècle qui porte à la Bibliothèque nationale le n° 9746 du fonds latin est antérieure à ces altérations du manuscrit du onzième siècle; le scribe a écrit (folio 71 v°) : *Venerunt nuncii regis Francorum nomine Carolus magnus*. Un correcteur du dix-septième siècle a voulu changer *Carolus* en *Theodosius;* mais son encre, plus noire que celle du premier scribe, laisse parfaitement lisible l'écriture primitive du manuscrit latin 9746.

Florentius, Medardus, Philibertus, tres sancti Dei religiosissimi, a Deo electi, atque prenominati ut nuntii essent ad Gradlonum ut deprecarentur illum propter Deum omnipotentem et Filium et Spiritum Sanctum et Christianitatem et baptismum ut citius veniret adjuvare obprorobrium (*sic*) Francorum et captivitatem et mise[riam eorum, quia virtus illi erat a Deo data, ut deleret genus paganorum per gladium Domini. Et vota voverunt illi xiiii civitates in terram Francorum, et hoc illi juraverunt jussione regis. Et ille spopondit ire propter jurationem illorum quod sibi juraverunt in ęternam hereditatem et semini suo. Idcirco erant ibi sanctus Chourentinus isdemque sanctus Uuinuualoęus ad conloquium regis atque in concilio. Ego Uuarhenus vir timens Deum commendo me ipsum sancto Uinuualoęo cum omnibus meis, id est corpus meum et animam meam et spiritum atque hereditatem, coram his testibus supradictis. Ego Gradlonus rex sancto Uuingualoęo hoc aff[i]rmo in dicumbitione aeterna. Amen. [Et qui frangere aut minuere voluerit a Deo caeli sit maledictus et dampnatus. Amen.

[21]

DE LAN RIOC.

Haec memoria retinet, quod sanctus Riocus, cujus mater per virtutem sancti Uuingualoęi suscitata fuit a mortuis, omnem hereditatem sibi separatam ab omnibus parentibus spetialiter Deo et sancto Uuingualoęo obtulit in monachiam perpetuam. Idcirco se ipsum commendavit sancto Uingualoeo cum omnibus suis atque propriam hereditatem in aeternam possessionem. Ego Gradlonus, gratia Dei rex, affirmo in Dei nomine in dicumbitione sancto Uuingualoęo pro anima mea. Et qui minuere aut frangere voluerit, a Deo sit maledictus, sit et dampnatus. Amen.

[22]

DE LAN RATIAN.

Hae literae narrant, quod ego Gradlonus,] rex, tradidi de mea propria hereditate sancto Dei Ratiano[1] quandam tribum in Scathr, Ti Fentu, Bot Frisunin; atque terram quæ vocata est Lan Ratian, id est duodecim scripulos terræ; Tili Meuuer, Sent Iglur, Pencoett, in vicaria quæ vocatur Choroe; et Penn Guern in plebe Turch in hereditatem æternam. Sed isdem sanctus Ratianus propter cladem suae gentis deprecatus est Deum et sanctum Uuingualoeum, et sicut in aliis locis multis, ita et nunc exaudivit illum Dominus, quando custodivit locum ejus a supradicta mortalitate. Et ideo se ipsum commendavit sancto Uuingualoęo cum omnibus suis. Ego Gradlonus hoc affirmo in dicumbitione in aeterna possessione. Amen.

[23]

DE TIRIFRECHAN.

Ego Gradlonus rex veni usque Lanteguennoc ad sanctum . . . . .[2] [anni Domini[D] CCCC...[3] Indictiones X, concurrentes VII. Terminus paschalis... VIII kal. aprilis[4].

[24]

DE AECCLESIA SANCTUS.

In nomine Dei summi et amore regis superni, qui de virgine dignatus nasci pro redemptione generis humani. Quidam vir indolis clericus moribus ornatus stemate regalium ortus nomine Hepuuou, filius

---

[1] En marge, en écriture du dix-huitième siècle : «S. Ratianus.»

[2] En marge on a écrit au dix-septième siècle, à la suite de *sanctum*, le nom propre *Guingaletum*. Plus bas on lit en écriture du quinzième siècle : *Nota defecit hic quidquam;* et en écriture du dix-huitième : *Hic desunt quædam folia*. Le scribe qui au seizième siècle a exécuté la copie de la Bibliothèque nationale (manuscrit latin n° 9746) n'avait pas à sa disposition les deux feuillets manquants : on peut le voir au folio 72 v° de sa copie.

[3] Une rature d'une lettre précède la notation chronologique CCCC; une rature d'environ cinq lettres la suit. Ces deux ratures existaient déjà au xviiie siècle, où l'on a écrit en haut de la marge : *Scriptum fuerat anno DCCCC, etc.* Elles remontent au moins au xvie siècle, puisque la copie qui appartient à la Bibliothèque nationale, et qui forme le n° 9746 du fonds latin, nous offre (fol. 72 v°) une transcription de ce passage où les lettres raturées manquent.

[4] Comparez ces notations chronologiques avec celles qui se trouvent aux folios 150 r° et 156 v°.

Riuelen atque Ruantrec, qui cuncta despiciens terrena, modis omnibus cupiens adipisci cælestia, tradidit de sua propria hereditate sancto Uuingualoęo æcclesiam Sanctus spetialiter sibi a cunctis parentibus atque fratribus inclitis. Et idcirco ego Hepuuou confi[teor hodie coram Deo primitus et coram altare sancti Uuingualoei atque coram domino abbate Benedicto et coram istis monachis, qui in circuitu meo sunt, quod ego comparavi ipsam æcclesiam Sanctus a fratribus meis de auro atque argento et caballis optimis; nec non et aliam terram meam propriam hereditatem dedi eis, ut esset michi specialiter in æternam hereditatem a cunctis fratribus meis, coram multis testibus Cornubiensibus nobilissimis: Uurmaelon, comes (sic) Cornubiæ; Huaruuethen, episcopo Sancti Chourentini; Benedicto, abbate Sancti Uuingualoęi; Uruoet, abbate Sancti Tutguali; atque allis (sic) plurimis fidelibus. Et idcirco ego Hepuuou dó et concedo predictam [aecclesiam hodie sancto Uuingualoęo in dicumbitione atque in æterna hereditate pro anima mea atque pro animabus parentum meorum sive vivorum atque defunctorum, ut ex rebus transitoriis, purgatis squaloribus facinorum, vera dispensatione supernæ pietatis regna merearer gaudiflua soliditate perpetuatis sancti Uuingualoęi precibus assiduis. Et si aliquis temerarius fuerit qui hanc scriptionem frangere templaverit, sciat se alienum fore a liminibus sanctæ Dei æcclesiæ, et partem ejus cum Dathan et Abiron, quos terra deglutivit, nec non et cum Juda et Pilato qui Dominum crucifixerunt. Terra sancta cymiterii non recipiat eum, et filii [ejus orfani sint, et uxor vidua. Hoc pactum est in castello Monsteriolo in die dominico in claustro Sancti Uuingualoęi coram multis testibus: Haelchodus, comes, ejusque filius Herleuuinus, testes; Benedic, abbas, testis; Ridetuuet, prepositus, testis; Martinus, decanus, testis; Caraduc, monachus, testis; Clemens, monachus, testis; Uuethenoc, monachus, testis; Heuchomarch, monachus, testis; Retchar, monachus, testis; Daniel, monachus, testis; Catuuaran, monachus, testis; Iohann, monachus, testis; Loesguoret, monachus, testis; Domiṅ, monachus, testis; Dereic, laicus, testis; Hethmeren, laicus, testis; Hoelechet, laicus; et alii multi idonei, qui viderunt et audierunt, sicut scriptum est. Et qui bene conservaverit, [f° 150 r°] [a Deo cæli benedictus sit; et, quicunque frangere vel minuere voluerit aut prohibere, anathema sit in die judicii coram Deo et angelis ejus. Amen. Anno DCCCC[to]·L·IIII· incarnationis domini nostri Jesu Christi. Epactæ XXV, indictiones III, concurrentes VII, terminus paschalis IIII° idus aprilis, in V[a] feria pridie idus augusti, luna ipsius diei VII[a], annus embolismus[1].

[25]

DE BAHT VVENRANN[2].

In nomine sanctæ Trinitatis et unicæ Deitatis. Divina concedente clementia, Alanus, dux Britonum, videns sanctum corpus Uuingualoei exul a patria peregrinaturumque in aliena hostium crudelium perturbationis causa, et reminiscens Johannis evangelistæ verba: « Quicunque vi-
[f° 150 v°] derit fratrem suum neces[sitatem habere, et clauserit viscera sua ab eo, quomodo caritas Dei manet in eo[3]? » verbaque sancti evangelii: « Quod uni ex minimis meis fecistis, michi fecistis[4]; » et, « Qui vos spernit, me contempnit[5], » et, « Qui dat pauperi, feneratur Deo, tribuensque parvum in hoc seculo comparat regnum æternum in futuro[6]. » His et aliis verbis mente timente, solidaque in Deo perscrutans omni intentione dispensatione regis superni suique miseratione: et idcirco Alanus, nutu Dei dux, qui, cuncta despiciens terrena, modis omnibus cupiens adipisci cælestia, tradidit de sua propria hereditate Sancto Uuingualoęo ejusque abbati Iohanni, quia vocavit illum infra mare atque invitavit. Et jusjurandum
[f° 151 r°] juraverunt ejus fideles illi, [antequam venisset: hi sunt Amalgod atque

---

[1] Comparez ces notations chronologiques avec celles qui se trouvent au folio 156 v°. Le scribe auquel on doit la copie de la Bibliothèque nationale, fonds latin, n° 9746, a traité la date de l'Incarnation conformément au système qui a inspiré les ratures du folio 148 r° de notre manuscrit; il a écrit la date de l'Incarnation de la façon suivante, folio 73 v°: *Tempore quo vivebat sanctus Guengualoeus anno Domini CCCC.L.IIII incarnationis Domini nostri Jhesu Christi*, substituant ainsi le cinquième siècle au dixième.

[2] Dans le manuscrit, *Vvcnrann*, avec un c au lieu d'un e.

[3] Première épître de saint Jean, chap. III, v. 17.

[4] Matth., xxv, 40.

[5] Luc., x, 16.

[6] Le texte que l'auteur de cette charte avait entre les mains n'était pas celui de la Vulgate.

Uuethenoc, super altare sancti Petri apostoli. Et iste Iohannes satisfactione deservivit inter barbaros plurimaque inter genera Saxonum atque Normanorum et necessariam multis vicibus assiduis pacemque trans mare atque infra mare ad gaudium nostrum nuntiavit. Et ideo propria jussit eum ordinare ad abbaticium supradicti sancti. Addidit quoque Sancto Uuingualoeo de sua propria hereditate, sicut supra diximus, specialiter sibi a cunctis parentibus inclitis, id est monasterium sancti Medardi ejusque terram, quatuor miliaria in longitudine, in latitudine duo miliaria, cum silvis et aquis et pratis, terrisque cultis et incultis et omnibus ei apendiciis; [et æcclesiam Sanctæ Crucis intus urbe cum omnibus ejus apendiciis, atque æcclesiam Sancti Cyrici extra civitatem; ejusdemque sancti æcclesiam, omnemque insulam, quæ nominatur Bath[1] Uuenran, cum omnibus ei apendiciis et dimidium unius vicariæ, quæ nominatur Sulse, sita in pago Namnetensium, quinque miliario distans ab urbe; ejusque aecclesiæ dimidium cum omnibus ei apendiciis, ita etiam decimas vini sui et duas partes decimarum piscium et xx modios salis de teloneo vel censu suo[2]; atque modios xx tritici, decimasque numorum assidue, et teloneum vel censum[3] salis lib[ere], unoquoque anno, prefato Sancto Uuingualoẹo ejusque abbati Iohanni in dicumbitione atque in hereditate perpetua pro stabilitate regni [et pro redemptione animæ suæ sive pro longevitate filiorum suorum atque pro animabus parentum suorum sive vivorum atque defunctorum. Ista misericordia facta, meditans more sapientis ventura, jussit hanc privilegionem facere, ut, si aliqui venturi sint, quod minime credimus, qui hanc scriptionem voluerint frangere aut violare, sciant alienos se fore a cunctis liminibus sanctæ Dei æcclesiæ, et sit pars eorum cum Dathan et Abiron, quos terra deglutivit, nec [non] cum Juda et Pilato qui Dominum crucifixerunt. Terra sancta eos cymiterii non recipiat et filii eorum orfani et uxores eorum viduæ. Hi sunt testes, qui audierunt et viderunt hæc omnia : Alan, dux; Iudhæel, comes; Iuthouen, archi-

---

[1] « Baz. » — Note marginale écrite au dix-septième siècle.

[2] Les mots *vel censu suo* en interligne.

[3] Les mots *vel censum* en interligne.

[f° 152 v°]

episcopus; Hedrenn, episcopus; Blenliuelt, episcopus; Houuel, comes; Vuerec, Nuuenoę, Saluator, episcopus; Iestin, vicecomes; Diles, vicecomes; Pritient, Uuethenoc, Amalgod, Amhedr[1], Chenmarchoc, Nut, Huon, Moysen, et alii plurimi fideles, qui viderunt et audierunt testimonium, sicut scriptum est. Et qui frangere aut minuere voluerit, ira Dei incurrat super eum et anathema sit. Amen.

Post obitum Alani, ego Tetbaldus, nutu Dei comes, hoc idem affirmo, sicut supra dictum est.

[E]go Joseph, toronensia urbe pastor, hoc affirmo.

Ego Fulcun, gratia Dei comes, ita etiam hoc affirmo, in tantum ut michi pertinet, sicut supra scriptum est.

[f° 153 r°]

Alanus dux jussit Hedrenno, episcopo, construere hanc cartam, [et dedit Sancto Uuingualoeo ejusque abbati Iohanni sicut supra diximus in dicumbitione æterna. Et qui hoc frangere presumpserit, ira Dei et sanctorum offensa incurrat super eum in presenti seculo, et insuper in futuro ante tribunal Christi rationem reddat. Amen.

[26]

DE PLEBE HAMVC[2]. DE INSVLA THOPOPEGIA.

Ego Gradlonus, nutu Dei rex, cum audirem quosdam christicolas habitantes in insula Thopopegya, per fidelem nuncium meum do sancto Uuingualoeo suisque condiscipulis secum Deo servientibus prefatam insulam Thopopegyam[3], Lan Meren et Silin, et vineam in dicumbitione perpetua usque ad petram quæ dicitur Padrun sancti Uuingualoei, in qua sculptum est signum sanctæ Crucis, Chei Chnech[4] Samsun, Rann Rett, Rann Ret Ian, dimidiam partem[5] Caer Liver, Tnou Melin, Caer

---

[1] Le h d'*Amhedr* est un signe abréviatif placé au-dessus du mot et de forme à peu près identique à celle du h interlinéaire irlandais dans le *Leabhar na hUidhre*, manuscrit de la fin du onzième siècle.

[2] «De plebe Hanvec.» — Cette note a été écrite en marge au dix-septième siècle.

[3] «Hodie Tibidi.» — Note écrite en marge au dix-septième siècle.

[4] *Chnech* est en interligne, de la même écriture que le texte.

[5] «En Hanvec.» — Note marginale du seizième siècle.

Mel, [Diri Muur, Lan Uoę, Gulet Iau, Penn Ros, in dicumbitione æterna. Amen.

[27]

DE PLEBE CASTELLO.

Hae literæ servant, quod quidam vir nobilis Eucat nomine emerat sibi hereditatem pretio multo, quæ dicta est Ros Eucat. Cum autem teneret eam sine tributo et censu alicui homini, dedit unam villam nomine Lan Eluri sancto Uuingualoeo in dicumbitione aeterna. Amen.

[28]

DE EADEM.

Erat nobilis quidam transmarinis parentibus et locuplex nimis rebus nomine Rett, qui emptam sibi habebat possessionem, quam nominavit proprio vocabulo Talar Rett. Et postea, volens aput Deum habere intercessorem, dedit sancto Uuingualoeo unum sestarium frumenti et unum cabonem et duo casea de unaquaque domo ipsius possessionis in [unoquoque anno in pridie nativitatis Domini usque in Lanteuuennuc pro redemptione suæ animę et in sepultura sua parentumque suorum istud debitum solventium [1].

[29]

DE PLEBE ERMELIAC.

Fuerunt duo ex discipulis sancti Uuingualoei in pago Enfou in Ploe Ermeliac, nomina eorum sanctus Biabilius et sanctus Martinus, jussu abbatis sui degentes vitam heremiticam, et in finem claris miraculis sancti effecti. Quorum possessio fuit, duo Ros Meuur [2] An-Cloedou Caer Cunan, Ros Maeloc.

---

[1] Le long de ce paragraphe, sur la marge gauche du folio 153 v°, on lit la note suivante, écrite probablement au douzième siècle, et fort endommagée par le ciseau du relieur : «.....Thou Elorn.....you et uxor ejus..... at dederunt unum [are]pennum (*en interligne* [c]emer) terre pro [ani]ma Doener filii sui ..... sancto Wingualoeo. Dederunt Maeluguno [et fi]liis suis ut redderent usque ad finem denarium (*ou* ... denarios) per singulum ..... ad vigiliam Sancti Michaelis.»

[2] «Rosmoduc en Longomarty en Irvillac.» — Note marginale du dix-septième siècle.

[30]

DE PLEBE ROS LOHEN ET INSULA TERENES.

[f° 154 v°]

Insulam, que dicitur Dant Enes, id est Terenes[1], eo quod Maeluc Dant Hir, pater Pritient Liusuc, dedit sancto Uuingualoeo, quando eum liberavit ab infirmitate dentis sui horrend[a], cujus divisio insulæ a mare est usque ad mare, absque ullo umquam he[rede in æterna possessione, Laedti, Guolchti, Aethurec Rethcar, et terciam partem æcclesiae, Lan Coett, v villas, Castell, III villas[2].

[31]

DE PLEIBEN.

Sepultura Pritient Blehuc, Lechuc, dimidiam partem Caer Restou, et ipse dederat istam Caer Restou[3].

[32]

DE EADEM.

Sepultura Pritienti, patris Mormani, Caer Tanett.

[33]

DE EADEM.

Harn Meini dedit Emnuc, Busitt Sent Uuarhen, Lan Uuethnoc.

---

[1] «Poulbehan.» — Note marginale du dix-septième siècle.

[2] «[A]Fradou minam frumenti. [A]Brinliguet an-Parc xv nummos. Gleucuu filius Butheuel minam [frumen]ti. De terra Terenes sextarium frumenti.» — Note marginale du XII° ou du XIII° siècle.

«De Caer Wenguethen mina frumenti et tercia pars decimæ cujus heres est Rudaldus vicarius.» — Note interlinéaire écrite au treizième siècle.

[3] «Contencio fuit super quibusdam terris apud Pleiben in Tnou Barroc inter filios Hervei Hormanni et suos ex una parte scilicet Eudonem, filium Haelguthen, qui erat primogenitus eorum, et Eudonem, [fi]lium Rivalloni calvi et [con] sanguineos suos. Dicti [fi]lii Hervei et Eudo Halgueth[e]n et Guidomarus An-Sparll optinuerunt terram quam petebant per judicium aque frigide apud Sanctum Wingualoeum a filio Rivalloni et suis. Et ideo dicti Eudon et Guidomarus An-Sparll et sui concesserunt Sancto Wingualoeo in perpetuum decimas cujusdam Kempenet qui est super Gouen Tnou-Barroc. Tunc [e]rat abbas Sancti Wingualoei [R]ivallonus de Fou,

[34]

DE BRATBERTH.

Rudheder, Carrent Luphant, Caer Niuguinen, Caer Thnou.

[35]

DE CUMMANNA IN PLEBE BERRIUN.

Caer Budian, Trefgellan, VI villas.

[36]

DE VILLA THNOV SVLCAT.

Hic narratur quod Uuenlouen filia Edmeren, et filia Uuenruant [cupiebat ex multis temporibus videre locum sancti Uuingualoẹi qui vocatur Lanteuuennoc. Vidit et introivit. Et idcirco dedit unam villam, ex quo in aecclesia, super altare sancti Uuingualoei pro anima sua atque pro animabus parentum ejus sive vivorum atque defunctorum, quæ vocatur Thnou Sulcat, sancto Uuingualoẹo in dicumbitione atque in æterna hereditate pro Dei amore coram multis testibus. Et, qui frangere aut minuere voluerit, maledictus sit a Deo atque ab angelis ejus. Et, qui bene conservaverit hanc donationem, benedictio Domini super eum sit. Amen. [f° 155 r°]

Ego Budic, comes Cornubiensis, hoc affirmo sancto Guinuualoeo, et, quod michi pertinet, liberum sit. Amen.

[37]

DE VILLA LANCOLVETT.

[Hae litteræ conservant, quod, cum transiret sanctus Uuingualoeus per domnonicas partes et venisset trans flumen Coulut, tendens ad occidentem partem, deprecabantur ut imponeret manum cuidam languido illorum. Quem statim sanavit aqua sanctificata ex fonte quem illico dederat illi Dominus. Illi vero dederunt ei locum, ubi postea mo- [f° 155 v°]

Riocus, Uruoet, Herveus Godoc, monachi. Eudon, filius [H]elguethen, et Guidomarus An-[Sp]arll dederunt in saisinam pro decima [i]lla VIII denarios in duabus vicibus. » — Note marginale écrite au treizième siècle.

nasteriolum fecerunt fratres in honore sancti Uuingualoei. Divisio istius possessiunculæ est a mare usque ad mare, sicut nobiles heredes diviserunt, ita tamen ut in loco eadem agatur opus divinum sub cura et subjectione abbatis loci Sancti Uuingualoei.

[38]

DE TRIBV LAN VVIVRETT.

Haec memoria retinet, quod felix et nobilis comes Euuenus nomine dedit sancto Uuingualoęo tribum quandam nomine Lan sancti [Uuiuureti, XII villas, cum omni debito et decima et omnibus ei apendiciis, Laedti superior et Laedti inferior, Caer Guingualtuc, cujus divisio est usque ad flumen Helorn; Caer Menedech : divisio ejus est ad occasum; Rodoed Carn id est vadum corneum[1] : divisio ad orientem et ruga quæ pergit contra meridiem.

[39]

DE TRIBV LANRIVVOROE.

Haec descriptio declarat, quod sanctus Morbretus habuit colloquium aput Sanctum Uuingualoeum, cui et se ipsum et beneficium, quod eidem sancto Morbreto dedit Evenus comes, qui dictus est magnus, et omnia quæ habuit perpetualiter, ut illum aput Deum haberet intercessorem, commendavit, quia illius nomen illis diebus cælebre habebatur. Quod beneficium dicitur Lan Riuuole cum omni debito et decima et omnibus ei apen[diciis : Languenoc, hereditas sancti Uuenhaeli, qui primus post sanctum Uuingualoeum abbas fuit; Lan Decheuc, Caer Tan, Ran Maes, Caer Galueu, super flumen Helorn.

Anno DCCCC^{ti}.L.V. incarnationis Domini nostri Jhesu Christi, epacte XXV, indictiones III[2], concurrentes VII, terminus paschalis IIII^{to} idus aprilis, in VII^a feria pridie kal. aprilis, luna IIII^a, annus embolismus[3].

---

[1] Les mots *id est vadum corneum* sont une glose interlinéaire.

[2] Au treizième siècle un correcteur a écrit sur la marge droite : « I[n]d[ictiones] XIII. »

En effet, XIII est l'année de l'indiction qui correspond à l'an de Jésus-Christ 955.

[3] Cette charte est datée du samedi 31 mars 955. Comparez les notations chronologiques

[40]

DE TRIBV NEVVED.

In nomine Dei summi et amore regis superni, qui de virgine dignatus nasci pro redemptione generis humani. Quidam vir indolis, moribus ornatus, stemate regalium ortus, nomine Moysen, qui, cuncta despiciens terrena, modis omnibus cupiens adipisci cælestia, tradidit de sua propria hereditate sancto [Uuingualoeo spetialiter sibi a cunctis parentibus inclitis nomine Tref Neuued[1] cum silvis et pratis terrisque cultis et incultis et omnibus ei apendiciis, sitam in pago Brouuerec, in vicaria Carantor, sancto Uuinuualoęo in dicumbitione atque in hereditate perpetua pro stabilitate regni et longevitate vitę magisque pro redemptione animę, ut ex rebus transitoriis, purgatis squaloribus facinorum, vera dispensatione supernæ pietatis regna mercaret gaudiflua soliditate perpetuitatis sancti Uuingualoei precibus assiduis. Et si aliquis temerarius fuerit, qui hanc scriptionem infrangere temptaverit, sciat se alienum fore a liminibus sanctæ Dei æcclesiæ, et pars ejus cum Dathan et Abiron, quos terra deglutivit, nec non [cum Juda et Pilato, qui Dominum crucifixerunt. Terra sancta et cymiterii non recipiant, et filii eorum orfani et uxores viduæ. Hoc pactum est coram multis testibus in Namnetica civitate, sicut supradiximus, Deo opitulante eidemque Iudhael, comite, affirmante. N. signum Numinoę, comitis. Signum Hedren, episcopi. Signum Iestin, vicecomitis. Signum filii. Signum Uuethenoc. Signum Rotberth. Signum Clemens.

[f° 157 r°]

[f° 157 v°]

[41]

DE TRIBV LVE BVSITT CUM SUIS TERMINIS.

Ista presens carta indicat, quod sanctus Conocanus confessor cum sancto Uuingualoeo habuit colloquium spiritale de salute animæ, et

qu'elle contient avec celles qui se trouvent aux folios 148 r° et 150 r°. Le copiste qui a écrit le manuscrit latin 9746 de la Bibliothèque nationale a mis cette charte au cinquième siècle, en écrivant la date de l'Incarnation CCCC·L·V au lieu de D·CCCC·L·V.

[1] «Neuet.» — Note marginale écrite au dix-septième siècle.

postea commendavit se ipsum ei et omnia que habebat : silicet totam illam possessiunculam quam a rege[1] Hyliberto jamdudum prisco tempore sibi in dicumbitione æterna acceperat [cum omni debito et decima et omnibus ei apendiciis super flumen Helorn, sicut divisio illius possessionis declarat per circuitum a meridie ultra predictum flumen. Ab aquilone apprehendit aliam possessiunculam, quæ dicitur Langurdeluu, et totum usque ad illam ab oriente ultra rivulum nomine Pene usque ad visionem claustri Sancti Huardon, ab occidente[2] ultra rivulum, super quem monachi, postquam adduxerunt per claustra, fecerunt sibi molendinum. Istum pactum ita affirmaverunt sanctus Uuingualoeus et sanctus Conocanus in eodem loco, ut ibidem semper esset coadunatio fratrum spiritalium, quantum sufficeret secundum possibilitatem loci, sicut postularet tempus aut res sub cura et precepto abbatis monasterii Sancti Uuingualoei perpetualiter. Sanctus itaque Conocanus, [confessor Domini fidelissimus, monasterium suum construxit ædificationibus, officinis, claustris, munitionibus largis aeternaliter sine aliquo herede infra omnes munitiones neque intus omnia claustra.

Lan Loesuc cum omni debito, excepta tercia parte decimę, in dicumbitione perpetua cum tributum est tres solidos per singulos annos; Caer Scauuen, Machoer Pull Bud Mael.

[42]

DE PLEBE DINEVLE.

In nomine Dei summi et amore regis superni, qui de virgine dignatus nasci pro redemptione generis humani. Ego quedam mulier indolis, moribus ornata, stemate regalium orta, nomine Iunargant, quæ cuncta despicio terrena, modis omnibus cupio adipisci cælestia, dó et concedo de mea [propria hereditate Sancto Uuingualoeo spetialiter michi a cunctis

---

[1] Au treizième siècle on a écrit en marge : «De R[ege] anno DCC, [pri]us sive tempore sancti Martini quo decessit.» — Cette note est écrite en deux lignes; le commencement de chacune d'elles a été endommagé par les ciseaux du relieur.

[2] «A Landernntau.» — Note du dix-septième siècle.

parentibus inclitis quandam plebem nomine Dineule[1] cum silvis et aquis, pratis terrisque cultis et incultis, et omnibus ei apendiciis Sancto Uuingualoęo in dicumbitione æterna i[n] hereditate perpetua pro stabilitate regni et longevitate vitæ meæ magisque pro redemptione animæ, ut ex rebus transitoriis, purgatis squaloribus facinorum, vera dispensatione supernæ pietatis regna mercarer gaudiflua soliditate perpetuitatis sancti Uuingualoei precibus assiduis. Et si aliquis temeratus fuerit, qui hanc scriptionem frangere temptaverit, sciat se alienum fore a liminibus sanctæ Dei æcclesiæ, et pars ejus cum Dathan et Abyron nec non cum Juda et Pilato, qui Dominum crucifixerunt. Terra sancta [cymiterii non recipiant (sic), et filii eorum orfani et uxores viduæ. Signum Budic[2], comitis. Signum Salvator, episcopi. Signum Alfrett, archidiaconi. Signum Alfrett, fratris comitis; Agustin, presbiteris; Bidian, Saluten, Urfer, Heianguethen, Gurcar, Guethencar, Daniel, et aliorum plurimorum fidelium testium.

[43]

DE VILLIS QVAS DEDIT DILES VICECOMES[3].

In nomine Dei summi et amore regis superni, qui de virgine dignatus nasci pro redemptione generis humani. Quidam vir nobilis, moribus ornatus, stemate regalium ortus, nomine Diles, qui, cuncta despiciens terrena, modis omnibus cupiens adipisci cælestia, tradidit de sua propria hereditate Sancto Uuingualoeo spetialiter sibi a cunctis parentibus [inclitis Caer Meluc, Caer Meneuc, Cnech Uuenuc, Caer Blechion, sita in vicario Plueu Eneuur[4], Tnou Laian, Caer Carian Hæ Silin, dimidiam partem Silin Guenn; in Buduc Les Buduc, Caer Bili, Caer Pilau, Caer Mehin, Caer Scoeu in Pumurit[5], molina Corran cum scripulo terræ, Duur Ti, Tref Cunhour in pago Fuenant. Ego Diles hæc omnia dó et

[1] «Dineaul.» — Note du dix-septième siècle.

[2] «Budic régnoit l'an 422 an Brit. fol. 49°.» — Note marginale du dix-septième siècle.

[3] La syllabe *mes* est rejetée à la fin de la ligne précédente, suivant l'usage irlandais.

[4] «Plomeur à Annern.» — Note marginale du dix-septième siècle.

[5] «Pumerit.» — Note marginale du dix-septième siècle.

concedo Sancto Uuingualoeo in dicumbitione atque in hereditate perpetua pro redemptione animæ meæ. Et, qui frangere aut minuere voluerit hanc meam donationem et elemosinam, anathema sit in die judicii coram Deo et angelis ejus, nisi digna satisfactione emendare voluerit. AMHN[1].

[44]

DE VILLA VVRICAN.

[f° 160 v°] [Hae literae narrant, quod Alarun dedit unam villam Sancto Uuingualoeo pro anima sua in dicumbitione atque in hereditate perpetua, id est Caer Uuitcan, quæ accepit in ditatione, id est enep guerth, a viro suo Diles, filio Alfrett. Et idcirco æternaliter hoc permaneat quandiu christiana fides in terra servabitur. Et, qui frangere aut minuere voluerit, sciat se alienum fore a liminibus sanctæ Dei æcclesiæ, et pars ejus cum Dathan et Abyron, et ira Dei incurrat super eum hic et in futuro. Amen.

[45]

DE VILLIS QVAS DEDIT BVDIC COMES.

Hæc memoria retinet, quod Budic, comes, cæcidit in infirmitatem, febrium pondere jacebat, prem[eb]atur, patiebatur valde. Et idcirco per-
[f° 161 r°] rexit quousque Lanteuuennoc adorare sanctum Uuin[gualoeum, et ibidem per virtutem beati Uuingualoei accepit sanitatem, et ideo tradidit de sua propria hereditate Sancto Uuingualoeo spetialiter sibi a cunctis parentibus inclitis III[or] villas, silva Carrec duas in vicario Eneuur, Caer Bullauc, in vicario Demett, Caer Uuenheli. Et iterum tradidit alia vice Caer

---

[1] «In villa [que] dicitur Ch..... gueleu...
«Juxta..... territorium..... in Les Na... uuor ded[it] Riou filius [Guio]mar mi[nam] - frumenti [sancto] Guingua[loeo] quia cum g[ravi] morbo liber[avit].
«Item desa..... filius Harsch..... dedit xx..... duos solidos..... de Caer Fee..... sancto Guingu[aloeo].

«Similiter Saluden mil[es] quidem dedit deci[m]as de Carluoe duorum hominum s[ancto] Guigaloeo.» — *De Carluoe* a été écrit en interligne au-dessus de *duorum hominum* barré.
«Agacha quoque filia Rivaloni, filia Ca...ret dedit duas minas frumenti..... villa prati in Pl...castel.» — Notes écrites en marge au treizième siècle.

Dabat. Haec omnia Sancto Uuingualoeo in dicumbitione atque in hereditate perpetua; quandiu christiana fides in terra servabitur, hoc permaneat aeternaliter. Et, qui frangere aut minuere voluerit, anathema sit in die judicii. Amen.

[46]

DE PLEBE EDERN [1] QVAM DEDIT IDEM COMES MORIENS.

Haec cartula custodit, quod Budic, nobilis comes, tradidit Sancto Uuingualoeo de sua propria [hereditate vicarium unum Edern [2] nomine pro sui redemptione suorumque omnium utrorumque sexuum in sepulturam suam totum omnino, sicut ipso vivente tenuerat. Sic affirmavit dicens: Quisquis hoc custodiendo servaverit, Dominus custodiat eum ab omni malo; custodiat animam tuam Dominus [3]. Amen. Si quis vero temere frangere aut minuere voluerit, de libro viventium et cum justis non scribatur. Sit pars ejus cum Dathan et Abiron, quos terra deglutivit, nec non cum Juda et Pilato, qui Dominum crucifixerunt. Hujus donationis testes sunt plures : Alan dux Britannię, qui obitui ejus affuit, testis; Benedictus, episcopus, filius istius Budic, testis; Cadnou, abba Sancti Uuingualoei, testis; Euhuarn, vice[comes, testis; Saluten, testis; Riuuelen, testis; Blinliuguet, testis; Catguallon, testis; Moruuethen, testis. [f° 161 v°] [f° 162 r°]

[47]

DE TRIBV IVLITT.

Istæ litteræ narrant, quod Benedictus, comes et episcopus parcium Cornubiensium, ipso moriente, dedit Sancto Uuingualoeo quandam tribum nomine Tref Iulitt [4] in vicario Eneuur, suam sepulturam pro redemptione animæ suæ et omnium suorum vivorum ac mortuorum in dicumbitione æterna. Qui custodierit hoc donum, a Deo cæli sit bene-

---

[1] «Edern.» — Note marginale du dix-septième siècle.

[2] «Edern.» — Note marginale du dix-septième siècle.

[3] Psaume cxx, v. 7.

[4] «Trefily dans Plomeur.» — Note marginale du dix-septième siècle.

dictus; qui vero frangere aut minuere voluerit, a Deo cæli sit maledictus, nisi digna satisfactione emendaverit. Amen. Hujus rei testis est Alanus, comes. Orscandus, episcopus, testis; Licamanu, testis; Caradoc, testis; Haerueu, testis; Bili, testis; Telent, testis; [Gradlon, testis.

[48]

DE TRIBV TVDVC.

Haec carta indicat, quod Alanus, comes nobilis Cornubiensium partium, pro redemptione animæ suæ et longevitate utriusque vitæ, cum ambulaturus in adjutorio Alani, ducis Britanniæ, contra Normannos properaret, dedit Sancto Uuingualoeo quandam tribum nomine Tref Tudoc in Plueu Neugued in Pou per affirmationem suæ nobilissimę conjugis Iudett nomine militumque suorum, coram multis testibus: Gurlouuen, monachus Sancti Uuingualoei, testis; Uhelueu, presbiter, testis; Maelucun, presbiter, testis; Loesuuethen, presbiter, testis.

[49]

Hæ litteræ narrant, quod dedit Alanus, comes, Caer Millæ Sancto Uuingualoeo in dicumbitione, [quia in quadam vice adjuvit eum de[1].

[50]

Notum sit omnibus tam presentibus quam posteris, quod Alanus, Britannie comes, dedit Sancto Guingualoeo pomarium quod habebat situm juxta Castrum, quod vocatur Castellin[2], et sclusam cum molendinis in ea sitis, et totam piscaturam sibi apendentem, in elemosinam pro anima sua et parentum suorum. Hanc donationem firmavit ipse comes in capitulo supradicti sancti, et posuit manu sua super altare coram testibus, quorum nomina hęc sunt: Guillelmus, qui eodem anno susceperat abba-

---

[1] La fin de cette notice n'a pas été écrite. L'écriture des cinq paragraphes suivants est plus récente. Celle du paragraphe 51 paraît dater de la fin du onzième siècle; celle des paragraphes 50, 52 et 54 semble appartenir au douzième siècle; celle du paragraphe 53 peut être mise au treizième siècle.

[2] On lit sur la marge de gauche *Castellin* en écriture du xvie siècle; sur la marge de droite *Menchom* en écriture du xviie siècle.

tiam ejusdem loci, testis; Moruanus, monachus, testis; Guecun, monachus, testis; Orscant, monachus, testis; Redoredus, monachus, testis; et omnis congregatio; Benedictus, episcopus Namnetensis, testis; Riuallonus, monachus Sancte Crucis, testis; Louenan, filius Dunguallun; Guegun, abbatt Tudi; Guihomarc, filius Ehoarn; Gormaelon, filius Haerueu.

[51]

[Notum sit lectori, quod Justinus, abbas Sancti Guingualoei una cum sua congregatione concessit, ut Christo in hospicio[1] ad opus peregrinorum egenorumque daretur tercia pars decimę tribus Petran villaque Haldeberti cum omni suo debito, acceptis dę Briencio, predicti hospicii servitore, in signo karitatis septem solidis, ut illud donum sempiternum teneretur. Qui autem hoc destruet, sciat se auditurum esse Dominum dicentem : Hospes fui et non collegistis me[2]. Hoc fuit factum in capitulo, audientibus et annuentibus cunctis fratribus : Sausoiarno, Gurloeno, Hedro et Rodaldo de Sancto Melanio; et monachis Sancti Salvatoris : Guegono, Heloco atque Hehoiarno, qui cum ipso abbate erant; Redoredo autem, Gudiano, Johanne, Uruodio, Orscando, [Jonas, Jacob, Adorico, Stephano, Daniel, Lancelino.

[f° 163 v°]

[f° 164 r°]

[52]

De terra Guecun, filii Alliou, et de terra Telent Bastart fit quesitus tribus de causis singulis annis : videlicet cum census consuli datur, aut cum onos vel tesaurus emitur, aut ex vadimonio solvitur, vel cibis supplementum cum victualia domi deficiunt. Et hec tria ex toto territorio sancti nobis debentur.

[53]

Notum sit tam presentibus quam futuris, quod Seluester falterius,

---

[1] Le *h* du mot *hospicio* est interlinéaire et de la même forme que dans les manuscrits irlandais de ce temps-là.

[2] Évangile de saint Matthieu, chap. xxv, v. 43. La Vulgate porte : «Hospes eram.»

576 CARTULAIRE

fratribus suis annuentibus, dedit Sancto Wingualoeo terram Penkarn liberam et inmunem ab omni censu preter a censu consulis et preter hoc quod, cum homines Sancti Wingualoei in servitio consulis ierint, omnes homines Sancti Wingualoei de Qlebe (*sic*) Cletuen cum eo in jussione sua et sub sua tutela cum suis aliis hominibus in servitio consulis ierint, et preter hoc quod quidam locus supra mare justa Tolmaen concessus fuit illi, si vellet, ad turrim instruendam, et si domus facta fuerit, capellaniam illius domus et omne quod ad ecclesiam pertinet Sancto Wingualoeo concessit. Fraternitas domus Sancti Wingualoei concessa est predicto Seluestri et suis fratribus, et cum ad fraternitatem unusquisque eorum voluerit venire, cum suis divitiis est ei statutum venire.

[54]

[f° 164 v°]

[1] Riuelen Mor Marthou.
[2] Riuelen Marthou.
[3] Concar.
[4] Gradlon Mur.
[5] Daniel Drem Rud Alammanis rex fuit.
[6] Budic et Maxenri duo fratres.
[7] Iahan Reith. Huc rediens, Marchel interfecit, et paternum consulatum recuperavit[1].
[8] Daniel Unua.
[9] Gradlon Flam.
[10] Concar Cheroenoc.
[11] Budic Mur.
[12] Fragual Fradleoc.
[13] Gradlon Plueneuor.
[14] Aulfret Alesrudon.
[15] Diles Heirguor Chebre.

[1] La phrase qui commence par *Huc* et se termine par *recuperavit* est une addition. Elle se trouve un peu au-dessus de la ligne et paraît dater du treizième siècle.

[16] Budic Bud Berhuc[1].
[17] Binidic.
[18] Alan Canhiarh.
[19] Houel Huuel[2].

[55]

Festum ecclesie Sancti Guygualoei in insula, que Thopopegia vulgariter dicitur, est in omni anno dominica prima junii, qua die visitantibus predictam ecclesiam sunt magnae indulgencie concesse[3].

[56]

Guillelmus et Crehuen sua conjux et filius suus pro sanitate filii sui dederunt terram in Pengilli Sancto Guuingualoeo in disconbicione eterna omni debito liberam, et de qualibet domo illius terre unum denarium in festivitate sancti Guingualoei[4].

[57]

[G]ulelmus filius Gormael et Agaz sua [u]xor sunt recepti in fraternitate istius domus, et illi dant karitative singulis annis pro se ipsis et pro filiabus [s]uis Creuen, id est Domech Julian, duo sextaria [fr]umenti in discumbitione eterna Beato [G]uingualoeo et XII denarios[5].

---

[1] Les mots *Bud Berhuc* sont une addition d'une autre main, probablement du douzième siècle.

[2] *Huuel* est une addition d'une autre main, probablement du douzième siècle, la même que celle qui a écrit *Bud Berhuc*.

[3] Ce paragraphe a été écrit au seizième siècle (f° 164 v°).

[4] Notice écrite au douzième siècle, en marge du folio 3 v°.

[5] Notice écrite au treizième siècle, en marge du folio 3 v°. Le ciseau du relieur a enlevé quelques lettres que nous avons restituées entre crochets. Suivent six lignes trop mutilées pour que nous essayions de les reproduire.

INDEX.

Abbatt, abbé, 50 [1].

ADORICUS, *testis*, 51.

AELAM, abbé de Landévennec, le cinquième sur la liste, 1; le quatrième chez M. Hauréau, *Gallia christiana*, t. XIV, col. 895 E, où il est appelé *Ælamus, alias Alanus*.

AETHUREC RETHCAR, localité dépendant de Ros-Lohen, 30.

AGACHA, fille de Rivalonus, 43; note du XIIIe siècle.

AGAZ, femme de Gulelmus, 57 (écrit au XIIIe siècle).

AGUSTIN, prêtre, 42.

ALAMMANI, peuple, 54.

ALAN, *dux*, 25, Alain IV Barbe-Torte, duc de Bretagne (938-952).

ALAN *dux Britanniæ qui obitui ejus* (Budic) *affuit*, 46. Voir ALANUS *dux Britanniæ*, 48.

ALAN CANHIARH, le dix-huitième sur la liste des comtes de Cornouaille, 54; né vers 975, mort en 1058 (*Biographie bretonne*, t. I, p. 467). Voir ALANUS *comes*, 47, 48, 49.

ALANUS *comes*, 47, 49; ALANUS *comes Cornubiensium parcium*, 48. Alain, comte de Cornouaille, fils de Benedictus; le même qu'*Alan Canhiarh*.

ALANUS *Britannie comes*, 50, Alain VI, Fergent (1084-1112).

ALANUS *de Doulas*, abbé de Landévennec, mort en 1371; le trente-huitième sur la liste; 1; le trente-quatrième dans la *Gallia christiana*, t. XIV, col. 898 A; abbé depuis 1363, (*ibid.*).

ALANUS *dux Britanniæ*, 48, Alain V, duc de 1008 à 1040 (*Biographie bretonne*, t. I, p. 16, 17).

ALANUS *dux Britonum*, 25. Voir ALAN, *dux*.

ALANUS *Piezresii*, abbé de Landévennec, le trente-sixième sur la liste, 1; le vingt-neuvième dans la *Gallia christiana*, t. XIV, col. 897 C, où il est placé immédiatement après *Joannes du Parch* (*Johannes dictus porcus*).

ALARUN, femme de Diles fils d'Alfrett, 44.

ALESRUDON (Aulfret), comte de Cornouaille, 54.

ALFRETT, frère du comte, 42.

ALFRETT, archidiacre, 42.

ALLIOU, père de Guecun, 52.

ALVARPREN, localité dépendant de Crauthon, 8.

AMALGOD, nom d'homme, 25.

AMHEDR, *testis*, 25.

An et ann en breton « le, la, les », dans *An-Busit, Pen-ann-aut*, etc.

AN-BIRIT, 18; note du XIIIe siècle.

AN-BUSIT, 18; note du XIIIe siècle; proba-

---

[1] Ce chiffre et les autres chiffres de renvoi contenus dans cet index reproduisent les numéros des paragraphes placés entre crochets en ligne perdue.

blement Beuzit, près de Landremel et de Gouézec.

AN-CLOEDOU CAER CUNAN (ROS MEUUR —), 29.

AN-KELIHUC (TERRA), 18; note du XII° siècle.

AN-KELIOC, 18; note du XIII° siècle; pour *Terra an-Kelioc*, localité identique à la précédente.

AN-LAEDTI, *villa*, 14.

AN-LUCH, 18; note du XIII° siècle.

AN-MAGUAEROU (LAN GUEGON), 18; note du XIII° siècle.

ann-, «le, la, les», dans *Pen-ann-aut*.

AN-PARC (BRINLINGUET), nom d'homme, 30; note du XIII° siècle.

AN-PELIET (RUN), 18; note du XIII° siècle.

AN-PORHT GLUDOC, 18; note du XIII° siècle.

AN-PRUNUC (TERRA), 18; note du XII° siècle.

AN-SPARLL, surnom de *Guidomarus*, 31; note du XIII° siècle.

AN-STAER, 18; note du XIII° siècle.

AN-VASTARDOU (TERRA), 18; note du XII° siècle.

AR[CH]EL (PLEBS), 7; note du XIII° siècle. Voir ARCHOL.

ARCHOL (PLEBS) et ARCOL (PLEBS), 7; Argol, commune du canton de Crozon, arrondissement de Châteaulin (Finistère).

ARDIAN (TREF), 18.

Argant «argent», dans *Guenn-argant*, *Jun-argant*.

ARMAELUS DE VILLANOVA, abbé de Landévennec, le trente-septième de la liste, 1; le trente-troisième dans la *Gallia christiana*, t. XIV, col. 898 A, où il est appelé *Artzmelus de la Villenean*, né à Langueux (diocèse de Saint-Brieuc).

— *auc*, suffixe, dans *Bullauc*.

AULFRET ALESRUDON, le quatorzième sur la liste des comtes de Cornouaille, 54.

Aut «rivage», dans *Pen-ann-aut*.

BAHT VVENRANN, 25. Voir BATH.

BARROC (TNOU), 31; note du XIII° siècle.

Bastart «bâtard», surnom de *Telent*, 52. Cf. *Vastardou*.

BATH UUENRAN, *insula*, 25; Batz, commune dans la presqu'île du Croisic, canton de l'arrondissement de Savenay (Loire-Inférieure).

BAZ, 25; note du XVII° siècle. Voir BATH.

BEA...OS (KAER), 18; note du XIII° siècle.

BEAT, nom d'homme, dans CAER BEAT, 11.

BENEDIC, abbé de Landévennec, le septième sur la liste, 1, 24; le cinquième dans la *Gallia christiana*, t. XIV, col. 896 A; paraît comme témoin (24) sur une charte datée de 954.

BENEDICTUS, 24, le même que BENEDIC.

BENEDICTUS, évêque [de Quimper], fils du comte Budic, 46; le même que le suivant.

BENEDICTUS *comes et episcopus parcium Cornubiensium*, 47. Évêque de Quimper jusque vers 1022 (*Gallia christiana*, t. XIV, col. 875 B); identique à Binidic, dix-septième comte de Cornouaille. 54.

BENEDICTUS *episcopus Namnetensis*, 50. Fils d'Alain Canhiarh et évêque de Nantes de 1079 à 1111 (*Gallia christiana*, t. XIV. col. 812 B à 813 B). Cf. Levot dans la *Biographie bretonne*, t. I, p. 468.

BERDUUALT, *vir sanctus Dei*, 15.

BERHUC (BUD) 45 (addition du XII° siècle).

BERNARDUS, abbé de Landévennec, le trente-deuxième sur la liste, 1. La *Gallia christiana* (t. XIV, col. 897 C) distingue deux abbés de ce nom: *Bernardus I de Ederu*, mort en 1271, et *Bernardus II de Kerlauré*, qui vivait en 1282; ils sont le vingt-cinquième et le vingt-sixième de sa liste.

BERRIUN (PLEBS), 35; Berrien, commune

du canton de Huelgoat, arrondissement de Châteaulin (Finistère).
BERTUUALT (LAN), 15.
BIABILIUS, saint, 29.
BIDIAN, *testis*, 42.
BILI, nom d'homme, dans CAER BILI, 43.
BILI, *testis*, 47.
BINIDIC, le dix-septième sur la liste des comtes de Cornouaille, 54. Voir BENEDICTUS *comes*.
BLECHION (CAER), 43.
Blehuc «chevelu», surnom de *Pritient*, 31.
BLENLIUETT, 25, évêque [de Vannes]. (*Gallia christiana*, t. XIV, col. 922 D.)
BLENLIVET, abbé de Landévennec, le seizième sur la liste, 1; le neuvième dans la *Gallia christiana*, t. XIV, col. 896 c; vivait en 1031 (*ibid.*).
BLINLIUGUET, *testis*, 46.
Bois, nom de lieu, 10.
Bot «demeure», dans les deux articles suivants.
BOT FRISUNIN, 22.
BOT TAHAUC, 14.
BRATBERTH, 34; Brasparz, commune du canton de Pleyben, arrondissement de Châteaulin (Finistère).
BRIENCIUS, nom d'homme, 51.
BRIENDI CONRBIER (TERRA), 18; note du XIII° siècle.
BRIENT. Voir JOANNES BRIENT, 1.
BRINLIGUET AN-PARC, nom d'homme, 30; note du XIII° siècle.
BRITANNIA, la Bretagne, l'Armorique, 46, 50.
BRITHIAC, 14; PLEBS BRITHIAC, 13; Briec, chef-lieu de canton de l'arrondissement de Quimper (Finistère).
BRITONES, les Bretons d'Armorique, 3, 13, 20, 25.
Bro «pays», dans *Bro-Uuerec*.
BROUUEREC (PAGUS), 40; le Vannetais breton.

Bu «bœuf», dans *bu-orth*, 18.
Bud «victoire, profit», dans *Budic*, *Buduc*, etc.
BUD BERHUC, surnom de *Budic*, 54 (addition du XII° siècle).
BUDGUAL (TREF), 14.
BUDIAN (CAER), 35.
BUDIC «victorieux», nom d'homme.
BUDIC *comes*, 42, 45, 46, père de l'évêque Benedictus.
BUDIC *comes Cornubiensis*, 36.
BUDIC BUD BERHUC, le seizième sur la liste des comtes de Cornouaille, 54. *Bud Berhuc* a été ajouté par une main du XII° siècle.
BUDIC MUR, 54, le onzième sur la liste des comtes de Cornouaille.
BUDIC, frère de Maxenri, 54; comte de Cornouaille, le sixième sur la liste.
BUD MAEL (MACHOER PULL), 41.
Buduc «victorieux», nom d'homme, devenu nom de lieu, aujourd'hui Beuzec. Il y a dans l'arrondissement de Quimper deux communes de ce nom: Beuzec-Cap-Sizun, canton de Pont-Croix, et Beuzec-Conq, canton de Concarneau; de plus, Beuzec-Cap-Caval, dans la commune de Saint-Jean-Trolimon, canton de Pont-l'Abbé.
BUDUC, 19, une des trois localités énoncées ci-dessus.
Buduc vicarium, 17, une des trois localités énoncées ci-dessus.
BUDUC (LES), 43.
BULLAUC (CAER), 45.
BUORHT 18, BUORT 18; note du XII° siècle. Buhors, commune de Lothey, canton de Pleyben, arrondissement de Châteaulin (Finistère).
Bu-orth «étable à bœufs», écrit *Buorht* et *Buort*.
Bus «buis», dans *bus-it*.

Busit «lieu planté de buis», dans *An Busit*. On écrit aussi *busitt*.
Busitt, en Brithiac, 14.
Busitt (Tribus Lur), 41.
Busitt Sent Uuarhen, en Pleiben, 33.
Butheuel, nom d'homme, 30; note du xiiiᵉ siècle.

C\...ret, mère d'Agacha? 43; note du xiiiᵉ siècle.
Cadaven (Kaer), 18; note du xiiiᵉ siècle.
Cadnou «renard»? nom d'homme.
Cadnou, abbé de Landévennec, le quinzième sur la liste, 1, 46; le septième dans la *Gallia christiana*, t. XIV, col. 896 B; vivait vers 906 (cf. 46).
Caer «château, village, ville», mot féminin: *istam Caer Restou*, 31. En latin *villa*.
Caer-Balauan, 10.
Caer Beat, 11.
Caer Bili, 43.
Caer Blechion, 43.
Caer Budian, 35.
Caer Bullauc, 45.
Caer Carian Hæ Silin, 43.
Caer Choc, 2.
Caer Cunan (Ros Meuur An-Cloedou), 29.
Caer Dabat, 45.
Caer Deuc, 14.
Caer Fee....., 43; note du xiiiᵉ siècle.
Caer Galubu, super flumen Helorn, 39.
Caer Guingualtuc, 38.
Caer Gurannet, 11.
Caer Gurcheneu, 11.
Caer Gurhouen, 14.
Caer Liver, 26; «Kerliver», commune de Hanvec, canton de Daoulas, arrondissement de Brest (Finistère).
Caer Mehin, 43.
Caer Mel, 26.
Caer Meluc, 43; «Kervelec», près de Gouézec?

Caer Menedech, 38.
Caer Meneuc, 43.
Caer Millæ, 49.
Caer Nilis. (Haethurec —), 18, note du xiiᵉ siècle; «Carnilis», près de Kervelec?
Caer Niuguinen, 34, «Kernivinen», commune d'Argol?
Caer Pilau, 43.
Caer Poeth, 18.
Caer Pont, 11.
Caer Restou, 31. Voir Restou.
Caer Scauuen, 41.
Caer Scoeu in Pumurit, 43.
Caer Tan, 39.
Caer Tanett, 32; «Kerdanet», commune de Saint-Pierre-Quilbignon, arrondissement de Brest (Finistère)?
Caer Thnou, 34.
Caer Truu, 11.
Caer Uuenheli, 45.
Caer Uuern, 18.
Caer Uuitcan, 44.
Caer Wenguethen, 30; note du xiiiᵉ siècle.
Calvus, surnom de Rivallonus, 31; note du xiiiᵉ siècle.
Canhiarh. Voir Alan Canhiarh, 54.
Cann (Tref), 14.
Cap Cavall (Pagus), Cap-Caval, au xiiᵉ siècle, doyenné de l'archidiaconé de Cornouaille. Cf. A. de Courson, *Cartulaire de Redon*, p. 530, 757. Son nom subsiste encore dans Beuzec-Cap-Caval. Voir Buduc.
Car «ami, qui aime», dans les composés *Con-car, Gur-car, Guethen-car*, et dans les dérivés *Car-adoc, Car-aduc, Car-antor*.
Car «char, voiture», dans le composé *car-hent*.
Caradoc, caraduc, «aimable», nom d'homme.
Caradoc, *testis*, 47.
Caraduc, *monachus*, 24.
Carantor, *vicaria*, 40; Carentoir, commune

ou canton de la Gacilly, arrondissement de Vannes (Morbihan).

Carhent «chemin de voiture»; écrit aussi carrent.

CARHENT (PEN), 18.

CARIAN (CAER — HÆ SILIN), 43.

CARLUOE, 43; note du XIII° siècle; Kerloc, dans la commune de Camaret, canton de Crozon, arrondissement de Châteaulin (Finistère).

Carn «corne» (du pied des chevaux), dans la glose *rodoed carn, id est vadum corneum*, 38. C'est le même mot que *Karn* dans *Penkarn*.

CARREC, *silva*, 45. Ce mot signifie «rocher».

CARRENT LUPHANT, 34.

CARUAN. Voir TRIBUS CARUAN, 4, et PULCARVAN, 3.

CARUTHOU (TREF), 11.

Castell «château», dans *Castellin*, 50.

CASTELL, 30.

CASTELLIN (*Castrum* —), 50; Châteaulin, chef-lieu d'arrondissement du Finistère.

CASTELLUM, 27. Voir PLEBS CASTELLUM.

CASTELLUM MONSTERIOLUM, 24.

Cat «combat», dans *Eu-cat, Sul-cat,* et les trois noms suivants.

CATGUALLON, *testis*, 46.

CATMAGLUS, 9.

CATUUARAN, *monachus*, 24.

CAVALL (CAP). Voyez CAP CAVALL, 1.

[C]emer ou [ch]emer «arpent», glose de [are]pennum, 28; note du XII° siècle; mot composé de *cem-* pour *com-* «avec», et *er* pour *ar*, action de labourer.

CH..... GUELEU ..... *villa*, 43; note du XIII° siècle.

CHEBRE (DILES HEIRGUOR), 54.

CHEI CHNECH SAMSUN, 26.

CHENMARCHOC, *testis*, 25.

CHEROENOC, surnom de Concar, comte de Cornouaille, 54.

Chnech pour Cnech «montée, côte», dans *Chei Chnech Samsun*, 26.

CHOC (CAER), 2.

CHOROE, *vicaria*, 22.

CHOURENTINUS, «saint Corentin», présenté comme contemporain de saint Guénolé, 20. Premier évêque de Quimper; d'époque incertaine. Voir SANCTUS CHOURENTINUS, 24.

CHUNUETT (LAN), 19.

CLECHER (TRIBUS), 7; Cléguer, près de la mer, dans la commune de Crozon. Voir CRAUTHON.

CLEMENS, *testis*, 40.

CLEMENS, abbé de Landévennec, le dixième sur la liste, 1; *Gallia christiana*, t. XIV, col. 895 D.

CLEMENS, abbé de Landévennec, le onzième sur la liste, 1; *Gallia chistiana*, t. XIV, col. 895 D.

CLEMENS, abbé de Landévennec, le douzième sur la liste, 1; *Gallia christiana*, t. XIV, col. 895 D.

CLEMENS, *monachus*, 24.

CLETIN (LES), 11.

CLETUEN (PLEBS), 53; XIII° siècle; Cleden-Poher, canton de Carhaix, arrondissement de Châteaulin, ou peut-être Cleden-Cap-Sizun, canton de Pont-Croix, arrondissement de Quimper (Finistère).

Cloed «barrière, claie», pluriel *cloedou*, dans *Ros Meuur An-Cloedou Caer Cunan*, 29.

Cnech «montée, côte», dans le nom des deux localités suivantes. Comparez Chnech.

CNECH CRASUC, 14.

CNECH UURNUC, 43.

Coett «bois, forêt», dans *Pen-coett, Lan Coett*.

Con «haut, élevé», dans *Con-car*.

CONCAR, le troisième sur la liste des comtes

de Cornouaille, 54. Voir RIUELEN MOR MARTHOU.

CONCAR CHEROENOC, le dixième sur la liste des comtes de Cornouaille, 54.

CONOCANUS, saint, 41, contemporain de Guénolé et de Childebert, d'après cette charte.

CONRRIER (TERRA BRIENDI), 18; note du XIII⁰ siècle.

CORNUBIA, Cornouaille, 1, 2. «Le royaume ou comté de Cornouaille, qui occupait le sud-ouest de la presqu'île [armoricaine], ... avait à peu près les mêmes limites que l'évêché de Kemper avant 1789.» (M. de la Borderie, dans la *Biographie bretonne*, t. I, p. 830, col. 2.)

CORNUBIENSIS, de Cornouaille, 4, 24, 47, 48.

CORRAN, moulin, 43.

COULUT, fleuve, 37, le Kefleut.

CRASUC (CNECH), 14.

CRAUTHON (PLEBS et PLUEU —), 8; Crozon, chef-lieu de canton de l'arrondissement de Châteaulin (Finistère).

CRAUTON (PLUEU), 8. Voyez CRAUTHON.

CRAUZON, 1, forme récente de CRAUTHON.

CREHUEN, femme de Guillelmus, 56 (notice du douzième siècle).

CREUEN, fille de Gulelmus et d'Agaz, 57 (écrit au XIII⁰ siècle).

CRUX. Voyez SANTA CRUX, 25.

CUMMANNA *in plebe Berriun*, 35; Commana, commune du canton de Sizun, arrondissement de Morlaix (Finistère).

CUN. Voir LAN CUN, 10, TREF CUN, 10.

CUNAN (CAER), 29.

CUNHIN (TRIBUS), 2.

CUNHOUR (TREF), 43.

CUNIANUS, *vir nobilis*, 17.

Cuu «doux, gracieux», dans *Gleu-cuu*.

CYRICUS, saint, 25.

DABAT (CAER), 45.

DANIEL, moine, 24.

DANIEL, *testis*, 42.

DANIEL, *testis*, 51.

DANIEL DREM RUD *Alammanis rex*, le cinquième sur la liste des comtes de Cornouaille, 54.

DANIEL UNUA, 54, le huitième sur la liste des comtes de Cornouaille.

Dant «dent», dans *Dant Enes*, *Dant Hir*.

DANT ENES, île, 30, la même que TERENES.

DANT HIR «à la dent longue», surnom de Maeluc, 30.

DECHEUC (LAN), 39.

— *deluu* «forme»? dans GURDELUU.

DEMETT (*vicarium*), 45.

DENGEL (TREF PUL), 11.

DEREIC, *laicus*, 24.

— *detuuet* «sage»? dans *Ridetuuet*.

DEUC (CAER), 14.

DICUMBITIO, DISCUMBITIO, mot celtique latinisé, composé dont le premier terme est la particule négative *di*, et dont le second commence par la préposition *com* «avec», dans les locutions : In dicumbitione, 2, 3, 10, 11, 22, 24, 25, 36, 49; in dicumbitione æterna, 5, 6, 7, 8, 9, 25, 26, 27, 41, 42, 47; in dicumbitione perpetua, 26, 41; in dicumbitione atque in hereditate perpetua, 40, 43, 44, 45; in dicumbitionem æternam, 8.

DILES, fils d'Alfrett et mari d'Alaran, 44. Voir DILES HEIRGUOR CHEBRE, 54.

DILES, *vicecomes*, 25.

DILES, *vicecomes*, 43.

DILES HEIRGUOR CHEBRE, le quinzième sur la liste des comtes de Cornouaille, 54. Cf. 44.

DINAN (TRIBUS), 2; Dinan, commune de Crozon. Voir CRAUTHON.

DINEAUL, 42; note du XVII⁰ siècle. Voir DINEULE.

DINEULE (PLEBS), 43; Dinéault, commune du canton de Châteaulin (Finistère).

DIRI MUUR, 26.

DISCONBICIONE (IN) ETERNA, 56; XII° siècle. Voir DICUMBITIO.

DISCUMBITIONE (IN) ETERNA, 57; XIII° siècle. Voir DICUMBITIO.

DOENER, nom d'homme, 28; note du XII° siècle.

DOMECH JULIAN, 57 (écrit au XIII° siècle).

DOMIN, moine, 24.

DOMNONICÆ PARTES, 37; la Domnonée. Cf. A. de la Borderie, *Annuaire historique et archéologique de Bretagne*, année 1861, p. 137.

DOULAS, 1; Daoulas, chef-lieu de canton, arrondissement de Brest (Finistère).

Drem «visage», dans *Drem Rud* «visage rouge», surnom de *Daniel*, 54.

Du «noir», dans *Pen-Du-an*.

DUNGUALLUN, père de Louenan, 50.

Duur «eau», dans *Duur Ti*.

DUUR TI, 43.

EDERN, *vicarium*, 46; PLEBS EDERN, 46; Édern, commune du canton de Pleyben, arrondissement de Châteaulin, (Finistère).

EDIUNETUS ou EDIUNETUS, frère de saint Guénolé, 2, saint Idunet.

EDMEREN, père de Uuenlouen, 36.

EHOARN, père de Guihomarc, 52.

ELIMARIUS, abbé de Landévennec (en 1142); le vingt-troisième sur la liste, 1; le seizième dans la *Gallia christiana*, t. XIV, col. 896 E, où son nom est écrit *Elinarius*.

ELISUC, abbé de Landévennec (en 1047), 1; mort en 1055, selon la *Gallia christiana*, t. XIV, p. 896 C, qui écrit ce nom, le dixième sur sa liste, *Heliseus*.

ELORN (THOU), 28; note du XII° siècle.

ELURI (LAN), 27.

EMNUC, nom de lieu, 33.

En, article, dans *En-fou*.

ENEGUORIUS, saint. Voir PLEBS SANCTI ENE-GUORII, 1.

Enep «visage, honneur», dans le mot suivant.

Enep guerth, glose de «ditatione» pour «dotatione», signifie littéralement «prix du visage» ou «de l'honneur», 44.

Enes, île, dans *Dant Enes, Enes-hir, Terenes*.

ENESHIR, 10, aujourd'hui en français «Île Longue», fait partie de la commune de Crozon. Voir CRAUTHON.

ENEUUR, *vicarium*, 45; PLUEU ENEUUR, 43. Voir PLEBS SANCTI ENEGUORII, 1.

ENFOU (PAGUS), 39; le Faou, canton de l'arrondissement de Châteaulin (Finistère).

ERMELIAC (PLEBS, PLOE), 29; Irvillac, commune du canton de Daoulas, arrondissement de Brest (Finistère).

Eu-, particule dans *Eu-cat, Eu-huarn*.

EUCAT, *vir nobilis*, 27.

EUCAT, nom d'homme dans *Ros Eucat*, 27.

EUDO, fils de Haelguthen; appelé aussi *Eudo Halguelh[e]n*, 31; note du XIII° siècle.

EUDO, fils de Rivallon le Chauve, 31; note du XIII° siècle.

EUDO GORMON *de Leon[ia]*, abbé de Landévennec, le trente-cinquième sur la liste, 1; le trente et unième dans la *Gallia christiana*, t. XIV, col. 897 E, où il est appelé *Yvo de Gormon*, et placé après Alanus Piezresii et Joannes III; ce dernier n'est pas mentionné dans notre liste, 1. Yvo ou Eudo, nommé abbé en 1317, mourut en 1344 (*Gall. christ.*, t. XIV, col. 898 A).

EUDON, variante d'*Eudo*, fils de Haelguthen et d'*Eudo*, fils de Rivallon, 31; note du XIII° siècle.

EUHUARN, vicomte, 46.

EUUENUS *comes*, 38, et EVENUS *comes*, qui

dictus est magnus, 39; Even le Grand, comte de Léon, vainqueur des Normands, de 875 à 878 (*Biographie bretonne*, t. II, p. 291, 292).

Fentu (Ti), 22.
Flam (Gradlon), 54.
Florentius, 20.
Foet (Kaer), 18; note du xii° siècle.
Fou, 31; note du xiii° siècle. Voir Enfou (Pagus), 29.
Fradleoc (Fragual), 54.
Fradou, nom d'homme, 30; note du xiii° siècle.
Fragual Fradleoc, le douzième sur la liste des comtes de Cornouaille, 54.
Franci, les Francs, 3, 10, 20.
Frisunin (Bot), 22.
Fuenant (Pagus), 43; Fouesnant, chef-lieu de canton de l'arrondissement de Quimper (Finistère).
Fulcun *comes,* 25, Foulques II, le Bon, comte d'Anjou, de 938 à 958.

Galueu (Caer), 39.
Gard « haie », dans *Hir-gard.* Le *d* tient lieu d'un *th,* comme dans *laed* « lait ».
— gellan. Voir Trefgellan, 35.
Gleu « brave », dans *Gleu-cuu, Gleu-louen.*
Gleucou, nom d'homme, 30; note du xiii° siècle.
Gleulouen, nom d'homme, dans Terra Gleulouen, 18; note du xii° siècle.
Gludoc (An-Porht), 18; note du xiii° siècle.
Gneuer (Solt), 14.
Godoc (Herveus), 31; note du xiii° siècle.
Goedoc, 18; note du xiii° siècle; « Gouézec »? Voir Uuoeduc.
Gormael, père de Gulelmus, 57 (écrit au xiii° siècle).
Gormaelon, fils d'Haerueu, 50.
Gormon (Eudo), 1.

Gorth « haie, enclos », écrit -*orht* pour *gorht* dans *Bu-orht.*
Gouen Tnou-Barroc, 31; note du xiii° siècle.
Gradlon, *testis,* 47.
Gradlon Flam, le neuvième sur la liste des comtes de Cornouaille, 54.
Gradlon Mur, le quatrième sur la liste des comtes de Cornouaille, 54, contemporain de saint Guénolé et de saint Corentin, régna le premier sur toute la Cornouaille (A. de la Borderie, article *Gradlon-Mur* dans la *Biographie bretonne*). Voir Gradlonus *rex.*
Gradlon Plueneuor, le treizième sur la liste des comtes de Cornouaille, 54.
Gradlonus (I), abbé de Landévennec, le vingt-quatrième sur la liste, 1; le dix-septième dans la *Gallia christiana*, t. XIV, col. 896 e; vivait vers 1160 (*ibid.*).
Gradlonus (II) *de plebe Sancti Eneguorii,* abbé de Landévennec, le vingt-sixième sur la liste, 1; le dix-neuvième, sous le nom de *Gradlonus de S. Enogat,* dans la *Gallia christiana*, t. XIV, col. 897 a.
Gradlonus *rex Britonum, nec'non et ex parte Francorum,* 3. — *rex,* 2, 8, 9, 10, 11, 12, 13, 14, 15, 16, 17, 18, 19, 20, 21, 22, 23, 26; le même que *Gradlon Mur.* (Voir ce mot.) M. de la Borderie pense que ce personnage a été seulement roi ou comte de Cornouaille (*Biographie bretonne*, t. I, p. 834). La charte n° 20 le fait contemporain de Charlemagne.
Gual « terrible, puissant », dans *Hedr-gual, Tut-gualus;* comparez *Guen-gualoeus.*
Guallon « très bon », dans *Cat-guallon;* comparez *Dun-guallun.*
Gudianus, *testis,* 51.
Guecun *filius Alliou,* 51.
Guecun, moine, 50.
Guecun (Terra), 52.

GUEGON AN MAGUAEROU (LAN), 18; note du xiii° siècle.
GUEGONUS, moine de Saint-Sauveur, 51.
GUEGUN, abbé de [S'] Tudi, 50. «Quidam armiger nomine Guignen, dictusque abbas S. Tudii» (*Gallia christiana*, t. XIV, col. 890 D).
Guen, guenn, guin, «blanc, heureux, bon», dans *Guen-gualoeus*, *Guen-hael*, *Guennargant*, *Guin-gualoeus*, *Guin-gualtuc*, etc.
GUENGUALOEUS, forme récente de UUINGUALOEUS «saint Guénolé», 24 (sur une copie du Cartulaire).
GUENN (SILIN), 43.
GUIGALOEUS, saint Guénolé, pour GUINGUALOEUS, 43; note du xiii° siècle.
GUENHAEL, saint, deuxième abbé de Landévennec, 1. Cf. *Gallia christiana*, t. XIV, col. 895 D.
GUENNARGANT, nom de personne, dans RUN GUENNARGANT, 18; note du xiii° siècle.
GUERN «marais», dans *Penn Guern*, et dans *Guern Pen Duan* «le marais du roseau», 11.
Guerth «prix», dans *enep guerth*, 44.
Guethen, guthen «souple, fort», dans *Heianguethen*, *Wen-guethen*, *Guethen-car*, *Haelguthen*.
GUETHENCAR, testis, 42.
GUIDET, dans TERRA JEDECAEL GUIDET, 18; note du xii° siècle.
GUIDOMARUS AN-SPARLL, nom d'homme, 31; note du xiii° siècle.
GUIHOMARC, fils d'Ehoarn, 50.
GUILHELMUS, abbé de Landévennec, le vingtième sur la liste, 1; le treizième dans la *Gallia christiana*, t. XIV, col. 896 D; contemporain d'Alain Fergent, qui abdiqua en 1112.
GUILLELMUS, 50, le même que GUILHELMUS, 1.
GUILLELMUS, époux de Crehuen, 56 (notice du xii° siècle).
GUINGALETUS, forme moderne de *Guingualoeus*, saint Guénolé, 23; note du xvii° siècle. Voir UUINGUALOEUS.
GUINGUALOEUS, saint Guénolé, 2, 43, note du xiii° siècle; 50, xii° siècle; 51, fin du xi° siècle; 56, xii° siècle; 57, xiii° siècle. Voir UUINGUALOEUS.
GUINGUALTUC, nom d'homme, dans CAER GUINGUALTUC, 38.
GUINGURI, 19; note du dix-septième siècle.
GUINUUALOEUS, saint Guénolé, 36. Voir UUINGUALOEUS.
[GUIO]MAR, père de Riou, 43; note du xiii° siècle.
[G]ULELMUS, fils de Gormael et époux d'Agaz, 57 (écrit au xiii° siècle).
GULET JAU, 26.
GULOHET, abbé de Landévennec, le quatorzième sur la liste, 1; écrit GURLOHETUS dans la *Gallia christiana*, t. XIV, col. 895 D.
GUMENECH, 2; Gouesnac'h, commune du canton de Fouesnant, arrondissement de Quimper (Finistère). Cf. A. de Courson, *Cartulaire de Redon*, p. 531.
GUN (LAN), 11.
GUODMOCHUS, nom d'homme devenu nom de lieu? 14.
GUOETHUC, 16; note du xii° siècle. Voir UUOEDUC.
Guolch «lavage», action de laver, dans *Guolchti* «buanderie».
GUOLCHTI (LAEDTI), 30.
Gur-, préfixe augmentatif dans *Gur-car*, *Gurdeluu*, etc.
GURANNET (CAER), 11.
GURCAR, testis, 42.
GURCHENEU (CAER), 11.
GURDELUU, nom d'homme, dans LAN-GURDELUU, 41.
GURDILEC, abbé de Landévennec, le huitième sur la liste, 1. Cf. *Gallia christiana*, t. XIV, col. 895 D.
GURDISTIN, abbé de Landévennec, le sixième

74.

sur la liste, 1; vivait encore après 884, selon M. Hauréau (*Gallia christiana*, t. XIV, col. 894 c).

Gurhouen, nom d'homme dans Caer Gurhouen, 14.

Gurloenus, moine, 51.

Gurlouuen, moine de Landévennec, 48.

Guroc, nom d'homme, dans Ros Guroc, 18; signifie probablement «viril, héroïque».

Gururegn, 19; Gourin, chef-lieu de canton, arrondissement de Pontivy (Morbihan).

Guuingualoeus, saint Guénolé, 56; xii° siècle. Voir Uuingualoeus.

Guygualoeus, saint Guénolé, 55; xvi° siècle. Voir Uuingualoeus.

Hæ, dans Caer Carian Hæ Silin, 43.

Hael (*hæel*, *hal*) «généreux», dans *Iudhael*, *Iud-hæel*, *Hael-guthen*, *Uuen-haelus*, *Hal-gueth[e]n*, *Helocus*, *Uuenhelus*.

Haelchodus, *comes*, père de Herleuuinus, 24.

Haelguthen, 31; note du xiii° siècle.

Haer pour *aer* «combat», dans *Haer-ueu*.

Haerueu, *testis*, 47.

Haerueu, père de Gormaelon, 50.

Haethurec Caer Nilis, 18; note du xii° siècle.

Haldebertus, dans Villa Haldeberti, 51 (notice de la fin du xi° siècle).

Halgueth[e]n (Eudo), 31; note du xiii° siècle.

Hamn, fleuve, 2.

Hamuc (Plebs), 26; Hanvec, commune du canton de Daoulas, arrondissement de Brest (Finistère).

Han, dans Tí Ritoch Han Silin, 11.

Hanvec, 26; note du xvi° siècle. Voir Hamuc.

Harn Meini, nom d'homme, 33.

Harsch[oet]?, nom d'homme, 43; note du xiii° siècle.

Harthoc, nom d'homme dans Tref Harthoc, 13.

Harthuc *transmarinus*, 13.

Hebguoeu, nom d'homme dans Terra Hebguoeu, 18; note du xii° siècle.

Hedr «hardi», dans *Hedrus*, *Hedr-gual*, *Hedr-enn*.

Hedren, 40, Hedrenn et Hedrennus, 25, était déjà évêque de Nantes en 952, date de la mort d'Alain Barbe-Torte. Il vivait encore en 958, selon la *Gallia christiana*, t. XIV, col. 808 c, où son nom est écrit *Hesdrennus*.

Hedrgual, nom d'homme, dans Terra —, 18; note du xii° siècle.

Hedrus, moine, 51.

Hehoiarnus, moine de Saint-Sauveur, 51.

Heiangoethen, *testis*, 42.

Heirguor Chedre. Voir Diles Heirguor Chebre, 54.

[H]elguethen, père d'Eudon, 31; note du xiii° siècle.

Helocus, moine de Saint-Sauveur, 51.

Helorn, 38, 39, 41; l'Élorn, rivière qui se jette dans la rade de Brest.

Hent «chemin», dans *Car-hent*.

Hep, heb, «sans, à part», dans *Hep-uuou*, *Hebguoeu*.

Hepuuou, clerc, 24.

Herleuuinus, fils du comte Haelchodus, 24.

Herpritt (Tribus), 15.

Herveus Godoc, moine de Landévennec, 31; note du xiii° siècle.

Herveus Hormannus, nom d'homme, 31; note du xiii° siècle.

Hether (Labou), 10.

Hethmeren, laïque, 24.

Heuchomarch, moine, 24.

Hinebet (Terra), 18; note du xii° siècle.

Hinuarn, probablement nom d'homme, dans Solt Hinuarn, 11.

Hir «long», dans *Maeluc Dant Hir* ou «à la dent longue»; *Hir-gard* «haie longue».

Hirgard (Tref), 11; Hirgarz, commune de Crozon. Voir Crauthon.

HISCHIN (PENN), 14.
Ho- «bien», dans *Ho-uuel, Ho-uel.*
HOELECHET, laïque, 24.
Hoetl «âge, vie», dans *Hoetl-leian.*
HOETLLEIAN, nom d'homme, dans LAN HOETLLEIAN, 14; pour *Hoetlheran.*
Hoiarn, huarn, «fer», dans le dérivé *Hoiarnuc* «de fer», et dans les composés *Hehoiarn, Eu-huarn, Saus-oiarnus.*
HOIARNUC, nom d'homme, dans LAN HOIARNUC, 12.
HORMANNUS (HERVEUS), 31; note du XIII° siècle.
HOUEL, nom auquel une main du XII° siècle a ajouté HUUEL, 54; fils d'Alan Canhiarh; le dix-neuvième sur la liste des comtes de Cornouaille; mourut en 1084.
HOUUEL *comes,* 25.
HUARUUETHEN, évêque de [Quimper] Corentin, figure dans une charte de 954, n° 24 de notre Cartulaire. M. Hauréau, dans la *Gallia christiana,* t. XIV, col. 874 AB, lit cette date 854 et propose d'identifier cet évêque avec Aneweten ou Huarnuethen, nommé dans une charte d'Erispoé en 853, et qui signa en 860, avec Salomon III.
HUNCAT (LAN), 18; note du XII° siècle.
HUON, *testis,* 25.
HUUEL; addition du XII° siècle au nom de HOUEL, 54.
HYLIBERTUS *rex,* 41, Childebert Ier, mort en 558, Childebert II, mort en 596, ou Childebert III, mort en 711.

Iahan, Iohan, Iohann, Ian, en breton, Jean.
IAHAN REITH, le septième sur la liste des comtes de Cornouaille, 54.
IAN (RANN, RET), 26.
IAU (GULET), 26.
IESTIN, vicomte, 25, 40.
Iglur «clair», nom d'homme dans SENT IGLUR.
IGLUR (SENT), 22.

Ilis «église». dans *Caer N-ilis.*
IOHAN (I), abbé de Landévennec, le neuvième sur la liste, 1; contemporain d'Alain Barbe-Torte (cf. 25), qui régna de 900 à 952. La *Gallia christiana,* t. XIV, col. 896 B, le place le huitième sur sa liste.
IOHAN (II), abbé de Landévennec, le treizième sur la liste, 1. Cf. *Gallia christiana,* t. XIV, col. 895 D.
IOHANN, moine, 24.
IOHANNES, abbé de Landévennec, 25; le même que IOHAN (I).
IRVILLAC, nom moderne, pour Ermeliac, 29; note du XVII° siècle.
— *it,* suffixe féminin = lat. -*eta*, franç. -*aie*. Voir *Busit.*
Iud «combat», dans *Iud-hael.*
Iudett, forme bretonne de Judith.
IUDETT, femme d'Alan Caniarh, comte de Cornouaille, 48; morte en 1064, selon dom Morice, t. I, p. 74. Cf. *Gallia christiana,* t. XIV, col. 876 AB.
IUDHÆL, comte, 25.
IUDHAEL, comte de Nantes, 40.
Iuguinen «if», dans *Caer N-iuguinen.* Pour la notation -*ugu-* = *v*, comparez *neugued, Blenliuguet.*
IUNARGANT, nom de femme, 42.
IUNCAT (LAN), 2.
IUNGUORETT, nom de personne, dans Loc IUNGUORETT, 19.
IUTHOUEN, archevêque, contemporain d'Alain Barbe-Torte (938-952), 25; identifié par M. Hauréau, *Gallia christiana* (t. XIV, col. 1044 AB) avec Wicbohenus, évêque de Dol, qui vivait vers le milieu du X° siècle.
IULITT (TRIBUS), 47.

JACOB, *testis,* 51.
JACOBUS, abbé de Landévennec, le vingt-sep-

tième sur la liste, 1; le vingtième dans la *Gallia christiana*, t. XIV, col. 897 A.

JEDECAEL GUIDET (TERRA), 18; note du XII° siècle.

JOHANNES, *testis*, 51.

JOHANNES BRIENT, abbé de Landévennec, grand archidiacre de Cornouaille et recteur de Crauzon (1604). Suivant la *Gallia christiana*, t. XIV, col. 899 CD, il fut nommé abbé en 1608, se démit de sa charge en 1627, et mourut en 1632.

JOHANNES *dictus porcus*, abbé de Landévennec, le trente-quatrième sur la liste, 1; le vingt-huitième dans la *Gallia christiana*, t. XIV, col. 897 C, où il est nommé Joannes *du Parch*; vivait en 1293 (*ibid.*).

JONAS, *testis*, 51.

JOSEPH, *toronensia urbe pastor*, 25; cet archevêque de Tours fut, selon la *Gallia christiana*, t. XIV, col. 52 B, pris comme témoin par le comte Thibaud en 957 et occupa son siège pendant onze ans. La charte n° 25 du Cartulaire de Landévennec montre qu'il était déjà archevêque de Tours en 952, date de la mort d'Alain Barbe-Torte.

JULIAN (DOMECH), 57 (écrit au XIII° siècle).

JUSTINUS, abbé de Landévennec, le dix-neuvième sur la liste, 1, 51; le douzième dans la *Gallia christiana*, t. XIV, col. 896 D; vivait en 1089 (*ibid.*).

Kaer, Caer, «ville, village, château», dans *Kaer Foet*, etc.

KAER BEA...ROS, 18; note du XIII° siècle; localité de Landrefmael.

KAER CADAVEN, 18; note du XIII° siècle; localité de Landrefmael.

KAER FOET, 18; note du XII° siècle.

KAROLUS MAGNUS, Charlemagne, 20; régna de 768 à 814.

Kelihuc, Kelioc, «coq». Voir TERRA AN-KE-LIHUC et AN-KELIOC.

Kempenet, 31, note du XIII° siècle, nom commun masculin; est peut-être une altération de *Kemenet* (*Cartulaire de Redon*, p. 338), que M. de Courson explique (p. 753) par *commendatio*, *beneficium*, *feodum*. Cf. A. de la Borderie, *Biographie bretonne*, t. I, p. 552, col. 2, note 1.

KYLLAI, abbé de Landévennec, le dix-huitième sur la liste, 1; le onzième dans la *Gallia christiana*, t. XIV, col. 896 C, où son nom est écrit *Killas*; élu en 1056, mort en 1085 (*ibid.*).

LABOU HETHER, 10.

Laed «lait», dans *Laedti* «laiterie».

LAEDTI GUOLCHTI, 30.

LAEDTI *inferior*, 38.

LAEDTI *superior*, 38.

LAEDTI (AN-), 14.

LAIAN (TNOU), 43.

Lan «terre, terre sacrée»; mot suivi ordinairement d'un nom d'homme.

LANBERTHVUAULD (TRIBUS), 15 (au titre).

LAN BERTUUALT, 15.

LANCELINUS, abbé de Landévennec, le vingt et unième sur la liste, 1; le quatorzième dans la *Gallia christiana*, t. XIV, col. 896 E.

LANCELINUS, *testis*, 51.

LAN CHUNCETT, 19; Langonnet, c^{ne} du c^{on} de Gourin, arr^t de Pontivy (Morbihan).

LAN COETT, 30, peut-être ce qu'on appelle aujourd'hui Haut et Bas Langoat, sur la rive droite de l'Aulne, près de Rosnoën.

LANCOLVETT (VILLA), 37.

LAN CUN, 10.

LAN DECHEUC, 39.

LANDERNNTAU pour *Landerneau*, 41; note du XVII° siècle.

LANDREFMAEL, 18; note du XII° siècle. Voir LAN TREFMAEL.

INDEX. 591

LANDREMAEL, 18; note du xiiie siècle.
LANDREMEL, 18; note du xviie siècle. Voir LAN TREFMAEL.
LAN ELUBI, *villa*, 27.
LAN GUEGON AN MAGUAEROU, 18; note du xiiie siècle.
LANGUENOC, 39.
LANGUERN, 1. Voir ARMAELUS DE VILLANOVA.
LAN GUN, 11.
LANGURDELUU, *possessiuncula*, 41.
LAN HERPRIT, 15.
LAN HOETLLEIAN, 14.
LAN HOIARNUC, 12; Lannouarnec.
[L]AN HUNCAT, 18; note du xiie siècle.
LAN IUNCAT, 2.
LANLOEBON, 7.
LAN LOESUC, 41.
LANLOETGUED, 8.
LAN MEREN, 26; Lanmérin?
LAN PREDEN, 19.
LAN RATIAN, 22.
LAN RIOC, 21; Lanriec, commune du canton de Concarneau, arrondissement de Quimper (Finistère).
LAN RITIAN, 16.
LAN RIUUOLE, *beneficium*, 39.
LANRIVVOROE (TRIBUS), 39; Lanrivaoré?
LAN SANCTI UUIUURETI (TRIBUS), 38.
LAN SENT, 19; TRIBUS LAN SENT, 20; le Saint, canton de Gourin, arrondissement de Pontivy (Morbihan).
LAN SONETT, 19.
LANTEGUENNOC, 17, 23; Lanteuuennoc, 36, 45; Lanteuuennuc, 28; Landévennec, commune du canton de Crozon, arrondissement de Châteaulin (Finistère).
LAN TNOU MIOU, 11.
LAN TREF HARTHOC (TRIBUS), 13; Landrevarzec, commune et canton de Briec, arrondissement de Quimper (Finistère).
LAN TREFMAEL et LAN TREF MAEL, 18; Landremel, près de Gouézec.

LAN-TUTOCAN, 19.
LAN UOE, 26; Lanvoy, commune de Hanvec. Voir HAMUC.
LAN UUETHNOC, 33.
LECHUC, 31.
LEON[IA], le pays de Léon, 1 (écrit au plus tôt au xive siècle). Sur les anciennes limites et les divisions du Léon, voir A. de la Borderie, *Annuaire historique et archéologique de Bretagne*, 1861, p. 149, 150.
Les «cour», dans les cinq articles suivants.
LES, LÉS. Voir TREF LÉS, TREF LES.
LES BUDUC, 43.
LES CLETIN, 11; Cléden-Cap-Sizun, commune du canton de Pont-Croix, arrondissement de Quimper (Finistère), ou Cléden-Poher, commune du canton de Carhaix, arrondissement de Châteaulin (Finistère)?
LES NA...UUOR, 43; note du xiiie siècle.
LES RADENUC, 19.
LES RATTENUC, 10.
LES TNOU, 11.
Leuuin «brillant», dans *Her-leuuinus*.
LICAMANU, *testis*, 47.
LIMUNOC (TREF), 11; Liminec, commune de Redené, canton d'Arzano, arrondissement de Quimperlé (Finistère).
LISIANN, 14.
LIUSUC (PRITIENT), 30.
LIVER (CAER), 26.
Loc, du latin *locus*, «demeure».
LOC IUNGUORETT, 19.
LOCUS SANCTI UUINGUALOEI, 19, 37; — QUI VOCATUR LANTEUUENNOC, 36.
LOESGUORET, moine, 24.
LOESUC (LAN), 41.
LOESUUETHEN, prêtre, 48.
LOHEN. Voir ROS LOHEN, 30.
LONGOMARTI en Irvillac, 29; note du xviie siècle.
Louen «joyeux», dans les composés *Gleulouen*, *Uuen-louen*, et dans le dérivé *Louenan*.

Louenan « roitelet »? Voir le mot suivant.
LOUENAN, fils de Dunguallun, 50.
Luch « lac »? Voir *An-Luch*.
LUDRE SIRFIC, 14.
LUE BUSITT (TRIBUS), 41.
LUHAN, 17; Leuhan, canton du Châteauneuf-du-Fou, arrondissement de Châteaulin (Finistère).
LUPHANT (CARRENT), 34.

Machoer « mur »; pluriel *maguaerou*.
MACHOER PULL BUD MAEL, 41.
Mael « puissant, prince ». Voir *Bud Mael*, 41. De là le dérivé *Macloc, Maeluc, Meluc*, et le composé *Maelucun, Maelugunus*.
MAELOC (ROS), 29.
MAELUC DANT HIR, père de Pritient Liusuc, 30.
MAELUCUN, prêtre, 48.
MAELUGUNUS, 28; note du XII° siècle.
Maen « pierre », dans *Tol-maen*, 53.
Maes « champ », dans *Ran Maes*.
Maguaerou « murs », pluriel de *machoer*. Voir LAN GUEGON AN MAGUAEROU.
March « cheval », dans *marchoc*.
MARCHEL, tué par Iaban Reith, 54 (addition du XIII° siècle).
Marchoc « cavalier, chevalier », dans *Chenmarchoc, Tref Marchoc*.
MARTHOU, dans RIUELEN MOR MARTHOU et RIUELEN MARTHOU, 54.
MARTINUS, doyen [de Quimper], 24. Cf. *Gallia christiana*, t. XIV, col. 871.
MARTINUS, saint, 29.
Mat « bon », dans *Mat-munuc*.
MATMUNUC, abbé de Landévennec, le troisième sur la liste, 1; reçut, en 818, une lettre de Louis le Débonnaire, lui enjoignant de suivre désormais la règle de Saint-Benoît (*Gallia christiana*, t. XIV, col. 894 D, 895 E).
MATRET, 7; note du XIII° siècle.

MAXENRI, frère de Budic, comte de Cornouaille, le sixième sur la liste, 54.
MEDARDUS, nom d'homme, 20.
MEDARDUS (Monastère et terre de saint), 25.
MEINI (HARN), 33.
MELANIUS, saint, 51.
Melin « moulin », dans *Tnou Melin*.
MELUC. Voir CAER MELUC, 43.
MENEDECH (CAER), 38.
Menehom, 50; note du XVII° siècle; le Menebom, c'est-à-dire la montagne de Hom.
MENEUC (CAER), 43.
MEREN (LAN), 26.
MERN (TNOU), 16.
MEUUER (TILI), 22.
MEUUR (ROS), 29.
Minihy « asile », dans *Terra Minihy ecclesie Guoethuc*, 16; note du XII° siècle; mot breton emprunté au latin *monachia* (cf. 21).
MIOU (LAN TNOU), 11.
MOELIAN, 14; Moëllien, commune et canton de Plounevez-Portzai, arrondissement de Châteaulin (Finistère)?
MONSTERIOLUM (CASTELLUM), 24.
Mor « grand », dans *Riuelen Mor Marthou* et dans les composés *Mor-uuethen*, etc.
MORCAT. 10; Morgat, dans la commune de Crozon. Voir CRAUTHON.
MORBRETUS, saint, 39.
MORMANUS, fils de Pritientus, 32.
MORUANUS, moine, 50.
MORUUETHEN, 46.
MOYSEN, *testis*, 25.
MOYSEN, *vir indolis*, 40.
Munuc, dans *Mat-munuc*.
Mur « grand », dans *Gradlon Mur, Budic Mur*.
MUUR (DIRI), 26.

N-, débris de l'article dans *Caer N-ilis, Caer N-iuguinen*.

NAMNETENSIS *episcopus*, 50.
NAMNETENSES, 25.
NAMNETICA *civitas*, 40; Nantes (Loire-Inférieure).
NEUET, 40; note du xviie siècle.
Neugued «nouveau», dans *Plueu Neugued*, 48.
NEUUED, 19, le même mot que *neugued*.
NEUUED (TRÊF), 40.
NEVVED (TRIBUS), 40.
NIN, montagne, 2.
NIULIAC (PLEBS), 19; Neuillac, c^{on} de Cléguérec, arr^t de Pontivy (Morbihan).
NORMANI, 25, NORMANNI, 48, les Normands.
NUMINOE *comes*, 40, ne doit pas être confondu avec le roi des Bretons, mort en 851 (*Biographie bretonne*, t. II, p. 538-542).
NUT, *testis*, 25.
NUUENOE, *testis*, 25.

— *oc*, suffixe dans *Caradoc, Cherocnoc, Helocus, Tudoc, Uuethenoc*; cf. -*uc*.
— *oe*, suffixe dans *Numinoe, Uuinuualoeus*.
— *oed*, suffixe pluriel dans *rodoed* «gué».
ORSCANDUS, abbé de Landévennec, le vingt-deuxième sur la liste, 1; le quinzième dans la *Gallia christiana*, t. XIV, col. 896 E.
ORSCANDUS, évêque [de Quimper], 47, depuis 1022 environ, mort vers 1065 (*Gallia christiana*, t. XIV, col. 876 A).
ORSCANDUS, *testis*, 51.
ORSCANT, moine, 50.

Padrun «portrait, image»? dans l'art. suiv.
PADRUN SANCTI UUINGUALOEI, 26, «pierre».
PAGUS BROUUEREC, 40; le Vannetais breton. Cf. A. de la Borderie, *Annuaire historique et archéologique de Bretagne*, 1861, p. 151.
PAGUS CAP CAVALL, 1. Voir CAP CAVALL.
PAGUS ENFOU, 39. Voir ENFOU.
PAGUS FUENANT, 43. Voir FUENANT.
PAGUS NAMNETENSIUM, 25.

PARC (BRINLIGUET AN), 30; note, xiiie siècle.
PEDRAN (TRIBUS), 6.
PELIET (RUN AN), 18; note du xiiie siècle.
Pen «bout», dans *Pen-ann-aut* «bout du rivage», *Pen Carhent* «bout du chemin de voitures», *Pencoett* «bout du bois», *Penkarn* «bec».
PEN-ANN-AUT, 18; note du xiiie siècle.
PEN CARHENT, 18.
PENCOETT, 22.
Pen Duan «roseau»? dans *Guern Pen Duan*.
PENE, ruisseau, 41.
PENGILLI, 56; xiie siècle.
PENKARN (TERRA), 53.
Penn «tête, bout», dans *Penn Guern* «bout de marais»; *Penn Hischin*, id.? *Penn Ros* «bout de colline».
PENN GUERN, 22.
PENN HISCHIN, 14; Penesquin, commune de Plonéour, canton de Plougastel-Saint-Germain, arrondissement de Quimper (Finistère)?
PENN ROS, 26; Perros, commune de Hanvec. Voir HAMUC.
PETRANI (TRIBUS), 6.
PHILIBERTUS, nom d'homme, 20.
PIEZRESII (ALANUS), 1.
PILAU (CAER), 43.
PLEBS AR[CH]EL, 7; note du xiiie siècle. Voir ARCHOL.
PLEBS ARCHOL, 7. Voir ARCHOL.
PLEBS ARCOL, 7. Voir ARCHOL.
PLEBS BERRIUN, 35. Voir BERRIUN.
PLEBS CASTELLUM, 27; Plougastel-Saint-Germain, canton de l'arrondissement de Quimper; ou peut-être Plougastel-Daoulas, canton de Daoulas, arrondissement de Brest (Finistère).
PLEBS CLETUEN (écrit QLEBS), 53. Voir CLETUEN.
PLEBS CRAUTHON, 8. Voir CRAUTHON.
PLEBS DINEULE, 42. Voir DINEULE.

PLEBS EDERN, 46. Voir EDERN.
PLEBS ERMELIAC, 29. Voir ERMELIAC.
PLEBS HAMUC, 26. Voir HAMUC.
PLEBS HANVEC, 26; note du xvii° siècle. Voir HAMUC.
PLEBS NIULIAC, 19. Voir NIULIAC.
PLEBS ROS LOHEN, 30. Voir ROS LOHEN.
PLEBS SANCTI ENEGUORII *de pago Cap Cavall*, 1; Plonéour, commune du canton de Plougastel-Saint-Germain, arrondissement de Quimper (Finistère).
PLEBS TELCHRUC, 7. Voir TELCHRUC.
PLEBS THELGRUC, 7; note du xiii° siècle. Voir TELCHRUC.
PLEBS TREGUENC, 19. Voir TREGUENC.
PLEBS TURCH, 22. Voir TURCH.
PLEIBEN, 31 (titre); Pleyben, canton de l'arrondissement de Châteaulin (Finistère).
Ploe, plus tard *plo*, «peuplade, village, paroisse», variante de *plueu*, équivalent breton du latin *plebs*.
PLOE ERMELIAC, 29. Voir ERMELIAC.
PLOEMERGAT, 1.
PLOMEUR À ANNERN, 43; note du xvii° siècle.
PLOMEUR, 47; note du xvii° siècle.
PLUENEUOR (GRADLON), 54. Voir PLEBS SANCTI ENEGUORII.
Plueu «village, paroisse», du latin *plebs*, 8.
PL[UEU]CASTEL, 43; note du xiii° siècle. Voir PLEBS CASTELLUM.
PLUEU CRAUTHON, 8. Voir CRAUTHON.
PLUEU CRAUTON, 8. Voir CRAUTHON.
PLUEU ENEUOR, 43, «Plonéour». Voir PLEBS SANCTI ENEGUORII, 1.
PLUEU NEUGUED IN POU, 48; Plounevez-du-Faou, canton de Châteauneuf-du-Faou, arrondissement de Châteauneuf (Finistère)?
Poeth «brûlé», dans *Caer Poeth* «ville brûlée», synonyme de *Caer tanet*.
Pont «pont», dans *Caer Pont*, 11.

PORCUS, surnom de *Johannes*, 1.
Porht «cour», pour *porth*, dans *An-Porht*.
Pou «pays, région», du latin *pagus*, 48.
POU, 48.
POULBEHAN, 30; note du xvii° siècle.
PREDEN (LAN), 19.
PRITIENT, *testis*, 25.
PRITIENT BLEHUC, 31.
PRITIENT LIUSUC, fils de Maeluc Dant Hir, 30.
PRITIENTUS, père de Mormanus, 32.
PRUNUC (TERRA AN), 18; note du xii° siècle.
PULCARVAN, 3.
PULCRAUTHON (TREF), 10.
PUL DENGEL (TREF), 11.
Pull «fosse, mare», dans *Pull Bud Mael*; écrit *pul* dans *Pulcarvan, Pulcrauthon, Pul Dengel, Pul Scaven*.
PULL BUD MAEL (MACHOER), 41.
PUL SCAVEN, 18; note du xii° siècle.
PUMERIT, 43; note du xvii° siècle. Voir PUMURIT.
PUMURIT, 43; Peumerit, canton de Plougastel-Saint-Germain, arrondissement de Quimper (Finistère).

Rac «devant, en avant», écrit *rach*, dans *Rach-enes*.
RACHENES, 10; Raguénez, sur la baie de Douarnenez, en face de Morgat.
Raden «fougère», dans le dérivé *radenuc*.
RADENUC (LES), 19.
Ran, rann, «portion», dans *Ran Maes, Uuenrann, Rann Ret Ian, Rann Rett*.
RAN MAES, 39.
RANN RET IAN, 26.
RANN RETT, 26.
RATIAN (LAN), 22.
RATIANUS, saint, 22.
RATTENUC (LES), 10.
REDOREDUS, moine, 50.
REDOREDUS, *testis*, 51.

Reith «juste, droit», surnom de *Iahan*, 54.
RESTOU (CAER), 31; le Restou, nom de village assez fréquent.
RETCHAR, moine, 24.
RETHCAR, nom d'homme dans AETHUREC RETHCAR, 30.
RET IAN (RANN), 26.
RETT *nobilis, transmarinis parentibus,* 28.
RETT (TALAR), 28.
RETT (RANN), 26.
Ri «roi», dans *Ri-detuuet,* 24, *Ri-vallonus,* 1, *Ri-uelen,* 54, et peut-être dans *Ri-oc,* 19, et *Maxen-ri,* 54.
RIDETUUET, *prepositus,* 24.
RIGUIN (Ro), 18; note du xii° siècle.
RINOU (TREF), 18.
RIOC (LAN), 21. Voir LAN RIOC.
RIOC (SENT), 11.
RIOCUS, moine de Landévennec, 31; note du xiii° siècle.
RIOCUS, saint, 21.
RIOCUS, *de plebe Sancti Eneguorii,* abbé de Landévennec, le trente-troisième sur la liste, 1; le vingt-septième dans la *Gallia christiana,* t. XIV, col. 897 c; vivait en 1283 (*ibid.*).
RIOU *filius* [*Guio*]*mar,* 43; note du xiii° siècle.
RITIAN (LAN), 16.
RITOCH (TI), 11.
RIUALLONUS, *monachus Sancte Crucis,* 50.
RIUELEN, fils de Gradlon, 14.
RIUELEN, père de Hepuuou, 24.
RIUELEN MARTHOU, le deuxième sur la liste des comtes de Cornouaille, 54. Voir RIUELEN MOR MARTHOU.
RIUELEN MOR MARTHOU, le premier sur la liste des comtes de Cornouaille, 54. M. de la Borderie pense qu'il ne possédait qu'une petite portion de la Cornouaille, en même temps que Riuelen Marthou et Concar en possédaient d'autres, et que leurs domaines furent réunis par Gradlon Mur (*Biographie bretonne,* t. I, p. 831).
RIUUALLONUS (I), abbé de Landévennec, le vingt-cinquième sur la liste, 1; le dix-huitième dans la *Gallia christiana,* t. XIV, col. 897 A; vivait en 1163 (*ibid.*).
RIUUELEN, *testis,* 46.
RIUUEN (Ros), 18.
RIUUOLE (LAN), 39.
RIVALLONUS *calvus,* 31; note du xiii° siècle.
[R]IVALLONUS *de Fou,* abbé de Landévennec, 31; note du xiii° siècle. On ne sait si c'est lui ou un autre *Rivallonus, de Broerech,* qui est identique à *Riuuallonus* (I). *Gallia christiana,* t. XIV, col. 897 A.
RIVALLONUS (III) *de Ploemergat,* abbé de Landévennec, le trentième sur la liste, 1; le vingt-troisième dans la *Gallia christiana,* t. XIV, col. 897 B; vivait en 1249 (*ibid.*).
RIVALLONUS (IV) *de Treles,* abbé de Landévennec, le trente et unième sur la liste, 1; le vingt-quatrième dans la *Gallia christiana,* t. XIV, col. 897 B; vivait en 1256 (*ibid.*).
RIVALONUS (II), abbé de Landévennec, le vingt-huitième sur la liste, en 1218, 1; le vingt et unième dans la *Gallia christiana,* t. XIV, col. 897 B; vivait en 1236 (*ibid.*).
RIVALONUS, père d'Agacha, 43; note du xiii° siècle.
RIVELENUS, fils du roi Gradlon, 14.
RIVVOROE (LAN), 39.
RODALDUS, moine, 51.
Rodoed «gué», dans *rodoed carn, vadum corneum,* 38.
Ro RIGUIN, 18; note du xii° siècle.
Ros «colline», dans *Penn Ros, Ros-catmagli, Ros Guroc, Ros Lohen,* etc.

Roscatmagli, 9; Roscanvel, commune du canton de Crozon, arrondissement de Châteaulin (Finistère)?

Ros Eucat, 27.

Ros Guroc, 18.

Ros Lohen (Plebs), 30; Rosnoën, canton du Faou, arrondissement de Châteaulin (Finistère)?

Ros Maeloc, 29.

Ros Meuur An-Cloedou Caer Cunan, 29.

Rosmorduc en Longomarti en Irvillac, 29; note du XVII° siècle.

Ros Riuuen, 18.

Ros Serechin, 10.

Ros Tuder, 11; Rostudel, commune de Crozon. Voir Crauthon.

Rotberth, 40, Robert.

— *ruant* «roi», qui règne, dans *Uuenruant*.

Ruantrec, mère de Hepuuou, 24.

Rud «rouge», dans *Drem Rud* «visage rouge», surnom de *Daniel*, 54.

Rudaldus *vicarius*, 30; note du XIII° siècle.

Rudheder, 34.

Run «colline», dans *Run an-peliet*, etc.

Run an-peliet, 18; note du XIII° siècle.

Run Guennargant, 18; note du XIII° siècle.

Saluden, *mil[es]*, 43; note du XIII° siècle.

Saluten, *testis*, 42.

Saluten, *testis*, 46.

Salvator, évêque [de Quimper] contemporain de Budic, comte de Cornouaille, 42. Cf. *Gallia christiana*, t. XIV, col. 874 c.

Salvator, 25, évêque d'Aleth, vivait vers 965 (*Gallia christiana*, t. XIV, col. 998 d).

Samsun, Samson. Voir *Chei Chnech* —; 26.

Sancta Crux, église [et monastère] dans la ville de Tours, 25; cf. *Gallia christiana*, t. XIV, col. 187 a.

Sancta Crux, 50, monastère de Quimperlé, fondé en 1029 par Alain Canhiarh.

Sanctus aecclesia, 24, «Saincts».

Sanctus Chourentinus, 24, évêché de Quimper.

Sanctus Cyricus, 25, église [et abbaye] près de Rennes, dépendant du monastère de Saint-Julien de Tours, depuis 1037 (*Gallia christiana*, t. XIV, col. 769 a).

Sanctus Medardus, 25, monastère du diocèse de Tours (*Gallia christiana*, t. XIV, col. 189 b).

Sanctus Melanius, 51, abbaye de Rennes (*Gallia christiana*, t. XIV, col. 768).

Sanctus Salvator, 51, prioré de Guingamp, dépendant de l'abbaye Saint-Melaine de Rennes (*Gallia christiana*, t. XIV, col. 1137 a).

Sanctus Tutgualus, 24, monastère dans la presqu'île de Tréguier, près du confluent du Guindy et du Jaudy; fondé par saint Tutgual, vers le milieu du VI° siècle [?] (*Gallia christiana*, t. XIV, col. 1135 d).

Sausoiarnus, moine, 51.

Saxones, 25.

Scathr, 22; Scaer, canton de l'arrondissement de Quimperlé (Finistère).

Scaven, *Scauuen* «sureau», dans *Pul Scaven*, *Caer Scauuen*.

Scoeu (Caer), 43.

Segneu, abbé de Landévennec, le quatrième sur la liste, 1; cf. *Gallia christiana*, t. XIV, col. 895 d.

Seidhun, île, 5; aujourd'hui Sein, en breton *Sizun*; fait partie du canton de Pont-Croix, arrondissement de Quimper (Finistère).

Seluester, *falterius*, 53.

Sent «saint». Voir *Busitt*, *Lan*, *Tribus*, et les trois articles suivants.

Sent Iglur, 22.

Sent Rioc, 11; Riec, canton de Pontaven, arrondissement de Quimperlé (Finistère)?

Sent Uurguestle, 10.

Serechin (Ros), 10.

Silin, 26. Voir Caer, Ti.
Silin Guenn, 43.
Sirfic (Ludre), 14.
Solt Gneyer, 14.
Solt Hinuarn, 11.
Sonett (Lan), 19.
Sparll «barre», dans An-Sparll, surnom de Guidomarus, 31; note du xiii° siècle.
Staer «fleuve, rivière», dans An-Staer, 18.
Stephanus, testis, 51.
Sulcat (Villa Thnou), 36.
Sulian, 14.
Sulse, vicaria sita in pago Namnetensium, 25; Sucé, canton de la Chapelle-sur-Erdre, arrondissement de Nantes (Loire-Inférieure).

Tad «père», dans le diminutif tadic.
Tadic, abbé, le vingt-neuvième sur la liste, en 1240, 1; le vingt-deuxième dans la Gallia christiana, t. XIV, col. 897 b.
Tahauc (Bot), 14.
Talar Rett, 28.
Tan (Caer), 39.
Tanett «brûlé, incendié», dans Caer Tanett.
Tanett (Caer), 32.
Tanuoud (Saint), 16.
— teguennoc, dans Lan-teguennoc.
Telchruc (Plebs), 7; Telgruc, canton de Crozon, arrondissement de Châteaulin (Finistère).
Telent, testis, 47.
Telent Bastart (Terra), 52.
Terenes, île, 30; Térénez, île dans la rivière de Châteaulin ou Aulne.
Terra An-Kelihuc, 18; note du xii° siècle.
Terra An-Prunuc, 18; note du xii° siècle.
Terra An-Vastardou, 18; note du xii° siècle.
Terra Briendi Conrrier, 18; note du xiii° siècle.
Terra Gleulouen, 18; note du xii° siècle.
Terra Guecun, 52.

Terra Hebguoeu, 18; note du xii° siècle.
Terra Hedrgual, 18; note du xii° siècle.
Terra Hinedet, 18; note du xii° siècle.
Terra Jedecael Guidet, 18; note du xii° siècle.
Terra Penkarn, 53.
Terra Telent Bastart, 52.
Terra Terenes, 30; note du xiii° siècle. Voir Terenes.
Tetbaldus, 25, Thibaud, comte de Tours, au milieu du x° siècle (Gallia christiana, t. XIV, col. 52 b).
— teguennoc, dans Lan-teguennoc.
Thelgruc (Plebs), 7; note du xiii° siècle. Voir Telchruc.
Theodosius magnus, 20; correction du xvii° siècle.
Thnou (Caer), 34.
Thnou Sulcat (Villa), 36.
Thopopegia, 2, 55; xvi° siècle.
Thopopegya, 26, «île de Tibidy», en face de Landévennec.
Thou Elorn, 28; note du xii° siècle.
Ti «maison», second terme des composés Laed-ti, Guolch-ti, Duur Ti.
Tibidi, 26; note du xvii° siècle. Voir Thopopegia.
Ti Fentu, 22.
Tili Meuuer, 22.
Tirifrechan, 23.
Ti Ritoch Han Silin, 11.
Tnou «vallée», dans Tnou Barroc, etc.
Tnou (Les), 11.
Tnou Barroc, 31; note du xiii° siècle.
Tnou Barroc (Gouen), 31; note du xiii° siècle.
Tnou Laian, 43.
Tnou Melin, 26.
Tnou Mern, 16.
Tnou Miou (Lan), 11.
Tocohan (Tref), 18.
Tolmaen, 53.
Toronensia urbs, Tours, 25.
Trechoruus, vicaria, 12; Trégourez.

Tref «demeure, habitation», mot celtique, traduit par le mot latin de son et de sens analogues *tribus*.
TREF ARDIAN, 18.
TREF BUDGUAL, 14.
TREF CANN, 14.
TREF CARUTHOU, 11.
TREF CUN, 10.
TREF CUNHOUR, *in pago Fuenant*, 43.
TREFGELLAN, 35.
TREF HARTHOC, 13; TREFHARTHOC (LAN), 13. Voir LAN TREF HARTHOC.
TREF HIRGARD, 11. Voir HIRGARD.
TREFILY, 47; note du xvii° siècle.
TREF IULITT, 47, *in vicario Eneuur*, «Trefily dans Plomeur» (note du xvii° siècle).
TREF LÉS, 10; Tréflés, commune de Crozon. Voir CRAUTHON.
TREF LES, 14; Trefflez, commune de Briec. Voir BRITHIAC.
TREF LIMUNOC, 11.
TREFMAEL (LAN), 18. Voir LAN TREFMAEL.
TREF MARCHOC, 14.
TREF NEUUED, 40.
TREF PULCRAUTHON, 10.
TREF PUL DENGEL, 11.
TREF RINOU, 18.
TREF TOCOHAN, 18.
TREF TUDOC (*Tribus nomine —*), 48.
TREF UUILERMEAEN, 12.
TREGUENC (PLEBS), 19; Trégunc, canton de Concarneau, arrondissement de Quimper (Finistère).
TRELES, 1. Voir TREF LÉS.
TRIBUS CARUAN, 4; Trégarvan, canton de Crozon, arrondissement de Châteaulin (Finistère).
TRIBUS CLECHER, 7. Voir CLECHER.
TRIBUS CUNHIN, 2.
TRIBUS DINAN, 2. Voir DINAN.
TRIBUS HERPRITT, 15.
TRIBUS JULITT, 47.
TRIBUS LANRIVVOROE, 39.
TRIBUS LAN SANCTI UUIUURETI, 38.
TRIBUS LAN SENT, 20.
TRIBUS LAN TREFHARTHOC, 13. Voir LAN TREF HARTHOC.
TRIBUS LAN VVIVRETT, 38.
TRIBUS LUE BUSITT, 41.
TRIBUS NEVVED, 40.
TRIBUS PEDRAN, 6; TRIBUS PETRAN, 51; TRIBUS PETRANI, 6.
TRIBUS TUDUC, 48.
TRIBUS UUILERMEÆN, 12.
TRIBUS UUINGUIRI, TRIBUS VVINVVRI, 19.
TROU (CAER), 11.
TUDER (Ros), 11. Voir Ros TUDER.
TUDI, 50, monastère de Saint-Tudi (*Gallia christiana*, t. XIV, col. 890 D), dans Enez-Tudi, île de l'anse de Bénodet, canton de Pont-l'Abbé, arrondissement de Quimper (Finistère).
TUDOC (TREF), 48.
Turch «cochon, sanglier», dans PLEBS TURCH.
TURCH (PLEBS), 22; Tourc'h, canton de Rosporden, arrondissement de Quimper (Finistère).
Tut «peuple, hommes», dans *Tut-gualus*.
TUTGUALUS (SANCTUS), abbaye de Tréguier, 24.
TUTOCAN (LAN), 19.

- *uc*, suffixe dans *Caraduc, Guingualtuc, Loesuc, Meluc, Radenuc, Rattenuc, Tuduc, Uuenuc*; cf. - *oc*.
Uhel «haut, élevé», dans *Uhel-ueu*.
UHELUEU, prêtre, 48.
UINGUALOEUS, 21, saint Guénolé. Voir UUINGUALOEUS.
UINUUALOEUS, 20, saint Guénolé. Voir UUINGUALOEUS.
UNUA (DANIEL), 54. Voir DANIEL UNUA.
UOE (LAN), 26. Voir LAN UOE.

URFER, *testis*, 42.
URUODIUS, *testis*, 51.
URUOET, moine de Landévennec, 31; note du XIII° siècle.
URUOET, abbé de Saint-Tutgual, figure dans une charte de 954 (n° 24); cf. *Gallia christiana*, t. XIV, col. 1135 E.
UUARHEN, saint, dans BUSITT SENT UUARHEN, 33.
UUARHENUS, *pincerna regis Gradloni*, 20.
– *uuel*, – *uel*, « action de voir », dans *Houuel*, *Ho-uel*, « conspicuus ».
Uuen « blanc, bon, heureux », dans *Uuenhaelus*, *Uuen-louen*.
UUENHAELUS, saint, deuxième abbé de Landévennec, 39. Voir GUENHAEL.
UUENHELUS, 45. Voir CAER UUENHELI.
UUENLOUEN, nom de femme, 36.
UUENRAN, dans BATH UUENRAN, 25; Guérande, canton de l'arrondissement de Savenay (Loire-Inférieure).
UUENRUANT, mère de Uuenlouen, 36.
UUENUC (CNECH), 43.
– UUEREC, dans BRO-UUEREC; Guérec ou Waroc, premier comte breton du Vannetais, contemporain de Gradlon, suivant A. de la Borderie, *Annuaire historique et archéologique de Bretagne*, 1861, p. 151.
Uuern « aune » ou « marais », dans *Caer Uuern*.
Uuethen « fort, souple », dans les composés *Loes-uuethen*, *Mor-uuethen*, et le dérivé *Uuethenoc*, *Uuethnoc*.
UUETHENOC, moine, 24.
UUETHENOC, *testis*, 25.
UUETHENOC, *testis*, 40.
UUETHNOC (LAN), 33.
UUICONUS, saint, 12.
UUILERMEAEN (TREF), 12.
UUILERMEÆN (TRIBUS), 12.
Uuin « blanc, heureux, bon », dans *Uuingualoeus*.
UUINGUALOEUS, saint Guénolé, premier abbé de Landévennec, 1, 2, 3, 13, 14, 22, 24, 25, 26, 27, 28, 29, 30, 36, 37, 39, 40, 41, 42, 43, 44, 45, 46, 47, 48, 49; fils de Fracan (A. de la Borderie, dans la *Biographie bretonne*, t. I, p. 891, col. 1); cf. *Gallia christiana*, t. XIV, col. 895 c.
UUINGUALOEUS, saint Guénolé, 9, 10, 11, 12, 15, 16, 17, 18, 19, 20, 21, 22, 24, 25, 36, 38, 42. Voir LOCUS SANCTI UUINGUALOEI, 19.
UUINGUIRI (TRIBUS), 19.
UUINCUALOEUS, saint Guénolé, 20, 40. C'est la forme la plus archaïque du nom écrit le plus souvent UUINGUALOEUS.
UUITCAN (CAER), 44.
UUIUURETUS, saint, dans TRIBUS LAN SANCTI UUIUURETI, 38.
UUOEDUC, *vicarium*, 17; Gouézec, canton de Pleyben, arrondissement de Châteaulin (Finistère).
UURGUESTLE (SENT), 10.
UURMAELON, comte de Cornouaille, 24, charte datée de 954; manque dans la liste des comtes, 54. Il est nommé *Gurmhailon comes* dans le *Cartulaire de Redon*, p. 224; *Gurmhailon*, p. 225; *Gurmahilon*, p. 226. Il était père de Daniel (*ibid.*, p. 224) et contemporain d'Alain [Barbe-Torte], *Alanus rex* (*ibid.*, p. 223).
UURMEINI, *vir indolis*, 18.
– *vallonus* « très bon », dans *Ri-vallonus*, forme latinisée de – *vallon*; cf. – *guallun*.

Vastardou pour *bastardou* « bâtards », après l'article masculin *an*, pluriel de *bastart*. Voir TERRA AN VASTARDOU, 18; note du XII° siècle.
VILLA HALDEBERTI, 51; notice de la fin du XI° siècle.
VILLA LANCOLVETT, 37.

VILLANOVA. Voir ARMAELUS *de* —, 1.
VILLA THNOU SULCAT, 36.
VILLA VVRICAN, 44.
VUBREC, *testis*, 25.
VVENRANN, 25; Guérande, canton de l'arr. de Savenay (Loire-Inférieure).
VVINGUALOEUS, 2; VVINGUALOEUS, 8, 9; VVIN-VVALOEUS, 3, saint Guénolé. Voir UUIN-GUALOEUS.

VVINVVRI (TRIBUS), 19.
VVRICAN (VILLA), 44.

WINGUALOEUS, 7, note; 28, note du xii° siècle; 31, note du xiii° siècle; 53, saint Guénolé. Voir UUINGUALOEUS.

.....YOU, nom d'homme, 28; note du xii° siècle.

LIGUE DES PORTS DE PROVENCE

CONTRE LES PIRATES BARBARESQUES

EN 1585-1586.

DÉPUTATION AU ROI. — ARMEMENT D'UNE GALÈRE À MARSEILLE.
PROJET D'AMBASSADE À CONSTANTINOPLE.

PAR M. MIREUR,

ARCHIVISTE DU DÉPARTEMENT DU VAR,
CORRESPONDANT DU MINISTÈRE DE L'INSTRUCTION PUBLIQUE.

AVANT-PROPOS.

Les archives des communes du littoral de la Provence s'accordent avec les dépêches de notre diplomatie pour signaler sous Henri III, et plus particulièrement vers le milieu et la fin de son règne, les nombreuses et vives plaintes du commerce méditerranéen contre les pirates musulmans. Chose singulière, c'est peu après que la Porte avait renouvelé les anciens traités d'alliance avec la France, que le sultan Amurat, offrant à Henri III l'appui de sa flotte, l'avait solennellement invité à la cérémonie de la circoncision de son fils aîné (1581); au moment même où notre ambassadeur à Constantinople avait obtenu divers avantages pour nos nationaux[1], que les insultes contre le pavillon français deviennent plus fréquentes et finissent par provoquer, de la part des intéressés, l'organisation d'une association maritime pour mettre à exécution le projet dont nous allons parler.

Que les populations de nos côtes, en butte à ces attaques, se soient livrées parfois à certaines représailles, il serait difficile de le nier, quand même leur propre histoire n'en déposerait pas. Les deux faits suivants, empruntés au passé du port de Saint-Tropez, prouveraient cependant qu'elles étaient loin d'y apporter les mêmes instincts de cruauté ou de rapine que les Barbaresques. En 1579, les autorités de cette petite ville découvrent dans une maison particulière un Turc, furtivement débarqué, paraît-il, en compagnie de deux reïs [capitaines], par les galiotes d'un certain Mamey Long. Incontinent on le saisit et on décide de l'expédier à Marseille pour servir vraisemblablement le roi dans la chiourme des galères, où l'on sait combien ses compatriotes étaient recherchés, et la commune pousse le désintéressement jusqu'à payer les frais du voyage[2]. Trois ans après, en 1582, Saint-Tropez retient dans son port deux galiotes turques que ses marins ont hardiment capturées à la suite d'un combat

---

[1] Voir la relation présentée au roi, le 30 mars 1585, par notre ancien ambassadeur à Constantinople (Cimber, *Archives curieuses de l'hist. de France*, t. X, p. 175), citée et analysée par M. Henri Martin, *Hist. de France*, 4ᵉ édition, t. IX, p. 540, note.

[2] Séance du 24 mai 1579. «Item, led. conselh a conclus mandar et fere condurre à Marselho ung Turc que messieurs les consulx et cappitani Costo an trobat dintre la mayson de Steve Guirard, lequal Turc s'y es debarcat de les galliotos d'Argiers, de cer-

sanglant[1]. Tandis que les uns les trouvent sans doute de bonne prise, les autres, et avec eux le conseil de ville, sont d'avis de laisser aller les reïs, sous escorte, auprès du Grand Prieur, gouverneur de Provence[2], «per... dire sa rason». Bientôt le Grand Prieur réclame les deux galiotes elles-mêmes avec leurs agrès et leur cargaison[3]. La proie ayant excité la convoitise du baron de Grimaud, seigneur suzerain de tout le golfe, comme les Tropéziens ne savent plus à qui obéir, il leur réitère ses injonctions, les menaçant de les traiter en rebelles. Les deux navires font alors voile vers Marseille[4]. Par cet acte d'autorité le gouverneur avait-il voulu soustraire ceux-ci à tout danger, et, scru-

tans rays nomat Mamey Long, en compagnie de deux aultres deux raix, et ly fere ung certifficat au patron que le condurran aud. Marselho, au despens de la coumuno.

«Item, es estat conclus aud. conselh que messieurs les consulx faran dilligenso [de] boutar quatre hommes la nuech per fere gardo au bastion du port et quatre au portalet de la Poncho, la nuyech tant sullament, et gens cappables.» (Délibérations du conseil de ville de Saint-Tropez, BB. 5, fol. 215 v°. Arch. communales.)

Ces dernières précautions prouveraient qu'on n'était pas sans quelque inquiétude sur les suites de la capture.

[1] Les habitants de Saint-Tropez étaient fiers de ce fait d'armes dont ils invoquaient le souvenir en 1586 comme un titre à la bienveillance du roi. Entre autres «prinses «des galiotes qu'ils ont faictes», ils signalent «celles qu'au mois de jung mil v°iiii°xx ii, ils «livrerent à Monseigneur le Grand Prieur, «gouverneur et... lieutenant général aud. «pays [de Provence], où furent tués et blessés «dix ou douze desd. habitants.» (Requête au au Conseil du Roi en exemption des droits forains, décrétée le 27 janvier 1586, CC. Arch. c^{les}.)

[2] Henri d'Angoulême, fils naturel de Henri II, grand prieur de France.

[3] Séance du 23 juin 1582. «Facho la preposto per monsur le consul faisent entendre aud. conselh que plusieurs hommes dud. luoc an requeru que layssessun anar le raïx de aquestos deux galiottos, que arriberon yer au port dud. luoc, per davant monsur le Grand Prieur, per anar dire sa rason per davant led. seigneur, et que sio conduch per gentz expertz et sy oblig[e]aran le conduyre et le retornar ayssi onté l'auran prés, sinon que led. seigneur monsur le Grand Prieur le volguesso retenir et, sy ricten [le]d. rayx à presentation, aquit seran dehors de oblige. Et enterin, avant que partir, passaran oblige et respondran, l'un per l'aultre et per le tout; et, per ce fere, son estat depputas le cappitani Loys Calvin, Loys Hanric et Jaume Martin, de feu Salvadour, et le tout se fara au despens dud. raïx.» (Délibérations du conseil de ville de Saint-Tropez, BB. 5, fol. 251 v°. Arch. c^{les}.)

[4] Séance du 14 octobre 1582. «Facho le preposto per mosu le consul, fasent entendre aud. conselh que monsur le Grand Prieur, gouverneur per Sa Magesté en Provence, nus mandet aquestes jous passas per letros, sur la peno d'estre rebbelles, que ly mandessan les deux galiotes de Turcz, attrasses et raubo, de que le tout la comuno a fach conduyre, et mantenent es que mousur le baron de Grimauld nus a fach adjornar per devant mousurs du Conselh privé, à la grant

puleux observateur de l'alliance, leur permettre de continuer librement leur voyage sous sa protection? Ou bien, faudrait-il supposer que, cédant à un mobile moins désintéressé, il n'ait cherché qu'à exercer les droits de prise que lui attribuait sa charge d'amiral des mers du Levant [1]? Son insistance auprès de la commune et la généreuse renonciation de celle-ci à toute revendication s'expliqueraient également dans ces deux hypothèses, entre lesquelles le silence des textes ne permet pas de se prononcer.

Ceux-ci sont plus explicites sur les actes d'hostilité des infidèles. La délibération suivante, que nous empruntons à la même source, articule divers griefs au nom de plusieurs de nos ports, et la résolution qui y est prise d'en référer au roi atteste suffisamment la sincérité de ces doléances.

Séance du 24 juin 1583.

«Item plus es estat conclus aud. conseilh, voyant que nous aven ressauput letros de messieurs les consulx de Thollon, de Six-Fortz et aultres comunos, que seria bon mandar et advertir et fere plaincte au Roy dez incursions et pilharie que nous an fach et fan jornellement les pirates turcz sur nostres barches, merchandisos et enfantz que en menat et fach renegar lesd. Turcz, et tant de domage comme nous en donat [2], et de ce fere se fera procès-verbal et plainctes, et le tout bailhat à mons[r] le lieutenent à l'admiraulté, lequal s'en va à la court; et, sy led. lieutenent apporto quelques bonnes expedictions,.... la comuno pagara aud. sen lieutenent ce que sera de rayson [3].»

court; [après] aver agut fach lateure [lecture] dedich adjornement, es estat conclus de mandar ung homme cappable à Aix et aver conselh et bon advis et anar trobar mosur le Grand Prieur et aver resolussion, comme se apperten, *que, tochant à la comuno, non prethende en nullo fasson demandar aulcuno causo ne aulcung drech sur dictos galliotos*, comme, par ces jours passas, es estat respondut à uno somation facho per la dicto matiero à messieurs les consulx.

«Et, per ce fere, led. conselh an depputat munsur le consul, Me Anthoni Ricy [que] anara à Aix per lad. causo......» (Délibér., BB. 5, fol. 254, v°.)

[1] On sait que la part de l'amiral sur les prises était de 1/10, celle du roi de 1/5, et le reste aux capitaines preneurs. (*Invent. somm. des archives départ[l.] des Bouches-du-Rhône*, série B, t. II, art. 2548, p. 338.)

[2] Les mêmes griefs sont formulés par la ville de Toulon (voir plus loin la délibération du 26 mai 1586) et par celle de Marseille. La délibération du conseil de cette dernière ville, du 12 décembre 1585 (reg. 13, fol. 48), se borne cependant à parler de *grandes pertes occasionnées au négoce par les pirates*, malgré l'alliance.

[3] Reg. des délibér[ons], BB. 5, fol. 261. (Arch. c[les].)

Ce projet d'une démarche collective, né, semble-t-il, de l'initiative des ports secondaires, est la première tentative d'une association, qui se reformera bientôt sur de plus larges bases, contre un ennemi commun dont nos divisions intestines allaient naturellement accroître l'audace et favoriser les entreprises.

C'est vers la fin de l'année 1585 que cette association se constitue définitivement entre tous les lieux maritimes de Provence, depuis Martigues[1], à l'ouest, jusqu'à Antibes[2], à l'est, grâce à une nouvelle et décisive impulsion. Marseille, dont l'existence commerciale est mise en péril par ces incessantes attaques, et à qui les Turcs de Bizerte[3] et d'Alger viennent de capturer trois vaisseaux (mars 1585[4]), a sérieusement repris le projet de recours au roi, agité aussi au sein de son conseil en 1583[5], dans le but, bien déterminé cette fois, de provoquer une action diplomatique, pour demander réparation des avanies subies et une plus exacte observation des traités à l'avenir. Un moment même, on a mis en question si on ne réclamerait pas directement auprès des puissances infidèles; une assemblée du conseil de ville, du 7 mars 1585, avait décidé, en effet, que les consuls et l'assesseur réuniraient les négociants, « pour con- « férer ensemblement sur le faict des prises et saccagements faicts par les Turcs « sur les vaisseaux de la ville, pour y remedier promptement, soit pour mander « au roy [afin d'obtenir l'envoi d'un ambassadeur], *ou vers le Grand Seigneur* « *de Constantinople, Argier, Tunis et la coste de Barbarie*...[6]. » Mais une ambassade du roi lui-même parut cependant préférable à tous égards. Les négociants marseillais députèrent alors à la Cour pour solliciter cette haute intervention, en même temps que l'autorisation d'affecter au transport de l'envoyé du sou-

---

[1] Département des Bouches-du-Rhône, arrondissement d'Aix, chef-lieu de canton.

[2] Département des Alpes-Maritimes, arrondissement de Grasse, chef-lieu de canton.

[3] Ville de l'État de Tunis.

[4] Séance du conseil de ville du 17 mars 1585. (Reg. des délibér^ons n° 12, fol. 229. Arch. c^les.)

[5] Plainte des consuls de Marseille au Grand Prieur au sujet des mauvais traitements que les Turcs et corsaires d'Alger font subir aux habitants de la ville et à ceux d'autres pays, et prière d'en référer au roi... (Séance du 7 août 1583; reg. des délibér^ons

n° 11, fol. 222 v°. *Ibid.*) — N'est-ce pas à ces réclamations que fait allusion notre ambassadeur à Constantinople dans le passage suivant de sa lettre du 15 novembre 1583 à Henri III : « Bien feray-je toute vifve instance de plaintes pour raison des continuelles déprédations faictes sur vos subjects de la coste de Provence par les coursaires de Barbarie dont M. le grand prieur m'a aussy escrit.....»? (*Négociations de la France dans le Levant*, par M. E. Charrière, t. IV, p. 230, note; dans la *Collection des documents inédits de l'histoire de France.*)

[6] Délibération du conseil du 17 mars

AVANT-PROPOS.

verain et des délégués des ports la galère de l'amiral duc de Joyeuse, et demander enfin les pouvoirs suffisants pour réaliser les fonds nécessités par le voyage, au moyen de la levée d'une contribution sur tous les intéressés. Un plein succès couronna leur démarche, vraisemblablement appuyée par l'influence du Grand Prieur, qui patronnait, s'il ne dirigait pas l'entreprise, et la secondait de tout son concours [1]. Les lettres patentes du 31 octobre 1585, qui lui sont adressées, mentionnent, en effet, l'octroi de toutes ces demandes et autorisent spécialement la levée d'une taxe sur les marchands et trafiquants, dans la forme des impositions publiques, c'est-à-dire avec droit de contrainte, après toutefois qu'il aura été dressé un état approximatif de la dépense générale [2].

Dès la réception des lettres, la municipalité de Marseille provoqua une réunion des délégués de tous les ports de Provence, qui eut lieu dans cette

---

1585, reproduisant les termes de celle du 7 du même mois. (Registre n° 12, fol. 229. Arch. c^{les}.)

[1] Cf., au sujet de la députation marseillaise, la délibération du conseil de Toulon du 26 mai 1586.

La preuve de l'intervention du Grand Prieur dans l'exécution d'un projet, que sa fin tragique et prématurée ne devait malheureusement pas lui permettre de conduire à son terme, résulte de plus d'un témoignage. On peut voir notamment, par le début de la délibération suivante du conseil communal de Saint-Tropez, qu'il partageait avec la municipalité de Marseille la direction des mesures d'organisation.

Séance du 30 novembre 1585. « Item, plus es estat conclus aud. conselh mandar ung homme à Marselho et cappable per anar entendre le vouller de Monsur le Grand Prieur et de messieurs les consulx de Marselhe, comme nous an mandat per lettres, per causo de mandar au Grand Seigneur de Constantinoble, per ly fere entendre les maulx, dommages, interetz que an fach et fan jornellement les corssaris, piratos turcz,

tant d'Argiers que de aultres parties, à la naction françoyse, navegant tant à Levant que à Ponent, et plusieurs enffantz de dicte nostre naction que retenon et fan renegar nostre ley; es estat conclus aud. conselh ly mandar le sire Jehan Antiboul, coseigneur de Rammatuello, et consul dud. luoc..., » etc. (Reg. des délibérations, BB. 5, fol. 289 v°. Arch. c^{les}.)

[2] Il paraîtrait résulter de la délibération suivante du conseil de Saint-Tropez que le roi aurait, dès ce moment ou peu après, écrit au Grand Seigneur des lettres, communiquées en même temps que les lettres patentes aux Marseillais, et dont copie aurait été remise par eux aux délégués des ports, réunis dans leur ville le 12 décembre 1585.

Séance du 22 décembre 1585. «...Monsur le consul Antiboul est renvengut de Marselhe sur le faict de mandar au Grand Seigneur de Constantinoble... (et) a apportat... doubles de lettres que mande le Roy, nostre sire, aud. Grand Seigneur, et aquellos aver legit et entendut aud. conselh...» (Reg. des délibérations, BB. 5, fol. 290. Arch. c^{les}.)

La délibération du conseil de Toulon du

ville le 12 décembre 1585[1]. La question des bases de répartition des frais généraux y fut posée, sans être résolue, et dut être renvoyée, pour permettre aux mandataires de se munir de nouveaux et valables pouvoirs. En même temps, il fut procédé à la désignation des onze députés appelés à représenter le port de Marseille dans la future ambassade[2].

Le 31 décembre, nouvelle convocation, qui ne nous est connue que par le mandat donné au délégué de Toulon le 28 du même mois[3]. Enfin, le 5 janvier 1586, une assemblée générale, sur l'offre spontanée et généreuse des lieux maritimes, fixe définitivement leur contingent à un quart de la somme totale, les trois autres quarts restant à la charge exclusive de Marseille. Le lendemain, les délégués de ces lieux, constituant un groupe distinct, s'engagent vis-à-vis de Marseille pour ledit quart, et procèdent ensuite entre eux à la désignation de leur député spécial, Bernard de Cuers, de Toulon, et à la sous-répartition de leur contingent.

Aux termes des lettres patentes, la taxe à imposer devait être levée sur les marchands tant de Marseille que des autres ports de Provence « traffiquans ès mers de Levant et coste de Barbarie. » Dans cet impôt particulier on n'aura pas de peine à reconnaître une application du droit très ancien dit de *Cottimo*, auquel les consuls du Levant et la Chambre de commerce de Marseille eurent si souvent recours pour acquitter des dépenses faites dans un commun intérêt[4]. Bien que tous les navigateurs des mers du Levant y fussent soumis sans distinction, en réalité il ne fut perçu que sur ceux du port de Marseille. Les autres

---

28 décembre 1585 (BB. 51, fol. 163 v°) mentionne également la lecture de « letres patanthès de Sa Magesté et *autres letres missives.* » Nous n'avons pas trouvé cependant d'autre trace de ces premières lettres.

[1] La date de cette convocation nous est fournie par le procès-verbal de l'assemblée tenue à Marseille le 5 janvier 1586 et par la délibération suivante du conseil de Toulon, du 30 novembre 1585 :

« Auquel conseilh led. s' conseul auroit dict et remonstré qu'il auroict receu lètre missive des conseulz de la ville de Marseilhe pourtant de depputer quelcun pour se treuver le douziesme desambre prochain pour s'asambler en lad. ville de Marseilhe, aux fins de remedier aux larretins (*sic*) et sacquagementz que ordinarement font les Turcz et pirates, requerant led. conseilh y prouvoyr. » etc. (Reg. des délibérations, BB. 51, fol. 160. Arch. c[les].)

[2] Ces députés furent : Lazarin Doria; Jean Riqueti, seigneur de Mirabeau; Louis Cabre, seigneur de Roquevaire; Jean Covet; Claude Richelme; Jean Durand; Nicolas de Revel; Antoine Lenche; François Gratian et Antoine-Nicolas Albertas, seigneur de Gémenos. (Séance du 12 décembre 1585. Délibér. du conseil de Marseille; reg. 13, fol. 48. Arch. c[les].)

[3] Délibération déjà citée.

[4] Voir le *Dictionnaire de Trévoux*, sup-

AVANT-PROPOS.

ports s'en étaient affranchis en prenant l'engagement d'acquitter leur quote-part, qui fut fournie, dans les villes comme Toulon, par le négoce directement et, dans les centres commerciaux de moindre importance, comme Six-Fours et Saint-Tropez, par la communauté[1].

Conformément aux mêmes lettres, le 26 avril fut dressé par le Grand Prieur, avec le concours d'un conseiller aux Comptes et d'un trésorier général, l'état des dépenses générales du voyage, qui ne devait pas durer moins de huit mois. On arriva à un chiffre total de 24,230 écus au soleil, dont plus d'un sixième était absorbé par les frais de tenue des députés et par l'article des présents destinés à l'entourage du Grand Seigneur.

Ce document, que nous publions, a son intérêt spécial. Il fournit sur l'équipement, l'armement et l'approvisionnement d'une galère au xvie siècle, les divers services de l'équipage, le nombre, la fonction et la solde des hommes qui le composaient, les dénominations sous lesquelles certains d'entre eux étaient connus, le contingent, le costume et jusqu'à la nourriture de la chiourme, etc., des renseignements aussi complets que précis et dont quelques-uns peuvent n'être pas sans utilité pour l'archéologie navale.

---

plément, au mot *Cottimo*. M. Octave Teissier, membre non résidant du Comité, a donné, dans son excellent *Inventaire des archives historiques de la Chambre de commerce de Marseille*, Marseille, 1878, d'intéressants détails sur l'histoire, l'usage et la législation de cette taxe. (Série CC, p. 364.)

[1] Cf., en ce qui concerne Toulon, la délibération du 26 mai 1586.

A Six-Fours, de même qu'à Saint-Tropez, la commune dut recourir à la voie de l'emprunt pour réaliser le montant de son contingent, comme cela résulte des délibérations suivantes :

Séance du conseil de Six-Fours du 3 août 1586. «Plus a esté faict propose par les consuls que, suivant la charge bailhée, ..., ils ce seroyent transportés à la ville de Thoullon, pour moyenner d'atreuver argent pour fornir pour la cotte, atouchant au present lieu, de la despence que la gallere saurra fere en Constantinoble et, *illec*, auroyent cherché et parlé à plesiès merchans dud. Thoullon et n'auroyent sceu treuver personne que ayt vollu bailher aulcung argent à aulcung pris, et auroyent arresté avec les consuls de Thoullon de s'atreuver à Marseilhe pour le faict de lad. gallere.

«Lequel conseilh, entendu lad. propose, a commis et depputé, pour aller à Marseille prandre argent de quelques marchands pour fornir à lad. gallere, à pension, ou à la meilheure commodité qu'ils adviseront, à sçavoyr....., ausquels led. conseilh a baillé plein pouvoyr et puissance de prandre la somme de huict cens escus pour fornir à lad. despence, atouchant à lad. commune pour cause dud. vouaige de lad. gallere.» (Délibérations, reg. 1586-1589, fol. 1 v°. Arch. c[les].)

Séance du conseil de Saint-Tropez du 13 juillet 1586. «Item, led. conseilh a conclus

610   AVANT-PROPOS.

Le 6 mai suivant, Henri III, à qui des actes nouveaux et révoltants de piraterie ont été signalés, écrit les lettres que son envoyé, choisi par le Grand Prieur, Jean-Baptiste de Forbin-Gardanne[1], d'une famille illustre de Provence, sera chargé de porter à Constantinople. La première est pour M. de Lancosme, notre ambassadeur; les deux autres sont adressées, l'une au général des galères, capitan Pacha Ocholi ou Ala Oluch Aly, autrement dit El-Euldj-Ali, le célèbre héros de Lépante, l'ami de la France[2]; l'autre au Sultan lui-même. Dans celle-ci, rédigée avec autant d'habileté que d'énergie, le roi dénonce d'une manière particulière les gouverneurs de Tripoli de Barbarie[3] et de

mandar deux hommes à Marselhe, ambbe procure, per veser recoubrar de quelques merchans, [à] emprunter, quelque somme d'argent, per fornir à la despenso de nostro cotto de la gallere que es presto anar à Constantinapellx et aver son acquit, et de ce fere... an depputat, à scaber...,» etc. (Délibérations, reg. BB. 5, fol. 303 v°. Arch. c¹ᵐ.)

[1] Jean-Baptiste de Forbin, seigneur de la Motte et de Gardanne, fils de Claude et de Madeleine de Grimaldi de Beuil, avait été premier consul de Marseille en 1572. Pendant les troubles de la Ligue, il devait se signaler, dans diverses actions, comme partisan du comte de Carcès (Gaspard de Pontevès) et, en 1595, faire partie de la députation marseillaise envoyée auprès de Henri IV pour obtenir la confirmation des franchises communales. Enfin ce fut lui qui, à l'arrivée à Marseille de Marie de Médicis, la nouvelle reine de France (1600), fut choisi comme mestre de camp et commanda l'infanterie que la ville avait mise sur pied. Il mourut en 1601. Jean-Baptiste de Forbin-Gardanne est le bisaïeul du célèbre chef d'escadre, le comte Claude de Forbin. (De la Chesnaye des Bois, *Dictionnaire de la noblesse;* Artefeuil, *Hist. héroïque de la noblesse de Provence,* famille de Forbin et de Ruffi; *Histoire de Marseille,* 2ᵉ édition, t. I, p. 432 et 445.)

[2] Voir, sur Ochali Pacha, «le plus illustre des pachas d'Alger, après les fondateurs de la Régence,» l'*Histoire des rois d'Alger* par Fray Diego de Haëdo, abbé de Fromesta, traduite et annotée par M. H.-D. de Grammont, chap. XVIII (*Revue africaine,* 24ᵉ année, livraison n° 144, novembre-décembre 1880, p. 401-419), et *Don Quichotte,* 1ʳᵉ partie, chap. XXXIX. — La France avait d'autant plus raison de compter sur le concours du célèbre pacha pour appuyer ses réclamations contre Hassan Bassa, qu'il était en ce moment en lutte avec ce dernier, suspect, à ses yeux, de vouloir le supplanter comme général de la mer. (Lettre de M. de Maisse à Henri III, du 11 juin 1586; *Négociations,* t. IV, p. 523, note.)

[3] Hassan Bassa ou Hassan Vénitien, le plus audacieux et le plus redouté des corsaires musulmans, pratiquant la piraterie en grand, au point de faire tenir la mer par une flottille, est ce même renégat vénitien, devenu pacha d'Alger (ou plus exactement lieutenant d'Euldj-Ali), dont Cervantes, qui fut son esclave, a retracé la physionomie dans la *Suite de l'histoire d'un captif* (*Don Quichotte,* 1ʳᵉ partie, chap. XL). Les nombreuses plaintes articulées contre lui tra-

AVANT-PROPOS. 611

Tunis[1] et, d'une manière générale, tous les gouverneurs de la côte barbaresque, comme se livrant ouvertement à la piraterie, et demande hautement réparation[2]. Par les griefs qu'il formule contre les hauts fonctionnaires de la Porte,

duisent assez le sentiment de terreur qu'il inspirait aux populations de nos côtes. Déjà les lettres patentes du 31 octobre 1585 avaient signalé ses « ... injures violentes et oppressions ». Les Marseillais n'avaient pas oublié non plus la forte rançon (800 écus environ) qu'il avait exigée, l'année précédente, pour le rachat de plusieurs de leurs compatriotes (délib. c^{les} citées par Augustin Fabre, *Hist. des hôpitaux de Marseille*, Marseille, t. II, p. 281-282), ni la façon dont il avait payé leur hospitalité en 1583 (de Ruffi, *Histoire de Marseille*, 2e édit., t. I, p. 354). Il est vrai d'ajouter que, dans cette dernière circonstance, il n'aurait fait qu'user de représailles. Hassan Vénitien venait en effet de pourchasser vigoureusement «le Doria jusqu'à trois milles près de Gennes et failli à rencontrer Marc-Antonio Colonna», lorsque celui-ci fut avisé par le gouverneur de Marseille, et put ainsi lui échapper et gagner les côtes d'Espagne. (Lettre de Henri III à M. de Maisse, du 4 août 1584; *Négociations*, t. IV, p. 300, note.) — Nous devons remercier ici M. de Grammont, le savant président de la Société historique d'Alger, de tous les renseignements qu'il nous a gracieusement fournis pour l'étude de notre sujet dans ses rapports avec l'histoire des États barbaresques.

[1] Khader Bassa, gouverneur de Tunis, fils d'un renégat napolitain, gendre de Rabadan Pacha, 21e roi d'Alger, ou, plus exactement, kalife d'Euldj-Ali. (*Histoire des rois d'Alger*, déjà citée, chap. xx, § 2.)

[2] M. le chanoine Tisserand, le seul, croyons-nous, des historiens de Provence qui ait connu et traité l'épisode qui fait l'objet de notre communication (*Hist. d'Antibes*, Antibes, 1876, p. 318), reproduit (p. 320) une lettre circulaire des consuls de Toulon, du 10 juillet 1586, d'après laquelle Henri III aurait écrit deux autres missives, l'une au «prince Hassa» (Hassan Bassa?), l'autre «au seigneur de Carcès», qui y est qualifié de «notre ambassadeur pour le Roy». — Il nous a été impossible, malgré nos minutieuses recherches, de retrouver dans le dépôt communal d'Antibes, d'où M. Tisserand l'avait tiré, le texte de cette circulaire, dont la lecture aurait eu besoin d'être vérifiée sur ce point. Notre ambassadeur à Constantinople à cette époque était M. de Lancosme, et la missive royale qui lui est adressée porte son nom. Quant à l'envoyé, qualifié également d'ambassadeur, d'après tous les documents, c'est le sieur de Gardanne. On ne voit guère comment il y aurait eu place pour un troisième représentant de la cour de France, dont aucun de nos textes, dans tous les cas, ne fait mention. Au surplus, le seigneur ou, plus exactement, le comte de Carcès, était alors, Gaspard de Pontevès, fils de feu Jean, devenu plus tard grand sénéchal de Provence, lequel *n'avait pas encore atteint l'âge de vingt ans*, étant né, d'après les biographes, en 1567. (*Dictionnaire de Provence*, Marseille, 1787, t. IV, p. 105.) Il est difficile d'admettre qu'on eût confié à un jeune homme, encore inexpérimenté, une si importante et, à certains égards, si délicate mission. — Notons encore deux petites variantes dans le récit du regretté M. Tisserand : il date la lettre de Henri III au Grand Seigneur du 2 juin 1586 (p. 320), au lieu du 6 mai

ce document diplomatique prouve que celle-ci en était arrivée à négliger complètement l'observation des traités[1]. On peut se demander même si cette négligence n'était pas volontaire et le résultat d'une politique devenue hostile à la Provence par suite des progrès qu'y faisait le parti de la Ligue, allié, comme on sait, de l'Espagne, c'est-à-dire d'une ennemie déclarée de la Turquie.

Lorsque l'entreprise touchait à son terme et que tout secondait les vœux et les projets de la confédération maritime, tout à coup ses députés hésitent, refusent même de partir avec «la gallere»; on est étonné d'entendre le conseil de Marseille parler d'un voyage *par mer ou par terre* de deux députés seulement, et de voir les négociants de cette ville en venir aux voies de la sommation pour qu'on suive cette dernière route[2]. Une décision prise dans l'intervalle, et dont la portée était manifestement trop grave pour n'avoir point impressionné la députation, va nous expliquer le secret de ces tiraillements et de ces conflits.

Au mois d'avril précédent, comprenant qu'il ne fallait plus compter sur la galère du duc de Joyeuse, qui probablement ne serait pas prête, puisque le 5 janvier elle n'était pas même encore sur le chantier de construction[3], les consuls de Marseille avaient dû songer à s'en procurer une autre; et comme les députés, mis en demeure d'en livrer une[4], étaient sans doute embarrassés, la ville, se substituant à eux et prenant l'initiative, avait retenu celle du chevalier d'Aumale. Au commencement de mai on était déjà en train de la faire «acoustrer» dans le port de Marseille, selon ce qu'écrit aux consuls de

1586, que porte la copie de chacune des lettres retrouvées dans les archives d'Antibes; il fait ensuite équiper la galère à Toulon (p. 320), tandis que tout semble indiquer qu'elle le fut dans le port de Marseille. Le document où ce renseignement aurait été puisé a échappé à nos recherches, tant à Antibes qu'à Toulon.

[1] Voir, sur les progrès de la piraterie et la généralisation de ce système de déprédation, la lettre de M. de Maisse à Henri III, du 10 février 1586, et la note à l'appui. (*Négociations*, t. IV, p. 456, etc.)

[2] «Attendu que les delegués et deputés ne veulent faire le voyage de Constantinople avec la gallere, led. voyage sera fait par terre ou par mer; et, à ces fins, sera deputé deux seulement desd. dellegués aud. voyage, nonobstant l'opposition sur ce faite par l'assesseur.» (Délibération du conseil de ville de Marseille du 30 mai 1586, reg. 13, fol. 100. Arch. c^{le}.)

[3] La délibération de l'assemblée tenue à Marseille le 5 janvier 1586 parle en effet de galère «neufve qu'on doibt faire de Monseigneur le duc de Joyeuse».

[4] 18 avril 1586. «Sommation faicte par les consuls aux douze deputés du voyage de Constantinople aux fins de *retrouver le moyen d'avoir une gallere* pour faire led. voyage et arrester les despenses que faudra faire,» etc. (Délibér. du conseil de Marseille, reg. 13, fol. 97 v°. Arch. c^{le}.)

Saint-Tropez le capitaine Bernard de Cuers, de Toulon[1]. Néanmoins ce n'est que le 1ᵉʳ juin que le conseil général décide définitivement que le voyage se fera par mer, *avec une galere du chevalier d'Aumale*, et, revenant en même temps sur son vote *ab irato* du 30 mai, reconstitue la commission de la députation avec son personnel primitif de douze membres. Mais le choix du navire, auquel ces derniers n'avaient pas été appelés à prendre part et qu'ils désapprouvaient, avait, paraît-il, notablement refroidi leur zèle, au point que, le 5 juin, la ville dut les sommer de « vacquer au faict de l'expedition de lad. « gallere et de faire mettre icelle en estat pour partir au plus tost, leur declai-« rant, pour couper court à toute objection, *n'estre en volonté d'en prendre* « *d'autre*[2]. » Vainement leur mission fut-elle confirmée le 21 juin; on ne voit pas qu'ils aient mis plus d'activité dans les préparatifs du départ, comme s'ils en pressentaient la complète inutilité.

Cependant les mois s'écoulent et, avec eux, la saison favorable à la navigation. Le 4 septembre, de Forbin-Gardanne, qui, le 7 août, a déclaré être prêt à *accomplir le commandement de Sa Majesté*[3], impatienté de ces lenteurs, finit par intimer aux consuls d'avoir à « fere mettre la gallere en estat de partir dans « six jours, autrement declaire n'y pouvoir aller, veu la vielhesse de la datte de « sa commission et mesme le danger qui couriroit de sa personne, comme « estantz à la fin de l'esté et entrant dans l'hiver, temps fort incommode pour « voyager avec de galleres[4]. »

Cette sommation à bref délai prouverait qu'on avait enfin réussi à vaincre les résistances de la députation et que, dans tous les cas, les préparatifs étaient terminés, ce qui ressort d'ailleurs des autres documents. On était donc sur le point de mettre à la voile, lorsqu'au moment du départ, arriva inopinément de la Cour un contre-ordre formel. Une sommation, que l'on fait tenir, le 19 septembre, à un sieur Nicolas Carrel, « ayant charge des afferes de la gallere du « Sʳ d'Aumale », annonce que *la volonté du roy n'est point que lad. gallere aille fere le voyage de Constantinople;* en conséquence Carrel aura « à la reprendre... avec tout son chargement et equipage[5]... »

---

[1] Délibération du conseil de Saint-Tropez, du 9 mai 1586. (BB. 5, fol. 299.)

[2] Délibération du conseil de Marseille. (Reg. 13, fol. 100.)

[3] Sommation du 7 août 1586. (Délibér. du conseil de Marseille, reg. 13. Arch. cˡᵉˢ.)

[4] Sommation du 4 septembre 1586. (Délibération du conseil de Marseille, reg. 13, fol. 104.)

[5] Sommation du 19 septembre 1586. (Délibérations du conseil de Marseille, reg. 13, fol. 104 v°. Arch. cˡᵉˢ.)

Nos textes n'en disent pas davantage sur les motifs de ce brusque revirement dans les intentions de Henri III, jusque-là très favorable à l'envoi de la députation; mais la correspondance diplomatique, suppléant à leur silence, fournit à cet égard des éclaircissements précieux. Il n'est pas permis de douter, en lisant les dépêches de nos ambassadeurs à Venise et à Constantinople, que le refus soudain de la Cour n'ait été motivé par l'intervention, même très indirecte, de la personne du chevalier d'Aumale. Le nom seul de cet ennemi déclaré de la Turquie compromettait d'avance le succès d'une affaire, qui menaçait même, à cause de lui, de soulever de très grosses complications[1]. On peut voir dans les mêmes relations les graves embarras que nous avait déjà suscités en Orient ce trop entreprenant chevalier de Malte, qui joignait à tous ses torts, aux yeux de la Porte, celui d'appartenir à la maison de Lorraine. Ses fréquentes attaques contre les infidèles, dont il détenait prisonniers un certain nombre, avaient attiré à notre commerce plus d'une représaille[2]. La Turquie s'en montrait d'autant plus irritée, que les uns le disaient frère de la reine, les autres neveu du roi, et qu'on allait même jusqu'à suspecter Henri III de lui avoir fourni sa galère pour faire la course aux sujets du Grand Seigneur. Au mois de juin 1586, à la suite de faux témoignages intéressés, produits contre un de nos nationaux et qui avaient confirmé ces bruits, la question du chevalier d'Aumale était devenue de la part du Divan et du Grand Vizir le sujet des plus vives récriminations, et avait pris des proportions très inquiétantes pour l'avenir de nos relations. Notre nouvel ambassadeur à Constantinople, Jacques de Lancosme, s'était évertué à combattre ces assertions mensongères et à dégager la responsabilité du roi, son maître, des agissements de l'imprudent chevalier; «ayant mis, écrit-il, et employé tous *ses* moyens et amys» pour pénétrer le secret des résolutions de la Porte, il espérait être enfin parvenu

---

[1] Cf. notamment la lettre de M. de Maisse à Henri III, du 29 juillet 1586, (*Négociations*, t. IV, p. 549-550, note.)

[2] *Négociations de la France dans le Levant*, t. IV, p. 459, note, et *passim*. — Sous les prédécesseurs de Henri III, le concours du chevalier d'Aumale avait été autrement apprécié. On trouve, en effet, dans les archives de l'ancienne cour des comptes de Provence, une ordonnance de Henri II, du 23 janvier 1559, octroyant au chevalier de Nancel, Antoine d'Aumale, commandeur et maître d'hôtel du Grand Prieur, cinq corps de vieilles galères et le corps d'une galiote, qui se trouvaient dans le port de Marseille, et ce en considération des «bons et agreables services» rendus «par cy devant et de si longtemps... au feu Roy (François Ier)». Ce don fut estimé, par expertise, valoir 320 écus. (Archives départementales des Bouches-du-Rhône, B, 245, fol. 426 et 429.)

AVANT-PROPOS.

à dissiper l'orage; — et c'est au lendemain d'une crise si aiguë et non encore entièrement apaisée, que la confédération provençale allait envoyer sous les murs de Constantinople cette galère odieuse[1] !

On comprend l'émotion que la nouvelle d'un choix aussi malencontreux produisit sur M. de Lancosme et l'activité qu'il dut déployer pour en empêcher les suites. La Cour, qui n'était pas sans inquiétudes sur les conséquences de l'incident du chevalier d'Aumale, vit tout de suite le danger et intervint très à propos pour le conjurer[2].

Ainsi échoua, au dernier moment, par l'effet d'une décision étrange, qu'on ne peut attribuer qu'à des sollicitations intéressées, ou peut-être à l'influence des amis de la maison de Lorraine, l'importante entreprise dans laquelle nos lieux maritimes avaient mis de précieuses ressources et tout leur espoir. Il ne leur restait maintenant qu'à en liquider les frais, et ce ne fut pas l'opération la moins laborieuse, puisque, deux ans après, rien n'avait encore été réglé, malgré les fréquentes réclamations de Marseille[3].

Pourtant le projet d'une députation à Constantinople pour arrêter les excès de la piraterie n'avait pas été agité en vain, et l'on sait — ce que confirme le dernier de nos textes — qu'il fut repris et réalisé par la Cour en 1588-1589, sans grands résultats, il est vrai, et, dans tous les cas, sans le concours de la ligue provençale, que le découragement avait dissoute pour longtemps[4].

---

[1] *Négociations*, t. IV, p. 518 et suiv., notes.

[2] Lettre de Henri III à M. de Maisse, du 29 août 1585, dernier alinéa. (*Ibid.*, p. 542-549.)

[3] Voir les sommations des consuls de Marseille et des députés du voyage de Constantinople aux consuls de Toulon, la Ciotat et autres lieux de la côte, en date des 7 et 13 mai 1588. On y rappelle l'historique de l'entreprise : « Que la gallere du sieur « chevalier d'Aumale auroit esté equipée et « preste à faire voille avec les deleguès et de- « puttés pour faire led. voyage, [ce] qui n'a « esté faict sans grands faicts et despans, « toutesfois au meilheur mesnage et advantage « desdits negotians que a esté possible,... « sans que led. voyage aye sorti à effect par « les raisons à ung chacuns notoires..... »

Assignation est donnée à Marseille du 13 au 24 mai, et, faute par les intéressés d'envoyer des délégués, on *passera* outre à lad. « clausture desd... comptes ». (Délibér. du conseil de Marseille, reg. 15, fol. 53 v°. Arch. cⁱᵐ.)

[4] Cette ambassade, qui est sans doute celle de Christophe de Vento dont parle de Ruffi (*Hist. de Marseille*, 2ᵉ édit., t. II, p. 384), aurait été provoquée par les réclamations de la ville de Marseille, comme cela paraît résulter de la délibération suivante, du 28 mars 1588 : « a esté remonstré par « Mʳ Jacques Vias, docteur en droictz, consul « pour la nation françoise en Argier, coste « de Barbarie, qu'il a esté adverty ses jours « passés par le capitaine Jean Ollivier, son « vice-consul auxd. parties, des grandes op-

616   AVANT-PROPOS.

Malgré son insuccès, la tentative de 1585-1586 ne reste pas moins un épisode curieux, et non sans originalité, dans l'histoire des longs efforts faits en faveur de la liberté des mers. Cette association entre des populations isolées les unes des autres et quelquefois rivales, à l'une des époques les plus troublées, au milieu des dangers de la guerre civile et d'une terrible peste, est par elle-même un fait digne d'attention ; et, si l'on considère avec quel unanime et généreux élan tous les ports, du plus grand au plus petit, se dévouèrent au succès de l'œuvre commune, en acceptant d'avance et courageusement les lourdes charges, on ne peut qu'être frappé de cette rare manifestation de l'esprit d'initiative, de solidarité et de patriotisme !

Les textes inédits que nous produisons ne peignent pas seulement ce côté honorable des anciennes mœurs de la Provence du littoral ; par l'énergie et la hardiesse de l'effort, par l'importance des sacrifices, ils montrent dans son vrai et triste jour, bien mieux que des doléances, suspectes parfois d'exagération, la situation de notre commerce maritime sous le régime des traités avec la Turquie et au lendemain de leur renouvellement. Enfin ils nous révèlent, dans tous ses détails, un projet d'intervention de la France auprès du Sultan, qui, pour être resté sans suite, n'atteste pas moins les dispositions de la Cour et mérite peut-être à ce titre une mention dans l'histoire diplomatique du règne de Henri III.

« pressions et injustices que le Bassa et roi « dud. Argier faict à l'endroict des subjets « de Sa Majesté et autres trafficants et ne-« gossiants soubs la banniere de France, ne « pouvant avoir aulcune justice de luy des « plaintes et dolleances que luy sont faictes « et presentées touchant les sacagements et « voleries ordinaires que lesd. subgets reçoy-« vent ordinairement par la mer des corsaires « dud. Argier ; et que, d'autre part, le Bassa « a conceu une telle haine et inimitié à l'en-« contre dud. Ollivier, vice-consul, à l'occa-« sion de ce que, sans creinte et virilement, « il prend la deffense et posection (*sic*) des « subgets de Sa Majesté pour les garantir des « oppressions que leur sont faictes par led. « Bassa, qu'il cherche tous les moyens qu'il « peult pour le faire perdre, ayant delliberé « avec son conseil de escripre au sieur consul « de ceste ville de luy mander ung aultre « vice-consul aud. parties ; et, non comptant « de ce, auroit faict une resollution avec tous « les raïs desd. galliotes qui sont en Argier, « de sacager tous les vaisseaux françois qu'ils « rencontreront sur la mer, et, au cas que « se mettent en deffense, de meurtrir et mas-« sacrer touts les patrons et mariniers, ou « bien de les faire esclaves..... » — A la suite de cet exposé, on délibère de remercier le capitaine Ollivier, que l'on confirme dans sa charge, et de prier le roi, par l'intermédiaire du gouverneur de la Valette, d'écrire au Grand Seigneur, auquel les consuls écriront aussi, « s'il est de besoing ». (Délibérations du conseil de Marseille, reg. 15, fol. 46. Arch. c^ᵐ.)

LIGUE

DES PORTS DE PROVENCE

CONTRE LES PIRATES BARBARESQUES.

DÉPUTATION AU ROI. — ARMEMENT D'UNE GALÈRE À MARSEILLE.
PROJET D'AMBASSADE À CONSTANTINOPLE.
1585-1586.

I

LETTRES PATENTES DE HENRI III ORDONNANT DE DRESSER UN ÉTAT DE LA DÉPENSE DE LA GALÈRE DESTINÉE À FAIRE LE VOYAGE DE CONSTANTINOPLE ET AUTORISANT LA LEVÉE D'UNE TAXE SUR LES NAVIRES QUI TRAFIQUENT AVEC LE LEVANT.

Paris, le 31 octobre 1585.

Henry, par la grace de Dieu roy de France et de Poulogne, conte de Prouvence, Forcalquier et terres adjesantes, à nostre très chier et très aimé frere, le Grand Prieur de France, gouverneur et nostre lieutenant general en Prouvence, sallut. Aiant permis à plusieurs marchans de nostre ville de Marseilhe de se servir de la gallere de nostre très cher et très aimé beau frere, le duc de Jouyeuze, pair et admirail de France, pour faire conduire et mener en Levant ung gentilhomme tel que sera par vous noumé et choisy, pour aller representer à vive voix[1] au Grand Seigneur les tortz, griefz, injures, violences et opressions que Assan Bassa, na gueres roy d'Argers, et autres, ces ministres et subjectz le long de la coste de Barberie, ont longuement exercé sur les nostres, et demander et requerir là sa justice et repparations, enthendre par la bouche dud.

---

[1] Au ms. : *à vie voix*.

Grand Seigneur quelle provision il y voudra donner, lesd. marchans de nostred. ville de Marseilhe se sont offertz de satisfere à la despance que sera necessaire, tant pour les fraictz ordinaires et extraordinaires de la conduicte de lad. gallere que du voiage de celluy que y sera, comme dict est, par vous envoyé. Mais d'aultant qu'ils desiroent que la somme que sera necessaire à cest effaict feust levée sur eulx mesmes et sur nous autres subjectz le long de la coste de Prouvence quy trafficquent aud. païs de Levant, et quy participeront au fruict que produira ceste negociation, et que, par nos ordonnances, il est expressement deffandu de fere aulcunes levées de deniers sans nostre expresse lissance et permission, ilz Nous ont très humblement supplié et requis leur pourvoir. A ceste cause, Nous voullons et vous mandons que, appellés avec vous ung des tresoriers generaulx de France ou ung des maistres ordinaires de nostre Chambre des Comptes aud. païs, vous ayés à dresser, en voz loiaultés et consciences, ung estat au vray de la despance que sera necessaire tant pour l'ordinaire que extraordinaire de lad. gallere, que pour les fraictz dud. voiage du gentilhomme que sera par vous noumé pour cest effect, comme dict est; et led. estat, signé de vostre main ensamble dud. tresorier de France et maistre des Comptes et sellé du sel de voz armes, vous mectiés ez mains de nos amés et feaulx conseilhiers les tresoriers generaulx de France, establis en nostred. païs, ausquels Nous mandons et commandons expressement par ces presentes, signées de nostre main, que, appellés ceulx que pour ce seront à appeller, ilz aient à fere lever (?), assoir et impozer sur lesd. merchands de nostred. ville de Marseilhe et autres merchans, nous subjectz le long de la coste de nostred. païs de Prouvence, trafficquans ès mers du Levant et coste de Barbarie, la soume à quoy se montera lad. despance dud. voiage, suivant led. estat; et les deniers que seront ainsy par lesd. trezoriers de France impauzés, ilz fassent metre ez mains d'ung des plus notables merchans de nostred. ville de Marseilhe pour les emploier à la despance dud. voiage et non alhieurs, voullans que les cotizés à lad. levée y soient constrainctz par toutes voies et manieres deues et raisonables comme pour nous propres deniers, debtes et affaires, nonobstant oppositions ou appellations quelzconques et sans prejudice d'ycelles, pour lesquelles ne voullons y estre differé. *Car tel est nostre plaisir.* De ce fere vous avons et ausd. trezoriers de France en nostred. païs de Prouvence donné et donnons plain pouvoir, puissance, auctorité, comission et mandement spécial. Mandons et commandons à tous nos justiciers, officiers et subjectz que à Nous, en ce faisant, soit obey. Donné à Paris, le dernier jour d'octobre l'an de grace mil cinq cens huictente-cinq et de nostre regne le douziesme.

Henry.

Et, plus bas, *par le Roy, conte de Provence,* ainsy signé; de Neufville; et sellés du grand scel de cire jaulne à simple queue.

Extrait et collationé de son original par moy notere royal et secretaire de la maison commune de Marseilhe, soubsigné, Blanc, not.; ainsy signé.

Extrait dud. extraict et collationé par moy notere royal et greffier de la maison commune de cette ville de Thollon. (Signé) Couchon, not.

(Arch. c^{les} de Toulon. Délibérations, BB. 51, fol. 163 v°, etc., et arch. c^{les} d'Antibes, liasse non classée.)

II

ACCEPTATION PAR LE CONSEIL COMMUNAL DE MARSEILLE DE L'OFFRE DES LIEUX MARITIMES DE CONTRIBUER POUR UN QUART AUX FRAIS DU VOYAGE.

Séance du 5 janvier 1586.

A laquelle assemblée a été exposé par les sieurs consuls . . . . que, par la precedante assemblée du douziesme decembre dernier et affin de treuver les moyens de mettre argent sur pour l'elegation d'icelluy [voyage], seroit, entre autres choses, esté dict et delliberé que les deputés des lieux de la coste de Provence comparoistroient pardevant led. sieur de la Baume, commissaire susd., lesd. sieurs consuls, deputés et autres aparents, avec bons et suffizants pouvoirs pour passer les obligations et declarations pour quelle part et portion lad. coste doibt entrer et contribuer en lad. despense et frais du voyage; suivant laquelle, là plus grande part desd. depputés desd. villes et lieux de la coste se seroient acheminés en ceste ville aux fins susd. avec bons et suffisants pouvoirs. Et, pour desir et zelle qu'ils ont de leur costé que led. voyage sorte à effect, pour le grand fruict que l'on espere que se tirera d'icelluy pour le repoz et sollagement des negossians et du public, par plusieurs raisons declairées en lad. precedente assemblée, requerant y estre procedé et interrogé par led. sieur lieutenant et commissaire pour quelle part et portion ils entendent y entrer et participer, ce que fait par led. sieur commissaire, auroient liberallement offert entrer, payer et participer à lad. despence dud. voyage pour ung quart entre tous lesd. lieux de la coste, sellon l'esgalisation et compartement qu'en sera faict par lesd. sieurs. consuls et deputés dud. voyage, ausquels ils estoient contentz remettre led. compartement et esgallisation.

Ce que entendu par lad. assemblée, et au preallable faict sortir de lad. salle de lad. maison commune lesd. dellegués et deputtés desd. villes et lieux de lad. coste, par mesme delliberation de lad. assemblée et par plusieurs raisons sur ce avancées, et desirant les traicter favorablement, bien que les negossiants de lad. ville y soyent interessés, auroit esté resoleu et refformé par icelle assemblée d'accepter, comme icelle accepte, lad. offre desd. delegués de lad. coste de entrer, payer et contribuer par icelle pour le quart de toute la despence dud. voyage et legations, tant celles faites que à faire . . . . .; laquelle resolution faicte, estant rentrés lesd. delegués dans lad. salle, et lecture à eux faicte d'icelle, l'ont acceptée. . . . .

Et neantmoings, prevoyant lad. assemblée, sur ce que a esté exposé par lesd. sieurs deputtés dud. voyage de Constantinople, qu'ils se sont par plusieurs fois assemblés pour resoldre quelle gallere sera plus necessaire et proffitable de prendre pour led. voyage, soit celle de Monseigneur le chevalier du Bec[1], ou bien de la neufve quy ce doibt faire de Monseigneur le duc de Joyeuse, pour plusieurs raisons et considerations

---

[1] Nom du chevalier d'Aumale. «. . . Il «avait été, dit Brantôme, dédié à l'Église et «longtemps l'ay veu qu'on l'appeloit M. l'abbé «du Bec.» (OEuvres complètes; Des hommes, 2ᵉ partie, XXII; Le chevalier d'Aumale, éd. du Panthéon littéraire, t. I, p. 690.)

sur ce entre eux desduites, sans qu'ils ayent peu resouldre entre eux de l'un ou de l'autre,..... a esté unanimement resoleu de essayer de avoir celle dud. Sr de Joyeuse, lequel sera suplié de la part des negossiants la bailler pour faire led. voyage.

(Arch. c^{les} de Marseille. Délibérations; reg. 13, fol. 69.)

III

ACCORDS ENTRE LES CONSULS ET DÉLÉGUÉS DE MARSEILLE ET LES DÉLÉGUÉS DES LIEUX DE LA CÔTE, À LA SUITE DE L'ENGAGEMENT PRIS PAR CES DERNIERS DE CONTRIBUER POUR UN QUART AUX FRAIS GÉNÉRAUX DU VOYAGE.

6 janvier 1586.

Item, a esté accordé que les vaisseaux et navires apartenant à ceux de lad. coste de Prouvence ne payeront aulcune chose des droits et impositions que lad. ville de Marseille mettra sus pour leur part desd. deputés dud. voyage, ains en seront francs.

Item, a esté accordé que sera permis auxd. lieux et villes de la coste, sy lad. gallere va en Constantinople, de fournir et pourvoir la quatrieme partie des soldats, mariniers et autres gens pour led. voyage, capables et suffisants, aux despens de tout led. negoce, comme les autres, sellon leur qualité.

Item, par les presentes lesd. dessusnommés, procureurs et delegués de lad. coste ont deputé et nommé pour leur deputé et delegué, pour aller en voyage avec les autres jà delegués ou à deleguer soit par mer ou par terre, comme dict est, de cette ville de Marseille, assavoir..... capitaine Bernard de Cuers, dud. Thollon, et aussy pour deputté de cette ville pour assister auxd. affaires, lhorsqu'il en sera requis par les sieurs deputés de cette ville; et, n'y estant pour ne s'y treuver led. de Cuers, lesd. deputés de cette ville [ne] pourront proceder à l'execution des affaires dud. voyage, nonobstant son absence; sans la presence, accistance et consentement dud. de Cuers, lesd. delegués de cette ville ne pourront traicter, ne faire aucune chose aud. voyage et legation, ains seront tenus le y apeller.

Et [sera] appellé, comme dict est, led. capitaine Bernard de Cuers, tant par mer que aud. Constantinople et autres lieux, durant lad. legation et voyage, le tout en paix et sans contradit.

Compartement et esgalisation dud. quart en vingt-cinq quirats.

Assavoir et premierement Le Martigues[1].............. pour quirat 1
Cassis[2].................... id. 0 ½
La Cioutat[3]................ id. 5
Ollioules et Saint-Nazaire[4]..... id. 1
Six-Fours[5].................. id. 5
Tollon[6].................... id. 6
Saint-Tropez[7]............... id. 4
Cannes[8].................... id. 0 ½
Antibou[9]................... id. 2

Quirats 25

Lequel denombrement est appreuvé et rattiffié par lesd. delegués et procureurs soussignés à l'original.

(Arch. c^{les} de Marseille. Délibérations; reg. 13, fol. 71.)

IV

ÉTAT DE LA DÉPENSE À FAIRE POUR L'ÉQUIPEMENT, L'ARMEMENT ET L'APPROVISIONNEMENT DE LA GALÈRE ET DES DIVERS FRAIS DU VOYAGE À CONSTANTINOPLE.

26 avril 1586.

Estat au vray, faict par nous Henry d'Angoulesme, grand prieur de France, gouverneur et lieutenent general pour le Roy au pays et conté

---

[1] Martigues, chef-lieu de canton, arrondissement d'Aix, Bouches-du-Rhône.

[2] Bouches-du-Rhône, arrond. de Marseille, canton de la Ciotat.

[3] Id., id.

[4] Var, arrond. de Toulon, canton d'Ollioules.

[5] Var, arr. Toulon, canton de la Seyne.

[6] Var, chef-lieu d'arrondissement.

[7] Var, arrond. de Draguignan, chef-lieu de canton.

[8] Alpes-Maritimes, arrond. de Grasse, chef-lieu de canton.

[9] Antibes, id., id.

de Prouvence et admirail des mers de Levent, assistés (*sic*) de M° Clavel Gerffroy, conseillier dud. Sieur en la Chambre des Comptes et Court des Aides dud. païs, et de M° Henry de Serre, aussy consillier de Sa Magesté, trezorier general de France au Bureau des Finances estably à Aix, pour la despence tant ordinaire qu'extraordinaire necessaire à fere durant huict moys entiers, tant pour l'armement, equipage, norriture et entretenement de la gallere [que] Sad. Majesté, par les lectres patentes données à Paris le dernier jour d'octobre dernier mil cinq cens quatre-vingtz cinq, a ordonné, à la requizition des consulz de la ville de Marseille, estre prise au port d'icelle pour fere le voiage de Constantinople par le gentilhoume que par nous sera noumé, pour les causes contenues et declarées par lesd. lectres patentes.

Premierement :

Gaiges du cappitaine et prinsipaulx officiers de lad. gallere.

Au cappitaine quy coumandera lad. gallere durant lesd. huict moys entiers, à raison de quinze escus [sol] pour chascung moys, la somme de cent vingt escus sol, cy...................... c xx^{ec}

Au lieutenent de lad. gallere, la somme de quatre-vingtz escuz sol durant led. temps, pour sa solde, à raison de dix escuz par chascung mois, cy...................... IIII^{xxec}

Au comite de lad. gallere, la somme de soixante-quatre escuz [sol], pour sa solde ordinaire de huict mois, à raison de huict escuz par mois, cy...................... LXIIII^{ec}

A l'escripvain de lad. gallere, pour sa solde ordinaire durant led. temps, la somme de quarante-huict escuz sol, à raison de six escuz pour mois, cy...................... XLVIII^{ec}

Au pillot (*sic*) de lad. gallere, pour sa solde ordinaire durant led. temps, la somme de soixante-quatre escuz sol, à raison de huict escuz par mois, cy...................... LXIIII^{ec}

Au soutte-comite de lad. gallere, la somme de quarante escuz sol, pour sa solde ordinaire durant led. temps, à raison de cinq escuz [sol] par mois, cy...................... XL^{ec}

A l'argousin de lad. gallere, la somme de quarante escuz sol, pour sa solde ordinaire durant led. temps, à raison que dessus, cy...................... XL^{ec}

MARINIERS.

A cinquante mariniers, comprins la maistrance et canoniers de lad. gallere, la somme de deux mil escuz sol, pour leur solde durant led. temps de huict mois, à raison de cinq escuz par mois pour chascung d'eulx, cy................................. II^{m ec}

A douze compagnons desd. mariniers de lad. gallere, la somme de deux cens quatre-vingtz et huict escuz [sol], pour leur solde ordinaire durant led. temps, à raison de troys escuz pour chascung d'eulx par chascung moys, cy........................ CC^c IIII^{xx} VIII^{ec}

A huict proviers[1], y compris leur barberot[2], callafatz et renolatin[3] de lad. gallere, la somme de cent vingt-huict escuz [sol], pour leur solde ordinaire durant led. temps, à raison de deux escuz pour chascung d'eulx par chascung mois[4], cy.................... C^c XXVIII^{ec}

---

[1] Provier, «matelot dont le poste était à l'avant de la galère. Au XVIe siècle le provier était un jeune apprenti marin, un mousse attaché à la manœuvre du trinquet et servant de domestique à l'un des officiers de la galère.» (A. Jal, *Glossaire nautique*.) — Quoique l'infériorité de la solde par rapport à celle des compagnons (matelots) et même des mousses indique suffisamment l'infériorité hiérarchique du provier, il paraît difficile de supposer, en présence de l'obligation qui lui est imposée d'avoir à son service et à sa charge un, sinon plusieurs auxiliaires, que ce fût un simple mousse. On doit admettre que c'était au moins un novice.

[2] La signification de *servant de chirurgien*, donnée par le même auteur, ou soit celle de *barbier*, qu'avait ce terme, naguère encore usité dans la langue des marins provençaux, ne saurait convenir à l'aide du provier. Sans sortir de la même donnée étymologique, ne pourrait-on pas voir dans le *barberot* le mousse chargé de jeter l'amarre, en provençal *la barbetto*, ou, plus simplement encore, un diminutif de *barbelas* (grand garçon encore jeune)? (Voir ces deux mots dans *Lou Tresor dóu Felibrige* de M. Frédéric Mistral.) — La plupart de ces renseignements techniques nous ont été très obligeamment fournis par M. le docteur Gustave Lambert, de Toulon, médecin principal de la marine, en retraite, l'érudit historien des *Guerres de religion en Provence*.

[3] Le mot *renolatin*, ou *revolatin* que porte le texte — probablement fautif — que nous avons eu sous les yeux, a été mis, selon toutes les apparences, pour *remolatin*. On sait que le *rémoulat* ou *rémoler* était, en effet, un bas officier chargé d'entretenir en bon état les rames d'une galère. Sa place était donc bien à côté du maître calfat. (Voir l'ordonnance royale du 8 octobre 1686 *pour l'establissement et l'instruction de six jeunes prouyers par galère.*)

[4] La phrase peut être interprétée de deux manières : il y avait ou 8 proviers avec leur barberot, leur calfat et leur rémolatin; ou bien 8 personnes en tout, savoir : proviers avec leur barberot, calfats et remolatin. En faveur de cette seconde interprétation, on peut faire valoir : 1° qu'il n'y avait en général à bord des galères que 6 proviers

A deux mousis [mousses] d'argousin de lad. gallere, la somme
de quarante-huict escuz [sol] pour leur solde durant led. temps,
à raison de trois escuz pour chascung d'eux par chascung mois, cy.　　　XLVIII^ee

A soixante soldar pour la deffence de lad. gallere, la somme de
dix-neuf cens vingt escuz [sol], pour leur solde durant led. temps,
à raison de quatre escuz sol par mois pour chascun d'eux, cy...　　　XIX^c XX^ec

Pour la norriture de deux cens forssaires de lad. gallere et de
tous les susnommés coumittes, aussy de cinquante passagiers vollon-
teres, la somme de quatre mille huict cens escus sol pour l'achapt de
deux cens cinquante quintaulx de biscuict que leur fault par mois,
à raison de deux escuz vingt-quatre soubz le quintal (40 kilogr.), revenant par chascung desd. mois à la somme de six sens escuz sol, cy.　IV VIII^c ec

Pour l'achapt de cent trente milleirolles de vin pour la provision
de lad. gallere durant le susd. temps de huict mois, la somme de mil
quarante escuz [sol], à raison d'un escu la milleirolle (64^l 384), cy^1.　M XL^ec

Pour l'achapt tant de l'huille, cher sallée, formage, lioune
[lioume, légume], scel, vinegre et toutes autres menues fornitures
et vivres pour lad. gallere, la somme de seze cens escuz sol pour le
temps que dessus, cy...............................　　　XVI^c ec

Pour la despence extraordinaire de vivre de la pouppe² de lad.
gallere, parelle somme de seize cens escuz sol, cy............　　　XVI^c ec

Pour la despence qu'il conviendra fere à l'acoustraige de lad.
gallere jusques à estre preste à fere voille, la somme de douze cens
escuz [sol], cy.....................................　　　XII^c ec

Pour la sartie [sartrerie (?)] et voiles d'icelle, la somme de
quatre cens escuz [sol], cy............................　　　IIII^c ec

Pour l'achapt d'armes pour lad. gallere, oultre celles que y sont,
la somme de cent cinquante escuz [sol], cy.................　　　C L^ec

Pour l'achapt de quarante quintaulx poudre à canon, à raison
de dix escuz le quintal (40 kilogr.), la somme de quatre cens escuz
[sol], cy...　　　IIII^c ec

Pour troys quintaulx poudre d'arquebusse, à raison de seze escuz
et demy le quintal, la somme de cinquante escuz [sol], cy......　　　L^ec

(voir Auguste Laforest, *Étude sur la marine des galères*, Marseille, 1861, p. 113); 2° qu'il n'est pas vraisemblable que des calfats fussent sous la dépendance de matelots; 3° enfin que la solde de ces derniers, réduite déjà au *minimum*, ne pouvait leur permettre de salarier un certain nombre d'auxiliaires.

¹ Il s'agit sans doute de 130 millerolles par mois, ou de 1040 pour les 8 mois.

² C'est-à-dire des officiers.

Pour l'achapt d'un caban d'arbage[1], une cazaque de cordellat[2], deux chemises et deux calsons à toille grossière et ung bonet à chascung de deux cens forsaires, a raison de deux escuz sol pour chascung, la somme de quatre cens escuz, cy.............. IIII$^{c\ ec}$

Pour l'achapt d'une tande d'arbage et une de canebas[3] pour lad. gallere, la somme de cent cinquante escuz sol, cy............ C   L^{ec}

Pour bandieres, flames, guillardes[4] qu'est besoing fere de neuf à lad. gallere pour ne se pouvoir servir de celles que y sont, la somme de deux cens escuz [sol], cy..................... II$^{c\ ec}$

Pour l'asurance de lad. gallere et de tous ses fornimens, sellon l'extimation d'icelle, [la] somme de quinze cens escuz [sol], cy... XV$^{c\ ec}$

Aux depputez avec leur suicte, pour habis et se mestre en equipage, sellon leur quallité et importance d'ung [semblable?] voiage et autres fray, despences et vaccations necesseres aud. voiage, la somme de deux mil cinq cens escuz, cy.................... II   V$^{c\ ec}$

Pour le voiage faict en court par les depputés par devers Sa Magesté pour obtenir les provisions et depeches necessaires et pour lesd. depeches et executions de la commission de Sad. Magesté, comme aussy pour autre voiage qu'il conviendra fere de nouveau en court pour avoir nouvelle provision de prendre [la gallere] du sieur chevalier du Bec[5], la somme de mil escuz [sol], cy....... M^{ec}

Pour ung tresorier que fera la despence de lad. gallere durant led. voiage et de Me Lionnard Sacco, conterolleur de lad. despence, la somme de quatre cens escuz sol durant led. temps, qu'est pour chascung deux cens escuz, cy.......................... IIII$^{c\ ec}$

Pour fere present au bachas et autres officiers de la Porte du Grand Seigneur, la somme de deux mil escuz [sol], cy......... II$^{m\ ec}$

TOTAL de la despence dud. present estat................ XXIV^m II^c XXX^{ec}

Fait à Marsille le vingt-six[iesme] jour du mois de apvril mil v^c quatre-vingt et six, à la charge toutesfois que lesd. deniers estans imposés suivant la forme de ladite coumission seront bien et legitimement

---

[1] «HERBAGE... étoffe de laine grossière et de couleur brune, sorte de camelot dont on faisait des tentes pour les navires, des cabans et des chaussures pour les gens de mer.» (Littré, *Dictionnaire*.) — [2] Étoffe de laine grossière, fabriquée dans la haute Provence.

[3] Toile de chanvre.

[4] Guidons.

[5] Nom du chevalier d'Aumale. (Voir la note du 2e document.)

maniez par led. trezorier, soubz led. conterolleur, suivant l'ordre que luy en sera donné par les consulz et deputés, et de quoy en sera faict le meilleur mesnage que sera possible; de quoy led. trezorier sera tenu de rendre compte par devant lesd. douze deputez, comme deniers commungz et qu'ils ne pourront estre employés à aultre usaige que aux choses susd.; le tout selon la teneur de lad. commission.

Faict au lieu dict que dessus vingt-six d'apvril mil cinq cens quatrevingtz et six.

Signé : d'Engolesme, Gerffroy, de Serre et, plus bas, par mond. seigneur le Grand Prieur, Gaultier, et cachetté du placart de sire rouge dud. seigneur.

Collationné à leur (*sic*) originaulx par moy notere et secretere du Roy soubzsigné, lesquels sont riere moy Herouf, signé.

Extrait et collationné de la copie, signé[e] comme dessus, estans rierre les sieurs depputés dud. voiage, par moy Piere Blanc, notere royal à Marselle et secretere de la maison commune de lad. ville, soubzsigné. P. Blanc, ainsy signé.

Extraict d'autre extraict, signé comme dessus et deument collationné par moy Loys Couchon, notere royal à Thollon soubzsigné. (Signé) Couchon, not.

(Arch. c^{les} d'Antibes; liasse non classée.)

V

LETTRE DE HENRI III À M. DE LANCOSME.

6 mai 1586.

Monsieur de Lancosme, il ne sera pas besoingz que je vous fasse grand discours sur l'occasion du voyage du sieur de Gardanne; porteur de la presente, tant par ce qu'ilz vous fera entendre les merictes de mes justes plainctes et dolleances sur les viollences que Assan Bassa et Caider Bassa conmectent ordinerement sur mes subiectz, que par ce qu'elles vous seront bien particullierement representées par la coppie que je vous envoye des lectres quy (*sic*) je escriptz au Grand Seigneur sur ces subiectz, suivant lesquelles je vous prie moiener que l'on me fasse raison et justice en chose si resonnable, que led. Assan et Caider Bassa soient pugnis, selon la gravité de leurs conmis, et que l'on donne ordre par dellà, à l'advenir, à fere cesser lesd. plainctes. Car, si l'on continue à y procedder ainsi [aussy (?)] mollement que l'on a faict jusques icy, non seullement interdiray le comerce du Levent de mes subiectz, mais encores je leur *prouveray* [pourvoiray] des plus favorables remedes qu'il me sera posible pour les desdoumager de leurs pertes, ce que je desire que vous faciès enttendre par dellà au Grand Seigneur et à ses ministres, et que, en adcistent led. sieur de Gardanne, obteniés à ce coup quelque bonne provision pour arrester le cours de tent de pertes que font mesd. subietcs, envoyant à ceste fin led. sieur de Gardanne pour en avoir une finalle resollution, en la poursuicte de laquelle et repparation des tortz et doumages fect à mesd. subjectz, je vous prie vous conjoindre avec luy, de telle sorte qu'il m'en rapporte le contentement et satisfaction que j'en entens pour le bien et solagement de mesd. subiectz, priant [Dieu], Monsieur de Lancosme, qu'il vous aye en sa seincte et digne garde.

Escript à Paris le sixiesme jour de may 1586, signé : Henry et, plus bas, de Neufvile.

Extraict et collationné de l'original de notre signe et sellé comme dessus et, ce faict, rendu par moy Pierre Blanc, notere royal à Marseille soubzsigné. P. Blanc, ainsy signé.

Extraict d'autre extraict, signé comme dessus et collationné par moy notere royal à Thollon soubzigné. (Signé) Couchon, not.

(*Au dos.*) Lettre à Monsieur de Lancosme, ambassadeur en Constantinople.

(Archives c^les d'Antibes; liasse non-classée.)

VI

LETTRE DE HENRI III À L'AMIRAL OCHIALI.

6 mai 1586.

Illustre et magnifique Seigneur, les viollences et desordres que l'on comect sur nos subiectz traffiquantz ez mers de l'empire et obeissences du Grand Seigneur, noutanment les pertes qu'ilz ont receues par le moyen de Assan Bassa et Cayder Bassa, sont si ext[ra]ordinaires et *plus* (peu?) tollerables, que nous n'avons peu tarder plus longuement à envoyer ung gentilhome exprès devers Sa Haultesse pour luy en fere la pleincte à vive vois de nostre part et scavoir à quoy Elle se vouldra resouldre de la scienne, affin que, quan nous serons informés de la disposition où Elle sera de nous donner ce contentement ou de nous forclore de toute esperance de veoir les afferes prendre quelque meilleur chemin, nous y puissions remedier comme nous jugerons appartenir à nostre dignité et reputation et à l'advantage de nosd. subiectz, que nous ne pouvons endurer plus longuement estre sy indignement traictés sans nous ressantir des pertes et dommages qu'ilz rescoipvent, non par aucune mauvaise inclination de Sad. Haultesse en nostre endroict, laquelle nous avons tousieurs (*sic*) esprouvée très favorable en tout ce que nous l'avons requise, mais par la malice d'aulcuns quy approchent près d'Elle et fabvorisent le party desd. Assan Bassa et Caider Bassa, ne voullent permettre que leurs mauvais deportement[s] viennent en evidence. Et parce que nous nous asseurons que vous serés bien aise de nous fere paroistre en ceste occasion l'affection que vous avés à l'entretenement(?) de l'amitié et intelligence d'entre Sad. Haultesse et nous empires et commungz subiectz, nous vous avons byen vollu escripre ceste lettre, tant pour donner accès au sieur de Gardannes, que nous envoyons par dellà pour cest effect vous fere entendre les justes occasion[s] que nous avons de nous dolloir desd. Assan et Caider Bassa, que pour vous prier de tenir la main à la restitution que nous requerons des biens de nosd. subiectz, alla (*sic*) puniction de ceulx que sont cauve (*sic*) desd. larcins et pilleries [et] à quelque meilleur ordre pour l'advenir; en quoy vous ferés chose de vostre ecanimité et droicture et dont nous vous *scavons* [scaurons] très bon gré et le recougnoistrons, ainsy que vous l'entendrez plus particullierement dud. sieur de Gardanne, auquel nous vous prions adjouster sur ce subiectz (*sic*) pareille foy que à Nous mesmes, que prions Dieu, illustre et magnafique (*sic*) Seigneur, qui vous ayt en sa saincte et digne garde.

Escript à Paris le sixiesme jour de may mil cinq cens quatre-vingt-six. Signé Henry et, plus bas, de Neufville.

Extrait et collationné de l'originel de nostre signe et scellé comme dessus par moy notere royal et secretere de la maison commune de Marseille; soubz le faict, rendu. P. Blanc, ainsy signé.

Extraict d'autre extraict, signé comme dessus, et collationé par moy notere royal à Thollon, soubzigné. (Signé) Couchon, not.

(*Au dos.*) Lettre au (*sic*) Holly, cappitaine general des galleres du Grand Seigneur.

(Arch. c[les] d'Antibes; liasse non classée.)

VII

LETTRE DE HENRI III AU SULTAN AMURAT.

6 mai 1586.

Très hault, très esellent, très puissant, très magnanime et invincible prince le Grand Empereur des Mosulmens, Sultan Amerat, en quy toute honneur et vertu abonde, nostre très cher et parfaict amy, Dieu veille le (*sic*) aulmenter Vostre Grandeur et Haultesse avec fin très heureuse! Au mesme temps que le sieur de Gardanne, present porteur, estoict prest à partir avec nostre galere pour se rendre auprès de Vostre Hautesse et luy representer les indignittés, oultrages et viollences desqueles Assan Bassa et autres, vos subiectz, travaillent journellement les nostres(?), Nous avons estés advertiz comme led. Assan, continuent en ces maulvais deportementz, ayent esté appellé par Vostre Haultesse au gouvernement de Trippolly de Barbarie, a envoyé en Corce son general Matropille avec six galleres ou galliottes, portens le fanal de Vostre Hauttesse, lesquelles ce seroient adresées à ung pouvre voisseau de nostre ville de Marseille, allent en son trafique en Alexandrye d'Egipte, soubz la protection de nous traictés et de nostre baniere; lesquelz voisseaulx (*sic*) se seroient incontinent rendu ez meins dud. Matroppille, esperant en recepvoir tout bon et fabvorable traictement et luy auroict faict present de valleur de plus de cinq cens escuz, ce que led. Matropille auroit acepté; et neanltmoingz, contre toute humanité et raison, auroict abandonné le sac et ravage dud. voisseau, sur lequel il auroict esté derobé plus de vingt mil escuz. Et afin de donner plus de coulleur à ceste depredation, led. Matropille auroict faict confesser par forces de gene et de tormens aux patrons et mariniers dud. voisseau et contre toute veritté, que les merchandises dont il estoict chargé apartenoict (*sic*) aux Chevalliers de Maltes. Et, quy pis est, led. Matroppille, avec les mesmes voisseaux demeurez sur les pasages des negocians de nosd. subiectz en nos terres et seigneuries, continuent sur tous ceulx que re[n]contrent les mesmes traictementz, sans aulcune consideration. S'estens tous les autres gouverneurs de la Barbarie, à l'exemple dud. Assan, tellement licencez à mal faire qu'il n'i a plus d'esperance que nous subiectz se puissent à l'advenir resentir du fruict de nostre commune amitié et inteligence. Cayder Bassa, gouverneur de Tunis, auroict despuis peu de temps, pillé et sacagé quatre voisseaux de nosd. subiectz, deux venens d'Alexandrie et deux autres qui alloient en Constantinoble et l'aultre en Trippolly de Surrie, quy par tempeste et maulvais temps auroinct esté possés au port de la Gollette; les biens desquelz auroinct esté raviz et portés à Tunis où led. Caider Bassa les detient contre toute raison, contraignant les patrons et mariniers de confesser à force de tormens qu'ilz appartiennent aux Espagnolz et Genovois. Desquelles depredations, viollences et atamptatz Nous avons chargé le sieur de Lancosme, nostre ambassadeur resident à la Porte de Vostre Haultesse, [de l'advertir (?)] que led. sieur de Gardanne devoict demander raison et justice, ensemble de tous les autres tortz, excès que les ministres et serviteurs de Vostre Haultesse coumectent à l'endroict de nosd. subiectz, et, pour cest effect, coumender aud. Assan Bassa et Caider Bassa de comparoir en la presente (*sic*) de Vostre Haultesse pour respondre contre les accusations qui leur seront faictes par led. sieur de Gardanne et nous en faire la reparation convenable au soing que nous avons tousiours eu de moienner tout fabvorable traictement aux subiectz de Vostre Haultesse, traffiquans ès mers et pays de nostre obeissance; ayant bien expressement coumandé aud. sieur de Gardanne de ne partir de Constantinoble qu'il n'aye veu par effaict la justice que Nous sperons de Vostre Haultesse, tant sur la pugnition de Assan et Caider Bassa et restitution de ce qu'ilz ont pris et ravy en noz subiectz, que pour l'ordre et remede que Nous desirons y estre estably pour l'advenir. Ceppendent Elle nous fera plaisir très agreable de coumender aux autres gouverneurs qu'Elle envoyera en Barbarye que [ne] parmectre[nt], sur peine de la vie, que nous subiectz, allans et trafiquans soubz la protection de nostre baniere, sur les mers de vostre empire et hobeissance, soient travaillés à leurs personnes ni biens par les corsaires allens en cours, en quelques partz qu'ilz soient rencontrez, et que, avent que de sortir de Barbarie, ilz en donneront caution ès meins desd. gouvernus (*sic*), qui en seront responsables en leurs propres vies et biens; en quoy Vostre dicte Aultesse ne nous accordera poinct chose nouvelle et quy n'aict esté obtenu du temps de voz très illustre[s] predesseceurs, nous tres chers et parfaict[s] amis. Et jusques ad ce qu'Elle y ayt pourveu par effect, Nous avons deffendu à nosd. subiectz, sur grandes peines, de traffiquer et negocier ès terres et seigneuries de vostre hobeissance, à quoy nous nous asseurons que Vostredictè Haultesse scaura si bien remedier que nous aurons toute occasion de cesser la pleincte que nous luy en faisons. Et neantmoingz, si Elle ne se dispoze à nous donner ce contentement, nous serons forcés et contrainctz, à nostre très grand regrè, de remedier à ses injures et viollences, ainsy que nous adviserons estre pour le mieulx; de quoy Vostre Haultesse sera plus particullierement informée par lesd. sieur[s] de Lancosme et de Gardanne, ausquels nous vous prions adjouster sur ces subiects parelle foy qu'à Nous mesmes, qui prions Dieu, très hault, très excellent, très magnanime et invincible Prince, nostre très cher et parfaict amy, qu'il Vous aye en sa très seincte et digne garde.

Escript à Paris, ce sixiesme jour de may mil cinq cens quatre vingt et six, et plus bas est escript :

Vostre bon et parfaict amy, Henry,

Et contresigné : de Neufville.

Extraict et collationné de l'original de nostre signe et sellé comme dessus, par moy Pierre Blanc, notere royal et secretere de la maison commune de Marseille, soubzsigné. Faict et rendu. P. Blanc, ainsy signé.

Extraict d'autre extraict, signé comme dessus et deument collationné par moy notere royal à Thollon, soubsigné. (Signé) Couchon, not.

(Arch. c^{te} d'Antibes; liasse non classée.)

VIII

DÉLIBÉRATION DE LA COMMUNE ET DES MARCHANDS DE TOULON PORTANT ENGAGEMENT DE CONTRIBUER AUX FRAIS DU VOYAGE POUR LA QUOTE-PART AFFÉRENTE À CE PORT, ET REFUS DE SE SOUMETTRE À L'IMPÔT ÉTABLI PAR LA VILLE DE MARSEILLE SUR LES MARCHANDISES VENANT DE L'ÉTRANGER.

Séance du 26 mai 1586.

(*En marge.*) Sur le voiage de la gallere à Constantinoble.

Auquel conseilh et asamblée led. sieur consul Marin auroict dict et proposé que, depuis quelques années en ça, les Turcz infidelles, contravenans au traicté de confederation qu'est entre Sa Majesté et le Grand Seigneur, auroint faict plusieurs coursses et usé de beaucop de depredations, pilleries et larrecins sur les personnes, vaiseaulx et mariniers quy naviguent soubz la baniere de France, pour à quoy obvier, recepvoir justice desd. depredations et larcins, randre à l'advenir le negoce libre et fere le trafficq libre, ainsy que lad. confederation le requiert, les merchans negotians à Marseilhe, desireux de rechercher les moiens pour y parvenir et prouvoir, auroint resollu et arresté de mander en court pour represanter à Sa Majesté les opressions et injures qu'ilz et autres le long de la coste de Prouvence endurent par le moien et cources et larcins des subiects dud. Grand Seigneur, et par effaicts auroient obtenu letres de Sad. Majesté, adressante aud. Grand Seigneur, au premier bassa, vigier de sa Porte, Ata Oluch Ally, cappitene general de ces (*sic*) galleres, et encore auroint obtenu letres patentes de Sad. Magesté, adressantes à monseigneur le grand Prieur de France, gouverneur et son lieutenant general en Provence, pour avoir permission metre sus et imposer deniers sur le negoce, pour estre emploiés à la despance que conviendra faire au voiage vers led. Grand Seigneur et alhieurs, par mer, avec une gallere; à cest effaict, y fere contribuèr les villes et lieux long lad. coste de Provence. Lesquels auroient faict appeller et asambler dans la maison commune de lad. ville de Marseilhe, le sixiesme janvier dernier, lesd. depputés desd. villes et lieux long lad. coste, acompagnés de leur pouvoir et procuration, où auroict esté conclu, resoleu et arresté que, pour acheuver leur negoce pour l'importance qu'il est à ung chescung, auroint liberallement offert paier, fornir et contribuer pour un quart en tous lesd. villes et lieux de lad. coste, et lad. ville de Marselhe pour les autres troys quarts; laquelle offre auroict esté acceptée et, sur ce, passé les promesses et obligations requizes. A laquelle asamblée auroist esté faict le compartimant, denombrement et esgallization par portion[s] et ratades de chescun desd. villes et lieux long lad. coste, dès Le Martigues jusques à Anthiboul incluzivement, pour le paiement dud. quart, frais et despans dud. voiage; lequel quart l'auroient mis en vingt-cinq parts, *cive* vingt-cinq quiratz; où auroint cotizé cested. ville de Thollon pour six quiratz. Au moien de quoy, led. seigneur Grand Prieur auroict faict dresser l'estat de la despance necessaire dud. voiage, tant pour [l]a construction de la gallere, armement et equipage d'ycelle, solde de gens, despans des delegués en

Constantinoble, que generallement pour les despans faictz et à fere pour obtenir les provisions de Sad. Magesté, à monsieur M° Serre, general de France, aud. monsieur M° Gaufridy (*alias* Gerfroy), conseiher du Roy en sa Court des comptes, que c'est monté à la somme de vingt-quatre mil escus, de laquelle atoche [touche] à lad. coste, pour le quart acordé, six mil escus, et les dix-huict mil restans, aud. Marseilhe pour troys quarts, revenant pour la cotte de six quirats qu'est Thollon, quatorze cens quarante escus que les merchans negocians de lad. ville paient et fornissent promptement aux delegués pour acheuver led. voiage; requerant led. conseilh et asamblée y deliberer et neanlmoingz ratiffier le contraict et promesses et obligations passés par le cappitene Bernard de Cuers, depputé pour lad. ville led. jour sixieme janvier dernier.

Sur quoy, led. conseilh et asamblée, sans aulcune contrarietté d'oppinions, ont rattiffié, apreuvé et amollogué l'acte et contraict faict et passé par led. cappitene Bernard de Cuers, datté du sixieme janvier dernier, receu par M° Pierre Blanc, notere et secretere de la maison comune dud. Marseilhe, de poinct en poinct, cellon sa forme et tenur, promectans y demeurer, n'y venir et recourir au contrere, sans aprobation aulcunement de la deliberation et ordonn[an]ce faicte par l'asamblée tenue dans la maison comune de lad. ville de Marseilhe le vandredy second may dernier, prinze et receue par M° Barthellemy Lemaire (?), notere royal et moderne secretaire de lad. ville, ains la desavoent et tout son contenu.

(*En marge.*) Commission pour les merchans negotians.

Item, led. conseilh et asamblée ont nommé, commis et depputé noble Pons Ricard, escuier, et M° Pierre de Seva, recepveur des decimes au dioceze dud. Thollon, pour aller et soy transporter promptement aud. Marseilhe, adcistés et en compagnie dud. cappitene Bernard de Cuers, pour illec represanter et fere enthandre au conseilh dud. Marseihe que les merchans negotians dud. Thollon n'anthendent ny veullent aulcunement estre et demurer à l'ordona[n]ce par euls faicte le vandredy, second may dernier, en façon que ce soict, ains, au con-

trere, dès à present rattifient et apreuvent le contraict passé par led. de
Cuers le sixiesme janvier dernier, cellon sa tenur, n'y voullant aulcunement alterer, n'enthendant que aulcunement les merchans dud.
Thollon paient, entrent, ny contribuissent à l'impost d'ung pour cent
mis sus par lad. ville de Marseilhe sur les merchandises venans hors du
païs dud. Prouvence et ce, suivant le contenu du susd. contract, leur
donnant puissance et permission que, au cas que le conseilh de lad.
ville de Marseilhe ne veuhe resoldre et abollir lad. ordonn[an]ce du
second may, ilz aient conseilh d'avocats à Aix sur led. faict pour y proceder ainsy que leur conseilh portera, et ce, aux despens toutesfois des
negotians dud. Thollon.

(*En marge.*) Deputation pour les negotians.

D'abondant, led. conseilh et asamblée ont nommé, commis et depputé
nobles Victor d'Artigues, conseigneur de la Garde, Pons Ricard, Jehan
de Marin, escuiers, sires Mathieu Verdilhon, Giraud Dolmet et Gaspard
Cabasson pour deliberer, resoldre, ordonner et determiner sur tous et
chescuns les affaires et negoces que surviendront d'hors en là sur le
faict dessus proposé dud. voiage touchant aux merchans, negotians sur
mer, aud. Thollon, asamblés toutesfois avec le conseilh ou partie d'icelluy de lad. ville, à la charge que, sy aux asamblées qu'ils feront y deffailhent ung d'eulx et jusques à troys desd. depputés, les autres troys depputés asamblés pourront prendre et appeller avec eulx d'office autres
troys merchans, negotians sur mer aud. Thollon, telz que bon leur samblera, pour ordonner, deliberer et determiner desd. affaires, ainsy que
feront lesd. autres troys depputés y presents y estans, promectant d'estre,
demurer et aquissier, ratiffier et apreuver tout ce que par iceulx sera
faict, dict et ordonné.

Ainsy conclud et deliberé a esté, escripvant moy notere royal et
greffier du conseilh de lad. ville soubzigné. (Signé) Couchon, not.

(Arch. c^{les} de Toulon. Délibérations; BB. 51, fol. 194.)

IX

DÉLIBÉRATION DE LA VILLE DE MARSEILLE À L'EFFET : 1° DE PRIER LE CONSUL D'ALEXANDRIE DE FAIRE DES DÉMARCHES AUPRÈS DU GRAND SEIGNEUR POUR ARRÊTER LA PIRATERIE ; 2° D'ACCEPTER LES OFFRES DE SERVICE DE JOACHIM BALLUE, QUI ACCOMPAGNE À CONSTANTINOPLE UN AMBASSADEUR FRANÇAIS.

Séance du 11 novembre 1588.

[Le premier consul représente]... que l'on est assé (sic) informé des incurssions, oppressions et ravages que les corsaires turcs font journellement sur les François subjets du Roy, principalement sur ceux de ceste ville..., à quoy il est très necessaire promptement remedier; sur quoy s'est presenté led. (sic) Jacques Ballue, qui a offert ausd. s^{rs} conseuls, mesmes encore à lad. assemblée, que, sy l'on veut fournir de lettres de provisions de Sa Majesté envers le Grand Seigneur et en bailler la charge à sieur Joachim Ballue, son frere, qui s'en va tout presentement et est dejà party de la Cour par ordre de Sa Majesté pour l'accompagnement et assistance d'un ambassadeur qu'il mande pour quelques autres affaires vers le Grand Seigneur, led. Ballue pourroit obtenir et avoir dud. Grand Seigneur le remede qu'est convenable à telles affections, de quoy faire il a très bonne coumodité, parce que le chemin luy en sera tout ouvert, et pourra employer en ceste affaire la faveur, moyens et presents que sont preparés et disposés pour l'occasion de son voyage..... Led. Ballue ne demande estre recompensé sinon en cas qu'il y aye mis quelque bon commencement en ceste affaire et que les choses soient disposées à une bonne et heureuse fin... [s'en remettant pour ses vacations à l'arbitrage d'une assemblée de notables];

Laquelle exposition ainsy faite....., a esté dit, conclud et arresté..., attendu que ce fait est beaucoup important... et qu'il merite et est necessaire y estre proveu et procedé avec l'aucthorité de Sa Majesté..., que l'on priera le sieur consul d'Alexandrie, des bonnes qualités duquel ung chacun est très bien certioré et adverty et quelle experience il a aux affaires du Levant, mesme aux moyens que l'on doit tenir à traiter de ces affaires envers led. Grand Seigneur, soy allant luy presentement vers Sa Majesté, s'il voudra prendre et accepter la charge d'entreprendre la poursuitte et de mettre à fin cette affaire et, sy ainsin est, que l'on l'accompagnera de lettres à Sa Majesté et à la Reyne, sa mere, avec memories (*sic*) et instructions très amples pour obtenir de Sad. Majesté provisions et delegations particulieres et expresses pour ce faict vers led. Grand Seigneur, et faire luy mesme le voyage en Constantinople, auquel on baillera et fornira toutes choses necessaires, selon ce que sera resolu et advisé tant par lesd. consuls que par... [les 6 délégués]..., expressement deputés pour negotier, traiter, conclure et determiner dud. affaire avec led. consul d'Alexandrie...

Et cependant, attendu l'offre dud. Ballue, de mander incontinent à icelluy memoires et instructions pour, estant vers led. Grand Seigneur, moyenner quelque remede ou commencement en cette affaire tel qu'il pourra avancer et, ce faisant, le reconnoistre de ce qu'il s'employera.

(Arch. c^{les} de Marseille. Délibérations, reg. 16, fol. 19-20.)

www.ingramcontent.com/pod-product-compliance
Lightning Source LLC
Chambersburg PA
CBHW071158230426
43668CB00009B/991